U0636712

旅游服务贸易

——理论·政策·实务

罗明义　毛剑梅　编著

云南大学出版社

YUNNAN UNIVERSITY PRESS

图书在版编目（CIP）数据

旅游服务贸易：理论·政策·实务/罗明义，毛剑梅
编著．—昆明：云南大学出版社，2007.3
Ⅰ．旅... Ⅱ.①罗... ②毛... Ⅲ.旅游服务—服务贸易
Ⅳ．F590.63
中国版本图书馆 CIP 数据核字（2007）第 031398 号

旅游服务贸易——理论·政策·实务

罗明义　毛剑梅　编著

责任编辑：石　可　熊晓霞
责任校对：何传玉　刘云河
封面设计：刘　雨
出版发行：云南大学出版社
印　　装：昆明市五华区教委印刷厂
开　　本：787×1092　1/16
印　　张：32.5
字　　数：679 千
版　　次：2007 年 4 月第 1 版
印　　次：2007 年 4 月第 1 次印刷
书　　号：ISBN 978-7-81112-291-6
定　　价：58.00 元

社址：云南省昆明市翠湖北路 2 号云南大学英华园内（650091）
http//：www. ynup. com
E-mail：market@ynup. com
电话：（0871）5031071/5033244

前　言

　　2001 年 11 月 10 日，在卡塔尔首都多哈举行的世界贸易组织（WTO）部长级会议上，对中国加入世界贸易组织"一锤定音"，标志着中国对外开放从此步入新的航程，不仅使中国经济正式融入世界经济贸易体系之中，也为中国旅游业发展带来了新的机遇和挑战。面对加入世界贸易组织的新形势，中国旅游业如何应对是一个既重要又紧迫的课题。为此，笔者在《加入 WTO：中国旅游业如何应对?》① 一文中，建议旅游行业要尽快熟悉和学会运用国际贸易规则和惯例，切实推进中国旅游业在新形势下再上新台阶。《旅游服务贸易：理论、政策、实务》一书，正是为适应我国加入世界贸易组织的新形势，推动我国旅游服务贸易发展而专门编写的，作为国内第一部全面系统阐述旅游服务贸易的专著，本书的编写目的、基本结构和主要内容如下。

一、编写目的

　　旅游业是当今世界最大的经济产业，也是国际服务贸易的重要组成部分。多年来，各国和世界组织为推进旅游业的发展做了不懈的努力，尤其是世界贸易组织的建立和世界旅游组织成为联合国系统的专门机构后，不仅有力地推进了世界旅游业的发展，也为促进世界各国旅游服务贸易发展作出了积极的贡献。因此，在我国加入世界贸易组织之后，为了更好地促进我国国际旅游和旅游服务贸易的发展，本书围绕以下三个目的进行了探讨和研究。

　　1. 探讨和研究了旅游服务贸易产生和发展的理论。旅游业作为当今世界经济中的综合性产业和国际服务贸易的重要内容，其健康发展离不开理论上的指导，尽管国内外也有专家、学者对旅游服务贸易理论进行了探讨和研究，但大多数研究成果散见于不同的书籍和文章中，而系统化的旅游服务贸易理论仍然是目前旅游理论研究的空白。因此，本书力图以国际贸易、服务贸易和国际旅游的理论为指导，建立比较系统的符合当今旅游服务贸易规律的理论体系。

　　2. 探讨和研究有关旅游服务贸易的政策。在当今世界贸易中，虽然对货物贸易、服务贸易、技术贸易等已形成一整套有关的国际法律体系和规则，但对于旅游服务贸易的政策，包括国际法律、国际规则和国际惯例等，仍然缺乏系统的理论研究。因此，本书结合世界贸易组织的有关国际法律和规则，结合多年来世

---

　　① 罗明义. 思想战线. 2002 (2)

界旅游组织和相关国际组织对促进国际旅游发展的有关文献，探讨和研究了有关旅游服务贸易应遵循的国际规则和国际惯例，力图构建起旅游服务贸易的政策体系和框架。

3. 探讨和研究如何在旅游服务贸易中有效运用有关的国际规则和惯例。WTO 的各项法规文件和多边贸易规则，以及世界旅游组织和相关国际组织的文件，涵盖内容非常广泛且十分具体细致，同时又具有一定国际法律的效力和规范。因此，在推进国际旅游和旅游服务贸易发展中，既要熟悉和掌握 WTO 的知识和规则，又要认真研究各种国际旅游的有关协定和规则，尽快学会并善于运用各种国际规则、国际惯例，尤其是灵活运用各种例外条款，有效地规范旅游服务贸易的行为，并在逐步开放旅游服务市场和推进我国旅游国际化进程的同时，不断提高中国旅游在国际市场上的占有率，促进我国旅游服务贸易的发展，实现建设世界旅游经济强国的发展目标。

二、基本结构

由于旅游业是一个包括食、住、行、游、购、娱等多种要素在内的综合性经济产业，因而旅游服务贸易不仅涉及有关服务业、服务贸易、国际旅游、旅游服务贸易等基本理论知识，也涉及世界贸易组织、关贸总协定、服务贸易总协定等许多相关内容。因此，《旅游服务贸易：理论、政策、实务》的基本结构主要包括旅游服务贸易理论、旅游服务贸易政策和旅游服务贸易实务三个部分。

1. 旅游服务贸易理论（共四章），是有关指导和促进旅游服务贸易发展的基本理论和方法。这一部分从旅游服务贸易的基本概念入手，运用国际贸易和服务贸易的理论，结合国际旅游发展理论和实际出发，分析和探讨了旅游服务贸易的概念、旅游服务贸易供求、国际旅游流、旅游服务贸易的比较优势、竞争优势和竞争力等相关理论，为促进旅游服务贸易提供了系统的理论和方法指导。

2. 旅游服务贸易政策（共四章），既是开展旅游服务贸易的政策依据和准则，又是开拓国际旅游市场和促进国际旅游发展的重要措施和手段。这一部分从分析旅游服务贸易政策的概念、性质特征、分类等入手，探讨了开展旅游服务贸易时应遵循的有关国际规则、国际惯例和有关国际组织的任务和职能，为了解和掌握有关国际服务贸易、旅游服务贸易和世界贸易组织、世界旅游组织等基本知识，正确遵循和熟练运用国际规则、国际惯例提供了重要的政策指导。

3. 旅游服务贸易实务（共四章），是开展国际旅游活动的具体业务和实务，也是促进旅游服务贸易发展的主要方法和措施。这一部分从分析旅游服务贸易的旅游产品和价格、服务质量、交通运输、出入境签证、旅行社服务等基本条件入手，探讨了旅游服务贸易中有关旅游产品设计、营销业务、导游服务等业务及旅游合同、旅游安全救援、旅游外汇风险管理，并针对旅游服务贸易中经常出现的争议，探讨了有关争议的解决途径和方式等。

三、主要内容

《旅游服务贸易：理论、政策、实务》的内容，从理论、政策到实务，共包括三篇十二章内容，各章主要内容如下：

第一章，通过对服务、服务业和旅游服务定义、特征和内容的分析，探讨了旅游服务贸易的概念、内涵、特征和形式，阐述了发展旅游服务贸易在各国对外贸易和经济社会发展中的重要地位和作用。

第二章，通过对旅游服务贸易需求和供给的分析，探讨了旅游服务贸易比较优势的分析方法和供求均衡分析的各种模型，阐述了旅游服务贸易产生和发展的客观规律性。

第三章，通过对旅游服务贸易中有关国际旅游流的基本特征、形成条件和影响因素的分析，在比较国内外有关国际旅游流的理论和方法基础上，探讨了国际旅游流的基本规律和分析方法。

第四章，通过对旅游服务竞争类型、结构及影响因素的分析，探讨了旅游服务贸易竞争优势和竞争力的理论和方法，阐述了旅游服务贸易的竞争战略和方式等。

第五章，通过对旅游服务贸易政策的渊源、性质特征、内容和形式的分析，探讨了有关旅游服务贸易政策类型、特点及发展趋势和变化等。

第六章，通过对有关国际贸易规则的形成过程、主要内容和基本原则的分析，介绍了有关旅游服务贸易的一般规则、具体规则和相关规则。

第七章，通过对国际惯例的性质特征、形成机制和发展趋势的分析，探讨了如何熟练掌握和灵活运用各种类型的国际惯例，更好地促进旅游服务贸易的发展。

第八章，通过对主要国际贸易组织、旅游组织和相关组织的宗旨、任务和业务范围的分析，探讨了如何加强与各主要国际组织的密切合作，有效地推动旅游服务贸易的健康发展。

第九章，分析了现代旅游系统和旅游活动的特征，介绍了有关旅游产品的质量和价格、国际旅游的护照和签证，旅游交通运输及旅行商等旅游服务贸易的主要条件和内容。

第十章，通过对旅游产品设计和营销业务的分析，探讨了旅游导游人员的素质、能力和业务内容，具体阐述了出入境旅游领队、全陪和地陪的业务内容和规范程序及要求等。

第十一章，通过对旅游服务合同的特征、类型和管理的分析，探讨了有关旅游安全和救援、旅游保险投保和理赔、旅游服务贸易结算及旅游外汇风险管理等主要内容、措施和方法。

　　第十二章，通过对旅游争议产生原因、特征、类型和旅游不可抗力的分析，探讨了旅游投诉，旅游争议协商、调解、仲裁和诉讼方式的特点、原则和基本程序及要求，并介绍了国际贸易争端解决机制和有关争端的解决程序和方法。

　　综上所述，由于对旅游服务贸易的研究是一个新兴的课题，因此，为了方便对旅游服务贸易有兴趣的读者进一步深入研究，本书在各章之后都列出了相应的主要参考文献和资料来源网站，并尽可能在书中补充了一些相关知识，在附录中列出了一些重要的国际文献。希望通过本书的出版，能够"抛砖引玉"，吸引更多的、系统的研究旅游服务贸易的专著和文章问世。

　　本书在编写中参考并援引了一些国内外书籍、文章和参考资料的内容，特向所有作者表示衷心的谢意。同时，向云南大学出版社对本书的出版所给予的关心和支持，特别是熊晓霞老师对本书的编辑出版做了大量工作，表示衷心的感谢。由于作者水平和能力有限，书中尚有疏漏和不足之处，恳请读者批评指正。

作　者

2006 年 11 月于昆明

目　录

上篇　旅游服务贸易理论

中篇　旅游服务贸易政策

上篇　旅游服务贸易理论

旅游服务贸易理论，是指有关指导和促进旅游服务贸易发展的理论和方法。本篇从国际旅游发展的理论和实际出发，结合国际贸易和服务贸易理论，分析和探讨了旅游服务贸易的概念和理论。

第一章 **旅游服务贸易概述**	通过对服务、服务业和旅游服务定义、特征和内容的分析，探讨了旅游服务贸易的概念、内涵、特征和形式，阐述了发展旅游服务贸易在各国对外贸易和经济社会发展中的重要地位和作用。
第二章 **旅游服务贸易** **供求理论**	通过对旅游服务贸易需求和供给的分析，探讨了旅游服务贸易比较优势的分析方法和供求均衡分析的模型，阐述了旅游服务贸易产生和发展的客观规律性。
第三章 **国际旅游流理论**	通过对旅游服务贸易中有关国际旅游流的基本特征、形成条件和影响因素的分析，比较了国内外有关国际旅游流的理论和方法，探讨了国际旅游流的基本规律和分析方法。
第四章 **旅游服务贸易** **竞争理论**	通过对旅游服务竞争类型、结构及影响因素的分析，探讨了旅游服务贸易竞争优势和竞争力的理论和方法，阐述了旅游服务贸易的竞争战略和方式等。

第一章
旅游服务贸易概述

在当今世界经济中，旅游服务贸易不仅是现代国际服务贸易的重要组成部分，也是世界各国发展外向型经济的重要内容，对世界各国的对外贸易和经济社会发展都产生着重要的促进作用。通过本章的学习，首先要了解服务、服务业和旅游服务的定义、特征和内容，认识旅游服务贸易的概念、内涵和特征，掌握旅游服务贸易的基本形式和分类，充分认识旅游服务贸易产生发展的基础和条件及其在各国对外贸易和经济社会发展中的重要地位和作用。

第一节　旅游服务的特征和内容

一、服务与服务业

旅游服务不仅是现代服务业的重要内容，也是世界各国参与国际分工、开展国际服务贸易的重要组成部分。因此，要全面正确地理解旅游服务贸易的概念，首先必须了解服务和服务业的概念、特征和内容。

（一）服务的定义

服务（service），一般是指以提供活劳动的形式，来满足他人某种服务需求并获取相应报酬的活动。但由于服务活动的广泛性和服务内容的多样性，迄今对服务的定义仍是一个探讨和争论激烈的问题，国内外专家、学者对服务的定义不下几十种，可谓仁者见仁、智者见智，其中具有代表性的定义主要有以下几种。

马克思（K. Marx）从经济理论分析角度指出："凡是货币直接同不生产资本的劳动即非生产劳动相交换的地方，这种劳动都是作为服务被购买的。服务这个名词，一般的说，不过是指这种劳动所提供的特殊使用价值，就像其他一切商品也提供自己的特殊使用价值一样；但是，这种劳动的特殊使用价值在这里取得了'服务'这个特殊名称，是因为劳动不是作为物，而是作为活动提供服务的。"①

佩恩（A. Penn）从服务营销角度提出："服务是一种涉及某些无形因素的活动，它包括与顾客或他们拥有财产的相互活动，它不会造成所有权的更换。条件可能发生变化，服务产出可能或不可能与物质产品紧密相连。"②

希尔（T. P. Hill）从国际服务贸易角度提出："服务是指人或隶属于一定经济单位的物在事先合意的前提下由于其他经济单位的活动所发生的变化。……服务的生产和消费同时进行，即消费者单位的变化和生产者单位的变化同时发生，这种变化是同一的。服务一旦生产出来必须由消费者获得而不能储存，这与其物理特性无关，而只是逻辑上的不可能。"③

科特勒（P. Kotler）从市场营销角度提出："服务是一方能够向另一方提供的任何一项活动和利益，它本质上是无形的，并且不产生对任何东西的所有权问题，它的产生可能与实际产品有关，也可能无关。"④

我国学者在综合比较国外有关服务的定义基础上，也对服务提出了各种不同的不同定义。如谢康认为："服务是作为委托人的服务消费者与作为代理人的服务提供者之间达成的经济契约或社会契约。"⑤ 叶万春则认为："服务是具有无形性特征，却可给人带来某种利益或满足感的可供有偿转让的一种或一系列活动。"⑥

上述这些有关服务的定义，虽然是从不同角度阐述了服务的概念，但基本上明确了服务的三个最基本的特征：一是明确了服务的无形性，即服务不仅是一种特殊的使用价值，而且其使用价值不是物的体现而主要是活动过程的体现；二是明确了服务的同一性，即服务的生产和消费是同时进行而不可分离和不可储存的；三是明确了服务的不可转移性，即服务虽然是一种有偿的经济活动，但其无形性决定了服务有偿交换的只是服务的使用价值，而不涉及服务所有权的转移。

（二）服务业及其分类

服务业（service industry），是指将服务以商品形式提供给消费者的个人和企业的总和。由于现代服务内容十分庞杂，几乎囊括了经济社会生活的大多数方面，不仅对服务定义不统一，而且也导致对服务业的界定和划分的困难，像著名的克拉克三次产业分类法，也只是把服务业笼统地看做是第一、第二产业的剩余部分，没有科学地界定服务业的定义或内涵。因此，尽管服务业的概念在国内外

---

① [德] 卡尔·马克思. 马克思恩格斯全集. 第 26 卷第 1 册，第 435 页. 人民出版社，1972

② [美] A. 佩恩. 服务营销. 中信出版社，1998

③ T. P. Hill: On Goods and Services. Review of Income and Wealth, Serials23, No. 4, 1977

④ [美] 菲利普·科特勒. 市场营销管理. 中国人民大学出版社，1996

⑤ 谢康. 国际服务贸易. 中山大学出版社，1998

⑥ 叶万春. 服务营销学. 高等教育出版社，2001

已被广泛使用，但各国对其划分仍没有形成较统一的标准。

目前，除了克拉克的三次产业分类法外，在国际上流行的还有几种分类方法。一是联合国标准贸易分类法（UNSITC），主要是按照加工程度或知识含量对服务项目进行排列，从而将服务业划分为 46 个服务部门。二是国际标准产业分类法（ISIC），将服务业按行业特征划分为：①批发与零售商业、饭店和餐饮业；②交通运输业、仓储和通讯业；③金融、保险和商业服务业；④公共管理及防务；⑤社会、社区及个人服务等五个大类。三是国际货币基金组织（IMF）分类法，将服务业划分为：货运服务、港口服务、旅游服务等六个大类。此外还有萨布洛分类法、霍夫曼分类法、美国技术评估局分类法等各种对服务业的分类方法。

随着现代科学技术进步和经济社会发展，一方面服务业的范围和领域仍在不断拓宽和发展，另一方面服务业在经济社会中占有越来越重要的地位。于是，为了解决服务业的界定和划分的混乱状况，适应服务业和国际服务贸易发展的需要，世界贸易组织（WTO）所属的统计和信息系统管理局（SISD），于 1995 年对国际服务贸易中所指的服务部门（或行业）作了统一表述，并公布了统一的分类方法。按照世界贸易组织的分类方法和 1989 年关贸总协定秘书处开列的"服务部门参考清单"，服务业的具体部门（或行业）可划分为以下 14 个方面[①]。

1. 商业服务（commercial services），主要指商业活动中涉及的各类服务交易活动，具体包括各种设备（如交通运输、计算机、娱乐设备等）租赁服务，不动产交易服务（不包括土地和租赁），安装及装配工程服务，设备维修服务，伴随生产活动的服务，咨询服务，管理服务，法律服务，旅游服务，公共服务及其他商业性服务等。

2. 通讯服务（telecommunication network-based services），主要指社会通信活动过程中涉及的各类产品、操作、设备和软件系统等活动的服务，包括邮政服务、信使服务、电信服务（包括电话、电报、数据传递、传真等）、收音机及电视广播服务等。

3. 建筑服务（construction services），主要指涉及工程建筑全过程的各类服务，包括建筑选址设计服务、安装及装配工程服务、建筑物的维护与维修等各种服务。

4. 销售服务（sale services），主要指产品销售过程中的各种服务，包括商业批发交易、零售交易、与销售有关的中介服务、代理服务和经纪人服务等。

5. 教育服务（educational services），主要指高等教育、中初等教育、职业教育和特殊教育服务，以及在各种教育层次上所提供的相关服务，如互派留学生、

---

① General Agreement on Tariffs and Trade. GATT Activities, Geneva: GATT. 1991

访问学者和职业培训服务等。

6. 金融服务（financial services），主要指除保险业以外的所有金融服务，包括银行存贷款服务、其他贷款服务、金融市场管理、与证券市场有关的服务（如股票发行、有价证券管理等），以及贷款中介、金融咨询和外汇买卖等金融中介服务。

7. 保健服务（health services），主要指涉及个体（包括人和动物）卫生健康的所有服务，包括个人保健服务和兽医服务（家庭宠物保健）等。

8. 旅馆和住宿服务（hotel and other lodging services），主要指为旅游者和各类住宿人员提供的所有服务，包括住宿、餐饮、商务及相关服务等。

9. 保险服务（insurance services），主要指各种形式的保险服务，包括海运、空运和陆运货物运输保险，人寿、养老、伤残、医疗等人身保险，财产和债务保险，以及各种附属于保险的服务和再保险服务等。

10. 个人服务（personal services），主要指向个人提供的各种服务，包括美容美发、房屋清洁、维修和护理，以及其他有关的个人服务等。

11. 文化娱乐服务（amusement and recreation services），主要指除广播、电影和电视以外的所有文化娱乐服务，如文化交流、文艺演出等。

12. 动产销售服务（sale in personal estate），主要指各类动产销售过程中涉及的各种服务。

13. 交通运输服务（transport services），主要指交通运输过程中形成的各类服务，包括货物运输服务（空运、海运、铁路运输、管道运输、内河和沿海运输、公路运输、航天发射运载服务等）、客运服务，船舶服务，以及附属于交通运输的各类服务等。

14. 其他服务（other services），主要指暂时未列入上述服务项目中的其他服务内容。

以上对服务业的分类，基本上概括了目前世界服务业的主要内容，但也只是相对的划分。随着世界经济的发展，尤其是现代知识经济的发展，服务业的内涵和外延仍将不断扩展，对服务业内容和范围的界定仍然是一个需要进一步探索和研究的重要课题。

二、旅游服务的基本特征

根据服务定义和有关服务业的分类方法，并结合旅游活动的多样性和综合性特点，所谓旅游服务（service for tourists），是指为满足旅游者进行旅游活动而提供的有关食、住、行、游、购、娱等服务的总和，其目的是在最大限度地满足旅游者需求的同时，获得良好的经济社会效益。为了正确认识和理解旅游服务的概念，必须进一步分析和掌握旅游服务的特征。

（一）旅游服务的无形性

旅游服务的无形性（intangibility of service for tourists），是指旅游服务的使用价值，不能脱离于生产者和消费者之外而独立地固定在某种具体的实物形态上，如旅游饭店所出售的"房间"，并不是"房间"本身的物质形态，而是依托于"房间"所提供的客房服务，包括安全、舒适和清洁的住宿条件和环境等。

旅游服务的无形性特征，使旅游者在购买旅游服务之前不能凭感官去判断旅游服务的质量和水平，只能通过对各种旅游信息及旅行经验做出判断；同时，对旅游服务消费的利益和感受也不可能马上评价，必须经过一段时间或有相同的服务消费比较之后才能做出正确的评价。因此，旅游服务的无形性，不仅要求旅游行业提供准确、诚实的服务信息和承诺，而且要求认真履行旅游服务承诺的质量和要求，才能树立良好的旅游服务形象和声誉。

（二）旅游服务的不可分性

旅游服务的不可分性（inseparability of service for tourists），是指旅游服务的生产和消费是不可分离的，其生产过程和消费过程在时间上具有同一性，空间上具有并存性。

通常，物质产品的生产、销售和消费过程是分离和继起的，即生产者先生产出产品，再销售给消费者，最后由消费者根据需要在不同的时间进行消费，整个过程中生产者和消费者是不直接接触的。而旅游服务的生产和消费是不可分离的，旅游服务生产过程的起点也是消费过程的开始，旅游服务生产过程的终结也就是消费过程的结束。例如，当旅游者入住旅游饭店以后，饭店服务生产才开始，同时也是旅游者消费饭店服务的过程；当旅游者离开饭店后，其对饭店服务的消费就结束了，同时饭店服务（对该旅游者）的提供也就结束了。正是由于旅游服务的不可分性，要求旅游行业必须高度重视和保证旅游服务质量，才能更好地满足旅游者的需求，获得相应的经济社会效益。

（三）旅游服务的不可储存性

旅游服务的不可分性，还决定了旅游服务的不可储存性（non-storability of service for tourists），即旅游服务一旦被生产出来就必须被消费，不可能由经营者或旅游者加以储存。如旅游饭店不可能像工厂、商店那样把服务储存起来，以待将来再进行销售，当天不能出售的客房服务就意味着失去这一天的收入，并且永远得不到补偿；同样，旅游者也不可能事先存储旅游服务来满足自己未来的需求。

旅游服务的不可储存性特征，一方面表明了旅游行业通常不需要大量储存费用，但另一方面又因没有"服务库存"而导致经常出现供求不平衡问题。因此，必须不断提高旅游服务经营的灵活性和管理的科学性，通过加大旅游服务的促销宣传、提供优质服务、树立良好的服务形象，才能变被动的旅游服务消费为主动管理水平。

　　（六）旅游购物服务

　　旅游购物服务（shopping services），是为旅游者在旅游活动过程中，购买旅游目的地的各种工艺品、纪念品、文物复制品及地方产品而提供的服务，也是现代旅游服务的重要内容之一。随着经济社会的发展，旅游者在旅游活动中的购物需求也日益增加，从而带动了各种旅游商品生产和销售的发展，形成了轻工业、商业和旅游业相结合的旅游购物服务系统，为旅游者提供更多的旅游购物服务。

　　（七）其他旅游服务

　　其他旅游服务（other services for tourists），是除了以上基本的旅游服务外，旅游者在旅游活动中还会涉及许多相关的服务，如邮电通信、外币兑换、医疗急救、商务活动、教育培训等方面的服务。尽管这些服务只是一种辅助性服务，但其对完善旅游目的地的服务体系，提高旅游服务质量和水平，增强旅游目的地的市场竞争力，促进旅游服务贸易发展都具有十分重要的作用。

第二节　旅游服务贸易的形式和分类

一、旅游服务贸易的概念

　　在现代国际服务贸易中，旅游服务、运输服务、政府和其他服务共同构成服务贸易的主要内容，因此要了解和掌握旅游服务贸易的概念和内容，首先必须对国际服务贸易的概念和内容有正确的理解和把握。

　　（一）服务贸易的定义

　　服务贸易，全称为国际服务贸易（international trade in service），是指以服务为主要内容的国际贸易活动，是服务在世界各国之间的等价交换或有偿流动。长期以来服务贸易一直未受到经济学界的重视，直到 20 世纪 60 年代以来，随着服务贸易的快速发展并在世界经济和贸易中占有越来越重要的地位后，才引起人们对服务贸易的重视和研究。

　　"服务贸易"一词最早出现在 1971 年经济合作组织（OECD）的一份报告中，这份报告探讨了即将进行的关贸总协定"东京回合"谈判所要涉及的问题，并指出："服务部门的许多国际间贸易活动在一些重要的领域，已同国际货物贸易一样的或更快的速度发展……服务部门和工业部门一样，正在经历着国际化的相互渗透的发展过程。对许多国家来说，服务贸易至少与货物贸易一样重要，在某些情况下比货物贸易更重要。"[①] 1974 年，美国在其贸易法第 301 条款中首次使用了"世界服务贸易"的概念。此后，随着关贸总协定"乌拉圭回合"谈判的开始和不断深入，各国学者开始围绕国际服务贸易进行认真的研究和探讨，提出了各种各样的有关"服务贸易"的定义（相关知识 1－1）。

相关知识 1－1：

关于服务贸易定义的研究

由于服务内容的多样性，决定了对服务贸易定义的难度，尤其服务贸易是一种新生事物且内容极其庞杂，使人们对服务贸易的认识和理解不同，对其定义也五花八门。

国外学者对服务贸易的定义大多数是从形式上进行描述的，如巴格瓦蒂 (J. N. Bhagwatti) 将服务贸易分为 4 种形式："消费者和生产者都不移动的服务贸易；消费者移动到生产者所在国进行的服务贸易；生产者移动到消费者所在国进行的服务贸易；消费者和生产者都移动到第三国进行的服务贸易。"[②] 霍克曼（B. Hoekman）认为："服务贸易是指国内要素通过与非本国居民进行服务交易而获得收入的过程，其与交易地点无关。"[③] 科雷阿则认为，消费者或生产要素（资本、劳动、信息或知识）的国际移动构成国际服务贸易的基本内容。美国—以色列自由贸易协定中，明确将服务贸易定义为服务输出国与输入国之间达成的服务交易[④]。

我国学者也积极探讨了服务贸易的定义，如汪尧田提出："国际服务贸易在概念上有广义和狭义之分。狭义的国际服务贸易是无形的，是指发生在国家之间的符合于严格服务定义的直接服务输出与输入活动。而广义的国际服务贸易既包括有形的劳动力的输出输入，也包括无形的提供者与使用者在没有实体接触的情况下的交易活动。如卫星传送和传播，专利技术贸易等。"[⑤] 薛永久则认为："国际服务贸易是指国家之间相互提供的作为劳动活动服务的特殊作用价值。"[⑥] 于维香提出："服务贸易就是一国的个人或团体，向另一国的个人或团

---

①　J. N. Bhagwatti. Trade in service in multilateral trade negotiations. The World Bank Economic Review, 1, 1987

②　J. N. Bhagwatti. Splintering and disembodiment of services and developing nations. The World Economy, 7, 1984

③　B. Hoekman: Service－related Production, Employment, Trade, and Factor Movements. In P. A. Messerlin and K. P. Sauvant, *The Uruguay Round: Services in the Economics*. Washington, D. C.: World Bank, 1990.

④　谢康. 国际服务贸易. 中山大学出版社，1998

⑤　汪尧田，周汉民. 关税与贸易总协定总论. 中国对外经济贸易出版社，1992

⑥　薛永久. 国际贸易. 四川人民出版社，1993

续表

> 体购买服务的过程。"① 隆国强则强调："服务贸易指的是一国劳动者向另一国消费者提供服务并获得外汇的过程。"② 陈宪认为："一般都将无形贸易划分为要素服务贸易和非要素服务贸易……在无形贸易中扣除要素服务贸易即为通常所说的服务贸易。……国际服务贸易是国与国之间服务业的贸易往来,各国服务的总出口构成了国际服务贸易。"③
>
> 　　比较上述国内外学者对服务贸易所下的各种不同的定义,反映着人们对服务贸易的认识差别和理解深浅,也体现了人们从不同的视角或方位来理解服务贸易。尽管服务贸易总协定中对服务贸易所下的定义代表着大多数专家的意见,而且涵盖面也比较完整,但也只是服务贸易方式的表达。因此,要形成一个简单明了的服务贸易定义,还需要做进一步的理论探索和研究。

　　为了统一对服务贸易的定义,1994 年结束的"乌拉圭回合"谈判所达成的《服务贸易总协定》(General Agreement on trade in service, GATS) 中,明确把服务贸易定义为:"(1) 从一缔约方境内向任何其他缔约方境内提供服务;(2) 在一缔约方境内向任何其他缔约方的服务消费者提供服务;(3) 一缔约方的服务提供者在任何其他缔约方境内以商业存在提供服务;(4) 一缔约方的服务提供者在任何其他缔约方境内以自然人的存在提供服务。"④

　　(二) 旅游服务贸易的概念

　　旅游服务贸易,全称为国际旅游服务贸易 (international trade in service for tourists)。根据国内外对服务贸易的定义,可以给旅游服务贸易下一个简洁的定义:"旅游服务贸易,是指旅游服务在国家之间的有偿流动和交换过程,即国家之间相互为旅游者进行国际旅游活动所提供的各种旅游服务的交易过程。"尽管20 世纪以来国际旅游迅速发展,并受到各国政府的高度重视和促进,但从服务贸易角度研究国际旅游的理论和政策却十分薄弱,因此必须在服务贸易的基础上充分认识和理解旅游服务贸易的概念。从服务贸易的角度,正确认识和理解旅游服务贸易的概念和内涵,必须掌握以下几点。

　　1. 旅游服务贸易是一种国家之间对旅游服务的有偿交换活动。国际旅游是指人们为了特定目的而离开居住国,前往其他国家并作短暂停留(不超过一年)的旅游活动,其主要目的不是为了从访问地获得经济收益。通常,国际旅游不仅包括本国居民到其他国家的出境旅游,也包括其他国家居民到本国的入境旅游。

---

① 于维香等编著. 国际服务贸易与中国服务业. 中国对外经贸出版社,1995
② 隆国强等编著. 中国服务贸易. 中信出版社,1995
③ 陈宪主编. 国际服务贸易. 立信会计出版社,1995
④ The General Agreement on Trade in Services. Geneva: GATT. 1994

因此，旅游服务贸易的内容是对进行国际旅游的入境旅游者和出境旅游者所提供的服务，而对国内旅游者提供的服务一般不纳入旅游服务贸易的范畴。因此，简而言之，旅游服务贸易是国家之间有偿提供旅游服务的交换活动。

2. 旅游服务贸易包括了《服务贸易总协定》定义的范围和内容。由于旅游服务是一种综合性服务，涉及大量对旅游者提供的直接服务和相关服务，因此旅游服务贸易基本涵盖了《服务贸易总协定》所定义的四种服务贸易形式，不仅包括直接对旅游者进行国际旅游所提供的境外服务，同时也包括以跨境交付、商业存在和自然人流动形式提供的各种旅游服务，使旅游服务贸易的范围和内容广泛而内容复杂。

3. 旅游服务贸易包括旅游服务的出口和进口。旅游服务贸易既然是现代服务贸易的组成内容，必然也包括旅游服务的出口和进口。根据世界旅游组织对旅游的定义，国际旅游一般包括出境旅游和入境旅游两方面，因此旅游服务贸易也包括旅游服务的出口和进口两部分。旅游服务的出口，体现为向入境旅游者或在国外以其他形式为旅游者提供各种旅游服务，并相应获得旅游服务的出口收入；旅游服务的进口，体现为向本国旅游者出境旅游或在国内消费外国旅游经营者提供的旅游服务，并相应发生旅游服务的进口支出。正是由于旅游服务贸易包含了出口和进口内容，因此旅游服务贸易也必然涉及进出口贸易平衡等基本问题。

4. 旅游服务贸易应遵循服务贸易的国际规则和国际惯例。旅游服务贸易作为一种服务贸易方式，其整个交易活动也必须符合服务贸易的有关国际法律规定和运行规则。因此，各国对旅游服务贸易的政策规定，一般都以《服务贸易总协定》和有关的国际协议文件为依据，整个旅游服务贸易的业务也必须符合服务贸易的国际规则和要求，并与服务贸易的国际惯例相适应。

二、旅游服务贸易的特点

旅游服务贸易作为现代服务贸易的组成部分，既有服务贸易的一般特征，又有与国际旅游活动相适应的特点。因此，按照服务贸易和旅游服务贸易的概念，结合国际旅游发展的实际，旅游服务贸易的基本特点可概括为以下几方面。

（一）旅游服务贸易的国际性

现代旅游已成为人们物质文化生活的组成部分，特别是随着经济社会的发展及个人可支配收入的提高，人们为了减少或消除工作带来的身心疲劳，丰富物质文化生活，使人们外出旅游尤其是国际旅游活动日益增多。但与国内旅游相比较，国际旅游的最大特点是旅游活动的跨国性，即不论是出境旅游还是入境旅游，其本质上都必须是跨越国界的，否则就不能称为国际旅游。

由于国际旅游的跨国性特点，决定了旅游服务贸易必然是国家之间的一种服务贸易，其不仅要求为国际旅游者提供食、住、行、游、购、娱等方面的旅游服务，而且还必须提供相关的国际旅行手续方面的服务，如护照与签证、出入境手续、卫生检疫、货币兑换等。因此，旅游服务贸易不同于一般的国内旅游服务，具有内容丰富、手续复杂、程序较多等国际性特点。

（二）旅游服务贸易的不确定性

旅游服务贸易是在两个个体单位之间发生的，其中旅游消费者是个人，而旅游服务者可能是个人，也可能是某个经济单位。因此，旅游服务贸易对于交易双方来讲，既存在许多利益上的一致性，又不排除二者之间存在利益冲突的可能性。由于旅游服务的生产与消费是同时进行的，因此旅游服务的效用需要通过旅游者的消费满意程度来评价，从而要求旅游服务贸易的双方，即旅游服务的消费者和提供者之间必须相互信任和友好协商，才能保证旅游服务贸易的顺利实现。

但是，由于在旅游服务贸易中，一般存在着旅游需求的变化性和旅游供给的固定性，导致交易双方选择地位的不平等，即旅游者通常是按照自身的消费偏好来选择旅游服务的供给者，而旅游服务的供给者则是被动地向旅游者提供旅游服务，从而使旅游服务贸易存在着明显的不确定性，要求旅游服务人员必须努力提高旅游服务的质量和水平，并针对不同旅游者的需求变化及消费特点，始终保持为旅游者提供优质的旅游服务。

（三）旅游服务贸易的高效益性

现代旅游活动虽然不是以经济活动为目的，但其整个活动过程必须以经济活动为基础。因为任何旅游者要想在旅游活动过程中有效地达到旅游的目的并满足其旅游需求，都离不开对食、住、行、游、购、娱等各方面的消费，并产生一系列的经济支付。

由于国际旅游与国内旅游相比，通常出游距离较远，在旅游目的地停留时间较长，加上要办理各种国际旅行手续，因而其用于旅游活动的交通、住宿、餐饮等消费支出一般要比国内旅游高得多。因此，对于旅游服务出口的国家来讲，积极发展入境旅游，吸引大量的外国旅游者，不仅能增加旅游外汇收入，直接获得旅游经济收益；同时，还可以通过向外国旅游者提供旅游服务，带动本国相关产业的发展，促进国内劳动力的就业，从而带来更多的经济效益和社会效益。

（四）旅游服务贸易的财富转移性

现代旅游不是单一的社会文化活动，而是建立在以经济活动为基础，把多种旅游要素集合在一起的综合性经济社会活动，特别是随着以提供旅游服务为主的旅游产业的迅速发展，使现代旅游活动逐渐发展成以旅游为目的、以经济活动为基础的旅游经济活动。

通常，在不考虑旅游对其他产业的带动效应情况下，国内旅游消费对一个国家而言一般并不增加经济的总量，只是促使国内财富的再分配。但是，对于国际旅游则存在着根本的不同。从旅游接待国方面看，入境旅游者的消费支出构成外来的经济"注入"，从而必然促进旅游接待国的经济总量增长；从旅游客源国方面看，出境旅游者的消费支出会引起旅游客源国的经济"漏出"，从而引起旅游客源国经济总量的减少；因此，随着旅游服务贸易的发展，必然会造成国家之间的财富转移。

三、旅游服务贸易的形式

划分旅游服务贸易的形式和类型，一般是以国际服务贸易为基础。国际服务贸易的形式和类型，是指各国之间进行服务贸易活动的交易方式。由于服务内容的庞杂和服务贸易定义的多样性，使人们对服务贸易的形式和类型划分也有不同的观点①，比较有影响的观点主要有以下三类：一是把服务贸易划分为要素服务贸易和非要素服务贸易两种基本形式和类型；二是把服务贸易划分为跨境服务、国内服务和特殊形式服务三种基本形式和类型；三是把服务贸易划分为国境贸易、要素收益贸易、当地贸易和第三国贸易四种交易方式和类型（见相关知识1-2）。

相关知识1-2：

服务贸易的形式和类型

对服务贸易的形式和类型也有不同的观点和争议，比较有影响的主要有两分法、三分法和四分法等三种观点。

第一类观点是两分法，即把服务贸易划分为要素服务贸易和非要素服务贸易两种基本形式和类型。要素服务贸易，是指直接由生产要素所提供的服务贸易，如国际投资的利息支付、对外劳务合作收入、外籍员工工资收入等；非要素服务贸易，是指面向外国人员提供的服务，如交通运输服务、旅游服务、金融保险服务等。

第二类观点是三分法，即把服务贸易划分为跨境服务、国内服务和特殊形式服务三种基本形式和类型。跨境服务，是以服务消费者和提供者的移动为条件而进行的服务贸易，如国际旅游、工程承包、医疗卫生等服务；国内服务，是在一国内向外籍人员提供的各种服务贸易，如邮电通信服务、广告服务、金融保险服务等；特殊形式服务，是指通过交换物化服务形式而进行的服务贸易，如信息产品、知识产权等服务。

第三类观点是四分法，即把服务贸易划分为国境贸易、要素收益贸易、当地贸易和第三国贸易四种交易方式和类型。国境贸易，是指服务消费者和提供

---

① 谢康. 国际服务贸易. 广州：中山大学出版社，1998 年

续表

者都不移动的跨境服务贸易，如交通运输服务、租赁服务、信息数据服务等；要素收益贸易，是指服务消费者移动而提供者不移动的服务贸易，如旅游服务、教育服务、医疗保健服务等；当地贸易，是指服务消费者不移动而提供者移动的服务贸易，如国外投资、劳务输出等；第三国贸易，是指服务消费者和提供者都移动的服务贸易，如外国旅游者住进第三国跨国公司经营的旅游饭店等。

消费者 生产者	不移动	移动
不移动	A 型国境贸易	C 型当地贸易
移动	B 型要素收益贸易	D 型第三国贸易

（资料来源：谢康. 国际服务贸易. 中山大学出版社，1998）

由于对服务贸易形式和类型划分存在着各种不同的观点和方法，为了统一服务贸易的形式和类型，经过"乌拉圭回合"的反复谈判，最终在达成的《服务贸易总协定》中，明确将服务贸易划分为跨境交付、境外消费、商业存在和自然人流动四种基本形式和类型[①]。因此，旅游服务贸易也是以这四种形式为基础来划分旅游服务贸易的形式和类型的。

（一）跨境交付

跨境交付（cross-border supply），是指从一缔约方境内向任何其他缔约方境内消费者提供服务，是典型的跨国界的服务贸易，其特点是服务的提供者和消费者分别处于不同的国家，充分体现了服务贸易的一般特征。从旅游服务贸易看，跨境交付贸易主要体现在通过国际电讯、计算机网络等方式，为境外旅游者提供各种旅游信息、旅游咨询、远程预订服务和部分旅行社服务等。随着现代通信技术、计算机技术和国际互联网的迅速发展，以跨境交付为形式的旅游服务贸易内容日益丰富，领域更加广泛，交易数量不断扩大，逐渐成为旅游服务贸易的重要形式之一。

（二）境外消费

境外消费（consumption abroad），是指在一缔约方境内向任何其他缔约方的消费者提供服务，其特点是消费者跨国移动而服务提供者不移动，如交通运输服务、旅游服务、金融汇兑服务、医疗服务等，都是服务贸易的基本方式和重要内容。从旅游服务贸易看，境外消费方式是旅游服务贸易最基本、最重要的形式之一，因为大多数国际旅游都是旅游者在境外的旅游活动，因此为外国旅游者提供各种服务就成为旅游服务贸易的主要内容，其包括了旅游交通服务、住宿餐饮服

---

① The General Agreement on Trade in Services. Geneva: GATT. 1994

务、观光游览服务、娱乐休闲服务、旅游购物服务等多方面的内容。随着国际旅游的发展，以境外消费方式为主的旅游服务贸易将不断扩大和发展。

（三）商业存在

商业存在（commercial presence），是指一缔约方在其他任何缔约方境内通过商业存在而提供服务，即服务提供者通过在外国建立商业机构为消费者服务，其特点是服务提供者跨国移动而消费者一般不移动，由于这种服务贸易往往与对外直接投资联系在一起，规模大、范围广、发展潜力大，因此是国际服务贸易中最活跃、最主要的服务贸易形式。从旅游服务贸易看，外国投资者通过到一国开发旅游景区景点，建立旅游饭店、旅行社和航空公司等直接为该国旅游者提供旅游服务，或设立银行、保险公司、律师事务所等间接为该国旅游者提供旅游服务，都属于这类旅游服务贸易的内容。随着世界经济的全球化和区域一体化发展，以商业存在为基础的旅游服务贸易将进一步得到发展。

（四）自然人流动

自然人流动（movement of personnel），是指一缔约方的自然人在其他任何缔约方境内向消费者提供服务，其特点是服务提供者和服务消费者均可能跨国移动。从旅游服务贸易看，自然人流动方式主要表现为外国的技术人员、管理人员到一国提供有关的旅游服务和管理，如国外从事旅游规划开发、旅游饭店管理、旅行社经营和旅游服务人员，到一国的有关旅游机构向旅游者或其他消费者提供旅游服务等。目前，自然人流动仅限于技术和管理人员方面，一般规模较小、时间有限，由于自然人流动实质上是生产要素流动的主要内容之一，因此随着世界贸易组织各国之间的谈判，发展中国家积极要求把各种旅游服务人员的流动也纳入国际服务贸易的框架之中。

四、旅游服务贸易的分类

通过对旅游服务贸易概念和基本形式的分析，可以看出旅游服务贸易的范围广泛、种类繁多，而且每一种类又可进一步划分为很多细类和内容。因此，为了更好地了解和掌握旅游服务贸易的内容，根据国内外学者对服务贸易的分类方法，结合旅游服务贸易的特点，可将旅游服务贸易内容划分为以下主要类型。

（一）直接旅游服务贸易和派生旅游服务贸易

根据对旅游者出游动机和需求的分析，一般可以分为直接旅游需求（direct tourist demand）和派生旅游需求（indirect tourist demand），前者是指旅游者以观光游览、休闲度假等纯旅游为主要目的而产生的国际旅游活动；后者是指依附于其他各种国际活动而派生的国际旅游活动，如国际商务活动、国际会议和展销活动等。因此，按照对国际旅游活动的分类，旅游服务贸易也可以划分为直接旅游服务贸易和派生旅游服务贸易两大类。

1. 直接旅游服务贸易（direct trade in service for tourists），是指为满足旅游者直接旅游需求所提供的各种旅游服务，包括对旅游者进行观光旅游、度假旅游、文化旅游、生态旅游、娱乐旅游等提供的各种旅游服务，其构成了旅游服务贸易的主要内容。

2. 派生旅游服务贸易（indirect trade in service for tourists），是指为满足各类旅行人员的派生旅游需求而提供的旅游服务，包括对旅游者进行国际商务、会展、学术、科考活动而提供的旅游服务，其构成旅游服务贸易的重要内容之一。随着世界经济的全球化发展和国际技术、经济、文化交流的广泛进行，不仅直接旅游服务贸易进一步持续增长，而且派生旅游服务贸易也不断扩大和发展。

（二）核心旅游服务贸易和附加旅游服务贸易

根据对旅游产品和旅游消费的分析，可以将旅游服务消费分为核心服务消费和附加服务消费，并相应将旅游服务贸易也划分为核心旅游服务贸易和附加旅游服务贸易。

1. 核心旅游服务贸易（core trade in service for tourists），通常是指旅游者在国际旅游活动中购买和消费的核心旅游产品，包括食、住、行、游、购、娱等方面的旅游服务，任何旅游活动都离不开这些旅游服务内容，否则旅游活动就无法进行。随着现代科技和社会经济的发展，核心旅游服务贸易的内容、范围和领域也不断扩展，包括以现代信息技术作为传递媒介的旅游信息服务、远程预订服务及国际旅游咨询，都将逐渐成为旅游服务贸易的核心内容。

2. 附加旅游服务贸易（additional trade in service for tourists），是一种伴随着核心旅游服务贸易而发生的旅游服务贸易，如邮电通讯、外汇兑换、医疗保险、教育培训等方面的服务，这些旅游服务是为了提高旅游服务贸易的竞争力，获得更多国际旅游市场份额而采取的重要内容与手段，其与核心旅游服务贸易相辅相成，共同构成旅游服务贸易不可分割的有机体。

（三）劳动密集型、资本密集型和技术—知识密集型旅游服务贸易

按旅游服务贸易与旅游生产要素的构成关系，可划分为劳动密集型旅游服务贸易、资本密集型旅游服务贸易和技术—知识密集型旅游服务贸易三种。

1. 劳动密集型旅游服务贸易（trade in service for tourists of labor - concentrated），主要指以旅游服务人员提供的各种劳务服务为主的旅游服务贸易，包括旅行社服务、旅游导游服务、旅游咨询服务、旅游规划设计服务等。

2. 资本密集型旅游服务贸易（trade in service for tourists of capital - concentrated），主要指需要投入大量资本建设旅游设施和购买旅游设备才能提供的旅游服务，包括旅游交通运输服务、住宿餐饮服务、旅游娱乐服务、旅游通讯服务等。

3. 技术—知识密集型旅游服务贸易（trade in service for tourists of technology

& knowledge-concentrated），主要指以提供技术和各种专门知识为主的旅游服务，包括旅游信息服务、金融保险服务、旅游管理服务、电子商务服务等。

在现代旅游服务贸易中，主要以劳动密集型旅游服务贸易和资本密集型旅游服务贸易为主体，但随着现代科学技术的发展、信息技术的广泛运用和知识经济的到来，技术—知识密集型旅游服务贸易将在旅游服务贸易中占有越来越重要的地位。

（四）要素旅游服务贸易和非要素旅游服务贸易

从对旅游服务贸易的基本形式分析，可以看出旅游服务贸易既可以在国内进行，也可以在国外进行，但从旅游生产要素是否跨国移动看，可将旅游服务贸易划分为要素旅游服务贸易和非要素旅游服务贸易。

1. 要素旅游服务贸易（factors trade in service for tourists），主要指有关旅游服务中各种劳动力、技术和资本等生产要素跨国界移动的旅游服务贸易，包括涉及旅游劳动力生产要素国际流动的旅游劳务输出及获得的收入，国外投资者的旅游投资及获得的利润、利息和股息等收入，国际旅游技术转让中转让方输出的技术、管理、知识产权及相应获取的各种转让收入等。

2. 非要素旅游服务贸易（non-factors trade in service for tourists），主要指不涉及生产要素跨国界移动的各种旅游服务贸易，包括旅游交通服务、住宿餐饮服务、娱乐购物服务以及相关的各种境外服务等。

目前在旅游服务贸易中，非要素旅游服务贸易是主体，但随着经济全球化的发展，要素旅游服务贸易将日益发展，其在旅游服务贸易中的比重将不断增加和提高。

（五）旅游服务贸易的不同统计方法

按对旅游服务贸易的统计，目前有两种统计方法。一种方法是按照世界贸易组织对服务贸易的统计方法，将服务贸易划分为商业服务、投资收入、其他政府服务和收入、单方面转移等四类，旅游服务贸易被纳入商业服务贸易的内容进行统计。其中商业服务贸易包括货运服务、其他运输（客运和港口）服务、旅游服务、其他民间服务（包括劳务、所有权和个人服务）等四方面；在商业服务收支统计中，具体包括货运收支、客运收支、旅游收支、劳务收支、所有权收支和其他民间收支六部分。

另一种方法是按照世界旅游组织和世界旅游理事会提出的"旅游卫星（或附属）账户"核算方法统计，其把旅游服务贸易具体划分为个人旅游支出、商务旅游支出、政府旅游支出和旅游资本投入等四个方面，并按照国际服务贸易的要求进一步分为旅游出口收入和旅游进口支出，以测算旅游服务贸易的变化情况。但是，由于这种统计方法目前还未在全球推行，因此对旅游服务贸易的统计主要还是以世界贸易组织的统计方法为主。

第三节　旅游服务贸易的产生及发展

一、旅游服务贸易产生和发展的基础

旅游服务贸易作为一种跨国性经济活动，是在国际旅游产生和发展的基础上，伴随着国际经济、文化、技术的交流和服务贸易的发展而逐渐形成的，国际旅游的萌芽和产生可追溯到人类古代社会的旅行和游览活动①。

（一）现代国际旅游的萌芽

大约在公元前4000年，随着人类文明在黄河流域、尼罗河流域、底格里斯河和幼发拉底河流域、印度河流域的产生和发展，人类有意识的旅行活动开始萌芽。以后，由于冶金技术的产生和发展，兵器制造和社会生产力有了较大的提高，促进了奴隶社会和封建社会的发展，使部分国家迅速强大并逐步吞并弱小国家，而成立了强盛一时的大帝国。各帝国之间的生产技术交流和贸易往来，使商业贸易和航运业不断扩张，不仅促进了国内旅行活动的迅速发展，也推动了国际商务和观光旅行的广泛进行，出现了与当时的社会、经济及文化发展相适应的商务旅行、宗教旅行、航海旅行、帝王巡游、游学旅行、探险旅行、游览旅行等各种各样形式的旅行与游览活动。

但是，由于古代社会生产力水平不高、经济不发达、人民生活水平低下，使古代社会最终仍未形成一种大众化、国际性的旅游活动，而仅仅是孕育了现代旅游和国际旅游的萌芽。

（二）现代国际旅游的形成

具有现代意义的国际旅游大约兴起于16世纪，而形成于18世纪的产业革命，到20世纪中期以后才有了快速的发展。

现代国际旅游的产生，发端于14世纪末期的文艺复兴运动。14世纪末15世纪初，意大利的佛罗伦萨、威尼斯、热那亚等城市的经济出现了高度繁荣的情况，一些新兴资产阶级知识分子展开了文艺复兴的活动，并迅速扩展到整个欧洲。到16世纪，伴随着文艺复兴活动的发展，再加上新航路的开通、法国的启蒙运动及欧洲宗教改革运动等，使西方的旅游活动迅速兴起。18世纪的产业革命，形成了以机器大工业为基础的社会化大生产，促使社会生产力得到了迅速的提高，促进了生产关系的深刻变革和资本主义制度的建立，使资本主义社会商品生产和交换迅速发展，从而为国际旅游的形成和发展提供了物质技术基础和经济条件，尤其是19世纪各种专门的旅游服务机构的产生和发展，为国际旅游的形

---

① 罗明义. 国际旅游发展导论. 南开大学出版社, 2002

成和发展提供了必备的条件，于是从 19 世纪中期开始国际旅游逐渐形成，到 19 世纪后期欧洲和北美地区的区域旅游已经有了较快的发展。

进入 20 世纪以后，随着火车、汽车、飞机等交通运输工具的发展和广泛运用，使国际旅游的交通运输条件更为便捷，从而促进了国际旅游向更广泛的地区发展。但是，由于当时资本主义经济尚处于自由竞争向垄断竞争转变时期，再加上 20 世纪上半叶两次世界大战的影响和 30 年代全球经济危机的影响，使国际旅游一直在世界范围内发展缓慢，到 1950 年全世界国际旅游人数仅有 2 528.2 万人次，国际旅游收入仅有 21 亿美元。

（三）现代国际旅游的发展

20 世纪 50 年代以后，随着战后（第二次世界大战）世界经济的迅速发展，各国人口快速增加，收入水平提高，闲暇时间增多，国家之间的经济、文化和技术的交流不断扩大，以及国际交通运输条件的不断改善，特别是民用航空的迅速发展，使人们对国际旅游的需求不断增加，旅游观光度假逐渐成为人们生活中不可缺少的重要组成部分，促使国际旅游进入了大众化旅游（Mass Tourism）的发展阶段，促进了国际旅游的快速发展。特别是进入 20 世纪 90 年代以后，国际旅游业已成为世界经济中发展势头最为强劲的产业（见表 1 - 1），受到世界各国政府的高度重视，予以大力推动与发展。

到 2000 年，全世界的国际旅游人数已达到 6.98 亿人，比 1950 年增加了 26.6 倍，年均递增 6.9%；国际旅游收入达到 4 760.0 亿美元，比 1950 年增加了 225.7 倍，年均递增 11.5%。旅游业的增长速度不仅远远超过了同期世界经济的增长速度，而且也超过了增长势头最好的工业的平均增长速度（3.7%）。进入 21 世纪后，虽然世界旅游不断遭受了局部战事、恐怖活动、流行性疾病等因素的打击和影响，但仍然保持了健康持续的发展，从 2000 年到 2005 年的 5 年间，全球国际旅游人数从 6.81 亿人次增加到 8.08 亿人次，年均增长率达到 3.5%，继续保持良好的增长与发展势头。

综上所述，随着全球国际旅游的发展，特别是国家间跨国旅游活动的开展，必然涉及国家之间相互为旅游者提供大量的旅游服务和相关服务，从而促进了国家之间旅游服务贸易的形成和发展。因此，国际旅游的产生和发展是旅游服务贸易的前提条件和基础，伴随着世界各国之间国际旅游的不断扩大和发展，旅游服务贸易的业务量越来越大，并在现代服务贸易中占有越来越重要的地位。

表1-1　世界接待国际旅游者人数和国际旅游收入

年份	接待国际旅游者		国际旅游收入	
（年）	人数（千人次）	年均增长率（%）	金额（百万美元）	年均增长率（%）
1950	25 282	－	2 100	－
1960	69 320	10.61	6 867	12.58
1970	165 787	9.11	17 900	10.05
1980	285 328	5.28	106 500	19.39
1990	457 647	4.74	273 200	9.80
2000	680 600	4.42*	479 200	5.90
2001	680 400	0	467 000	11.50
2002	700 400	2.9	481 600	11.80
2003	689 700	－1.5	524 200	15.50
2004	763 200	10.7	622 700	18.30
2005	808 300	5.9	682 000	9.53

＊2000年以前增长率为每10年的年均增长率，2000年以后为每年环比增长率。
资料来源：联合国世界旅游组织（UNWTO）：Tourism Market Trends, 2006 Edition-Annex

二、旅游服务贸易产生和发展的条件

　　旅游服务贸易作为国际服务贸易的组成部分，是伴随着国际服务贸易的产生和发展而迅速发展起来的，尤其是随着人们对国际服务贸易的认识和重视，才真正把旅游服务贸易作为一种国家之间的贸易经济活动纳入国际服务贸易之中，并积极地促进其快速发展。

　　国际服务贸易的产生，大约与货物贸易的产生时期相同，在人类历史上至少有五六千年的历史了①。但是，由于在传统经济中服务业没有农业、工业发达，再加上人们过去对服务业和服务贸易不重视，也没有专门对服务贸易进行研究和统计，因此对服务贸易的发展及理论研究从20世纪50年代以后才逐渐显现出来。20世纪50年代以后，随着世界经济和货物贸易的迅速发展，跨国公司的大量产生和生产的国际化，服务业及服务技术的不断发展，促进了国际服务贸易的迅速发展。尤其是70年代以来，伴随着全球交通运输、邮电通信、国际旅游和信息技术等服务业的迅速发展，使世界服务贸易也快速增长与发展。

　　（一）世界服务贸易的发展情况

　　从世界服务贸易总体发展情况看（见表1-2），1970年世界服务贸易总额仅有1 100亿美元，到2000年已经达到28 700亿美元，三十年间增长了25.1倍，年均递增11.5%，其中前二十年基本上每五年翻一番。1975年，世界服务

————————
　　① 杨圣明，陈家勤.服务贸易：中国与世界.北京：民主与建设出版社，1999年

贸易总额从 1970 年的 1 100 亿美元迅速增长到 2 828 亿美元，五年中翻了一番多，年均递增 20.8%，占当年世界贸易总额的比重达到 23.8%；到 1980 年又迅速增加到 8 010 亿美元，五年中又增长了 1.8 倍，年均递增 23.1%。从 1980 年到 1985 年，由于世界石油危机影响而导致的世界经济危机，使世界服务贸易一度增长缓慢，年均递增率仅有 6.3%。而从 1985 年以后，随着世界经济复苏并迅速增长，又促进了世界服务贸易的快速发展，到 1990 年世界服务贸易总额达到 16 202 亿美元，比 1985 年增长了一倍，年均递增 14.4%。进入 20 世纪 90 年代以后，世界服务贸易保持了持续稳定的发展态势，年均增长率基本保持在 6% 左右，快于世界贸易的增长速度。到 2005 年，世界服务贸易进出口总额已经达到 48 500 亿美元，大约占到世界贸易进出口总额的 1/4。

表 1-2　1970—2005 年世界服务贸易发展情况

年份（年）	世界贸易进出口总额（亿美元）	世界服务贸易（亿美元）			服务贸易总额占世界贸易总额比重（%）
		进出口总额	出口额	进口额	
1970	3 793	1 100	728	372	29.0
1975	11 890	2 828	1 760	1 068	23.8
1980	27 620	8 010	4 020	3 990	29.0
1985	63 352	8 266	4 250	4 016	13.1
1990	69 816	16 202	7 931	8 271	23.2
1995	100 653*	23 878	11 889	11 909	23.7
1996	104 515	25 400	12 747	12 617	24.3
1997	109 022	26 230	13 267	13 026	24.1
1998	107 408	25 800	13 405	13 268	24.0
1999	137 600	26 950	13 911	13 768	19.6
2000	154 500	28 700	14 350	14 350	18.6
2001	150 200	29 050	14 781	14 696	19.3
2002	157 100	31 156	15 701	15 455	19.8
2003	183 500	35 750	17 950	17 800	19.5
2004	222 000	42 200	21 250	20 950	19.0
2005	253 000	48 500	24 150	23 450	19.2

*由于服务贸易的统计资料不完整，因此本表 1995 年以前数据，系根据联合国、世界贸易组织、国际货币基金组织等有关统计资料和报告中的数据整理；1995 年以后数据，主要来源于世界贸易组织各年度报告统计资料。

（二）世界服务贸易与货物贸易比较

从世界服务贸易与货物贸易的出口发展比较看（见表 1-3），20 世纪 70 年代，世界货物贸易出口年均增长率为 20.2%，服务贸易出口年均增长率为 18.6%，服务贸易出口增长速度已经基本接近货物贸易的出口增长速度；20 世纪 80 年代，世界贸易增长速度都有所下降，其中世界货物贸易出口年均增长速度为 5.6%，而世界服务贸易出口年均增长速度为 8.0%，世界服务贸易出口的增长速度已高于货物贸易出口的增长速度；20 世纪 90 年代以来，世界货物贸易和服务贸易出口都呈现出低速增长的发展态势，其中 1990—2000 年，世界货物贸易出口年均递增速度为 6.3%，世界服务贸易出口年均递增速度为 6.2%。

尽管从总体发展上看，世界服务贸易出口增长速度仍然略低于货物贸易出口的增长速度，但从世界服务贸易的发展趋势看，随着世界各国之间服务贸易范围和内容的进一步拓展，世界服务贸易出口的增长速度有可能再次超过世界货物贸易的增长速度。同时，从世界服务贸易占货物贸易出口的比重看，也从 20 世纪 70 年代末期低于 20% 的比重，迅速上升到 20 世纪末期的 24% 左右。从 2001 年到 2005 年的情况看，世界贸易出口的比重仍然保持占世界货物贸易出口比重的 24% 左右，并且呈现出进一步提高的发展态势。

表 1 - 3　世界货物贸易与服务贸易出口比较

年份	世界货物贸易出口		世界服务贸易出口		世界服务贸易占货物贸易出口的比重（%）
	金额（亿美元）	增长率（%）	金额（亿美元）	增长率（%）	
1970	3 150	–	710	–	22.5
1980	20 352	20.5	3 651	17.8	17.9
1990	34 417	5.4*	7 827	7.9	22.7
1991	35 090	2.0	8 251	5.4	23.5
1992	37 590	7.1	9 231	11.9	24.6
1993	37 770	- 0.3	9 404	1.9	25.1
1994	43 260	13.3	10 367	10.2	24.4
1995	51 610	19.7	11 889	14.7	23.4
1996	53 910	5.3	12 747	6.9	23.8
1997	55 770	3.6	13 267	3.9	23.9
1998	54 960	- 1.6	13 405	0.9	24.5
1999	57 080	4.0	13 911	1.8	24.0
2000	64 450	12.4	14 350	5.8	22.3
2001	61 910	- 4.0	14 781	9.0	23.9
2002	64 550	5.0	15 701	7.0	24.3
2003	72 940	17.0	17 950	14.0	24.6
2004	89 070	21.0	21 250	18.0	23.9
2005	101 590	13.0	24 150	10.0	23.8

*1970—1980，1980—1985，1985—1990 为年均增长率；1990 年以后为环比增长率。
资料来源：World Trade Organization：International Trade Statistical 1990—2006.

相关知识 1-3：

中国对外服务贸易蓬勃发展

随着当今世界服务贸易快速发展的同时，中国的服务贸易也得到了蓬勃的发展。中国国际收支项下的服务贸易进出口总额，从 1982 年的 43.4 亿美元增长到 2005 年的 1 582 亿美元（其中出口 744 亿美元，进口 838 亿美元），二十三年间增幅超过 35 倍，约为全球平均水平的两倍，占全球服务贸易的比重从 0.6% 增长到 3.3%。中国服务贸易出口的世界排名由 1982 年的第 28 位上升到 2005 年的第 8 位，进口的世界排名由第 40 位上升到第 7 位。总体看，呈现出以下特点：

1. 出口高于全球增速，占全球比重逐年提高。1982—2005 年，中国服务贸易出口年均增长 15.9%，高于同期世界平均出口增速和全球服务贸易主要出口国家（地区）的增速，约为全球平均水平的 2 倍。1982 年，中国服务贸易出口 24.8 亿美元，占全球出口总额的比重为 0.7%，2005 年这一比重增长到 3.1%，比 1982 年提高了 2.4 个百分点。

2. 旅游和运输占出口六成，新兴服务出口高速增长。2005 年，中国运输和旅游服务出口额分别为 154 亿美元和 293 亿美元，占中国服务贸易出口的比重分别为 20.7% 和 39.4%。此外中国的计算机和信息服务、咨询、电影和音像等新兴服务贸易部门的出口增速超过了其他部门，也超过了发达国家相应部门的增长速度。1997—2005 年，中国计算机和信息服务出口从 8 400 万美元增长到 18.4 亿美元，比重从 0.3% 提高到 2.5%；咨询服务出口从 3.5 亿美元增长到 53.2 亿美元，比重从 1.4% 提高到 7.2%；电影和音像出口在 2005 年的比重虽然仅有 0.2%，但出口额从 1997 年的 1 000 万美元提高到 1.34 亿美元，增长了 12 倍，远快于同期中国总体服务贸易出口增速（2 倍），2005 年更是增长了 227%。

3. 服务贸易逆差较大，运输和保险是最大逆差来源。2005 年中国旅游、其他商业服务顺差额分别为 75.4 亿美元和 75.0 亿美元，是最大的顺差来源。运输、保险服务、专有权利使用费和特许费是主要逆差来源，2005 年逆差为 130.2 亿美元、66.5 亿美元和 51.6 亿美元。其中，运输服务逆差最大，主要是因为中国货物贸易近年来增长很快，特别是随着加工贸易的进一步发展，运输需求大幅度增长，但同时国内供给不足，导致运输服务大量进口。

4. 出口集中在东部沿海地区，进出口市场多元化分布。沿海发达地区由于优越的地理条件和较发达的现代服务业，在运输、保险、计算机和信息服务、咨询服务和广告宣传等领域较内陆地区具有明显优势，目前是中国服务贸易的主要出口地区。2004 年，仅上海一市的服务贸易出口就已占全国的二成左右。美国、欧盟、日本、韩国、中国香港和中国台湾等经济发达国家和地区是中国（大陆）的主要服务贸易伙伴，与中国双边服务贸易额合计占中国服务贸易总额的四分之三左右。

（资料来源：中国商务部网. http://fwmys.mofcom.gov.cn）

三、旅游服务贸易的发展地位和作用

国际旅游发展为旅游服务贸易的发展奠定了坚实的发展基础，而国际服务贸易的迅速发展又为旅游服务贸易带来良好的条件，从而促进了旅游服务贸易的发展，使旅游服务贸易在国际服务贸易和各国经济发展中具有越来越重要的地位和作用。

（一）旅游服务贸易的发展地位

从旅游服务贸易的增长速度看，从 20 世纪 70 年代以来，旅游服务贸易保持了快速的增长速度。从 1975—1985 年，世界旅游服务贸易出口以年均 13.7% 的速度递增，不仅高于世界货物贸易出口 11.8% 的增长速度，也高于世界服务贸易总出口 13.2% 的增长速度，而且远高于运输服务贸易出口 11.4% 的年均增长率；从 1985—1995 年，尽管世界旅游服务贸易出口年均增长率有所下降，但仍然高于世界货物贸易出口、世界服务贸易总出口和运输服务贸易出口的年均增长率水平。1995—2000 年，由于国际旅游遭受亚洲金融危机、拉美经济危机及中东战事的影响，使旅游服务贸易年均增长率从前五年的 8.5% 下滑到 3.3%，并且略低于世界货物贸易出口和服务贸易总出口增长率，但是仍高于运输服务贸易出口 1.9% 的增长率约 1.4 个百分点。进入 21 世纪后，世界旅游服务贸易在遭受了一系列国际事件的打击和影响下，虽然年均增长率迅速回升到 7.0%，但还低于世界货物贸易总出口、服务贸易总出口和运输服务贸易出口的年均增长率（10.0%）水平。

表 1-4　国际服务贸易增长率

项　目	1975—1985 年	1985—1990 年	1990—1995 年	1995—2000 年	2000—2005 年
货物贸易总出口（%）	11.8	10.2	7.9	4.6	10.0
服务贸易总出口（%）	13.2	11.5	7.7	3.8	10.0
其中：旅游服务（%）	13.7	13.0	8.5	3.3	7.0
运输服务（%）	11.4	9.0	5.8	1.9	10.0
政府服务（%）	13.9	3.2	-1.3	11.2	12.0
其他服务（%）	13.9	13.4	9.6		

资料来源：①1995 年以前数据来源于 International Monetary Fund 2000 年度报告；

②1995—2005 年数据来源于 World Trade Organization 2001—2006 年年度报告。

从旅游服务贸易的发展地位看，世界旅游服务贸易占国际服务贸易出口比重已经是"三分天下有其一"了。1985 年，世界旅游服务贸易出口额达到 1 170 亿美元，占当年世界服务贸易出口总额的 30.6%（见表 1-5）；1990 年和 1995

年旅游服务贸易的结构比重继续上升；到 2000 年，世界旅游服务贸易出口额已经达到 4 654 亿美元，占当年世界服务贸易出口总额的比重上升到 32.4%，比 1985 年增加了 1.8 个百分点。虽然到 2005 年旅游服务贸易的比重有所下降（28.4%），但旅游服务贸易作为现代服务贸易的重要组成部分，仍然保持了"三分天下有其一"的基本格局。

表 1-5　世界服务贸易的构成

构　　成	1985 年		1990 年		1995 年		2000 年		2005 年	
	金额(亿美元)	比重(%)	金额(亿美元)	比重(%)	金额(亿美元)	比重(%)	金额(亿美元)	比重(%)	金额(亿美元)	比重(%)
服务贸易总出口	3 821	100.0	7 827	100.0	11 891	100.0	14 350	100.0	24 150	100.0
其中：旅游服务	1 170	30.6	2 530	32.3	3 950	33.2	4 654	32.4	6 850	28.4
运输服务	1 070	28.0	2 270	29.0	3 010	25.4	3 300	23.0	5 700	23.6
政府服务	350	9.2	510	6.5	480	4.0	6 400	44.6	11 600	48.0
其他服务	1 231	32.2	2 517	32.2	4 451	37.4				

资料来源：①1985、1990、1995 年数据来源于 International Monetary Fund 2000 年年度报告；

②2000 年以后数据来源于 World Trade Organization 各年年度报告。

（二）旅游服务贸易的发展作用

随着旅游服务贸易的迅速发展，其不仅在现代国际贸易和服务贸易中具有越来越重要的地位，而且促进了世界经济社会的发展，在增加各国外汇收入、带动相关产业发展、促进国家之间文化交流等方面发挥着日益重要的作用。

1. 旅游服务贸易对经济增长作出贡献。目前，随着旅游业成为世界经济的重要组成部分，旅游服务贸易在促进社会总产品的实现和对世界经济的发展产生着日益重要的作用，并直接为世界经济增长作出贡献。根据世界旅游理事会（WTTC）的报告[①]，2005 年世界旅游增加值已经达到 47 457 亿美元，占当年世界国民生产总值的 10.6%；预计在今后十年中，世界旅游增加值将以年均 4.6% 的速度增长（按可比价格计算，已扣除通货膨胀因素），到 2015 年将达到 77 987 亿美元，占当年世界国民生产总值的 11.0%，旅游业对世界经济的贡献已经远远高于那些被认为发展势头较好的产业。

---

① 世界旅游理事会（WTTC）. The 2005 Travel & Tourism Economic Research.

相关知识 1 - 4:

中国已成为世界旅游大国

2005 年,随着中国旅游业产业规模不断扩大,实现了入境旅游、国内旅游、出境旅游三大市场的繁荣兴旺和发展。其中,入境旅游人数达 1.2 亿人次,入境过夜旅游人数达 4 680 万人次;国内旅游人数达 12 亿人次;出境旅游者达 3 100万人次。在旅游业总收入中,国际旅游收入达到 293 亿美元,国内旅游收入达到5 286 亿元,旅游总收入 7 680 亿元。

随着中国综合国力增强和国际知名度的提高,到中国旅游观光的外国人逐年增多,中国国际入境过夜旅游人数已居世界第 4 位,国际旅游收入居世界第 6 位。中国已成为世界旅游大国,正努力向世界旅游强国目标迈进。

(资料来源:中国旅游网)

2. 旅游服务贸易促进外汇收入增加。在当今世界贸易竞争激烈,关税壁垒林立的情况下,旅游服务贸易已经成为世界各国增加外汇收入的重要渠道。尤其是旅游服务贸易创汇能力强、换汇成本低,成为世界各国鼓励发展的新兴服务业,并把其作为增加外汇收入的重要手段。2005 年,世界旅游服务贸易出口创汇总收入(包括通过旅游业带动出口的商品额)达到 14 558 亿美元,占世界贸易出口总收入的 12.0%;到 2015 年,旅游服务贸易创汇总收入将达到 25 830 亿美元,占世界贸易出口总收入的 12.5%。

3. 旅游服务贸易带动相关产业发展。旅游服务贸易作为一个非物质生产部门,其关联带动效应和功能很强,不仅能带动物质生产部门的发展,而且能带动第三产业的迅速发展。随着当今世界旅游服务贸易的迅速发展,其直接或间接地带动交通运输、商业服务、建筑业、邮电、金融、地产、外贸、轻纺工业等相关产业的投资和发展,从而促进整个国民经济的发展。2005 年,全球旅游服务贸易拉动了全球公共部门和私人企业对旅游业的投资达到 9 180 亿美元,占当年全球资本总投资的9.4%;预计到 2015 年全球对旅游业的投资将上升到 16 730 亿美元,占全球资本总投资的 12.0%。

4. 旅游服务贸易增进国家之间的交流与合作。通过积极发展旅游服务贸易出口,可以增进外国旅游者对旅游服务贸易出口国的认识和了解,提高出口国在国际上的地位、知名度及影响力;可以加强旅游服务贸易出口国与世界各国的广泛联系,从而增进国家之间、人民之间的友谊,推进与世界各国之间的经济、文化、科技方面的广泛交流与合作;可以促进各国之间社会信息得到充分的交流和传播,促进人们的思想观念和生活方式发生变化;可以创造更多的劳动就业岗位,为社会提供大量的就业机会;可以带动旅游服务贸易出口国接待设施和社会综合环境的改善和提高。因此，旅游服务贸易在促进世界各国人民的相互了解，在协调国家关系和缓和国际危机，争取世界和平等方面都具有积极的促进作用。

复习思考题

一、重点概念

服务　　　　　服务业　　　　　旅游服务　　　　　国际服务贸易

旅游服务贸易　跨境交付　　　　商业存在　　　　　境外消费

自然人流动　直接旅游服务贸易　派生旅游服务贸易　核心旅游服务贸易

附加旅游服务贸易　　要素旅游服务贸易　　非要素贸易旅游服务贸易

二、思考题

1. 服务有哪些基本特征？
2. 服务业包括哪些行业（或部门）？
3. 旅游服务有哪些主要特征？
4. 阐述旅游服务贸易的主要特点。
5. 旅游服务贸易有哪些基本形式？
6. 旅游服务贸易有哪些类型？
7. 为什么说国际旅游是旅游服务贸易的基础？
8. 阐述旅游服务贸易的发展地位和作用。

主要参考文献和资料来源

1. The General Agreement on Tariffs and Trade. GATT Activities, Geneva：GATT. 1991

2. The General Agreement on Trade in Services. Geneva：GATT. 1994

3. J. N. Bhagwatti. Splintering and disembodiment of services and developing nations. The World Economy, 7, 1984

4. B. Hoekman. Service-related Production, Employment, Trade, and Factor Movements. In P. A. Messerlin and K. P. Sauvant, *The Uruguay Round：Services in the Economics*. Washington, D. C.：World Bank, 1990

5. 世界旅游理事会（WTTC）. The 2005 Travel & Tourism Economic Research, 2006

6. T. P. Hill：On Goods and Services. Review of Income and Wealth, Serials23, No. 4, 1977

7. ［美］A. 佩恩. 服务营销. 中信出版社, 1998

8. 谢康. 国际服务贸易. 中山大学出版社, 1998

9. 汪尧田，周汉民主编. 关税与贸易总协定总论. 中国对外经济贸易出版社, 1992

10. 杨圣明，陈家勤. 服务贸易. 中国与世界. 北京：民主与建设出版社, 1999

11. 薛永久主编. 国际贸易. 四川人民出版社, 1993

12. 于维香等编著. 国际服务贸易与中国服务业. 中国对外经贸出版社, 1995

13. 隆国强等编著. 中国服务贸易. 中信出版社, 1995

14. 陈宪主编. 国际服务贸易. 立信会计出版社, 1995

15. 叶万春主编. 服务营销学. 高等教育出版社, 2001

16. 罗明义. 国际旅游发展导论. 南开大学出版社, 2002

17. 罗明义. 旅游管理研究 [M]. 科学出版社, 2006

18. 林刚. 国际旅游服务贸易壁垒与我国旅游业的稳步开放. 社会科学家, 2003 (3)

19. 世界贸易组织网. http：//www.wto.org

20. 世界旅游组织网. http：//www.world-tourism.org

21. 中国商务部网. http：//www.mofcom.gov.cn

22. 中国贸促会网. http：//www.ccpit.org

23. 中国商业联合会网. http：//www.cgcc.org.cn

第二章

旅游服务贸易供求理论

　　旅游服务贸易作为国家之间的一种贸易活动，其产生和发展是由国家之间对旅游服务需求和供给所决定和影响的。因此，旅游服务贸易供求理论是以国际旅游发展为基础，以服务经济和国际贸易理论为指导，结合旅游服务贸易的实践而提出的理论。通过本章的学习，必须了解旅游服务贸易需求和供给产生和发展的条件，分析旅游服务贸易的需求规律和供给规律的特征，掌握旅游服务贸易比较优势分析的基本方法，熟悉各种旅游服务贸易供求均衡的分析模型，全面理解和掌握旅游服务贸易产生和发展的客观规律性。

第一节　旅游服务贸易需求分析

一、旅游服务贸易需求的产生

　　旅游服务贸易需求的产生的原因是多方面的，其中国际旅游的产生和发展、旅游服务国际化、旅游服务规模化和旅游服务贸易的利益驱动等，都是促使旅游服务贸易需求产生的主要原因，也是决定和影响旅游服务贸易发展的重要因素。

　　（一）国际旅游的产生和发展

　　旅游服务贸易需求产生的首要因素是人们对国际旅游的需求，没有国际旅游的产生和发展，就没有旅游服务贸易需求的产生，也就没有国家之间的旅游服务贸易。

　　国际旅游（international travel），是指人们为了满足国际旅游的欲望，在具备一定支付能力和客观条件下，所进行的跨国旅游活动。通常，人们总是把旅游需要和旅游需求等同，但实际上旅游需求（demand）并不等同于旅游需要（need）。旅游需要是人们的一种主观欲望，而旅游需求则是主观欲望和客观条件相结合的结果。当人们产生跨国休闲、度假、游览、观光等旅游需要时，仅仅表明人们具有国际旅游的主观愿望或欲望，而这种主观愿望能否转变为具有现实意义的旅游需求，通常还取决于许多客观条件，如收入水平、闲暇时间、交通通达性、出入境条件等。

国际旅游的产生，是人们主观需要和客观条件所决定的。格雷（H. P. Gray）在研究国际旅游和国际贸易关系时认为：旅游是人们追求漫游（wanderlust）和追求阳光（sunlight）两种因素相互作用的结果。追求漫游，是人类的一种内在的本质特征和"推动"因素，其促使人们前往异国他乡游览观光；而追求阳光，则是由外在各种经济社会因素所影响，尤其是旅游目的地的吸引，从而"拉动"人们前往异地旅游和观光[①]，因此追求漫游和追求阳光就成为国际旅游产生的两种基本驱动力。另一位学者埃柏森（A. Epperson）也提出，国际旅游的产生是由于"推""拉"两种动力作用的结果，"推"的动力是由人们逃避现实、休息放松、挑战冒险、自我发现和追求地位名望等主观心理因素所决定，而"拉"的动力则来自旅游地优美的自然景观、独特的文化活动、悠久的历史古迹和丰富的娱乐活动等外在因素的影响和作用[②]。

国际旅游的发展，也是主客观条件下共同推动和作用的结果。从主观上看，任何旅游需求都源于其内在的主观需要和动机，因为需要产生动机，动机产生行为，因此国际旅游发展的主观因素，同样取决于人们对旅游活动的需要、动机和行为的不断强化和发展。从客观条件看，国际旅游的发展也是科学技术进步和社会生产力提高的结果，是经济社会发展的必然产物，尤其是随着人们收入增加、闲暇时间增多、交通运输条件改善、旅游服务水平的不断提高，以及国家之间经济贸易往来的发展，必然为国际旅游的发展创造必要的经济社会条件。因此，随着人们旅游需求的日益增长，不仅促进了国际旅游的持续发展，而且扩展了对旅游服务的大量需求，从而促进了现代旅游服务贸易的迅速发展。

（二）旅游服务的国际化

国际旅游作为一种跨国、跨文化的活动，不仅存在着政治、经济、文化等方面的差异，而且存在着出入境等各种复杂手续的办理，因此国际旅游是由旅游资源、旅游需求、旅游供给和旅游服务等各种因素共同作用的结果。法国学者韦拉（F. Weila）在《国际旅游经济与政策》一书中明确指出："国际旅游的决定因素，主要指那些对国际旅游发展具有经常性影响的因素，如要素禀赋、比较成本和旅游需求等，通过对这些因素的分析和研究，对于认识和理解国际旅游的产生和发展是十分重要的，从中可以看出哪些因素对国际旅游的流向和流量最有影响。"[③]

从对国际旅游产生和发展的历史进程考察，其产生和发展的重要条件之一是

---

①　H. P. Gray. International Travel-International Trade. Lexington：Health Lexington，1970

②　Arlin Epperson. Why People Travel. Leisure Today, Vol. 4，1982

③　［法］弗朗索瓦·韦拉. 国际旅游经济与政策. 旅游教育出版社，1989

形成了专门化的旅游服务组织，负责国际旅游的各种旅行事务和接待安排①。特别是现代国际旅游大多是由国际旅行商作为主要的组织者，通过把交通、住宿、餐饮、游览等要素组合起来，提供专门性和综合性的旅游服务，以满足旅游者在国际旅游中的各方面需求；而旅游者只需花费一定的费用，不用为国际旅游中的食、住、行、游、购、娱以及出入境等问题操心，就可以自由地尽情享受国际旅游的愉悦。正是随着大量的专门性旅游组织（各种类型的旅行商和旅游企业）的产生和发展，促进了旅游服务的国际化发展，不仅为人们进行国际旅游创造了更为方便、舒适的良好条件，促进了国际旅游的持续发展；同时也为国家之间开展旅游服务贸易奠定了重要的前提条件和基础。

（三）旅游服务的规模化

旅游服务的规模化（scale of service for tourists），是指随着旅游服务规模的扩大，即通过旅游服务的内部积聚和外部积聚，使单位旅游服务产品成本递减而取得成本优势，从而形成旅游服务贸易中的规模经济。随着现代国际旅游的发展，旅游服务设施的初始投资越来越高，而增加单位服务的边际成本则越来越小，从而为旅游服务的规模经济创造了良好的条件，而旅游服务规模的不断扩大，又进一步促进了旅游服务需求的增加与发展。

通常，旅游服务的规模化可从两个方面反映出来。一方面，通过旅游服务的内部积聚形成内部规模经济，即旅游企业通过科学合理地组织企业内部的劳动分工和专业化，充分发挥各种生产要素的效能，提高旅游服务设施的利用率，以增加单位旅游服务的边际收益来扩大旅游服务规模，从而实现内部规模经济。另一方面，通过旅游服务的外部积聚形成外部规模经济，即旅游企业可以通过对各种现代服务技术的运用和专业化发展，加强横向联合和合作，进一步整合外部要素资源，扩大旅游服务规模，最终使旅游企业外部市场供应价格低于内部提供的价格，利用外部规模的扩张来实现旅游服务的外部规模经济。

旅游服务规模化作为现代旅游服务贸易的重要基础，其内部和外部积聚所形成的规模经济，不仅是促进旅游服务跨国界流动的重要前提，也是决定和影响国际旅游需求产生和发展的重要因素。因为，实现旅游服务规模经济的前提是国际旅游需求的不断增加和扩大，这就要求旅游目的地国家或地区必须不断加强国际旅游市场的开拓，通过积极有效的旅游宣传促销，刺激国际旅游需求的增长和发展，从而招徕大量的国际入境旅游者，才能实现旅游服务贸易的规模经济效益。

---

① 罗明义. 国际旅游发展导论. 南开大学出版社，2002

相关知识 2-1：

世界服务贸易呈现六大特点和趋势

20世纪60年代以来，全球产业结构加快调整，经济全球化迅猛发展，有力地推动了全球服务业的发展，发达国家服务业占GDP的比重已经超过70%，发展中国家的比重也已达到50%，服务贸易在全球贸易中发挥越来越重要的作用，并呈现出以下新的发展特点和趋势：

1. 全球服务贸易出口规模增长迅速。从1980年到2005年，世界服务贸易出口额从3 650亿美元扩大到24 147亿美元，二十五年间增长了5.7倍，占世界贸易出口的比重从1/7增长到近1/5。预计未来几年，在世界经济持续快速增长和世界产业结构升级继续驱动下，世界服务贸易将继续保持快速增长。

2. 世界服务贸易的结构发生很大的变化。20世纪80年代以来，服务贸易逐渐向新兴服务贸易部门倾斜，旅游、运输等传统服务贸易部门保持稳定增长。1990年至2005年，运输服务占世界服务贸易的比重从28.6%下降到23.3%，旅游服务比重从33.9%下降到28.9%，而以通讯、计算机和信息服务、金融、保险、专有权利使用费和特许费为代表的其他服务类型比重则从37.5%逐步增长到47.8%。

3. 商业存在成为服务贸易的主要方式。从20世纪70年代开始，跨国直接投资以高于世界经济和货物贸易的速度增长，由外国直接投资产生的，通过外国商业存在所实现的国际服务贸易规模迅速扩大，在一些发达国家已经超过了跨境方式的服务贸易。根据《2005年国际贸易统计报告》显示，WTO估测的全球服务贸易供应方式构成如下：跨界供应占35%；境外消费占10%~15%；商业存在占50%，自然人存在占1%~2%。

4. 服务外包潜力巨大。随着跨国公司的战略调整以及系统、网络、存储等信息技术的迅猛发展，由业务流程外包（BPO）和信息技术外包（ITO）组成的服务外包正逐渐成为服务贸易的重要形式，服务外包市场潜力巨大。世界发达国家和地区是主要服务外包输出地，在全球外包支出中，美国占了约2/3，欧盟和日本将近占了1/3。据联合国贸发会议估计，2007年全球服务外包总值将达1.2万亿美元。目前，中国、印度、菲律宾、墨西哥、巴西等国已经逐步成为区域性或全球性服务外包中心。

5. 地区不平衡可能加剧。由于当代世界各国经济和服务业发展严重不平衡，各国的对外服务贸易水平及在国际服务市场上的竞争实力十分悬殊，与国际货物贸易领域相比较，全球各地区和各国的服务贸易发展的不对称性更加突出。2005年，美国、英国、德国、法国和日本五个国家服务贸易出口额合计占全球服务贸

续表

易出口总额的37.2%，世界服务贸易出口前十位国家中仅有中国、印度两个发展
中国家。

6. 发展服务贸易越来越受各国关注。随着世界新一轮产业结构的调整和贸易
自由化进程的继续推进，服务业和服务贸易在各国经济中的地位还将不断上升，
服务贸易发展整体趋于活跃。世界各国纷纷制定加快发展服务贸易的发展战略，
一方面积极推动服务贸易的自由化，率先降低本国的服务贸易壁垒。另一方面，
通过各种多双边的谈判促进世界各国开放服务贸易市场，扩大服务贸易，使世界
服务贸易领域的利益格局在各方博弈中形成新的发展格局。

（资料来源：胡景岩. 世界服务贸易呈现六大趋势. 经济日报，2006 - 09 - 04）

（四）旅游服务贸易利益的驱动

旅游服务贸易利益（benefit of trade in service for tourists）是开展旅游服务贸易
的国家或地区，相互之间通过提供旅游服务而获得的收益。国际旅游发展的实践表
明，国际旅游服务的提供是一种双向的贸易活动，即任何一个旅游服务出口国，同
时也是旅游服务的进口国，所以旅游服务贸易总是包含着贸易顺差或逆差。当一个
国家旅游服务的出口收益大于旅游服务的进口支出时，即意味着该国获得了旅游服
务贸易顺差；反之，当一个国家旅游服务的进口支出大于旅游服务的出口收益时，
即意味着该国出现了旅游服务贸易逆差。

由于旅游服务贸易利益通常与经济增长、要素禀赋、旅游供给之间具有密切
的关系，因此追求旅游服务贸易顺差的利益驱动，必然促使旅游目的地国家努力采
取各种措施，增强旅游目的地的吸引力和竞争力，并充分利用旅游服务贸易的比较
优势，完善旅游服务供给能力和水平，以刺激入境旅游服务需求的增长，争取更多
的国际入境旅游者，从而增加旅游服务贸易的出口收益。

二、旅游服务贸易需求的特征

旅游服务贸易需求是一种特殊需求，其既不同于人们对物质产品的需求，也
不同于对其他服务产品的需求。旅游服务贸易需求的特征，主要体现在对国际旅游
需求的限制性、需求的有效性、需求的多样性、需求的变化性和需求的敏感性等
方面。

（一）国际旅游需求的限制性

在旅游服务贸易中，旅游者对国际旅游需求是有限制的，这种限制性既取决
于旅游者所拥有的旅游权利，同时又受到国家之间贸易条约或协定的制约和影响。

所谓旅游权利（travel rights），是指旅游者所拥有购买和自由选择旅游产品的
权利。旅游权力决定了旅游者是否购买跨国旅游产品和服务，从而对旅游服务贸易
的形成与发展起着决定性的作用和影响。同时，由于国际旅游是一种跨国性的旅游

活动，某旅游接待国或旅游客源国单方面的限制，也会制约和影响旅游权力的使用，导致无法形成国际旅游活动和产生旅游服务贸易。因此，各个国家或地区之间是否有旅游服务和相关方面的贸易条约或协定，是否允许本国或本地区居民出国旅游，或者为其他国家或地区旅游者提供可选择的旅游目的地，在一定程度上也影响和限制着旅游服务贸易的形成和发展。

（二）国际旅游需求的有效性

国际旅游需求的有效性，主要反映为旅游者在国际旅游中的现实而有效的旅游需求。在国际旅游市场中，有效的国际旅游需求是指既有购买欲望，又有支付能力（包括时间支付）的需求，它反映了国际旅游市场上现实的国际旅游需求的状况，不仅是了解国际旅游市场变化和预测国际旅游发展趋势的重要依据，也是旅游目的地国家和企业制定旅游发展计划和进行旅游服务营销的出发点。

一般讲，凡是只有旅游欲望而无支付能力，或只有支付能力而无旅游欲望的国际旅游需求，都不是有效的国际旅游需求，而仅仅是一种潜在的国际旅游需求。因此，对于只有旅游欲望而无支付能力的潜在国际旅游需求，通常只能随社会生产力发展和人们收入水平提高后才能逐渐转化为有效的国际旅游需求；而对于只有支付能力而无旅游欲望的潜在国际旅游需求，是旅游服务贸易和旅游经营者应开发的重点，即通过采取有效的服务营销策略，激发旅游者的旅游需要和动机，使其对旅游服务的需要能够转化为有效的国际旅游需求。

（三）国际旅游需求的多样性

旅游活动，是指人们为了满足旅游需求，而暂时外出以改变生活方式和生活场所的一种形式。由于人们的旅游需求是多样的，因而国际旅游需求也表现为一种多样性的需求。例如，人们可能为了好奇、学习而出国旅游；可能为了身体健康、治疗疾病而出国旅游；可能为了公务、经商、洽谈业务而出国旅游；可能为了躲避工作的压力而出国旅游；也可能为了满足冒险、刺激、浪漫生活而出国旅游等。因此，国际旅游需求的多样性，是旅游服务贸易区别于其他服务贸易的典型特征。

国际旅游需求的多样性，通常是由人们的个性差异、生活条件的不同、经济收入的差别，以及所处社会环境的影响所决定，使人们往往因人而异，产生各种各样的国际旅游需求。同时，国际旅游需求的多样性还受人的心理活动的复杂多样性所影响，即人们对购买和消费旅游产品的认知、态度、情绪、偏好及学习过程是复杂多样的。例如，有的旅游者喜欢享受高级宾馆的服务，而有的旅游者更喜欢民居式旅馆；有的旅游者喜欢刺激、冒险的旅游活动，而有的旅游者更喜欢安全性高的旅游项目。因此，国际旅游需求综合反映了人们通过国际旅游活动，更好地满足人们多样性的物质和精神方面的需要和享受。

（四）国际旅游需求的变化性

国际旅游需求是一种变化的需求，特别是随着人们收入的增加、生活水平的提高和对生活质量的讲究，旅游需求已成为人们积极主动追求的一种消费需求。但是，在旅游服务贸易中，由于旅游环境的复杂性，必然对旅游者的心理和行为产生重要影响，使国际旅游需求往往处于不断的动态变化之中，导致旅游服务贸易也处于不断运动和变化之中。

国际旅游需求的变化，通常是在外部因素刺激影响下，经过人的内在心理作用而产生的。一方面，国际旅游需求的产生和发展，不仅是旅游产品自身吸引力作用的结果，同时也受到政治、经济、社会、文化、环境等各种因素的作用和影响，因此外部客观因素的变化必然影响国际旅游需求的动态变化。另一方面，国际旅游需求的产生和发展，还受人的心理活动过程所影响，即人们的价值观、生活方式、生活习惯、消费特点等，都不同程度地决定和影响着国际旅游需求的变化。因此，必须重视对国际旅游需求的动态变化进行分析和研究，制定合适的旅游服务贸易政策和措施，适应国际旅游需求的动态变化特点，才能够保持旅游服务贸易的持续增长和发展。

（五）国际旅游需求的敏感性

旅游需求是一种敏感性较强的人类需求，容易受各种因素的作用和影响而发生变动。因此，国际旅游需求也具有敏感性的突出特点，其必然决定和影响着旅游服务贸易的增长与发展。

一方面，旅游环境变化直接作用和影响着国际旅游需求的变化，如旅游产品吸引力，旅游过程的便捷性和安全性，旅游服务质量的优劣，甚至季节变化、疫病流行、环境污染、生态恶化等自然因素和战争、经济波动、政治稳定性等社会因素，都会直接影响国际旅游需求的变化，因此国际旅游需求对自然、社会环境的变化影响是非常敏感的。

另一方面，国际旅游需求的内容一般包括了对食、住、行、游、购、娱等直接要素和其他间接要素的需求，这些需求从不同方面满足人们在国际旅游活动中的不同需求，因而要求他们保持合理的结构和比例关系。一旦各种要素之间的比例关系失调，就会影响到人们的旅游需求满足，并迅速反映在旅游服务贸易中，从而影响到旅游服务贸易的需求结构、需求水平相应的发生变化。

正是由于国际旅游需求对环境变化和需求满足非常敏感，因此必须重视对各种自然、社会环境的分析和研究，及时把握各种环境因素变化可能对国际旅游需求造成的影响，及早采取有效的应对措施。同时，应加强旅游服务供给要素的结构优化和协调，尽可能满足旅游者的旅游服务需求，才能够促进旅游服务贸易健康协调地发展。

三、旅游服务贸易的需求规律

旅游服务贸易与一般的货物贸易不同。一般货物贸易中的商品是先生产后消费，即先通过生产过程加工出实物产品，再通过市场销售给消费者；而旅游服务贸易中的服务产品的生产和消费则是同时进行的，而且旅游服务通常是按照旅游者的不同要求而"量体定做"的，因此对旅游服务贸易的供求规律分析首先应从需求角度进行，即分析旅游服务贸易的需求规律和特征。

旅游服务贸易的需求规律，是指国际旅游需求决定和影响旅游服务贸易产生和发展的客观规律性，其具体表现为国际旅游需求决定着旅游服务贸易的产生和发展，决定着旅游服务贸易的规模和数量，决定着旅游服务贸易的水平和结构等。

（一）国际旅游需求决定着旅游服务贸易的产生和发展

国际旅游需求作为旅游者对旅游服务的购买欲望，其不仅是激发人们国际旅游动机和行为的内在动因，而且也是旅游服务贸易产生和发展的内在动力。虽然国际旅游需求的产生和发展离不开外部客观条件，但真正引起人们国际旅游行为的根本原因，主要在于人们对跨国旅游的欲望和渴求，如果没有主观上对国际旅游的需要，再好的客观条件也不可能引起国际旅游的动机和行为。因此，国际旅游需要并不是旅游者已经发生的旅游行为，而主要表现为旅游者对跨国旅游服务的主观需要或购买欲望，这种主观需要或购买欲望能否实现，则取决于旅游者是否具有支付能力、闲暇时间等客观条件。

国际旅游需要转化为国际旅游需求的重要条件之一，就是旅游者是否具备一定的旅游购买能力。所谓旅游购买能力，是指人们在其可支配收入中用于旅游消费支出的能力，即旅游者的经济条件。经济条件是产生一切需求的基础，没有丰富的物质基础和良好的经济条件，旅游需求便不可能产生。旅游者个人的经济条件，一般可用其拥有的可支配收入来衡量。通常，在其他条件不变的情况下，旅游需求随着人们的可支配收入变化而呈正相关变化，即旅游者个人可支配收入越多，则对旅游需求就越大；反之，旅游者个人可支配收入越少，其用于旅游需求的支出就越少。因此，旅游者是否具备旅游购买能力，不仅是旅游者的主观需要和购买欲望转化为国际旅游需求的重要前提条件之一，也直接反映了旅游者对国际旅游需求的消费能力及水平。

综上所述，由旅游者的旅游需要和购买能力所形成的国际旅游需求，不仅决定着旅游服务贸易的产生，而且直接影响着国家之间旅游服务贸易的发展。

（二）国际旅游需求决定着旅游服务贸易的规模和数量

国际旅游的历史进程表明，旅游需求的产生和发展与科技进步、经济社会发展密切相关。由于旅游需求的数量不仅随人们的可支配收入和闲暇时间的增减发生变化，而且受到人口、经济、社会、政治和法律等因素的影响，因此国际旅游需求数量的变化直接决定着旅游服务贸易的发展规模和数量。通常，当国际旅游需求量增加时，则旅游服务贸易的总量规模也相应扩大；当国际旅游需求量减少时，则旅游服务贸易的总量规模也相应减少，因此国际旅游需求决定着旅游服务贸易的总量的规模和数量。

从现代旅游需求的发展变化看，由于当今世界人口增长、经济发展、收入提高和闲暇时间增多等，基本上呈现出不可逆的一维发展变化，因此人们的国际旅游需求总体上也呈现出持续增长和不断扩大的发展态势，从而决定了旅游服务贸易也呈现持续发展的总趋势。尽管从个别年份看，由于各种因素的变化影响可能使旅游服务贸易增长率出现一定的波动，有时甚至下降，但从旅游服务贸易的总体发展趋势看，由于国际旅游需求是持续增长和发展的，因此决定了旅游服务贸易的发展规模和数量也必然是持续增长和发展的。

（三）国际旅游需求决定着旅游服务贸易的水平和结构

国际旅游需求不仅决定着旅游服务贸易发展的规模和数量，而且也决定和影响着旅游服务贸易的水平和结构。根据旅游需要和动机理论分析，人们的旅游需要将随着经济社会的发展，从单一性向多样性、从标准化向个性化发展，从而决定了人们的旅游需求也不会停留在单一的大众化观光旅游服务层次上，必然向以满足不同个性需要的多样化旅游需求发展。此外，人们可支配收入的多少也会影响旅游服务的需求结构，即随着旅游者用于旅游消费支出的增加，对某些高价值的旅游需求也会相应增加，而对某些低价值的旅游需求则会相应减少。

于是，随着人们对国际旅游需求向高水平、多样化发展，必将促进旅游服务贸易结构发生变化，从单一的观光旅游产品向多样化旅游产品发展；从传统的团队旅游服务向更能满足个性特点的散客旅游服务或自助旅游服务发展。因此，国际旅游需求结构的变化，必然决定和影响着旅游服务贸易水平和结构的变化与发展。

第二节　旅游服务贸易供给分析

一、旅游服务贸易供给的形成

旅游服务贸易的需求和供给是相辅相成的，没有需求就没有供给，同样没有供给也没有需求。从供给角度看，旅游服务贸易供给形成的决定因素主要是要素禀赋和要素丰裕程度。

所谓要素禀赋（factor endowment），就是指一国拥有各种旅游资源和要素的数量；所谓要素丰裕程度（factor abundance），则是指在一国旅游要素禀赋中，某种要素的供给比例大于其他国家同种要素的供给比例，而且相对价格低于其他国家同种要素的相对价格。一般讲，在旅游服务贸易中，各国总是按照比较优势原理，依托要素禀赋和丰裕度来大力发展入境国际旅游的。

根据要素禀赋和要素丰裕程度理论，任何经济活动都离不开土地（广义资源）、劳动力、资本、企业家才能等基本的生产要素（factors of production），因此

性的典型特点。这种特点要求在旅游服务供给中，既要考虑旅游地的可进入性，包括交通运输能力、出入境因素等；又要考虑旅游地的接待能力，包括住宿餐饮服务能力、景区景点的环境容量等。此外，从旅游服务贸易的角度，还要考虑旅游地的吸引力，即旅游资源的特色、比较优势和在国际旅游市场上的竞争力等。

（三）旅游服务供给计量特殊性

旅游服务是一种综合性服务，由此决定了旅游服务供给也具有综合性特点，即旅游服务必须依托于多种资源、多种设施的有效组合来提供，包括交通运输、景区景点、住宿餐饮、旅游娱乐和购物等。因此，旅游服务供给不可能用单一的某种服务设施数量来反映，也无法用各种要素服务能力的累加数量来测度，只能用接待的旅游者数量来表征，也就是用旅游地可能接待的旅游者人数，来综合反映旅游服务供给的数量及生产能力（容量）。这种生产能力（容量），不是单一的要素服务能力或各种要素服务能力之和，而是各种要素服务的组合能力，即结构合理、组合协调、相互配合的各种要素的综合服务能力，这是旅游服务供给区别于其他服务供给的重要特征之一。

（四）旅游服务供给时间持续性

通常，物质产品的供给主要通过再生产而连续不断地提供，如果再生产停止，物质产品的生产与供给也就停止。但旅游服务供给则不一样，无论是景区景点，还是宾馆饭店，一旦投资建成后就能在较长一段时间内持续提供服务，有的甚至可以永续利用。这个特点决定了旅游服务供给的弹性一般较小，既不可能因旅游市场需求变化而随时调整旅游服务供给的结构和数量，也不会因各种环境因素的变化而影响已形成的旅游服务供给能力。正是由于各种外部环境因素对旅游服务供给的影响较小，而对旅游需求的影响则较大，因此，在旅游服务贸易中必须高度重视旅游宣传促销，以刺激旅游需求的不断增加，才能有效地提高对旅游服务设施的利用效率和水平。

（五）旅游服务供给不可储存性

旅游服务供给的不可储存性，是由于旅游服务生产与消费的同一性所决定。通常，物质产品可利用产品储存作为调节市场供需矛盾的手段，实现产品的供求均衡。但对旅游服务贸易来讲，由于旅游服务生产、交换与消费的同一性，使旅游服务既不能先于消费而生产，也不可能通过储存来调节旅游服务的供需矛盾。尤其是旅游服务的载体，即各种旅游设施一般需要先行投入建设，而一旦建成而不能有效利用，必然会造成要素资源的浪费，因此就必须通过增加旅游者数量来提高其利用率。这也是在旅游服务贸易中，为什么人们往往重视对国际旅游需求的分析，而忽略对旅游服务供给研究的根本原因。

三、旅游服务贸易的供给规律

旅游服务贸易的供给规律，是指旅游服务供给决定和影响旅游服务贸易产生和发展的客观规律性，其具体表现为旅游服务供给决定着旅游服务贸易的产生和发展，决定着旅游服务贸易的流量和变化，决定着旅游服务贸易的市场竞争力等。

（一）旅游服务供给决定着旅游服务贸易的产生和发展

虽然国际旅游需求是决定旅游服务贸易产生和发展的内在动力，但从供给角度看，旅游服务供给也是旅游服务贸易产生和发展的重要决定因素。对现代旅游发展的实证分析表明，国际旅游的产生和发展是国际旅游需求和旅游服务供给相互作用的结果，或者说是它们共同"推"、"拉"的必然产物，没有旅游服务供给，国际旅游需求就不能实现，也就没有旅游服务贸易的产生和发展。因此，旅游服务供给不仅从供给角度决定旅游服务贸易的产生，而且其旅游要素禀赋和丰裕程度，其供给结构、数量和水平，还直接影响着旅游服务贸易发展的规模、数量、结构和水平。

（二）旅游服务供给决定着旅游服务贸易的流量和变化

旅游服务贸易属于国际服务贸易的组成部分，其在国际上的流量和变化也必然遵循国际服务贸易的比较优势原理。通常，具有比较旅游优势的国家或地区，其旅游服务供给不仅在国际旅游市场中具有较强的吸引力和竞争力，而且在旅游服务贸易的规模和数量上也大于比较旅游优势薄弱的国家或地区。因此，一个国家旅游服务供给的状况、规模和水平，不仅直接决定和影响着其国际旅游客流的流向和流量，而且决定着其旅游服务贸易的发展格局和变化，影响着其旅游服务贸易的水平和效益。

（三）旅游服务供给决定着旅游服务贸易的市场竞争力

旅游服务供给，体现了一个国家或地区旅游服务贸易的综合实力和市场竞争力，在一定程度上已经成为决定旅游服务贸易竞争力的重要因素。通常，旅游服务供给能力的强弱，既决定于其主要旅游资源的要素禀赋和丰裕程度，同时也受到诸如旅游需求、比较成本、新技术运用、企业竞争策略和国家贸易政策等各种因素的制约和影响。尤其是以信息技术为核心的新技术的广泛运用，不仅对旅游服务供给的数量、规模、水平和结构产生越来越重要的影响，而且正在成为决定旅游服务贸易市场竞争力强弱的关键因素。

第三节 旅游服务贸易比较优势分析

一、国际贸易比较优势分析理论

旅游服务贸易的比较优势分析（analysis of comparative advantage），是根据国际贸易比较优势理论的原理，结合旅游服务贸易特点而建立的理论和分析方法，主要用于分析一个国家或地区的旅游产品和服务，在国际旅游市场上是否具有比较优势和竞争力。因此，要掌握旅游服务贸易比较优势的理论和分析方法，首先必须对国际贸易比较优势分析理论和内容有简明的了解。

国际贸易比较优势分析理论，是阐述国际贸易产生和发展的基本理论，其内容主要包括斯密的绝对利益理论、李嘉图的比较利益理论、赫克歇尔和俄林的要素禀赋理论和二战以后的一些贸易新理论，尤其是比较利益理论和要素禀赋理论是比较优势理论的核心，也是现代国际贸易理论体系的基础。

（一）绝对利益理论

早在18世纪末期，为了从理论上阐明资本主义对外贸易的重要性，亚当·斯密（Adam Smith）提出了国际贸易的绝对利益理论（the theory of absolute advantage）。他通过对分工可以提高劳动生产率的分析，提出国际分工的基础是自然禀赋和外部的有利条件，并进一步论证了参加国际分工，进行自由贸易，能够使各国的资源、劳动力和资本得到最有效的利用，从而提高整个社会的劳动生产率和增加物质财富，使各国从国际贸易中获得绝对利益。

斯密有关国际贸易的绝对利益理论，不仅适应了当时经济社会发展的特点，为资本主义对外贸易提供了有力的理论指导，而且对国际贸易理论的形成和发展奠定了重要的理论基础。

（二）比较利益理论

比较利益理论（the theory of comparative advantage），是大卫·李嘉图（David Ricardo）在斯密的绝对利益理论基础上发展起来的。李嘉图接受并发展了斯密的观点，认为各国不一定要生产具有绝对成本优势的产品才能在国际贸易中获益，而只要生产并出口具有比较成本优势的产品，同样可以在国际贸易中获得相应的利益。

李嘉图运用简单的实例分析，证明了当一个国家在生产两种产品都相对处于劣势的情况下，仍然可以通过出口具有最大比较利益的商品，进口比较利益最小的商品而从对外贸易中获得利益，从而为世界各国都能够参与国际分工和国际贸易提供了理论依据，奠定了现代国际贸易理论的基石，推动了资本主义自由贸易的发展①。

（三）要素禀赋理论

20 世纪 30 年代，瑞典经济学家赫克歇尔（Eli Heckscher）和俄林（Bertil Ohlin）提出了要素禀赋理论（factor endowment theory），并建立了著名的 H－O 理论分析模型，通过对相互依存的价格体系的分析，用生产要素禀赋和丰裕程度来解释国际贸易的产生和发展类型。

根据要素禀赋理论，一个国家在国际贸易中的比较优势产品，就是必须出口那些使用本国丰裕生产要素的商品，而进口那些使用本国稀缺生产要素的商品。简而言之，劳动力丰富而资本短缺的国家，应该出口劳动密集型商品而进口资本密集型商品；反之，资本丰富而劳动力短缺的国家，则应该出口资本密集型商品而进口劳动密集型商品②。要素禀赋理论在李嘉图比较利益理论基础上，强调了生产要素及其组合在国际贸易中的重要性，从而使比较优势理论得到进一步的发展和完善。

（四）贸易新理论

20 世纪 50 年代，美国著名经济学家瓦西里·列昂惕夫（Wassily W. Leontief）应用投入—产出法分析美国的进出口商品情况，对要素禀赋理论进行了实证检验。按照要素禀赋理论，美国作为一个资本丰富而劳动力稀缺的国家，应该出口资本密集型产品而进口劳动密集型产品，但研究结果发现：美国进口资本密集型产品反而比出口资本密集型产品高 30%，得出了与要素禀赋理论相反的结论。这一结论引起了经济学界的极大关注，被称为"列昂惕夫之谜（The Leontief Paradox）"。

于是，许多经济学家针对"列昂惕夫之谜"，为积极"解谜"而做进一步深入研究，先后提出了可获得性说、人力资本说、规模报酬递增说、产业内贸易说、技术差距说、产品生命周期说等贸易新理论③。这些新理论从不同角度，进一步阐述和充实了国际贸易比较优势理论，使该理论得到不断修正和完善，从而更具有实际运用的价值。

综上所述，概括比较优势理论的基本观点和原理，主要有以下几点：第一，任何国家都具有比较优势条件，因此追求比较利益是进行国际贸易的基本出发点；第二，资源、劳动力、资本和技术等要素禀赋是构成国际贸易比较优势的基础；第三，低成本生产条件，尤其是技术创新和熟练劳动力逐渐成为国际贸易比较优势的重要源泉；第四，随着各种贸易新理论的提出，使比较优势理论更加完善和实用，成为现代国际贸易的重要理论。

---

① ［英］大卫·李嘉图. 政治经济学及赋税原理. 商务印书馆，1962
② ［美］彼得·林得特. 国际经济学. 经济科学出版社，1992
③ 陈宪，韦金鸾等. 国际贸易：原理、政策、实务. 立信会计出版社，1998

相关知识 2 -2：

比较优势理论的新进展（上）

从亚当·斯密的绝对比较优势理论到大卫·李嘉图的相对比较优势理论，再到赫克歇尔和俄林的要素禀赋比较优势理论，长期以来一直居于主流地位。近年来关于比较优势的诸多研究中，一个比较突出的现象，是在引入规模经济、产品差异等概念体系批评传统比较优势理论的基础上形成了所谓的新主流比较优势理论，而其他学者们又在批评这一新主流理论的基础上，从专业化、技术差异、制度设计、博弈论等不同角度对比较优势理论进行了拓展。

赫尔普曼和克鲁格曼（Helpman and Krugman）引入规模经济来分析比较优势，发展了一个垄断竞争模型。该模型基于自由进入和平均成本定价，将产品多样性的数目视为由规模报酬和市场规模之间的相互作用内生所决定。在自给自足情况下，一个国家的产品多样性数目很小，而贸易丰富了消费者的选择。同时如果贸易增加了消费者的需求弹性，那么单个厂商的规模效率也能改进。这样，单个厂商通过规模经济作用确立了在国际市场中的比较优势。

格罗斯曼和赫尔普曼（Grossman and Helpman）从研究与开发（R&D）的角度推进了比较优势理论。他们将原来盛行的对比较优势的静态分析扩展到动态分析，发展了一个产品创新与国际贸易的多国动态一般均衡模型，以研究通过 R&D 产生的比较优势和世界贸易的跨期演进。在他们的模型中，很明确地处理了对私人投资 R&D 的激励和 R&D 活动的资源要求，资源通过分配到 R&D 部门，形成差异化产品和同质产品的生产，然后沿着贸易均衡动态路径的赫克歇尔—俄林贸易模式，促进比较优势的发展。

沿着赫尔普曼和克鲁格曼的思路，梯伯特（James R. Tybout）进一步总结并集中论述了递增性内部规模收益作为比较优势的源泉。他认为具有递增性内部规模收益的模型在三方面优于传统的比较优势：第一，该模型建立了一个从专业化中获取收益的新基础，即使贸易伙伴们具有相同的技术和要素比例这种专业化也存在；第二，该模型认为具有大的国内市场的厂商在世界市场中有竞争优势；第三，该模型有助于理解贸易、生产率和增长之间可能的联系。

多勒尔（Dollar and Wolff）认为，近年来具有相似要素禀赋的发达国家之间日益增加的产业内贸易，体现了很高的专业化程度，生产过程中的规模经济可以部分但不是全部解释这种专业化，技术差异才是对发达国家专业化程度日益深化的合理解释。日本、德国和美国的许多出口品之所以被看做是高技术产品，是因为在这些产品的生产中研发所占的比例很高，以及员工中科学家和工程师占很大比例。但是多勒尔也认为，尽管技术差异能很好地解释比较优势，但这种解释只是针对短期有效，对长期比较优势的解释并不能令人满意。

[资料来源：崔浩. 经济学动态. 2003〔12〕]

二、旅游服务贸易比较优势分析的适用性

第二次世界大战以后，随着科学技术进步、生产力发展和世界政治经济形势的变化，使国际旅游和旅游服务贸易迅速发展。但是，由于旅游服务贸易与货物贸易具有一定的差别，使人们对比较优势理论是否适用于旅游服务贸易的分析产生了不同的观点，有的认为比较优势理论不适用于对旅游服务贸易的分析，有的认为比较优势理论同样适用于对旅游服务贸易的分析，而笔者经过研究后认为：比较优势理论基本适用于对旅游服务贸易的分析，但必须进行一定的改进后才能使用，具体理由有以下方面。

（一）追求比较利益是各国发展旅游服务贸易的出发点

根据国际贸易比较优势理论，各国开展国际贸易的基本出发点是追求比较利益，旅游服务贸易也不例外。尤其是在现代国际旅游发展中，世界各国、各地区和企业都不断推出各种特色的旅游产品和服务，以增强本国、本地区的旅游吸引力和竞争力，招徕更多的国际入境旅游者，获得更多的外汇收入。因此，从国家之间开展贸易的出发点看，旅游服务贸易和国际贸易的基本出发点是一致的，其实质都是利用各国资源和要素禀赋的比较优势，以提高本国对外贸易的能力和水平，从而追求更多的国际比较利益。

（二）旅游服务贸易存在运用比较优势理论的合理内核

比较优势理论是建立在对商品贸易分析的基础上，主要分析商品与货币的交换，而旅游服务贸易则是劳务与货币的交换。虽然从形式上看两者的分析基础和对象不完全相同，而且目前比较优势理论的各种内容和方法也没有涉及旅游服务贸易，但从实质看两者都是分析劳动价值和使用价值的交换和实现过程。因此，比较优势理论所包含的原理和普遍性法则，同样适合对旅游服务贸易比较优势的分析和运用，同样是阐述旅游服务贸易产生和发展的重要理论基础。

（三）要素禀赋也是构成旅游服务贸易的比较优势基础

比较优势理论认为，由于各国自然资源状况和经济发展水平的不同，客观上存在着以资源、劳动力、资本和技术为主的要素禀赋差异和比较优势，这是各国之间开展国际贸易的前提条件和基础。在现代国际旅游发展中，资源、劳动力、资本和技术同样是构成旅游服务贸易的要素禀赋，不同国家在旅游服务贸易的要素禀赋上也客观上存在着不同的比较优势。因此，对各国旅游服务贸易的要素禀赋分析，不仅是对旅游服务比较优势分析的重要内容，而且也是指导旅游服务贸易发展的重要理论。

（四）旅游服务贸易和商品贸易的结合是密不可分的

随着现代国际贸易和服务贸易的发展，使货物贸易与旅游服务贸易更加密切结合。一方面，随着现代国际商品贸易的发展，其内容已从纯粹的商品贸易扩展到服务贸易（包括旅游服务贸易），从而使货物贸易与服务贸易更加密不可分；另一方面，随着现代国际旅游的蓬勃发展，旅游服务贸易不仅自身包含了一定的货物贸易，而且极大地促进了货物贸易的发展。因此，旅游服务贸易和货物贸易的密不可分，使旅游服务比较优势和货物贸易比较优势也更加密切结合，为比较优势理论适用于旅游服务贸易的分析提供了重要条件。

综上所述，基于以上的分析，比较优势理论基本适用于旅游服务贸易。但是，由于旅游服务贸易还具有不同于货物贸易的特点，如旅游服务贸易的生产和消费是同时发生的，具有不确定性和不可储存性；旅游服务贸易内容具有广泛性和构成复杂性；旅游服务贸易的要素禀赋与货物贸易相比较，具有明显的短暂性和流动性等，导致比较成本难以收集和计算，投入一产出关系难以明确；再加上各国政府对旅游服务贸易的干预较之货物贸易大等因素；一定程度上限制了比较优势理论和法则在旅游服务比较优势分析中的适用性。因此，应用比较优势理论对旅游服务贸易进行分析，还必须进行一定的修正和改进。

三、旅游服务贸易比较优势分析的基本方法

根据比较优势基本适用于对旅游服务贸易的分析，特别是随着 20 世纪 70 年代以来人们对服务贸易和国际旅游发展的大量研究成果，为旅游服务贸易应用比较优势理论奠定了坚实的理论基础，其中显示比较优势理论是对旅游服务比较优势进行分析的最适用的理论和方法。

1979 年，R. 迪克（R. Dick）和 H. 迪克（H. Dick）在对比较优势理论运用于服务贸易的适用性分析基础上，针对服务贸易不同于商品贸易的特点，提出了显示比较优势理论（revealed comparative advantage，简记为 RCA）。该理论认为，在现代国际贸易中，由于货物贸易和服务贸易越来越紧密结合在一起，因此将一个国家某种服务出口占世界服务出口的比重，与该国的总出口（包括货物和服务）占世界总出口的比重进行比较，可以计算出一个国家某种服务出口的显示比较优势指数，通过比较各国某种服务出口的显示比较优势指数，就可以分析出该国某种服务出口在国际贸易中的比较优势，从而评价和衡量一个国家的服务贸易竞争力。根据上述理论分析，R. 迪克和 H. 迪克对发达国家的部分服务出口进行了实证分析，从而证明了该理论对服务贸易比较优势分析的适用性，这也是最早分析和阐述服务贸易产生的理论和方法[①]。

---

① 谢康. 国际服务贸易. 中山大学出版社, 1998

相关知识2-3：

比较优势理论的新进展（下）

赫尔普曼（Helpman）的论文《不完全竞争与国际贸易》，发展了一个简单的产业内贸易模型，用以说明国家规模与产业内贸易的关系。该文指出当每一种产品仅仅在一国内生产时，国家的规模是世界GDP构成的唯一决定因素，并且赫尔普曼在OECD的资料基础上分析并得出，当国家的规模越来越相似时，贸易群体之间的贸易量也不断增加。但哈迈斯和莱文森认为该文中模型的假设过于苛刻，该模型不适用于每年的每对贸易国。他们通过回归分析得出产业内贸易占总贸易量的比例在OECD国家为25.3%，而在非OECD国家仅为0.5%。他们认为这一实证结果也说明产品差别、规模经济对产业内贸易的影响进而对比较优势的影响并不充分，可能有别的更重要的因素。

杨小凯和博兰（Yangand Borland）在批评新古典主流理论的基础上，从专业化和分工的角度拓展了对内生比较优势的分析。他们认为，内生比较优势会随着分工水平的提高而提高，由于分工提高了每个人的专业化水平，从而加速了个人人力资本的积累。这样，对于一个即使没有先天的或者说外生比较优势的个人，通过参与分工提高自己的专业化水平，也能获得内生比较优势，从而发扬了斯密关于分工和内生比较优势的核心思想。

克莱里达和芬德莱（Clarida and Findlay）分析了政府对比较优势和贸易的贡献。他们的观点同传统的经济理论和新制度经济学的观点都不相同。他们认为，政府介入教育和科研、交通、通讯以及其他经常性社会部门，将会显著提高私人公司的生产率，一些经济部门无疑会从中受益。这是因为众所周知的"搭便车"问题和公共产品具有的非竞争性和非排他性，使私人公司没有动力提供公共产品和服务，这样的公共产品必须由政府来供给。

费希尔和卡卡尔（Fisherand Kakkar）认为，比较优势是开放经济长期演进过程的结果。在李嘉图理论和阿尔钦框架的基础上，他们系统化了对国际贸易的理论认识，提出了自然选择会淘汰无效企业，并且能促进产生稳定的甚至是高效的世界贸易模式。他们没有假定存在瓦尔拉斯拍卖者，而是探讨了协调贸易与企业的匹配过程，他们分析的主要结论是：伴随比较优势的专业化（更大的国家可能不完全专业化）是世界经济演化的唯一稳态。

[资料来源：崔浩. 经济学动态. 2003（12）]

由于旅游服务贸易不仅是国际服务贸易的重要组成部分，而且在旅游服务贸易中，与其他服务贸易进行比较，旅游服务贸易和货物贸易的结合更加紧密。因此，应用显示比较优势理论对旅游服务贸易进行分析，通过计算旅游服务贸易的显示比较优势指数，不仅可以比较一个国家旅游服务贸易在其整个对外贸易中的状况和地位，而且通过与其他国家的显示比较优势指数进行比较，可以进一步评价和衡量一个国家旅游服务贸易在国际旅游市场中的比较优势和竞争力大小，从而为促进旅游服务贸易的发展提供科学的理论指导和依据。对旅游服务显示比较优势的分析，可以分为两个层次进行。

1. 分析旅游服务在国际服务贸易中的比较优势。通过计算旅游服务在国际服务贸易中的显示比较优势，即旅游服务显示比较优势指数（RCA_{TS}），以评价和衡量一国旅游服务在国际服务贸易中的比较优势。旅游服务显示比较优势计算公式如下：

$$RCA_{TS} = (S_{TN}/ S_{NS})/(S_{TW}/ S_W)$$

RCA_{TS} —— 旅游服务显示比较优势指数

S_{TN} —— 某国旅游服务贸易出口额

S_{NS} —— 某国服务贸易总出口额

S_{TW} —— 世界旅游服务贸易总出口额

S_W —— 世界服务贸易总出口额

如果一国的旅游服务显示比较优势指数 RCA_{TS} 大于1.0,则表示该国旅游服务在国际服务贸易中具有较强的比较优势；如果 RCA_{TS} 小于1.0,则表示该国旅游服务在国际服务贸易中的比较优势较弱。

2. 分析旅游服务贸易在整个国际贸易中的比较优势。通过计算旅游服务贸易在整个国际贸易中的显示比较优势,即旅游服务贸易显示比较优势指数（RCA_{TT}）,以评价和衡量一国旅游服务贸易在整个国际贸易中的比较优势。旅游服务贸易显示比较优势计算公式如下：

$$RCA_{TT} = (S_{TN} / T_N)/(S_{TW}/ T_W)$$

RCA_{TT} —— 旅游服务贸易显示比较优势指数

T_N —— 某国货物和服务贸易总出口额

T_W —— 世界货物和服务贸易总出口额

如果一国的旅游服务贸易显示比较优势指数 RCA_{TT} 大于2.5,则表示该国的旅游服务贸易在国际贸易中具有极强的国际竞争力；如果 RCA_{TT} 在1.25 ~ 2.5之间,则表示该国的旅游服务贸易在国际贸易中具有很强的国际竞争力；如果 RCA_{TT} 在0.8 ~ 1.25之间,则表示该国的旅游服务贸易在国际贸易中具有较强的国际竞争力；如果 RCA_{TT} 小于0.8,则表示该国的旅游服务贸易在国际贸易中的国际竞争力较弱[1]。

---

① 李俊, 刘慧芳. 中国旅游服务贸易国际竞争力研究. http：//www. paper. edu. cn

第四节　旅游服务贸易供求均衡分析方法

一、旅游服务贸易供求均衡分析的方法

旅游服务贸易供求均衡，是指一国旅游服务的进出口在一定时期内保持相对的平衡，即旅游服务出口收入和进口支出基本相等，是衡量旅游服务贸易效果的重要标志。根据旅游服务贸易的供求特点，旅游服务贸易供求均衡分析是运用国际贸易比较优势分析理论和方法，利用经济学中的边际分析、机会成本、生产可能性曲线和社会无差异曲线等基本方法和分析工具，对旅游服务贸易比较优势进行分析，从而揭示旅游服务贸易产生和发展的客观规律性。

（一）边际分析

边际分析（marginal analysis），是西方经济学中边际效用学派提出的经济分析工具，其是以主观价值论为理论基础，从数学和心理学角度分析商品价值决定的方法，在西方经济学分析中被广泛使用，也是分析国际贸易比较优势的基本工具。

边际，在经济分析中通常是指一个量的变化率，即某一经济变量每增加一个单位或发生微小变化所引起另一经济变量的变化状况，用数学表达式即为 $\triangle Y/\triangle X$。边际分析的基本概念通常包括边际效用、边际成本和边际收益等。边际效用（marginal utility），是指每增加一个单位消费品所获得追加使用价值的满足；边际成本（marginal cost），是指每增加一个单位产品所花费的追加成本；边际收益（marginal revenue），是每增加一个单位产品销售所获得的新增收益。从旅游服务贸易的角度看，每增加接待一个国际旅游者而增加的成本即边际成本，相应获得的收益即边际收益。因此，边际分析是理解旅游服务贸易比较优势的重要基础和工具。

（二）机会成本

机会成本（opportunity cost），是由西方经济学中的奥地利学派提出的，20世纪30年代被美国经济学家引入国际贸易理论中，替代李嘉图的劳动成本概念，成为对国际贸易进行一般均衡分析的重要工具。

机会成本，是指某一资源（资本、劳动力、土地或自然资源）被用于生产某种产品而必须放弃用于另外产品生产的数量。例如，某一块土地既可用于建工厂又可用于建旅游饭店，若用于建盖旅游饭店就不能再用于建盖工厂，若用于建盖工厂就不能再用于建盖旅游饭店。因此，建盖旅游饭店的机会成本就是放弃建盖工厂，而建盖工厂的机会成本就是放弃建盖旅游饭店。从旅游服务贸易的角度看，一个国家在边际机会成本低的旅游产品上具有出口的比较优势，因此一国在旅游服务产品价格相同情况下，通过以边际机会成本低的旅游产品吸引国际旅游者，而组织边际机会成本高的出境旅游，就能获得旅游服务贸易带来的比较利益。

（三）生产可能性曲线

生产可能性曲线（production possibility curve），又称为生产转换曲线，是假设一国的全部生产要素都被充分而有效利用的情况下，能够生产两种可供选择的产品数量组合。如图 2-1 中，在生产可能性曲线上 AB 或 MN 的任意一点 E，都表示该国充分而有效利用全部生产要素能够生产两种产品的一种组合数量；而在生产可能性曲线边界以内的任意一点 F，表示该国生产要素没有得到充分有效的利用；在生产可能性曲线边界以外的任意一点 G，则表示该国全部生产要素和技术不可能达到的生产数量。

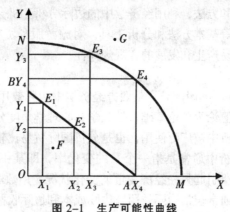

图 2-1　生产可能性曲线

同时，由于边际成本存在着不变和递增两种情况，因此当边际成本不变时，生产可能性曲线就形成 AB 直线；当边际成本递增时，生产可能性曲线就形成 MN 曲线。通常，边际成本不变所形成的生产可能性曲线比较简洁、直观和方便，因此常常用于理论分析中；而边际成本递增所形成的生产可能性曲线通常比较符合现实情况，因此主要在实证分析中广泛运用。

（四）社会无差异曲线

社会无差异曲线（community indifference curve）作为经济分析的重要工具，是指一国能够使消费者得到同样满足程度的两种产品不同组合的轨迹。由于人们对商品的消费存在着边际效用递减的规律性，即随着人们消费产品数量的增加，产品对人们的边际效用逐渐递减，因此社会无差异曲线的形状总是一条凸向原点的曲线（见图 2-2）。

根据产品组合所产生的不同总效用，在旅游消费中同样会形成多条不同的社会无差异曲线。如图 2-2 中，离原点近的社会无差异曲线 CIC_1，表示旅游消费的总效用小，其对旅游者的旅游需求满足程度较低；离原点越远的社会无差异曲线 CIC_4，表示旅游消费的总效用越大，其对旅游者的旅游需求满足程度越高。对于任何一个国家来讲，其旅游消费的社会无差异曲线是不会相交的。

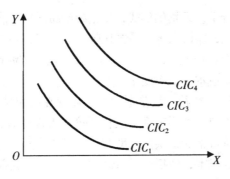

图 2-2 社会无差异曲线

二、旅游服务贸易供求均衡的影响因素

从旅游服务贸易供给角度看，决定旅游服务贸易供求均衡的主要因素是旅游资源、劳动力、资本和企业家才能。但在旅游服务贸易过程中，旅游服务贸易供求的均衡通常还受到旅游需求因素、比较成本因素、技术创新因素、企业竞争策略、国家贸易政策及其他经济和非经济因素的作用和影响①，因此必须进一步分析和掌握这些因素，是如何对旅游服务贸易产生作用和影响的。

（一）旅游需求因素

旅游需求（tourist demand），不仅是国际旅游产生和发展的决定因素，也是影响旅游服务贸易供给和比较优势发挥的重要因素。因为市场上旅游服务供给的变化，总是离不开旅游需求的作用和影响，没有旅游需求就不能形成旅游市场，旅游服务也失去了供给对象，也就谈不上旅游比较优势的发挥。

旅游需求对旅游服务贸易供求均衡的作用和影响通常反映在三个方面：一是旅游需求决定了旅游客源市场的规模和分布，从而影响着旅游服务贸易的流向和分布；二是旅游需求和供给共同决定旅游服务的交易价格，从而影响着旅游服务贸易的流量和结构；三是旅游需求影响着国际旅游生产要素（除了垄断性要素）价格的均等化，从而影响着各国旅游服务贸易比较优势的实现和发挥。正是由于旅游需求对旅游服务贸易具有重要的作用和影响，因此世界各国在旅游服务贸易中都十分重视对国际旅游需求的调查、分析和研究，以更好地运用和发挥各国的旅游服务贸易比较优势，促进国际旅游和旅游服务贸易的发展。

（二）比较成本因素

在国际货物贸易中，比较成本（comparative costs）的优势来自于专业化生产，但在旅游服务贸易中，由于旅游产品的无形性、暂时性和多样性，导致国际旅游即

---

① 罗明义. 旅游管理研究. 科学技术出版社，2006

使是大众旅游也包含着千差万别的形式，使旅游产品无法形成类似物质产品生产的专业化和规模化。因此，旅游服务贸易的比较成本因素，并不是旅游产品的专业化或规模化（不包括具有物质性产品贸易在内，如餐饮、旅游商品等），而主要体现在旅游产品质量、劳动成本、汇率变化等方面。

从旅游产品质量和成本看，其差别性主要体现在吸引物和旅游服务上，即旅游服务贸易中的比较优势，主要表现为在相同价格下提供有特色和高质量的服务，或者以相对较低的旅游价格而提供同类型的旅游服务，因此这种比较优势的隐含条件就是较低的旅游服务成本，包括交通运输、餐饮住宿、其他旅游服务成本及汇率等。由于不同国家旅游服务成本的差别反映了其在旅游服务贸易中的比较优势，从而直接影响到国际旅游客流的流向分布和流量变化。

（三）新技术因素

随着现代科学技术的迅猛发展，各种新技术（new technology）对旅游服务贸易的影响已超过对货物贸易的影响，运用新技术的程度和水平，不仅成为发挥旅游服务贸易比较优势的重要内容，而且是提升旅游服务贸易竞争力的重要因素。

首先，新技术的运用促进旅游服务贸易供给系统发生新的变化，拓展了旅游服务贸易的领域和范围，如远程客房预订系统、网上旅游宣传、旅游信用卡、移动电话等，这些新的服务提高了旅游服务贸易的市场竞争优势，也显示出旅游服务贸易的发展趋势和潜力。

其次，新技术的运用可以提高旅游产业部门的劳动生产率，如改变旅游企业的成本结构，降低旅游服务成本，扩大旅游产品差别性，增强旅游出口的比较优势和能力等，从而促进旅游服务贸易的发展。

最后，通过大量新技术尤其是信息技术的广泛使用，可以提高一个国家或地区旅游企业的全球竞争能力，使其可以在更广阔的范围内和更复杂的环境下开展旅游经营和服务贸易。

总之，随着新技术的广泛运用，其对旅游服务贸易的作用和影响，正在超过纯粹的要素禀赋和比较成本优势，从而成为旅游服务贸易供给结构中的重要影响因素。

（四）企业竞争战略

企业竞争战略（corporate compete strategics），不仅仅是指企业家才能的体现，还包括了企业家运用新技术、信息知识和管理技能的结果，以及对各种旅游要素进行最佳组合的水平，其构成具有国际吸引力和竞争力的旅游产品和相应的服务体系，并直接影响和决定着一国旅游服务贸易的比较优势和竞争力。在目前旅游服务贸易竞争环境下，影响企业竞争战略的具体因素在不同情况下各有不同，但一些共同因素已经被普遍认识和运用，主要有以下方面。

一是采取更为明确的企业营销目标，以及区别于其他同类竞争对手的旅游服务贸易特征，如欧洲最大旅游公司地中海俱乐部的营销目标和服务特征，就是在俱乐部成员交付旅游费用后，除向其提供飞机票、陆地客运、膳食等基本旅游服务外，还包括提供多样化的文化体育活动，具有鲜明的地中海特色的旅游活动，以及设立电脑课程和语言课程等专门性旅游项目等。

二是灵敏地反映旅游者对国际旅游的需求，并适应当地环境而规避经营风险，特别是那些在海外旅游市场投资和经营的旅游企业，雇佣东道国的劳动力、购买当地的商品或服务等都是十分重要的。尽管有时这样做成本相对较高，但可以使旅游企业更适应当地环境，更好地顺应当地政治、经济与文化特点而营销旅游产品和服务，从而规避各种可能发生的投资风险与贸易风险。

三是实行国际标准和对服务质量进行控制，形成国际认同的旅游服务标准和企业形象。如麦当劳国际连锁经营就是一个典型的例子，其将严格的采购、标准化的生产和经营控制等，与特许经营的创业动机紧密结合在一起，从而形成了一种国际化、标准化的服务和管理系统。

（五）国家贸易政策

国家贸易政策（national trade policies），是一国在一定时期内有关进出口贸易的政策，是一国经济政策的重要组成部分，是为各国国家利益和对外经济贸易服务的。国家贸易政策，一般包括关税制度、非关税壁垒政策、鼓励出口政策、进出口管制政策，以及参与国际经济一体化战略和政策等。旅游服务贸易属于国际服务贸易的主要内容之一，因而各国有关对外贸易和国际服务贸易的政策，必然对旅游服务贸易也产生相应的作用和影响。

通常，对于具有旅游服务贸易比较优势的国家，政府的贸易政策必然有利于该国旅游服务贸易的发展；反之，不具备旅游服务贸易比较优势的国家，政府对国际旅游（主要是出境旅游）的贸易政策会相对严格。国家贸易政策的合理和宽松，必然会促进本国旅游企业积极参与国际旅游市场竞争，促使旅游企业努力提高服务质量，降低服务成本，提高旅游出口的竞争力，因此旅游服务贸易在政策合理与宽松的环境下更能获得发展。

相关知识2-4：

旅游供求均衡与平衡

在市场经济条件下，旅游供给与旅游需求是相互依存和相互矛盾的，它们通过旅游价格这一中介而有机地结合起来，从而形成了旅游供给与旅游需求既相互依存，又相互矛盾的运动规律。从旅游供给与旅游需求的矛盾关系看，其主要表现在旅游供给与旅游需求在数量、质量、时间、空间和结构等方面的矛盾，要解决这种矛盾，就必须把两者结合起来考察，以探寻旅游供给与需求短期均衡和长期平衡的规律性。

所谓旅游供求短期均衡，是指在一定的时间内旅游供给能力具有相对的稳定性，即旅游企业至少有一种生产要素投入是不变的，旅游供给和旅游需求只能在既定要素不变的条件下，通过改变其他要素的投入来实现旅游市场上的供求平衡。

旅游供求短期均衡是一种暂时的平衡，为了实现旅游供求长期平衡，就必须改变所有生产要素的投入，提高旅游供给能力并引起旅游需求水平的变化，实现在新的旅游供求条件下的平衡。因此，所谓旅游供求长期平衡，就是指对所有生产要素投入进行调整后形成的旅游供求的平衡。

（资料来源：罗明义. 旅游经济学原理. 复旦大学出版社，2004）

三、旅游服务贸易供求均衡分析的条件

由于旅游服务贸易的内容庞杂、涉及面广，再加上旅游服务贸易供给的特点与一般货物贸易和其他服务贸易也不同，影响因素也比较复杂，因此应用经济学分析工具和方法对旅游服务贸易比较优势进行分析时，就不能一般的套用货物贸易和其他服务贸易的分析方法和思路，必须假定一些必要的前提条件，才能从理论上很好掌握旅游服务贸易的比较优势。

（一）假定一国只提供旅游服务和非旅游服务两种产品

由于旅游服务内容的多样性和综合性，无法用单一的某种旅游服务作为整个旅游服务的代表性产品，同样也无法用其他某一种产品为代表来与旅游服务进行比较。因此，为了理论分析上的简化，在此假设把一国所提供的各种旅游服务统一定义为旅游服务产品，把其他非旅游服务的众多产品定义为非旅游服务产品，于是可以得到一国只生产和提供旅游服务和非旅游服务两种产品，为进行旅游服务贸易比较优势分析奠定理论分析的基础。

（二）假定国际上对旅游服务产品的需求是充分的

国际旅游需求是一种综合性服务需求，其不仅内容复杂、涉及面广，具有其自身的典型特征，而且其需求变化还往往受到多种因素的制约和影响。因此，为了

理论分析的方便和可能，假定国际上对旅游服务产品的需求是充分的，并且不受人们的偏好及其他各种具体因素的影响和制约，这样在分析旅游服务贸易比较优势时，就可以不考虑旅游国际需求是否充分的前提条件。

（三）假定国际上的旅游服务贸易往来是自由的

在旅游服务贸易中，某些国家的旅游资源具有一定的独特性和垄断性，同时各国对服务贸易也具有一定的贸易壁垒，如果把这些因素考虑在内就会使理论分析变得十分复杂。因此，为了理论分析方便，先假设国际上的旅游服务贸易是自由进行的，并且也没有垄断性和贸易壁垒等因素的影响，在国际旅游服务贸易自由化的分析基础上，再考虑实际中各种影响因素所引起的变化，就能够很好地认识和掌握旅游服务贸易的规律和变化态势。

（四）假定各国提供的旅游服务和非旅游服务都是能计量的

在实际中，旅游服务产品的计量是以旅游者人数为计量单位，而其他非旅游服务产品的计量单位则千差万别，不好进行比较分析。因此，按照前面把旅游服务和非旅游服务高度抽象成两种不同产品的假设，同时假定这两种产品都能够以相同的计量单位进行计量，就可以运用比较优势理论的分析工具和方法，建立旅游服务贸易比较优势的分析模型，对旅游服务贸易供求均衡进行理论上的分析和研究。

（五）假定国际旅游服务贸易信息的获得是充分有效的

旅游服务是一种特殊的服务，其一般是通过各种宣传促销媒介把信息传递给消费者，吸引消费者移动到旅游目的国进行消费，所以旅游信息是否充分不仅直接影响到旅游者对旅游目的国的选择，而且直接影响到旅游服务贸易的交易数量和规模。在实际中，由于各种因素的影响，对旅游服务贸易信息的获得往往不是充分的，因此，为了理论分析的需要，在此也假定国际旅游服务贸易信息的获得是充分有效的，所有旅游服务贸易中的需求者和供给者都能够方便、有效地获得充分的旅游服务贸易信息。

第五节　旅游服务贸易供求均衡模型

一、无旅游服务贸易的封闭均衡模型

根据以上对旅游服务贸易的需求与供给规律、比较优势分析工具和分析条件的假设，就可以建立旅游服务贸易供求均衡的比较优势分析模型。为了便于认识和掌握旅游服务贸易的规律性，在进行旅游服务贸易比较优势分析时，首先分析没有旅游服务贸易情况下的封闭均衡模型，然后再分析有贸易情况下的旅游服务贸易一般均衡模型，最后引入一些现实的影响因素，进行旅游服务贸易比较优势的分析。

无旅游服务贸易的封闭均衡模型（equilibrium in isolation），是指旅游服务在没有进行国际交易情况下的国内生产和消费的均衡。一般讲，从宏观经济的角度看，一国的生产和消费应该是一致的，因此假设一国只生产旅游服务和非旅游服务两种产品，国内也只消费这两种产品，那么它们的生产和消费也应该是均衡的。若以生产可能性曲线表示这两种产品的生产供给，用社会无差异曲线表示这两种产品的消费需求，就可以建立起无旅游服务贸易的封闭均衡模型（见图2-3）。

在图2-3中，曲线 AB 表示一国的生产可能性曲线，曲线 CIC 表示社会无差异曲线，直线 MN 是旅游服务产品与非旅游服务产品相对于切点 E 的斜率。

当社会无差异曲线 CIC_1 与生产可能性曲线 AB 互切于 E 点时，表示一国在没有旅游服务贸易情况下实现了国内生产与消费的均衡，即该国所提供的旅游服务产品与非旅游服务产品的组合正好满足整个国内对这两种产品的消费需求。而均衡点 E 切线的斜率，则表示旅游服务和非旅游服务这两种产品的相对价格，它们也是生产者和消费者都满意的均衡价格。同时，这个价格也是两种产品生产的边际转换率或消费的边际替代率，即 MRT（边际转换率）= MRS（边际替代率）= OM/ON = Px/Py（相对价格）。

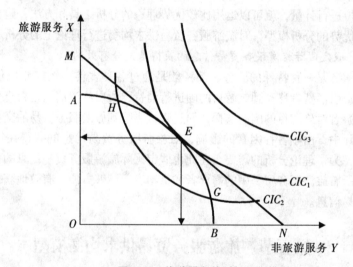

图2-3　旅游服务的封闭均衡模型

当社会无差异曲线 CIC_2 与生产可能性曲线 AB 相交于 G 点和 H 点时，表示一国国内对旅游服务产品与非旅游服务产品的两种不同的消费需求组合，其反映了无论在哪一点上国内社会消费需求都低于生产供给，从而出现了生产能力过剩的情况，因此未能实现生产与消费的封闭均衡。

而当社会无差异曲线 CIC_3 与该国的生产可能性曲线 AB 既不相交又不相切时，说明该国的生产能力不能满足社会的消费需求，因此也未能实现国内生产与消费的封闭均衡。

二、一般的旅游服务贸易均衡模型

一般的旅游服务贸易均衡模型（equilibrium in trade），是因为旅游服务封闭均衡的相对价格在不同国家之间存在着差异，而这种差异反映了各国在国内旅游服务均衡点的边际成本不同，于是以这种成本为基础的比较优势就成为旅游服务贸易产生的基本原因。如果一国旅游服务产品的相对价格低于别国，而非旅游服务产品的相对价格高于别国，就表明旅游服务产品具有出口的比较成本优势，那么该国就可以出口旅游服务产品而进口非旅游服务产品。

如果不同国家之间存在着旅游服务和非旅游服务产品的贸易，那么两国都会调整这两种产品的生产组合，通过减少不具有比较优势产品的要素投入，转而增加具有比较优势产品的生产，以利用专业化生产获得对外贸易的比较利益。如果两国的边际机会成本不变，并且都有条件进行专业化生产和充分的贸易交换，那么两国对旅游服务和非旅游服务产品的专业化生产就可能完全实现，并使专业化生产的程度持续到贸易均衡点，即两国产品相对价格没有差异的均衡点（见图 2-4）。

在图 2-4 中，假定甲、乙两个国家生产和提供旅游服务产品（X）和非旅游服务产品（Y）的边际机会成本不变，其中，甲国旅游服务产品的相对价格 PE 低于乙国的相对价格 PE'，则甲、乙两国的生产可能性曲线分别为直线 AB 和 A_1B_1，同时由于两国的消费习惯和偏好不同，从而使社会无差异曲线不同，分别为 CIC_1 和 CIC_1'，这样在无贸易情况下甲、乙两国的生产和消费的封闭均衡点分别为 E 点和 E' 点。

但是，由于甲国在旅游服务方面比乙国具有比较优势（均衡价格 E 比 E' 低），如果甲、乙两国之间有可能进行旅游服务产品和非旅游服务产品的贸易，在市场总需求增加的情况下，甲国可能相对增加有比较优势的旅游服务产品（X）的生产，而相对减少非旅游服务产品（Y）的生产；乙国则可能相对增加有比较优势的非旅游服务产品（Y）的生产，而相对减少旅游服务产品（X）的生产。若甲、乙两国都有条件进行专业化生产和完全的自由贸易，则甲国可以把全部要素用于旅游服务产品的生产，并达到最大生产量 A' 点；而乙国可以把全部要素用于非旅游服务产品的生产，并达到最大生产量 B' 点。

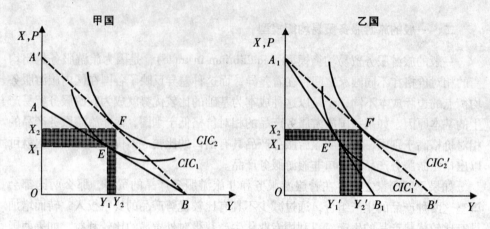

图 2-4　旅游服务贸易一般均衡模型(边际成本不变)

这样，只要甲、乙两国的贸易交换比例介于两国国内交换比例之间，则两国所得到的旅游服务产品和非旅游服务产品的生产和消费总量 BA' 或 AB' 均大于无贸易情况下的产品消费总量 AB 或 A_1B_1。与此同时，甲、乙两国的生产和消费的贸易均衡水平也相应提高，甲国由封闭均衡点 E 上升到贸易均衡点 F，乙国由封闭均衡点 E' 上升到贸易均衡点 F'。在两国均衡价格 (P) 和均衡点相等情况下 $(F = F')$，甲国通过旅游服务贸易比较优势而实际获得的贸易利益为多边形 $X_1EY_1Y_2FX_2$（如图阴影部分），乙国通过非旅游服务贸易比较优势而获得的贸易利益为多边形 $X_1E'Y_1'Y_2'F'X_2$（如图阴影部分）。可见，甲、乙两国通过对比较优势产品的专业化生产和国际贸易，不仅提高了两国整个社会的总产量，而且使两国都获得了贸易比较利益，这就是旅游服务贸易产生的重要经济原因。

三、要素禀赋的旅游服务贸易均衡模型

要素禀赋的旅游服务贸易均衡模型，是针对旅游服务贸易的特殊性，并充分考虑实际中决定旅游服务贸易的各种比较优势因素后，所建立的一种接近现实的旅游服务贸易均衡模型。

在现实国际旅游服务贸易中，由于各国所拥有的旅游资源、劳动力、资本等要素禀赋不一样，必然影响各国旅游服务供给也不一样，从而使各国生产可能性曲线的形状也不一样。同时，在现实中由于许多生产要素的替代能力有限和要素在行业间转移的限制因素，尤其是旅游服务产品在旅游交通、旅游接待等设施的高投入和供给持续性特点，使各国增加旅游服务产品生产的机会成本一般是递增的，因此生产可能性曲线通常是一条凹向原点的曲线。于是，可以通过建立要素禀赋的旅游服务贸易均衡模型，来分析在机会成本递增时，具有不同消费习惯和偏好，以及旅游生产比较优势情况下，旅游服务贸易所带来的贸易比较利益。

在图 2-5 中，由于甲国拥有旅游服务的要素禀赋，因此在边际成本递增情况下，甲国的生产可能性曲线为 MN；由于乙国拥有非旅游服务的要素禀赋，因此在边际成本递增情况下，乙国的生产可能性曲线为 $M'N'$；同时由于两国对旅游服务的需求偏好和消费习惯不同，因此两国社会无差异曲线的形状和位置也不一样；由此决定了两国的封闭均衡点（A 与 A'）和相对价格也不同，即甲国旅游服务的相对价格 PA 低于乙国旅游服务的相对价格 PA'，即 PA 的斜率小于 PA'，因此甲国在旅游服务贸易方面具有比较优势，而乙国则在非旅游服务贸易方面具有比较优势，从而为两国之间开展旅游服务贸易提供了基础。

如果甲、乙两国之间具有进行自由贸易的可能性，则甲国将增加生产和提供具有比较优势的旅游服务产品（X），因此其产品组合曲线 PA 将逐渐上移；而乙国则将增加生产和提供具有比较优势的非旅游服务产品（Y），因此其产品组合曲线将从 PA' 逐渐下移，直到两国的产品组合曲线移动到相对价格相等点（$C = C'$），即 PB 斜率和 PB' 的斜率相等。这时，在相对价格相等点（$C = C'$）的基础上，甲国的消费由封闭均衡点 A 增加到贸易均衡点 E，并与社会无差异曲线 CIC_2 相切，乙国的消费由封闭均衡点 A' 增加到贸易均衡点 E'，并与社会无差异曲线 CIC_2' 相切，表明通过贸易不仅使两国的总产出增加，而且总福利水平也有了相应的提高。

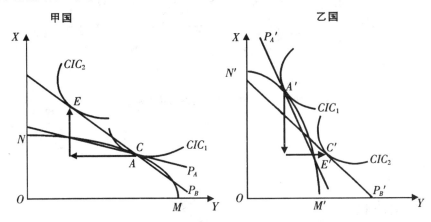

图 2-5　旅游服务贸易的要素禀赋均衡模型（边际成本递增）

从以上的理论分析显示，在考虑到现实中客观存在着边际成本递增、需求偏好和消费习惯不同的情况下，各国通过充分发挥旅游要素禀赋的比较优势，实行专业化生产和贸易同样可以获得比非贸易情况下更多的比较利益。

四、有限制的旅游服务贸易均衡模型

以上三种旅游服务贸易均衡的分析，都是建立在旅游服务贸易自由化的假定情况下。但在国际旅游服务贸易实际中，由于各种因素的影响和各国对旅游服务提

供的政策限制，决定了不可能完全按照贸易自由化的情况来提供国际旅游服务。那么，在有影响和限制的情况下旅游服务贸易比较优势是否还能发挥作用？

　　假定甲国由于各种因素的影响和政策限制，不可能通过增加旅游服务产品的专业化来获得贸易均衡。但由于该国具有旅游服务要素禀赋的比较优势，仍然可以按照国内封闭均衡点 A 的组合进行对外贸易，即通过改变国内社会无差异曲线 CIC_1 为 CIC_2，并以目前的国际相对价格 $PC(PC = PB)$ 向乙国提供旅游服务产品 (X)，使社会无差异曲线扩展到 CIC_3，则甲国的总产出和总福利水平同样可以从原来的贸易均衡点 A 提高到新的贸易均衡点 H（见图 2 – 6），并且与扩展的社会无差异曲线 CIC_3 相切，同样获得相应的旅游服务贸易比较利益。因此，即使在各种因素影响和政策限制下，通过旅游服务贸易比较优势同样可以带来贸易比较利益。

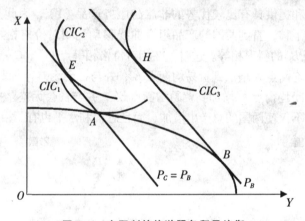

图 2-6　有限制的旅游服务贸易均衡

复习思考题

一、重点概念

旅游服务贸易需求规律　旅游服务供给规律　要素禀赋　要素丰裕程度
显示比较优势　边际分析　机会成本　生产可能性曲线　社会无差异曲线

二、思考题

1. 阐述旅游服务贸易需求产生和发展的原因。
2. 阐述旅游服务贸易的需求规律。
3. 旅游服务贸易需求有哪些特征？
4. 阐述旅游服务贸易供给的决定因素。

5. 阐述旅游服务贸易的供给规律。

6. 旅游服务贸易供给有何特点?

7. 为什么说比较优势适用于旅游服务贸易的分析?

8. 阐述影响旅游服务贸易供求均衡的主要因素。

9. 为什么对旅游服务贸易比较优势分析要设定假定条件?

10. 如何运用旅游服务贸易均衡模型进行分析?

主要参考文献和资料来源

1. M. F. Lanfant. International Tourism. International Sociological Association, 1995

2. J. Deegan & D. Dineen. Tourism Policy and Performance. International Thomson Business Press, 1997

3. J. C. Holloway. The Business of Tourism (sixth edition). Prentice Hall Inc. , 2002

4. Ray Youell. Tourism: An introduction. Pearson Education Limited, 1998

5. [英] 大卫·李嘉图. 政治经济学及赋税原理. 商务印书馆, 1962

6. [美] 彼得·林得特. 国际经济学. 经济科学出版社, 1992

7. 陈宪, 韦金鸾等: 国际贸易: 原理、政策、实务. 立信会计出版社, 1998

8. 刘华. GATS 与我国旅游服务贸易的进一步自由化 [J]. 国际经贸探索. 2001, 3: 34 – 37

9. 葛丹. 国际服务贸易的开放度与竞争力研究及我国对策 [J]. 价格月刊. 2005, 7: 9 – 10

10. 谢康. 国际服务贸易. 中山大学出版社, 1998

11. 高舜礼. 中国旅游业对外开放战略研究 [M]. 中国旅游出版社, 2004

12. 罗明义. 旅游经济研究与探索 [M]. 云南大学出版社, 2003

13. 罗明义. 旅游管理研究 [M]. 科学出版社, 2006

14. 李俊, 刘慧芳. 中国旅游服务贸易竞争力研究. http://www. paper. edu. cn

15. 中国国家统计局. 国际统计年鉴 [M]. 北京: 中国统计出版社, 1997 – 2005

16. 世界银行. 2005 年世界发展指标 [M] (戴敏华等译). 北京: 中国财政经济出版社, 2005

17. 世界银行. 2005 年世界发展报告 [M] (中国科学院清华大学国情研究中心译). 北京: 清华大学出版社, 2005

18. 世界贸易组织网. http://www. wto. org, International Trade Statistics. 2000 – 2005

19. 世界旅游组织网. http://www. world-tourism. org

20. 中国商务部网. http://www. mofcom. gov. cn

21. 中国贸促会网. http://www. ccpit. org

第三章

国际旅游流理论

旅游服务贸易供求理论解释了旅游服务贸易产生和发展的内在原因和规律，那么旅游服务贸易是如何在世界各国之间进行的？或者说国际旅游是遵循什么规律流动的？国际旅游流理论，就是根据现代空间经济理论，结合国际旅游发展的实际，分析国际旅游流的内在规律和影响因素，揭示现代旅游服务贸易的发展规律和特点。因此，通过本章的学习，要了解国际旅游流的基本特征，分析国际旅游流的形成条件和影响因素，并在分析比较国内外有关国际旅游流理论的基础上，熟悉和掌握国际旅游流的基本规律和分析方法。

第一节 国际旅游流的特征及影响因素

一、国际旅游流的基本特征

国际旅游流（international tourist flows），即国际旅游客流，是旅游者在世界各国之间的空间流动现象，具体讲，是指旅游者从旅游客源国向旅游目的国流动的人群数量和流动模式。所谓旅游客源国，是指本国或本地区居民出境到其他国家或地区进行旅游活动的国家或地区；所谓旅游目的国，是指接待其他国家或地区旅游者到本地旅游的国家或地区。因此，分析和研究旅游服务贸易，首先必须了解国际旅游流的基本特征。

根据对国际旅游流的理论研究和实证分析，国际旅游流一般具有流向、流量和时序三方面的基本特征，它们不仅是分析和评价国际旅游流的流向、规模和时间的重要指标，也是掌握旅游服务贸易发展规律和特点的重要基础和前提。

（一）国际旅游流的流向

国际旅游流的流向，是指某一旅游客源国的旅游者，根据其旅游动机、经济能力及闲暇时间而选择旅游目的国的倾向，或者是某一旅游目的国接待世界各国旅游者的状态，以及旅游者空间流动过程中所经过的旅游路线，它反映了旅游目的国与旅游客源国之间相互关联的方式和途径。因此，分析国际旅游流的流向，可以掌握国际旅游者的消费倾向和国际旅游市场的发展态势，为开拓国际旅游市场，促进旅游服务贸易的发展提供科学的理论依据和指导。

在现实旅游者的跨国空间流动中，由于各种历史、经济、政治、区位、外交及社会文化等复杂因素的影响，使旅游目的国和旅游客源国之间的关联状态具有各种不同的表现，导致一定时期内国际旅游流的流向呈现出一定的规律和特点，并形成某种相对比较稳定的模式。例如，在目前国际旅游相对较发达的欧洲、美洲和亚洲，国际旅游流的流向主要表现为洲内各个国家之间旅游者的相互流动，以及旅游者在三大洲各个国家之间相互流动的基本规律和特征。

（二）国际旅游流的流量

国际旅游流的流量，是指旅游客源国的旅游者，在一定时间内选择某个国家或某地区为旅游目的地的人数，或在一定时间内某旅游目的国接待世界各国旅游者的数量，其反映了国际旅游流在一定时间、一定空间上所形成的旅游者的数量规模。对于旅游客源国来讲，国际旅游流的流量反映了一定时期内出国旅游者的数量和规模；对于旅游目的国而言，国际旅游流的流量反映了一定时期内接待来自世界各国的旅游者的数量和规模。

由于现代国际旅游发生、持续时间具有一定的节律性，造成国际旅游流在某些时间、某些国家或地区的超量流动，而在另一些时间和地区流量又仅仅维持在较低的水平上，这不仅给某些旅游目的国的旅游基础设施建设、旅游产品开发、旅游经营和服务造成不同的压力，而且对当地经济社会的发展也产生不同的影响。因此，研究国际旅游流的流量，对于正确掌握国际旅游流的变化趋势和特点，促进旅游服务贸易的发展具有十分重要的意义。

（三）国际旅游流的时序

国际旅游流的时序，是指国际旅游活动的发生时间和持续时间的长短，反映了国际旅游流的时间集中性和流速。从时间集中性考察国际旅游流，一是某些旅游目的国的旅游产品具有不同的季相变化，从而反映出旅游流时序上的季节性；二是大多数旅游者出游的时间也具有明显的节律性，于是两者的结合就形成了国际旅游流在时间上相对集中和分布的特点。从国际旅游流的流速考察，旅游者在旅游目的国停留时间的长短，直接决定了其消费支出的多少，进而反映了旅游服务贸易的数量和水平，并对旅游目的国的经济社会发展产生相应的影响。

相关知识 3 - 1：

中国入境旅游流在城市间的流动格局（上）

入境旅游流的年度变化是一个极其复杂的问题，需要有大量的即时性的旅游市场跟踪调查来支持。下面所提供的旅游流流量，是根据国家旅游局抽样调查资料计算的结果，在一定程度上概括地反映了 20 世纪 90 年代中期入境旅游流在各城市间流动的一些基本特征和变化规律。

（一）1994 年入境旅游流分布

1994 年入境旅游流在国内各城市间形成了以下主要旅游流，其中主要双向旅游流有：（北）京—沪（上海）双向旅游流，京→沪流量近 60 万，沪→京流量约 55 万；京—广（州）双相旅游流，京→广流量约 10 万，广→京流量约 45 万；京—深（圳）双向旅游流，京→深流量约 10 万，深→京流量约 40 万；京—西（安）双向旅游流，京→西流量约 20 万，西→京流量不足 10 万；沪—广双向旅游流，沪→广流量不足 10 万，广→沪流量约 15 万；沪—深双向旅游流，沪→深流量约 10 万，深→沪流量不足 15 万；沪—西双向旅游流，沪→西流量约 10 万，西→沪流量约 5 万；广—深双向旅游流，广→深流量和深→广流量基本对等，约 30 多万；桂（林）—京双向旅游流，桂→京流量约 10 万，京→桂流量约 5 万。

主要单向旅游流有：宁（南京）—京单向旅游流，宁→京流量不足 10 万，京→宁流量较小；苏（州）—京单向旅游流，苏→京流量约 10 万，京→苏流量较小；杭（州）—京单向旅游流，杭→京流量约 30 万；京→杭流量较小；杭—沪单向旅游流，杭→沪流量约 10 万，沪→杭流量较小。

（资料来源：谢彦君. 基础旅游学. 中国旅游出版社，2004）

因此，分析国际旅游流的时序，掌握国际旅游客流的集中性特点和流速规律，并科学地预测其变化趋势，不仅对开拓国际旅游市场具有重要的意义，也是做好对旅游者的服务接待，促进旅游服务贸易发展，提高旅游目的国的旅游综合效益的重要前提。

综上所述，国际旅游流的基本特征，一方面反映了旅游客源国的旅游者出游情况和旅游需求的倾向性，为旅游目的国进一步分析旅游市场，掌握旅游者的流动状况，合理地引导其流向，吸引更多的旅游者提供科学依据；另一方面，其反映了旅游者在国际旅游中的空间流动规律和特点，是分析和研究旅游服务贸易发展的客观规律，有效开展旅游服务贸易的重要前提和基础。

相关知识 3 - 2：

中国入境旅游流在城市间的流动格局（下）

（二）1995 年入境旅游流分布

相对于 1994 年入境旅游流的分布，1995 年的变化是：新增的主要双向旅游流有：沪—桂（林）双向旅游流，沪→桂流量不足 10 万，桂→沪流量 5 万多；沪—宁双向旅游流，沪→宁流量约 10 万，宁→沪流量约 10 万；沪—苏（州）双向旅游流，沪→苏流量近 10 万；苏→沪流量约 10 万；深—桂双向旅游流，深→桂流量约 10 万，桂→深流量约 5 万；广—桂双向旅游流，广→桂流量不足 10 万，桂→广流量不足 5 万。

新增的主要单向旅游流有；杭—桂单向旅游流，杭→桂流量约 10 万，桂→杭流量较小；西—桂单向旅游流，西→桂流量约 10 万，桂→西流量较小。

由单向旅游流渐变为双向旅游流有：沪—杭双向旅游流，沪→杭流量不足 15 万，杭→沪流量约 5 万；京—杭双向旅游流，京→杭流量约 5 万，杭→京流量不足 20 万，均为不平衡双向旅游流。

区间流量变化较大的旅游流有：京—沪旅游流，京→沪流量由 1994 年的约 60 万减少为约 50 万，沪→京流量由 1994 年约 20 万增加为约 35 万。

（三）1996 年入境旅游流分布

1996 年入境旅游流的分布变化表现在，相对于上年的新增主要旅游流有：广—昆双向旅游流，广→昆流量 5 万多，昆→广流量约 5 万；广—西单向旅游流，广→西流量约 5 万；深—昆双向旅游流基本平衡，约为 5 万左右；深—西单向旅游流，深→西流量约 5 万。流量变动较大的旅游流有：京—沪旅游流流量进一步趋小，京→沪流量由上年的约 50 万减少为约 40 万，沪→京流量基本未变；京—桂流量增大，京→桂流量由上年约 10 万增长为约 15 万，桂→京流量由上年约 5 万增大为约 10 万；沪—广和沪—深流量由上年的约 5 万，均增长为约 10 万。

（四）1997 年入境旅游流分布

1996 年的变化主要是，新增的较重要旅游流有：厦（门）—京单向旅游流，厦→京流量约 10 万；京—成（都）单向旅游流，京→成流量约 5 万。流量变化较大的旅游流有：京—沪双向流量均有增加，京→沪流量 50 多万，沪→京流量约 45 万。沪—宁、沪—苏、沪—杭旅游流双向流量均比上年增大，其中前两个有变为平衡双向旅游流的趋势，往返流量基本持平；广→沪流量增加到近 30 万，深→沪流量增加到 20 多万，广→京流量增加到约 40 万。

（资料来源：谢彦君. 基础旅游学. 中国旅游出版社，2004）

二、国际旅游流的形成条件

现代旅游的理论研究和实践表明，国际旅游流的形成条件主要取决于两个方面：一方面取决于旅游客源国的经济发展水平、人口特征、民族特点和闲暇时间等，这是国际旅游流产生的前提，其决定了国际旅游流的流向和流量；另一方面取决于旅游目的国的旅游资源、经济基础、市场距离、可进入性和旅游宣传促销等，其决定了国际旅游流的流量和时序。因此，国际旅游流的形成条件可从以下两方面进行分析。

（一）国际旅游客源的产生条件

通常，大多数国家既有本国居民到他国旅游，同时也接待其他国家的游客，因而纯粹的旅游客源国或旅游目的国是没有的。但在旅游服务贸易中，只有当一个国家能够产生和输出大量国际旅游客源，才能真正称为国际旅游客源国，而要大量产生和输出国际旅游客源，则主要取决于以下几个条件。

1. 经济发展水平（level of economic developing）。现代旅游是一种高层次的物质和精神消费活动，旅游者需求和行为的产生必须以一定的经济实力为基础。一个国家的社会经济发展水平越高，其人均国民收入水平也相应较高，个人可支配的收入越多，于是人们在满足衣、食、住、行等基本生活需要之后，用于享受需要和发展需要的开支就会增加，用于旅游的消费也就相应提高。有关研究表明：当一国人均国民生产总值达到300美元时，居民将普遍产生外出旅游的动机；当人均国民生产总值达到1 000美元时，将产生近距离及出国（周边国家）旅游的动机；当人均国民生产总值超过3 000美元时，产生中远距离和国际旅游的动机①。因此，一个国家经济发展的程度和水平，不仅是产生国际旅游客源的前提条件，同时也直接影响着国际旅游流的流向和流量。

2. 人口特征（characteristics of population）。旅游活动是以人为主体的经济社会活动，因而人口特征是决定一个国家产生和输出国际旅游客源多少的重要条件。从旅游客源产生角度看，一个国家的人口特征，一是指总人口的数量、人口的增长速度、人口密度、年龄和性别构成等，这是决定国际旅游流流量的基本条件；二是指一个国家的文化教育水平、人口的受教育程度、家庭的结构、行业和职业构成等，其对于国际旅游流的流向和流量都具有重要的影响作用；三是个人收入、兴趣爱好、宗教信仰、职业特点、身体状况等，不仅对旅游者的旅游动机和行为产生较大的影响，而且决定了国际旅游流的流向和流量。因此，分析国际旅游客源的产生和发展，必须重视分析和研究旅游客源国的人口特征。

3. 闲暇时间（leisure time）。旅游活动区别于其他经济社会活动的最大特点，

①　魏小安，冯宗苏. 中国旅游业：产业政策与协调发展. 旅游教育出版社，1993

是旅游者必须亲临旅游目的地才能进行旅游消费。在国际旅游活动过程中，旅游者不仅要花费一定的旅游费用，而且还必须付出一定的时间，即从旅游客源国出发之日起，加上在旅游目的国的旅游活动时间，直到返回旅游客源国的全部时间消耗，因此闲暇时间多少是决定国际旅游流的流量和时序的重要条件之一。

从经济社会发展的历史看，闲暇时间的增加是与经济社会发展水平成正比的，即经济社会越发达，劳动生产率越高，用于生产的必要劳动时间就越少，而用于休闲活动的时间就越多。目前，西方发达国家普遍实行每周休息两天的制度，加上公共假日和带薪假日，每人一年的休假天数高达140多天，超过全年总天数的1/3，既为开展国际旅游提供了重要的时间保障，也促进了旅游服务贸易的迅速发展。

4. 民族特点（characteristics of nationality）。在国际旅游中，由于世界各国的地理环境、文化背景、社会经济、民族风俗和生活方式的差异，形成了不同民族、不同国家的文化特点和民族风情，因此对文化差异和民族风情的了解和体验，以及跨文化的旅游审美活动，就成为许多旅游者的旅游目的和追求。根据国内外对居民出国旅游意向的调查，凡是经济发达、文化教育总体水准较高的国家，一般出国旅游的需求都比较大，特别是文化程度较高的旅游者对跨文化的旅游审美兴趣比较浓厚，因此对国际旅游需求也相对较大，这是促进国际旅游和旅游服务贸易迅速发展的内在动力和源泉。

（二）国际旅游的接待服务条件

一个国家要成为国际旅游目的国，一方面要拥有丰富的、吸引力较强的旅游资源和产品，另一方面要具有向旅游者提供食、住、行、游、购、娱等综合性服务的能力和水平。因此，分析旅游目的国的旅游资源特点、旅游设施条件、旅游服务水平和旅游可进入性，就能掌握旅游目的国吸引旅游者的能力、规模和水平，从而掌握国际旅游流的客观规律和特点。

1. 旅游资源特点。旅游资源（tourism resources），是指一切能够吸引旅游者进行旅游活动，并为旅游业所利用而产生经济社会效益的事物，它既是一个国家或地区发展旅游业的前提条件，也是吸引旅游者的决定性因素。旅游资源作为旅游活动的对象物，是一个国家或地区的自然风貌和社会历史发展的综合，体现着一个国家或地区自然、社会、历史、文化及民族的特色，从而对生活在其他国家或地区的人们产生着一定的吸引力。由于旅游资源的本质特征具有吸引旅游者的功能，能够激发旅游者的旅游动机，并促成国际旅游的行为。因此，一个国家旅游资源的规模、品位、特色和开发水平，不仅决定了其吸引旅游者的能力和水平，也是该国发展旅游服务贸易，促进旅游业发展的重要前提条件和基础。

2. 旅游设施条件。旅游设施（tourism facilities），是实现旅游活动而必须具备的各种设施、设备和相关的物质条件，也是构成旅游产品的必备要素，其一般分为基础设施和旅游接待设施两大类。基础设施（infrastructure facilities），是指为旅游活动有效开展而必不可少的各种公共设施，包括交通通讯、供电供水、安全卫生、城市建设、环境保护等，是旅游业赖以生存和发展的基础；旅游接待设施（tourist receive facilities），是直接服务于旅游者的物质载体，包括各种游览、餐饮、住宿、娱乐设施等，是满足旅游者各种消费必不可少的物质条件。

国际旅游是一种比国内旅游层次更高的旅游消费，因而旅游者对旅游设施的标准和要求都比较高，尤其是基础设施和旅游接待设施，其中任何一个方面的缺少或不完善，都会严重影响对旅游者的吸引力，从而影响着旅游服务贸易的顺利进行。

3. 旅游服务水平。旅游服务不仅是旅游产品的核心，也是决定国际旅游流的重要条件。对于旅游接待国来讲，其除了向旅游者提供餐饮和旅游商品等部分有形物质产品外，大量提供的是各种各样的旅游服务。因此，旅游服务的项目、内容、价格、质量、态度及效率等，不仅反映了旅游接待国能否及时、快捷、高效地向旅游者提供各种旅游服务，满足旅游者的旅游需求；而且反映了旅游接待国旅游服务的质量和水平，决定了其在国际旅游市场的竞争力及吸引力，进而反映了国际旅游流的流向和流量，并直接影响着旅游服务贸易的数量和规模。

4. 旅游可进入性（open for tourists），是指旅游者空间流动的难易程度和时效标准，其包括旅游交通便捷程度，旅游者出入境方便程度，旅游过程中的舒适度等。有些旅游目的国虽然与旅游客源国的空间距离较近，但由于交通不便，出入境手续复杂及政治经济等因素，从而制约了对旅游者的吸引力和进入性。因此，空间上的实际距离固然重要，但对旅游者更有意义的是心理距离，即由于便捷的交通条件，方便的通讯条件，高效率的出入境手续，以及旅游目的国对发展旅游的积极态度和当地居民的好客行为，都会增加旅游目的国的游客流量，从而促进其旅游服务贸易的发展。

三、国际旅游流的影响因素

国际旅游流的形成和发展，不仅受到旅游客源国和旅游目的国的各种条件所决定，同时还受到信息认知、市场距离、交通条件、旅游供求、国际关系、活动组织等多种因素的作用和影响。

（一）旅游地信息的认知

现代信息论认为，人们对任何事物的认知取决于对信息的大量获取和分析。通常，有关旅游地的各种各样信息传播后，人们会根据自己的知识背景、经验和阅历而将这些信息转化为对旅游地的认知。

在影响人们对旅游地的信息认知中，首要的是旅游地的形象。所谓旅游目的地形象（destination image），就是人们根据所掌握的信息而形成的，对旅游地的整体印象和评价，其构成激发旅游者的旅游需求和动机的重要因素。因此，在旅游服务贸易中，树立良好的旅游地形象，对于吸引大量的国外旅游者，增加国际旅游流的流量具有十分重要的意义。

其次，是旅游地的空间位置（spatial position of destination），其不仅具有空间距离的意义，还具有对旅游地形象的指示意义，使人们能够按照地域的空间层次规律，对旅游地构成一种形象认知链，并根据这种认知链而形成对旅游地形象认知的基础。如中东各国的伊斯兰宗教文化，使它们在旅游者心目中形成相同的旅游地形象认知；而西欧各国的文化渊源和经济发展水平，使它们在旅游者心目中也形成相类似的旅游地形象。

再次，是旅游地的其他信息（other information of destination），包括旅游地的政治、经济、文化、民族和宗教等方面的信息，其不仅影响到旅游者对旅游地的认知，而且直接作用和影响着旅游者的需求、动机及决策行为。因此，如何依靠有效的信息渠道，向旅游客源国提供大量有效的旅游信息，是影响国际旅游流的流向、流量和时序的重要因素之一。

（二）旅游供求状况

在国际旅游中，旅游供给与需求是相互矛盾和统一的，它们通过旅游服务产品价格这一中介而有机地结合起来，从而形成了旅游供给与旅游需求既相互依存，又相互矛盾的运动规律。从总体上看，旅游需求决定旅游供给，因而分析旅游客源国的旅游需求，一般就能看出国际旅游客源的结构及变化，由此判断国际旅游流的流向和流量，为旅游目的国的旅游服务供给提供重要的依据。但在旅游业发展到一定程度之后，旅游目的国的旅游服务供给又能够激发国际旅游需求，促使国际旅游需求规模不断扩大，水平不断提高，并引导国际旅游流的流向、流量和时序。

因此，在国际旅游流的影响因素分析中，还必须根据旅游服务贸易供求理论，分析旅游服务贸易供给与需求相互依存、相互矛盾的运动规律，掌握旅游服务贸易供求特点和变化对国际旅游流的影响，才能正确地把握和预测国际旅游流的流向、流量和时序，从而有效地促进旅游服务贸易的发展。

（三）旅游市场距离

虽然旅游客源国和旅游目的国之间的空间距离，对国际旅游流的流向、流量和时序不是决定性因素，但实践表明它们之间距离远近是影响国际旅游流的重要因素。因为国际旅游是一项耗费资金、时间和精力的消费活动，旅游客源国与旅游目的国之间距离的远近，直接关系到整个旅游活动过程中所花费的时间、费用和精力。通常，旅行距离越长，旅游者在旅途中所花费的时间和费用就越多，对该旅游目的国的需求就会相应降低，这就是著名的旅游距离衰减规律。因此，一个旅游目的国吸引国外旅游者数量的多少，不一定同其游览的价值成正比，但必然与旅游市场距离的远近形成负相关关系。

（四）旅游交通条件

国际旅游流的形成，是由于旅游客源国与旅游目的国"推—拉"相互作用的结果，而把旅游客源国和旅游目的国联系起来的则是旅游交通条件，因此旅游交通条件是分析国际旅游流时不可忽略的重要因素和环节。

一方面，发达便捷的旅游交通不仅缩短了地理上的空间距离，也缩短了人们的心理距离，但不同的旅游者对交通条件的反应仍然是有差别的。当交通运输比较发达、便捷且费用较低时，人们对旅游空间距离的敏感性就较小，心理距离也相应较近；反之，当交通运输不方便且费用较高时，人们对旅游空间距离的敏感性就会增强，心理距离也相应变远。因此，旅游交通条件好坏直接影响着国际旅游流的流向和流量。

另一方面，从旅游活动的规律性看，如果交通条件与旅游点有机结合，即连接旅游点的交通比较方便并形成环线，而且沿途自然风光优美、民族风情浓郁，则会减少旅游者的心理距离；反之，如果旅游交通大多数是往返性的，而且旅途辛劳颠簸，则会加大旅游者的心理距离，造成交通条件对旅游空间距离的负面影响，不仅对国际旅游流的流向产生影响，而且对国际旅游流的流量和时序也产生十分重要的影响。

（五）国际关系状况

国际旅游作为不同国家、不同地区人民之间的相互交往活动，必然以国家之间在政治、经济、文化、外交、军事等方面的关系为基础和前提。一般讲，国家之间在政治、经济、文化、外交等方面关系密切，则其国际旅游流的流向及流量就大；反之，如果国家之间在政治、经济、文化、外交等方面关系一般或淡漠，那么国际旅游流的流向及流量就小。因而国家之间国际关系的状况如何，直接影响旅游者对旅游目的国的比较和选择，从而影响到国际旅游流的流向和流量，并对旅游目的国吸引国外旅游者的竞争能力产生着重要的影响。

（六）国际性活动

国际性活动（international activities），一般是指各种大型的国际体育赛事、文化艺术活动、国际会议展览及大型商务活动等。国际性活动不仅本身就形成大量的人员流动，而且往往吸引了大量的国内外旅游者前往观赏，例如世界杯足球赛、奥林匹克运动会、世界园艺博览会等，不论在哪个国家举行都会给该国带来大量的国际旅游客源。因此，国际性活动在一定程度上也影响着国际旅游流的流向、流量和时序。

第二节　国际旅游流的理论比较

一、国际旅游流的理论基础

国际旅游流的理论基础是空间经济理论，尤其是空间相互作用理论是形成国际旅游流的理论源泉。所谓空间经济理论（the theory of spatial economy），是指经济发展过程中不同区域之间，尤其是发达区域和不发达区域之间经济吸引和经济辐射的内在机制和作用方式，是研究地域空间中经济增长极的产生及其与边缘地区相互作用的理论[1]。在空间经济理论中，最具代表性的理论是"增长极"理论、"中心—边缘"理论和"极化—扩散"理论。这些理论共同阐述了经济发展如何遵循地域空间扩散的规律性，也是理解国际旅游流的重要理论源泉和基础。

（一）"增长极"理论

"增长极"理论，是由法国经济学家佩鲁（F. Perroux）在 1955 年提出的，其最初用于抽象的经济空间分析，以揭示经济结构的关系，以后进一步推广到系统的空间经济研究中，成为空间相互作用理论的核心和基础[2]。

佩鲁指出：在经济发展过程中，增长并非同时出现在所有的地方，它以不同的强度首先出现于一些"增长极"上，然后通过不同的渠道向外扩散，并对整个空间经济产生不同的最终影响。因此，任何一个地区要尽快实现工业化和加快经济发展，就必须培育经济的"增长极"，以通过"增长极"来带动整个地区的经济发展。[3]"增长极"的形成主要取决于以下方面：具有创新能力的企业和企业家群体；具有产生规模经济效益的能力；具有良好的经济基础和社会环境等。在这些因素作用下，某些主导产业和创新企业就会迅速在某一地区或城市聚集，并形成经济发展的"增长极"。随着这些"增长极"的迅速发展，其增长强度就会沿着不同的渠道向外扩散，并对整个区域经济产生促进作用，最终带动整个区域的经济发展。

佩鲁的"增长极"理论，是对空间经济不平衡发展的概括和总结，比较符合空间经济不平衡发展的客观实际，因而其理论问世以后，迅速成为发达国家和发展中国家制定区域经济政策的重要依据和手段。但是，也要看到佩鲁的"增长极"理论主要强调产业间的空间联系，而忽略了对空间经济演化机制的分析，因而在现实中运用"增长极"理论的结果往往加剧了地区差距的扩大，于是后来许多发展经济学家又对其进行修正与完善，从而产生了一系列新的理论。

---

① 高汝熹，罗明义. 城市圈域经济论. 云南大学出版社，1998
② ［法］F. 佩鲁. 论增长极的概念. 经济译丛，1988（9）
③ ［法］F. 佩鲁. 新发展观. 华夏出版社，1987

种基本的类型，即消遣型旅游者、度假型旅游者和消遣与度假型旅游者。消遣型旅游者的主要目的是消遣娱乐，其出游方式是以客源地或旅游集散地为基础，呈现出放射状的旅游流模式，从而构成城市周围出游频率较高的游憩活动带。度假型旅游者的主要目的是休闲度假，其出游的方式具有一定的指向性，往往是沿高速公路或航空线而形成环线的旅游流模式。消遣与度假型旅游者，则介于前两种旅游者之间，其出游方式既有放射状又有环线的旅游流模式。因此，"旅游目的—旅游流"理论揭示了正是由于人们出游目的的差别性形成了不同的旅游流模式，进而使旅游的空间结构及活动的组织方式也有差别。

（二）旅游"客源地—目的地"理论

在现代国际旅游中，对许多国家或地区尤其是大城市来说，往往既是旅游客源地（tourist origin），同时又是旅游目的地（tourist destination），从而形成了旅游者在旅游客源发生地和目的地之间的双向流动。因此，人们把旅游者这种双向流动的旅游流模式，称为旅游"客源地—目的地"模式，并对其特点和规律进行了分析和研究，其中最有影响的是瑟洛特模式和伦德格林模式。

瑟洛特（Thurot）把旅游分为国内旅游和国际旅游两种，他的模式集中研究国家之间旅游流的主要特征。他通过实证分析后指出，在现代国际旅游中，旅游流在经济发展水平不同的国家之间是有差别的。通常，发达国家之间表现为旅游流的双向流动，即互为对方的旅游客源地和旅游目的地；而发展中国家的旅游流则往往是单向流动的，发展中国家主要是发达国家的旅游目的地，即发达国家流向发展中国家的旅游者流量往往占绝对优势，而发展中国家流向发达国家的旅游者流量却很少[1]。因此，根据以上理论分析，国际旅游流的基本形式主要有四种：即发达国家之间的大量旅游者的双向流动，发达国家大量旅游者流向发展中国家，发展中国家少量旅游者流向发达国家，发展中国家之间少量旅游者的双向流动。

1982年，伦德格林（J. O. Lundgren）以加拿大为例，对旅游流的空间等级体系作了分析[2]。他认为，地区之间的旅游流可以看做旅游"客源地—目的地"之间的旅游空间相互作用过程，这种旅游空间相互作用程度与大城市的区位特征有很大关系。通常，大城市自身的经济特征，使其在旅游空间相互作用中居于中心地位，此外影响旅游流的因素，通常还包括旅游吸引物、经济社会状况及旅游服务供给等。伦德格林在研究中还发现，内地非城市地带的旅游流，往往是伴随着旅游吸引物的不断发现、交通通达条件的改善而产生的，同时季节变化也常常使这种旅游流

① Douglas Pearce. *Tourism Today*：*A Geographica l Analysis*. Second Edition [J]. longmen Scientific &Technical Press, 1995.

② J. O. Lundgren. *The Tourism Frontier of Nouveau Quebec*：*Functions and Regional Linkages*. Tourism Review, Vol. 37 (2), 1982.

动模式发生一定的变化。

（三）旅游"中心—外围"理论

旅游"中心—外围"理论，是由伦德格林（J. O. Lundgren）、希尔斯（Hills）、史密斯（V. Smith）等人运用空间经济"中心—边缘"理论而建立的理论，其分析了旅游中心与外围之间的空间相互作用和特征，揭示了国际旅游流的客观规律和特点。

1977 年，伦德格林和希尔斯在研究大城市旅游者的空间流动中，提出了旅游"中心—外围"模式①。在该模式中，他们把旅游市场和旅游产品划分为三个空间层次，即城市、乡村、旅游目的地。他们通过实证分析指出：旅游流是以城市为中心向外扩散的，从而形成旅游者在大城市之间扩散的水平旅游流，旅游者由中心城市向其他旅游目的地扩散的垂直旅游流。通常，城市化水平高的发达地区构成了旅游流发生的中心地区，而外围地区则形成主要的旅游目的地。因此，该模式强调了外围地区对中心地区的依存关系，这种依存关系不仅仅对旅游者而言，而且对于资金、企业能力、熟练劳动力、技术等，也都客观上存在着外围地区对中心地区的依赖性。

1987 年，史密斯在对有关区域旅游研究的成果中，同样体现了旅游"中心—外围"理论的思想②。他认为旅游区域是一个用来提供旅游服务并可交易的旅游目的地，同时该目的地又有相关的支持带环绕，从而构成一个旅游空间系统结构。他指出：一个旅游空间系统结构，通常是由旅游中心区、直接支持带、间接支持带三部分所组成。旅游中心区，主要包括旅游吸引物和为旅游者提供基本旅游服务设施的核心区域；直接支持带，是用以支持旅游中心区并能为中心区提供就业、服务、土地供给的次区域；间接支持带，则是处于更外围的地区，其主要支持次区域的旅游活动和供给服务，虽然与旅游中心区有一定联系但通常比较松散。因此，一个合理的旅游区域或旅游目的地，应该是形成包括旅游中心区、直接支持带、间接支持带在内的旅游空间系统结构。

三、国内有关国际旅游流的理论

我国学者对国际旅游流的研究相对薄弱，目前有关旅游流的研究主要集中于对旅游者空间行为、空间流动特征和区域旅游开发等方面，其中对国际旅游流理论有较大影响的主要有以下理论。

---

① T. L Hills, J. O. Lundgren. *The Impacts of Tourism in the Caribean：A Methodological Study*. Annals of Tourism Research, Vol. 4 (5), 1977.

② V. Smith. *Anthropoloph and Tourism-A science-Industry Evaluation*. Annals of Tourism Research, Vol. 14 (2), 1987.

（一）"旅游者空间行为"理论

"旅游者空间行为"理论，是由中山大学保继刚教授提出的。他认为："自然景观的千差万别和民族的文化差异产生一种梯度力，表现为游客、物质、货币在空间上的移动，这就是促使人们外出旅游的外动力—旅游地的空间相互作用。"[1] 同时，保继刚还从人们的闲暇时间和信息获取角度，提出了旅游者大、中、小尺度的空间行为模式，从而为正确认识国际旅游流规律，合理布局旅游空间结构提供了一种理论和方法。

"旅游者空间行为"理论指出：由于受旅游者的旅游时间和最大信息收集量的影响，旅游者的出游行为一般表现为不同的空间行为特征。大尺度的"旅游者空间行为"特征，主要表现为旅游者总是希望到级别较高的旅游点旅游，以尽可能游玩更多的高级别旅游点，因此大多数情况下是采用旅游环线进行旅游活动。而中、小尺度"旅游者空间行为"特征，除了具有同大尺度"旅游者空间行为"相同的特征外，还有其典型特征，主要表现在两方面：一是采用节点状路线旅游，二是旅行路线直接影响旅游效果。

根据"旅游者空间行为"规律，分析和研究旅游资源的评价和开发，旅游接待设施的选址，旅游路线设计等，不仅能够形成合理的、符合旅游市场需求的旅游空间布局结构，而且在引导国际旅游流的流向和流量方面也具有重要的理论意义和现实指导作用。

（二）"旅游点—轴结构发展"理论

"旅游点—轴结构发展"理论，是笔者对云南旅游空间布局结构及旅游流进行实证分析提出的模式，该模式的理论基础源于我国学者陆大道提出的空间组织"点—轴结构"理论[2]。陆大道认为："点"是区域空间结构的中心地，对各区域发展具有强烈的带动作用；"轴"是在一定方向上联结若干不同级别的中心地而形成的经济带或产业带，由于轴线及其附近地区已经具有较强的经济实力且有较大的发展潜力，又可称为"开发轴线"或"发展轴线"。因此，"点—轴结构"的形成通常要经历一定的时间过程，从初期较孤立的数个中心地的发展，到沿着交通线而逐步发展成为具有一定空间结构的发展轴线，最后形成发达的经济区域。

1999 年，笔者在研究云南旅游区域布局和空间组织时，运用"点—轴结构"理论分析了云南旅游的空间布局结构，并提出了"旅游点—轴结构发展"的理论[3]。该理论指出：旅游产品是一种以空间结构为基础的特殊产品，特别是旅游线路产品是由若干旅游地、旅游景区景点相连接而形成的。因此，任何旅游空间结构

① 保继刚. 旅游开发研究：原理、方法、实践. 科学出版社，2000
② 陆大道. 区域发展及其空间结构. 科学出版社，1998
③ 罗明义. 21 世纪云南旅游发展战略研究. 云南大学出版社，2001

总是以一定的旅游中心地和大量的旅游点为基础，并通过一定的旅游通达条件连接起来，形成各种不同的旅游线路产品和旅游目的地，最终构成一定的旅游空间布局，而旅游流就是旅游者按照一定的旅游空间结构进行流动，从而形成具有规律性的旅游流向、流量和时序。

运用"旅游点—轴结构发展"模式分析旅游空间结构和旅游流，不仅有利于客观分析旅游地的旅游资源和旅游线路结构状况，指导不同旅游地的规划与开发，形成合理的旅游空间布局结构；而且为合理的旅游空间流动提供了客观前提和基础，为正确确定旅游流的流向、流量和时序，进一步引导和优化旅游者的空间流动提供了科学的理论依据。

（三）"环城市游憩带"理论

清华大学吴必虎教授等通过对大城市旅游发展的实证研究，提出了"环城市游憩带"理论[1]。他们以上海为例进行实证分析后发现：大中城市周边地区（不一定完全是城市郊区）200公里以内，是城市居民周末休闲度假的高频出游地区，尤其是在发展中国家居民收入和教育水平的现实条件下，这种近程、短期、高频的空间出游行为构成了环城市旅游休闲的密集区域，并随着旅游通达条件的改善而形成"环城市游憩带"，成为大中城市旅游休闲的空间密集区域。

"环城市游憩带"的形成，往往是在土地租金和旅行成本的双向力量作用下，投资者和旅游者达成的一种认同和平衡，其形成和发展主要受城市居民周末游憩消费的需求、旅游投资者的投资意愿、政府区域产业政策调整的影响。"环城市游憩带"，一般都是在土地利用、交通可达性、人群流动等因素综合影响下，以中心城市为核心而呈现放射状的圈层空间布局结构，即以大中城市为客源地，形成紧密围绕城市并逐步向外扩散的第一旅游环带、第二旅游环带、第三旅游环带等。在实际中，由于受地形、通达条件和旅游开发的限制，这种环状布局结构也可能呈现不规则形状，但不论是什么形状，其都是围绕中心城市客源而向外扩散的。

除了以上理论外，卢云亭、刘振礼等人还从旅游流的角度分析了旅游流的空间变化。他们认为：旅游流就是旅游者从自己的常住地出发，到不同的旅游目的地进行观光游览、娱乐消遣，而构成的具有一定流向、流量特性的游客流动。因此，通过对旅游流的实证分析，就可以看出国际旅游流的空间格局和趋势[2]。此外，部分国内学者还从区域旅游开发角度分析，运用实证分析和理论研究，从不同层面（包括）探讨了国际旅游流的特点、规律和发展模式等[3]。

① 吴必虎著. 区域旅游规划原理. 中国旅游出版社, 2001
② 卢云亭. 现代旅游地理学. 江苏人民出版社, 1988
  刘振礼, 王兵. 新编中国旅游地理. 南开大学出版社, 1996
③ 中国旅游协会区域旅游开发专业委员会编. 区域旅游开发研究. 山东省地图出版社, 1996

第三节 国际旅游流的规律

一、旅游者流动规律

国际旅游流的规律性，首先取决于旅游者的流动规律性。旅游者流动规律，即旅游者空间行为，是指人们在地域空间中旅行、游览时所反映出来的行为指向，是以旅游需求为核心、决策行为为基础，空间距离为条件的一种行为模式。我国学者保继刚教授提出，在旅游需求和决策行为既定情况下，旅游者流动规律通常可以按照空间范围而划分为大、中、小三个尺度的空间行为，各种尺度都有其特定的旅游者空间行为特征[①]。

（一）大尺度旅游者空间行为特征

大尺度旅游者的空间范围，一般包括跨省、跨国、跨洲的旅游活动，其主要行为特征表现为以下几方面：一是在旅游决策时倾向于选择具有较高游览层次和著名旅游点的地方作为旅游目的地，并且希望远程游览路线是一种闭环的、无重复的旅游路线。二是到达每一个旅游目的地后，通常只游玩目的地附近层次和等级较高的旅游点，而对其他尽管还有相当游览价值但等级较低的旅游点则不感兴趣。三是在资金和时间都允许的情况下，一般不会停留在原地游览该地级别较低的旅游点，而是转移到其他旅游目的地游览其他层次和等级较高的旅游点，因而对旅游线路的科学设计和要求一般比较高。

（二）中、小尺度旅游者空间行为特征

中尺度旅游者的空间范围指省内跨地区（市、州）的旅游活动，而小尺度旅游者的空间范围则主要为县（市）内或风景区内的旅游活动。中、小尺度旅游者空间行为除了具有与大尺度旅游者空间行为相同的特征外，还有两方面不同的典型特征。一是中、小尺度旅游者的出游大多数属于短程、短时的旅游活动，因此一般倾向于采用结点状和辐射式的旅游路线，以便在较短时间内游览更多的旅游点；二是中、小尺度旅游者由于没有大尺度旅游者长途跋涉的辛劳，因此比大尺度旅游者更多关注旅行沿线的旅游景点，对于旅游路线的选择也不同于大尺度的旅游者。

综上所述，由于不同尺度旅游者空间行为的不同特征，就决定了旅游流的差异和空间格局，决定了对旅游开发建设的要求也不同。通常，以接待国际旅游者为主的旅游目的地，其旅游景点、接待设施、旅游通达条件的建设必须是高质量、高水平并具有突出的特色，才能吸引并满足大尺度旅游者的需求；以接待中、小尺度旅游者为主的旅游目的地，则针对旅游者比较注重沿途旅行效果的行为特征，设计

---

① 保继刚. 旅游开发研究：原理、方法、实践. 科学出版社，2000

好旅游路线，加强沿途的旅游解说和服务，努力增强旅游活动的效果，才能有效地满足旅游者的需求。

二、旅游活动扩散规律

从对旅游产生和发展的历史进程研究，尤其是对旅游发达国家旅游发展的进程研究表明，现代旅游发展也像经济发展一样，是以发达的经济条件为基础，按照旅游"中心—外围"的空间扩散规律而发展的，这种旅游活动空间扩散规律主要表现在以下几方面。

（一）以经济发展条件为基础

现代旅游活动是一种依存性较强的经济社会活动，因此没有较发达的经济基础和条件，无论是旅游客源的产生还是旅游目的地的发展都是不可能的。从当今世界各国旅游发展的态势和格局分析，不论是国际旅游客源的产生，旅游流的流向和流量，还是接待国际旅游者人数，都是以经济发达国家为主体的。根据世界旅游组织的统计，在国际旅游前10位客源国和接待国中，除中国以外都是欧美经济发达国家；在旅游流的流向和流量中，70%的国际旅游者是流向欧美经济发达国家。因此，发达的经济基础是旅游活动扩散的基础和前提。

（二）以城市或发达地区为中心

根据对旅游流的实证分析，现代旅游活动一般都是以经济比较发达的大中城市和地区为中心，以发达的交通运输为条件，逐渐向周边地区蔓延扩散，从而形成了城市（或经济）中心——旅游点——旅游区——旅游带的旅游活动扩散规律。尽管随着现代航空运输条件的迅速改善，使一些经济欠发达地区、或者陆路交通不便地区的旅游也有一定的发展，但纵观整个国际旅游的发展现状和特点，旅游活动的空间扩散规律，基本上还是以城市或经济发达地区为中心，逐步向周边地区蔓延和扩散的。

（三）以"旅游点—轴扩散"为主要特点

从现代旅游活动的实际发展过程看，旅游流基本上符合现代空间经济发展的理论，即旅游活动基本上按照空间经济扩散的规律性，遵循"旅游点—轴扩散"的规律和特点，以旅游城市或旅游发达地区为中心，沿着交通轴向而向周围旅游地区蔓延和扩散，并逐步连点成线、连线成片，最终形成具有一定规模的旅游区和旅游带。当然，由于旅游活动也是一种文化审美活动，有时也会因为某些文化因素的拉动而形成特殊的旅游空间扩散模式，如宗教旅游、考古旅游通常不会完全按照"旅游点—轴扩散"规律发展，这属于旅游空间扩散的特例。

加拿大学者伦德格林（J. O. Lundgren，1982）对旅游流的实证分析，充分反映了旅游活动扩散规律对旅游发展的作用和影响。他根据旅游者的流向而划分了四种不同的旅游地空间结构和功能，即中心城市旅游地（M1、M2）、周边城市旅游地

动的可能性越小。

对于旅游中的文化态度（cultural attitude）和探索（exploration）状态，如探险旅游、考察旅游、文化审美等远程旅游活动，人们总是舍近求远，因此旅游距离对人们旅游活动的影响是正面和递增的，即违反旅游距离衰减规律的①，尤其是探索性的旅游活动，距离越远则人们对旅游活动越感兴趣。

四、旅游地竞争规律

旅游地竞争规律，是从旅游服务供给角度反映旅游地对旅游者的吸引力大小和强弱，其不仅直接影响旅游流的流向、流量和时序，而且决定了旅游地的旅游开发结构和布局。通常，旅游地竞争包含着很多内容，但从旅游服务供给角度看，主要表现在以下三方面。

（一）旅游地价值和等级

旅游地的价值和等级，综合反映了旅游地的空间竞争力。通常旅游地的价值和等级越高，则对旅游者的吸引力就越强，使旅游者对空间距离的敏感性就越小，旅游的倾向性就大；若旅游地的价值和等级低，则不仅对旅游者的吸引力低，而且使旅游者对空间距离的敏感性相应增大，则旅游倾向也相应较小。因此，旅游地的价值和等级是旅游地竞争的主要因素，反映了旅游地竞争力的强弱，是影响国际旅游流的重要因素，对国际旅游流的流向、流量和时序都具有十分重要的影响。

（二）旅游地的互补性

旅游资源不仅是旅游服务产品的核心内容，也是形成人们出游的重要拉力。因此，某一旅游地在整个旅游服务贸易中，相对于其他旅游地是否具有互补性，对于该旅游地的客源市场竞争力和旅游服务贸易具有重要的影响。一般讲，当一个旅游地在某旅游客源市场中具有较强的互补性时，其吸引旅游流的优势和竞争力就会增大，同时也会提高整个旅游地的市场竞争力；反之，若其互补性较弱时，则对旅游流的吸引力和市场竞争力就较小，并影响整个旅游地的市场竞争力。因此，增强和提高旅游地的互补性，不仅是吸引旅游流的重要途径，也是提高旅游地竞争力的重要手段。

（三）旅游地的替代性

在旅游服务贸易中，旅游者的旅游需求是不断变化的，因此必须遵循市场导向原则，针对旅游需求变化而不断开发建设各种旅游产品，推出不同的旅游线路，以满足旅游者的不同旅游需求。因此，旅游地的替代性，就是不断开发旅游新产品替代原有老产品，或者替代其他旅游地产品，尤其是远距离（或跨国）的旅游中，

---

① H. W. J. Boerwinkel. *Management of Recreation and Tourist Behavior at Different Spatial Levels. Tourism and Spatial Transformations.* CAB International , US, 1995

通过建设模拟主题公园、开发类似旅游景区等，可以提高对近距离客源市场的竞争力。

旅游地的替代性，一方面可以减少旅游空间距离对人们出游的限制影响，满足人们对远距离旅游吸引物的需求；另一方面可以减少旅游交通费用，使出游成本降低。因此，旅游地的替代性对短距离旅游者或城市休闲旅游者通常具有较大的吸引力。

第四节　国际旅游流的分析方法

一、国际旅游流的流向分析方法

国际旅游流的分析，一般是通过对国际旅游流的流向、流量和时序的分析和预测，掌握旅游流的规律和特点，为开拓国际旅游市场，促进旅游服务贸易提供科学依据。

对国际旅游流的流向分析，一般可以从两方面进行。一方面，通过对旅游客源国的居民出游倾向和客流流向率分析，可以从旅游客源产生角度了解和掌握国际旅游流的流向；另一方面，从旅游接待国所接待的国际旅游者的客源结构或客源集中率分析，也可以了解和掌握国际旅游流的实际流向。具体分析方法主要有居民出游倾向分析法、客流流向率分析法和客源集中率分析法等。

（一）出游倾向分析法

对旅游者的出游倾向分析，是一种旅游者行为调查分析方法。这种方法是通过对旅游客源国居民发送调查问卷，了解潜在旅游者的出游倾向和目的地指向，从而分析和预测国际旅游流的现实流向和可能流向，为开拓国际旅游客源市场提供科学的依据。

（二）流向率分析法

国际旅游流的流向率分析，又称为旅游目的地结构分析，是通过分析国际旅游者流向不同旅游目的地或旅游目的国的结构比例，从而了解和掌握国际旅游流的流向。由于这种分析方法必须用在旅游行为发生之后，因而是一种事后分析方法。国际旅游流的流向率计算公式如下：

$$F = \frac{f_i}{\sum\limits_{i=1}^{n} f_i} \times 100\%$$

F——国际旅游流的流向率

f_i——某旅游客源国出游到某旅游目的国的旅游者人数

n——前往旅游目的国旅游的旅游客源国数量

（三）客源集中率分析法

国际旅游流的客源集中率分析，又称为旅游客源国结构分析，通常是指旅游目的国所接待的前三位国际客源市场的旅游者数量，占该国接待全部国际旅游者总人数的比重，其不仅反映了旅游目的国所接待的国际旅游者的集中程度，而且也反映了国际旅游者流向某旅游目的国的数量规模。国际旅游流客源集中率计算公式如下：

$$G = \frac{\sum\limits_{i=1}^{3} g_i}{\sum\limits_{i=1}^{n} g_i} \times 100\%$$

G——国际旅游流的客源集中率

g_i——旅游目的国接待某旅游客源国的旅游者人数

n——旅游目的国接待旅游者的旅游客源国的数量

二、国际旅游流的流量分析方法

对国际旅游流的流量分析，主要是分析国际旅游流的流量和规模，同样也可以从两方面进行。一方面，通过分析旅游客源国的居民出游率和国际旅游客源产生率，可以了解和掌握国际旅游客源的产生和流量；另一方面，通过分析旅游目的国接待国际旅游者的人数和结构，可以分析和掌握实际发生的国际旅游流的流量和规模。

（一）居民出游率分析法

旅游客源国的居民出游率，是指一定时期内某一旅游客源国或地区居民出国旅游人数与其总人口的比率，其反映了某一旅游客源国或地区产生国际旅游客源的能力和国际旅游流的流量水平。旅游客源国的居民出游率计算公式如下：

$$R = \frac{T}{P} \times 100\%$$

R——旅游客源国居民出游率

T——旅游客源国出国旅游人数

P——旅游客源国总人口数

（二）客源产生率分析法

国际旅游流的客源产生率，是指一定时期内某一国家或地区产生国际旅游者的相对能力，即某一国家产生国际旅游客源数量占全世界国际旅游客源总量的比重与该国人口数量占世界总人口数量比重的比率。国际旅游流的客源产生率计算公式如下：

$$r = \frac{T \div TT}{P \div TP}$$

r—— 国际旅游客源产生率

T—— 旅游客源国出国旅游人数

TT—— 世界国际旅游总人数

P—— 旅游客源国人口总数

TP—— 全世界总人口数

按照国际旅游客源产生率分析法，如果旅游客源产生率小于1，则表示该国产生国际旅游客流流量的相对能力小；反之，如果旅游客源产生率大于1，则表示该国产生国际旅游客流流量的相对能力大；旅游客源产生率越大，则产生国际旅游客流流量的相对能力越强。

相关知识 3 - 3：

国际旅游发展格局不平衡

2005 年，在全球旅游持续增长的良好发展态势下，国际旅游呈现出不平衡发展的基本格局。

一是世界各区域接待国际旅游者人数增长不平衡，其中欧洲地区增加了 1 830 万人次，占全球总增加人数 4 230 万人次的 43.3%；亚太地区增加了 1 080 万人次，占 25.5%；美洲增加了 730 万人次，占 17.3%；非洲地区增加了 340 万人次，占 8.0%；中东地区增加了 250 万人次，占 5.9%。

二是世界各区域国际旅游市场份额，除了欧洲地区和亚太地区变动稍大外，其余区域基本上没有出现大的变化。其中，欧洲地区从 2004 年占全球市场份额的 55.6% 下降到 2005 年的 54.9%，减少了 0.7 个百分点；亚太地区从 19.0% 上升到 19.3%，增加了 0.3 个百分点；美洲地区则从 16.4% 上升到 16.5%，增加了 0.1 个百分点；非洲地区和中东地区市场份额也分别增加了 0.2 个和 0.1 个百分点。

三是接待国际旅游者入境人数的季节性波动变化仍然十分突出，根据世界旅游组织对 2005 年各月接待国际旅游者人数的数据分析，国际入境旅游的"旺季"仍然保持在 6、7、8、9 四个月份，而"淡季"依然是 1、2 月份，其他月份则基本保持在平均水平上下。

［资料来源：罗明义. 世界旅游发展：2005 年回顾和 2006 年预测. 桂林旅游高等专科学校学报，2006(2)］

三、国际旅游流的时序分析方法

对国际旅游流的时序分析，主要是分析国际旅游流随时间或季节变化而呈现出的不同特点和规律。对国际旅游流的时序分析，一般有比重分析法、季节指数分析法和高峰指数分析法等。

（一）游客比重分析法

通常，对国际旅游流的时序分析采用比重分析方法，即通过计算旅游目的国各月接待国际旅游者人数占全年接待国际旅游者总人数的比重，来分析国际旅游流的时间分布及"淡旺季"状况，其总体反映了国际旅游流在一年中的分布状况和淡旺季特点。游客比重分析法的计算公式如下：

$$X_i = \frac{T_m}{T_y} \times 100\%$$

X_i—— 为 i 月接待国际旅游者人数占全年接待人数的比重

T_y—— 为旅游目的国年接待国际旅游者总人数

T_m—— 为旅游目的国 m 月接待国际旅游者人数

（二）旅游季节指数分析法

旅游季节指数分析法，是通过计算旅游季节指数来分析国际旅游流的时间分布状况，如果旅游季节指数大，则国际旅游流的时序变动大，即国际旅游的淡旺季差异较大；如果旅游季节指数小，则国际旅游流的时序变动小，即国际旅游的淡旺季差异较小。旅游季节指数分析法计算公式如下（其中 8.33 是经验常数）：

$$S = \sqrt{\frac{\sum_{i=1}^{12}(X_i - 8.33)^2}{12}}$$

S—— 国际旅游季节指数

X_i—— 为 i 月接待国际旅游者人数占全年接待人数的比重

（三）旅游高峰指数分析法

旅游高峰指数分析法，是通过计算旅游高峰指数来分析国际旅游流的时序状况。旅游高峰指数，是指旅游目的国接待国际旅游者最多时段的人数，相对于其他时段接待人数的比值。通常，旅游高峰指数越大，则国际旅游流相对集中于某一时段；旅游高峰指数越小，则国际旅游流在各时段上分布趋于均匀；当旅游高峰指数等于零时，国际旅游流在所有时段上的分布是基本相等的。旅游高峰指数分析计算公式如下：

$$P_n = \frac{V_1 - V_n}{(n-1)V_n} \times 100$$

P_n—— 国际旅游客流高峰指数

V_1—— 按照接待人数多少排序的第 1 个时段客流数量

V_n—— 按照接待人数多少排序的第 n 个时段客流数量

复习思考题

一、重点概念

国际旅游流　国际旅游流流量　国际旅游流流向　国际旅游流时序
空间经济理论　旅游空间行为理论　旅游点—轴发展理论
环城市游憩带理论　旅游者流动规律　旅游扩散规律
旅游距离衰减规律　旅游地竞争规律　旅游目的—旅游流理论
旅游中心—外围理论　旅游客源地—目的地理论

二、思考题

1. 国际旅游流有哪些基本特征?
2. 阐述国际旅游流的产生条件和影响因素。
3. 为什么说空间经济理论是国际旅游流的理论基础?
4. 对国内外国际旅游流的理论进行比较分析。
5. 结合实际阐述旅游者流动规律。
6. 比较旅游扩散规律和旅游距离衰减规律的异同。
7. 结合实际阐述和分析国际旅游地竞争规律。
8. 计算分析某旅游客源国的国际旅游流流向和流量。
9. 计算分析某旅游目的国的国际旅游流时序。

主要参考文献和资料来源

1. K. Campbell: "An Approach to Research in Recreational Geography", Occasional Papers No. 7, University of British Columbia, Vancouver, 1967

2. Douglas Pearce: "Tourism Today: A Geographical Analysis", Second Edition [J]. London: longmen Scientific &Technical Press, 1995

3. J. O. Lundgren: "the Tourism Frontier of Nouveau Quebec: Functions and Regional Linkages", Tourism Review, Vol. 37 (2), 1982

4. T. L. Hills, J. O. Lundgren: "the Impacts of Tourism in the Caribbean: A Methodological Study", Annals of Tourism Research, Vol. 4 (5), 1977

5. V. Smith: "Anthropology and Tourism: A science Industry Evaluation", Annals of Tourism Research, Vol. 14 (2), 1987

6. H. W. J. Boerwinkel. Management of Recreation and Tourist Behavior at Different Spatial Levels. Tourism and Spatial Transformations. CAB International, US, 1995

7. [法] F. 佩鲁. 新发展观. 华夏出版社, 1987

8. [瑞典] G. 缪尔达尔. 经济理论和不发达地区. 华夏出版社, 1991

9. 高汝熹，罗明义. 城市圈域经济论. 云南大学出版社，1998

10. 罗明义. 国际旅游发展导论. 南开大学出版社，2002

11. 魏小安，冯宗苏. 中国旅游业：产业政策与协调发展. 旅游教育出版社，1993

12. 谢文蕙，邓卫. 城市经济学. 清华大学出版社，1996

13. 保继刚. 旅游开发研究：原理、方法、实践. 科学出版社，2000

14. 罗明义. 21 世纪云南旅游发展战略研究. 云南大学出版社，2001

15. 吴必虎著. 区域旅游规划原理. 中国旅游出版社，2001

16. 卢云亭. 现代旅游地理学. 江苏人民出版社，1988

17. 刘振礼，王兵. 新编中国旅游地理. 南开大学出版社，1996

18. 中国旅游协会区域旅游开发专业委员会. 区域旅游开发研究. 山东省地图出版社，1996

第四章
旅游服务贸易竞争理论

现代旅游服务贸易的发展，除了受到旅游服务贸易供求和国际旅游流的决定和作用外，还常常受到旅游市场竞争的作用和影响，因此还必须熟悉和掌握旅游服务贸易竞争的理论。通过本章的学习，要在把握旅游市场概念基础上，认识和理解旅游服务竞争的内容和特征，熟悉旅游服务贸易竞争优势的理论基础、主要内容和分析方法，旅游服务贸易竞争力的类型、结构及影响因素，并很好地掌握旅游服务贸易竞争的战略和内容等。

第一节　旅游服务竞争的内容和特征

一、旅游市场的概念

市场（market），是社会分工与商品经济发展的产物，哪里有商品生产和商品交换，哪里就有市场。从理论上讲，旅游市场（tourism market），是指在旅游产品交换过程中，旅游者与经营者之间的经济行为和经济关系的总和；从现实来讲，旅游市场是由进行旅游产品的交换主体、客体和交换媒介等要素构成的具体形式，其集中反映了旅游市场上，有关旅游服务贸易的供求、交换和竞争的内在联系和基本特征。

（一）旅游者是旅游市场的消费主体

旅游市场的消费主体是旅游者，即在一定时间和条件下对旅游产品具有消费需求和支付能力的旅游者群体，也就是通常所说的旅游客源市场，其反映了对旅游产品的需求与消费总量的规模和水平。从旅游消费角度看，没有旅游者对旅游产品的需求和消费，就不能形成旅游市场。因此，旅游者不仅是旅游市场的消费主体，而且其需求和消费的数量多少、规模大小，直接决定着旅游市场的规模和旅游服务贸易的数量。

（二）旅游经营者是旅游市场的供给主体

旅游经营者是旅游市场的供给主体，即一定时间和地域范围内提供旅游产品的经营者群体，也就是通常所说的旅游供给市场或旅游目的地市场，其反映了旅游产品的供给状况、供给规模和水平。从旅游供给角度看，没有旅游经营者提供旅游产品，同样不能形成旅游市场。因此，旅游经营者不仅是旅游市场的供给主体，而且其提供旅游产品的数量和水平，直接决定着旅游服务贸易的数量和旅游目的地竞争力的强弱等。

（三）旅游服务产品是旅游市场的交换客体

旅游者和旅游经营者对旅游产品的交换过程，既是旅游产品的交易过程，也是旅游产品的价值和使用价值的实现过程。如果没有旅游产品作为旅游市场的交换对象或交换客体，旅游市场就无法形成，旅游者的旅游需求就不能得到满足，旅游服务贸易也不能够存在。因此，旅游产品是旅游市场的交换客体，其既是旅游者在旅游活动中所购买并消费的各种物质产品和服务的总和，也是旅游经营者可能提供给旅游者消费的各种物质产品和服务的总和。

（四）交换媒介是旅游市场的运行条件

在旅游市场中，虽然有了市场主体和客体，但要有效实现旅游产品的交易，还必须具有一定的交换媒介和手段。所谓交换媒介和手段，是指有效实现旅游产品在旅游者和旅游经营者之间进行交换的必备条件，如支付手段、信息、中介人及必需的市场设施条件等。特别是在旅游服务贸易中，旅游产品的价格、汇率变化、旅游信息的充足程度、旅游服务中介人的商誉及交易手段的现代化程度等，都对旅游产品的交换产生着重要的影响作用，并直接影响着旅游服务贸易的发展。

相关知识 4－1：

旅游产品概念及基本类型

旅游产品，是指旅游者和旅游经营者在市场上交换的，主要用于旅游活动中所消费的各种物质产品和服务的总和，既包括旅游者在旅游活动过程中，对食、住、行、游、购、娱方面的物质产品与服务的消费，也包括对邮电通信、医疗保健、安全保险等各种必需的其他服务消费。按照旅游者和旅游经营者在市场中所交换的旅游产品情况看，旅游产品通常可以划分为单项旅游产品、组合旅游产品和整体旅游产品三种基本类型。

1. 单项旅游产品，主要指旅游者在旅游活动中，所购买和消费的有关住宿、餐饮、交通、游览、娱乐、购物某一方面的物质产品和服务。例如，旅游者乘坐一次航班、订购一间客房、享用一顿美餐、游览一次景点等活动都属于单项旅游产品。单项旅游产品是构成组合旅游产品和整体旅游产品的基本单位，通常只能满足旅游者某一方面的旅游需求。

续表

　　2. 组合旅游产品，是指由旅游经营者根据旅游者的消费需求，把食、住、行、游、购、娱等多种旅游要素组合而形成的旅游产品，又称为旅游线路产品。组合旅游产品大多数是由旅行开发商按照旅游需求和活动规律特点进行设计和开发的。根据不同旅游目的地旅游资源和接待设施条件，把各种单项旅游产品有机组合而形成旅游线路产品，以更好地满足旅游者多方面的旅游需求。

　　3. 整体旅游产品，主要指在旅游经济活动中，某一旅游目的地能够提供并满足旅游者一次旅游活动所消费的全部物质产品和服务，又称为旅游目的地产品或旅游地产品。其包括若干个单项旅游产品和若干条旅游线路产品，能够充分地满足旅游者的多样性旅游需求，也是旅游目的地国家和地区旅游产品开发的重点。

　　[资料来源：罗明义. 现代旅游经济学（第三版）. 云南大学出版社，2005]

二、旅游服务竞争的内容

　　竞争是市场的伴随产物，哪儿有市场和商品交换活动，哪儿就有竞争，"竞争的实质就是消费力对生产力的关系"①。竞争既是市场经济运行的普遍规律，也是旅游服务贸易必须遵循的客观规律。在现代旅游服务贸易中，由于一切旅游产品都必须通过市场进行交换，因此必然在旅游市场上形成旅游者之间、旅游经营者之间、旅游者和经营者之间、国家之间的竞争，它们共同构成了旅游服务竞争的主要内容。

　　（一）旅游者之间的竞争

　　旅游活动是一种跨地区、跨国界的经济社会活动，其涉及经济、政策、法律和文化等许多相关因素，因此旅游者之间的竞争，主要表现为在各种因素的影响下对旅游产品选择的竞争，具体包括选择旅游目的地、选择旅游经营者、选择旅游服务的内容、质量和价格等方面的竞争。

　　1. 选择旅游目的地的竞争。旅游目的地是旅游者出游的指向地，也是实现旅游活动的主要区域。通常，由于旅游者的需求和消费具有一定的偏好和从众行为特点，因此旅游特色鲜明、服务质量好、环境优美的旅游目的地，常常成为旅游者竞相选择的出游地。尤其是旅游旺季，选择知名旅游目的地往往成为旅游者之间竞争的重要内容。因此，在旅游发达的国家或地区，旅游者通常在旅游旺季之前的几个月，甚至更早就开始进行旅游产品的预订和购买，以保证获得预期的旅游需求的满足。

　　2. 选择旅游经营者的竞争。现代旅游活动，尤其是国际旅游活动，由于涉及大量的食、住、行、游、购、娱等预订和购买服务，以及签证、出入境等具体事

---

　　① 马克思. 马克思、恩格斯全集第1卷，第615页. 人民出版社，1960

务，旅游者没有大量的时间、精力、能力和经验来具体办理，一般都是通过购买旅游经营者提供的包价旅游产品，统一由旅游经营者来进行总体安排和提供服务。因此，有较强的旅游经营实力，旅游线路设计合理，服务质量优、经营信誉好的旅游经营者，往往成为众多旅游者选择和竞争的主要对象，特别是在国际旅游服务中就更加突出。

3. 选择旅游产品的竞争。旅游者在选择旅游目的地和旅游经营者的竞争中，关键的是选择旅游产品的竞争，即对有关旅游产品的内容、质量和价格的选择和竞争。在旅游产品选择上，人们通常是选择具有吸引力的旅游目的地和有特色的旅游线路产品；在旅游服务内容上，人们通常是选择服务全、有信誉、质量好的旅游经营者；在旅游服务价格上，人们总是选择价格合理和有比较价格优势的旅游产品。因此，选择旅游产品的竞争就成为旅游者之间重要的竞争内容。

（二）旅游经营者之间的竞争

旅游经营者之间的竞争，是指旅游产品供应者之间的相互竞争。在旅游服务贸易中，这种竞争不仅表现为国内旅游企业之间的相互竞争，还表现为不同国家、地区之间和旅游企业之间的国际竞争，其核心点都是围绕着提高旅游目的地知名度，扩大旅游产品销售，争取更多的旅游者，提高市场占有率等而展开的。因此，旅游经营者之间的竞争具体表现为争夺旅游者、争夺旅游中间商和扩大市场占有率三个方面的内容。

1. 争夺旅游者。旅游服务的消费对象是旅游者，一个国家或地区吸引旅游者数量的多少及其消费能力高低，决定着该国、该地区和旅游企业的收入和利润状况，也决定着旅游经营的成败和旅游服务贸易的规模和数量。因此，争夺旅游者就成为旅游经营者之间竞争的实质内容，谁争夺到旅游者，谁就获得了客源市场，就意味着争夺到财源；争夺到的旅游者数量越多，则旅游市场占有率就越高，相应获得的旅游收益就越多。

2. 争夺旅游中间商。旅游中间商，通常是指代理旅游目的地的旅游产品销售的组织机构与个人，其中以旅行社为主，它们是旅游产品价值得以实现的重要渠道。在旅游服务贸易中，经由旅游中间商销售的旅游产品占有相当的比重，从这个意义上说，争夺旅游中间商就是间接争夺旅游者，争夺到的旅游中间商越多，从旅游中间商那里得到的支持越大，就意味着占有的旅游市场越大，旅游产品的销量就越多。特别是在旅游服务贸易中，争取较大的、有实力的旅游中间商，是扩大旅游服务贸易规模和数量的必然选择。

3. 提高市场占有率。旅游市场占有率，指旅游接待国或地区的旅游服务贸易量在国际旅游市场总量中所占的比重，其反映了旅游接待国或地区在国际旅游市场中的地位，也是衡量一个国家或地区旅游服务贸易规模和水平的重要标志之一。

旅游市场占有率，一般分为绝对占有率和相对占有率。旅游市场绝对占有率，是指一定时期内，旅游目的国所接待的国际旅游者人数，占同一时间内国际旅游市场上所接待的全部国际旅游者总人数的百分比，其比率大小，反映了一个国家或地区旅游服务贸易的相对规模和数量。旅游市场绝对占有率计算公式如下：

$$O_{ai} = \frac{Q_{ti}}{TQ_{tf}} \times 100\%$$

其中：O_{ai}—— 某旅游目的国旅游市场绝对占有率

Q_{ti}—— 某旅游目的国接待国际旅游者人数

TQ_{tf}—— 国际旅游服务市场接待国际旅游者总人数

旅游市场相对占有率，是指一定时间内，某一国家或地区的旅游市场绝对占有率，与同期旅游市场占有率比较高的其他国家或地区的旅游市场绝对占有率的比值，其比值高低反映了一个国家或地区旅游服务贸易的竞争地位和水平。旅游市场相对占有率计算公式如下：

$$O_{ri} = \frac{O_{ai}}{O_{ah}} \times 100\%$$

其中：O_{ri}—— 某旅游目的国旅游市场相对占有率

O_{ah}—— 旅游市场绝对占有率最高的国家或地区

因此，提高旅游市场占有率也是争夺旅游者的另一种形式，不断维持和扩大旅游市场绝对占有率是旅游服务竞争的主要内容，而不断提高旅游市场相对占有率，则是提高旅游服务贸易竞争力的重要标志。

（三）旅游者和经营者之间的竞争

对旅游产品的竞争，不仅是旅游者之间、旅游经营者之间的竞争，也表现为旅游者和旅游经营者之间的竞争。由于旅游者对旅游产品的需求与旅游经营者提供的旅游产品的供给总是存在着一定的差别，因此旅游者和旅游经营者之间也存在着一定的竞争，这种竞争主要体现在对旅游产品的内容、方式、质量和价格等方面的竞争。旅游者和旅游经营者之间竞争的结果，一方面形成双方都能够接受的旅游服务内容、方式、质量和价格，另一方面必然促使旅游服务需求和供给的动态、协调和平衡发展，从而促进旅游服务贸易的健康发展。

（四）各个国家或地区之间的竞争

在现代旅游服务贸易中，旅游产品的竞争还表现为各个国家或地区之间的竞争。各个国家或地区之间的竞争，主要指各个国家或地区通过制定有利于入境旅游发展的政策，积极开发旅游产品，提供优质服务和便利的通关条件，大力招徕入境旅游者，促进旅游服务出口，以增加旅游创汇，平衡国际收支。尤其是现代旅游具有综合带动力强的突出特点，不仅能够促进旅游服务贸易及其他国际服务贸易的发展，而且能够带动相关产品出口，促进相关产业发展，吸引国外资金和技术，提供社会就业岗位，从而促进整个经济社会的发展。因此，许多国家或地区都把发展国际旅游，促进旅游服务贸易作为对外贸易的重点，加大力度扶持发展，积极参与国际旅游市场的竞争。

三、旅游服务竞争的特征

在现代旅游发展中，旅游服务竞争既是旅游业发展的内在动力，也是旅游服务贸易产生和发展的重要因素，因此旅游服务竞争具有客观必然性、范围广泛性、竞争激烈性、技术推动性和国家干预性等基本特点。

（一）客观必然性

旅游服务竞争是价值规律的客观要求和必然结果。价值规律是商品生产的基本经济规律，它要求商品的价值由生产该商品所耗费的社会必要劳动时间决定，商品以价值为基础实行等价交换，同时决定着商品的市场价格。在价值规律的作用下，各旅游企业必然会积极采用新技术，不断改善经营管理，提高工作效率和服务质量，降低服务成本，争取有利的竞争地位，以促进旅游服务价值顺利地实现。而价值规律作用的有效发挥，只有通过旅游市场的竞争才有可能性，因为竞争是价值规律实现的基本形式，是市场经济内在机制的外部表现，是不以人的主观愿望为转移的客观必然性。因此，在旅游服务贸易中，旅游服务竞争具有客观必然性的基本特征。

（二）竞争激烈性

在旅游服务贸易中，旅游者在旅游市场上总是占据主导地位，而且作为一种消费行为，旅游服务需求具有较大的变化性和替代性。这些特性使得旅游企业在把握旅游服务市场的动态，更好地适应旅游者的需求等方面都面临着巨大的挑战，因此谁对旅游市场行情看得准，谁能更好地满足旅游者的需求，谁就能争取到更多的市场份额，从而必然促进旅游企业之间的激烈竞争。另外，由于旅游服务的无形性和不可储存性等特点，使旅游企业对市场的依赖性比其他行业更强，而旅游市场又是比较敏感和易于波动的市场，因此旅游企业必然要为抓住稍纵即逝的机会而展开激烈的竞争。

（三）范围广泛性

在旅游服务贸易中，世界大多数国家或地区都在为尽可能地吸引国际入境游客而展开竞争。通常，旅游服务竞争主要表现在两个方面：一是国内各旅游企业、旅游目的地之间，为了在国际旅游市场上招徕更多的旅游者，而在提供旅游服务产品、选择目标市场、提高服务质量、采取价格策略等方面展开竞争，因此他们之间是现实的、直接的竞争对手；二是国际上拥有同一目标市场的不同国家或地区，也会通过提供特色旅游产品、提高旅游服务质量，采取合适的价格策略，来吸引更多的旅游者，从而在国家或地区之间展开激烈的市场竞争。因此，旅游服务竞争不仅激烈，而且涉及的范围也比较广泛。

（四）科技推动性

现代社会已经进入科学技术日新月异的时代，尤其是以电子计算机和互联网为代表的高新技术的迅速普及和运用，进一步加剧了旅游市场的竞争。如电子计算机预订系统的普及，首先运用于航空客运预订系统，再到饭店销售预订系统，最终广泛运用于旅行社的游客预订和组团服务等，使所有旅游目的地国家、地区和旅游企业都无一例外地经历着"适者生存"法则的考验。因此，要想在国际旅游市场中占有一席之地，就必须充分重视现代科学技术的发展，不断提高自身运用现代科技的能力和水平，才能增强市场竞争力，提高市场占有率，促进旅游服务贸易的发展。

（五）国家干预性

在旅游服务贸易中，由于国际入境旅游能够增加外汇收入，促进社会就业、带动相关产业发展，从而对一个国家经济社会产生积极的促进作用，因此旅游服务竞争不仅仅是旅游企业之间的竞争，而往往成为国家或地区之间的竞争。许多国家或地区，通过制定有利于入境旅游发展的政策和措施，来提升本国旅游的国际吸引力，增强旅游服务的市场竞争力，以促进本国旅游服务贸易出口的发展。随着国家干预旅游服务的竞争，一方面加剧了旅游服务市场的竞争，另一方面也进一步促进了旅游服务贸易的发展。

第二节　旅游服务贸易竞争优势

一、旅游服务贸易竞争优势的理论基础

在现代经济发展中，任何国家和地区的竞争优势（competitive advantage），尤其是大公司、大集团企业的竞争优势，不仅构成一个国家或地区经济发展的微观基础，而且是在国际市场竞争中成功与否的关键。因此，对竞争优势和战略的分析研究一直是国内外学术界、企业界探讨研究的重要问题，从而推动了竞争优势分析和战略理论的发展与创新，并形成了众多的竞争优势分析和战略选择理论。

从旅游服务贸易竞争角度看，20世纪80年代以来，在竞争优势和战略分析研究中最有影响的结构学派、能力学派和资源学派的竞争理论[1]，既是分析旅游服务贸易竞争优势的理论基础，同时对分析旅游目的地、旅游企业的竞争优势，增强旅游服务贸易竞争力等也具有重要的现实意义。

（一）结构学派竞争理论

结构学派竞争理论的创立者和代表人物，是哈佛大学商学院的安德鲁斯和波

---

① 叶克林. 企业竞争战略理论的发展与创新. 江海学刊, 2005（3）

特。安德鲁斯在《企业战略概念》一书中提出的企业战略理论及 SWOT 分析方法，一直被视为现代竞争优势分析和战略制定的理论基础；而波特在《竞争战略：产业与竞争者分析技巧》、《国家竞争优势》等书中提出的产业结构分析框架，则是分析和确定竞争优势和战略的重要基石。

安德鲁斯指出，企业战略是引导企业发展，提高市场竞争力的重要决策和手段，企业战略的确定必须建立在对企业竞争实力的分析基础上，即正确分析和把握企业竞争的强势和弱势，机遇和威胁，因此他提出了分析企业竞争实力的 SWOT 分析框架和方法①。在 SWOT 分析方法中，S（Strength）是指企业竞争的强势，即企业在市场竞争中所具有的强项和竞争能力；W（Weakness）是指企业竞争的弱势，即企业在市场竞争中的弱项和不足；O（Opportunity）是指企业竞争面临的机遇，即市场和外部环境为企业提供的机遇和条件；T（Threats）是指企业竞争面临的威胁，即市场和外部环境对企业造成的威胁和影响。通过对企业竞争的 SWOT 分析，就能够正确地认识企业竞争的优势所在，从而为确定正确合理的企业战略提供科学的依据。

波特的企业竞争战略理论，把产业组织理论与企业竞争战略相融合，是对多年来有关竞争理论研究成果的厚积薄发和创新。波特指出，构成企业竞争环境的关键因素是企业所在的相关产业结构，其强烈地影响着企业竞争规则的确立，决定着可供企业选择的竞争战略，因此产业结构分析是企业竞争战略分析的起点，是确立企业竞争战略的基石。他还指出，一个产业内部的竞争状态取决于五种基本的竞争力，即进入威胁、替代威胁、买方砍价能力、供方砍价能力和现有竞争对手的竞争，其中每种竞争力又受到诸多的经济技术因素和特征的影响。上述五种竞争力相互作用、共同决定着一个产业的竞争强度和最终利润潜力，并对每个企业竞争战略的形成起着关键作用②。

企业竞争分析和战略制定的基本过程，首先是根据五种竞争力模型来分析行业的吸引力，然后识别、评价和选择适合所选定行业的竞争战略，最后实施所选定的竞争战略。通常，可供选择的企业竞争战略一般有三种，即总成本领先战略、差别化战略和专业化战略，其中竞争优势是任何一种战略的核心所在。每一竞争战略都涉及通向竞争优势的不同途径，以及为建立竞争优势所采用的价值链、战略目标和竞争方式。为了全面识别和分析企业竞争优势的来源，就必须正确识别、分析和把握竞争对手的情况及其市场行动信号，以通过采取比竞争对手更出色的战略活动来赢得竞争优势。

---

① ［美］安德鲁斯·坎贝尔等. 核心能力战略：以核心竞争力为基础的战略. 东北财经大学出版社，1999

② ［美］迈克尔·波特. 竞争战略. 华夏出版社，1997

相关知识 4 - 2：

竞争战略理论的权威——波特

迈克尔·波特（Michael. E. Porter），32 岁即获哈佛商学院终身教授之职，是当今世界上竞争战略理论方面公认的第一权威，也是当今世界上少数最有影响的管理学家之一。

波特毕业于普林斯顿大学，后获哈佛大学商学院企业经济学博士学位。他曾在 1983 年被任命为美国总统里根的产业竞争委员会主席，先后获得过威尔兹经济学奖、亚当·斯密奖，三次获得麦肯锡奖，并拥有瑞典、法国、荷兰等国大学的 8 个名誉博士学位。到现在为止，波特已出版了 14 本专著，其中最有影响的专著有：1976 年出版的《品牌间选择、战略及双边市场力量》，1980 年出版的《竞争战略》，1985 年出版的《竞争优势》和 1990 年出版的《国家竞争力》等。

波特的重要贡献是创立了竞争结构战略理论，并提出了"五力竞争模型"和"三种竞争战略"的杰出理论观点。"五力竞争模型"，是波特分析产业结构的主要方法；在分析产业五种竞争力量的抗争中，他又提出了三类成功型战略的思想，即总成本领先战略、差异化战略和目标聚集战略，并指出实施这些战略的目标是使企业经营在产业竞争中能够获得竞争优势。波特的竞争结构战略理论开创了企业经营战略管理的新领域，对促进现代企业的发展和战略管理的理论研究都作出了重要的贡献。

（二）能力学派竞争理论

能力学派竞争理论，是针对波特竞争战略理论的局限性而提出的新理论。该理论认为，产业结构虽然是企业竞争环境的关键组成部分，但只是制定企业竞争战略的主要依据之一。按照企业竞争战略的完整概念，企业竞争战略应该是企业自身的强项和弱项，同外部环境的机会和威胁之间有机组合的战略行为能力。因此，许多专家通过对企业战略行为能力的分析，形成了竞争优势理论中的能力学派竞争理论。

能力学派竞争理论，强调以企业生产、经营行为过程中的特有能力为出发点，来制定和实施企业竞争战略的理论思想。该学派理论在形成过程中又发展成两种具有代表性的观点。一种是以哈默尔（Gary Hamel）和普拉哈莱德（C. K. Prahalad）为代表的"企业核心能力"观，其强调顾客所需要的最终产品是不同的，其中核心产品是"企业核心能力"最基本的"零部件"，因此企业竞争战略的重点是培育"企业核心能力"，即蕴涵于企业核心产品的生产和经营过程中，并具有明显优势的个别技术和生产技能的结合体，这是企业保持竞争优势的重要源泉。在此基础上，通过许多专家进一步的研究、丰富和完善，形成了以"企业核心能力"为基础的核心竞争力理论。

另一种观点是以斯多克（George Stalk）、伊万斯（Philip Evans）、舒尔曼（Lawrence E. Shulman）和蒂斯（David J. Teece）等为代表的"整体能力观"，其认为培育企业在市场竞争中的"整体能力"，已成为一个企业能否获取竞争优势的首要前提。但是，培育"整体能力"并不意味着要比竞争对手在研究和开发（R&D）方面投入更多的资金，也不是简单的组织结构的调整，关键是提升组织成员的集体技能和知识。因此，必须注重企业组织内的集体学习，包括来自于经验规范和价值观的传递，来自于组织成员的相互交流和共同参与，以及员工相互交往方式的组织程序等。

虽然上述两种"能力观"都强调企业内部生产、经营行为和过程所体现出的特有能力，但各自强调的重点和内容是不同的。前者更注重企业价值链中的个别关键优势，即核心产品中所蕴涵的，具有竞争优势的个别技术和生产技能的结合体；而后者则强调价值链中的整体优势，即识别和发展竞争对手难以模仿的行为反应能力和组织能力，这些能力是消费者将一个企业与其竞争对手区分开来的重要标志。

（三）资源学派竞争理论

资源学派竞争理论在 20 世纪 80 年代中期就出现了。1984 年，沃纳菲尔特（B. Wernerfelt）发表了"企业资源学说"一文，提出了公司内部资源对公司获利并维持竞争优势的重要性。以后众多的专家、学者围绕企业资源进行大量研究，促使资源学派竞争理论得到了长足的发展，尤其是经过该学派的主要代表人物柯林斯（D. J. Collies）和蒙哥马利（C. A. Montgomery）的丰富和完善，使该理论成为现代竞争优势和战略研究中占主导地位的理论流派。

资源学派竞争理论的出发点和基础，主要是强调企业"资源"的重要性。该理论认为，资源是一个企业所拥有的资产和能力的总和。因此，一个企业要获得佳绩，就必须发掘出一系列独特的具有竞争力的资源，并将其合理配置到拟定的竞争战略中。因此，资源学派力图将对公司的内部分析方法，与对产业和竞争环境的外部分析方法结合起来，在上述两种不同的研究方法之间架起一座桥梁，从而形成了资源学派的竞争战略综合分析理论。

根据资源学派竞争理论，在一个企业所拥有的各类资源中，关键是识别可以成为企业竞争战略的基础资源，并正确地评估不同资源的价值和优势。柯林斯和蒙哥马利认为，资源价值的评估不能局限在企业自身，而要将企业的资源置于其所面对的产业环境，并通过与其竞争对手所拥有资源进行比较，才能判断出其优势和劣势。为此，他们提出了资源价值评估的五项标准：一是进行不可模仿性评估，即正确分析和评估企业资源是否难以为竞争对手所模仿和复制；二是进行持久性评估，即正确评估和判断企业资源的价值，以及其在市场竞争中贬值的速度；三是进行占有性评估，即正确分析和确定企业资源所创造的价值提供给谁，为谁占有和使用；

四是进行替代性评估，即正确分析和预测企业所拥有的资源能否为另一种更好的资源替代；五是进行竞争优势性评估，即正确评估在自身拥有的资源和竞争对手所拥有的资源中，谁的资源更具有优越性和竞争优势。通过上述五个方面的正确分析和评估，就能够识别和掌握一个企业的资源总体状况，判断和确定企业的优势资源，从而为制定和选择合适的竞争战略提供坚实可靠的依据和基础。

二、旅游服务贸易竞争优势的分析内容

根据竞争优势和战略理论，分析和研究旅游服务竞争优势，必须既重视内部自身优势的分析，又注重对竞争对手和旅游者需求的研究；既注重对旅游服务比较优势的分析，更重视对旅游服务整体竞争优势的研究；既追求旅游服务的绝对竞争优势，更要追求旅游服务的相对竞争优势。因此，分析旅游服务竞争优势的主要内容，应包括对旅游要素资源、市场需求、竞争对手、竞争环境和创新能力等方面的分析。

（一）旅游要素资源分析

在旅游服务贸易中，构成旅游服务贸易竞争优势的基础是旅游要素资源。旅游要素资源不同于一般意义上的旅游资源，而是指包括土地（广义资源）、劳动力、资本、技术和管理在内的生产要素资源。

土地（广义资源），泛指一切依赖土地而存在的，具有吸引旅游者的自然资源、人文资源、人造景观和社会活动等，是开发各种旅游景区、建设旅游配套设施和组织旅游活动的重要前提条件。其禀赋状况和丰裕程度，不仅构成一个国家或地区旅游服务比较优势的基础，也是形成旅游服务贸易竞争优势的主要内容和条件。

劳动力，是提供旅游服务的主体和旅游服务贸易的主要载体，也是旅游服务要素资源中最具活力的资源。一个国家或地区劳动力的丰裕程度和质量状况，既决定了提供旅游服务的规模和数量，也影响着旅游服务的质量和水平，因此是形成旅游服务贸易竞争优势的基础。

资本，是指一个国家或地区为提供旅游服务所进行的全部投入，其形成了提供旅游服务的各种有形资产和无形资产，是构成旅游服务贸易竞争优势的重要基础。其中，有形资产包括了旅游基础设施、旅游景区点、旅游接待设施、旅游辅助设施等；无形资产包括了旅游服务的特色、品牌、形象和商誉等。

技术，是指为提供旅游服务而形成的专有资产，包括生产秘诀、商业秘密和专有工艺等。技术要素是一个国家、地区或企业在提供旅游服务过程中，逐渐形成且其他国家或地区难以模仿和复制的特有知识和技能，其不仅是旅游服务贸易竞争优势的核心基础，也是构成旅游服务贸易竞争力的重要内容。

管理，是把土地、劳动力、资本和技术等生产要素有机整合起来，形成旅游产品并提供旅游服务的综合能力。管理要素作为一种高级的组织劳动和资本投入，

必须分析有利于维持旅游服务贸易竞争优势的组织过程和创新能力，这是建立或维护一个国家或地区在旅游市场上居于长期主导地位的关键。

三、旅游服务贸易竞争优势的分析方法

根据对旅游服务贸易竞争优势内容的分析，可以看出旅游服务贸易竞争优势的内容丰富、涉及面广、影响因素多，因此在分析、识别和评价旅游服务贸易竞争优势时，必须采用科学的分析方法。其中"SWOT 分析"和"V－P 分析矩阵"方法，是广泛用于分析和评价旅游服务贸易竞争优势和竞争地位，制定竞争战略的重要方法和分析技术。

（一）SWOT 分析方法

SWOT 分析方法，是由美国哈佛大学的安德鲁斯教授提出的。他认为，企业战略是引导企业发展，提高市场竞争力的重要决策和手段，企业战略的确定必须建立在对企业竞争优势和竞争实力分析的基础上。为了正确分析和把握企业在竞争中的强势和弱势，面临的机遇和威胁，安德鲁斯提出了分析企业竞争优势和竞争实力的SWOT 分析方法，不仅成为企业战略研究中常用的分析方法和工具，而且被广泛运用在企业战略管理、市场研究、竞争优势和竞争对手分析等领域中。

1. SWOT 分析方法的原理。SWOT 分析方法的原理，主要来自企业竞争战略的整体概念。根据企业竞争战略的整体概念，战略应该是一个企业的可控因素和不可控因素的有机组合，其中可控因素表现为企业在竞争中所拥有的强项和弱项，反映了企业自身的竞争优势和实力，是企业能够自我控制的内部因素；不可控因素来自外部环境的机会和威胁，是企业不能控制的外在因素，但企业可以通过采取一定的对策措施，有效地利用机会和消除威胁。因此，对企业可控因素的分析就是对内部资源和能力的分析，对企业不可控因素的分析就是对外部竞争环境的分析，SWOT 分析就是根据上述原理，把这两种分析有机结合起来，形成了特有的系统分析方法和工具。

2. SWOT 分析方法的内容，包括了对企业竞争的强势（Strength）、弱势（Weakness）、机遇（Opportunity）和威胁（Threats）的比较分析。强势 S，是指企业在市场竞争中所具有的竞争优势，是构成企业核心竞争力的重要基础和内容，如知识、技能和管理等；弱势 W，是指企业在市场竞争中的薄弱部分和环节，是企业必须着力改进的关键内容；机遇 O，是指市场和外部环境为企业提供的各种条件，有效利用这些条件就可能为增强竞争优势，促进企业发展创造良好的发展环境；威胁 T，是指市场和外部环境对企业造成的挑战和影响，是企业必须重视研究和解决的问题所在。通过运用 SWOT 分析方法，就能够正确地认识和评价企业的竞争优势和竞争力，从而为确定正确合理的竞争战略提供科学的依据。

3. SWOT 分析方法的运用。对 SWOT 分析方法的运用，就是要正确分析、识别

和评价企业竞争的强势、弱势、机会与威胁因素，而对每一因素的分析和评价都包含着一定的机会或风险。因此，SWOT分析方法的分析重点是企业的生存环境和竞争环境，即行业背景与竞争对手情况。分析行业背景必须首先分析行业结构，因为行业结构决定了产业竞争力和获利能力，其中资源、技能与管理是行业成功的关键因素，因此企业要在本行业中获得良好的效益、声望和市场，就必须拥有资源、技能和管理的竞争优势。其次，分析行业背景所揭示的机会与威胁，包括当前和未来一段时间内，在行业环境中存在或可能出现的，对本企业和竞争对手都将发生重大影响的外部环境因素。对竞争对手的分析，主要分析竞争对手的数量、规模和竞争优势，其不仅直接决定了行业竞争的激烈程度，还可以通过与竞争对手的分析比较找出本企业竞争力的强弱所在。

4. SWOT分析方法的优缺点。SWOT分析方法具有分析方便、结论直观、使用简单等优点，尤其是在没有精确的数据支持和专业化的分析工具情况下，也可以得出具有说服力的结论。因此，运用SWOT分析方法对旅游服务贸易竞争优势分析，不仅能够科学地识别和评价一个国家或地区旅游服务贸易的竞争优势，为制定正确的旅游服务贸易竞争战略提供科学的依据；而且能够更好地掌握旅游服务贸易竞争力的状况和水平，促进一个国家或地区旅游服务贸易的发展。但是，由于SWOT分析方法主要是采用定性方法，所形成的结论是一种模糊描述，并带有一定程度的主观臆断，因此在使用SWOT方法时要注意该方法的局限性，在罗列评判依据的事实时要尽量真实、客观、准确，同时注意提供一定的定量分析以弥补SWOT定性分析的不足，以提高SWOT分析方法的可靠性和科学性。

（二）V-P分析矩阵方法

根据结构学派和能力学派的有关竞争理论，结合资源学派的竞争优势和战略分析模式，并参照英国学者福克纳和鲍曼两人有关"顾客矩阵"和"生产者矩阵"分析技术的构想，笔者从旅游服务贸易的特点出发，提出了"V-P分析矩阵"方法，用于对旅游服务贸易竞争优势和竞争地位的分析和评估。

"V-P分析矩阵"方法，即价值—能力分析矩阵方法，是通过建立旅游者"价值（Value）矩阵"，对旅游者消费旅游服务的价值判断和评估进行分析；通过建立经营者"能力（Power）矩阵"，对旅游经营者提供旅游服务的核心竞争能力进行分析；然后把两者相结合，建立起"V-P分析矩阵"，从而分析旅游服务贸易竞争优势和竞争地位的分析方法和技术。

1. 建立旅游者"价值矩阵"，是为了客观分析和评估旅游者对旅游服务的价值评价，以分析和判断旅游服务的市场竞争优势和地位。在旅游服务贸易中，旅游者通常比较关注的是旅游服务的价格和使用价值，因此通过运用可察觉的价格（Perceived Price）和可察觉的使用价值（Perceived Use-Value）两组变量构成的矩阵（如图4-1），对旅游者消费旅游服务的价值判断和评估进行分析，就可以看出一个国家或地区旅游服务在国际市场中的竞争优势和竞争力状况。

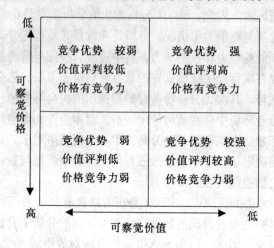

图 4-1   旅游者"价值矩阵"

2. 建立经营者"能力矩阵",是为了客观地分析和评估旅游经营者在旅游市场上的竞争能力和水平。一个国家或地区在旅游市场上的竞争能力和水平,取决于其提供旅游服务的核心能力,包括供给能力、制度能力、管理能力和创新能力等,其中能带来竞争优势的称之为核心竞争能力。从实际分析看,能够综合体现核心竞争能力的关键因素,主要是提供旅游服务价值的有效能力和单位成本。因此,通过运用价值提供能力和单位服务成本两组变量构成的矩阵(如图4-2),就可以分析一个国家或地区旅游服务在国际旅游市场中的竞争能力和水平。

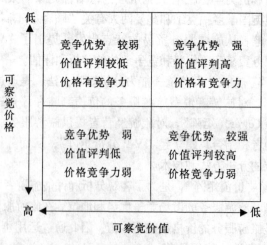

图 4-1   旅游者"价值矩阵"

3. 建立"V-P分析矩阵",是以旅游者"价值矩阵"和经营者"能力矩阵"分析为基础,通过对旅游者的评估和自身能力的结合分析(如图4-3),以准确地识别和把握一个国家或地区旅游服务贸易的竞争优势和市场地位,从而为选择合适的旅游服务贸易竞争战略提供科学的依据。以旅游者"价值矩阵"和经营者"能力矩阵"的分析结果为变量组,就可以建立起"V-P分析矩阵",然后对旅游服务贸易竞争优势和市场地位进行分析和评估。

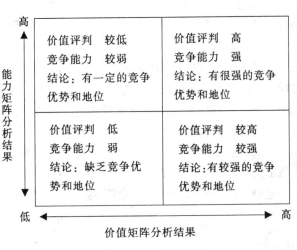

图4-3 V-P分析矩阵

综上所述,通过"V-P分析矩阵"分析方法,不仅为分析和评价旅游服务贸易竞争优势和地位提供了有效的分析方法和技术,从而提高了旅游服务贸易竞争优势理论的实用价值;而且其分析结果为识别和确定旅游服务贸易竞争优势,制定正确合适的竞争战略提供了重要依据。从"V-P分析矩阵"的分析过程看,提高旅游服务贸易竞争优势的途径,就是要以尽可能低的成本和可察觉价格,向旅游者提供尽可能高的旅游服务价值和可察觉使用价值。因此,任何国家或地区要提高旅游服务贸易竞争优势和竞争地位,就必须重视分析和研究如何提高旅游服务价值,同时降低旅游服务的单位成本,并采取有效措施提高旅游者的可察觉使用价值和可察觉价格的认识水平和能力。

第三节　旅游服务贸易竞争力

一、旅游服务贸易竞争力的研究

旅游服务贸易竞争力的理论基础，主要来源于国内外有关竞争力理论的研究。所谓竞争力理论（competitiveness theory），是通过分析一个国家、地区或企业的要素资源状况，结合对竞争对手情况和外部环境条件的分析，以识别和评价一个国家、地区或企业在市场上的竞争优势，评估其市场竞争能力和水平，为制定竞争战略提供科学的依据。根据对目前有关竞争力理论研究的分析，主要有核心竞争力理论、相对竞争力理论和动态竞争力理论三种类型（见相关知识4－3）。

根据有关竞争力理论，并结合旅游服务贸易的实际和特点，所谓旅游服务贸易竞争力，是指一个国家、地区或企业在国际旅游市场上，争夺旅游客源和市场、提高市场占有率和获取产业发展要素，从而促进旅游服务贸易增长与发展的能力和水平。国内关于旅游竞争力的研究是近几年才开始的，并且主要侧重于对区域旅游竞争力和城市旅游竞争力的分析和研究，而对旅游服务贸易竞争力或国际旅游竞争力的研究则寥寥无几。

相关知识4－3：

关于竞争力理论的类型

根据目前国内外有关竞争力理论的研究，主要有核心竞争力理论、相对竞争力理论和动态竞争力理论三种类型。

1. 核心竞争力理论，源于哈默尔和普拉哈莱德提出的"企业核心能力"理论。该理论认为，"企业核心能力"的基础是核心产品，本质是企业特有的知识和技能。正是隐含在核心产品中的知识和技能，构成了企业的竞争优势及核心竞争力，使其能够提供市场难以模仿的、满足顾客所需要的最终产品。波特则认为，核心竞争力是指企业在关键领域建立的独特竞争优势，这种竞争优势取决于企业进入的产业竞争力。他运用产业结构分析，提出了产业的"五力竞争模型"，指出任何产业都存在着五种基本竞争力量，即新的竞争对手的进入、替代产品的威胁、买方的砍价能力、卖方的砍价能力和行业内竞争对手之间的竞争，这五种竞争力量共同决定了一个产业的结构及其赢利能力。

2. 相对竞争力理论，是我国学者基于核心竞争力理论的缺点和不足而提出的理论。所谓相对竞争力，是指相对于竞争对手而言，具有超过竞争对手且能实现自身价值最大化的竞争优势。其包括两个方面的含义：　第一，相对竞争力的着眼

续表

点是竞争对手，立足点是顾客需求和市场情况，其参照系是竞争对手的竞争优势；第二，相对竞争力强调有效益、有市场的竞争力才是企业所需要的竞争力，因而相对竞争力更加重视考察成本，考察市场占有率，而不同于核心竞争力只盯着内部优势而忽略外部环境，只偏重竞争力提高而不考察成本和效益等局限性。

3. 动态竞争力理论，是针对市场竞争动态变化的客观实际，通过分析竞争者之间在竞争中的互动作用及产生的可能性和原因，分析影响企业竞争优势或竞争力变化的主客观因素，比较不同条件下可能出现的竞争趋势和结果，以重塑企业的竞争优势和竞争力，使企业始终保持与变化的经营环境相一致的创新和发展能力。动态竞争力是一种创新与发展的能力，其强调了在传统竞争战略理论中未受到重视的三个重要因素。一是强调"动态竞争"是一种高强度、高速度、高能力的竞争；二是强调"创新能力"的培养，即培养具有独特的、不可模拟和仿制的创新能力，以便及时地建立新的竞争优势和竞争力；三是强调"发展能力"的提升，不断提升企业整合和再造内外部要素资源的发展能力，才能适应环境动态变化带来的机遇和挑战。

（一）关于区域旅游竞争力的研究

关于区域旅游竞争力的研究，目前主要集中于对区域旅游竞争力的概念、形成机制、影响因素、分析评价和对策措施等方面的分析和研究，主要表现在以下几方面。

1. 在区域旅游竞争力概念研究方面，张欣提出："旅游产业区域竞争力，就是一个旅游区域在旅游产业发展中表现出的争夺旅游客源、获取产业发展要素以及获取增长动力的能力"[①]，也就是一个国家、地区或企业在旅游市场上的竞争优势和能力。

2. 在区域旅游竞争力的形成机制及影响因素方面，李芸认为区域旅游竞争力的形成，是市场机制的内在要求、旅游产品的替代性、旅游者的选择性、旅游需求较大的弹性、旅游市场的开放性等5个因素共同作用的结果，影响因素主要包括资源条件、需求条件、旅游环境、旅游管理、介入机会等，其中介入机会是外生变量，它通过影响其他4个因素对区域旅游竞争力起作用[②]。

3. 在区域旅游竞争力的分析评价方面，张欣认为可以从旅游国际竞争实力、旅游竞争潜力、未来旅游竞争的发展力三个角度来衡量；而在如何增强区域旅游竞争力方面，尹贻梅认为，协调好空间竞争力与空间合作的关系是关键，并提出应建立区域竞争性合作的措施，包括构建互补的旅游产品群，联合塑造区域旅游形象，

---

① 张欣. 旅游产业区域竞争力的理论研究和实证分析 [J]. 硕士论文, 2002

② 李芸. 区域旅游的竞争力及其联动发展 [J], 南京师范大学报（自然科学版）, 2002 (2)

较优势的旅游要素资源和组织能力，才是构成旅游服务贸易竞争力的重要基础。

从旅游要素资源看，构成旅游服务贸易竞争力的优势要素资源，一般包括独特的自然和人文旅游资源，独有的商业秘密，高超的服务技艺和优质的服务质量等，这些资源、知识、服务技能和服务质量是竞争对手难以复制和模仿的，因此是构成旅游服务贸易竞争力的重要基础。

从旅游组织能力看，构成旅游服务贸易竞争力的优势组织能力，通常包括获取和整合旅游要素资源的功能性能力；适应外部环境激烈变化，能够再造旅游服务优势的创新性能力；能够在既定的市场位势和发展条件下，不断发挥旅游服务贸易竞争优势的动力性能力等。一个国家、地区或企业的旅游服务的优势组织能力，不仅是区别于其他国家、地区或企业的独有能力，而且是构成旅游服务贸易竞争力的关键因素。

（二）旅游形象和品牌

旅游目的地形象（destination image），是由旅游产品、服务和其他因素综合形成的一种总体印象，是旅游服务贸易竞争力中最重要的因素。在现代旅游服务贸易中，旅游目的地形象不仅是旅游者选择旅游目的地，进行旅游决策的重要依据；也是旅游目的地国家或地区发挥旅游服务贸易竞争优势，提升旅游目的地的知名度、美誉度和影响力，招徕更多国际入境旅游者的重要手段。因此，许多旅游发达国家和地区都非常重视自身旅游形象的设计和推出，如我国推出的"魅力中国"，法国的"浪漫巴黎"，新加坡的"惊喜无限新加坡"，泰国的"神奇泰国游"；香港地区的"动感之都"，云南省的"永远的香格里拉"，浙江省的"山水浙江、诗画江南"等，都是在国际上具有较强吸引力和影响力的旅游形象。

旅游品牌（high grade mark of tour product），是指旅游产品在旅游者心目中的定位，其既是旅游产品的总体标志，又是旅游服务贸易竞争力的重要内容。通过对旅游品牌的培育和树立，不仅反映了一个国家、地区或企业在提供旅游服务中，对旅游者做出的服务内容、价值和质量等方面的承诺；也是旅游者在选择和购买旅游产品过程中，选择旅游目的地和选择提供旅游服务的经营者，以寻求自身利益最大保障的重要依据。因此，针对旅游服务需求日益呈现出个性化、多样化、多层次发展的趋势，不断培育和树立知名旅游品牌，加大旅游品牌化经营力度，是增强旅游服务贸易竞争力，赢得旅游服务贸易竞争优势，提高旅游市场占有率的重要内容和途径。

（三）价值链和旅游需求链

价值链（value chain），是指为实现商品和服务价值而连接生产和销售的组织过程，其涉及从原料采集和运输、半成品和成品的生产和分销，直至传递给最终消费者的整个过程。波特认为，价值链的内涵就是把企业作为一个整体来考察，并指出每一个企业的价值链均是以独特方式联结在一起的九种基本活动类别所构成的，包括内部后勤、生产作业、外部后勤、市场和销售、服务等五种基本活动，以及采购、技术开发、人力资源管理、企业基础设施等四种辅助活动。因此，价值链是提升一个国家、地区或企业竞争力的关键，是加入全球生产分工体系，依靠特定商品和服务的出口竞争力，赢取竞争优势的重要手段。

旅游需求链（tourist demand chain），是相对于价值链的概念，并结合旅游服务的性质和特点而提出来的概念。价值链是建立在对一个国家、地区或企业自身竞争优势和竞争力的分析，而需求链是站在旅游者的角度，以旅游服务供求分析为基础，以满足旅游者需求为中心，从而实现向旅游者传递旅游服务价值的整个过程和环节。其基本要素包括六个方面，即分析旅游者的需求和变化特点、分析和评价自身的供给能力和优势、分析和评价竞争对手的供给能力和优势、确定所提供给的旅游服务价值、选择传递旅游服务价值的渠道、回收旅游者反馈的信息等。因此，旅游需求链体现了提供旅游服务和满足市场需求的能力和优势，是构成一个国家、地区或企业旅游服务贸易竞争力的重要内容。

旅游需求链也和价值链一样，是一个面向市场的开环性系统，但其与价值链的开环性又有着根本性的区别。旅游需求链是在分析市场竞争优势的基础上，通过满足旅游者的需求来"拉动"旅游服务贸易竞争优势的提升，寻求增强旅游服务贸易竞争力的途径；而价值链是在分析自身竞争优势的基础上，通过供应有竞争力的商品和服务来"推动"和寻求竞争优势。显而易见，在现代市场竞争不断加剧的趋势下，把旅游需求链与价值链相比较，旅游需求链理论更有利于提升旅游服务贸易竞争优势和竞争力。

（四）旅游目的地营销系统

旅游目的地营销（destination marketing），是对旅游目的地的整合、策划、包装、推广和销售等活动的统称，其目的是提升一个国家或地区的整体旅游形象，提高其旅游服务贸易竞争优势和竞争力。旅游目的地营销系统，是由旅游服务营销的各个部分、各个环节所构成的完整系统，是构成旅游服务贸易竞争力的重要内容。

在国际旅游市场竞争中，建立旅游目的地营销系统，不断提升旅游服务贸易竞争力，已越来越受到各个国家和地区的重视，许多国家和地区都加大了对旅游目的地营销系统的研究和培育。但是，由于旅游目的地营销系统的受益者，涉及旅游行业内的所有企业和众多相关产业部门和企业，如民航、铁路、交通、商业、金融、信息、工农业等，因此必须从"大旅游、大服务、大产业"的角度，建立多部门、多层次、多环节的旅游目的地营销系统，形成行业内外，政府和企业相结合、共同参与的联合营销机制，才能有效发挥旅游服务贸易竞争优势，不断提升旅游服务贸易的竞争力。

（五）行业竞争和政策

在旅游服务贸易竞争中，虽然行业竞争和国家有关旅游方面的政策，不直接构成旅游服务贸易竞争力的主要内容，但从旅游服务贸易的角度看，行业竞争和国家政策仍然是影响一个国家或地区旅游服务贸易竞争力的重要因素。

从旅游产业竞争看，旅游产业同样存在着进入威胁、替代威胁、买方砍价能力、供方砍价能力和竞争对手的竞争等五种基本的竞争力，他们相互作用构成了旅游产业的竞争态势，决定着一个国家或地区旅游产业的竞争强度和获利潜力，并直接影响着其旅游服务贸易竞争优势和竞争力。因此，分析和研究旅游服务贸易竞争力，必须对旅游产业的竞争状态和趋势进行分析研究，以掌握影响旅游产业竞争的关键因素和深层原因，为提升旅游服务贸易竞争力提供可行路径和重要依据。

从国家旅游政策看，其从两方面对旅游服务贸易竞争力产生着作用和影响。一方面，国家对发展国际旅游（包括出入境旅游）是否鼓励和支持，直接决定和影响着旅游产业的竞争状态，影响着旅游服务贸易的发展；另一方面，国家对旅游服务贸易政策的开放程度，也直接影响着旅游服务贸易的规模和数量，最终影响着旅游服务贸易竞争力的强弱。

三、旅游服务贸易竞争力分析模型

旅游服务竞争力是一种整体竞争力，是在分析旅游需求和外部环境，内部优势资源和整合能力，行业竞争和竞争对手状况的基础上，而评价和确定的多维度结合的综合竞争能力。根据对旅游服务贸易竞争力理论和内容的分析，可以通过构建旅游服务贸易竞争力模型，来分析和评估一个国家或地区旅游服务贸易竞争力的强弱。

旅游服务贸易竞争力模型，主要是通过对市场竞争优势、自身竞争优势和行业竞争优势的综合分析，并在此基础上形成的一种多维度的竞争模型。市场竞争优势的分析，包括对旅游需求状况、竞争环境变化、价值链和需求链等方面的分析；自身竞争优势的分析，包括对旅游要素资源的比较优势或竞争优势，组织整合要素资源能力和竞争创新能力（包括塑造旅游形象和品牌的能力），旅游营销系统状况和竞争优势等方面的分析；行业竞争优势的分析，包括对产业竞争状态和趋势、竞争对手的状况和优势、国家有关促进旅游的政策等方面的分析。在对每个方面分析的基础上，将三个方面结合在一起进行综合分析，就可以从多维角度来分析和评估旅游服务贸易的竞争力状态。

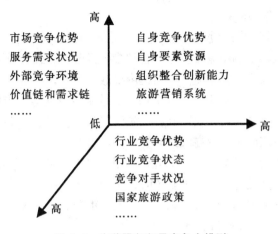

市场竞争优势
服务需求状况
外部竞争环境
价值链和需求链
……

自身竞争优势
自身要素资源
组织整合创新能力
旅游营销系统
……

行业竞争优势
行业竞争状态
竞争对手状况
国家旅游政策
……

图4-4　旅游服务贸易竞争力模型

按照旅游服务贸易竞争力模型（如图4-4），对旅游服务竞争力的综合分析和评估是一种多维的连续流过程，即形成若干不同的旅游服务贸易竞争力状态。其中比较绝对的旅游服务贸易竞争力状态有两种类型，即"三高"型和"三低"型旅游服务贸易竞争力。"三高"型旅游服务贸易竞争力，是指市场竞争优势、自身竞争优势和行业竞争优势都很高，因此具有很强的旅游服务贸易竞争力；"三低"型旅游服务贸易竞争力，是指市场竞争优势、自身竞争优势和行业竞争优势都很低，因此旅游服务贸易竞争力最弱或基本没有市场竞争力。除了上述两种绝对状态外，根据对市场竞争优势、自身竞争优势和行业竞争优势的综合分析，可以得到若干不同组合的旅游服务贸易竞争力状态，通过比较不同国家或地区所处的旅游服务贸易竞争力状态，就能够正确地识别和确定一个国家、地区或企业的旅游服务贸易竞争力的强弱情况。

第四节　旅游服务贸易竞争结构

一、旅游服务贸易竞争结构的影响因素

旅游服务贸易竞争结构，是选择旅游服务竞争战略的重要依据，包括旅游服务竞争的市场结构和层次结构。分析旅游服务竞争结构，首先必须分析决定和影响旅游服务贸易竞争结构的主要因素，如旅游服务供求的数量、旅游产品的同质性、旅游信息的完全性、旅游市场进出的条件等。这些因素不仅决定了旅游服务贸易竞争的态势和特点，也是划分旅游服务贸易竞争的市场结构和层次结构，确定旅游服务贸易竞争战略的重要依据。

(一) 旅游服务供求的数量

通常，决定和影响旅游服务贸易竞争的首要因素，是市场上旅游服务供求的数量和状况，即旅游市场中有多少旅游者和多少经营者，或者说旅游市场中是否存在大量旅游产品的买主，以及旅游产品是由少数还是多数旅游经营者来提供的。

在现实的旅游服务贸易中，只有个别或少数旅游者的客源市场是非常少见的，因而对大多数旅游市场来讲，决定和影响旅游服务贸易竞争的关键因素是旅游经营者数量的多少。在旅游市场存在大量旅游者的前提下，如果市场中提供旅游产品的旅游经营者越多，则旅游市场的竞争就越激烈；反之，如果市场中仅有一个或少数几个旅游经营者，并处于相对支配地位时，旅游市场的竞争就会减弱。因此，旅游者和经营者的数量多少，直接决定和影响着旅游市场的竞争状况和激烈程度。

(二) 旅游服务产品的同质性

决定和影响旅游服务贸易竞争的第二个因素，则是旅游产品的同质性，即不同旅游经营者所提供和销售的旅游产品在质量上是相同的，使旅游者无法辨别不同旅游经营者所提供的旅游服务产品的差别，这是形成旅游服务贸易竞争中，能否公平、规范、有序竞争的重要前提条件。

但是，在现实的旅游服务贸易中，大多数旅游经营者提供的旅游产品不具备如此严格的条件，即使是同一个旅游目的地或旅游企业提供的旅游产品，也会因为时间、季节、服务人员等各种因素的影响而存在一定的差异性。因此，在旅游服务贸易竞争中，尽管各个旅游经营者都提供和销售同类、同质的旅游产品，但旅游者总是偏好某些旅游经营者提供的旅游产品，从而促使各个旅游经营者在确保自己的旅游产品符合规定的标准和质量基础上，总是努力使自己所提供的旅游产品与其经营对手具有一定的差异性，才能有效地提高旅游产品在市场上的吸引力和竞争力。

(三) 旅游信息的充分性

旅游信息的充分性，是指旅游者和旅游经营者能否获得市场上的全部信息，尤其在现代市场经济中，能否获得充分的旅游信息已成为决定和影响旅游服务贸易竞争的重要因素。

旅游产品是一种"就地生产和销售"的服务产品，通常不可能以实物形式来反映，只能通过大量的媒体来传递旅游产品的信息。因此，旅游信息的充分性和完全程度，直接决定和影响着旅游服务贸易竞争的程度、旅游供求的变化状况，以及市场竞争机制作用的正常发挥等。

在旅游服务贸易竞争中，获得充分完全的旅游信息是一个相当严格的条件，它要求旅游者和旅游经营者能够充分了解有关旅游产品的情况，了解其交换和消费的全部信息。如果旅游信息不完全，旅游者就不可能正确地做出最有效的购买决策，而旅游经营者也不可能正确掌握旅游需求状况，及时提供市场所需要的旅游产品。

（四）旅游市场进出的条件

旅游经营者进出旅游市场的自由程度，也是决定和影响旅游服务贸易竞争态势、竞争特性和竞争结构的重要因素，尤其是在旅游服务贸易中，由于旅游服务贸易竞争主要体现在国家或地区之间的竞争，因此旅游经营者进出市场的条件就显得更为重要。

通常，如果旅游经营者进入或退出市场十分容易，则旅游服务贸易竞争程度就会提高，即随着旅游市场供求变化而引起的旅游服务贸易竞争不断加剧。反之，如果旅游经营者进入或退出市场受到各种阻碍和制约，则旅游服务贸易竞争程度就会减弱。如果某旅游经营者在进入某一市场时受到阻碍，则意味着该市场存在着进入障碍或进入壁垒，而对于进入壁垒较高的旅游市场，其提供的旅游产品就具有较高的垄断性，从而使旅游服务贸易竞争程度也相应减弱。

二、旅游服务贸易竞争的市场结构

旅游服务贸易竞争的市场结构，是指旅游产品在市场上的竞争程度，即根据旅游者和旅游经营者的数量多少，旅游服务产品之间的差异程度，旅游信息的充分性和市场进出难易性等，所划分的旅游服务贸易竞争的市场类型。借鉴经济学的分析方法，通常可将旅游服务贸易竞争的市场结构分为四种基本类型，即完全竞争的旅游市场、完全垄断的旅游市场、垄断竞争的旅游市场和寡头垄断的旅游市场。

（一）完全竞争的旅游市场

完全竞争的旅游市场，是一种由众多的旅游者和旅游经营者所组成的旅游市场类型。其市场结构和基本特征主要表现在以下方面。

1. 旅游市场上存在许多相互竞争的旅游者和旅游经营者，每个旅游者和旅游经营者所买卖的旅游产品数量，在整个旅游市场上所占有的份额都很小，以至于每个旅游者和旅游经营者都无法左右旅游市场的供求变化。

2. 各个旅游经营者所生产和销售的旅游产品是同质的，即基本上是相同而没有多大差别的，以至于旅游者无法区别不同旅游经营者所提供的旅游产品。因此，购买哪一个旅游经营者的旅游服务产品，基本上是完全取决于旅游者的选择。

3. 所有旅游要素资源能够完全在各行业间自由流动，即旅游经营者可以自由地进入旅游市场，也可以自由地退出旅游市场。而每个旅游经营者进入或退出市场，基本上对市场上旅游产品的竞争不会产生多大影响。

4. 每个旅游者和旅游经营者都能够通过旅游市场获得充分的旅游信息，即旅游者和旅游经营者在旅游产品交易过程中，对整个旅游市场的情况都比较了解，基本上不存在信息不对称的情况。

综上所述，完全竞争的旅游市场是一种非常理想的市场类型，在现实中能够同时具备以上四个条件的旅游市场基本上不存在，因而完全竞争的旅游市场实际上只是一种理论上的假设，主要是用于对旅游服务贸易竞争的理论分析时使用。

（二）完全垄断的旅游市场

完全垄断的旅游市场，是指旅游市场完全由一家旅游经营者独占的市场类型，是一种与完全竞争的旅游市场相对应的市场类型。其市场结构和基本特征主要表现为以下方面。

1. 旅游市场上仅有一个旅游经营者，其提供的旅游产品是唯一的，没有任何相同或相近的替代产品，如某些世界自然遗产和文化遗产公园，基本上都具有唯一性的典型特点。

2. 旅游市场上的旅游产品价格和供给数量，通常是由该旅游经营者完全控制的，旅游者基本上没有任何比较或选择的权力，如那些具有唯一性的旅游景区景点，其价格基本上都是属于垄断价格。

3. 旅游市场存在较强的市场壁垒，甚至是严格封锁的，其他任何旅游经营者都无法进入该市场，因此也就形不成市场竞争的态势。

4. 旅游市场上的旅游信息是不充分的，即旅游经营者控制了所有信息，并由其决定提供何种信息和多少信息。

完全垄断的旅游市场最突出的特征，是旅游经营者和旅游产品的唯一性，特别是以某些独特的或唯一的旅游资源为依托，所开发提供的旅游产品往往具有垄断性的典型特征，从而形成了完全垄断的旅游市场。如北京的故宫、云南的石林、西安的兵马俑等，都是具有独特性、唯一性的完全垄断的旅游产品。

（三）垄断竞争的旅游市场

垄断竞争的旅游市场，是一种介于完全竞争和完全垄断之间，既有竞争又有垄断的旅游市场类型，其市场结构和特征比较接近完全竞争旅游市场，是现实旅游市场中普遍存在的旅游服务贸易竞争的市场类型。

1. 垄断竞争的旅游市场，其竞争性主要表现在以下方面：一是市场上拥有较多的旅游经营者，每一旅游经营者所提供的旅游产品数量在市场总量中只占较小的比例，任何一个旅游经营者都无法操纵市场；二是旅游经营者进入或退出旅游市场，一般是比较容易的；三是不同的旅游经营者所提供的同类旅游产品存在着一定的差异性，从而使处于优势的旅游产品在价格竞争和市场份额上占有较大的优势；四是旅游者和旅游经营者可以通过市场获得大量的旅游信息，但不是充分完全的旅游信息。

2. 垄断竞争的旅游市场，其垄断性主要表现在以下方面：一是每个国家或地区的旅游资源不可能是完全相同的，导致所提供的每一种旅游产品都有其个性和差异，于是在一定程度上就形成了旅游产品的垄断性；二是由于各国政府对旅游产品开发的某些方针政策上的限制，也会形成某些旅游产品具有一定的垄断性；三是由于各种非经济因素的制约，使旅游者不能完全自由地选择旅游产品，或者不能任意进入任何旅游目的地，从而使某些旅游产品形成一定的垄断性。

由于垄断竞争的旅游市场，既有竞争性又有垄断性的特征，比较符合国际旅游市场的现实情况，因此是旅游服务贸易竞争中的主要市场类型，也是造成各个旅游目的地国家、地区和旅游企业之间激烈竞争的重要原因。

（四）寡头垄断的旅游市场

寡头垄断的旅游市场，是指少数旅游经营者控制了行业绝大部分旅游供给的市场类型，其也是介于完全垄断和完全竞争的旅游市场之间，并偏于完全垄断的旅游市场的一种市场结构。

在寡头垄断的旅游市场上，每个旅游经营者在行业中都占有相当大的份额，以致其中任何一家所提供的旅游产品数量的变化或价格的变动，都会影响整个市场上旅游产品的价格变化和其他经营者的销量变化。因此，在现实中寡头垄断的旅游市场比完全垄断的旅游市场更为普遍，尤其是对于某些独特的或稀少的旅游资源，通过开发和建设后往往容易形成寡头垄断的旅游产品。

三、旅游服务贸易竞争的层次结构

旅游服务贸易竞争结构，不仅反映在市场结构上的差别，还体现在层次结构上的不同。从旅游服务贸易竞争状况看，旅游服务贸易竞争的层次结构，通常主要表现为旅游产品竞争、旅游产业竞争和旅游目的地竞争三个层次。其中，旅游服务产品竞争是基础，旅游产业竞争是重点，旅游地竞争是关键，他们从不同层次决定和影响着旅游服务贸易的竞争优势和竞争力。

（一）旅游产品竞争

旅游产品竞争，是依托一个国家或地区的旅游资源禀赋，整合旅游生产要素、开发旅游产品和提供旅游服务的竞争，其不仅是旅游服务贸易的主要内容，而且是构成一个国家或地区旅游服务贸易竞争优势和竞争力的基础。

旅游资源禀赋，包括旅游资源的特色、知名度、丰富度、吸引力和组合情况等，既是构成旅游产品的核心要素，又是旅游服务贸易竞争的比较优势，而利用和发挥旅游资源禀赋和比较优势，必须与其他要素资源进行有机的组合。因此，开发旅游产品，就是运用特有的知识和技能，投入必要的人、财、物资源，通过开发旅游资源和建设配套设施，培育具有知名度和吸引力的旅游产品，提供优质的旅游服务，以招徕和吸引大量的旅游者。

在旅游产品开发过程中，把旅游资源转化为有知名度和吸引力的旅游产品，取决于一个国家或地区的旅游开发能力和创新能力，其构成了一个国家或地区旅游服务贸易的核心竞争力。从这个意义上讲，旅游产品竞争实质上就是开发旅游资源、培育旅游品牌、提供旅游服务的竞争。因此，一个国家或地区发展旅游业，开展旅游服务贸易的重点是开发有特色的旅游产品，核心是培育旅游精品名牌，关键是提供优质的旅游服务，其共同构成整个旅游服务贸易竞争优势和竞争力的基础。

(二) 旅游产业竞争

从旅游服务贸易的发展进程看，旅游服务贸易竞争不仅仅是旅游产品的竞争，还体现为整个旅游产业的竞争。所谓旅游产业竞争，是指直接面向旅游者，为其旅游活动提供食、住、行、游、购、娱等旅游服务行业间的竞争，通常包括旅行社、旅游饭店、旅游餐饮、旅游交通、旅游景点、旅游娱乐和旅游购物等多个行业之间和行业内部的竞争。

在旅游产业竞争中，一般是以旅游产品竞争为基础，以旅行社服务竞争为"龙头"，包括众多旅游行业服务在内的整个旅游产业的服务竞争。旅游产业竞争的核心和关键，是如何构建完善的旅游产业供给体系，提供满足旅游者需求的综合性旅游产品。因此，旅游产业的供给状况和规模，旅游产业结构的合理化和高度化水平，旅游产业的发达程度等，不仅决定着一个国家或地区提供旅游产品的数量、结构和水平，而且直接影响着其整个旅游产业在国际市场上的竞争优势和竞争力，决定着其旅游服务贸易的规模和水平。

(三) 旅游目的地竞争

旅游目的地，是旅游者的旅游活动指向地，其可能是一个国家、一个地区或一个旅游城市等。从旅游目的地角度看，旅游服务的内容不仅包括食、住、行、游、购、娱等直接面向旅游者的服务，往往还涉及信息咨询、医疗保健、金融汇兑、海关出入境、城市公共设施等相关服务。因此，旅游目的地竞争是一种综合性的旅游服务竞争，与旅游产品竞争和旅游产业竞争相比较，其竞争的范围更广、内容更多、层次更高，从而成为现代旅游服务贸易竞争的重点。

随着旅游服务竞争从产品竞争、产业竞争向旅游目的地竞争的发展变化，使旅游服务竞争发展成一种综合性、整体性的竞争，其竞争内容不仅取决于一个国家或地区所拥有的各类旅游吸引物、服务设施和接待体系等，也取决于其经济社会条件、地理区位、整体环境和政策因素等。因此一个国家或地区发展旅游服务贸易，参与国际市场的竞争，既要重视旅游产品开发和产业结构优化，更要高度重视塑造旅游目的地的整体旅游形象，高度重视提高各相关产业部门和服务主体的综合素质，高度重视改善经济、社会、文化的整体环境，努力创造良好的法制环境和政策环境，不断提高旅游目的地的整体竞争优势和竞争力，才能有效地促进旅游服务贸易的发展。

第五节　旅游服务贸易竞争战略

一、旅游服务贸易竞争战略概念

旅游服务贸易竞争战略，简称为旅游竞争战略（tourism compete strategies），是指一个国家或地区在旅游服务贸易中，参与国际旅游市场竞争的方向、目标、方针及策略等，是赢得国际竞争优势，占领国际旅游市场，不断提高市场占有率的重要途径和手段。

旅游服务贸易竞争战略的内容，通常由竞争方向、竞争对象、竞争目标及其实现途径等方面所构成。竞争方向，是指对旅游市场细分及目标市场的确定，其决定着旅游服务贸易的发展方向和潜力；竞争对象，是指对旅游服务竞争对手及其竞争优势的分析和识别，其直接影响着一个国家或地区的市场地位和竞争力；竞争目标及其实现途径，是在前两个因素基础上识别自身的竞争优势，确定保持和发挥竞争优势的目标和手段，其决定着一个国家或地区进入国际市场的能力和竞争力强弱。

根据对旅游服务贸易竞争优势、竞争结构和竞争力的理论分析，一个国家或地区主动参与国际分工，积极占领国际旅游市场，大力发展旅游服务贸易的战略是多种多样的，其中最主要的战略借鉴和参考企业竞争战略的类型①，主要有资源比较优势战略、总成本领先战略、差别化竞争战略、目标市场竞争战略和综合竞争力战略等不同的类型。

二、旅游资源比较优势战略

旅游资源比较优势战略，是指具有明显旅游资源比较优势的国家或地区，通过开发以优势旅游资源为核心的，并具有较强吸引力的旅游产品，建设相应的旅游配套设施和接待服务体系，提供优质的旅游服务，以赢得旅游服务竞争优势的战略。

这种战略的核心是旅游资源必须具有比较优势或垄断优势，并在旅游市场上具有较强的吸引力，同时又是竞争对手无法模仿和复制的②。如埃及的金字塔，意大利的古罗马遗迹，中国北京的万里长城和故宫、西安的兵马俑、云南的石林等。

实施旅游资源比较优势战略的关键，一方面要正确分析和评价旅游资源的比较优势和垄断优势，为开发优势旅游产品奠定基础；另一方面要对旅游市场进行科

---

① 　[美] 迈克尔·波特. 竞争战略. 华夏出版社，1997
② 　关于比较优势问题详见第三章的有关内容。

学的细分，根据旅游需求的发展变化趋势，确定好旅游服务贸易的目标市场，充分发挥旅游资源比较优势，促进旅游服务贸易的健康发展。

三、旅游服务总成本领先战略

旅游服务总成本领先战略，是指具有旅游要素资源禀赋的国家或地区，以旅游服务成本比较优势为核心，通过采取总成本最低的领先战略，以尽快获取较高的旅游市场份额和竞争优势。旅游服务总成本领先战略的理论源泉是规模经济，其核心是在实施整个战略过程中，必须努力使总成本始终低于竞争对手，才能在旅游服务贸易竞争中取得竞争优势。

旅游服务总成本领先战略的前提条件，是具有旅游要素资源禀赋和丰裕度，建立起大规模的旅游服务供给体系，并在此基础上全力降低旅游服务成本，始终保持低成本的领先地位。该战略的实施重点和关键，一方面要求加强成本费用的控制和管理，以最大限度地降低旅游研究、开发、营销、服务等方面的成本费用，始终保持低于竞争对手的旅游成本优势；另一方面要加强旅游产品开发，保持丰富多样的旅游产品类型和成批量的旅游服务，以提高旅游产品的销售规模，来分摊和降低固定成本，保持总成本最低的领先优势。

旅游服务总成本领先战略，比较适合以大众旅游者为对象，以提供观光旅游、休闲旅游、城市旅游、乡村旅游为主的国家或地区。由于大众旅游者的数量、规模比较大，对旅游服务产品的差异性要求不高，因此容易形成规模经济而降低旅游服务总成本，为发挥和保持总成本最低的领先优势创造良好的市场条件。旅游服务总成本领先战略最大的缺陷，是在现实竞争中要始终保持总成本最低往往是很难做到的，因而该战略只能相对于某一时间段内运用，只是一种阶段性的旅游服务贸易竞争战略。

四、旅游服务差别化竞争战略

旅游服务差别化竞争战略，是根据旅游需求的差异性，以差别化的旅游产品为基础，以具有竞争优势的旅游服务为核心的战略。旅游服务差别化竞争战略的理论源泉是旅游服务贸易竞争优势理论，其核心是在实施整个战略过程中，必须针对不同旅游者的旅游需求，提供差别化的旅游产品和服务，以区别于竞争对手并使其难以模仿或复制，从而保持在市场中的比较竞争优势。

旅游服务差别化竞争战略的实施条件，要求所提供的旅游产品和服务，在活动内容、文化含量、营销方式、技术手段和经营管理等方面都应有一定的差别性，并在整个产业范围内形成独到性的特色，同时与其他竞争对手也具有明显的差异性，容易为旅游者所识别和认同。实施旅游服务差别化竞争战略的关键，必须重视设计和培育旅游产品的名牌形象，形成对特定游客群的旅游服务特点和特色，建立独到的市场营销网络体系等，才能以独特的方式提供具有竞争优势的旅游产品和服务，占领更多的旅游市场和不断提高市场占有率。

旅游服务差别化竞争战略，是一种发挥旅游服务贸易竞争优势，赢得高水平收益的积极战略，其能够建立起防御和对付产业五种竞争力量的阵地，并避开具有比较竞争优势的竞争对手，在特定的旅游市场中获取较大的市场份额。因此，旅游服务差别化竞争战略通常可用于具有比较竞争优势的旅游产品，如生态旅游、度假旅游、商务旅游、会展旅游、科考旅游等。但是，实施旅游服务差别化竞争战略，往往与争取更大的市场份额存在着一定的矛盾，特别是在战略实施过程中，由于对不同旅游市场必须提供不同的旅游产品和服务，必然会带来很高的成本代价，从而丧失部分不愿意或没有能力支付较高旅游价格的旅游市场，在一定程度上限制了旅游服务差别化竞争战略的运用效果。

五、旅游服务目标市场竞争战略

旅游服务目标市场竞争战略，是集中主要力量主攻某一特殊消费群体或某一国家或地区客源市场，以取得对该消费群体或市场的绝对竞争优势。该战略的理论依据是专业化理论，即通过提供专业化的旅游产品和服务，为某一特定的战略对象服务，以获得对该市场较高的绝对市场占有率，实现对该旅游市场相对垄断的优势地位。

旅游服务目标市场竞争战略，是按照"以游客为本"，围绕为战略对象服务的中心思想建立的。因此，整个战略实施过程和每一项方针措施，都必须紧密围绕战略对象的需求来进行，通过满足战略对象的旅游需求而形成独特的竞争优势，或者在为战略对象的专业化服务过程中赢得低成本优势，从而实现超过整个产业的平均获利水平，提高旅游服务贸易竞争优势和竞争力，如高尔夫旅游、商务旅游、会议旅游、探险旅游等都适合采用这一战略。

同样，推行旅游服务目标市场竞争战略，不仅限制了可以获取的整体市场份额，而且市场的高利润也可能引起竞争对手的强烈反应，使市场的单一性存在着较大的经营风险。因此，对该竞争战略的运用，通常是在具有绝对竞争优势情况下，或者在一定时期内为迅速占领某个市场或提高市场占有率时使用，尤其在目前旅游需求变化快、市场竞争激烈和目标市场竞争战略成本费用高的情况下，对旅游服务目标市场竞争战略必须审慎地使用。

上述四种旅游服务竞争战略，不仅竞争方向、竞争对象、竞争目标及其实现途径不同，而且需要不同的要素资源和技能，并存在不同程度的经营风险。因此，从旅游企业角度看，一个企业同时适宜四种战略条件的情况是没有的，每个旅游企业只有保持采用其中一种战略作为首要目标，其他战略作为补充，才可能获得竞争优势并取得成功。但是，从旅游目的地角度看，一个国家或地区为了促进旅游服务贸易的发展，必须在不同时期、不同情况下采用不同的战略组合，才能保持旅游服务贸易的竞争优势和竞争力。因此，综合竞争优势战略就是适应旅游服务贸易特点，从国家或地区角度提出的旅游服务贸易竞争战略。

复习思考题

一、重点概念

旅游市场　　旅游服务贸易竞争　　旅游要素资源　　结构学派竞争理论
资源学派竞争理论　能力学派竞争理论　　旅游竞争环境　　旅游宏观环境
旅游产业竞争环境　　旅游创新能力　　SWOT 分析　　V-P 分析矩阵
旅游服务贸易竞争力　　旅游形象　　旅游品牌　　旅游需求链
旅游目的地营销系统　　旅游产品竞争　　旅游目的竞争　　旅游竞争战略

二、思考题

1. 简述旅游服务贸易竞争的内容。
2. 旅游服务贸易竞争有何特征？
3. 简述旅游服务贸易竞争优势的内容。
4. 简述 SWOT 分析方法的原理和内容。
5. 简述 V-P 分析矩阵方法的分析过程。
6. 简述旅游服务贸易竞争力的内容。
7. 简述旅游服务贸易竞争力模型。
8. 旅游服务贸易竞争战略包括哪些内容？
9. 比较几种旅游服务贸易竞争战略的差别。

主要参考文献及资料来源

1. S. Witt, M. Brooke, P. Buckley. The Management of International Tourism. Routledge, 1995
2. J. C. Holloway. The Business of Tourism (sixth edition). Prentice Hall Inc., 2002
3. Ray Youell. Tourism: An introduction. Pearson Education Limited, 1998
4. R. teare, B. Canziani. New Strategies for Hospitality and Tourism. Cassell, 1997
5. R. teare, H. Ingram. Strategies Management for Tourism Industries. Cassell, 1993
6. [美] 安德鲁斯·坎贝尔等. 核心能力战略：以核心竞争力为基础的战略. 东北财经大学出版社, 1999
7. [美] 迈克尔·波特. 竞争优势. 华夏出版社, 1997
8. 项保华, 李庆华. 企业战略理论综述. 经济学动态, 2000 (7)
9. 吴维库. 企业竞争力提升战略. 北京：清华大学出版社, 2002
10. 陈秀山. 现代竞争理论与竞争政策. 商务印书馆, 1997

11. 罗明义. 旅游经济研究与探索. 云南大学出版社，2003

12. 黎洁，赵西萍. 论国际旅游竞争力. 商业经济与管理，1999（4）

13. 罗明义. 旅游服务贸易：中国—东盟自由贸易区建设的先导. 云南师范大学学报，2004（1）

14. 刘维瑛，宋涛. 关于我国国际旅游服务贸易竞争力的思考. 山西经济管理干部学院学报，2005（1）

15. 徐二明，王智慧. 企业战略管理理论的发展与流派. 首都经济贸易大学学报，1999

16. 耿弘. 企业战略管理理论的演变及新发展. 外国经济与管理，1996（6）

17. 叶克林. 企业竞争战略理论的发展与创新. 江海学刊，2005（3）

18. 李芸. 区域旅游的竞争力及其联动发展. 南京师大学报（自然科学版），2002（2）

19. 尹贻梅. 对旅游空间竞争与合作的思考. 桂林旅游高等专科学校学报，2003（2）

20. 李树民，陈实，邵金萍. 西安城市旅游竞争力的比较研究. 西北大学学报（社会科学版），2002（10）

21. 苏伟忠，杨英宝，顾朝林. 城市旅游竞争力评价初探. 旅游学刊，2003（3）

22. 张欣. 旅游产业区域竞争力的理论研究和实证分析，硕士论文，2002

23. 汪宇明等. 在区域一体化进程中受益：提升上海都市旅游竞争力的战略思考. 人文地理，2002（6）

24. 中国皮书网. http：//www.pishu.cn

25. 中国商务部网. http：//www.mofcom.gov.cn

26. 中国旅游局网. http：//www.cnta.gov.cn

中篇　旅游服务贸易政策

　　旅游服务贸易政策，既是开展旅游服务贸易的依据和准则，又是开拓国际旅游市场和促进国际旅游发展的重要措施和手段。本篇从分析旅游服务贸易政策的概念和内容入手，探讨了开展旅游服务贸易时应遵循的国际规则、国际惯例和有关国际组织的任务和职能。

第五章 **旅游服务贸易** **政策概述**	通过对旅游服务贸易政策的渊源、性质特征、内容和形式的分析，探讨了有关旅游服务贸易政策的发展趋势及变化等。
第六章 **旅游服务贸易** **的国际规则**	通过对有关国际贸易规则的形成过程、主要内容和基本原则的分析，介绍了有关旅游服务贸易的一般规则、具体规则和相关规则。
第七章 **旅游服务贸易** **的国际惯例**	通过对国际惯例的性质特征、形成机制和发展趋势的分析，探讨了如何熟练掌握和灵活运用各种类型的国际惯例，更好地促进旅游服务贸易的发展。
第八章 **旅游服务贸易** **的国际组织**	通过对主要国际贸易组织的宗旨、任务和业务范围的分析，探讨了如何加强与各主要国际组织的密切合作，有效地推动旅游服务贸易的健康发展。

第五章

旅游服务贸易政策概述

　　旅游服务贸易政策，是一个国家或地区在一定时期开展旅游服务贸易时所遵循的国际规则、国际惯例和有关的对外法律、规章、制度和措施的总和，其既是一个国家或地区开展旅游服务贸易的政策依据和准则，又是开拓国际旅游市场和促进旅游服务贸易发展的重要措施和手段。因此，通过本章的学习，要了解旅游服务贸易政策的渊源，明确旅游服务贸易政策的性质和特征，熟悉旅游服务贸易政策的内容和形式，并正确把握在现代世界发展格局中有关旅游服务贸易政策的发展趋势及变化等。

第一节　旅游服务贸易政策的渊源

一、国际贸易政策的发展过程

　　旅游服务贸易作为现代国际贸易的重要组成部分，决定了旅游服务贸易政策的渊源主要来自于国际贸易政策。因此，要很好地理解和掌握旅游服务贸易政策，首先就必须了解现代国际贸易政策的概念和历史演变过程，了解经济发达国家和发展中国家的国际贸易政策特点和发展趋势。

　　国际贸易政策（policy of international trade），是指一个国家（或地区）在一定时期内对进出口贸易所实行的政策，是该国经济政策和对外政策的重要组成部分。其主要目的是保护本国的产品市场，扩大本国产品出口和对进口产品的调节，平衡本国国际收支和积累资金，促进本国产业结构的调整，为该国国家利益和对外总政策服务。

　　通常，一个国家的国际贸易政策总是随着世界政治、经济和国际关系的变化，随着该国在国际分工体系中的地位变化，随着该国产品和服务在国际市场中的竞争能力变化，以及该国经济社会发展的变化而不断变化的。纵观国际贸易政策的历史演变过程，其基本上是围绕着自由贸易政策和保护贸易政策而交替发展的，大致经历了保护贸易政策、自由贸易政策、超保护贸易政策、贸易自由化政策和新贸易保护政策几个发展阶段①。

(一) 保护贸易政策阶段

保护贸易政策阶段 (protective trade policy), 又称为重商主义 (mercantilism) 阶段, 大约是 15—18 世纪初期资本主义生产方式的准备时期。重商主义是代表商业资本利益的一种经济思想和政策体系, 是资本主义完成原始积累的重要理论指导和政策依据。该理论认为只有货币才代表财富, 因此为了追求对外贸易顺差, 大量积累货币财富, 各国政府都推行十分严厉的保护贸易政策, 并采取一系列法律和行政措施, 积极促进商品出口, 严格管制金银出口, 同时对进口产品实行关税制度和各种限制措施等。

(二) 自由贸易政策阶段

自由贸易政策阶段 (free trade policy), 是 18 世纪中期至 19 世纪末期资本主义自由竞争时期。这一阶段随着产业革命和资本主义工厂制度的建立, 使资本主义国家的生产力迅速提高, 各种产品的国际竞争力增强, 于是为了保护工业资本家的经济利益, 工业生产发达的国家相继采取了自由贸易政策, 通过取消进出口贸易限制, 促进商品在国内外市场自由竞争, 以获取最大的对外贸易顺差。在这一阶段, 适应资本主义自由竞争的客观要求, 大多数经济发达国家总体上实行的是自由贸易政策, 但也有少数国家在此基础上还采取适当的保护贸易政策。

(三) 超保护贸易政策阶段

超保护贸易政策阶段 (excessive protective trade policy), 是指从 19 世纪末期至 20 世纪 40 年代资本主义垄断竞争时期。这一时期, 随着资本主义各国相继完成了产业革命, 工业生产迅速发展, 垄断竞争代替了自由竞争, 使国际市场竞争日趋激烈。于是, 为了保护垄断资产阶级的利益, 以垄断国内市场和争夺国际市场, 许多发达国家都纷纷采取了超保护贸易政策。其主要特点: 一是保护国内的垄断工业以巩固对国内外市场的垄断; 二是保护和增强国内幼稚产业的竞争力, 以更多地占领国内外市场; 三是除了采取关税壁垒 (tariff barriers) 政策措施外, 还采取其他非关税壁垒 (non-tariff barriers) 措施来奖励出口和限制进口等。

(四) 贸易自由化政策阶段

贸易自由化阶段 (international trade liberalization policy), 主要指 20 世纪 40 年代末期到 70 年代初期。这一时期世界政治经济力量出现了重新组合, 国际分工进一步深化, 生产国际化、资本国际化、公司跨国化发展迅猛, 迫切需要自由贸易的国际环境来适应和促进世界经济的发展。尤其随着美国经济势力空前提高, 西欧国家和日本经济迅速恢复和发展, 发展中国家经济也快速发展, 从而使不同经济发展类型的国家都愿意彼此放松贸易壁垒, 以扩大对外贸易, 参与国际分工和国际市场

---

① 陈宪, 韦金鸾等. 国际贸易: 原理, 政策, 实务. 立信会计出版社, 1998

竞争。于是，资本主义发达国家率先采取了贸易自由化政策，通过大幅度削减关税，减低或取消非关税壁垒，实行货币自由兑换等政策措施来促进贸易自由化的发展。

(五) 新保护贸易政策阶段

新保护贸易政策阶段 (new protective trade policy)，是指 20 世纪 70 年代以来的时期。由于前一阶段的自由贸易化政策主要反映了垄断资本的利益，其实施后导致了国际贸易发展的极大不平衡，突出表现在工业产品的贸易自由化超过农产品，发达国家的贸易自由化超过发展中国家，区域性经济集团内部的贸易自由化超过外部等，从而直接影响到许多国家的对外贸易利益。于是，以美国为主的部分发达国家率先采取了新保护贸易政策，通过运用关贸总协定条款来限制发展中国家的出口竞争，通过实行区域内的共同开放和区域外贸易壁垒来保护区域贸易利益，通过实施贸易政策和经济、外交政策相结合的贸易管理制度来保护本国的贸易利益等，从而引起了各国对外贸易政策的连锁反应，使新保护贸易政策迅速在世界各国和各区域蔓延和扩散。

二、发达国家对外贸易政策的发展趋势和特点

进入 20 世纪 90 年代以来，在世界经济全球化、区域一体化、跨国公司经营国际化的发展形势下，发达国家 (developed countries) 的对外贸易政策在总体遵循贸易自由化的世界潮流基础上，为了实现自身贸易利益最大化的目标，在实行新保护贸易政策的基础上，积极推行一种有管理、可协调的自由贸易政策，其主要变化趋势和特点表现在以下几方面。

(一) 强调"公平贸易"政策

近年来，发达国家在反对保护贸易政策的同时，提出了"公平贸易 (fair trade)"政策，用于取代多年来推行的贸易自由化政策。"公平贸易"政策不同于贸易自由化政策，其在支持各国对外开放的基础上，以寻求"公平贸易"的机会为宗旨，积极主张国家之间贸易互惠的"对等"与"公平"原则。其具体内容：一是强调各国进入国际市场机会的均等化，努力实现双边或多边贸易的平衡；二是强调贸易竞争规则的公平性，即在世界贸易组织规则和关贸总协定框架下实现贸易的公平性；三是强调贸易限制对等，即以优惠对优惠、以限制对限制等来促进国家之间、地区之间的国际贸易。

(二) 实施管理贸易制度

管理贸易制度 (manage trade system)，是把对外贸易看成是处理国家关系的重要手段，把对外贸易政策与经济政策、政治目标结合起来，强调各国政府积极介入对外贸易的重要作用。在管理贸易制度下，不仅管理贸易所包括的商品种类逐渐增多，管理的内容也由一般货物贸易扩大到服务贸易、技术贸易和知识贸易；而且通

过调整贸易政策方式来调节对外关系，为国家经济政策和政治目标服务。因此，通过实施管理贸易制度，来促进对外贸易政策与其他经济政策和非经济政策相融合，推动各国对外贸易政策不断向综合性方向发展。

（三）采取非关税壁垒的手段

作为传统保护贸易措施的关税制度，经过多年来关贸总协定的多轮谈判，使发达国家的关税总水平已降到较低的水平，通过关税壁垒已经不能起到保护贸易的作用了。因此，为了保护本国贸易利益，许多发达国家在以往的非关税壁垒基础上，采取了更为隐蔽、更为灵活的非关税壁垒政策，甚至利用世界贸易组织规则和关贸总协定中的某些条款，来巧妙、灵活地实施本国的保护贸易政策。如采取反倾销措施，推行区域一体化贸易政策等来保护本国的对外贸易利益。

相关知识5-1：

中国"入世"一锤定音

2001年，卡塔尔多哈时间11月10日18时38分（北京时间11月10日晚23时38分），世界贸易组织（WTO）第四届部长级会议审议通过了中国加入世界贸易组织的决定。大会主席、卡塔尔财政经济和贸易大臣卡迈尔用一记槌声表示：中国加入世界贸易组织的决定获得了通过！随后与会代表以热烈的掌声表示了对中国的祝贺。这标志着中国被这一世界最大的经济贸易组织正式接纳为成员。

中国是1986年7月11日正式向世贸组织的前身关贸总协定提出"恢复关贸总协定缔约国地位"申请的，十五年来历经千辛万苦的谈判，今天终于得以实现。在中国入世审议获得通过后，中国代表团团长、外经贸部部长石广生在会上用中、英、法三种语言作了十分钟的发言，阐述中国政府对加入WTO的立场和态度。

部长会议通过中国加入世界贸易组织的决定后，并不意味着中国已经加入了世界贸易组织，在中国政府授权中国代表在加入世界贸易组织的协议上签字后一个月，所签署的协议才从法律上生效，这时中国才真正成为世界贸易组织的成员。

（资料来源：中国网. http：//www. china. org. cn, 2001－11－11）

三、发展中国家对外贸易政策的发展趋势和特点

发展中国家（developing countries），主要指经济发展水平和产业结构都需要进一步发展和升级的国家。按照世界银行1996年的划分标准，发展中国家是人均国民生产总值低于8 956美元的国家和独立行政区，并具体划分为高收入、中等收入、低收入发展中国家三种类型。其中，高收入发展中国家的人均国民生产总值在2 895~8 956美元之间，中等收入发展中国家的人均国民生产总值在725~2 895美

元之间，低收入发展中国家的人均国民生产总值低于 725 美元。

在现代世界经济发展和国际贸易中，发展中国家由于经济发展水平差异悬殊，各国在不同时期采取的对外贸易政策更是各不相同，因此发展中国家基本上没有比较统一的对外贸易政策发展历史。根据对发展中国家的对外贸易政策的分析和比较，大多数发展中国家的对外贸易政策主要表现为以下几种发展形势和趋势①。

（一）进口替代政策

进口替代政策（import substitution policy），是指一个国家或地区通过采取关税制度、进口数量限制、外汇管制等严格的政策措施，限制某些重要的产品进口，以保护和扶持本国相应产业部门发展的政策。其目的是通过发展本国的产业部门，实现用本国生产的产品逐步代替进口产品来满足国内需求，以摆脱对发达国家进口产品的依赖性，从而节约外汇支出，积累经济发展所需资金，促进本国经济独立自主地发展。

发展中国家为了达到保护、扶持和促进本国工业发展的目的，在实施进口替代政策中采取了一系列的对外贸易保护政策措施。这些贸易保护政策措施包括高关税、进口数量限制、外汇管制和高估本国货币的对外价值等。其中，高关税是对进口替代产品实现保护的基本手段，在高关税下，国产进口替代产品可以确保有一定的市场份额，以保证进口替代产业的建立和发展。通过进口数量限制，同样可以进一步确保国产进口替代产品的市场份额，通常对于基本生活必需品和国内生产必需的资本品进口数量限制较松，对非生活必需品则实施严格的数量控制，有时甚至严格禁止进口。通过实行严格的外汇管制，采取外汇管制基础上的本币币值高估，不仅可以控制进口产品的数量，而且可以防止国际市场对出口初级产品的价格冲击，降低使用进口产品的生产成本等。

以保护贸易政策为基础的进口替代政策，对于发展中国家或地区的经济发展起到了一定的促进作用。主要表现在：一是进口替代政策是一种保护性的政策措施，其通过抵御外国产品的竞争，保护和发展国内产品生产以替代进口产品，扶持本国民族工业的建立与发展；二是进口替代政策有助于改善本国落后的经济技术结构，尤其是通过高级产品进口替代过程，能够促进国内产业结构的合理化和高级化发展，迅速推动本国经济的发展；三是进口替代政策为进一步实施出口替代政策奠定基础条件。从发展中国家的经济发展过程看，许多新兴工业化国家或地区都经历过进口替代的过程，即通过进口替代阶段积累资金、提高技术，奠定必要的工业发展基础，然后逐步过渡和发展到出口替代阶段。

但是，随着进口替代政策的实施，也给发展中国家带来了各种问题和进一步发展的困难。主要表现在：一是进口替代政策对国内产业的高保护，往往导致国内

---

① 陈宪，韦金鸾等. 国际贸易：原理，政策，实务. 立信会计出版社，1998

相关知识5.-2:

中国政府积极促进服务贸易的发展

中国发展服务贸易面临历史性机遇，从世界范围来看，全球产业结构升级、货物贸易持续增长、国际投资倾向于服务业等三大主要因素推动世界服务贸易稳定快速增长；从中国自身来看，中国政府提出加快发展服务业，加快转变对外贸易增长方式，使中国的服务业和服务贸易将在国民经济结构调整中获得更大的发展动力。

1. 在促进服务贸易发展的政策方面，2001 年底中国政府颁布了《关于"十五"期间加快发展服务业若干政策措施的意见》。这是自 1992 年颁布《关于加快发展第三产业的决定》以来，中国政府第二次专门就服务业发展而出台的全面性政策文件。该文件从十二个方面对中国服务业的发展做出明确规定：优化服务业行业结构；扩大服务业就业规模；加快企业改革和重组；放宽服务业市场准入；有步骤地扩大对外开放；推进部分服务领域的产业化；促进后勤服务的社会化；鼓励提高服务业用地比重；加快服务业人才培养；多渠道增加服务业投入；扩大城乡居民的服务消费；加强服务业的组织领导。

2. 在促进服务贸易发展的开放方面，随着中国加入世界贸易组织过渡期的结束，中国已经根据承诺，在包括商务服务、通讯服务、建筑服务、分销服务、金融服务、旅游服务、交通服务等在内的众多服务部门履行了 WTO 义务。中国的服务业开放已经接近发达国家水平，涵盖了《服务贸易总协定》12 个服务大类中的 10 个，涉及总共 160 个小类中的 100 个。目前，包括银行、保险、证券、电信服务、分销等在内的 100 多个服务贸易部门已全部向外资开放，占服务部门总数的 62.5%。

3. 在促进服务贸易发展的措施方面，中国政府在《国民经济和社会发展第十一个五年规划纲要》中明确提出了"到 2010 年服务贸易进出口总额达到 4 000 亿美元"的发展目标。为实现国家"十一五"规划纲要提出的目标所采取的措施有：扩大服务贸易比例，改善服务贸易结构；切实转变外贸增长方式，大力促进服务贸易发展；努力营造加快服务贸易发展的宏观环境；加快建立符合国际规范的服务贸易统计体系；建立符合市场经济要求的服务贸易促进体系等。

（资料来源：廖晓淇. 扩大服务业对外开放 促进服务贸易发展 http://www.gov.cn, 2006 – 09 – 29）

第二节　旅游服务贸易政策的性质特征

一、旅游服务贸易政策的概念

旅游服务贸易政策（policy of trade in service for tourists），是一个国家或地区在一定时期内，开展旅游服务贸易所遵循的国际规则、国际惯例和所实行的法规、制度和措施的总和，其既是一个国家或地区开展旅游服务贸易的政策依据和准则，又是开拓国际旅游市场和促进旅游服务贸易发展的重要措施和手段。正确理解和掌握旅游服务贸易政策，首先必须明确其与旅游服务贸易理论和实务之间的本质区别，把握其与对外总政策的区别和联系。

（一）旅游服务贸易政策与旅游服务贸易理论的区别和联系

从对旅游服务贸易政策与旅游服务贸易理论（the theory of trade in service for tourists）的比较看，旅游服务贸易政策是一种政治活动，而旅游服务贸易理论则是一种学术活动，两者之间既有区别，又有紧密的联系。

旅游服务贸易政策，是各国对开展旅游服务贸易所进行的政策制定和实施，其本质上是服务于各国对外总政策的需要，体现了各国开展旅游服务贸易活动的国家意志。因此，各国所制定的旅游服务贸易政策，从体现国家意志和对外政治需要的角度看，对旅游服务贸易活动及其所体现的利益关系具有直接的促进作用和重要影响。

旅游服务贸易理论，通常是研究人员对旅游服务贸易的一种理论分析和创造性活动的成果，其主要是对旅游服务贸易形成、发展及其作用的看法和分析，是制定旅游服务贸易政策的理论依据。对旅游服务贸易理论的分析研究，通常是一种学术性活动和观点，因此其对旅游服务贸易活动及其所体现的利益关系主要是理论指导作用，一般不具有直接的促进作用和影响。

（二）旅游服务贸易政策与旅游服务贸易实务的区别和联系

从对旅游服务贸易政策与旅游服务贸易实务（practice of trade in service for tourists）的比较看，旅游服务贸易政策是一种宏观的经济活动，而旅游服务贸易实务则是一种具体的经济活动，两者同样存在着一定的区别和联系。

旅游服务贸易政策的行为主体是国家，各种旅游服务贸易政策的制定和执行都是以国家利益的实现为目的。因此，旅游服务贸易政策的制定和实施，通常是围绕整体的国家利益来进行的，其体现的是国家管理旅游服务贸易的一种宏观经济活动，是对旅游服务贸易活动的宏观政策指导和利益协调的过程。

旅游服务贸易实务的行为主体，通常是各国的旅游企业法人和自然人，其开展旅游服务贸易活动的目的是以获取经济利益为目的的。因此，旅游服务贸易实务

三、旅游服务贸易政策的基本特征

旅游服务贸易政策的特征，是由各国对外总政策和国家利益所决定的，其体现了国家对外经济活动的根本利益和代表本国居于支配地位的利益集团的利益，是开展旅游服务贸易的依据和准则。因此，必须正确认识和掌握旅游服务贸易政策的基本特征和要求。

（一）旅游服务贸易政策是开展旅游服务贸易的重要依据

在现代经济发展和国际贸易中，随着经济全球化、区域一体化发展，国家之间的货物贸易和服务贸易日益扩大和增长。为了有效地促进各国之间的经济往来和交流，各国在世界贸易组织的框架下共同签订了有关国际贸易的条约、协定和协议等，以确定国家之间开展国际贸易的规则，同时各国还结合自己在国际分工中的地位，具体制定本国的对外贸易政策。这些国际贸易规则和对外贸易政策，不仅是各国开展国际贸易的依据，而且是构成国际贸易环境的重要内容。

旅游服务贸易既是现代国际贸易的重要内容，又是国际服务贸易的重要组成部分，因此开展旅游服务贸易，必须以相关国际贸易规则和各国对外贸易政策为依据。但是，由于旅游服务贸易又具有不同于货物贸易和其他服务贸易的典型特征，因而在遵循一般国际贸易规则的同时，还必须签订和制定有关旅游服务贸易的国际规则和对外贸易政策，为国家之间有效开展旅游服务贸易提供重要的政策依据，以促进各国之间旅游服务贸易的健康发展。

（二）旅游服务贸易政策是维护国家利益的重要手段

旅游服务贸易政策，从本质上看是国家利益的产物。只要世界上有不同的国家，就客观上存在着不同的国家利益，因此旅游服务贸易政策具有明显的政治属性，在进行旅游服务贸易过程中，各国政府必然要站在本国的立场上，实行有利于本国国家利益的旅游服务贸易政策。

旅游服务贸易政策作为维护国家利益的重要手段，在对外贸易政策中具有重要的地位和作用。因为追求国家利益不仅是一国开展国际贸易的目的之一，也是一国对外政策所追求的主要利益或根本利益，这种利益是一种比私人和集团利益目标更高一层次的利益目标。当私人或集团利益目标与国家利益目标发生冲突时，各国往往借助国家机器的控制力，以各种经济或非经济的手段，把私人或集团利益加以转化或强行排除，以保证实现整体的国家利益目标。因此，国家作为旅游服务贸易政策的行为主体，既可以利用各种政治、外交手段为国家之间的旅游服务贸易打通渠道和提供保证，也可以通过旅游服务贸易政策来维护国家利益，保护国家整体的经济利益、政治利益、外交利益和安全利益等，实现国家参与国际经济、政治事务，维护整体国家利益的根本目标。

（三）旅游服务贸易政策是协调国内利益的主要工具

旅游服务贸易政策作为协调国内利益全局的工具，主要是在具有强制力的国家干预的基础上，通过不同利益集团和政府部门的有序选择，来谋求各利益主体自身利益的满足和实现，其主要体现在旅游服务贸易政策的制定和执行上。

一方面，任何国家旅游服务贸易政策的形成过程，实质上是一个公共选择的过程。因为国内各种利益集团和政府部门都是旅游服务贸易政策的需求者，都希望旅游服务贸易政策能够满足和实现他们的利益。但在实际中，任何旅游服务贸易政策都不可能公平地满足全部利益集团和政府部门的需求，必然在满足大多数利益集团整体利益的同时，或多或少地损害部分利益集团和政府部门的利益。因此，一个国家最后选择能满足和实现哪些利益集团和政府部门的旅游服务贸易政策，主要看哪些利益集团和政府部门拥有更多的权力资源，而旅游服务贸易政策的形成过程就是不同利益集团和政府部门的利益表达和选择的结果。

另一方面，任何国家旅游服务贸易政策的执行过程，也是不同利益集团和政府部门的利益满足和实现过程。由于旅游服务贸易政策形成过程，是不同利益集团和政府部门在权力资源基础上的利益表达和选择的结果，因此旅游服务贸易政策的执行过程，也必然以占优势地位的利益集团和政府部门的执行结果为主体。例如，发达国家所具有的经济发展的领先水平和较强的国际竞争优势，使其在旅游服务领域也具有较强的比较优势，因此它们在旅游服务贸易中往往选择和执行自由化程度较高的贸易政策；发展中国家为了尽快增强经济实力，提高国际地位，都比较强调加速经济增长与发展，因此其往往选择和执行保护贸易政策，以保护国内旅游服务行业的发展，扩大旅游服务贸易的出口等。

第三节　旅游服务贸易政策的主要内容

一、旅游服务贸易总政策

旅游服务贸易政策，既是一个国家对外贸易政策的重要内容，又是各国对外总政策的重要组成部分，其内容一般包括旅游服务贸易总政策、入出境旅游政策、旅游要素进出口政策和旅游服务贸易国别政策等。

旅游服务贸易总政策（general policy of trade in service for tourists），是指一个国家或地区从整个国民经济出发，根据其经济社会发展状况和总体发展战略，结合其国际旅游发展水平和在国际市场中的地位，在一定时期内所制定并实施的有关旅游服务贸易的基本政策。其通常可分为自由贸易政策和保护贸易政策两大类。

（一）自由贸易政策

自由贸易政策（free trade policies），一般是经济发达国家或地区采取的政策。

经济发达国家或地区通常具有领先的经济发展水平，其产品和服务在国际市场上也具有较强的竞争优势，因此发达国家或地区的产品和服务占领国际市场，一般不需要依靠特殊的对外贸易政策来支持，使得它们往往选择自由化程度较高的对外贸易政策。

从国际旅游发展的实际看，发达国家或地区不仅国际旅游都比较发达，而且其旅游服务和相关服务的水平也比较高。通过实施旅游服务贸易自由化政策，能够有效促进发达国家或地区旅游服务贸易的发展，并带动其他服务贸易、货物贸易和要素贸易的发展，因此大多数发达国家或地区通常都采取自由贸易政策。它们的旅游服务贸易政策重心，主要是促进国际旅游的发展，为实现本国的经济利益服务；它们对旅游服务贸易的管理重点，也主要是保持本国旅游业的持续稳定发展，维护本国国家利益和国内利益集团的利益。

但也要看到，随着经济全球化和区域经济一体化的发展，随着全球性问题和矛盾的日益凸显，许多发达国家或地区也在总体实行自由贸易政策的基础上，采取一定的保护贸易政策措施，以维护和加强其在国际旅游市场上的主导地位和竞争优势，甚至把旅游服务贸易政策作为实现其政治利益的重要工具，使旅游服务贸易政策的政治属性日益明显。

（二）保护贸易政策

保护贸易政策（protective trade policies），一般是发展中的国家或地区（包括国际旅游欠发达的国家或地区）所采取的政策。发展中国家或地区由于经济实力弱，经济发展水平不高，因此实现工业化以促进经济增长和发展是其共同的选择。为了加快工业化进程，改善本国的产品结构和贸易结构，发展中国家或地区往往围绕工业化目标来制定对外贸易政策，从而必然选择保护贸易政策来保护本国市场和本国国家利益。在旅游服务贸易中，发展中国家或地区也往往实施旅游服务贸易保护政策，一方面限制外国旅游企业的进入和旅游生产要素的流动，以保护本国旅游市场和旅游企业的利益，促进旅游服务贸易的出口，赚取更多的外汇收入；另一方面，通过一定程度上限制国内出境旅游，以减少本国国民收入和外汇的流出，为平衡国际收支作出贡献。

此外，发展中国家或地区实行保护性的旅游服务贸易政策，还往往出自于国家利益中的文化利益保护的需要，因为大量外国旅游者的进入和外国文化的侵入，不仅会冲击本国的文化体系，甚至造成对自然文化遗产的损害，此外发达国家富裕社会的消费观和消费行为，往往会对发展中国家或地区的民族自尊心和自信心造成一定的冲击和影响。因此，为了增强民族自尊心和自豪感，发展中国家或地区也会采取旅游服务贸易保护政策，通过限制入境或出境旅游规模来减少外来文化的冲击和影响。

综上所述，旅游服务贸易总政策，既是一个国家或地区发展旅游服务贸易的总指导思想和原则，又是制定入出境旅游政策和进行旅游要素贸易的重要策略和依据，对一个国家或地区的旅游服务贸易发展具有方向性和战略性的作用和影响。

二、国际入出境旅游政策

国际入出境旅游政策，是一个国家或地区在旅游服务贸易总政策的指导下，根据本国旅游发展的状况和水平，制定的有关国际入境和出境旅游的具体政策，是一个国家或地区进行旅游服务贸易的重要政策。其具体分为入境旅游政策和出境旅游政策两方面。

（一）入境旅游政策

入境旅游政策（enter the country travel policies），是指一个国家或地区在遵循旅游服务贸易国际规则的基础上，通过制定有关入境旅游的法律法规、制度和措施，采取更加开放的政策措施来促进入境旅游发展的政策。由于大力发展入境旅游，不仅能够增强旅游服务贸易出口能力，促进本国对外贸易的发展；而且能够增加外汇收入和平衡国际收支，积累国内建设资金，促进本国或地区经济社会的发展。因此，具备旅游服务出口国家或地区普遍都采取积极的入境旅游政策，来推动本国或本地区旅游服务贸易的发展。

（二）出境旅游政策

出境旅游政策（leave the country travel policies），是指一个国家或地区有关本国或本地区居民出境旅游的政策。由于出境旅游一般会引起国民收入和外汇的流出，从而导致国民财富的"漏出"；或者因为某些特殊事件的发生，如政治波动、自然灾害、疫病流行等；使许多国家或地区、特别是发展中国家或地区都会采取一定的政策而限制出境旅游，即使是发达国家或地区，在特定时期内或特殊情况下也会采取一定的政策措施，限制本国居民的出境旅游。

三、旅游要素进出口政策

旅游要素进出口政策，是指一个国家或地区对于旅游人才、资金、技术和管理的进口和出口的有关政策。因为现代旅游服务贸易的发展，不仅表现为旅游者、旅游服务在国家之间的流动，还表现为各国旅游生产要素的国际流动，所以旅游要素进出口政策也是旅游服务贸易政策的重要内容。

在当今国际贸易中，特别是在经济全球化、区域一体化和跨国公司发展的背景下，生产要素的国际流动已成为一个显著的特征。因此，在旅游服务贸易中，许多国家或地区不仅制定积极的旅游要素进口政策，以吸引国外旅游人才、资金、技术和管理的输入，提高本国或本地区旅游产品开发和旅游服务的水平；同时也制定相应的旅游要素出口政策，鼓励本国、本地区的旅游企业"走出去"，通过人才、技术、管理的输出及对外投资，利用国际和国内旅游要素资源，积极开拓和占领国际旅游市场，不断增强本国旅游企业的国际竞争力，以促进一个国家或地区对外旅游服务贸易的发展。

四、旅游服务贸易国别政策

旅游服务贸易国别政策，是根据一个国家的旅游服务贸易总政策，在遵循国际贸易规则的前提下，按照该国对外经济贸易关系的需要，对不同国家或地区采取的有区别的贸易政策、策略和措施，是一国旅游服务贸易政策的重要组成部分。

旅游服务贸易国别政策，包括开放旅游市场、旅游签证政策、差别关税税率、差别优惠待遇等。开放旅游市场，主要是对不同国家或地区开放不同的入境旅游范围，或者不同的出境旅游范围；旅游签证政策，主要指对不同国家或地区的旅游者和其他旅行人员实行不同的签证规定，如免签、口岸签证和入境前签证等；差别关税税率，是对不同国家或地区的旅游要素进出口征收不同的关税；差别优惠待遇则是对不同国家或地区的旅游者、投资商、经营者给予不同的政策优惠和待遇。

旅游服务贸易国别政策，主要是为各国的对外贸易总政策服务的，随着各国对外国际关系的发展变化，旅游服务贸易的国别政策也会发生相应的调整和变化。

第四节　旅游服务贸易政策的基本形式

一、旅游服务贸易规则

旅游服务贸易规则（rules of trade in service for tourists），是指有关旅游服务贸易的国际条约、协定、协议、宪章、宣言等内容的统称，即两个或两个以上主权国家，为了确定彼此间在旅游资源保护和利用，旅游者运送、要素流动及服务贸易方面的权利和义务关系而缔结的书面文件。旅游服务贸易规则通常具有国际法律和政策的典型特征，是各国进行旅游服务贸易的法律依据和必须遵循的国际准则和规定，其类型主要包括有关旅游服务贸易的国际条约、国际协定、国际协议、国际宪章和宣言等。

（一）旅游服务贸易的国际条约

旅游服务贸易的国际条约（International Treaty），是由多个国家一致同意并签订的公约或协议，是全面规定缔约国之间保护和利用旅游资源，开展旅游服务贸易，维护旅游者权益，以及协调相关旅游服务关系的条约，如《关于旅行契约的国际公约》、《公民和政治权利国际公约》、《旅游通关便利公约》、《生物多样性公约》、《保护世界文化和自然遗产公约》、《关于禁止和防止非法进出口文化财产和非法转让其所有权的方法的公约》、《保护水下文化遗产公约》、《儿童权利公约》、《华沙航空条约》、《芝加哥国际民航公约》、《国际展览公约》等。

旅游服务贸易涉及各个方面，因此相关国际条约的内容非常广泛，包括旅游资源保护和利用，出入境海关手续，旅游者权益和享受待遇，航空航海客运规定，物品携带和关税征免规定，有关知识产权保护，关于仲裁的规定等。由于国际条约的内容直接关系到国家主权和经济利益，因此其通常是以国家或国家首脑的名义签订的，或者由国家或国家首脑特派全权代表签订。国际条约签订之后并不能立即生效，还必须按照各缔约国有关法律程序完成国家批准手续，然后通过缔约国之间互相换文后才能生效。

（二）旅游服务贸易的国际协定

旅游服务贸易的国际协定（International Agreement），是两个或多个国家之间为调整和发展相互间国际运输、要素流动、服务贸易及国际旅游等关系，而共同签订的双边或多边的书面协议，如《关贸总协定》、《服务贸易总协定》、《国际航空运输协定》、《国际支付协定》、《国际商品协定》、国家之间相互开放旅游市场及互为旅游目的地协定等。

国际协定与国际条约的区别，在于其所涉及的内容少、范围窄，对缔约国之间的货物贸易、服务贸易及旅游服务贸易关系一般规定得比较具体，其内容通常包括贸易额、出口货单、作价方法、使用货币、支付方式、关税优惠等。国际协定的签订程序通常比较简单，一般只需要缔约国的行政首脑或其委派的代表签字后即可生效，因此其与国际条约相比有效期一般较短。

（三）旅游服务贸易的国际协议

旅游服务贸易的国际协议（International Protocol），是指两国或多国之间就发展旅游服务贸易关系中的具体事项所达成的书面协议，一般是对国际协定的具体说明、补充或修改而签订的协议，如各国旅游部门相互签订的旅游合作协议，有关互为旅游目的地的备忘录，有关旅游者签证的协议等。

国际协议的内容比较简单，通常用来规定有关旅游服务贸易方面的专门技术问题、某项条款或对协定有效期的延长等；此外在签订长期旅游服务贸易协定时，也可以对年度的具体事项签订协议；也可以在正式签订国际协定之前，通过签订国际协议作为开展旅游服务贸易的依据。因此，国际协议的签订程序比国际协定更为简单，一般经签字国的有关旅游行政部门的代表签署后即可生效。

（四）旅游服务贸易的国际宪章和宣言

旅游服务贸易的国际宪章和宣言（International Charter and Declaration），是指由国际旅游机构和各国官方代表，在各种世界旅游大会、相关国际会议中讨论通过并一致同意遵循的国际准则或规定，是规范国际旅游和旅游服务贸易的重要依据。如《世界人权宣言》、《旅游权利法案和旅游者守则》、《国际文化旅游宪章》、《国际古迹保护与修复宪章》、《保护历史城镇与城区宪章》、《可持续旅游发展宪章》、《马尼拉世界旅游宣言》、《巴厘世界旅游宣言》、《魁北克生态旅游宣言》、《全球旅游伦理规范》、《关于旅游业的21世纪议程》、《国际旅馆业新规则》等。

国际宪章和宣言是一种指导性的国际政策规定，虽然没有国际条约、协定和协议的典型国际法律特征，但其作为一种国际准则和规范，同样对旅游服务贸易具有重要的指导作用。特别是在现代国际旅游发展中，由于旅游业是一个新兴产业，有关旅游服务贸易的国际条约、协定还比较少，从而使有关旅游的国际宪章和宣言成为旅游服务贸易政策的重要依据和内容，在规范国际旅游服务和促进旅游服务贸易发展中发挥着重要的功能和作用。

二、旅游服务贸易法规

旅游服务贸易法规（laws & regulations of trade in service for tourists），是指各国在旅游服务贸易的国际规则基础上，根据本国政治、经济和旅游发展的实际情况，所制定的开展和促进对外旅游服务贸易的有关法律、法令和规定，是旅游服务贸易政策的重要内容和组成部分，也是一个国家或地区开展对外旅游服务贸易的法律依据，并在各国对外旅游服务贸易中发挥着重要的作用。

（一）旅游服务贸易的法律

旅游服务贸易的法律（laws of trade in service for tourists），是指各国立法机构根据本国对外政治、外交、贸易的需要，所制定的关于旅游服务贸易的各种法律规定，是一国开展旅游服务贸易必须严格遵循的法律依据。其中涉及旅游服务贸易的法律，通常有对外贸易法、旅游法、交通运输法、环境保护法、文物保护法、公民出入境法等。

相关知识 5 - 3：

中国服务贸易法规和管理亟待完善

受开放程度和市场化程度的制约，中国服务贸易法律法规不够健全，不少领域的法规仍是空白。随着中国加入世界贸易组织以来，中国加快了服务贸易立法步伐，颁布了一批涉及服务贸易领域的重要法律法规，但整个立法尚未形成体系，已颁布的一些有关服务贸易的法律法规比较宽泛，缺乏可操作性。另外，中国对外服务贸易的管理涉及多个部门，这种管理体制在一段时间里对服务贸易的发展起过积极作用，但目前协调的任务更加繁重。因此，中国服务贸易领域法规和管理亟待完善。

（资料来源：金贸信息网．http：//www．tradeinfo．cn，2006 - 07 - 17)

（二）旅游服务贸易的法令

旅游服务贸易的法令（decrees of trade in services for tourists），是指各国政府根据本国有关法律规定，结合旅游服务贸易的具体情况而制定的条例、规定和规则等。旅游服务贸易的法令，通常是对旅游服务贸易中各种具体情况做出的规定，如各国制定的国内航空运输条例、外国人入境旅行条例、旅行社条例、海关检验检疫条例、消费者权益保护条例、本国公民出境旅行规定、外国人入出境规定等。

（三）旅游服务贸易的规章

旅游服务贸易的规章（regulations of trade in service for tourists），是指各国旅游行政管理部门或相关部门，根据国家法律、法令而制定的有关旅游服务贸易的各种规则和办法，是对国家法律、法令实施的具体化。通常，涉及旅游服务贸易规章制度主要有：旅游服务规范、旅行社条例实施细则、旅游饭店星级管理制度、旅游安全管理规定、旅游交通运输管理办法等。

三、旅游服务贸易制度

旅游服务贸易制度（systems of trade in service for tourists），是指一个国家或地区在有关旅游服务贸易法规基础上，所制定的开展旅游服务贸易的制度规定，其内容通常包括护照签证制度、关税制度、配额制度、外汇管制、海关程序等。

（一）护照签证制度

护照（passport）是持有者的国籍和身份证明，签证（visa）则是主权国家准许外国公民或者本国公民出入境或者经过国境的许可证明。在现代国际旅游中，一个国家没有允许外国人无条件入境的义务（有条约者除外），一个外国人也没有要求一国政府允许他入境的权力。因此，为了维护一个国家的主权，各国都明确制定了护照和签证制度，任何旅游者，不论是外国公民还是本国公民要进行国际旅游，都必须持有规定的护照和相应的签证，才准许其入境或出境旅游。

护照是由公民所在国颁发，签证则必须由旅游目的国签发，即由该国驻外使领馆在出国旅行者的护照上或者在其他有效的旅行证件上盖印签注的手续，表示准许其出入或经过该国国境。各国对旅游签证一般都限制入境后的停留时间，最长时间通常不超过 3 个月。近年来，随着国际贸易、国际政治关系的发展，尤其是旅游服务贸易的发展，许多国家的签证规定趋于简化，有的国家之间还签订互免签证或简化签证手续的协议等。

（二）关税制度

关税（customs duty，tariff），通常是指一国政府从自身的经济利益出发，由海关部门依据本国的海关法和海关税则，对通过其关境的进出口商品所课征的税收，是一国对外贸易政策的重要手段。关税制度，就是根据一国的政策、法令和规定，通过在关境上设置海关部门，对进出口货物、货币、金银、行李、邮件、运输等实行监督管理，征收关税，查禁走私货物，临时保管通关货物和统计进出口商品等有关的制度规定。

虽然旅游服务贸易是一种以旅游服务为主体的服务贸易，但由于旅游者在国际旅游中往往还会携带或购买各种商品，因此从国家利益和国内集团利益出发，许多国家对旅游者购买的某些国外商品实行课征关税的制度。课征关税的目的，是贯彻执行本国有关货物进出口的法律、法令和规定，有效地实施对外经济贸易政策，有针对性地保护国内经济和实行关税差别待遇等。关税的课征种类主要有进口税、进口附加税、出口税和过境税等；关税的征收方法具体分为从量税、从价税、选择税和混合税等形式。

（三）配额制度

配额制度（quota regulations），是指一国政府为保护本国工业，规定在一定时期内对某种商品的进口数量或金额加以限制的制度规定。进口配额的分配方法主要有两种：一是全球配额，它规定该国对某种商品在一定时间内的进口数量或金额，而不论它来自任何一国的商品进口；二是国别配额，它是进口国对来自不同国家的进口商品，规定不同的进口限额。

在旅游服务贸易中，一些国家除了对有关旅游商品、设备或配件实行进口配额外，对出国旅游人员也实行配额制度，以限制出境旅游的人员规模，减少外汇的流出。通常，配额制度不仅对一国的旅游服务贸易具有重要的影响作用，还会直接或间接地影响整个全球的旅游服务贸易。如果某国的主要旅游客源国实行出境旅游配额制度，除了使该客源国到某国的出游价格上涨外，还会引起某国乃至国际旅游市场上旅游产品和服务价格的下降，因此世界旅游组织和各国长期以来，一直致力于争取各国取消或放宽对出境旅游的限制。

（四）外汇管制

外汇管制（foreign exchange control），是指一国政府通过对国际结算和外汇买卖实行限制，以平衡国际收支和维持本国货币汇价的一种制度。在外汇管制下，出口商必须将其所赚外汇按国家规定的牌价卖给政府指定的外汇银行；进口商在进口所需外汇时，也必须得到政府外汇管理机构的批准，在指定的外汇银行购买进口所需的外汇。

在旅游服务贸易中，不论是旅游者的入出境旅游，还是旅游要素资源的进出口，都必然涉及外汇的收入和支出。因此，通过外汇管制，国家就能一定程度上有效地控制旅游服务贸易的进出口数量，以及旅游者入出境旅游的国家或地区，并对国家平衡国际收支和稳定本国货币汇价起到积极的作用。但是，也要看到外汇管制对旅游服务贸易是一种比较严厉的政策措施，不利于促进旅游服务贸易的发展，因此随着当今国际旅游和旅游服务贸易的发展，各国对旅游服务贸易的外汇管制也逐渐放宽和减弱。

（五）海关程序

海关程序（customs procedures），也称为通关检查手续，是旅客在入出一国国境时向移民局、海关等有关机构申报，由移民局、海关等有关机构依法查验旅游者的旅游证件和行李物品，并办理旅客入出境手续、物品征税或免税验放手续，以及其他有关监管手续的总称。在国际旅游中，任何国家都对入出境旅游者实行严格的通关检查手续，办理这些手续的机构一般设在旅游者入出境的地点，如机场、车站、码头等。

旅游者入出境通关检查手续主要包括以下内容：一是边防检查，很多国家都是由移民局（immigration）负责，主要是填写入出境登记卡片、交验护照、检查签证等；二是海关检查，一般主要询问是否有需申报的物品，或填写旅客携带物品入出境申报单，必要时海关有权开箱检查所带物品；三是安全检查，即对所有旅游者进行例行的安全检查，主要是禁止携带武器、凶器、爆炸物品等；四是检疫，交验预防接种证书等，有些国家有时免验。

海关程序，既是体现一个国家的主权，也是维护国家安全和国家利益的需要。但是，由于各国海关程序的纷繁和严格，会阻碍国际贸易及其他国际交流，因此1973 年海关合作理事会主持签订的《京都公约：关于简化和协调海关业务制度的国际公约》规定，各国海关程序应力求简化和协调，为发展国际贸易及其他国际交流作出富有成效的贡献。

四、旅游服务贸易措施

旅游服务贸易措施（measures of trade in service for tourists），是各国在有关旅游服务贸易进出口过程中，所采取的各种鼓励或限制的管理措施，其包括旅游服务出口鼓励措施和进口限制措施两方面，每一方面又包括若干具体的措施和要求等。

（一）旅游服务出口鼓励措施

旅游服务出口鼓励措施，是指旅游目的地国家为吸引和招徕大量的国际入境旅游者，所采取的一系列鼓励旅游服务出口的措施，包括对旅游服务出口的补贴、奖励及旅游商品出口退税等措施。

旅游服务出口补贴有直接措施和间接措施，前者是对直接招徕国际入境游客的旅行商给予一定的现金补助或津贴，如对入境旅游包机、旅游专列给予补贴等；后者是通过减免国内税收来刺激旅行商招徕国际入境游客的积极性；尽管对旅游服务出口补贴不符合国际协定，但许多国家仍以隐蔽的或不很隐蔽的形式提供这种补贴。旅游服务出口奖励措施，是对直接招徕和接待国际入境游客较多的旅行商给予一定的现金奖励，以鼓励旅行商更多地招徕国际入境游客。旅游商品出口退税措施，是对国际入境旅游者在旅游中购买本国商品，出境时给予退还消费税，以促进本国商品出口所采取的措施，目前欧美等发达国家都普遍采取旅游商品出口退税措施。

相关知识 5—4：

云南省出台政策，奖励海外旅游促销

为调动旅游企业开拓海外旅游市场的积极性，进一步促进云南旅游产业的快速发展，云南省旅游局和省财政厅共同制定颁布了《云南省海外旅游促销奖励试行办法》。

该办法规定：省旅游局对本省国际旅行社的入境游接待人天数、入境游外联人天数、外汇结汇额、组织海外旅游包机总人数、组织海外自驾车旅游团队总人数等方面进行综合考核，并对考核排名在前 3—5 名的企业给予奖励；对为云南省直接输送海外游客的海外旅行社，省旅游局将按照其年度实际组织海外游客的数量分等次考核，对排名前 5 位的给予奖励；同时，对全省当年接待入境旅游人天数没有出现负增长的国际旅行社，全省当年组织入境旅游外联人天数没有出现负增长的国际旅行社，全省当年外汇结汇额没有出现负增长的国际旅行社，未与本省通航或无正常航班的海外城市组织旅游包机的国际旅行社，组织海外自驾车旅游团队的国际旅行社，根据排名情况对前 5 名按一定标准给予奖励。

（资料来源：云南省旅游局. 2005 年）

（二）旅游服务进口限制措施

旅游服务进口限制措施，是指旅游客源地国家为减少外汇流出，平衡国际收支，采取各种关税或非关税壁垒限制旅游服务的进口，包括限制本国公民出游，限制国外旅游服务设施设备的流入，限制外国经营者对某些旅游服务领域的进入等。限制本国公民出游，从国际角度看，与人人拥有旅游权利的国际规则是相悖的；但从各国实际看，具有一定的与其经济发展水平、社会文化特点相联系的客观必然性。限制国外旅游服务设施设备的流入，是与各国旅游服务设施设备的贸易密切相关，主要取决于各国对这些货物贸易的限制情况。限制外国经营者对某些旅游服务领域的进入，主要目的是保护本国旅游经营者的利益和维护国家利益。

随着经济全球化、区域一体化发展及各国之间交流的不断扩展，各国对旅游服务进口限制的范围不断缩小，使对旅游服务进口限制的措施和手段更加隐蔽，并往往利用国际服务贸易规则中某些不完善的规定，来达到限制旅游服务进口的目的。

第五节　旅游服务贸易政策的发展趋势

一、旅游服务贸易政策的国际环境

旅游服务贸易政策不仅直接受到各国对外贸易政策的作用和影响，也取决于现代国际政治经济发展格局和变化。纵观当今国际政治经济发展格局和变化，对世界各国旅游服务贸易具有决定性作用和影响的国际环境因素，主要体现在世界格局多极化、经济发展全球化、区域经济一体化和跨国公司经营国际化等方面。

（一）世界格局多极化

世界格局多极化，简称为世界多极化（world multiplications），是指在政治、经济、军事、科技等方面具有较强大的综合实力，并对国际事务有较大影响的多个国家或国家集团对比所形成的基本格局，以及它们之间相互作用的结构性状态。世界多极化，是随着20世纪90年代以来世界"两极"格局的终结，世界各种政治经济力量重新分化组合的结果，是国际政治经济发展的基本趋势，是当今世界格局的基本特征①。

关于世界多极化，目前主要有"三极论"（美国、欧洲、东亚），"一超多强"论（美、欧、日、俄、中），"七极论"（"一超多强"加上印度和东盟）等，其中对"一超多强"论的认识较为统一。所谓"一超"是指美国，由于美国在经济、军事、科技上比较强大，使其在全球国际事务中也发挥最强的作用，因此属于"超极"；"多强"则是指欧盟、日本、俄罗斯和中国等，它们形成了"多强"中各个不同的"极"。多极化中的每一个"极"都有较强的综合国力和国际影响力，并在国际事务中发挥着重要的影响作用，不仅体现了现代国际政治经济发展的客观趋势，而且是维护世界和平与发展的重要基础，是发挥联合国处理国际事务的重要保障，也是维护各国主权和国家利益的重要手段。

但是，多极化作为世界格局发展的基本趋势，其发展并不是一帆风顺的，在世界各种力量正在进行分化和重新组合过程中，世界多极化的形成最终取决于多种力量的较量和对比，因此世界多极化是一个长期、复杂和曲折的发展过程。

1. 世界多极化发展的长期性，主要表现在随着"两极"世界格局的终结，国际上各种力量重新分化组合，多极化趋势在全球或地区范围内，在政治、经济等领域都有新的发展，因此世界多极化乃大势所趋。但是，这种重新分化组合受到各种政治、经济、军事、科技和外交的影响，是一个艰难的、充满复杂斗争的过程，需要整个国际社会的共同努力，因此新的国际政治经济秩序和多极化世界的最终形成

---

① 中共中央党校教务部编. 五个当代讲稿选编. 中共中央党校出版社，2004

将是一个长期的过程。

2. 世界多极化发展的复杂性，源于当今世界政治经济局势的错综复杂性，因为基于国家利益的矛盾仍然是基本和广泛的，起因于领土争端的冲突依然是长期和棘手的，各种民族、宗教问题的纷争呈现出膨胀的趋势，利用民族主义和宗教狂热制造事端的危险性不可低估，尤其是国际力量对比严重失衡，使多极化趋势与单边主义之间的较量成为国际关系中的突出矛盾和焦点。因此，许多全球"热点"问题往往体现在不同民族、不同国家、不同地区和不同体制之间，反映出不同经济利益、政治利益和思想文化的交汇和冲突，使世界多极化发展不仅是长期的，而且是错综复杂的。

3. 世界多极化发展的曲折性，主要表现在，一方面随着世界和平力量的发展壮大，全球和地区协调处理各种国际事务的能力不断增强，使各种力量和力量集团都加强了相互之间的合作，致力于建立名目繁多的战略伙伴关系，客观上促进了世界多极化的发展；另一方面，由于不合理的国际旧秩序还没有根本改变，合理的国际新秩序尚未建立，世界充满了多极和单极的矛盾和斗争，霸权主义、强权政治在国际政治、经济和安全领域依然存在并有新的发展，带来许多不确定、不安宁的因素，甚至引起地区冲突、引发局部战争，使世界多极化只能在曲折中发展。

（二）经济发展全球化

经济发展全球化，简称经济全球化（economic globalization），是指随着现代科学技术进步、国际分工发展和生产社会化程度的提高，世界各国、各地区的商品、服务、生产要素与信息跨国界流动的规模不断扩大，形式不断变化和增加，从而在世界市场范围内提高了资源要素配置的效率，使各国、各地区间的经济相互联系和相互依赖程度日益加深的历史过程。经济全球化反映了生产力发展的内在要求，是生产社会化和经济关系国际化发展的客观趋势。

经济全球化作为当今世界经济发展不可逆转的大趋势，既是现代科技进步、生产社会化、贸易金融全球化、跨国公司的发展和各国推进市场化改革的必然结果，也是由于经济全球化对世界经济发展的积极作用所决定的。尤其是 20 世纪 80 年代以后，经济全球化的进程进一步加快，范围和规模进一步扩展，使经济全球化成为世界经济发展的必然趋势，也是各国经济未来发展依赖的重要外部环境，其对世界各国经济、政治、军事、科技、社会等所有方面，甚至包括思维方式等都造成了巨大冲击，不仅给人类带来前所未有的繁荣和发展机遇，同时也带来了巨大的风险和严峻的挑战。

经济全球化的积极作用主要表现在：一是促进世界市场一体化的形成，推动世界贸易的快速发展；二是促进生产要素的国际流动，推动资本跨国投资和增长，促进高素质人才跨国界流动；三是促进世界各国经济的联系更加紧密，国际经济合作进一步加强等。但是，也要看到经济全球化是一把"双刃剑"，在给世界各国带来发展条件和经济利益的同时，也对世界经济和各国经济发展带来冲击和影响。特别是20世纪90年代以来，以信息技术革命为中心的高新技术迅猛发展，不仅冲破了国界，而且缩小了各国和各地的距离，使世界经济越来越融为一个整体。于是，经济全球化的发展加剧了国际竞争，增加了国际风险，拉大了贫富差距，并对国家主权和发展中国家民族工业造成了严重的冲击和影响。

因此，任何国家要促进本国经济的更大发展，就必须正确认识和掌握经济全球化发展的作用和影响，积极参与到经济全球化进程中，采取正确得当的政策和措施，扬长避短地利用国际资源和国际市场，才能变不利为有利，在参与经济全球化中求得本国利益最大化。

（三）区域经济一体化

区域经济一体化（regional economic integration），简称区域一体化，是指两个或两个以上的国家或地区为了维护共同的经济和政治利益，通过达成某种协议而建立起来的经济合作形式。区域经济一体化的行为主体是区域相邻的国家或地区，各个国家或地区通过条约或协议而成为区域经济一体化的成员，成员之间实现互惠互利的自由贸易，而对非成员则实行贸易保护政策并具有排他性。

区域经济一体化的实质是追求地区性的自由贸易，就是将阻碍区域经济有效运行的人为因素加以消除，通过相互协商和统一来创造区域内自由贸易的国际经济环境和结构。因此，按照区域经济一体化的程度，一般可以划分为特惠贸易协定、自由贸易区、关税同盟、共同市场、经济联盟等不同形式[①]。

1. 特惠贸易协定（preferential trade arrangement），是指区域内的成员国通过协定或缔结条约，对部分或全部的商品规定特别的关税优惠。由于这种一体化形式，通常只是部分减免关税，因此它是区域经济一体化最低级和松散的形式。如1932年建立的英联邦优惠计划，第二次世界大战后的"东南亚国家联盟"等，都是特惠贸易协定的典型形式。

2. 自由贸易区（free trade area）。自由贸易区是指两个或两个以上的国家或经济体之间通过达成协议，相互取消进口关税和与关税具有同等效力的其他措施而形成的区域经济一体化组织，其主要特点是区域内商品可以自由流动，真正实现了商品的自由贸易。如北美自由贸易区和欧洲自由贸易联盟都属此类形式。

3. 关税同盟（customs union）。关税同盟是指两个或两个以上的国家或经济体通过达成某种协议，相互取消关税和与关税具有同等效力的其他措施，并建立共同对外关税或其他统一限制措施的经济一体化组织。其特点是，成员国在相互取消进口关税的同时，建立了共同的对外关税，因此，成员经济体之间不再需要附加原产地原则，这样实际上是将关税的制定权让渡给了经济一体化组织，因此关税同盟对

---

① 薛永久主编. 国际贸易. 四川人民出版社，1993

成员经济体的约束力比自由贸易区大，是比自由贸易区层次更高的经济一体化组织。

4. 共同市场（common market）。共同市场是指两个或两个以上的国家或经济体通过达成某种协议，不仅实现了自由贸易，建立了共同的对外关税，还实现了服务、资本和劳动力的自由流动的国际经济一体化组织。共同市场是比关税同盟更进一步的经济一体化组织，其特点是，成员国之间不仅实现了商品的自由流动和制定了共同的对外关税，还实现了生产要素和服务的自由流动。但是，共同市场的建立需要成员国让渡多方面的权利，这些权利的让渡表明，一国政府干预经济的权利在削弱，而经济一体化组织干预经济的权利在增强，由于共同市场各成员国经济有差别，统一的干预政策难以奏效，所以超国家的一体化组织的干预能力也是有限的。

5. 经济联盟（economic union）。这种形式的区域经济一体化组织，要求成员国在共同市场的基础上进一步实现经济政策的协调，一体化的程度从商品交换扩展到生产、分配乃至整个国民经济领域，形成了一个有机的经济实体，最典型的例子是目前的欧洲联盟。经济联盟的特点是，成员国不仅让渡了建立共同市场所需让渡的权利，更重要的是成员国让渡了使用宏观经济政策干预本国经济运行的权利，而且成员国还让渡了干预内部经济的财政政策和货币政策以保持内部平衡的权利，从而使经济联盟由一个超国家的权威机构把成员国的经济组成一个整体。

6. 完全经济一体化（perfectly economic integration）。完全经济一体化是经济一体化的最后阶段，它除了具有经济联盟的特点外，各成员国在经济、金融、财政等方面实现了完全的统一，各成员国之间完全消除商品、资金、劳动力等自由流通的人为障碍，从而使区域经济一体化从经济联盟扩展到了政治联盟，实现了完全经济一体化，目前欧盟正在向此形式迈进。

（四）跨国公司经营国际化

跨国公司经营国际化，是指在日趋激烈的全球竞争中，跨国公司为了壮大自身规模、减少竞争对手、降低经营风险，随着自身资金实力的增强、国际借贷的便捷，往往采用横向并购，在某一产业内开展多元化经营、系列化生产的经营活动过程。尤其是20世纪90年代以来，跨国公司经营国际化在国际汽车制造、石油化工生产、信息电子技术等领域表现得非常明显。

1. 跨国公司经营国际化是经济全球化发展的重要基础。随着经济全球化过程中的贸易与投资一体化发展，尤其是跨国公司内贸易迅速增加，使一些原来在跨国公司之间进行的产业内贸易有一部分转为在跨国公司内部进行，从而使国际贸易格局发生了根本变化。透过经济全球化的表象可以发现，其实质是跨国公司贸易与投资活动的一体化，跨国公司不仅成为经济全球化的载体，更成为经济全球化的主宰。根据联合国贸发会议《2001年：世界投资报告》，2000年全球外国直接投资达到1.3万亿美元，其中跨国公司就占90%；在全球6万多家跨国公司中，拥有80

多万家海外分公司，并掌管着全球近40%的生产和70%的国际贸易与技术转让等。

2. 跨国公司经营国际化成为国际贸易的主要形式。跨国公司为了在全球竞争中保持核心竞争力，在国际投资中采用垂直一体化战略，通过独资、控股、参股的跨国并购形式进行直接的股权控制。这种战略导致国际贸易形式发生了新的变化，一方面跨国公司为了确保技术领先的优势，往往自己投资从事研究与开发或关键零部件的生产，使其关键、精密的零部件生产在公司内贸易中的比重不断上升；另一方面，跨国公司为了拓展市场、降低成本，提高竞争优势，将大量普通、标准零部件放到其他国家生产，使加工贸易在整个国际贸易中的比重持续提高，并成为国际贸易的主要形式。据联合国贸发会议的资料，1987年全球跨国并购的价值仅为1 000亿美元，1999年已达到7 200亿美元，2000年又迅速提高到11 000亿美元。

二、国际环境对旅游服务贸易的作用和影响

国际环境的发展和变化，是各国经济发展依赖的重要外部条件，其不仅给世界各国经济带来前所未有的发展机遇，同时也带来了巨大的风险和严峻的挑战。因此，任何国家要想实现本国旅游经济和旅游服务贸易的更大发展，就必须正确认识和掌握国际环境的作用和影响，积极参与到经济全球化、区域一体化的进程中，并根据各国的实际情况，制定正确合适的旅游服务贸易政策，扬长避短地利用国际资源和国际市场，才能变不利因素为有利条件，在未来国际旅游发展中求得本国旅游服务贸易利益的最大化。

（一）国际环境对旅游服务贸易的作用

国际环境的发展和变化，尤其是现代科技进步、生产社会化、贸易金融全球化、跨国公司的发展，不仅使经济全球化、区域一体化和跨国公司经营国际化成为世界经济发展不可逆转的大趋势，而且对世界各国旅游服务贸易的发展也产生积极的促进作用，主要体现在以下几方面。

1. 促进世界旅游市场一体化的形成。从现代生产力运动和发展的角度分析，经济全球化、区域一体化是一个历史过程。一方面，随着世界范围内各国、各地区的经济广泛而紧密的联系，使各国的旅游服务相互促进、相互融合和相互影响，从而形成全球统一的旅游市场，不仅为发达国家拓宽了旅游服务贸易的发展空间，也为发展中国家积极参与国际分工提供了难得的机遇。另一方面，随着旅游服务贸易全球规则的逐步建立，以及在此基础上形成的旅游服务贸易运行机制，又进一步促进旅游市场一体化的形成和发展，不仅推动整个世界旅游服务贸易的快速发展，而且必然带动各国旅游经济和旅游服务贸易的蓬勃发展。

2. 促进全球旅游要素的跨国流动。随着国际环境的变化和发展，不仅促进了旅游服务贸易的快速发展，而且也推动包括资本、技术和劳动力在内的旅游生产要素在全球范围内的自由流动和合理配置。一方面，随着经济全球化、区域一体化的

发展，旅游投资在世界或区域范围内的流动更为明显，流动速度也迅速加快，尤其是具有旅游资源禀赋的国家或地区，成为吸引国际旅游投资的热点区域；另一方面，随着跨国公司经营国际化的发展，特别是发达国家旅游饭店、餐饮连锁企业的跨国经营发展，促进了旅游服务技术、管理和高素质旅游人才在世界范围内的流动进一步扩大。

3. 促进各国旅游经济联系更加紧密。世界多极化发展促使各国之间竞争与合作的关系进一步加强，为旅游服务贸易发展创造了良好的国际环境；经济全球化将世界各国相互分割的市场一体化，使国际旅游市场机制的作用进一步增强，从而促进了世界旅游服务贸易的快速发展；区域一体化促进了区域旅游市场一体化的形成，加快了区域内旅游生产要素的流动扩大，推动了区域内国家之间旅游服务贸易的发展；跨国公司经营国际化发展，使各国之间旅游服务贸易关系更加紧密。与此同时，随着世界旅游服务贸易的快速发展，又促进了各种区域旅游组织不断产生和扩大，使各国、各区域旅游服务贸易关系更加紧密和相互依赖，从而增加了区域旅游经济的抗风险能力，促进了国际旅游服务贸易的稳定发展。

（二）国际环境对旅游服务贸易的影响

国际环境的变化和发展是一把"双刃剑"，特别是 20 世纪 90 年代以来以信息技术革命为中心的高新技术迅猛发展，不仅冲破了国界，而且缩小了各国和各地之间的距离，使世界经济越来越融为一个整体，在促进世界各国旅游服务贸易发展和带来经济利益的同时，也加剧了国际旅游市场竞争，增加了国际旅游经营风险，促使世界旅游服务贸易不平衡发展，并对世界旅游业和各国旅游经济发展造成严重的冲击和影响。

1. 加剧了国际旅游市场竞争。在国际环境的变化和发展中，经济全球化、区域一体化是市场机制自发发挥作用的过程。因此，在国际旅游市场竞争机制的作用下，各国都通过积极发展旅游业来促进旅游服务贸易的发展，从而加剧了国际旅游市场的竞争。但是，由于国家与国家之间旅游资源禀赋的差别，经济发展水平的不平衡，往往导致发达国家及其跨国公司成为国际竞争中最大受益者，而旅游竞争力较弱的国家不仅占有的旅游市场份额较小，同时从国际竞争中获得的经济收益也较少。根据世界旅游组织的统计，接待国际旅游者和旅游外汇收入最多的前十位国家，都主要集中在经济发达国家，而大量发展中国家的旅游市场份额和旅游外汇收入都比较低。

2. 增加了旅游经济运行风险。随着国际环境的变化和发展，尤其是经济全球化和跨国公司经营国际化，使国际金融工具不断创新，国际资本流动方式发生巨大变化，流动规模增大、速度加快，不仅增加了国际旅游投机因素，同时也对各国旅游经济运行带来极大的风险。尤其是随着各国金融市场开放和旅游服务贸易关系依赖性增强，使各国旅游经济安全随时受到各种国际形势变化的挑战和影响，一旦某个国家或地区发生经济危机、汇率急剧变动、出现突发事件等，都有可能对某区域乃至整个世界旅游服务贸易造成连锁影响，从而增加了各国旅游经济运行的风险。如1997年的东南亚金融危机，2001年美国的"9·11"事件都曾引起世界性的旅游经济波动，并引起世界旅游服务贸易额的下降。

3. 促使世界旅游经济不平衡发展。国际环境的变化和发展，还使世界旅游市场和旅游经济呈现出不平衡发展的总体格局。一是世界各大区域在国际旅游市场中所占份额不平衡，2005年，欧洲地区占全球旅游市场份额的54.9%，已超过全球接待国际入境旅游者的一半以上，亚太地区占19.3%，美洲地区占16.5%，非洲地区和中东地区仅分别占16.5%和16.5%。二是世界各大区域接待国际入境旅游者人数增长不平衡，2005年世界接待国际入境旅游者增长了4 230万人次，其中欧洲地区占全球总增加人数的43.3%，亚太地区占25.5%；美洲地区占17.3%，而非洲地区和中东地区仅分别占8.0%和5.9%。三是接待国际旅游者入境人数的季节性波动变化仍然十分突出，根据世界旅游组织对2005年各月接待国际旅游者人数的数据分析，国际入境旅游的"旺季"仍然保持在6、7、8、9四个月份，而"淡季"依然是1、2月份，其他月份则基本保持在平均水平上下。

三、旅游服务贸易政策的发展趋势

国际环境的变化和发展，既为旅游服务贸易带来良好的发展机遇和条件，同时也对旅游服务贸易发展带来重大的冲击和影响。因此，各国应对国际环境变化的根本策略，是建立一套相互配合、连贯一致的旅游服务贸易政策体系。从目前和今后较长一段时期看，应对国际环境变化的旅游服务贸易政策体系，主要应该包括以下方面的内容。

（一）促进旅游服务贸易发展的政策

随着国际环境的变化和发展，旅游市场范围由一个国家扩展到区域甚至全世界，使旅游政策的范围和内容也相应扩大，要求各国必须制定适应促进旅游服务贸易发展的政策。在经济全球化、区域一体化背景下，各国旅游服务贸易政策的基本目标，就是要充分反映国际旅游市场的要求，通过制定合理配套的旅游服务贸易政策体系，不断提高本国旅游服务效率和水平，增强本国旅游服务贸易经营管理能力，从而在遵循国际规则的前提下，最大限度地提升本国旅游服务贸易的竞争力。

纵观当今世界各国的旅游服务贸易政策，突出表现在两方面：一方面，大多数国家都逐步放松对出入境旅游的管制，实行了自由的出入境旅游政策，尤其是在国际服务贸易规则推动下，通过积极发展国际旅游和旅游服务贸易，相应带动国际服务贸易、技术贸易和货物贸易的迅速发展。另一方面，通过制定促进旅游生产要素跨国流动的政策，从国际市场中获取更多的经济利益，如创造更为优良的投资环境，积极吸引外国金融机构、企业集团的投资，以加快本国的旅游开发和建设；通过输出劳务、人才、技术、管理及对外投资，加强对外旅游服务和人才培训等，直接从其他国家获取相应的经济收益。

（二）提高旅游服务贸易竞争力的政策

通常，提高一国旅游服务贸易竞争力的政策涉及许多方面，其中最重要的是应该有一套与国际接轨的，包括促进出入境旅游发展、国内外旅游要素流动和保护本国国家利益和企业利益的旅游竞争政策。目前，很多发达国家都有自己的旅游竞争政策，如开放国际旅游市场、旅游商品出口退税政策、促进跨国投资和人员流动、反垄断和反不正当竞争政策等。这些竞争政策有的是遵循国际规则而制定，有的是根据区域统一市场规则而修订，也有的是按照国际惯例来确定的，其基点是各种竞争政策的制定都必须从本国实际出发，以有利于提高本国旅游服务贸易的国际竞争力，以应对世界多极化、经济全球化和区域一体化带来的更加激烈的国际旅游市场竞争，从而有效地促进一国旅游服务贸易的持续健康发展。

（三）加强国际合作的旅游服务贸易政策

世界多极化和经济全球化发展，把世界各国的政治经济紧密地联结成一个整体，使各国之间的旅游服务贸易相互促进、相互转化、相互互补，从而要求各国必须从对外政策上加强旅游服务贸易的交往和合作。

在当今国际旅游服务贸易中，由于旅游市场的国际化程度远远超过了各国政府间的国际合作，因此必须提高对国际旅游服务贸易合作重要性的认识，尽快制定有利于加强与各国旅游服务贸易合作的政策体系，促进双边、多边旅游服务贸易的发展，推动国家之间旅游要素的自由流动，并为跨国旅游公司的发展和国家之间旅游合作与交流创造良好的政策环境和条件。如美国"9·11"事件对国际旅游造成的连锁影响，使各国政府不得不加强国际合作，联手打击和防范国际恐怖活动。

（四）利用国际组织促进旅游服务贸易的政策

随着世界多极化发展和各国之间的合作日益加强，使各种类型的区域组织与国际组织大量涌现，各类国际组织的功能越来越强大、职能越来越复杂，这种发展趋势反映了在国际组织推动下促进旅游服务贸易发展的重要性。

为了适应世界多极化带来国际秩序变化的新格局，一方面要积极参与各种区域组织和世界组织的合作，争取参加对新的国际秩序、国际贸易、服务贸易、跨国投资等国际规则的制定，在多边和双边、区域组织和国际组织推动贸易投资自由化进程中，维护本国国家利益和利益集团的利益。另一方面，随着多极化趋势的不断发展，一些传统意义上的国家经济主权向区域组织或国际组织让渡，如欧元的发行，标志着欧元区成员国政府将这一传统意义上的国家经济主权让渡给了欧洲中央银行；又如世界贸易组织要求其成员国按照 WTO 规则修订其本国贸易法律与规定，实质上也是把部分法律制定权让渡给了世界贸易组织。因此，如何有效地利用各种区域组织和国际组织的规则，来促进本国旅游服务贸易的发展，应成为各国应对世界多极化发展的重要政策内容。

复习思考题

一、重点概念

国际贸易政策　自由贸易政策　保护贸易政策　管理贸易制度
进口替代政策　出口替代政策　旅游服务贸易政策　旅游服务贸易总政策
入境旅游政策　出境旅游政策　旅游要素进出口政策
旅游服务贸易国别政策　旅游服务贸易规则　旅游服务贸易法规
旅游服务贸易制度　旅游服务贸易措施　世界格局多极化　经济全球化
区域经济一体化　跨国公司经营国际化

二、思考题

1. 简述国际贸易政策的发展历程。
2. 比较发达国家和发展中国家的对外贸易政策。
3. 旅游服务贸易政策有何属性和特征？
4. 分析旅游服务贸易政策、理论和实务的区别与联系。
5. 旅游服务贸易政策包括哪些内容？
6. 比较旅游服务自由贸易和保护贸易政策的特点。
7. 简述旅游服务贸易国际规则的类型。
8. 旅游服务贸易制度包括哪些内容？
9. 简述旅游服务贸易国际环境变化的特点。
10. 简述旅游服务贸易政策的发展趋势。

主要参考文献和资料来源

1. A. O. Krueger. Trade Policies and Developing Nations. The Brookings Institution, 1995

2. P. R. Krugman & M. Obstfeld. International Economics Theory and policy. Foresman company, 1988

3. H. P. Gray. International Travel-International Trade. Health. Lexington, 1970

4. M. F. Lanfant. International Tourism. International Sociological Association, 1995

5. J. Deegan & D. Dineen. Tourism Policy and Performance. International Thomson Business Press, 1997

6. D. Hawkins & J. R. Ritchie. World Travel and Tourism Review: Indicators, Trends and Forecast. CAB International, Vol. 1, 1991

7. ［法］罗贝尔·朗加尔. 国际旅游. 商务印书馆，1995

8. ［英］尼尔·胡德. 跨国企业经济学. 经济科学出版社，1990

9. ［法］韦拉·弗朗索瓦. 国际旅游经济与政策. 旅游教育出版社，1989

10. 陈宪，韦金鸾等. 国际贸易：原理，政策，实务. 立信会计出版社，1998

11. 唐海燕. 现代国际贸易的理论和政策. 汕头大学出版社，1994

12. 薛永久主编. 国际贸易. 四川人民出版社，1993

13. 隆国强等编著. 中国服务贸易. 中信出版社，1995

14. 陈宪主编. 国际服务贸易. 立信会计出版社，1995

15. 罗明义. 旅游经济研究与探索. 云南大学出版社，2003

16. 中共中央党校教务部编. 五个当代讲稿选编. 中共中央党校出版社，2004

17. 联合国网. http：//www. un. org/chinese

18. 世界贸易组织网. http：//www. wto. org

19. 世界旅游组织网. http：//www. world-tourism. org

20. 国际商会网. http：//www. iccwbo. org

21. 中国商务部网. http：//www. mofcom. gov. cn

22. 中国贸促会网. http：//www. ccpit. org

第六章

旅游服务贸易的国际规则

　　旅游服务贸易的国际规则，是各国开展旅游服务贸易必须遵循的国际法律和规定。由于旅游服务贸易的内容不仅仅是旅游服务方面，往往还包括某些物质产品和知识产权，并涉及国际投资领域等，因此旅游服务贸易必须以国际贸易规则为基础，以服务贸易规则为重点，结合旅游服务贸易的特点，遵循各种国际贸易和服务贸易规则，促进和规范旅游服务贸易的发展。通过本章的学习，要了解国际贸易规则的形成过程、主要内容和基本原则，熟悉服务贸易规则的基本内容和要求，掌握旅游服务贸易的具体规则和相关规则，并能够灵活、熟练地运用各种旅游服务贸易的国际规则，以有效地促进旅游服务贸易的发展。

第一节　国际贸易规则

一、国际贸易规则的形成过程

　　国际贸易规则的产生，可追溯到 1947 年签订的《关税与贸易总协定》（General Agreement on Tariffs and Trade，GATT），通常简称为《关贸总协定》。《关贸总协定》，是 1947 年 10 月 30 日由中、美、英、法等 23 个国家在日内瓦签订的一个多边贸易协定。其初衷是针对 30 年代初期，世界各国普遍盛行的贸易保护主义而签订的一项临时协议，目的是调整和规范缔约国之间的关税水平和贸易关系。以后，随着越来越多的国家加入《关贸总协定》，并连续进行了多轮全球性贸易谈判，使《关贸总协定》成为各缔约国之间进行贸易往来，制定对外贸易政策共同遵守的国际规则，是促进世界自由贸易的唯一多边贸易协定。

　　自《关贸总协定》临时适用以来到世界旅游组织建立，共举行过八轮全球性的多边贸易谈判（每一轮贸易谈判被称为一个"回合"），在降低和削减大量关税、消除各种非关税壁垒，增强贸易透明度和推进世界贸易自由化，促进全球贸易的增长，推动服务贸易、知识产权保护和国际投资的发展，以及为各国提供贸易对话和谈判场所，处理国际经济贸易纠纷等方面发挥了积极而重要的作用。

第一轮谈判：于 1947 年 4 月至 10 月在瑞士日内瓦举行，包括中国在内的 23 个国家参加了会议。本轮谈判确定了包含关税减让、关税约束的两份减让表和总表，通过了《国际贸易组织宪章》，达成了双边关税减让协议 123 项，涉及商品的关税减让税目达 45 000 项，使应征税进口值占 54% 的商品平均降低关税 35%。

第二轮谈判：于 1949 年 4 月至 10 月在法国的安纳西举行，有 33 个国家参加了谈判。本轮谈判达成双边减税协议 147 项，涉及关税减让商品 5 000 项，使应征税进口值占 6% 的商品平均降低关税 35%，其中美国进口货物应征税总值率下降到 14.5%。

第三轮谈判：于 1950 年 9 月至 1951 年 4 月在英国的托奎举行，有 39 个国家参加了谈判。本轮谈判共达成双边减税协议 150 项，涉及关税减让商品 8 700 项，使应征税进口值占 11.7% 的商品平均降低关税 26%。

第四轮谈判：于 1956 年 1 月至 5 月在瑞士日内瓦举行，有 28 个国家参加了谈判。本轮谈判达成的双边协议因美国国会给美国政府代表团有限的授权而受影响，涉及关税减让商品只有 3 000 项，使应征税进口值占 16% 的商品平均降低关税 15%，仅涉及 25 亿美元商品贸易额的减让。

第五轮谈判：于 1960 年 9 月至 1962 年 7 月在瑞士日内瓦举行，有 25 个国家参加了谈判。本轮谈判是由美国副国务卿迪龙建议并参加的，所以又称做“迪龙回合”，谈判涉及关税减让商品 4 400 项，使应征税进口值占 20% 的商品平均降低关税达 20%。

第六轮谈判：1964 年 5 月至 1967 年 6 月在瑞士日内瓦举行，历时 3 年多，参加谈判国家达到 54 个。本轮谈判是由美国总统肯尼迪提议召开的，又称为“肯尼迪回合”，谈判涉及的关税减让项目达 6 000 项，使工业品的进口关税下降 35%，涉及 400 亿美元的商品贸易额的减让。同时，本轮谈判还第一次提出了解决非关税壁垒的问题和通过了第一个反倾销的协议。

第七轮谈判：于 1973 年 9 月至 1979 年 4 月在瑞士日内瓦举行，时间长达 6 年之久，共有 99 个国家参加了谈判，其中包括 29 个非关贸总协定的缔约国。由于本轮谈判开始的部长级会议是在日本的东京举行，也称为“东京回合”。这次谈判对关税减让按照一定的公式采取一揽子解决的办法，使世界上 9 个主要工业市场上制成品的加权平均关税税率由 7% 下降到 4.7%，涉及 3 000 多亿美元商品贸易额的减让，相当于使进口关税水平降低 30% 左右。同时这轮谈判中还对解决非关税壁垒措施达成了 9 项协议，并达成了给发展中国家优惠待遇的“授权条款”。

第八轮谈判：于 1986 年 9 月至 1993 年 12 月，历时 7 年多，有 125 个国家和地区参加了谈判，是时间最长、范围最广、难度最大、责任最全，对世界经济贸易影响最深的一次谈判。由于该轮谈判开始于 1986 年 9 月 15 日在乌拉圭的埃斯特角城的部长级会议，因此被称为“乌拉圭回合”，其作为 GATT 发展史上的最后里程碑，谈判内容几乎囊括了当代国际贸易中的全部问题。其最后通过的《乌拉圭回合最终文件》长达550页，包括21个领域的45个独立协定、协议和决定文件；传统关税减让总幅度达40%，涉及12 000亿美元商品贸易额的减让；并在非关税壁垒措施、服务贸易、知识产权等方面的谈判都有新的进展。

《关贸总协定》在半个多世纪的发展中，不仅形成了一整套对各国关税和贸易措施具有约束力的国际规定，也是各国进行多边贸易谈判、调解贸易争端的重要国际规则。但是，《关贸总协定》也有很大的局限性，尤其是到了20世纪80年代中期，缔约各方发现《关贸总协定》越来越不能适应日益复杂的世界贸易现状。主要表现在以下几方面：一是《关贸总协定》只是临时性协议，还不是正式的国际公约，在解决贸易争端方面没有国际法律约束性和强制手段；二是《关贸总协定》的适用范围有限，其仅仅管辖货物贸易，而对农产品、纺织品贸易、服务贸易和知识产权保护等还不具有约束力；三是《关贸总协定》的例外条款过多，使缔约方在援引例外条款时，往往变相地实施贸易保护主义等；四是《关贸总协定》的争端解决机制作用有限，它要求所有缔约方必须"完全协商一致"后才能做出决策，只要其中有一个缔约方不同意，则争端解决的仲裁结果就无法实施。基于以上因素，从1986年发起"乌拉圭回合"多边贸易谈判后，缔约国各方发现《关贸总协定》以协调货物贸易为主的职能作用，对许多非货物贸易的重要议题很难在原有框架内进行谈判，因此提出有必要在关贸总协定基础上，创立一个正式的国际贸易组织来协调、监督和执行新一轮多边贸易谈判的成果。

1994年4月15日，《建立世界贸易组织协定》（Agreement Establishing the World Trade Organization）在摩洛哥的马拉喀什部长会议上获得通过，并与其他各附件协定、部长宣言及决定等共同构成了"乌拉圭回合"多边贸易谈判的一揽子成果，采取整体和无保留例外接受的形式，由124个参加方的政府代表签署了《建立世界贸易组织协定》。根据协定的规定，世界贸易组织自1995年1月1日起正式成立，从而取代《关贸总协定》而成为协调国家间贸易的国际组织机构。

相关知识6-1：

世界贸易组织"多哈回合"谈判

2001年11月，世界贸易组织在卡塔尔首都多哈举行第四次部长级会议，启动了新一轮多边贸易谈判，谈判主角是美国、欧盟以及由发展中国家组成的"20国协调组"，简称"多哈回合"谈判。

"多哈回合"谈判的宗旨，是促进世贸组织成员削减贸易壁垒，通过更公平的贸易环境来促进全球，特别是较贫穷国家的经济发展。"多哈回合"谈判的内容，包括农业、非农产品市场准入、服务贸易、规则谈判、争端解决、知识产权、贸易与发展以及贸易与环境等八个主要议题。"多哈回合"谈判的关键，是农业和非农产品市场准入问题，主要包括削减农业补贴、削减农产品进口关税及降低工业品进口关税三个部分。

"多哈回合"谈判按最初计划应在2005年1月1日前结束，但在2003年9月墨西哥坎昆举行的第五次世界贸易组织部长级会议上，世界贸易组织各成员因在农业等问题上没有达成一致，使"多哈回合"谈判陷入僵局。经多方努力，世界贸易组织各成员国2004年8月1日就"多哈回合"谈判达成框架协议，并为削减农业补贴和取消关税、降低工业品关税、推动服务贸易自由化和贸易便利化等确定了基本原则，并同意将结束谈判的时间推迟到2006年底，从而使"多哈回合"谈判重回正常轨道。

2005年12月，在中国香港举行的世界贸易组织第六次部长级会议，在农产品贸易争议问题上取得积极进展，但在事关"多哈回合"成败的削减农业补贴、降低非农产品关税和开放服务业等关键问题上仍未取得突破。2006年年初以来，世界贸易组织成员一直就农业和非农产品市场准入问题进行谈判，但始终难有进展。7月，由于世界贸易组织六个主要成员国美国、欧盟、日本、澳大利亚、巴西和印度未能就农业和非农产品市场准入问题达成协议，世界贸易组织被迫宣告中止"多哈回合"谈判。

2006年9月10日，美国、欧盟国家和日本等发达国家的代表与"20国协调组"的代表在巴西里约热内卢举行对话会议，同意尽快恢复"多哈回合"谈判。11月16日，世界贸易组织贸易谈判委员会召开"多哈回合"谈判中止以来的首次全体会议，与会代表一致同意恢复"多哈回合"谈判的技术性讨论，并为"多哈回合"谈判最终全面恢复做好准备。目前，多哈回合谈判正处在"软重启"或"试探性重启"状态。

（资料来源：新华网，http：//news. xinhuanet. com，2006）

二、国际贸易规则的内容

1994 年通过的《建立世界贸易组织协定》，由正文的 16 个条文和 4 个附件所组成。正文的条文内容很短，主要是就世界贸易组织的建立、职能、结构、适用范围、加入与退出等组织问题进行了规定，而没有涉及任何具有实质意义的国际贸易义务政策的内容。但各成员方的具体贸易政策义务及其承诺表都作为该协定的附件，具体体现在 4 个附件中。这些附件作为协定的有机组成部分，对所有世界贸易组织的成员都产生法律效力。

《建立世界贸易组织协定》明确提出：各成员应进一步承认贸易和经济关系的发展，旨在提高生活水平，保证充分就业和大幅度稳步提高实际收入和有效需求，扩大货物与服务的生产和贸易，为持续发展目的而扩大对世界资源的充分利用，保护和维护环境，并以符合不同经济发展水平下各自需要的方式，加强采取各种相应的措施。同时还规定：世界贸易组织应当为其所有成员制定一套普遍适用的国际贸易规则，这些规则将涉及国际货物贸易、服务贸易、与贸易有关的知识产权保护和国际投资领域。此外，世界贸易组织还将建立一套行之有效的争端解决机制，以解决成员方之间在执行上述规则过程中发生的争议。根据上述规定，各成员方在以包括关税与贸易总协定、以往贸易自由化努力的成果和"乌拉圭回合"多边贸易谈判达成的所有成果，都以附件形式成为《建立世界贸易组织协定》的组成部分，是各国开展国际贸易必须共同遵守的国际规则。这些国际规则包括货物贸易规则、服务贸易规则和与贸易有关的知识产权保护规则等。

（一）多边货物贸易规则

多边货物贸易（multilateral trade in goods）规则，是在 1947 年《关贸总协定》及八次多边贸易谈判基础上建立的，是《建立世界贸易组织协定》中最成熟的部分，也是包含内容最多、最全面的部分。其具体包括以下十三个协定：《1994 年关税与贸易总协定》，《农产品协定》，《纺织品与服装贸易协定》，《关于履行 1994 年关贸总协定第七条的协定》（即《海关估价协定》），《装运前检验协定》，《进口许可程序协定》，《原产地规则协定》，《关于履行 1994 年关贸总协定第六条的协定》（即《反倾销协定》），《补贴与反补贴措施协定》，《贸易技术壁垒协定》，《实施卫生与动植物检疫措施协定》，《保障措施协定》，《与贸易有关的投资措施协定》等。

（二）服务贸易规则

服务贸易规则，主要体现在《服务贸易总协定》（General Agreement on Trade in Service，GATS）中。服务贸易领域在"乌拉圭回合"中第一次被纳入世界贸易组织体系之中，这与近年来服务贸易的迅速发展密切相关。尤其是进入 20 世纪 90 年代以后，国际服务贸易额每年达上万亿美元，约占世界贸易总额的 20%。由于以往《关贸总协定》调整的范围仅限于货物贸易，因而服务贸易领域内所制定的各种政策、措施不受《关贸总协定》确定的贸易自由化原则约束，这些政策、措施不同程度地影响了外国服务业的进入，限制了国际间服务贸易的自由流动。因此，在服务贸易较发达国家的极力倡导下，"乌拉圭回合"就服务贸易问题达成了一项协议，即《服务贸易总协定》，并将这一重要贸易领域也纳入世界贸易组织的多边规则管辖之下。

（三）知识产权保护规则

知识产权保护规则，主要体现在《与贸易有关的知识产权协议》（Agreement on Trade-Related Aspects of Intellectual Property Rights，ATRAIPR）中。国际知识产权保护原本也不属《关贸总协定》管辖的范围，但国际社会为保护知识产权已订立了多项国际协议。随着现代世界科技的发展，知识产权保护对国际贸易的影响越来越大，于是，《关贸总协定》的各缔约方，特别是科技领先的发达国家要求就知识产权保护达成协议，并将与国际贸易有关的知识产权保护问题也纳入多边贸易体制之中。通过努力，"乌拉圭回合"谈判最终达成了《与贸易有关的知识产权协议》，并作为一揽子协议文件之一，适用于世界贸易组织的所有成员方。

三、国际贸易的基本原则

国际贸易规则以促进国际贸易自由化为目标，通过开展国家贸易的双方和多方，彼此削减关税及其他贸易壁垒，消除国际贸易中的歧视性待遇，以充分利用世界资源，扩大商品生产和交换，保证充分就业，增加实际收入和有效需求，提高生活水平。根据《建立世界贸易组织协定》及其附件，国际贸易规则主要有八个方面的基本原则，即自由贸易原则、非歧视原则、关税减让原则、一般禁止数量限制原则、公平贸易原则、自我保护原则、透明度原则和磋商调解原则等。

（一）自由贸易原则

自由贸易原则（free trade principle），是各国之间开展国际贸易的基本原则。在国际贸易规则中，各种有关国际贸易协定的内容都体现了以市场经济为基础的自由贸易原则，其规定了参与《关贸总协定》、《服务贸易总协定》的缔约方都应该是市场经济国家，并以市场经济竞争为基础来开展和进行自由贸易。

（二）非歧视原则

非歧视原则（non-discrimination principle），是国际贸易的重要原则，是各国之间平等进行贸易的重要保障。其规定了参与《关贸总协定》、《服务贸易总协定》缔约国之间的贸易要平等互惠，各缔约国之间应在无歧视的基础上开展相互贸易，并且在相互贸易关系中不应存在差别待遇。非歧视原则主要通过最惠国待遇和国民待遇等条款来体现。

（三）关税减让原则

关税减让原则（tariff concessions principle），规定了在关税保护方面，缔约方只能用关税作为保护国内工业的唯一手段，而不能用关税以外的其他办法来保护；在关税减让方面，各缔约方在确定关税作为唯一手段的基础上，要逐步降低本国的关税水平；在关税稳定方面，在各缔约方确定了关税水平以后，不能借故重新提高关税。同时还规定，经过多边谈判在互惠基础上达成的关税减让表对各成员方具有约束力，任意一成员方都无权单方面予以改变，某一成员方在特殊情况下要提高本国关税，则必须与有关成员方进行谈判和协商，并给予相应的补偿。

（四）一般取消数量限制原则

一般取消数量限制原则（cancel quantity limitation principle），是指任何缔约方除征收关税外，不得设立或维持配额、进出口许可证或其他措施以限制或禁止其他成员方领土的产品输出，或向其他成员方领土输出或销售出口产品。各成员方对本国的产业只能通过关税来加以保护，至于进口限额及许可证制度等保护措施均在禁止之列。当然，一般取消数量限制原则是一般的原则，实际执行中也有例外情况，如在特定困境情况下，也允许某些国家采取关税以外的贸易保护措施，但采取这种措施的缔约国有义务在困境不复存在时立即消除限制措施。

（五）公平贸易原则

公平贸易原则（fair trade principle）提倡，缔约方之间进行公平、平等和互惠的贸易，反对不公平贸易或人为地干预贸易，反对以倾销和补贴来改变自由贸易竞争的基本格局。公平贸易原则是一套旨在保护公开、公平、公正竞争的规则体系，非歧视原则、反倾销规则、反补贴规则都旨在保护公平的贸易环境，这些规则为各国政府对倾销和补贴这两种不公平竞争行为征收补偿性关税提供了法律依据。但是，公平贸易原则并不是完全意义上的"公平贸易"，它允许在特定情况下采取较高关税和其他形式的贸易保护措施。

（六）自我保护原则

国际贸易规则规定，各国如果因为加入、执行《关贸总协定》的各项条款和原则而给它们带来损失时，他们可以按照自我保护原则（self-protective principle）实施自我保护。这主要指三种情况：一是保护幼稚工业，《关贸总协定》允许发展中国家对某些幼稚产业实施保护，以有利于其经济的发展；二是保障条款，《关贸总协定》规定，当某缔约方承担了总协定的义务而导致某一产品进口激增时，受到严重伤害或威胁的国内同类产品的生产者，可以要求政府采取紧急措施，撤销或修改已承诺的进口减让；三是合理利用《关贸总协定》中规定的各种例外条款，这些条款包括国际收支平衡例外、关税同盟和自由贸易区例外、安全例外等。

（七）透明度原则

透明度原则（transparency principle）规定，各缔约方所实施的与国际贸易有关的法令、条例、司法判决、行政决定等都必须予以公布，以使各国政府及贸易商熟悉它们。同时，某一缔约方政府与另一缔约方政府所缔结的影响国际贸易协定的也必须公布，以防止缔约方之间进行不公平的贸易，从而造成对其他缔约方的歧视。

（八）磋商调解原则

磋商调解原则（consultations & conciliation principle）规定，一旦缔约方之间发生贸易争端，首先要在国际贸易规则所规定的范围内由当事国双方进行磋商调解，如果磋商调解不能解决问题，则交由世界贸易组织确定的专门工作组来解决，并及时向世界贸易组织理事会报告。如果世界贸易组织理事会做出的决定有一方拒绝执行，则世界贸易组织理事会可以授权另一方实行报复。

相关知识 6-2：

中国入世后关税制度有三变

中国入世后将推动中国海关全面提高执法能力和通关效率，入世后中国的关税制度将有三大变化：

一是按照承诺继续分步降低关税税率。可以相信，到 2005 年，中国关税税率一定会按照承诺，降到发展中国家的平均水平以下，工业品的进口平均关税税率则降至 10% 左右。

二是全面实施 WTO 海关估价协议，中国已为全面实施 WTO 海关估价规则做好了立法上的准备工作，具体的操作方法也正在研究制定之中。

三是按照非歧视原则在全关境内实行公平、统一的关税税率。在关税税率逐步降低的基础上，分阶段地调整和清理减免税政策，完善纳税争议的申诉和复议制度，促进海关税率征收工作的规范、公正、透明、高效。

中国海关总署署长牟新生强调，中国是一个负责任的大国，无论海关关税和管理方面发生什么变化，都将认真履行中国作出的各项承诺，严格遵守 WTO 的各项规则。

[资料来源：人民日报. 2002-01-25 (2)]

第二节　国际服务贸易规则

一、国际服务贸易规则的产生

旅游服务贸易不仅是现代国际贸易的重要内容，也是国际服务贸易的重要组成部分，因此开展旅游服务贸易必须以《服务贸易总协定》为基本规则，从而要求全面了解国际服务贸易规则的产生过程、主要内容、基本原则和后续发展等基本情况。

　　第二次世界大战后，世界服务贸易发展十分迅速，其在世界贸易中的地位也不断提高。但是，由于服务业的一些重要领域涉及各国经济的命脉，世界各国都对服务业实行相对封闭和保护的政策，使服务贸易的发展受到各国经济政策调节、国家财政干预和特殊限制等措施的阻碍。

　　1971 年，世界经济合作组织（OECD）的一份报告中首次提出了"服务贸易"一词，并在报告中首次提出应在《关贸总协定》谈判中关注服务贸易问题。1974年，美国在其贸易法第 301 条款中使用了"世界服务贸易"的概念，并提出要把服务贸易纳入《关贸总协定》谈判议程的内容。此后，美国和欧共体都积极要求将服务贸易纳入《关贸总协定》"乌拉圭回合"谈判，发展中国家在服务贸易谈判中也由最初的反对转为同意将服务贸易纳入《关贸总协定》谈判。1986 年 9 月，在乌拉圭的埃斯特角城的部长级会议宣言中，明确将服务贸易谈判作为宣言的第二部分。以后，随着《关贸总协定》"乌拉圭回合"谈判的开始和不断深入，理论界和各国政府部门都开始重视对服务贸易进行研究和探讨。

　　与货物贸易相比，服务贸易不仅内容十分广泛，而且贸易保护更加严格、标准更高、限制更多，从而妨碍了服务贸易的正常顺利发展。因此，经过国际社会进行了大量的协调工作和连续几年的谈判，在服务贸易谈判和立法方面达成了最富有成果的《服务贸易总协定（GATS）》。到 1993 年 12 月"乌拉圭回合"谈判结束之际，除了少数几个部门外，服务贸易谈判实质上已经结束，各国均提出了自己的承诺表并附在《服务贸易总协定》之后，作为"乌拉圭回合"谈判成果的一部分，与《关贸总协定》、《与贸易有关的知识产权协议》等一起成为国际贸易规则的重要内容。

　　但是，由于各国对服务贸易的认识仍存在一定的差距，再加上各国对本国服务业的保护政策措施，从而在自然人流动、金融、基础电信和海运四个部门的谈判，至今尚未达成令人满意的协定。因此，在埃斯特角城部长级会议上决定，在"乌拉圭回合"谈判结束后仍将继续对这些部门进行谈判，并规定应在世界贸易组织（WTO）正式成立并开始运行后的一定时间内，尽快完成对这些部门的谈判，以达成统一的国际协定。

二、国际服务贸易规则的内容

　　国际服务贸易规则的内容，主要体现在《服务贸易总协定》中，并由三方面内容所组成。一是《服务贸易总协定》的主件，包括协定的序言和 6 个部分共 29条条款，具体规定了服务贸易的一般概念、普遍适用的原则和义务；二是《服务贸易总协定》的 8 个附件和部长会议决议，是对条款部分的补充，也是处理具体服务贸易所适用的规则；三是承诺减让表，是各缔约国对服务部门和分支部门贸易自由化所作的具体承诺，也是各缔约国具体承诺提供市场准入的机会等。

（一）《服务贸易总协定》的序言和正文

协定的序言部分阐述了建立《服务贸易总协定》的重要性，协定的正文共包括六个部分29条条款。其中，第一部分包括第1条条款，阐明了服务贸易的范围和定义；第二部分包括第2~15条条款，是协定的核心内容，阐明了服务贸易的一般责任和纪律，包括最惠国待遇、透明度、发展中国家参与、经济一体化、国内规定、承让（资格/许可）、垄断及专营服务提供者、商业惯例、紧急保障措施、支付和转让、对保障国际收支平衡的限制、政府采购、一般例外和安全例外、补贴等条款；第三部分包括第16~18条条款，阐明了服务贸易应承担的特定义务，包括市场准入、国民待遇及附加承担的义务；第四部分包括第19~21条条款，规定了服务贸易逐步自由化的目标和方式，以及服务贸易具体承诺的谈判、承诺表及有关承诺表的修改等；第五部分包括第22~26条条款，是服务贸易的制度条款，对有关磋商、争端解决和实施、服务贸易理事会、技术合作、与其他国际组织关系等作出规定；第六部分包括第27~29条条款，是服务贸易的最后条款，规定了缔约方可对协定利益予以否定的若干情况、有关概念的定义及规定协定附件是总协定不可分割的组成部分等内容。

（二）《服务贸易总协定》的附件和决议

《服务贸易总协定》的附件和决议，主要包括8个附件、9个决议和1个谅解书。8个附件分别是：关于免除最惠国待遇义务的豁免附件，自然人流动附件，空运服务附件，金融服务附件，金融服务第二附件，海运服务附件，电信服务附件和基础电信谈判附件等；9个决议分别是：《服务贸易总协定》机构安排的决议，《服务贸易总协定》某些争端处理程序的决议，有关服务贸易与环境的决议，关于自然人流动谈判的决议，关于金融服务的决议，关于海运服务的决议，关于基础电信谈判的决议，关于专家服务的决议，关于贸易与环境的决议等；1个谅解书，就是关于金融服务承诺的谅解书。

（三）《服务贸易总协定》的减让表

根据《服务贸易总协定》第20条规定，每一缔约方都应该制定承担特定义务的承诺表，详细说明市场准入和国民待遇的范围、条件、限制及适当时间的内容。承诺表附于《服务贸易总协定》之后，作为其整体组成部分之一。同时，《服务贸易总协定》还规定了世界贸易组织成员对各服务业的开放承诺内容，并按照以下进行分类：商业服务（6方面46项），通讯服务（5方面25项），建筑及相关工程服务（5方面），销售服务（5方面），教育服务（5方面），环境服务（4方面），金融服务（3方面17项），与卫生有关的服务及社会服务（3方面），旅游与相关服务（4方面），娱乐、文化与体育服务（5方面），运输服务（9方面33项）。

三、国际服务贸易的基本原则

《服务贸易总协定》作为世界贸易组织成员在服务贸易方面必须遵守的国际规则，从法律框架和各国承诺表的构成角度，规定了各成员方开展服务贸易必须遵守的基本原则，主要有最惠国待遇原则、透明度原则、市场准入原则、国民待遇原则、逐步自由化原则、增加发展中国家成员逐渐参与原则、收支平衡保障的限制原则、一般例外与安全例外原则等八个方面的原则。

（一）最惠国待遇原则

按照最惠国待遇原则（most favoured nation treatment），在《服务贸易总协定》项下的任何措施方面，每一成员方给予任何一个其他成员方的服务和服务提供者的待遇，应立即和无条件地不低于给予任何其他成员方相同服务和服务提供者的待遇。与多边货物贸易协定的原则一样，无条件的最惠国待遇也是《服务贸易总协定》最重要的基本原则，它代表了《服务贸易总协定》作为多边贸易协定倡导自由化和开放的特征，是整个协定得以实施的必要条件。按照规定，最惠国待遇原则适用于服务贸易的各个部门，不论成员方是否将某一个服务贸易部门对外开放，在采取有关的管理措施时，都必须遵循最惠国待遇原则的要求。

（二）透明度原则

按照透明度原则（transparency principle），要求每一成员方必须将其所制定的，能够影响《服务贸易总协定》实施的有关法律、法规、政令和措施，必须最迟于其生效之时予以公布，并且每年应向服务贸易理事会报告新的或更改的法律、法规、政令和措施，包括涉及或影响服务贸易的有关国际协定或协议，同时设立咨询点答复任意一个成员方请求提供的详细情况。如果由于情况紧急而不能按时公布有关规定的，也应该及时做出说明。

（三）市场准入原则

按照市场准入原则（market access principle），当每一成员方承担对某一个服务部门的市场准入义务时，其给予其他成员方的服务和服务提供者的待遇，应不低于其在具体义务承诺表中所承诺的待遇，包括规定的期限、限制和条件，并应承担义务以保证其他成员方的服务或服务提供者进入本国的服务市场。任何一个成员方对做出承担义务的服务部门或分部门，除了在其承担义务的承诺表中列出外，不得维持或采取任何限制的措施。

（四）国民待遇原则

按照国民待遇原则（national treatment principle），要求每一成员方在其承担服务贸易开放的承诺表中所列的部门，除表中所述的各种条件和资格限制外，给予其他成员方的服务或服务提供者的待遇应不低于给予本国相同的服务和服务提供者的待遇。《服务贸易总协定》对于国民待遇的适用义务是非常宽容的，允许成员方在其承诺表中就国民待遇资格具体适用于哪些部门和不适用于哪些部门做出承诺；但是这种承诺做出后，就不能维持差别待遇，除非在谈判中获得同意并记录在减让表中。

（五）逐步自由化原则

由于世界各国的服务贸易发展不平衡，并且服务行业众多、各部门情况复杂，不可能在一次谈判中解决各个成员方的一切服务贸易问题。因此，《服务贸易总协定》规定了逐步自由化原则（principle of progressive liberalization），即在《服务贸易总协定》建立后，可按照轻重缓急对各种服务贸易内容分别进行谈判，以制定并逐步减少、直至最后消除对服务贸易市场准入不利的措施，同时要逐步完善国际规则的内容，以最终实现服务贸易的自由化。

（六）增加发展中国家成员参与原则

增加发展中国家成员参与原则（increasing participation of developing countries），承认发达国家成员与发展中国家成员之间服务业发展的不平衡性，并规定发达国家成员应采取具体措施，包括通过获得商业性技术等方面，提高发展中国家成员国内服务业的能力和效益，促进发展中国家成员销售渠道与信息网络的改善，在其具有出口利益的部门及提供方式上实现市场准入的自由化等，来加强发展中国家成员服务部门的竞争力，使发展中国家成员的服务能有效地进入发达国家成员的市场。

（七）保障国际收支限制原则

保障国际收支限制原则（restrictions to safeguard the balance of payments）规定：为了保证服务贸易自由化，在一般情况下，任何一个成员方不得对其承诺开放服务贸易部门的国际支付及转移设置限制；但是，如果某一成员方在发生严重国际收支不平衡和对外财政困难及其威胁的情况下，可对已做出具体承诺的服务贸易采取或维持限制措施，包括对与这类承诺义务有关的支付和汇兑等，不过这类限制应符合《服务贸易总协定》第12条所规定的7个条件。

（八）一般例外与安全例外原则

考虑到一些特殊的情况，如涉及军事、国家安全等方面的服务贸易不适用于《服务贸易总协定》，因此，《服务贸易总协定》第14条规定：各成员在五种特定情况下，可以采取不遵从协定条款的一般例外（general exceptions）和安全例外（security exceptions）措施。但是，任何一个成员方在为上述原因而采取例外措施时，不得在相同条件的成员方之间，以构成武断的或非公正的歧视方式适用这些措施，或使这些措施对服务贸易构成隐蔽限制。

四、国际服务贸易规则的后续进展

在1994年的"乌拉圭回合"谈判中，各国就服务贸易市场开放的谈判是初步的。因此，在"乌拉圭回合"以后，各国政府同意在《服务贸易总协定》框架下，继续就自然人流动、海运服务、金融服务、基础电信服务、商业信息服务等领域开放市场问题进行谈判。

（一）关于自然人流动的谈判

对自然人流动提高开放承诺的谈判，在 1995 年 7 月告一段落，有关的承诺表作为《服务贸易总协定》附件的补充，向所有感兴趣的谈判方开放，同时各国还可在 1996 年 6 月 30 日前决定是否接受该附件的补充内容。其结果，除了极少数发达国家对自己的开放承诺表作了极为有限的改动外，大多数有关自然人流动的承诺，都受限于"经济需求认定"而具有配额限制的作用，从而使该项谈判最终未取得较大的进展。

相关知识 6 - 3:

入世五年，中国成为世界经济发动机

自 2001 年 11 月 10 日加入世贸组织以来，中国的经济增长为世界各国提供了广阔的市场，为各国投资者带来了机遇，为世界经济的增长提供了强劲动力。中国加入世界贸易组织近 5 年来，外国投资者从中国总共汇出 579.4 亿美元利润；与此同时，中国进口了约 2.4 万亿美元的商品。

据商务部统计，截至 2006 年 6 月底，已有 71 家外国银行在中国设立了营业性机构，并可在 25 个城市开办机构人民币业务；合资基金管理公司已设立 23 家；合资证券公司已设立 7 家；外资金融机构已设立 7 家汽车金融公司，企业集团财务公司设立了 3 家。

截至 2005 年底，中国保险市场上共有保险公司 82 家，其中外资保险公司 41 家，分支机构接近 400 家，外资保险公司的保费收入已占全国保费收入的 3.9%；中国已累计批准设立外商投资商业企业 1 341 家，开设店铺 5 657 个，外商投资大型连锁超市在中国的市场份额已超过 1/4。

根据世界银行公布的数据，加入世贸组织以来，中国经济增长对世界经济增长的平均贡献率为 13%。其中，中国对东盟的贸易逆差呈现逐步扩大趋势，东盟已成为中国对外贸易逆差的主要地区之一。

（资料来源：新华网. http://news. xinhuanet. com, 2006 - 09 - 07）

（二）关于海运服务谈判

关于海运服务谈判，在"乌拉圭回合"以后的谈判中，经过两年多并历经 16 次的艰苦谈判，尽管一些国家已经对部分海运服务做出了承诺，但终因谈判各成员方意见分歧较大，仍然未能就一揽子承诺达成协议，使海运谈判最终也未取得实质性进展。虽然海运谈判失败，但它倡导的海运自由化和市场化仍将是未来海运业发展的方向，因此在 1996 年终止谈判时，谈判各方同意在下一轮多边服务贸易谈判

时，再就海运服务进行谈判。

（三）关于基础电信服务贸易的谈判

关于基础电信服务贸易的谈判，经过"乌拉圭回合"以后近3年的艰苦谈判，到1997年2月达成《全球基础电信协定》，有69个国家和地区提交了55份承诺表，最终被附在《服务贸易总协定》下。由于这69个国家的电信收入占了1995年世界电信市场的90%，从而成功地结束了关于基础电信市场准入的谈判。《全球基础电信协定》的达成和实施，意味着垄断和封闭了60多年的世界电信市场终将开放，并为21世纪电信市场的开放奠定了法律基础，从而有助于世界经济和信息革命的发展。

（四）关于金融服务贸易的谈判

关于金融服务贸易的谈判，经过近9个月的艰苦谈判，到1997年12月13日达成了《全球金融服务贸易协定》，参与谈判的70个成员方同意对外开放银行、保险、证券和金融信息市场。该协定涉及全球95%的金融服务贸易领域，具体包括全球18万亿美元的证券资产，38万亿美元的银行贷款和2.5万亿美元的保险费。同时确定，该协定于1999年初签署，最迟不晚于1999年3月1日生效，以前所未有的速度推进各国金融市场开放，因此必然对世界经济产生深远的影响。

（五）关于商业信息服务谈判

由于世界范围内信息技术产品和信息服务的迅猛发展，使信息服务贸易急剧上升，到1995年已经突破了1万亿美元。因此，1996年12月，在新加坡世界贸易组织部长会议上通过了《信息技术产品贸易协议》，规定到2000年将分四个阶段将信息技术产品进口关税降为零，平均每一阶段降幅为25%。到1997年，已经有40个国家和地区参与这一协议，并在1998年最终确定了信息技术产品自由化贸易的范围，以使关税减让时间表在1999年1月1日前完全生效。

综上所述，尽管在自然人流动和海运服务方面没有取得实质性的进展，但在基础电信业、金融业和商业信息业三个领域的突破性成果已充分表明：服务贸易主要领域的谈判已经进入了世界贸易谈判的框架之内，随着今后世界贸易组织新一轮谈判的进展，服务贸易主要领域的市场开放必将会得到进一步的发展。

第三节　旅游服务贸易规则

一、旅游服务贸易规则的形成

旅游服务贸易作为国际服务贸易的重要组成部分，其不仅要遵循国际贸易和服务贸易的国际规则，也要结合旅游服务贸易的实际情况和特点制定相应的国际规则，世界旅游组织和相关国际组织在这方面做了大量的工作，尤其是作为联合国系统政府间的全球性国际旅游组织，世界旅游组织长期以来为建立世界各国所认可和遵循的旅游服务贸易规则做出了不懈的努力。因此，旅游服务贸易规则主要体现在世界旅游组织的宣言、法案、报告和文件中，包括倡导旅游自由化，推动旅游便利化，保障旅游者权益，注重旅游安全性，加强资源和环境保护，促进旅游可持续发展等方面，从而有力地推动了旅游服务贸易的发展。

世界旅游组织（World Tourism Organization，UNWTO）至今已有 80 多年的历史了。其最早是由"国际官方旅游宣传组织联盟（IUOTPO）"演变而来，1975 年正式定名为"世界旅游组织"，总部设在西班牙的首都——马德里。1976 年，世界旅游组织被确定为联合国开发计划署（UNDP）在旅游方面的执行机构，2003 年正式纳入联合国所属专门机构，成为领导全球旅游业的政府间国际旅游组织，主要负责联合国有关国际旅游事务的组织和协调。

1970 年 9 月，在墨西哥国际官方旅游宣传组织联盟大会上，通过了《世界旅游组织章程》，确定了世界旅游组织的宗旨是促进和发展旅游业，为世界经济发展，各国之间相互了解，世界和平与繁荣作出贡献，为不分民族、性别、语言及宗教信仰、尊重人权与人的基本自由作出贡献。1980 年 9 月在菲律宾马尼拉召开的世界旅游会议上，通过了《马尼拉世界旅游宣言》，再次对通过发展旅游来促进各国经济社会发展，维护世界和平和建立国际经济新秩序统一了认识，并对如何促进世界旅游发展提出了基本的原则。

1982 年 8 月在墨西哥阿卡普尔科城召开的世界旅游会议上，通过了《关于度假权利的阿卡普尔科文件》，进一步强调尊重人们应有的旅游、休闲和度假的权利，敦促各国通过制定发展旅游的行动计划，促进国际、国内旅游的发展。1985 年 9 月，在保加利亚索非亚的世界旅游组织会议上，通过了《旅游权利法案和旅游者守则》，进一步要求旅游目的地国家必须制定有关法律法规，保护旅游者应有的旅游权利，同时也对旅游者的旅游行为做出了明确的规定。

1989 年 4 月，在荷兰海牙的各国议会旅游大会上，通过了《海牙旅游宣言》，从保障旅游者的旅游权利，提供旅游便利条件，保护旅游资源与环境，加强旅游服务人员培训，制定旅游相关法律法规，保障旅游安全和预防旅游犯罪，把旅游发展纳入各国经济社会发展计划等方面，提出了一系列推动旅游服务贸易发展的基本原则。1997 年发布的《1997 年世界旅游组织白皮书》，在回顾了世界旅游组织发展过程的基础上，对协调和规范各国政府旅游组织，发挥政府间国际组织作用，促进世界旅游组织的发展等，都做出了明确而具体的规定。

1995 年 4 月在西班牙加那利群岛的"可持续旅游发展世界会议"上，通过了《可持续旅游发展宪章》和《可持续旅游发展行动计划》，遵循《环境与发展里约宣言》和《21 世纪议程》提出的原则和方法，在分析旅游的二重性基础上，提出了可持续旅游发展的基本原则和主要工作内容等。接着又在 1997 年 6 月联合国大会第九次特别会议上，与世界旅游理事会和地球理事会一起，共同发布了《关于旅游的21世纪议程》，把《21世纪议程》转化成为一个关于可持续旅游发展的行动纲领，以推动世界旅游的可持续发展。

1999年10月，在智利圣地亚哥的世界旅游组织第十三届大会上，通过了《全球旅游伦理规范》，进一步强调旅游业是促进世界和平的重要力量，旅游增进了人们相互之间的友谊和理解，明确规定各国在旅游发展过程中，应切实保障人们的旅游权利，旅游者活动的自由，旅游从业人员和企业家的权利等。2003年，还针对2001年美国"9·11"事件和以后在世界各地发生的恐怖事件，以及2003年亚洲部分国家爆发"非典型肺炎"的突发事件，发布了《WTO旅游业危机管理指南》，从危机发生前、危机出现时、危机后行动等三个方面，提出了应对危机措施的管理指南等。

在世界旅游组织及相关国际组织的共同努力下，逐步形成了一系列旅游服务贸易的国际规则，既有力地促进了世界旅游的持续发展，也有效地推动了各国间的旅游服务贸易。有关旅游服务贸易的国际规则，主要包括旅游权利保障原则，旅游自由化原则，旅游者权利保证原则、简化旅游手续原则、旅游安全与保护原则等方面。

二、旅游权利保障原则

在旅游服务贸易中，旅游权利是决定和影响国际旅游发展的前提和基础，因此长期以来国际组织对旅游权利进行了广泛探讨，确立了对人们旅游权利保障的基本原则。

旅游权利（travel rights），是指每个人自由离开其居住地前往异地进行旅行、游览、休闲、度假等旅游活动的权利。旅游权利本是一种自然权利，但随着经济社会发展和人类文明程度的提高，尤其是主权国家制度的确立，使这种自然权利转化为一种政治权利和经济权利的结合体，并通过国家法律规范而演变为一种法定权利。因此，在国际关系和国际法中，一个主权国家可以按照主权原则，自行决定是否对入境和出境旅游给予许可，并对旅游行为附加任何限制条件。

旅游权利，特别是国际旅行自由是一种基本人权。早在1948年联合国通过的《世界人权宣言》第24条款中，就明确提出任何人都享有休息、消遣的权利，尤其是享有合理的工作时间和定期带薪休假的权利，有迁徙自由，有权离开包括其祖国在内的任何国家，并有权返回其本国的权利。1966年通过的《公民权利和政治权利公约》与《经济、社会和文化权利国际公约》，再次对人们的旅行权利做出明确规定。如《公民权利和政治权利公约》第12条款规定："任何人可自由离开包括自己祖国在内的任何国家"，这实质上也包括了国际旅行的权利；又如《经济、社会和文化权利国际公约》第7条款，要求各国应保证任何人享有"休息、消遣、合理的工作时间和带薪休假的权利。"虽然《世界人权宣言》和相关国际公约的规定，没有明确和专门提出旅游权利及其保障的问题，但上述这些规定和要求，实际上为国际组织探讨和提出旅游权利及其保障，提供了明确的指导和重要的依据。

20世纪50年代以后，随着世界旅游的蓬勃发展，许多国际旅游组织，尤其是世界旅游组织对旅游权利及其保障问题进行了广泛的讨论，并通过各国参加的国际旅游会议发布了大量的宣言、决议和法案，对旅游权利及其保障提出明确的国际规定和要求。如《马尼拉世界旅游宣言》明确提出："旅游要发展，人就必须享有积极的休息、假日，必须享有在人本身所需要闲暇及娱乐时间内自由旅行的权利"；《关于度假权利的阿卡普尔科文件》强调："休息的权利正如工作的权利一样，必须得到确认而成为人类幸福的一种基本权利，不言而喻，人们有权使用空闲时间，尤其是尽可能广泛地使用假日的权利"，并指出"越来越广泛的各阶层人民享有假日和旅行的权利是现代旅游的一个新特征"；《旅游权利法案和旅游者守则》进一步重申："正如人们有工作的权利一样，每个人的基本权利自然也包括在居住国和海外享有休息、娱乐和带薪休假的权利，利用他们度假的权利，自由地进行教育和娱乐旅行的权利，以及享受旅游带来的好处的权利"，并在第一条中明确规定："每个人休息娱乐的权利，合理限定工时的权利，定期带薪休假的权利，并在法律范围内不加限制地自由往来的权利已在全世界得到承认，实施这个权利可以促进社会平衡，提高国家和国际意识"。

综上所述，根据国际组织对有关旅游权利及其保障的国际规则，概括起来主要体现为以下三点：一是旅游权利实质上是人们应该拥有的一种基本人权，是一种与享有工作权利和其他权利同等重要的基本权利；二是任何人都应该享有旅游权利，并能够自由进行国际、国内旅游活动的权利，以及通过旅游活动而享受其带来的益处；三是各国应遵循国际人权公约和有关的规则，制定和实施有利于促进国内外旅游和谐发展，并使人们在旅游活动中得到有益收获的法律法规和政策。

三、旅游自由化原则

在国际经济贸易中，旅游自由化不仅是促进国际旅游发展的前提，也是推动旅游服务贸易的重要保障。所谓旅游自由化（travel liberalization），就是在保障国家主权和尊重人们旅游权利的基础上，各国应尽可能消除各种影响旅游者流动的障碍，以保障旅游者在国际和国内的自由流动。对于旅游自由化，除了在联合国的有关文件和条款中有规定外，世界旅游组织在《马尼拉世界旅游宣言》、《关于度假权利的阿卡普尔科文件》、《旅游权利法案和旅游者守则》和《海牙旅游宣言》等文件中，又做出了明确具体的规定。根据世界旅游组织有关文件和条款的规定，各国应在以下几方面努力履行旅游自由化原则：

1. 保障人们的旅游权利。旅行和往来自由是人们基本的旅游权利，各国应努力遵循和实施有关国际组织、特别是世界旅游组织的相关文件和条款，并在国际旅游合作范围内为促进往来自由和旅行自由开展各种活动，以鼓励国内和国际旅游者的旅游活动，促进旅游者和东道主之间的交往，为增进相互的理解和交流，缩短各国人民的距离和加强国际合作而作出贡献。

2. 促进世界和平与发展。旅行和往来自由必须以世界和平和国际经济秩序为基础，因此世界上所有国家不论是现在还是未来，都要为建立持久的世界和平与良好的国际经济新秩序而努力，要谴责任何武装干涉，维护世界和平环境，更好地分配世界财富，以努力消除发达国家与发展中国家的经济差别。

3. 尊重各国的法律和传统。任何促进旅行和往来自由的努力，还必须考虑到每个国家的公民权利和义务，考虑到每个国家现存的社会和经济条件、主权、立法和传统等，在对国家主权、经济和社会制度不带偏见的基础上，旅游者所经过的过境地和逗留地，东道国人民应以最大的热情、礼貌和尊重来接待旅游者，以利于发展和谐的人际关系与社会关系。

4. 努力创造自由旅游的条件。为了保障旅行和往来自由，各国应允许外国旅游者进入本国领土，并在本国领土内自由通行，自由选择旅游目的地、旅行安排和组织，具有获得和宣传旅游信息的自由；同时要保护使用授权路线的汽车、飞机和船舶的通行，在经济条件许可和规定范围内，允许旅游者携带足够的可兑换货币，在离境时可兑换剩余的所在国货币等。

相关知识6-4：

入世5年中国旅游业在发展中壮大

加入WTO是中国深化对外开放的战略举措，旅游业作为服务贸易领域的重要行业，被称作对外开放的"排头兵"，在加入WTO的进程中，旅游业的对外开放也走在了前列。

一是认真履行入世承诺。从我国入世谈判的具体内容看，旅游业的开放主要是饭店和旅行社领域。截至目前，旅游业已提前兑现了大部分的承诺内容。在饭店（包括公寓楼）和餐馆领域，如期兑现有关承诺，对设立独资企业也没有限制；允许海外投资者和内资饭店从境外聘请饭店管理集团、高级经营管理人员，在"商业存在"、"自然人流动"方面已无限制；针对"境外消费"没有限制的承诺内容，及时将涉外饭店星级标准修订为饭店星级标准，统计对象由原来的涉外饭店修改为星级饭店，实现了我国饭店统计口径与世界旅游业的接轨。在旅行社领域，如期兑现了降低注册资本的承诺；提前1年多兑现了允许外资设立控股旅行社的承诺；提前3年兑现了允许外资设立独资旅行社的承诺；2005年2月，在对《设立外商控股、外商独资旅社暂行规定》的修订中，宣布取消了设立地域的限制。

续表

二是入世开放成绩斐然。截至目前，进入中国市场的境外饭店品牌已达49个；外资在中国设立的旅行社已达25家，其中独资11家、外资控股5家、合资9家。在入境旅游方面，进一步便利了外国游客前往中国旅游，2005年入境过夜旅游者4 680万人次，比2001年增长了41%，居世界第4位；旅游外汇收入293亿美元，比2001年增长64%，居世界第6位，中国已成为全球最具魅力和安全的旅游目的地之一。出国旅游虽不属于中国入世承诺的开放内容，但与入世以后中国进一步扩大对外开放是密不可分的，2001年中国公民出境旅游目的地有18个（含港澳），组织出境旅游的旅行社67家，出境旅游人数1 213万人次，其中由旅行社组织的369万人次；截至2006年，中国公民出境旅游目的地国家和地区已达132个，2006年1—10月，中国公民出境旅游人数达到2 855万人次，中国已成为亚洲最大的客源输出国。在国内旅游方面，中国已成为全球最大的国内旅游市场，2005年国内旅游已达12.1亿人次，旅游收入5 286亿元，分别比2001年增长53%、50%，旅游已成为与人民群众生活息息相关的消费内容。

三是积极应对入世挑战。为了统一和提高全行业对入世影响的认识，入世前后，各级旅游局组织开展了多种形式的培训班，普及世贸知识，学习入世承诺，领会世贸规则，全行业对入世的意义和影响有了明确认识，履行世贸规则的自觉性和积极性明显提高。为了适应加入WTO的要求，2001年国家旅游局集中进行了法规规章的清理，确定保留23件、修改27件、废止19件；2002年以后，又根据实际需要陆续制定了10项部门规章（其中，2项为修订，1项为补充）；2003年，公开出版了《中国旅游法规全书》，履行了为WTO成员查询旅游法规提供便利的义务。为了提高行政效率，减少和规范旅游行政审批，2005年底发布了《国家旅游局行政许可实施暂行办法》。同时，积极推行政务公开和公共服务信息化，加快电子政务建设，建立规范的政务信息发布制度，及时发布政务信息，增强了公共服务的公信力。从旅游企业的规模和实力来看，现在我国已经拥有5家固定资产在百亿元以上的旅游集团，具备了初步的国际竞争力。国内旅游企业与国际旅游大企业之间的差距正在不断缩小。

（资料来源：金启宁. 中国旅游报. 2006－12－11）

四、简化旅游手续原则

简化旅游手续（simplify travel procedures），是指各国为促进和鼓励旅游者的国际旅行、访问和旅游逗留，所采取的协调一致的政策和行动。简化旅游手续，主要包括出入境签证、海关程序、旅行服务的便利状况等，不仅直接影响到旅游目的地的吸引力和客流量大小，而且对旅游服务贸易的发展具有十分重要的作用和影响。

为了保障人们的旅游权利，促进旅游的自由化，除了世界各国有关简化旅游手续的双边协议外,一些政府间国际组织也努力促进国际旅游手续的简化和便利化,如世界旅游组织在《海牙旅游宣言》中,要求各国简化旅游、旅行、访问和逗留的手续,并明确提出简化旅游手续的原则和要求。世界旅游组织认为,与旅游者有关的手续包括护照和签证、货币和换汇控制、海关条例和健康手续等,各国在这些方面的法规规定、手续烦琐、程序复杂和工作效率低下,已经成为制约国际旅游发展的障碍。因此,为了促进国际旅游和服务贸易的发展,各国应从以下方面来简化旅游手续。

（一）制定简化旅游手续的法规和政策

世界旅游组织明确要求,各国都应支持简化旅游、旅行、访问和逗留手续的《布达佩斯公约草案》,支持世界旅游组织关于把放宽旅游服务纳入《服务贸易协定》谈判之中的主动行动,确立旅游在本国优先事项中的地位,正确协调简化旅游手续和旅游者安全保护的关系,努力减少旅游限制性立法的影响,制定合适的法律法规和政策,以确保简化旅游手续规定的有效协调和实施。

（二）简化旅行证件、护照和签证等手续

世界旅游组织明确提出,各国应不断完善本国简化旅游手续的政策和规定,对旅行人员发放旅行证件、护照、签证和海关出入境实行简化手续,尤其是对青少年、老年人及特殊旅游团体实行更为简化的旅游手续,对残疾人的旅行、访问和逗留提供更为便利的条件,以满足他们的特殊需要和要求等。

（三）提高旅行通关工作和公共服务效率

世界旅游组织明确规定,各国应提高移民局官员、海关人员、旅游和公共部门的服务人员对旅游的认识,努力提高通关工作效率和公共服务质量,各国应欢迎和尊重所有旅行人员和旅游者,避免采取任何歧视性政策或出现歧视性行为,并采取有效措施确保旅游者在各国逗留期间的旅游权益得到尊重等。

五、旅游安全和保护原则

旅游安全（tourist safety）,是指包括旅游者人身财物安全、旅行活动、旅游设施和旅游点等在内的安全,这是实现和保证旅游者的旅游活动安全,促进旅游服务贸易的重要保障。对旅游安全问题,一些世界性和地区性政府间组织,如世界卫生组织、国际民航组织、国际海事组织和世界劳工组织等已制定了大量法律法规,并发布了许多指导性文件和规定,尤其是世界旅游组织在各种旅游宣言、旅游权利法案及有关旅游文件中,都对旅游安全做出了明确的规定和要求,主要包括以下方面。

（一）建立旅游安全法律法规和政策

关于旅游者、旅游设施和旅游点安全与保护的国际规则和法律,是国际社会和各国立法中一项长期坚持不懈的活动。因此,国际社会应通过建立双边、地区间和世界范围内的国际合作，建立一系列有关旅游安全方面的国际规则；同时各国也应把旅游安全作为国家法规和政策的一部分，制定和实施保障旅游者安全的法规和政策，以切实保障旅游者的人身财物安全，保护旅游设施和旅游点的安全。

（二）制定旅游安全的预案和措施

为了切实保证旅游者、旅游设施和旅游点安全，各国应遵循有关国际规则和各国法律法规，根据本国政治和行政组织的特点，建立处理旅游安全问题的专门机构，并以协商和相互交流等方式，加强各级旅游部门、旅游企业与旅游安全相关机构或公司的合作，制定应对各种安全事故发生的预案，并采取一系列可行而有效的措施，使在自然灾害、重大事故、疫病流行及恐怖活动构成威胁时，旅游者的安全能够得到保证，并尽可能减少或避免对旅游设施和旅游点的损害。

（三）加强旅游安全教育和交流

重视保护旅游者的身心健康，维护旅游者作为消费者的权益，切实保存和保护世界遗产和生态环境等，都是现代旅游发展的重要部分。因此，必须加强人们的旅游安全教育，采取必要的形式进行旅游安全培训，尤其是对旅游者、旅游经营者、旅游服务人员、旅游行政管理者及相关机构人员的培训，并及时对旅游专业人员和公众提供旅游安全信息，以促进和提高人们对旅游安全的认识。同时，要在执行各国法规和有关的国际规则中，促进各国旅游安全与保护专家、旅游专业人员之间的交流，在必要情况下交换旅游安全与保护方面的经验和专家，互相提供旅游安全的技术援助等。

（四）妥善处理各种旅游安全事故

旅游安全事故发生后，旅游接待国应采取有关切实可行的措施，妥善处理好各种旅游安全事故。对旅游接待国或接待地，在旅游者遭到严重损害特别是遭受恐怖主义行动之害时，应通过外交使团或领事馆，立即向旅游者原籍国提供受害者的状况、发生事故的原因等所有必要的情况；要保证对遭受人身和财物损害的旅游者用最快的方式通知其家属，保证在必要情况下旅游者能够享有迅速和合理的医疗保健；要尽快将遭受人身和财物损害的旅游者送回原籍国，将寻找到的被窃物品送回受害旅游者的原籍国；保证遭受人身和财物损害的旅游者在有关国家法庭特别是刑事犯罪法庭对肇事者提出诉讼的自由，而不必承担一般情况下对外国人的要求，并在需要情况下得到有关国家司法机关的帮助等。

六、国际旅游者权益规则

国际旅游者在旅游目的地国家享有何种权益，国际上一般没有明确的规定。但是，鉴于国际旅游的特殊性和促进旅游服务贸易的需要，尤其是在旅游目的地国家旅游的国际旅游者通常都被视为外国人，因此各国都参照国际上有关外国人待遇的立法和实践，按照国民待遇原则和最惠国待遇原则，给予国际旅游者享有国民待遇和最惠国待遇。同时，有关国际组织还结合国际旅游者的特点，对有关国际旅游者权益提出了具体的规定和要求。

（一）国民待遇原则

国民待遇原则（national treatment principle），是一国通过国际条约或国内法律规定，对进入本国境内的所有外国人给予享有本国国民所享有的权益，目的是消除对外国人的歧视性待遇，保障外国人与本国人具有平等的地位。在具体实践中，对国民待遇原则的执行有无条件国民待遇、附条件国民待遇和特定国民待遇三种方式。无条件国民待遇，是一种绝对的、没有任何条件的国民待遇，因此实践中比较少见；附条件国民待遇，是根据本国与外国之间订立的双边或多边国际条约规定，在约定范围内给予缔约对方或多方国家的国民进入本国后的国民待遇，是实践中比较广泛运用的主要方式；特定国民待遇，是一国通过国内法律规定，有限制地给予入境外国人在某些方面的国民待遇，由于其不受国际条约的约束，因此稳定性不如附条件国民待遇。

按照国民待遇原则，各国对国际旅游者基本上适用附条件国民待遇方式，即对凡是订立了双边或多边国际条约规定的国家，其国民进入本国境内后享有与本国旅游者同等的旅游权益和义务。世界旅游组织在《旅游权利法案和旅游者守则》等文件中，也对外国旅游者的国民待遇做出了原则性规定，要求各国应当在不妨碍为了国家利益对领土的某些区域采取限制性措施的情况下，允许外国旅游者在本国自由往来；对待外国旅游者不允许采取任何歧视性措施；为外国旅游者及时提供行政和法律方面的服务，提供有关旅游设施、公共卫生和有关条件的客观、正确和完整的信息；使外国旅游者能够享有人身财产的安全，保护旅游者的消费权利；允许外国旅游者能够及时与领事代表联系，并使用国内和国际的公共通讯设施等。

与此同时，世界旅游组织在《旅游权利法案和旅游者守则》等文件中还规定，外国旅游者也必须履行相应的义务，遵守旅游地国家的法律法规和制度，尊重该国已确立的政治、经济、社会、道德和宗教等方面的秩序，理解和尊重该国的文化习俗、信仰和行为，自觉地爱护和保护自然和文化遗产等。并根据附条件国民待遇方式，明确规定旅游地国家有权以国家安全、公共秩序和社会公共利益等理由，规定国民待遇的例外，如在战争或戒严、重大灾害、突发公共事件等紧急情况下，限制国际旅游者的旅游活动和行为等。

（二）最惠国待遇原则

在现代国际经济贸易中，由于各国都致力于发展国际旅游，促进旅游服务贸易的发展，因此都倾向给予外国旅游者优于一般外国人待遇的规定。所谓最惠国待遇原则（most favoured nation treatment），是一国通过国际条约或国内法律规定，对进入本国境内的不同国家的外国人给予享有本国国民所享有的权益，其目的是消除在外国人之间的歧视性待遇，保证在本国境内的所有外国人待遇一律平等。

最惠国待遇通常具有三种基本形式：一是单方面无条件的最惠国待遇，即一国单独在各种权利上给予入境的外国人享有最惠国待遇的权益，而且不要求对方国家给予对等的回应；二是互惠而无条件的最惠国待遇，即缔约国之间在条约规定范围内的所有权益上，相互对入境的外国人给予最惠国待遇的权益；三是互惠而有限制的最惠国待遇，即缔约国之间在条约规定的特定权益上，相互对入境的外国人给予最惠国待遇的权益。在上述三种形式中，第一种是比较片面的最惠国待遇，因此实践中比较少见；比较多的情况是第二种形式，广泛使用的是第三种形式。

根据国际上有关最惠国待遇的规定和形式，世界旅游组织的有关文件、条款和各国的法律法规，对国际旅游者的最惠国待遇做出了原则规定，主要表现在两方面。一是对相邻国家的入境旅游者给予一定的特权和优惠，如互免签证，自用车辆不需要申报，相互承认驾驶执照等；二是对入境的外国旅游者给予特殊的优惠待遇，如签发专门的旅游签证，简化入出境手续，设立免税商店或出口商品退税，放宽外国旅游者携带外币的数额，优先对外国旅游者理赔人身或财产损失等。这些规定并没有背离最惠国待遇原则的要求，而是最惠国待遇的例外情况，是对最惠国待遇原则在旅游服务贸易中灵活变通的运用。

七、可持续旅游发展规则

旅游发展的前提条件是丰富的自然旅游资源，人文旅游资源及良好的环境条件。由于旅游与资源、环境有密切的相互关系，因而各国必须走可持续旅游发展的道路。可持续旅游发展（tourism sustainable developing），是指在充分考虑旅游与自然资源、社会文化和生态环境相互作用和影响的前提下，把旅游开发建立在生态环境承受能力之上，努力谋求旅游与自然、文化和人类生存环境协调发展，并造福子孙后代的一种发展模式，其目的在于为旅游者提供高质量的感受和体验，提高旅游目的地人民的生活质量，并切实维护旅游者和旅游地人民共同依赖的环境质量。

相关知识6-5：

可持续发展

可持续发展，是在充分考虑经济发展与自然资源、生态环境和社会文化相互作用和影响的前提下，把经济社会发展建立在生态环境承受能力之上，努力谋求经济发展与自然、文化和人类环境相协调，并福及子孙后代的一种经济发展模式。可持续发展的内容，包括经济、社会和环境的可持续发展。

世界旅游组织和有关国际组织在促进可持续旅游发展方面做了大量工作，并对实现可持续旅游发展提出了一系列的规定和要求。早在《马尼拉世界旅游宣言》、《海牙旅游宣言》、《旅游持续发展现代战略》等文件中，就强调保护自然、文化和人文环境的不受损害，是发展旅游业的一个基本条件，提出把旅游发展从传统的增长模式转到提高环境质量、增加社会就业、改善地方福利的可持续发展模式。1995 年，世界旅游组织遵循《环境与发展里约宣言》和《21 世纪议程》提出的原则和方法，制定了《可持续旅游发展宪章》和《可持续旅游发展行动计划》，1997 年又与世界旅游理事会和地球理事会一起，共同发布了《关于旅游的 21 世纪议程》，以后又相继召开了一系列政府间国际旅游会议，确定了可持续旅游发展的国际规则和行动纲领，以推动旅游服务贸易和世界旅游可持续发展。

根据世界旅游组织有关会议和文件，有关可持续旅游发展的国际规则和要求，主要体现在旅游发展的公平性原则、共同性原则、协调性原则、可行性原则等方面。

（一）公平性原则

公平性原则强调，必须从三个层面上来体现旅游发展的公平性，以真正促进和实现可持续旅游发展。一是要保证所有人享有平等的旅游权利，即不论其国籍、种族、性别、年龄及经济、社会、文化等方面存在多大的差异，每个人都应该平等地享有旅行、游览、访问和逗留等旅游权利，并通过旅游来提高他们的生活质量；二是保证所有国家都能够公平利用地球资源，即不论是发达国家还是发展中国家，都应该拥有平等开发利用自然资源、人文资源和生态环境的权利，并从旅游发展和旅游服务贸易中获得公平的利益，以促进所有国家经济社会的发展；三是保证在满足现代人需求的同时，不妨碍后代人满足他们自己需求的发展，尤其是要在保持文化完整、维护生态环境、保护生物多样性和生命支持系统、增强未来发展机会的前提下，使现实旅游者的需要和东道国经济社会发展的需求得到满足。

（二）共同性原则

共同性原则强调，可持续旅游发展体现了对全球可持续发展战略目标的承诺，必须得到世界各国政府、社会团体和广大公众的参与和支持，才能实现旅游可持续发展的目标。因此，为了促进可持续旅游发展，所有从事旅游和与旅游相关的机构和人员，都应该努力提高可持续发展的意识，坚持可持续发展全局观念，团结一致、互相尊重、积极参与，共同为旅游可持续发展作出贡献。要保护和体现开发中社区的利益，强调为所有的人提供获得旅游开发机会和环境保护的平等机会，并通过加强资源和环境保护的培训，促进所有社区成员（包括妇女、儿童、年轻人、老年人、职工和本地人）都积极参与环境保护事务，并享受旅游发展所带来的利益。

（三）协调性原则

协调性原则提出，为了实现全球可持续旅游发展，必须加强各国政府部门、旅游管理机构、国家和国际行业组织之间的合作，为实现可持续旅游发展提供一个协调机制，以保证各国政府为可持续旅游发展所制定的政策连贯一致；要建立有效的利益相关者之间的伙伴关系，促进国家之间、旅游企业之间的信息交流，以指导各国开发更加可持续性的旅游活动和旅游产品；各国政府要采取创新措施和激励手段促进可持续旅游发展，推广像"绿色地球活动"等负责任的可持续旅游管理工具，保证旅游企业按照对环境负责的方式开展经营活动所必需的基础设施；鼓励旅游和相关部门、旅游企业提高环境管理知识，帮助他们接受关于降低能源和原材料的消耗，实现废弃物排放最小化、洁净水资源管理和污水管理的合适目标等。

（四）可行性原则

可行性原则要求，各国应制定可持续旅游的行动纲领，使可持续旅游发展成为核心管理职能的一部分，并确立可行的系统、程序和应采取的行动，及时和正确地评估可持续旅游的政策和行动；积极研究、开发和运用污染小、效能高、社会文化适宜、世界各地共享的新技术、新工艺和新产品，检查和评估新产品对环境、社会、文化和经济的潜在作用和影响，并通过有关国际旅游和环保机构交流和提供有关解决环境问题的信息，努力寻求解决好各国环境方面存在的问题等。

第四节　旅游服务贸易相关规则

一、国际旅客运输规则

在旅游服务贸易中，旅客运输服务既是旅游活动的主要构成要素，又是实现旅游服务贸易的重要环节。由于国际旅客运输与国内旅客运输相比，具有其自身的特殊性，因此世界各国不仅制定规范旅客运输服务的国内法规，还通过缔约或参与国际多边协定，以统一国际旅客运输的法律规范，确定国际旅客运输的基本规则。

（一）国际旅客运输的特点

国际旅客运输（international passengers transport），是指利用各种交通工具和相关设施，在规定的时限内，按照确定的交通线路，为国际旅客提供跨国空间移动的服务活动。国际旅客运输与国内旅客运输相比较，具有以下几方面的特殊性。

1. 国际旅客运输对象的确定性。国际旅客运输的目的，是为旅客提供跨国空间移动的服务，其服务对象既是旅客本人的跨国移动，也包括旅客所携带的行李物品等，简言之，就是以支付运输服务票款的旅客及其携带行李为对象。因此，国际旅客运输的目的和对象是比较确定的。

2. 国际旅客运输方式的多样性。国际旅客运输的交通工具有飞机、火车、汽车、船舶、缆车等，相关设施包括各种机场、车站、港口、码头等设施，通过利用各种交通工具和相关设施，就形成了多样性的旅客运输方式，如航空运输、铁路运输、海上运输、内河运输、公路运输，以及上述各种运输方式相组合的联合运输等。

3. 国际旅客运输关系的复杂性。由于国际旅客运输的对象是旅客的跨国移动，而运输方式又具有多样性，形成了国际旅客运输关系的复杂性，不仅有旅客与承运人之间的运输服务关系，还涉及跨国旅客的国际保险关系，跨国承运商之间的交易关系，交通工具的租赁关系，各种运输相关设施的使用关系等。

（二）国际旅客运输的条约

鉴于国际旅客运输的特殊性，为了形成统一的国际旅客运输法律规范，世界各国通过相互谈判和协调，成立国际运输组织，缔结国际运输公约，签订双边或多边条约，建立国际旅客运输规则，以促进国际旅客运输贸易的发展，保障国际旅客运输安全等。目前，已经成立的国际旅客运输组织，主要有国际民用航空组织、国际航空运输协会、国际海事组织、国际铁路联盟、国际公路联盟等，在这些国际运输组织的积极努力下，世界各国已经陆续签订了有关航空、海运、铁路、公路等方面的国际条约。

在国际航空旅客运输方面，1929 年在华沙签订了《统一国际航空运输某些规则的公约》（称《华沙公约》），明确规定了公约的适用范围，承运人责任制度，损害的范围、性质和赔偿期限，责任限额、计算单位及诉讼管辖和期限等；1944 年，成立了国际民用航空组织，制定了《国际民用航空公约》，以促进国际民用航空的安全和秩序，推动国际民航事业的发展；之后，为进一步保护旅客利益，加强航空承运人责任，又签订了《海牙议定书》（1955 年）、《瓜达拉哈拉公约》（1961 年）、《危地马拉议定书》（1971 年）和《蒙特利尔议定书》（1975 年）等，对《华沙公约》作进一步的修订、补充和完善，使《华沙公约》体系成为国际航空运输最重要的国际法典。

在国际海上旅客运输方面，1948 年的联合国国际海运会议上，制定了《政府间海事协商组织公约》，成立了联合国海事组织，负责协调有关海上安全、海上航行和运输、海上责任等方面的事务及公约的制定等；1961 年各国签订了《统一海上旅客运输某些规则的国际公约》（简称《布鲁塞尔公约》），明确对海运承运人的责任，旅客死亡及人身伤害的赔偿责任限额，行李损失责任与赔偿限额，赔偿请求的提出与诉讼时效等做出了明确规定；1974 年又签订了《海上旅客及其行李运输雅典公约》（简称《雅典公约》），并于 1976 年和 1990 年发布了两个修正案，共同构成了《雅典公约》体系，成为国际海上旅客运输的重要法典，在规范和协调国际海上旅客及其行李运输中起着核心作用。

在国际陆路旅客运输方面，1922 年成立了国际铁路联盟，以促进国际合作，改进铁路运输技术和装备，完善铁路营运方法，推动国际铁路运输的发展；1961 年签订了《国际铁路运输公约》，对铁路承运人责任，国际旅客人身安全及赔偿，行李损害责任及赔偿，诉讼时效等做出了明确规定；1973 年，联合国欧洲经济委员会通过了《国际公路旅客和行李运输合同公约》，1978 年颁布了《国际公路旅客和行李运输合同公约议定书》，明确了公约的适用范围，并对公路旅客运输单位，承运人的责任，旅客伤亡及行李损害，索赔及赔偿限额，诉讼管辖及时效等做出了规定。

（三）国际旅客运输基本规则

从国际旅客运输组织的成立宗旨和各种条约的规定看，关于国际旅客运输的法律规范逐渐协调和统一，并从对人的生命价值和安全性考虑，注重国际旅客的安全保障，明确国际旅客运输承运人的义务和责任，同时对如何实施国际旅客运输规则作出规定，对违反国际规则的行为制定了相应的罚则和赔偿责任。具体讲，国际旅客运输的基本规则主要有以下方面。

1. 明确承运人责任制度。各种国际旅客运输条约都明确规定，运输凭证是旅客和承运人建立合同关系的凭据，当旅客购买了客票及行李票后，旅客和承运人之间就建立了合同关系，承运人就应对旅客及其行李承担运输期间的责任，一旦发生旅客伤亡或行李受到损害，则承运人即为犯有过失，就应该承担赔偿责任。同时，为了区分不可控因素造成的损害，还规定了承运人免责原则，即承运人能够举证其没有过失或不完全是其过失的，则可以免除或减轻承运人的责任。

2. 规定赔偿责任及限额。为了明确对国际旅客伤亡和财物损失的赔偿，各种国际旅客运输条约都明确规定了赔偿责任及限额。

《华沙公约》规定，承运人对每位国际旅客的损害赔偿限额为 250 000 金法郎，对每公斤行李赔偿限额为 250 金法郎，对每位国际旅客手提行李的赔偿限额为 5 000 金法郎；《雅典公约》规定，承运人对每位国际旅客的人身伤害赔偿限额为 700 000 金法郎（1990 年修订为 2 625 000 金法郎），对每位国际旅客携带行李赔偿限额不超过 125 000 金法郎（1990 年修订为 27 000 金法郎），对车辆，包括车内和车上所有行李的损害所承担的赔偿责任每辆车不超过 50 000 金法郎（1990 年修订为 150 000 金法郎），对其他行李的损害赔偿责任不超过 18 000 金法郎（1990 年修订为 40 500 金法郎）。

《国际铁路运输公约》规定，承运人对国际旅客的损害赔偿责任，在各国规定的最高限额下，赔偿额不得低于每位旅客 20 000 金法郎，若发生重大过错造成旅客伤亡的赔偿额，可以超过各国规定的最高赔偿限额，对行李损害的赔偿额一般为每公斤 20 金法郎，最高赔偿限额为每公斤 40 金法郎。

《国际公路旅客和行李运输合同公约》，在同一事件中，承运人对旅客人身伤害的总赔偿金额每人不超过 250 000 金法郎，行李赔偿为每件不超过 500 金法郎，每人不超过 2 000 金法郎，特殊情况下由合同当事人双方商定更高的赔偿额。

3. 规范诉讼管辖和时效。为了规范国际旅客运输中的诉讼管理，各种国际旅客运输条约还明确规定了诉讼管辖、索赔期限和诉讼时效等。对诉讼管辖，一般都规定了原告选择管辖和当事人协议管辖的原则，诉讼法院既可以是原告所在地、被告所在地法院，也可以选择合同约定的具有管辖权的他国法院，或者由当事人双方议定的任何法院。

对索赔期限和诉讼时效，各种国际条约也有明确规定。如《华沙公约》规定，行李损害的索赔期限为 7 天，行李迟到的索赔期限为 14 天，所有国际旅客航空运输的法律诉讼时效为 2 年；《雅典公约》规定，旅客人身伤亡或行李损害提起诉讼的时效为 2 年，最多不超过 3 年；《国际铁路运输公约》规定，旅客人身伤亡必须在事故发生 3 个月内报案，诉讼时效为 3 年，行李损害的时效为 1 年，承运人有重大过错的可延长至 2 年；《国际公路旅客和行李运输合同公约》规定，因旅客伤亡或任何其他肉体、精神伤害提起的诉讼时效为 3 年，最长不超过 5 年，而其他原因提起的诉讼时效为 1 年。

二、世界遗产保护国际规则

相关知识 6-6：

世界遗产标志

世界遗产标志：它象征着文化遗产和自然遗产之间相互依存的关系。中央的正方形是人类创造的象征，圆圈代表大自然，两者密切相连。这个标志呈圆形，既表示全世界，也表示着它需要人类给予保护。

世界遗产是国际国内旅游的重要吸引物，也是国际旅游服务贸易的重要内容。但是，随着现代旅游和经济社会的发展，过度的旅游开发和不完善的旅游管理已威胁到世界遗产的特点和完整性，而没有节制的经济发展则对自然生态环境造成严重的破坏和影响。因此，为了保护世界遗产资源，促进旅游服务贸易的发展，世界各国和国际组织做了不懈的努力，并为此制定了许多重要的国际条约，规定了世界遗产保护的职责、任务和国际规则。

（一）世界遗产的类型

世界遗产（world heritages），是有关特殊自然环境、有价值的古迹遗址和濒危传统特色文化的统称，按照 1972 年联合国教科文大会通过的《保护世界文化和自然遗产公约》，2003 年通过的《保护非物质遗产公约》及相关文件，世界遗产主要包括以下几种基本类型。

1. 文化遗产（cultural heritages）。按照《保护世界文化和自然遗产公约》规定，凡属于下列各类内容之一者可列为文化遗产：一是文物，即从历史、艺术或科学角度看，具有突出、普遍价值的建筑物、雕刻和绘画，具有考古意义的成分或结构，铭文、洞穴、住区及各类文物的综合体；二是建筑群，即从历史、艺术或科学角度看，因其建筑的形式、同一性及其在景观中的地位，具有突出、普遍价值的单独或相互联系的建筑群；三是遗址，即从历史、美学、人种学或人类学角度看，具有突出、普遍价值的人造工程或人与自然的共同杰作以及考古遗址地带。

2. 自然遗产（natural heritages）。按照《保护世界文化与自然遗产公约》规定，凡是符合下列规定之一者可列为自然遗产：一是从美学或科学角度看，具有突出、普遍价值的由地质和生物结构或这类结构群组成的自然面貌；二是从科学或保护角度看，具有突出、普遍价值的地质和自然地理结构以及明确划定的濒危动植物物种生态区；三是从科学、保护或自然美角度看，只有突出、普遍价值的天然名胜或明确划定的自然地带。

3. 非物质文化遗产（intangible cultural heritages），全称为"口头及非物质文化遗产"。根据联合国教科文组织的定义："非物质文化遗产，是指被各群体、团体、有时为个人视为其文化遗产的各种实践、表演、表现形式、知识和技能及其有关的工具、实物、工艺品和文化场所。各个群体和团体随着其所处环境、与自然界的相互关系和历史条件的变化不断使这种代代相传的非物质文化遗产得到创新，同时使他们自己具有一种认同感和历史感，从而促进了文化多样性和人类的创造力。"非物质文化遗产主要包括五个方面：口头传说、表述和作为非物质文化遗产媒介的语言、表演艺术、社会风俗、礼仪、节庆，有关自然界和宇宙的知识和实践，传统的手工艺技能等五方面；其具体表现形式包括语言、文学、音乐、舞蹈、游戏、神话、礼仪、习惯、手工艺、建筑艺术及其他艺术，除此之外还包括传统形式的联络和信息等。

（二）世界遗产保护条约

长期以来，联合国教科文组织、国际古迹遗址理事会、世界旅游组织等国际组织，积极倡导对世界遗产的保护，制定通过了一系列的国际条约，并在各种国际会议上通过了相关的文件，概括起来主要有以下方面。

1. 世界遗产保护公约。主要有联合国教科文组织在各种会议上通过的公约，如1954年海牙会议上通过的《武装冲突情况下保护文化财产公约》，1972年巴黎会议上通过的《保护世界文化与自然遗产公约》，2001年巴黎会议上通过的《保护水下文化遗产公约》，2003年通过了《保护非物质遗产公约》等。

在《保护世界文化与自然遗产公约》中，明确提出对文化和自然遗产的确定、保护、保存、展出和遗传后代是有关公约缔约国家的责任，在充分尊重文化和自然遗产所在国的主权，并不使国家立法规定的财产权受到损害的同时，各国文化和自然遗产是世界遗产的一部分，因此整个国际社会都有责任合作并予以保护。并指出对世界文化和自然遗产的国际保护，是支持公约缔约国保存和确定世界遗产的国际合作援助系统，有关缔约国应根据公约的规定，按照有关国家的要求，帮助该国确定、保护、保存和展出文化和自然遗产，各缔约国不得故意采取任何可能直接或间接损害其他缔约国领土内的文化和自然遗产的措施。同时，还在公约中对建立世界遗产委员会来履行和监督公约的实施，建立保护世界文化和自然遗产基金，国际援助的条件和安排，教育培训计划及有关条款都做出了明确的规定。

2. 世界遗产保护宪章。主要有各种国际组织从不同角度，制定和通过的保护历史遗产的宪章。如 1931 年在雅典召开的第一届国际历史遗迹建筑科技大会，制定了《关于历史遗迹修缮的雅典宪章》；1933 年在雅典召开的国际现代建筑学会第四次会议，拟定了《城市规划大纲雅典宪章》，强调了要对有历史价值的建筑和地区进行有效的保护；1964 年在威尼斯举行的第二届历史古迹建筑师和技师国际会议上，通过了《国际古迹保护与修复宪章》，即著名的威尼斯宪章；1979 年国际古迹遗址理事会在澳大利亚南澳旧矿镇巴拉会议上，通过了《保护具有文化意义地方的宪章》，又称为巴拉宪章，进一步规定了对国际古迹的保护原则、保护程序和保护行动等；1982 年国际古迹遗址理事会又制定了《佛罗伦萨宪章》，明确规定对历史园林的维护、保护、修复、重建和利用，并提出了有关法律和行政保护的要求等；1987 年在华盛顿召开的国际古迹遗址理事会全体会议上，通过了《保护历史城镇与城区宪章》，确定了保护的原则、目标、方式及手段等；1990 年在瑞士洛桑国际古迹遗址理事会大会上，通过了关于保护和管理考古遗址的 ICOMOS 宪章；1996 年在国际古迹遗址理事会的索菲亚会议上，通过了《关于水下文化遗址的保护与管理的宪章》；1999 年在墨西哥国际古迹遗址理事会第 12 次会议上，通过了《国际文化旅游宪章》，强调了旅游与文化遗址之间互相依存的动态关系，提出了文化旅游必须遵循的六条基本原则。2002 年在上海举行的国际博物馆协会亚太地区第 7 次大会上，通过了《上海宪章：博物馆、非物质遗产与全球化》，提出了一系列有关博物馆和非物质遗产保护的建议。

3. 世界遗产保护相关文件。主要有各种国际组织或会议通过并发布的各种建议和宣言等，如 1956 年在新德里召开的联合国教科文组织第 9 届大会上，通过了《关于考古发掘的国际原则的建议》，提出了考古发掘的定义、总的原则及关于发掘和国际合作规则等内容；1962 年在巴黎召开的联合国教科文组织第 12 届大会上，通过了《关于保护景观和遗址的风貌与特性的建议》，并提出了具体的保护措施和要求；1976 年在内罗毕召开的联合国教科文组织第 19 届会议上，通过了《关于历史地区的保护及其当代作用的建议》，对有关历史地区保护的国家和地方政策、保护措施、保护研究和教育等提出了具体的建议和要求；1978 年在巴黎召开的联合国教科文组织第 20 届会议上，通过了《关于保护可移动文化财产的建议》；1994 年在泰国召开的联合国教科文组织世界遗产委员会第 18 届会议上，通过了《关于文化遗址真实性的奈良宣言》，强调要进一步明确文化遗址真实性的有关概念和实施原则；1998 年，来自中国 15 个和欧盟 9 个历史城市的市长或其代表，在中国苏州召开国际会议，并通过了《保护和发展历史城市国际合作苏州宣言》，提出各国历史城市应按照联合国教科文组织的有关规则，加强历史城市保护的国际合作。

（三）世界遗产保护规则

在上述各种国际条约和文件中，明确规定了有关世界遗产的保护、修复和利用规则，包括世界遗产审批规则、世界遗产保护规则、世界遗产修复规则和世界遗产旅游规则等，从而为保护、保存和修复世界遗产，展示历史文化遗迹和特色自然遗址，促进旅游服务贸易的发展起到了重要而积极的作用。对于世界遗产的保护规则，各种国际条约和文件有不同的规定，概括起来主要有以下方面。

1. 世界遗产审批规则。《保护世界自然和文化遗产公约》规定，当一个国家加入了本公约，并保证现在和未来保护本土上的文化和自然遗产后，就可以开始为把本国遗产列入《世界遗产名录》而进行提名和申报，由世界遗产委员会审批。具体审批规则是：

（1）各缔约国先把各国具有突出普遍价值的遗产地列出清单，并把经筛选有可能成为世界遗产者作为暂定名单呈报联合国教科文组织世界遗产中心；

（2）当一个缔约国决定把某地提名为世界遗产时，必须填写特制的提名表格，并按照世界遗产委员会制定的标准，说明为什么某地独具重要性而要求列入《世界遗产名录》，还要说明该处目前的保护和管理状况；

（3）由国际古迹遗址理事会（ICOMOS）或国际自然与自然资源保护联盟（IUCN），依据《保护世界文化和自然遗产公约》第一、第二条规定评审这些提名，并向世界遗产委员会推荐；

（4）世界遗产委员会每年举行一次世界遗产委员会会议，根据上述两个国际组织的有关专家对各国提名的遗产遗址进行实地考察而提出的评价报告，对申请列入名单的遗产项目进行审批，最后做出哪些入选《世界遗产名录》的决定，并正式向世界公布。

相关知识6-7：

世界文化和自然遗产提名标准

《保护世界文化和自然遗产公约》规定：凡提名列入《世界遗产名录》的文化遗产项目，必须符合下列一项或几项标准方可获得批准：代表一种独特的艺术成就，一种创造性的天才杰作；能在一定时期内或世界某一文化区域内，对建筑艺术、纪念物艺术、城镇规划或景观设计方面的发展产生过大影响；能为一种已消逝的文明或文化传统提供一种独特的至少是特殊的见证；可作为一种建筑或建筑群或景观的杰出范例，展示出人类历史上一个（或几个）重要阶段；可作为传统的人类居住地或使用地的杰出范例，代表一种（或几种）文化，尤其在不可逆

续表

转之变化的影响下变得易于损坏；与具特殊普遍意义的事件或现行传统或思想或信仰或文学艺术作品有直接或实质的联系（只有在某些特殊情况下或该项标准与其他标准一起作用时，此款才能成为列入《世界遗产名录》的理由）。

凡是列入《世界遗产名录》的自然遗产项目，必须符合下列一项或几项标准并获得批准：构成代表地球演化史中重要阶段的突出例证；构成代表进行中的重要地质过程、生物演化过程以及人类与自然环境相互关系的突出例证；独特、稀有或绝妙的自然现象、地貌或具有罕见自然美的地带；尚存的珍稀或濒危动植物物种的栖息地。

同时，联合国教科文组织还鼓励个人、团体、机构和组织，根据联合国教科文组织的宗旨，积极配合其有关纲领和1989年关于民间传统文化保护建议书，对有关的"口头及非物质遗产"进行管理、保存、保护和利用，并制定了关于由联合国教科文组织宣布为人类口头及非物质遗产优秀作品的评审规则。

2. 世界遗产保护规则。《保护世界文化和自然遗产公约》明确规定，为了保护、保存和展出各国领土内的文化和自然遗产，公约各缔约国应该采取积极有效的措施，结合各国具体情况做到以下几点：制定使文化和自然遗产在社会生活中起一定作用，并把遗产保护纳入全面规划计划的总政策；建立负责文化和自然遗产的保护、保存和展出的机构，配备适当的工作人员和为履行其职能所需的手段；开展文化和自然遗产保护的科学和技术研究，并制定出能够抵抗威胁本国文化和自然遗产的实际方法；采取为确定、保护、保存、展出和恢复文化和自然遗产所必需的法律、科学、技术、行政和财政措施；促进建立或发展有关保护、保存和展出文化和自然遗产的国家或地区培训中心，并鼓励进行这方面的科学研究。除了上述规定外，各有关国际组织也对各种古迹遗址、历史城市、历史园林的保护制定了具体而明确的规定。

3. 世界遗产修复规则。有关国际条约和文件指出，对文物古迹修复的目的是完全保护和再现文物古迹的审美和历史价值，因此必须尊重原始资料和确凿的文献依据，并对世界遗产的修复做出了规定，尤其是对各种古迹遗址、历史城市、历史园林的修复制定了详细的修复规则。

（1）对各种文化遗产的修复或重建，只有在明确和确认修复或重建后更有助于提升其文化意义时才是必要的。修复或重建前必须认真研究并掌握文化遗产的全面资料，在未经彻底研究和掌握有关修复或重建的资料，并确保此项工作能科学地实施之前，不得对某一文化遗产进行修复，特别是不得进行重建。

（2）对任何文化遗产项目修复工作开展之前，都必须根据有关规定进行研究准备，提出修复的方案和措施，并将其提交相关国际组织的专家组予以联合审查和批准，未经审查或批准而自行对文化遗产进行修复，有关国际组织将提出警告、责令停止修复工作并恢复原貌、甚至取消文化遗产的列名。

（3）对文化遗产的修复必须尊重其发展演变的各个相继阶段的实际，对任何时期均不应厚此薄彼；原则上文化遗产不宜重建，除非在例外情况下，由于损坏或破坏的程度影响到文化遗产的某些部分，才能根据尚存的遗迹或根据确凿的文献证据对其进行重建。

（4）为了在文化遗产修复或重建设计中体现其重要意义，修复尤其是重建工作应在最靠近文化遗产地或遗址的某些部分进行，并尽量保持遗迹的原貌和风格。

（5）当某文化遗产已经彻底消失或只存在其相继阶段的推测证据情况下，其重建的一切建筑物或遗址不能被认为是文化遗产。

4. 世界遗产旅游规则。国际组织条约和文件指出，文化和自然遗产是旅游的主要吸引物，旅游不仅给当地居民带来利益，而且是促进当地居民更加重视对文化和自然遗产保护的动力源泉，因此要协调好旅游发展与遗产保护的关系，使各种文化和自然遗产可以被现在和未来的人们所利用，实现可持续发展的目的。为了有效保护和合理利用世界遗产，有关国际条约和文件中明确规定了相应的规则。

（1）坚持遗产保护和利用协调原则，强调了旅游是文化交流的最佳载体，保护文化、自然和人文环境不受破坏是发展旅游业的基本条件，同时合理的旅游利用和管理能够对保护和发展文化和自然遗产，提高人们的生活质量作出积极的贡献。

（2）坚持提供遗产信息和教育原则，强调为了保护、保存和爱护世界遗产地的文化、自然和人文环境，应向当地居民和所有国内外游客提供有关信息和教育，给当地居民和来访游客一个了解当地遗产和文化的机会，以激发公众保护遗产并使之长期保存和利用的意识。

（3）坚持对遗产合理开发利用原则，通过采取积极有效的措施，保护和开发遗产地的人造或自然旅游资源，吸引游客从事各种有益的旅游活动；同时，保护和旅游开发应确保游客的体验是有价值的，令人满意和令人享受的，鼓励游客成为受欢迎的客人，保护和遵守当地的文化、环境和有关法律规定，尊重当地居民的社会价值观和生活方式。

（4）坚持可持续旅游发展原则，保护遗产和发展旅游之间的关系是动态变化的，其中包括价值的冲突，因此各国在旅游开发和管理中必须树立可持续发展观念，既要协调好保护与开发的关系，又要更加重视协调好现代和未来的关系，旅游促销计划应能对文化和自然遗产的特征起到保护作用，为后代人留下可持续发展的空间。

（5）坚持促进当地经济社会发展原则，遗产地的保护和旅游开发行为，应当对当地经济社会发展具有积极的促进作用，并且保证由此而创造收入的合理部分能用于保护遗产，加强文化交流和发展。

三、生态环境保护国际规则

人类既是其所处生态环境的创造物，又是其所处生态环境的塑造者。尤其现代旅游是一项人与自然协调共处的美好活动，旅游活动既依赖于良好的自然生态环境，同时又对自然生态产生作用和影响。因此，发展旅游服务贸易还必须遵循国际有关生态环境保护的规则，并在各种国际规则的指导下，努力在发展旅游的同时保护和促进生态环境的改善。

（一）生态环境保护的国际条约

保护和改善生态环境，不仅是关系到全世界各国人民的幸福和经济发展的重要问题，也是全世界各国人民的迫切希望和各国政府的责任。长期以来，联合国、有关国际组织和各个国家，为全球生态环境的保护与改善做了积极的努力，缔结和签订了许多有关生态环境保护的国际条约和文件，主要的有以下方面。

1. 关于人类环境保护的条约。随着世界各国经济社会的发展，对人类环境的保护越来越受到重视，以联合国为主的国际组织制定了许多有关保护人类环境的条约。主要的有：1972 年联合国人类环境会议上通过的《联合国人类环境宣言》，1982 年联合国会议上通过的《世界自然宪章》，1992 年联合国环境发展大会上通过的《联合国里约热内卢环境与发展宣言》和《21 世纪议程》，1992 年联合国各成员国缔结的《联合国气候变化框架公约》和 1997 年通过的《联合国气候变化框架公约京都议定书》，1997 年第三次世界气候大会通过的《关于减少温室气体排放的京都议定书》等。

相关知识 6－8：

生物多样性概念

生物多样性指的是地球上生物圈中所有的生物，包括动物、植物、微生物，以及它们所拥有的基因和生存环境。保护地球生物多样性，不仅可以为工业生产提供原料，还可以为人类提供各种特殊的基因，为培育动植物新品种提供基础。随着环境的污染与破坏，目前世界上的生物物种正在快速消失，消失的物种不仅使人类失去一种自然资源，还会通过食物链引起其他物种的消失，因此人类负有特殊的责任保护和妥善管理受到严重危害的野生生物后嗣及其产地。

---

2. 关于生物多样性保护的条约。对地球资源，尤其是生物多样性保护也是世界各国和国际组织十分重视和关心的问题，并为此制定了许多国际条约。主要的有：1971 年各国签订的《关于特别是作为水禽栖息地的国际重要湿地公约》，1973 年通过的《濒危野生动植物物种国际贸易公约》及 1983 年通过的该公约第 21 条的修正案，1978 年签订的《国际植物新品种保护公约》，1982 年第三届国家公园世界

大会上通过的保护生物资源的《巴厘宣言》，1992 年联合国环境发展大会上通过的《生物多样性公约》和《关于森林问题的原则声明》，1994 年通过的《联合国防治荒漠化公约》，2000 年在荷兰鹿特丹通过的《卡塔赫纳生物安全议定书》等。

3. 关于污染物防治的条约。在加强对人类环境和生物多样性保护的同时，以联合国为主的国际组织还制定了对污染物防治的各种条约。主要的有：1972 年通过的《防止倾倒废物及其他物质污染海洋公约》及 1996 年议定书，1973 年通过的《国际防止船舶造成污染公约》及 1978 年议定书，1980 年通过的《核材料实物保护公约》，1987 年制定的《关于化学品国际贸易资料交换的伦敦准则》，1989 年通过的《控制危险废物越境转移及其处置巴塞尔公约》及 1995 年修正案，1993 年通过的《关于海上焚烧问题的决议》和《关于海上处置放射性废物的决议》，1998 年通过的《关于在国际贸易中对某些危险化学品和农药采用事先知情同意程序的鹿特丹公约》，2001 年签署了《关于持久性有机污染物的斯德哥尔摩公约》等。

（二）生态环境保护的国际规则

根据联合国等国际组织制定的国际条约，有关对人类生态环境保护的国际规则是范围广、种类多，既有总体要求，又有具体规定，其中与旅游发展和旅游服务贸易有密切联系的相关规则，概括起来主要有以下几方面。

1. 共同保护人类环境原则。《联合国人类环境宣言》明确提出：人类有权在一种能够过着尊严和福利的生活的环境中，享有自由、平等和充足的生活条件的基本权利，并且负有保护和改善这一代和将来的世世代代的环境的庄严责任。为了共同保护人类环境，有关保护和改善环境的国际问题应当由所有的国家，在平等的基础上本着合作精神来加以处理，在正当地考虑所有国家的主权和利益的情况下，通过多边或双边的合作来有效防止、消灭或减少对环境的有害影响。

同时，各国都应该制定相关的环境政策共同保护人类环境，所有国家的环境政策应不损及发展中国家现有或将来的发展潜力，应不妨碍大家生活条件的改善。发达国家应该采取适当步骤，通过大量的财政和技术援助支持发展中国家的努力，克服由于不发达和自然灾害的原因而导致环境破坏造成的严重问题。各国和各种国际组织因就实施环境措施所可能引起的国内或国际经济后果达成协议，并提供可能需要的及时援助，支持各国人民反对污染的正义斗争。各国应对所有公民广泛地提供环境问题的信息，从而包括关于他们的社区内有害物质和活动的信息，以促进和鼓励公众对环境的了解和参与。

2. 合理利用地球资源原则。地球上的自然资源，其中包括空气、水、土地、植物和动物，是维持地球基本的生态过程和生命维持系统的基础，过度消耗和滥用自然资源而使自然系统退化，必然导致文明的经济、社会、政治结构的崩溃。因此，各国都通过周密计划和管理，对自然资源加以保护、合理利用，保存各种物种和生态系统，以造福今世和后代。

为了实现更合理的资源管理和利用，按照联合国宪章和国际法原则，各国拥有按自己的环境政策开发自己资源的主权，并有责任保证在他们管辖或控制之内的活动，不致损害其他国家的或在国家管辖范围以外地区的资源和环境；各国必须委托适当的国家机关对国家的自然资源进行规划、管理或监督，以养护大自然和自然资源，保证为了人民的利益，使发展保护和改善人类环境的需要相一致；对地球生产非常重要的资源再生的能力必须得到保持，而且在实际可能的情况下加以恢复或改善，生物资源的利用不得超过其天然再生能力；在使用地球上不能再生的资源时，应考虑到这些资源是否丰富，是否有可能合理地加以加工用于消费，必须防范将来把它们耗尽的危险，其开发与自然系统的发挥功能是否相容等因素而有节制地开发，并且必须确保整个人类能够分享从这样的使用中获得的好处。

3. 保护生物多样性原则。国际有关条约和协议还规定：为了保护濒临灭绝的植物和动物，最大限度地保护地球上的多种多样的生物资源，以造福于当代和子孙后代，各国应为保护和持续利用生物多样性制定国家战略、计划或方案，应尽可能将生物多样性的保护和持续利用订入有关的部门或跨部门计划、方案和政策内。

同时，各国应尽可能查明对保护和持续利用生物多样性的组成部分，选定、建立和管理需要保护的生物多样性地区，制订计划保护濒危的动植物，以确保这些生物资源得到保护和持续利用，并促进保护生态系统、自然生境和维护自然环境中有生存力的种群；在生物多样性已减少或退化地区，要通过制定和实施各项计划或其他管理战略，资助地方居民规划和实施补救行动，重建和恢复已退化的生态系统，促进受威胁物种的复原，并有效防止引进、控制或消除那些威胁到生态系统、生境或物种的外来物种。

在国家决策过程中，要充分考虑生物资源的保护和持续利用，鼓励其政府当局和私营部门合作制定生物资源持续利用的方法，采取有关利用生物资源的措施，保护并鼓励传统文化惯例中符合保护或持续利用要求的生物资源习惯使用方式，以避免或尽量减少对生物多样性的不利影响；发达国家应建立金融机构以帮助发展中国家实施清点和保护动植物的计划，以赠送或转让的方式向发展中国家提供新的补充资金，以补偿它们为保护生物资源而日益增加的费用，应以更实惠的方式向发展中国家转让技术，从而为保护世界上的生物资源提供便利。

4. 实施可持续发展原则。有关国际条约指出：人类处在关注持续发展的中心，他们有权同大自然协调一致从事健康的、创造财富的生活。为了促进可持续发展，各国应根据联合国宪章和国际法原则，按照各国的环境和发展政策开发各国的资源，履行发展的权利，这是可持续发展必不可少的条件，目的是缩小生活水平的悬殊和更好地满足世界上大多数人的需要。

环境保护应成为各国发展进程中的一个重要组成部分，不能把环境同发展进程孤立开看待，各国有责任保证发展不会对人类环境造成危害，以公正合理地满足当代和世世代代的发展与环境需要。在环境和发展领域采取的国际行动应符合各国的利益和需要，各国应本着全球伙伴关系的精神进行合作，通过科技知识交流，提高科学认识和加强包括新技术和革新技术在内的技术的开发、适应、推广和转让，从而加强为可持续发展形成内生能力，以维持、保护和恢复地球生态系统的健康和完整。

为了实现持续发展和提高所有人的生活质量，有关国际条约提出：各国应减少和消除不能持续的生产和消费模式，并倡导适当的人口政策，同时各国和各国人民应该在消除贫穷这个基本任务方面进行合作，发展中国家尤其是最不发达国家和那些环境最易受到损害的国家的特殊情况和需要，应给予特别优先的考虑。鉴于造成全球环境退化的原因不同，世界各国都负有程度不同的共同责任，尤其是发达国家经济社会发展对全球环境造成的压力和它们掌握的技术和资金，因此发达国家应在国际寻求可持续发展的进程中承担更多责任。

在当今世界发展中，和平、发展和环境保护是相互依存的和不可分割的，战争本来就是破坏可持续发展的，因此有关国际条约要求：各国应遵守在武装冲突时期保护环境的国际法，并为在必要时进一步制定国际法而进行合作，以保护处在压迫、统治和占领下的人民的环境和自然资源等。

复习思考题

一、重点概念

国际贸易规则	旅游服务贸易规则	关贸总协定	服务贸易总协定
旅游权利	旅游自由化	简化旅游手续	旅游安全
国民待遇原则	最惠国待遇原则	国际旅客运输	世界遗产
可持续发展	生物多样性		

二、思考题

1. 简述国际贸易规则的形成和发展过程。
2. 国际贸易规则包括哪些基本原则？
3. 简述服务贸易总协定的重要意义。
4. 服务贸易总协定包括哪些主要原则？
5. 简述旅游服务贸易规则的发展特点。
6. 旅游服务贸易规则主要包括哪些内容？
7. 国际旅客运输有何特点？
8. 简述世界遗产保护规则的内容。

9. 简述生态环境保护规则的内容。

主要参考文献和资料来源

1. The General Agreement on Tariffs and Trade. GATT Activities, Geneva：GATT. 1991

2. The General Agreement on Trade in Services. Geneva：GATT. 1994

3. H. P. Gray. International Travel-International Trade. Health. Lexington，1970

4. A. O. Krueger. Trade Policies and Developing Nations. The Brookings Institution，1995

5. P. R. Krugman & M. Obstfeld. International Economics Theory and policy. Foresman company，1988

6. M. F. Lanfant. International Tourism. International Sociological Association，1995

7. J. Deegan & D. Dineen. Tourim Policy and Performance. International Thomson Business Press，1997

8. 陈宪，韦金鸾等. 国际贸易：原理，政策，实务. 立信会计出版社，1998

9. 谢康. 国际服务贸易. 中山大学出版社，1998

10. 刘敢生. WTO 与旅游服务贸易的法律问题. 广东旅游出版社，2000

11. 魏小安，张凌云. 共同的声音：世界旅游宣言. 旅游教育出版社，2003

12. 罗明义. 国际旅游发展导论. 南开大学出版社，2002

13. 罗明义. 旅游经济研究与探索. 云南大学出版社，2003

14. 隆国强等编著. 中国服务贸易. 中信出版社，1995

15. 汪尧田，周汉民. 关税与贸易总协定总论. 中国对外经济贸易出版社，1992

16. 联合国网. http：//www. un. org

17. 世界贸易组织网. http：//www. wto. org

18. 世界旅游组织网. http：//www. world-tourism. org

19. 国际商会网. http：//www. iccwbo. org

20. 国际民用航空网. http：//www. icao. int

21. 中国商务部网. http：//www. mofcom. gov. cn

22. 中国国家旅游局网. http：//www. cnta. com

23. 中国贸促会网. http：//www. ccpit. org

第七章
旅游服务贸易的国际惯例

国际惯例是国际经济贸易中，被人们普遍接受和广泛使用的具有一定约束力的习惯做法。由于旅游服务贸易内容广泛、形式多样、涉及面广，不可能所有方面都有相应的国际规则，因此在旅游服务贸易中，除了遵循旅游服务贸易的国际规则和各国的法律法规外，还必须按照一定的国际惯例办事。通过本章的学习，要正确理解和掌握国际惯例的概念、性质和特征，了解国际惯例的形成过程、形成机制和发展趋势，熟悉各种不同类型国际惯例的特点和运用方式，并熟练掌握和灵活运用各种类型的国际惯例，更好地促进旅游服务贸易的发展。

第一节　国际惯例的性质和特征

一、国际惯例的概念

国际惯例（international custom），是指在国际经济贸易活动中，用于规范经济主体行为的行之有效的习惯做法，是一种在长期实践活动中逐渐形成的成文或不成文的，被国际上普遍接受和广泛使用，并对自愿约定遵循的当事人具有一定约束力的交易方式或习惯做法。正确理解国际惯例的含义，首先必须对国际惯例有关的概念进行比较，并分析广义国际惯例和狭义国际惯例之间的区别和联系。

（一）一般做法、习惯做法和国际惯例

在国际经济贸易活动中，与国际惯例相关的概念通常有以下三个，即一般做法（general practice），习惯做法（usage）和国际惯例（international custom）。国内在翻译时往往都将它们笼统翻译为惯例，但实际上这三个英文词汇和所表达的含义并不相同。因此，必须比较和分析它们之间的区别与联系。

1. 一般做法（general practice），是指在国际经济贸易活动中，某些企业、地区或特定领域的惯常做法。由于一般做法只局限于某些国家或地区使用，还没有被国际社会普遍承认和广泛使用，因此其本质上只能是一种局部地区或特定领域所使用的通例。

中形成的惯常做法，即前面所说的一般做法，尽管某些商业惯例可能在多个国家通行，但并不是国际惯例，甚至还没有成为被广泛采用的习惯做法。而国际惯例必须是被国际社会普遍接受，并广泛遵循和使用的习惯做法。因此，各国是否承认和使用其他国家或地区的商业惯例，与各国经济发展阶段、政治体制特征、文化传统都有密切的联系。

从国际惯例与商业惯例的联系看，随着国际经济贸易活动范围和内容的扩展，在某些国家或地区通行的商业惯例，有可能逐渐被更多的国家或地区认可和使用，从而成为国际经济贸易活动中的习惯做法，并进一步发展为国际惯例。由于国际惯例通常是在商业惯例基础上逐渐形成和发展的，因此国际惯例与商业惯例之间具有一定的联系性，在实践中也往往出现同时运用国际惯例与商业惯例的情况。

目前我国某些行业、企业把国外某些国家或地区的商业惯例当做国际惯例使用，实际上是对国际惯例的不了解或误用。因此，必须注意国际惯例与商业惯例的区别和联系，不能简单地把商业惯例等同于国际惯例。

（二）国际惯例与习惯做法的区别与联系

在国际国内经济贸易活动中，国际惯例通常是在人们的习惯做法基础上产生的，但是不能把国际惯例等同于习惯做法，而必须注意分析和掌握国际惯例与习惯做法的区别和联系。

从国际惯例与习惯做法的区别看，习惯做法一般是指人们在长期实践活动中逐渐形成的，建立在平等交易行为基础上，并在一定范围内适用的一般做法；而国际惯例则是被国际社会普遍接受和广为使用的习惯做法，并成为大多数国家或地区都自愿共同遵守的准则。虽然国际惯例是在习惯做法的基础上产生并广泛运用的，但并不是任何一种习惯做法都可能成为国际惯例。尤其是世界上不同区域、国家或地区客观上存在着政治、经济、文化等方面的差异，因此在某一区域、国家或地区形成的习惯做法，不一定完全适合另外的区域、国家或地区。

从国际惯例与习惯做法的联系看，习惯做法是国际惯例产生的前提条件和基础，尽管有的习惯做法可能被国际社会普遍接受，而有的习惯做法则仅仅存在于某些国家或地区，但如果没有大量的习惯做法为基础，就不可能产生通行的国际惯例。由于国际惯例一般都是在习惯做法基础上产生的，是习惯做法的国际扩展和普遍运用，并成为大多数国际或地区都自愿共同遵守的准则。因此，国际惯例与习惯做法两者之间是相互联系和密不可分的。

（三）国际惯例与法律法规的区别与联系

在国际国内经济贸易活动中，由于经济贸易活动的广泛性和复杂性，使世界各国的法律法规不可能囊括经济贸易活动的每个方面、每个环节，实践中往往还需要按照一定的国际惯例处理具体的事务。因此，国际惯例与法律法规之间也是既有区别又有联系的。

从国际惯例与法律法规的区别看，世界各国的法律法规一般都是通过严格的立法程序而制定的，因此它具有权威性和强制性；而国际惯例则是根据当事人意愿自治的原则形成的，其有效性主要取决于当事人是否自愿采用，因此其不具有法律法规的权威性和强制性，更不能非法强制推行。尤其是各国法院和仲裁庭在处理涉外争议案件过程中，当国际惯例与法律法规出现相互矛盾，甚至抵触时，通常都本着"法律法规优先于国际惯例"的原则，以法律法规的有关规定为准进行处理。

从国际惯例与法律法规的联系看，虽然国际惯例本身并不是法律法规，但其在实践中已经被各国普遍接受并广泛使用，从而具有一定的准法律的约束力，有些国家或地区甚至通过政府立法或国际组织来赋予它具有一定的法律效力。如《国际贸易术语解释通则》、《跟单信用证统一惯例》等，就是经过国际组织统一编纂成文，成为世界各国公认和普遍遵循，并具有一定法律效力的国际惯例。此外，有些国家的涉外法律法规还规定，凡本国法律法规未明确规定的具体事务可适用国际惯例，从此意义上看，国际惯例也具有一定的国际法律的地位和影响力。

相关知识 7-1：

国际贸易术语的含义和作用

贸易术语有时也称价格术语，在我国习惯称为"价格条件"。它是通过国际贸易和长期实践形成的国际惯例，是采用简明的语言或缩写字母代号来概括说明买卖双方在货物交接方面的权利义务及价格构成的特殊用语。

国际贸易的买卖双方，各在天涯，货物自卖方所在地运往买方所在地往往要经过长途运输，多次装卸和存储，其间必然要涉及以下问题：（1）何时何地办理货物的交接？（2）由谁租船、订舱和支付运费？（3）由谁办理货运保险？（4）由谁承担货运途中可能出现的各种风险？（5）由谁办理进出口许可证？（6）买方应在什么时候付款？根据什么付款？为此，买卖双方在洽谈价格时，一定要同时明确以上问题。

因此，在国际贸易实践中，逐渐归纳出一些贸易术语，既简单明确地便把上述责任义务划分清楚，又大大简化了交易磋商的内容，缩短了成交的过程，节省了交易成本和费用。

（四）国际惯例与国际规则的区别与联系

在现代国际社会中，为了促进国家之间的经济贸易往来，各国往往通过缔结双边和多边协定等国际规则，来规范货物贸易、服务贸易、国际投资及知识产权保护等；同时还遵循各种国际惯例的准则，处理经济贸易往来中某些具体事务。因此，还必须分析国际惯例与国际规则之间的区别和联系。

从国际惯例与国际规则的区别看，国际规则是两个或两个以上主权国家正式缔结的书面文件，具有国际法律法规的典型特征，是各国之间进行经济贸易往来必须强制遵循的国际规则；而国际惯例，则是进行经济贸易活动的当事人普遍自愿接受和广为使用的习惯做法。由于国际惯例不是国家之间正式缔结的书面文件，因此其不具有国际法律法规的特征，通常就不能强制各国推行和使用。

从国际惯例与国际规则的联系看，虽然许多国际惯例并不是国际规则，但如果经过国际组织统一编纂成文，为各国普遍认可和接受，并在一定程度上强制使用，则这些国际惯例实际上已成为国际规则的重要组成部分。如国际法协会制定的《1932年华沙—牛津规则》，国际海事委员会制定的《1974年约克—安特卫普规则》等，虽然没有经过两个或两个以上主权国家正式缔约，但其已为各国普遍接受并强制推广使用，因此事实上已经成为国际规则的重要组成部分。因此，国际惯例与国际规则也是紧密联系而不可分的。

三、国际惯例的特征

根据对国际惯例概念和性质的分析和比较，可以看出国际惯例与商业惯例、习惯做法、法律法规和国际规则之间具有明显的区别和联系，为了准确把握国际惯例的含义，还必须掌握国际惯例的特征。根据国内外有关的研究，国际惯例一般具有通用性、稳定性、效益性和准强制性等基本特征。

（一）国际惯例的通用性

从国际惯例的形成看，其作为各国之间经济贸易交往的习惯做法和国际惯例，是世界上大多数国家和地区在经济贸易活动中自愿遵循的各种约定俗成的规矩。由于国际惯例是在各个国家经济活动和对外贸易习惯做法的基础上产生，并通过长期国际经济贸易交往实践和反复使用过程中逐渐形成的，因此其具有普遍通用性的基本特征，得到了国际上大多数国家和地区自愿遵循并重复多次的使用，并随着国际经济贸易的发展变化而不断完善和发展。

（二）国际惯例的稳定性

从国际惯例的构成看，其包括成文的惯例和不成文的惯例，但不论是成文的还是不成文的国际惯例，通常都具有稳定性的基本特征，其在实践中一般不受各国政策调整和经济波动的影响，是大多数当事人自愿并经常采用的习惯做法和国际惯例。

成文的国际惯例，是对各种国际经济贸易交往的习惯做法加以归并、分类和系统化，并经过修改和补充而制定成世界性、地区性或国家集团范围内的公约、协定、协议和规定等，实质上就是各种国际经济贸易交往的国际规则。不成文的惯例是指在国际经济贸易交往中，各种约定俗成的规矩和做法，虽然没有具体的文字规定，但各国在对外经济贸易中都会自觉地遵循和使用。

（三）国际惯例的效益性

从国际惯例的内容看，其涉及国际经济贸易的各个领域、各个行业和各个环节，但不论哪一方面的国际惯例，都已被国际经济贸易交往的实践证明是成功有效的，并对国际经济贸易往来具有积极的促进作用，因此国际惯例具有明显的效益性特征。

在国际经济贸易往来中，一方面各国只有遵循国际惯例，才能使自己的对外经济贸易活动与国际接轨，较好地参与国际市场分工和竞争，获得应有的经济贸易效果；另一方面，各国除了遵循国际规则外，还要善于灵活利用国际惯例，在促进经济贸易发展的同时，有效地维护自身应有的经济利益。

（四）国际惯例的准强制性

人类任何经济活动都要求具有与之相应的规则，才能形成比较文明、有序的经济活动和经济关系。从国际惯例的约束力看，虽然其不是国际法律规定，也并没有来自于法律的强制力，但由于其更多是来自于当事人的利益判断与趋利避害的本能，尤其是各国可以通过立法而赋予它具有法律效力，因此在效力上是任意性和强制性的混合，是被人们普遍接受并经常遵守的习惯性做法，是一种不成文的法律规范，具有一定的准强制约束力。如有些国家的涉外法律规定，凡本国法律未规定的，可适用国际惯例；此外，各国法院和仲裁庭处理涉外争议案件时，也往往参照国际惯例，这充分表明国际惯例具有一定的准法律地位和准强制性。

第二节　国际惯例的形成和发展

一、国际惯例的形成过程

国际惯例，是伴随着商品经济发展，国际分工和交换而产生的，是人们在国际经济贸易往来中长期实践和反复使用的结果，其形成和发展经历一个漫长而渐进的过程，概括起来，可大致划分为三个发展阶段。

（一）国际惯例的产生阶段

国际惯例起源于欧洲中世纪初期，沿地中海的各国商人为了维护自身利益，在各地集市上进行交易时逐渐形成了一些相同的交易方式和规则，通过商人团体把这些交易方式和规则统一编纂，成为各国商人从事商业活动的商业惯例。这些商业惯例一开始只流行于一定的地区和行业，随着国际商业活动的不断发展，其影响不断扩大而发展，成为许多国家商人阶层范围内广泛使用的习惯做法。

到欧洲中世纪末期，随着民族国家的兴起和各国法律制度的建立，许多国家通过不同的立法方式和规定，将广泛使用的商业惯例和习惯做法纳入各国的国内法中，予以普遍认可和遵循使用，从而为国际惯例的形成奠定了重要的基础。如法国在路易十四时期，率先进行了全国性的法典编纂，形成了1673年的《商事条例》和1681年的《海商条例》；德国的德意志关税同盟，于1834年主持制定了《德意志统一票据法》；英国则直接把广泛通行的商业惯例和习惯做法纳入了普通法的范畴。

（二）国际惯例的发展阶段

19世纪以后，随着商品经济的发展和资本主义生产方式的建立，许多资本主义国家为了不断开拓国外市场，扩大本国产品销路，确保本国技术及其产品的垄断地位，先后建立了专利、商标和版权等知识产权制度。

同时，为了避免由于各国法律规定不同而给国际经济贸易往来带来的不便，各国除了制定旨在解决不同国家法律冲突的本国规范时，也积极寻求在通行的商业惯例和习惯做法基础上，共同制定国家之间避免法律冲突的国际统一实体规范，即国际双边和多边条约中的规范和准则，从而形成了国际社会普遍认可和自愿遵循使用的国际惯例。例如，1860年英、法两国签署的《科布顿条约》，规定相互给予最惠国待遇及减免重要商品关税；1883年部分国家缔结的《保护工业产权巴黎公约》，1886年缔结的《保护文学艺术作品伯尔尼公约》，1891年缔结的《商标国际注册马德里协定》等，如今都已经成为世界大多数国家认可和参加，并自愿遵循使用的国际规则和国际惯例。

（三）国际惯例的规范阶段

进入20世纪尤其是第二次世界大战以后，随着现代科技进步和交通、通信、计算机技术的迅速发展，世界各国之间政治交往、经济关系进一步密切，经济全球化、区域一体化和跨国公司的迅速成长，使国际经济贸易活动更加活跃，资本输出、服务贸易和技术贸易空前发展，于是许多致力于协调国际政治和经济关系的国际组织，把以往那些杂乱无章的商业惯例和习惯做法进行整理和编纂，逐步形成了成文的国际惯例，进一步促进了国际惯例的发展。如联合国制定的《国际货物销售合同公约》（1980年），国际法协会制定的《1934年华沙—牛津规则》，国际商会制定的《国际贸易术语解释通则》（2000年修订本）、《跟单信用证统一惯例》（1992年建议本）、《托收统一规则》（1978年修订本）、《联合运输单证统一规则》（1975年修订本）、《合同担保统一规则》（1978年）、《支付请求担保统一规则》（1992年），国际海事委员会制定的《1974年约克—安特卫普规则》等。

二、国际惯例的形成机制

在国际经济贸易中，国际惯例是一个包含各种经济利益因素，体现特定时代和地域特征的混合体，既是市场经济发展的产物，又是国际经济贸易往来中，各种经济主体对经济利益追求、较量与均衡的结果。由于国际惯例具有更浓厚的经济利益目的，因此分析和探讨国际惯例形成的内在机制，应重视对交易成本、经营习俗、交易关系、经济全球化等方面的分析，以准确理解和把握国际惯例的本质特征及其形成和发展的内在机制。

（一）交易成本是国际惯例形成的内在动力

交易成本（trade costs），是人们进行国际经济贸易往来，处理具体经济贸易事务的各种耗费和支出。在国际经济贸易往来中，要保证经济贸易的有效进行并获得预期的效益，往往需要大量搜寻经济贸易交易信息，确定贸易主体的信用，抵御各种贸易风险等，由此必然产生包括交易信息成本、信用成本与风险成本在内的交易成本。

在当今不确定的国际经济贸易环境中，要想不付出任何交易成本，则其交易结果可能与交易当事人的预期相差甚远。因此，为了减少交易成本，人们就通过一些约定俗成的交易方式和通行做法，来努力使交易成本最小化，实现经济利益的最大化。随着这些约定俗成的交易方式和通行做法被人们普遍接受和广泛使用，就逐渐形成了经济贸易的国际惯例，因此追求交易成本最小化是国际惯例形成的内在动力。

（二）经营习俗是国际惯例形成的客观因素

经营习俗（business usage），是人们进行国际经济贸易往来，处理具体经济贸易事务的一种习惯性心理和行为。追求最小化交易成本，为国际惯例的产生和发展提供了内在的动力，而经营习俗则是促成国际惯例重复使用并相对固定的外在客观因素。

经营习俗，作为人们在长期经济贸易交往中形成的习惯性心理和行为，是与特定地区、特定习惯和特定商业活动相联系的，是一种不假思索地遵循着某种传统惯例的行为。如某些国家和地区商业活动的传统惯例是"货到付款"，当其延伸到国际经济贸易活动中时，也自然地形成了按"到岸价"计价的商业惯例，随着这种商业惯例得到不断反复地采用并逐渐得到广泛的认同，就最终成为对交易当事人有较强约束力的国际惯例。

（三）交易关系是国际惯例形成的协调机制

交易关系（business relations），是人们进行国际经济贸易往来中，由交易当事人组成的各个经济行为主体之间的往来关系。在交易关系中，客观上存在着利益冲突和利益协调的问题。利益冲突的原因，在于每个经济行为主体的具体情况不同，如经济水平、体制结构、文化习俗存在差异，为了实现经济利益最大化，都力图使自己的交易成本最小化；利益协调的原因，是各个经济行为主体对交易的愿望都倾向于协调而不是放弃，只要协调成本不太高，各个经济行为主体有可能通过持久的谈判与复杂的妥协来实现协调一致，从而形成一定的交易方式和惯例。而在交易关系基础上形成的交易方式和惯例，必须是各个经济行为主体之间一致约定并自愿遵循的，否则交易便无法进行。因此，国际惯例的形成和发展，实质上是各经济行为主体在相互交易关系中，对利益冲突与利益协调的结果。

（四）经济全球化是国际惯例形成的外在因素

从经济发展的进程看，人类经济活动受其内在利益机制的驱使，逐渐由地方经济向国家经济，最终向国际经济领域扩张和发展。尤其是随着经济全球化发展，使国家之间经济贸易联系与交易的地域逐步扩大，交易主体不断增加，使交易方式和惯例的适用范围也随之不断扩大。于是，原来在各地方、各国形成和适用的交易方式或惯例，经过各个经济行为主体之间的相互协调，必然随着经济全球化的发展，从地方惯例扩展为国民惯例，进而扩展为适用于国际经济贸易活动的国际惯例。

三、国际惯例的发展趋势

国际惯例的形成过程和形成机制表明，国际惯例既是商品经济及市场经济发展的产物，又是国际经济贸易往来中当事人之间对利益的追求、较量与均衡的结果。随着现代国际经济贸易活动的不断扩大和发展，国际惯例按照其在国际经济贸易活动中的稳定性和普适性程度，已广泛渗透到各国企业、市场和政府行为中，得到广泛认可和遵循使用，并在不同层面的运用中体现出不同的特点和发展趋势。

（一）企业层面的国际惯例运用

各国企业作为现代市场经济的主体，在市场竞争中的主要目的是实现企业利润最大化的经营目标。在国际市场竞争中，每个企业都不会被动地接受对自己不利的交易方式和规则，而是力图有效地运用国际惯例来影响、占领和主导市场，以实现自己的经营目标。尤其是当今经济全球化和跨国公司迅速崛起与发展的情况下，企业在国际经济贸易活动中的作用日益突出，使许多具有一定垄断规模和竞争优势的大企业，总是力图影响和主导国际交易方式和规则，并将其习惯做法扩展为普遍接受和遵循的国际惯例。因此，许多国际惯例不可避免地反映出实力强大的跨国公司通行的习惯做法。

由于国际惯例体现了企业，尤其是经济实力强大的跨国公司的习惯做法，因此在国际经济贸易活动中，各国企业在进行国际经济贸易往来中，除了遵循世界贸易基本规则和具体规定外，还必须重视分析和研究国际惯例的特征和适用范围，正确掌握和主动运用国际惯例来维护企业的权益，实现企业的经营目标。同时，各国企业在自愿遵循使用国际惯例的同时，要积极主动地影响和促进国际惯例的变革，尽量消除国际惯例中不平等、不合理的交易规则和习惯做法，争取在国际经济贸易往来中的主动权和有利地位，而不是被动地接受某些大企业、大公司的交易规则和习惯做法。

（二）市场层面的国际惯例运用

国际惯例作为国际市场中共同遵循的交易方式和规则，是在市场货物贸易、服务贸易中逐渐形成和发展的。因此，市场既是国际惯例形成和发展的基础，又是广泛运用国际惯例的重要舞台。

从国际惯例的形成和发展看，随着社会生产力的发展，市场上交易的货物品种、服务内容和交易次数不断增加，交易的数量和地域范围不断扩大，使交易活动也变得越来越复杂，交易的不确定性和无序性也随之增加。为了减少交易中的风险性，保证交易活动的顺利进行，人们从无数次交易实践的经验和教训中，提炼和总结了交易活动的规范方式和规则，逐渐形成了市场交易活动的一般做法和习惯做法。随着这些一般做法和习惯做法被国际社会广泛认可和遵循使用，就形成了通行的国际惯例，并在国际经济贸易中得到不断完善和发展。

从市场中国际惯例的运用看，既然国际惯例是在市场交易活动基础上产生和发展的，是由市场运行机制和内在规律所决定的，是市场经济活动从无序向有序转化的必然结果。那么，尽管现代市场已从国内市场扩展到国际市场，从区域市场扩展到全球市场，但维系市场经济关系的基本交易方式和惯例，如市场竞争机制、等价交换规则、交易结算方式等始终发挥着重要作用。因此，在国际经济贸易中，那些体现了国际市场交易中最基本、最稳定、最普适性的国际惯例，仍然是协调各国之间经济贸易往来和市场交易活动的主要方式和规则，从而要求各国都必须按照市场经济的要求，高度重视对国际惯例的遵循和运用，以共同推动国际市场有序地发展，促进国家之间经济贸易正常顺利地开展。

（三）政府层面的国际惯例运用

国际经济贸易发展的实践表明，一方面市场机制在配置社会资源，促进自由贸易和竞争等方面具有巨大的优越性；但另一方面，市场机制也具有盲目性、局限性，甚至失效的情况。因此，任何国家在充分发挥市场机制的同时，都离不开政府对经济运行的干预和调控，从而决定了政府层面也十分重视对国际惯例的遵循和运用。

在现代国际经济贸易中，政府层面对国际惯例的运用通常体现在两方面。一方面，各国政府作为国家利益的代表，总是希望从国际经济贸易中获得更大的国家利益，因此往往从本国利益出发考虑国际惯例的适用性，对有利于获取更多国家利益的国际惯例就积极遵循和使用，对限制和不利于国家利益的国际惯例则抵制或排斥，从而使政府层面的国际惯例运用既有统一遵循使用的方面，又有矛盾和冲突的方面，需要国家之间通过不断的交流和谈判来进行协调；另一方面，各国政府在国际经济贸易活动中，出于对国家安全、政权稳定、文化延续的目的，出于对市场失效和企业行为的干预和调控，也会使用很多手段来影响和干预国际惯例的制定、推广和运用。由于当今世界上各国的经济实力和综合国力具有较大的差别，导致国际惯例在世界各国的运用具有一定的不平等性和差异性，直接或间接地影响到国际惯例的发展和普遍适用的推广。

第三节　国际惯例的分类和特点

一、按国际惯例的适用主体分类

国际惯例按照适用主体身份的不同，通常可以划分为三类：即国家适用（各国政府）、私人适用（包括个人、法人和其他经济组织）和法律机构适用（包括法院、仲裁机构）的国际惯例。

（一）国家适用的国际惯例

国家适用的国际惯例，通常是指国际公法上的惯例，即国家以主权者身份开展国际经济贸易活动时所遵循的国际惯例。

国际公法上的惯例，在确立上通常需要具备两个要件，一是体现为各国不断重复的类似行为，二是被各国认定为具有法律上的约束力。国际惯例在历史上曾经是国际公法的主要渊源，它是基于习惯事实且内容明确规范，与各国现行法律没有冲突而法律又未明确规定，经过各国法律承认而具有一定的强制力保证。尤其是自从《维也纳条约法公约》正式提出了国际公法强行规范概念之后，如果一项国际惯例反映的是一项国际公法的强行规范，那么该国际惯例对任何国家都是适用的。

国家适用的国际惯例，一般在三种情况下对各国起到一定的约束作用。一是当国家之间进行国际经济贸易往来时，当事各国可依据国际惯例来约定彼此间的权利义务关系，并通过缔结条约或协定等来相互予以确认；二是当各国对其国际经济贸易活动实施管理时，通常可参照国际惯例来制定各国相关的法律法规，使各国对国际经济贸易活动的管理行为能够与世界上多数国家的实践相一致，从而更好地促进各国的对外经济贸易发展；三是当国家之间在国际经济贸易活动中出现争端，且没有相应的国际规则或国内法律规定时，当事各国或处理机构可依据国家适用的国际惯例来处理和解决该项争端。

（二）私人适用的国际惯例

私人适用的国际惯例，是指包括个人、法人和其他经济组织在国际经济贸易中所遵循的国际惯例，如有关国际货物买卖、服务贸易、技术转让及国际投资等方面的国际惯例。私人适用的国际惯例，规范了交易当事人之间的权利义务关系，为交易当事人提供了相互间的约束手段，使他们在确立经济合同关系时能够预见各自的行为后果，在履行合同义务时有遵循的规范和准则，在当事人之间出现争端时有解决争端的依据。

私人适用的国际惯例，通常是人们在国际经济贸易往来中长期实践，并经过交易当事人反复使用而形成的习惯做法。这些国际惯例往往经过某些国际组织编纂而成为书面规范和准则，并得到广泛认可和遵循使用，如国际商会编纂出版的

《国际贸易术语解释通则》及《跟单信用证统一惯例》等。但是，在国际经济贸易活动的实践中，私人适用的国际惯例在效力上往往有别于国家适用的国际惯例。对于国家适用的国际惯例，如果一个国家不是经常地反对一项国际公法上的惯例，那么该国际惯例对于这个国家就是具有效力的；而对于私人适用的国际惯例，只有在交易当事人明确表示自愿遵循使用后，其对交易当事人才是具有效力的。因此，在国际经济贸易往来中，交易当事人不仅可以决定是否遵循和采用某种国际惯例，而且还可以在采用某种国际惯例时对其内容进行修改、补充或完善。

（三）法律机构适用的国际惯例

在现代国际经济贸易活动中，除了国家和私人适用的国际惯例外，处理国际经济贸易纠纷的法律机构，包括法院、仲裁机构等也是国际惯例的适用主体。

但是，法院、仲裁机构等按国际惯例办事与国家和私人主体是有差别的。对于适用国际惯例的国家或私人主体来讲，按国际惯例办事就是要求用国际惯例来约束自己的行为；而对于法律机构而言，按国际惯例办事并不是以国际惯例来约束其自身行为，而是当出现国际经济贸易争议或纠纷时，根据国际惯例来判明有争议的交易当事人之间的权利和义务关系，并对利益受到不当侵害的当事人予以国际法律的支持或救济等。例如，当某交易当事人在国际经济贸易中发生争议或纠纷时，由于其没有选择适用的国际惯例，这时法院的法官或仲裁机构人员就可以主动地依其认为适用的国际惯例，来确定交易当事人之间的权利和义务关系。

二、按国际惯例的主要内容分类

国际惯例涉及国际经济贸易活动的各个方面，不仅种类繁多、而且内容广泛，既存在于生产、贸易、营销、服务、投资、租赁、信贷等各个领域，又大量涉及国际经济贸易中市场的规范运行，等价交换法则的实施，市场竞争形式的确立，以及各利益主体之间平等关系的建立和各自权益的保障等。因此，按照国际惯例的主要内容，通常可以划分为以下的基本类型。

（一）国际货物贸易方面的惯例

国际货物贸易，是世界历史上最早出现的国际经济贸易活动，其在长期发展过程中已逐步形成较统一规范的国际惯例体系，成为约束和调节国际货物贸易的重要准则和依据。目前，在国际货物贸易活动中普遍认可和遵循并使用的国际惯例，主要有经过国际商业组织等统一编撰成文的国际惯例，如《国际贸易术语解释通则》、《1932年华沙—牛津规则》、《1941年美国对外贸易定义修正本》、《商业跟单信用证统一惯例》、《托收统一规则》、《1974年约克—安特卫普规则》、《联合运输单证统一规则》和《伦敦保险协会货物保险条款》等。此外，也包括在世界局部区域和特定行业广泛遵循的国际惯例等。

相关知识 7-2：

贸易术语的国际惯例体系

在相当长的时间内，国际上没有形成对各种贸易条件的统一解释。后来，国际商会、国际法协会和美国一些著名商业团体经过长期的努力，分别制定了解释国际贸易条件的规则，这些规则在国际上被广泛采用，因而成为一般的国际贸易惯例。有关贸易术语的国际惯例主要有以下三种：

一、《2000 年国际贸易术语解释通则》（《Incoterms 2000》）

《国际贸易术语解释通则》（简称《通则》），是国际商会（ICC）为统一各种贸易术语的解释而制定的一项重要文件。《通则》的宗旨是为国际贸易中最普遍使用的贸易术语提供一套解释的国际规则，以避免因各国不同解释而出现的不确定性，或至少在相当程度上减少这种不确定性。最早版本始于 1936 年，之后于 1953 年进行了修改，1967、1977、1980、1990 和 2000 年又分别进行了修订，形成了现今的《2000 年国际贸易术语解释通则》。由于通则是国际商会组织各国专家在研究和归纳各国惯例的基础上产生的，所以具有一定的代表性和适应性，得到了大多数国家的接受，是目前运用范围最广、影响最大的一项国际惯例。

二、《1932 年华沙—牛津规则》（《Warsaw - Oxford Rules, 1932》）

《1932 年华沙—牛津规则》是国际法协会于 1932 年专门为 CIF 合同制定的。其十分详细地解释了 CIF 合同的性质和特点，具体规定了买卖双方的责任、费用、风险的划分和所有权的转移，供买卖双方自愿采纳，并可对其中条款在合同中作双方同意的修改或补充，如有抵触，以合同的优先规定为准。这个规则为统一和确定国际贸易价格术语的内容树立了典范，被国际贸易法律界高度重视。此规则与 2000 年《通则》中对 CIF 的解释并不冲突，但它的解释要比通则全面详尽。

该规则是国际法协会专门为解释 CIF 合同而制定的，它对于 CIF 合同的性质，买卖双方所承担的风险、责任和费用的划分以及所有权转移的方式等问题都做了比较详细的解释。该规则在总则中说明，这一规则供交易双方自愿采用，凡明示采用该规则者，合同当事人的权利和义务均应该援引该规则的规定办理。经双方当事人明示协议，可以对该规则的任何一条进行变更、修改或增添。如果该规则与合同发生矛盾，应以合同为准。

三、《1941 年美国对外贸易定义修正本》（《Revised American Foreign Trade Definition 1941》）

它是由美国 9 个商业团体制定的，所解释的贸易条件共有六种。该定义在序言中明确指出，本定义并无法律的约束力，除非有专门的立法规定或为法院判决所认可，为使其对有关当事人产生法律上的约束力，而建议买卖双方接受此定义作为买卖合同的一个组成部分。该定义共对六种术语做了解释，其中对 FOB 的解释与《通则》相去较远。在美国的实际做法中，FOB 已成了一般交货条件，包括 FOB 目的地、FOB 轮船、FOB 车辆等，而不似《通则》中 FOB 术语一般只适用于海运和内陆水运，该定义在美洲有较大影响，并为大多数美洲国家所采用。

（二）国际服务贸易方面的惯例

国际服务贸易包括国际运输、国际旅游和其他服务贸易。由于人们对服务贸易的认识和重视较晚，因此有关服务贸易的国际惯例是分散的，尚没有比较专门的服务贸易国际惯例。除了国际运输服务贸易方面有一些规范性的国际惯例外，如1924年的《海牙规则》、1968年的《维斯比修正案》和1978年的《汉堡规则》，有关旅游服务贸易的国际惯例主要散见于世界旅游组织的一些协议、宪章、宣言等文件中，此外一些国家和地区也有一些区域性、行业性服务贸易的国际惯例。随着现代服务贸易的发展，尤其是国际运输、国际旅游、国际金融和电信等服务贸易的迅速发展，国际服务贸易在遵循有关国际经济贸易的国际惯例的同时，必将促进服务贸易国际惯例的发展和完善。

（三）国际技术贸易方面的惯例

国际技术贸易，是指在国际经济贸易和技术交流合作中，技术供应国将有关制造某种产品、应用某种加工方法或提供某种服务的系统知识，通过一定的交易方式转让给技术接受国的行为。在国际经济贸易活动中，国际技术贸易的对象（或标的），主要是专利使用权、商标使用权和专有技术使用权等；但有时也把引进技术与进口设备相结合，即所谓"软件"与"硬件"相结合，如含有转让技术因素的关键设备和成套设备的进口，交钥匙工程和补偿贸易等；对于仅涉及货物贸易或国际租赁交易的，一般都不包括在国际技术贸易的范围。

在国际经济贸易活动中，由于国际技术贸易对各国经济发展具有越来越重要的作用，因此伴随着国际技术贸易的国际立法，有关国际技术贸易的商业惯例也成为重要的交易规范和准则。对于国际技术贸易的国际立法，主要是有关工业产权的国际公约和国际技术转让的国际条约等，如《保护工业产权的巴黎公约》、《专利合作条约》、《商标国际注册马德里协定》、《与贸易相关的知识产权包括冒牌货的协议》等，这些国际公约和条约强化了对工业产权、知识产权的国际保护。但是，由于在当今国际技术贸易中，发达国家往往凭借其经济、技术上的支配地位，提出各种对发展中国家不合理的技术贸易条件和限制性商业惯例，使发展中国家往往处于不利的地位。如1978年提交国际贸易发展会议第五届会议讨论的《国际技术转让行动守则草案》，由于各国对限制性商业惯例争议和分歧较大，最终未能正式通过成为通行的国际惯例。

在国际技术贸易实践中，尽管限制性商业惯例对于国际技术转让构成一定的障碍，但并非所有的限制性商业惯例都是不适用的。对于那些正当或基本合理的国际技术，通过技术转让能够对技术接受国的经济技术发展具有促进作用的，各国在综合考虑国际经济贸易往来条件下也会融通使用国际惯例。

相关知识 7-3：

《国际技术转让行动守则草案》中的限制性商业惯例

所谓限制性商业惯例，通常是指企业或经济组织滥用市场支配地位，限制其他企业进入市场或以其他不正当方式限制竞争，从而可能或将会对贸易或商业产生不利后果的做法或行为；或者通过企业间正式或非正式、书面或非书面的协议或安排而具有同样作用的做法或行为。对于哪些行为属于限制性商业惯例，国际组织及各国有关技术转让的立法规定的均不相同，迄今尚无国际上公认的一致意见。联合国在 1981 年 4 月 10 日拟定的《国际技术转让行动守则草案》中，共列举出二十项限制性商业惯例。1985 年 6 月 5 日发表了修订的《国际技术转让行动守则草案》中，又归纳为十四项，即：

(1) 单方面的回授条款。指技术接受方将利用技术过程中所取得的技术进步和改进给予技术提供方；

(2) 不允许技术接受方对专利权的有效性提出异议；

(3) 要求技术接受方必须把独家经销权给予技术供应方；

(4) 对技术接受方开展研究开发活动加以限制；

(5) 对技术接受方使用当地人员加以限制；

(6) 限制技术接受方对使用引进技术所制造的产品自行定价的自由；

(7) 限制技术接受方改进已引进的技术；

(8) 要求技术接受方必须把包销权或独家代理权授予技术供应方；

(9) 对使用引进技术所生产的产品出口加以限制；

(10) 搭卖安排。如要求技术方须以购买某些他所不愿意要的额外技术、设备或服务，作为取得他们需要的技术的条件；

(11) 专利权共同占有或交换许可协议；

(12) 对技术接受方开展广告宣传加以限制；

(13) 在工业产权期满失效后，仍要求技术接受方支付技术使用费或承担其他义务；

(14) 在技术转让协议期满后，对技术接受方所施加的各种限制。

(四) 国际投资方面的惯例

国际投资，是指各国的自然人、企业法人、政府或其他经济组织，以现金、实物、无形资产、有价证券、经营特许权等要素，在本国以外的其他国家或地区所进行的各种投资活动。在现代国际经济贸易活动中，国际投资一般分为直接投资和间接投资两大类，前者是指一国的投资者将资本用于他国的生产或经营，并掌握一定经营控制权的投资行为，其最显著的特征是投资方式直接与企业的财产权、管理权和控制权有实质性的联系；后者是指不直接掌握投资对象的动产和不动产的所有权，或在其投资对象中没有实质性的管理控制权的一种投资方式。

在国际经济贸易活动中，不论国际投资属于直接投资还是间接投资，通常都要求认可和遵循以下方面的国际惯例。一是国民待遇和最惠国待遇惯例，即东道国按照本国的法律，给予外国投资者享有与本国企业同等的国民待遇，并在互利互惠的基础上，以不低于给予第三国或与该第三国有同样关系的人或物的优惠待遇，给予外国投资者相等的优惠待遇。二是国有化或资产征收的惯例，是指为了保护外国投资者对投资财产的所有权，所有东道国在实行国有化或资产征收过程中，必须对外国投资者在本国被征用、征收的资产如何补偿等事项做出具体明确的安排。三是投资保险代位索偿惯例，是指外国投资者所在国的保险机构，在对外国投资者因东道国的政治风险遭受的损失补偿之后，将取得外国投资者在该东道国的一切权益和追偿权。四是投资项目洽谈的惯例，通常是以有实力和影响的跨国公司，在其跨国投资活动中已形成的一套投资项目洽谈的模式和惯例，作为中小公司进行跨国投资时所遵循和效仿的国际投资项目洽谈的惯例。

（五）国际信贷方面的惯例

国际信贷，是指一国借款人在国际金融市场上，以各种方式向外国金融机构借入货币资金的一种信用活动，其体现了国家借贷资本在国际上流动和转移的状况，因此是国际经济贸易活动的一个重要内容和组成部分。随着世界经济的发展和国际经济协作的日益加强，尤其是国际金融创新活动的发展，使国际信贷也获得了长足的发展，并形成了许多不同适用范围的国际惯例，概括起来主要有以下几大类。

1. 国际信贷共同适用的惯例。国际信贷作为一种国际融资方式，由于贷款数额一般比较大，并涉及不同国家当事人和利害关系人的利益，因此必须遵循国际金融的有关法律规定和惯例，签订有关的书面信贷协议或债券承购协议等基本法律文件。这些协议在对事实的陈述与保证，贷款的先决条件，约定事项，违约事件及补救方法等方面，都有一些共同的必须遵守和使用的条款和规定，是所有国际信贷中都广泛适用且必须遵循的国际惯例。

2. 国际信贷专项贷款适用的惯例。在国际信贷中，由于国际贷款具有不同的性质和来源，从而形成不同的专项国际贷款的惯例，如政府贷款惯例、国际银行信贷惯例、国际金融组织贷款惯例、对外贸易信贷惯例、项目贷款融资惯例、国际债券融资惯例和国际租赁融资惯例等。这些专项国际贷款，不仅具有明确的贷款条件、约定事项和必须遵循的条款与规定，同时还有不同的国际惯例和要求等。

3. 国际信贷的法律适用惯例。在国际信贷中，当借贷双方协商订立国际信贷协议时，通常要涉及法律适用的问题。按照国际信贷的法律适用惯例，借贷双方订立协议时可灵活选择适用的法律，包括借款人所属国法律，贷款人所属国法律，国际金融市场所在地法律，借贷双方当事人以外的第三国法律等。选择和确定协议的适用法律一般可采取两种方式：一种方式是明示的法律选择，即由当事人自己确定贷款协议应适用的法律，并在协议中明文规定；另一种方式是由法院确定，即在当事人没有做出明示法律选择时，由处理争议的法院确定适用的国际惯例。

4. 国际信贷的管理适用惯例。在国际信贷中，有关管理适用的国际惯例主要有以下方面：一是国际信贷的司法管辖惯例，一般由借贷双方以协议方式明确规定，一旦发生争议时，由哪一国法院进行审理，以及法院根据什么原则或标准来确定它是否有权受理此案件，在实践中贷款人大都要求以其本国法院作为管辖权的法院。二是国际信贷的税收惯例，即在借款协议与债券承购上，要求贷款人或其债券承购人，签订税务条款，以便把利息预扣税或其他税收明确由借款人或债券发行者承担。各国政府为避免重复课税，大都签订避免双重课税条约，或者在国内法律上规定避免双重课税的税收抵免制度。三是国际信贷的债权担保惯例，即贷款人都要求借款人提供各种担保，以确保其贷款能得到偿还。债权担保可分为人的担保和物的担保，人的担保是由保证人和债权人签订保证合同，并以其信用为借款者向贷款方提供保证；物的担保是指借款人或第三人以自己的财产为贷款债务的履行而提供的担保，包括不动产物权担保、动产物权担保、留置、浮动担保等。

三、按国际惯例的表现方式分类

在现代国际经济贸易活动中，国际惯例在漫长的发展过程中，逐渐形成了成文国际惯例和不成文国际惯例两大类型。

（一）成文国际惯例

成文国际惯例，是由国际组织对一些国际经济贸易活动中的惯例进行整理编纂，并加以解释而形成书面文字形式的惯例，其通常具有明确性、条理性和稳定性。如国际商会主持制定的有关国际货物贸易当事人双方权利与义务的《2000 年国际贸易术语解释通则》，整理编撰的有关国际商贸交易的《托收统一规则》、《合同担保统一规则》等；国际法协会制定的《1932 年华沙—牛津规则》，国际海事委员会制定的《约克—安特卫普规则》；联合国国际贸易法委员会主持制定的《仲裁规则》与《调解规则》，联合国经济及社会理事会主持制定的《跨国公司行为规则（草案）》，联合国贸易与发展会议整理而成的《国际技术转让行为守则（草案）》等；都是目前国际上通用的成文国际惯例。随着现代国际经济贸易的发展，这些成文国际惯例也在不断地进行修订和补充。

（二）不成文国际惯例

除了成文的国际惯例外，目前还有大量的不成文国际惯例，也是各国在参与国际经济贸易往来中普遍遵循的原则和规范，如国家主权原则、契约自由原则、有约必守原则、通过仲裁方式解决争议原则等。尤其是国家主权原则及由此而引申出来的原则和制度，如国家及其财产豁免原则、跨国公司或其他外国公司在东道国从事投资或其他跨国经营活动时必须遵守东道国法律的原则等，都是现代国际经济贸易往来中必须普遍遵循的不成文国际惯例。

四、按国际惯例的效力形式分类

国际惯例的效力，是指对当事人拘束力的大小，其既取决于国际条约的具体规定，也取决于各国国内法的认可和规定。根据有关国际条约和各国国内法的规定，按照国际惯例的效力形式可分为规范性惯例、合同性惯例和替补性惯例三种基本类型。

（一）规范性惯例

规范性惯例，是指已被各有关国家国内立法接受或为国际公约所采纳的国际惯例，属于强制性规范的范畴并具有强制性效力，是任何国家和当事人都必须遵守的惯例，通常对当事人各方具有普遍的约束力。

规范性惯例由于已经被国际社会大多数成员普遍认可，并且其效力直接源于有关的法律规定，因此其显著的特点是不再需要借助当事人意思自治原则，即不论参与国际经济贸易的当事人是否愿意采纳，都对他们具有法律上的强制性和约束力，当事人必须遵守而不得随意变更，如国家及其财产豁免原则等。

（二）合同性惯例

合同性惯例，是指只有当事人在交往关系中选择适用时才有效力的国际惯例，属于选择性或任意性国际惯例的范畴，是当今国际经济贸易活动中主要的国际惯例。合同性惯例的效力或约束力，源于当事人适用该惯例的意愿，即取决于当事人各方是否自愿采纳，它们的适用必须以当事人各方的共同意思表示为前提。

在现代国际经济贸易中，有关国际条约和各国国内法一般都赋予国际惯例以合同性惯例的效力，即只有在当事人同意适用某惯例时才对当事人产生约束力，如1980年《联合国国际货物销售合同公约》第9条，就明确赋予国际惯例具有合同性惯例的效力，而不是强制性的约束力。因此，一旦当事人各方明示或默示关于他们之间的权利义务关系适用某国际惯例，则该国际惯例即对他们具有法律上的效力和约束力。

（三）替补性惯例

在现代国际经济贸易中，由于国际惯例涉及面广、种类繁多，各国适用情况千差万别，因此为促进国际经济贸易活动健康发展，有些国家在国内立法中明确规定了国际惯例的替补性效力，即规定除了遵循规范性惯例和合同性惯例外，在有关国内法和国家缔结或参加的国际条约中对有关交往事项未作相应规定时，可适用特定的国际惯例来填补其空缺，这些适用的特定国际惯例就属于替补性惯例。

五、按国际惯例取得法律效力的途径分类

国际惯例不是国际条约，也不是国家立法，通常不具有法律效力。为了规范各国的国际经济贸易往来，就要使国际惯例具有一定的法律效力或约束力，而要取得法律效力或约束力就必须经过各个国家的认可，因此按照国际惯例取得法律效力途径分类，一般可以分为以下三种类型。

（一）国际条约规定适用惯例

国际条约规定适用惯例，是指不以当事人协议为条件，直接通过各国缔结的国际条约来赋予某些国际惯例以法律效力和约束力。如 1964 年的《国际货物买卖统一法》第 9 条第 2 款规定："当事人还须受一般人在同样情况下认为应适用于契约的惯例的约束"，就直接规定了国际惯例的法律效力和约束力。又如 1980 年的《联合国国际货物销售合同公约》第 8 条第 3 款规定："在确定一方当事人的意旨或一个通情达理的人应有的理解时，应适当地考虑到当事人之间确立的任何习惯作法、惯例和当事人其后的任何行为"，第 9 条规定："双方当事人业已同意的任何惯例和他们之间确立的任何习惯做法，对双方当事人均有约束力"，同样直接认可了国际惯例的法律效力和约束力。

（二）国内立法规定适用惯例

国内立法规定适用惯例，是指不以当事人协议为条件，直接通过国内立法来认可或接受国际惯例的法律效力和约束力。如美国《统一商法典》明确规定采用国际贸易中普遍承认的原则和惯例；西班牙将《国际贸易术语解释通则》全盘移植到其国内法中，赋予其国内法上的普遍约束力；日本的《日本商法典》规定："关于商事，本法无规定者，适用商习惯法，无商习惯法，适用民法"；瑞士的《瑞士民法典》规定："本法无相应规定时，法官应依据惯例"；我国的《民法通则》及《海商法》都规定，我国法律和我国缔结或参加的国际条约没有规定的，可以适用国际惯例。

（三）合同规定适用惯例

在国际经济贸易的合同领域中，"当事人意思自治原则"已为世界各国普遍承认，因此合同规定适用惯例，是指通过当事人之间协议选择的国际惯例。由于法院或仲裁地所在国家在处理交易纠纷时，必须承认当事人协议选择的国际惯例，从而使国际惯例间接取得了法律效力和约束力。合同规定适用惯例，是许多国际惯例取得法律效力的最主要的途径，随着国际经济贸易的广泛发展，一些国际条约对合同规定适用惯例逐步做出了明确的规定，增强了国际惯例的法律效力和约束力。

第四节　国际惯例的适用及协调

一、国际惯例的适用条件

通常，国际惯例只有符合一定的先决条件才能适用，但对于必须符合哪些适用条件，目前理论研究和实践中都还存在一定的分歧。具体讲，对国际惯例适用的条件，通常要考虑以下方面。

（一）国际惯例的识别

国际惯例的识别，是指根据国际惯例的概念，对国际经济贸易中的习惯做法进行判断，决定是否应将其纳入国际惯例范畴，并适用于具体的国际经济贸易的认识过程。国际惯例的识别，是对国际惯例适用的重要前提条件，只有按照一定标准认定国际惯例的适用性后，该国际惯例才能适用具体的国际经济贸易活动，并获得法院或仲裁庭的适用。

国际惯例的识别，决定了国际惯例在具体适用中的命运，而识别的标准不同，或者对同一标准的含义理解不同，就会作出不同的判断并得出不同的结论。通常，国际惯例识别的标准有主观标准和客观标准。主观标准，要求国际惯例的适用必须经当事人双方同意，其关键旨在确定国际惯例的适用必须与当事人意愿之间存在有效的联系；客观标准，是指适用的国际惯例应该是当事人广泛知道并经常遵守的，其核心是认定当事人"理应知道"该特定国际惯例，并视为已被当事人默示地引入一个既定的合同或同类合同中。上述两个标准是一个整体，不可分离，不能仅仅根据其中一个标准就将特定国际惯例适用于具体的国际经济贸易活动中。即使是在当事人双方都明示同意适用特定国际惯例的情况下，实际上仍然使用了主、客观两个标准，因为当事人双方同意适用，说明他们都"已知道"该特定的国际惯例。

（二）当事人协议选择

当事人意思自治原则，是国际惯例得以存在并为人们所遵守的基础。所谓当事人意思自治，即必须经有关当事人双方协议选择，只有当事人选择的国际惯例才对当事人具有约束力，这是国际惯例适用的一个最重要的先决条件。

由于国际惯例一般只具有合同上的效力，因此当事人协议选择只能在特定国家的任意法范围内进行，不能与有关国家的强行法相抵触。尽管当事人可以自主地订立其合同的内容，并使之受国际惯例的支配，但他们不能完全排除国内法对其合同关系的控制作用，因为不同国家的法律为确保标准合同和一般交易条件对贸易限制的公正与合理，而对它们的适用和效力有不同的严格要求，所以当事人应使他们的合同关系受国内法的控制，以使所订立的合同合法而有效。

有时候，未经当事人协议选择，国际惯例也可能被适用，这主要发生于下列两种情况。一是默示推定适用，如1980年《联合国国际货物销售合同公约》第9条第2款规定："除非另有协议，双方当事人应视为已默示地同意对他们的合同或合同的订立适用双方当事人已知道或理应知道的惯例。"据此，即使当事人没有协议选择，但只要当事人没有明示排除，其合同关系仍然适用国际惯例。二是国内法强制适用，即有的国家已将某些国际惯例移植到国内法中，从而在这些国家，国际惯例就取得了法律的普遍约束力，于是不管当事人协议选择与否，其经济贸易活动都必须适用特定的国际惯例。

（三）公共秩序的限制

国际惯例的适用与否通常还受到公共秩序的限制，即必须以不违背公共秩序为先决条件。公共秩序的限制，一般表现在以下两种情况：一种情况是若当事人的合同关系受制于某一外国法律，则其适用的国际惯例不得与该国法律的强制规定及其所规定的公共秩序相抵触；另一种情况是若当事人的合同关系受一般法律原则的支配，则其适用的国际惯例的效力，必须以不违反一般法律原则中的强制性原则和公共秩序原则为前提条件。

在现代国际经济贸易中，一般是各国法律和缔结的国际条约没有规定时，才可以适用国际惯例，但有的国家也主张以公共秩序来限制国际惯例的适用性，我国《民法通则》和《海商法》对此也作了肯定。如我国《民法通则》第150条和《海商法》第276条规定：在依我国冲突法指定应适用国际惯例时，如其适用违背了我国社会公共利益，则可予以排除，因此国际惯例在我国的适用必须以不违背我国的公共秩序为先决条件，否则国际惯例在我国将不予适用。

（四）合理性问题

在现代国际经济贸易中，对国际惯例的合理性问题存在两种相反的观点和态度。发展中国家普遍认为，目前通行的国际惯例片面反映了发达国家的经济利益和法律传统，存在对不同当事人的利益考虑不均的缺点，因此主张国际惯例的适用必须以其合理性为先决条件。但发达国家则认为，国际惯例的不合理性并不是普遍的，因为国际组织在编纂国际惯例时比较能中立行事，对不同当事人的利益都予以同等保护，因此国际社会普遍接受和遵循的国际惯例都是合理的。

由于发达国家和发展中国家对国际惯例适用的合理性存在分歧，因此在国际惯例适用的顺序上，各国也有不同的规定。如我国《海商法》第268条第2款、《民法通则》第142条第3款对国际惯例的适用，规定了必须是以我国法律和我国缔结或参加的国际条约中，对有关事项没有相应的规定为前提条件，这实际上为国际惯例在我国的适用设定了法定的先后顺序，即只有在国际条约和国内法律没有规定时，国际惯例才有被适用的机会。正因为此，现在大多数发展中国家都进行建立国际经济新秩序的斗争，以直接或间接地迫使国际组织努力制定更加公正合理的国际惯例。

二、国际惯例的适用方式

在现代国际经济贸易活动中，运用国际惯例已成为交易当事人普遍的行为，并在实践过程中形成了不同的国际惯例适用方式，概括起来有明示适用、默示适用、强制适用和参考适用等主要适用方式。

（一）明示适用方式

明示适用方式，是指当事人在确定交易权利和义务关系时，明确表示选择某特定国际惯例作为合同的依据。在实践中，当事人既可以在合同缔结时，也可以在合同缔结后，甚至可以在合同产生争议后进行这样的明示选择。明示适用方式的关键必须是交易双方当事人协商一致和明示的，具体可以是当事人用口头方式、书面方式或者其他方式进行明示选择。如1980年《联合国国际货物销售合同公约》第9条第1款规定："双方当事人业已同意的任何惯例和他们之间确立的任何习惯作法，对双方当事人均有约束力"，此款所使用的"已同意"一词，就是采纳了明示适用方式。

（二）默示适用方式

默示适用方式，是指当事人在没有对国际惯例进行明示选择情况下，可根据有关规定和一定事实，认定当事人已默示同意其合同关系适用某特定国际惯例。从国际商事仲裁的实践看，由于许多国际惯例已得到各国普遍认可和遵循使用，有的甚至成为国际条约和国际规则的重要组成部分，因此交易当事人对于合同法律适用的沉默，常常被仲裁庭认为是当事人默示选择国际惯例作为其合同的依据。

通常，在国际经济贸易中，可以把国际惯例视为默示适用方式主要有以下几种情况：一是当事人在交易合同中未做出明确的规定；二是当事人协议将合同提交国际商事仲裁；三是当事人授权仲裁庭公正裁决他们之间的争议。这几种情况都表明当事人不愿将其合同关系受制于某一国家的国内法，因而表达了对国际惯例的默示适用。

（三）强制适用方式

强制适用方式，是指根据国际条约或国内法的规定，对当事人的合同关系直接适用特定国际惯例。由于这种适用方式不依靠当事人的意思表示，而是强调符合法律的有关规定，因此是对国际惯例的强制性适用。

在现代国际经济贸易实践中，强制适用方式具体又分为两种情况，一种是无条件地强制适用，即通过国内法明确规定对某些特定国际惯例的强制适用，如西班牙的法律规定，西班牙的一切进出口交易都必须受《国际贸易术语解释通则》的约束。另一种是有条件地强制适用，即强调国际惯例必须在国际条约或国内法没有规定的情况下可以适用，如我国有关法律规定，在国际经济贸易交往中，凡是我国法律和我国缔结或参加的国际条约没有明确规定的，一般可以适用国际惯例。

（四）参照适用方式

参照适用方式，是指当事人的合同关系不管适用什么样的准据法，都应考虑并参照适用有关的国际惯例。如 1961 年的《欧洲国际商事仲裁公约》第 7 条第 1 款规定，无论适用当事人指定的法律还是仲裁员自己确定的准据法，仲裁员都应考虑到合同条款和贸易惯例的适用。

三、国际惯例适用的冲突及协调

在现代国际经济贸易中，对国际惯例的适用客观上存在着一定的矛盾和冲突。一是由于有关的国际条约和国际惯例等统一实体规范的发展，还远不能完全取代各国的国内法，因此当事人对同一合同关系的国际惯例适用，有可能出现与国际条约和国内法的冲突；二是由于同一国际惯例存在着不同的解释文本，如对 CIF 贸易术语，国际商会的《国际贸易术语解释通则》，国际法协会的《华沙—牛津规则》和《美国对外贸易定义》等都做了规定，但各个解释文本的规定又存在一定的差异，从而导致对同一国际惯例适用中出现矛盾和冲突；三是国际惯例随着国际经济贸易的发展和变化，处于不断的修订和完善过程中，如《国际贸易术语解释通则》虽然经过了 6 次修订，但由于其任意性而使新版本不能完全否定旧版本，于是导致国际惯例在同一解释文本的新旧版本之间存在适用上的矛盾和冲突。

综上所述，由于国际惯例适用中存在着一定的矛盾和冲突，因此就必须寻求解决国际惯例适用冲突的方法。根据国际经济贸易的长期实践，解决国际惯例适用冲突的方法主要有以下几种。

（一）坚持当事人意思自治原则

国际惯例及有关国内法和国际公约的任意性及各国对当事人意思自治原则的广泛承认，决定了当事人意思自治原则对解决国际惯例适用中的冲突具有重要作用，它能够决定国际惯例以及有关国内法和国际条约的适用与否及其适用顺序。当事人可以在合同中约定适用特定国际惯例或有关的国际条约或国内法；对特定国际惯例，当事人可协议采用某一种解释文本；对同一种解释文本，当事人还可协议采用某一版本。坚持当事人意思自治原则，在国际条约、国内立法和国际惯例中一般都有明确的规定。

（二）实行惯例分割适用方法

在国际经济贸易中，任何国际惯例通常都不可能包含全部惯例或法律问题，因此每一种国际惯例的运用，一般都还需要以其他的法律规范或惯例来做补充，而惯例分割适用方法就是解决国际惯例适用发生冲突时的一种有效办法。如 1964 年《国际货物买卖统一法》第 3 条和 1980 年《联合国国际货物销售合同公约》第 6 条，都明确规定当事人可以排除其中部分条款的适用，这实际上就是规定了合同可以分割适用不同种类的国际惯例。又如我国《民法通则》和《海商法》中也明确规定，如果我国法律和我国缔结或参加的国际条约中，对特定经济贸易同有规定的，必须适用法律规定；如果没有明确规定的，则适用国际惯例，其实质也是对国际惯例的一种分割适用方法。

（三）规定国际惯例的适用顺序

除了上述两种方法外，有的国际公约和国内法还明确规定了其本身与国际惯例冲突时的适用顺序。因为从法理上讲，国际惯例一经当事人选择，便取得了合同条款的地位，应优先于公约这一任意法而得以适用。如 1964 年《国际货物买卖统一法》第 9 条第 2 款规定，"除当事人另有约定外，凡本法与惯例有抵触时，优先适用惯例"；此外，1980 年《联合国国际货物销售合同公约》第 9 条，对以当事人明示或默示同意决定惯例适用的规定，可以推断该公约也是支持当事人优先选择惯例适用的。但是，我国有关法律则规定了与上述相反的适用顺序，根据《民法通则》第 142 条第 2、3 款以及《海商法》第 268 条第 1、2 款的规定，在国际惯例与我国缔结或参加的国际条约和国内立法相冲突时，其适用顺序是：国际条约、国内法、国际惯例，即优先适用有关国际条约和国内法而非国际惯例。

四、国际惯例在我国的适用

在我国对外开放的发展过程中，随着国内越来越多的企业直接参与对外经济贸易活动，使国际惯例在我国对外经济贸易中得到广泛运用。尤其是我国法律中明确规定了逐步参照和采用国际惯例，使我国对外经济贸易活动在日益法制化的同时，也逐渐与国际习惯做法相接轨。具体讲，国际惯例在我国对外经济贸易中的适用范围主要有以下方面。

（一）国际惯例适用的法律方面

任何国家参与国际经济贸易往来时，如果其国内法规定与国际惯例严重冲突，就不可能进行正常和广泛的往来。因此，必须参照国际惯例制定切实可行的涉外法律法规，并将国际惯例用国家法律的形式确认和固定下来。我国《民法通则》第 142 条第 3 款规定："中华人民共和国法律和中华人民共和国缔结或参加的国际条约没有规定的，可以适用国际惯例"；第 150 条规定："依照本章规定适用外国法律或国际惯例的，不得违背中华人民共和国的社会公共利益"；就是以国内法明确规定了对国际惯例的适用。此外，我国对外开放以来制定的《中外合资经营企业法》、《中外合作经营企业法》、《外贸企业法》等一系列的涉外法律，也是参照国际惯例，从我国实际情况出发而制定的，是对国际惯例适用的法律规定，执行好这些法律规定同样体现了国际惯例在我国对外经济贸易中的适用情况。

（二）国际货物贸易方面

在国际货物贸易方面，我国基本是认可并采用了国际商会统一编撰的《国际贸易术语解释通则》、《华沙—牛津规则》等，尤其对 CIF、FOB、C&F 三种价格条件采用较多。这些价格条件的采用，不仅为我国对外贸易谈判中有关价格、运费、保险费的负担和风险分担设定了基本框架，而且简化了对外贸易谈判内容，促进了外贸人员业务素质的迅速提高，有力地推动了我国对外经济贸易的发展。

（三）国际服务贸易方面

在国际服务贸易方面，不论是在国际运输、国际旅游或其他服务贸易中，我国法律认可和遵循使用相应的国际惯例，有力地促进了我国对外服务贸易的发展。如在对外运输特别是远洋运输中，尽管我国未参加 1924 年的《海牙规则》、1968 年的《维斯比修正案》和 1978 年的《汉堡规则》，但在长期实践中我国按照国际通行做法，实行了承运人驾驶船舶过失免责和管理船舶过失免责等制度，确保了远洋运输中船、货方的利益，保证了对外贸易运输的安全和高效，促进了我国对外运输服务贸易的发展。随着我国加入世界贸易组织后，我国将更多地扩展对国际惯例的适用，以促进我国服务贸易更快更好地发展。

（四）国际金融投资方面

在国际金融投资方面，我国遵循国际上的习惯做法，一方面在对外贸易结算与支付方面，采用了国际商会制定的《跟单信用证统一惯例》，实现了与世界各国银行做法相一致，为我国企业对外交易提供了方便、快捷的国际结算与支付服务等；另一方面，按照国际上设立"自由关税区"、"自由贸易区"、"自由加工区"等习惯做法，建立了经济特区、保税仓库和保税工厂等，提供宽松的政治、经济、法律、行政、海关等环境，吸引了大量外国投资者的进入，促进了我国进出口贸易、转口贸易及外商投资企业的发展，取得了显著的经济和社会效益。

（五）国际税收管理方面

在国际税收管理方面，按照国际上的习惯做法，给予外商投资企业、对外贸易企业以最大的税收优惠。如对生产性外商投资企业（除了石油、天然气、稀有和贵重金属等资源开采以外），其经营在 10 年以上的，从开始获利的年度起，第一年和第二年免征企业所得税，第三年至第五年减半征收所得税，充分体现了对外商投资企业征税从轻的国际惯例。此外，按照国际上优化海关环境的国际惯例，如实行普通关税税率和最低关税税率，提供简捷的海关程序和优惠关税政策等。

复习思考题

一、重点概念

国际惯例	习惯做法	广义国际惯例	狭义国际惯例
商业惯例	经营习俗	成文国际惯例	不成文国际惯例
规范性惯例	合同性惯例	替补性惯例	

二、思考题

1. 比较国际惯例的广义和狭义概念。
2. 简述国际惯例的性质和特征。
3. 简述国际惯例的形成过程和机制。
4. 结合实际，阐述国际惯例的发展趋势。
5. 国际惯例具有哪些分类和特点？
6. 简述国际惯例的适用条件。
7. 国际惯例具有哪些适用方式？
8. 如何协调国际惯例适用的冲突？

主要参考文献和资料来源

1. Annw O. Krueger. Trade Policies and Developing Mations. The Brookings Institution, 1995
2. Dominick Salvatore. International Economics (fifth edition). Prentice Hall Inc. 1995
3. J. C. Holloway. The Business of Tourism (sixth edition). Prentice Hall Inc. 2002
4. [美] 乔安桑. 国际民事商事公约与惯例. 中国政法大学出版社，1993
5. [法] 韦拉·弗朗索瓦. 国际旅游经济与政策. 旅游教育出版社，1989
6. 梁淑英. 国际法. 中国政法大学出版社，2002
7. 钱益明. 国际贸易惯例与公约. 香港万里书店，1990
8. 唐建宇. 国际经济活动惯例. 北京出版社，1990
9. 程德均等. 国际惯例与涉外仲裁实务. 中国青年出版社，1993
10. 冯大同. 国际商法. 中国人民大学出版社，1994
11. 王铁崖等. 国际法. 法律出版社，1995
12. 李双元. 国际私法. 武汉大学出版社，1987
13. 佟柔等. 中华人民共和国民法通则简论. 中国政法大学出版社，1987
14. 谢邦宇等. 国际经济法原理. 世界图书出版公司，1992
15. 黄进. 国际私法 [M]. 法律出版社，1999
16. 肖永平. 论国际商事惯例在我国的适用. 河南省政法管理干部学院学报，2003，(1)
17. 倪学伟，王玫黎. 国际惯例在我国涉外经济中的运用及对策研究. 西南政法大学成教院学报，1994 (2)
18. 世界贸易组织网. http：//www. wto. org
19. 国际商会网. http：//www. iccwbo. org
20. 国际民用航空网. http：//www. icao. int
21. 中国商务部. http：//www. mofcom. gov. cn
22. 中国贸促会网. http：//www. ccpit. org

的海关自动化标准；高级货物信息系统，帮助非洲国家利用计算机技术沿陆地和海上路线追踪货物，发展本国运输部门；技术性企业信息网络方案，为各国企业家提供商务数据，促进了发展中国家中小型企业的发展。

（四）推动各国的国际投资与发展

联合国贸易和发展会议通过其投资、技术和企业发展司，促进各国政府对投资、企业发展和技术能力建设的了解，并协助各国政府制定和执行这方面的政策与活动；协助发展中国家推动内向型投资和改善其投资环境；还协助政府机构改进对外国直接投资流动的全球趋势及其相关政策，以及对外国直接投资、贸易、技术与发展间关系的一般理解。

联合国贸易和发展会议的工作成果载入每年的《世界投资报告》和其他研究资料中，这些文件是"贸易和发展会议"投资、技术和有关金融问题委员会政策讨论的依据。同时，随着国际直接投资的急剧扩展，许多发展中国家的经济日益向外国投资开放，联合国贸易和发展会议及时监测和评估国际投资与发展，并协调联合国系统各部门，如粮农组织、计划开发署和工发组织等机构共同协助发展中国家政府吸引外国投资。此外，还积极协调、帮助和推动联合国的专门机构，世界银行集团及其两个附属机构（国际金融公司和多边投资保证机构）在发展中国家进行投资。

二、国际货币基金组织

国际货币基金组织（International Monetary Fund，IMF），是根据 1944 年 7 月在美国召开的联合国和联盟国家的国际货币金融会议上通过的《国际货币基金协定》，由各主权国家参加组成的国际金融机构，于 1945 年 12 月 27 日正式成立，1947 年 3 月 1 日开始办理业务，1947 年 11 月 15 日成为联合国的一个专门机构，但在业务上具有一定的独立性。

（一）国际货币基金组织的宗旨

国际货币基金组织自 1945 年成立以来，作为联合国的专门机构，一直在国际金融领域发挥着至关重要的核心作用。国际货币基金组织的宗旨，主要包括以下方面：

1. 作为政府间一个金融方面的常设机构，就国际货币问题进行磋商与协作，从而促进国际货币领域的合作；

2. 通过促进国际贸易的扩大和平衡发展，把促进和保持成员国的就业、生产资源的开发、提高实际收入水平等，作为经济政策的首要目标；

3. 促进国际汇率的稳定，保持成员国之间有秩序的汇率安排，防止和避免竞争性的通货贬值；

4. 协助各成员国之间建立经常项目交易的多边支付制度，消除妨碍国际贸易发展的外汇管制；

5. 在有适当保证的前提下，向成员国提供暂时性普通资金，以增强成员国的信心，使其在不采取有损本国和国际繁荣的措施情况下，利用该机会纠正国际收支的失衡；

6. 根据上述目的，缩短成员国国际收支失衡的时间，减轻国际收支失衡的程度。

（二）国际货币基金组织的资金来源

国际货币基金组织的资金，主要来源于各成员国加入基金组织时认缴的份额（资本金），或来自对成员国定期检查后所缴纳的增资份额。份额主要反映了各成员国在世界经济中的相对规模，即一国以产出表示的经济规模越大，则它的贸易额就越大，所认缴的份额相应就大。目前，世界最大的经济体是美国，其对国际货币基金组织认缴的份额，占到国际货币基金组织资金总份额的17.6%；而世界最小的经济体是塞舌尔，其认缴的份额仅占国际货币基金组织资金总份额的0.004%。

国际货币基金组织规定，份额不仅决定各成员国的认缴支付额，还决定了各成员国在国际货币基金组织的投票权和相应义务；同时，各成员国在国际收支发生困难时可以动用自己的份额，并可从国际货币基金组织借用相当于份额一定倍数的资金。通常，国际货币基金组织要求各国以特别提款权或主要货币（如美元）支付认缴份额的25%，也可根据需要，要求成员国以本币形式支付其余的份额，以用于贷款。此外，为了应对国际货币体系面临的任何威胁，国际货币基金组织还可以借款，以补充其份额资金。根据需要，国际货币基金组织也可以定期"分配"特别提款权。

相关知识8-1：

特别提款权

特别提款权（Special Drawing Rights，SDR），是国际货币基金组织于1969年创造的货币（记账）单位和国际储备资产。引入特别提款权的主要原因，是由于当时主要的国际储备资产是黄金和美元，因此各成员国担心国际储备资产的现有存量和潜在增长，不可能足以支持世界贸易的扩大；同时各成员国不希望国际储备资产过分依赖于黄金的生产和美元，因为国际黄金生产具有内在的不确定性，而美国国际收支的持续逆差，则促使美元储备不断增长。因此，特别提款权被作为补充国际储备资产，而按成员国经济实力分配一定百分比的份额，作为国际流通手段的一个补充，以缓解某些成员国的国际收入逆差。

国际货币基金组织成员国之间，成员国与16个特别提款权"机构"持有者，以及与基金组织的交易均可以使用特别提款权。其他一些国际和区域性组织也用特款、应急信贷额度、紧急援助等。

3. 向成员国政府和中央银行提供技术援助和培训。国际货币基金组织还通过提供广泛领域，包括中央银行业务、货币和汇率政策、税收政策和管理及官方统计的技术援助和培训，定期与成员国分享其专业知识，目的是帮助加强成员国经济政策的制定和实施，包括通过增强有关负责机构，如财政部和中央银行的技能。技术援助对基金组织向成员国提供的政策建议和资金援助起到补充作用，其大约占基金组织管理成本的 20%。

4. 召开国际货币基金组织年会。国际货币基金组织理事会通常与世界银行理事会联合召开，一般每年开一次会，年会的时间一般都在 9、10 月间，习惯上在华盛顿连续开两届，第三届安排在其他的会员国举行。年会包括两天的全体会议，年会主席由世界银行和国际货币基金组织的成员理事轮流担任，每两年选举一次总干事。在年会中理事们提出议题、相互磋商、并向与会代表提出他们国家对于目前国际经济和财政问题的看法，还就如何提出目前国际货币问题做出决定，并批准相关的决议。

三、世界银行集团

世界银行（World Bank Group，WBG），并不是一般意义上的"银行"，而是联合国负责国际金融事务的专门机构之一。1944 年 7 月，在美国布雷顿森林举行的联合国货币金融会议上通过了《国际复兴开发银行协定》；1945 年 12 月 27 日，28 个国家政府的代表签署了《国际复兴开发银行协定》，并宣布"国际复兴开发银行"正式成立；1946 年 6 月 25 日开始营业；1947 年 11 月 5 日起正式成为联合国专门机构之一。随着 1956 年国际金融公司成立，1960 年国际开发协会成立，1966 年国际投资纠纷解决中心成立，1988 年多边投资担保机构成立，就形成了现在的世界银行集团。

（一）世界银行的构成

世界银行，是由五个紧密相关的机构所组成的银行集团，即国际复兴开发银行、国际开发协会、国际金融公司、多边投资担保机构和国际投资纠纷解决中心。这些机构由其成员国所有，成员国对机构的所有事务有最终的决策权，每个机构在促进国际投资，推动世界经济发展，帮助发展中国家减贫和提高生活水平等任务中起着不同的作用。

1. 国际复兴开发银行（IBRD）。1945 年成立，旨在通过提供贷款、担保和分析、咨询服务等，促进世界经济的可持续发展，并以此减少中等收入国家和有信誉的较贫穷国家的贫困。目前，国际复兴开发银行已拥有 184 个成员国，是世界上最大的政府间金融机构之一，累计贷款额达到 3 940 亿美元。

相关知识 8－3：

中国与世界银行的关系

中国于 1945 年加入世界银行，是该组织的创始成员国。1980 年 4 月 14 日，世界银行恢复了中国在世界银行的席位，其后中国参加了该组织的历届年会，并单独组成一个选区，自行委任执行董事。截止到 1999 年 9 月，世界银行对中国贷款承诺额数额近 222.6 亿美元的低息贷款（硬贷款），共执行项目 131 个，为中国经济的发展作出了重要贡献。

2. 国际开发协会（IDA）。1960 年成立，重点是向世界最贫穷国家提供免息贷款的援助。目前拥有 165 个成员国，累计贷款额为 1 510 亿美元。由于各国对国际开发协会的捐款，使世界银行每年可向世界上最贫穷的 81 个国家（共拥有 25 亿人口）提供 60～90 亿美元的免息贷款，帮助这些国家进行改革和投资，促进其生产率的提高和创造更多的劳动就业。

3. 国际金融公司（IFC）。1956 年成立，主要通过对高风险部门和国家提供支持来推动私人部门的发展。目前该公司拥有 176 个成员国，所承诺的资产组合为 235 亿美元（包括 55 亿美元的辛迪加贷款）。国际金融公司通过向私人投资不足的地区和部门投资，帮助各国政府创造条件，促进国内和外国私人储蓄和投资流量，并对投资于发展中国家的私人企业提供长期贷款、担保和风险管理，以促进和动员私人资本投向发展中国家。

4. 国际投资纠纷解决中心（ICSID）。1966 年成立，主要解决外国投资者与东道国之间的投资纠纷，目前拥有 140 个成员国，登记国际投资案例总数累计为 159 例。该中心通过对投资纠纷提供国际调解和仲裁，增进各国与外国投资者之间的相互信任，以此鼓励和促进外国投资。

5. 多边投资担保机构（MIGA）。1988 年成立，主要向发展中国家的投资者和贷款人提供政治风险保险（担保），目前拥有 164 个成员国，累计担保金额达到 135 亿美元（包括通过合作承保计划提供的杠杆担保额）。该机构通过向外国投资者提供担保，使其免受因非商业风险（如征收、货币不可兑换、转移限制以及战争和内乱）造成的损失，以此鼓励对发展中国家的外国投资。

（二）世界银行的宗旨

世界银行成立初期的宗旨，是致力于帮助第二次世界大战后欧洲国家的复兴。1948 年以后，世界银行的宗旨转向世界性的经济援助，通过向各成员国担保或供给长期贷款，推动成员国的资源开发和经济发展，促进国际贸易的均衡增长，维持国际收支的平衡，尤其是加强对欠发达成员国的改革和计划提供指导，帮助欠发达成员国实现经济增长与发展。具体分为以下方面：

1. 世界银行对成员国生产性项目的投资提供贷款和便利，以帮助成员国的经济复兴与开发，特别是加强对欠发达成员国的改革和计划提供指导，鼓励欠发达国家的资源开发与经济发展。

2. 世界银行利用担保或对私人贷款及其他私人投资的方式，促进成员国的外国私人投资；在条件合适的情况下，当成员国不能获得外国私人投资时，世界银行运用本身资本或筹集的资金为成员国提供资金，以促进成员国外国私人投资的增加，补充其外国私人投资的不足。

3. 世界银行通过鼓励国际投资，加强与各类发展机构的伙伴关系，促进他们参与世界银行相关项目的设计和执行，开发成员国生产资源的方法，促进全球国际贸易长期平衡地发展，并维持各成员国的国际收支平衡。

4. 世界银行在贷款、担保或组织其他渠道的资金支持中，无论各种项目贷款的数额大小，坚持优先保证和安排重要项目或在时间上紧迫的项目，扩大贷款项目对经济发展的总体影响。

5. 世界银行认真适应借款国的需求，在业务中适当照顾各成员国的国内工商业，同时尽量使其免受国际投资的影响，以促进各成员国的经济增长与发展。

（三）世界银行的资金来源

世界银行的资金来源主要是世界银行成员国缴纳的股金，世界银行向国际金融市场借款，世界银行发行债券和收取的贷款利息，以及较富裕的成员国政府的捐款等。

1. 认缴股金。世界银行的资金中大约有5%是成员国的认缴股金，即各成员国在加入世界银行时，成员国政府应根据其相对经济实力认购股份，但只需缴纳认购股份额的一小部分，未缴纳的余额作为待缴股金，留待世界银行亏损严重无力兑付债券时缴纳。按照世界银行有关规定，各成员国认缴股金所构成的资本金，只能用于偿付债券持有者，不能用于支付行政开支或发放贷款；同时世界银行尚未偿付和已支付的贷款余额不得超过资本金和储备的总和。

2. 联合筹资。世界银行向其他开发银行、欧洲联盟、国家援助计划署和出口信贷进行融资，以提供补助资金，称为联合融资。通过联合融资，每年为发展项目提供70~80亿美元的补充资金，相当于世界银行每年本身融资额的1/3。联合融资不仅能够动员更多的资金，而且促进了与发展机构之间的协作。世界银行还为许多借款国主持召开协商小组会议，使援助国的官员得以与借款国的主要决策者接触，了解整个经济发展的重点和战略，以便作出援助承诺。

3. 自主筹资。世界银行每年贷款资金的3/4属于国际复兴开发银行的贷款，其资金主要是来自金融市场的筹资。国际复兴开发银行作为世界上管理最审慎和保守的金融机构之一，主要通过在世界各地发售三A级债券和其他债券来筹集资金，各种债券的发售对象为各类银行、养老基金、保险机构、公司及个人。此外，国际复兴开发银行对借款国的贷款利息也构成自筹资金的部分来源。

4. 政府捐款。作为世界银行重要组成机构的国际开发协会，主要为没有能力以商业利率借贷的贫困国家提供无息贷款，其资金来源主要依靠较富裕的成员国政府的捐款。通常，国际开发协会每三年补充一次资金，大约有四十个成员国政府提供捐款，捐款成员国不仅有德国、法国、美国、日本、英国、俄罗斯等经济发达国家，也包括阿根廷、博茨瓦纳、巴西、韩国、土耳其、匈牙利等发展中国家。

（四）世界银行的管理机构

世界银行的管理机构主要有理事会、执行董事会和行长三个层次，各个层次按照有关世界银行的协定和章程，行使相应的职权，共同负责整个世界银行集团的管理和日常事务。

1. 世界银行的股东。世界银行的成员国政府是世界银行的股东，成员国政府拥有对世界银行内部各项事务，包括政策、金融或入会等问题的最终决策权。在世界银行内部有一个联合秘书处，负责协调世界银行股东的工作，秘书处内部还设有入会和资本缴纳等部门，负责新加入成员国方面的事务。

通常，成为世界银行的成员有三个限制条件：一是只有参加国际货币基金组织的国家，才允许申请成为世界银行的成员；二是只有世界银行成员国才能申请贷款，各国私人生产性企业申请贷款要由各国政府担保；三是各成员国申请贷款一定要有工程项目计划，对世界银行的贷款必须专款专用，世界银行定期对其贷款项目进行检查。

2. 世界银行理事会。世界银行的最高权力机构是世界银行理事会，由每个成员国任命一位理事和一位副理事组成，各成员国理事一般都是财政部长、中央银行行长或级别相当的政府官员，每位理事和副理事的任期为五年，可以连任。根据世界银行的协定，如果世行的成员国同时也是国际金融公司或国际开发协会的成员国，那么各成员国任命的世界银行理事及其副理事也是国际金融公司和国际开发协会理事会的当然理事和副理事，对多边投资担保机构的理事和副理事则需要单独任命。

理事会的主要职权，包括批准接纳新成员国或中止成员国地位；批准增加或减少世界银行的资本存量；决定世界银行净收入的分配；审查财务报表和预算；行使未授予执行董事会的其他权力。世界银行理事会每年举行一次会议，一般与国际货币基金组织的理事会联合举行。

3. 世界银行执行董事会。世界银行负责日常业务的机构是执行董事会，其行使理事会授予的职权。执行董事会下设五个常设委员会，包括发展预算委员会、审计委员会、人事委员会、治理委员会、执行董事行政事务委员会。这些常设委员会不仅负责执行董事会的具体事务，还通过对世界银行的政策和做法进行深入考察和研究，帮助执行董事会更好地履行其职权和监督职责。

按照世界银行章程的规定，执行董事会由24名执行董事组成，其中5名执行董事由持有股金最多的美国、日本、英国、德国、法国政府委派；另外19名执行董事则由其他成员国的理事按各国分组或地区分组选举，中国、俄罗斯、沙特阿拉伯和瑞士国家集团由于拥有一定的投票权，均可自行选举一名执行董事，其他国家则组合成多国选区选举另外15名执行董事。执行董事们除参加执行董事会会议之外，还参加五个常设委员会中的一个或几个委员会的活动。

执行董事会的职权，主要包括批准贷款和担保项目、新的方针政策、行政预算、国别援助战略以及借款和财政决策等。通常，执行董事会每周开两次会议来监督管理世界银行的业务，也可根据世界银行的业务需要随时召集会议。在执行董事会例行会议上，执行董事们审议并决定：国际复兴开发银行的贷款和担保建议；国际开发协会的信贷；行长提出的赠款和担保建议；决定指导世界银行总体业务的各项政策。同时，执行董事会还负责在年会期间，向理事会提交经审计的账户、行政预算、业务和政策的年度报告及其他有关事务。

相关知识 8 - 4：

现任世界银行行长

2005年6月1日，保罗·沃尔福威茨博士就任世界银行行长。沃尔福威茨博士是美国公民，曾在政府和学术界担任重要职务，任过美国驻印度尼西亚大使和主管东亚与太平洋地区的助理国务卿，在耶鲁大学执过教，任过约翰·霍普金斯大学保罗·尼兹高级国际研究学院院长兼国际关系学教授，在就任世界银行行长之前，担任美国国防部副部长。对沃尔福威茨博士的提名，经过世界银行执行董事会成员的一系列讨论，并与各成员国政府磋商之后，于2005年3月31日，经世界银行执行董事会选举一致通过。

4. 世界银行行长。按照传统，世界银行行长通常是由拥有股份最多的美国的公民担任，历届世界银行行长一般都是由美国总统提名，由世界银行执行董事会选举产生，任期5年并可以连任。世界银行行长，是世界银行集团管理机构的首脑，在执行董事会有关的方针政策指导下，具体负责世界银行的日常行政管理工作，任免世界银行高级职员和工作人员等。世界银行行长同时任执行董事会主席，但没有投票表决权，只有在执行董事会表决中双方的票数相等时，可以投关键性的一票。此外，世界银行行长还同时兼任国际开发协会会长、国际金融公司主席、多国投资保证机构主席等职。

（五）世界银行的业务活动

世界银行通过提供贷款、政策咨询和技术援助，支持各种以减贫和提高发展中国家人民生活水平为目标的项目和计划。制定有效的减贫战略和提供以减贫为主的贷款是实现这些目标的关键。世界银行的业务计划高度重视推进可持续的社会和人类发展，高度重视加强经济管理，并越来越强调参与、治理和机构建设。

1. 发放贷款。世界银行的主要业务，是以其实收资金、公积金、储备金以及从会员国金融市场上筹措的资金，和其他金融机构一起或者自行对外发放贷款。世界银行贷款有以下几种形式：一是投资贷款，包括特别投资贷款、部门投资和维持性贷款、金融中介贷款、紧急恢复性贷款、技术援助贷款、学习与革新贷款和适用性计划贷款等；二是调整贷款，目的是支持成员国促进其经济发展，进行重要的经济、金融和其他政策方面的根本性变革，包括结构调整贷款、部门调整贷款、重建贷款和偿债和债务减免贷款等；三是无息贷款，即使用国际开发协会信贷国家的大规模创汇项目提供贷款。在提供这类贷款时，世界银行采取适当的规避风险的措施，以确保自己承担的风险降低到期最低限度。

2. 风险管理。在提供开发性银行服务的过程中，世界银行承担了各种各样的风险，其中包括信用风险、市场风险和流动资产风险、利率风险、汇率风险、业务运作风险等。对这些风险进行全方位的有效管理，是世界银行的主要业务之一。

3. 借款。为确保贷款业务的资金需要以及（资产的）流动性需要，世界银行在世界各地的资本市场上借款，以可以接受的条件，在全球范围内向私人和官方投资者出售证券。其发行的债务票据期限有短期、中期和长期，计息方式有固定利率，也有可调整利率。

4. 技术援助。除金融业务外，世界银行还为成员国提供技术援助。技术援助可以与贷款业务相连，也可以独立于贷款业务。援助活动方式多样，如向成员国派遣合格的专家，调查研究成员国存在的开发机会，分析成员国的财政、经济和其他发展问题，帮助成员国制定发展战略、计划，对投资项目进行评估，帮助成员国提供资产负债管理技术，以及对各类政府官员开设经济政策、发展和管理研讨会和培训班。

5. 业务拓展。世界银行利用贷款、技术援助等业务活动，把基本社会服务作为援助的重点，加强各成员国的人力资源开发；与世界上其他发展机构、非政府组织和社区组织互相配合、密切合作，推进全球性环境保护，是目前世界上环保项目的最大投资机构；通过制定基本的法律法规和提供担保等，帮助借款国政府为扩大私营部门投资创造必要的条件；帮助各国制定和实行减少腐败机会的政策和体制改革，以提高政府能力，加强公共管理；促进贷款国政府经济改革，实现均衡的经济增长；援助受冲突危害的国家，帮助这些国家实现从依赖救济向可持续经济发展的过渡等。

第二节　世界贸易组织

一、世界贸易组织的产生过程

世界贸易组织（World Trade Organization，WTO），是一个具有法人地位、并独立于联合国的永久性国际组织，总部设在瑞士日内瓦。世界贸易组织自 1995 年 1 月 1 日正式成立以来，与世界银行、国际货币基金组织一起，并称为当今世界经济体制的"三大支柱"，在推动世界经济贸易发展中起着举足轻重的积极作用。

世界贸易组织建立的基础是《关税与贸易总协定》（General Agreement on Tariffs and Trade，GATT），简称为《关贸总协定》，是由美、英、法、中等 23 个国家于 1947 年 10 月 30 日在日内瓦签订的一个多边贸易协定，是针对 30—40 年代各国普遍盛行的贸易保护主义措施而签订的一项临时协议，目的是调整和规范缔约国之间的关税水平和贸易关系。后来，随着越来越多的国家加入关贸总协定并连续进行了多轮全球性的贸易谈判，使其成为各缔约国之间在贸易政策方面制定国际规则和促进世界自由贸易的唯一多边贸易协定。

《关贸总协定》临时适用以来，通过八轮全球性的多边贸易谈判，在降低和削减关税、消除各种非关税壁垒，增强贸易透明度和促进世界贸易自由化，推动国际服务贸易、知识产权和投资的发展，处理国际经济贸易纠纷等方面作出了积极的贡献。但是，《关贸总协定》也有很大的局限性，如在解决贸易争端方面没有法律约束性的强制手段；适用范围仅限于货物贸易，而对服务贸易和知识产权贸易等尚未纳入《关贸总协定》的约束；例外条款过多，使缔约方在援引例外条款时可以变相实施贸易保护主义。因此，从 1986 年发起"乌拉圭回合"多边贸易谈判后，缔约国各方发现《关贸总协定》以协调货物贸易为主的职能作用，对许多非货物贸易的重要议题很难在原有框架内进行谈判，因此有必要在关贸总协定基础上，创建一个正式的国际贸易组织来协调、监督和执行新一轮多边贸易谈判的成果。

1990 年初，意大利首先提出了建立多边贸易组织的倡议，这个倡议后来以欧共体 12 个成员国的名义向"乌拉圭回合"体制职能谈判小组正式提出。1990 年 12 月"乌拉圭回合"布鲁塞尔部长会议正式作出决定，责成体制职能小组负责"多边贸易组织"协定的谈判。体制职能小组经过一年多的紧张谈判，于 1991 年 12 月形成了一份《建立多边贸易组织协定》草案，并成为同年底"邓克尔文本"整体的一个部分。又经过两年多的修改与完善，最终于 1993 年 11 月"乌拉圭回合"谈判结束前形成了正式的《建立多边贸易组织协定》，并根据美国的动议将多边贸易组织改名为"世界贸易组织（World Trade Organization）"。

1994 年 4 月 15 日，在摩洛哥的马拉喀什部长会议上通过了《建立世界贸易组织协定》。根据《建立世界贸易组织协定》的规定，世界贸易组织自1995年1月1日起正式成立。1995年7月11日，世界贸易组织总理事会会议决定接纳中国为该组织的观察员，并于2001年11月正式接纳中国为世界贸易组织成员。

二、世界贸易组织的宗旨和职能

世界贸易组织于1995年1月1日建立后，作为新的多边贸易国际组织，其宗旨既承袭了关贸总协定的基本宗旨，又适应时代发展要求对关贸总协定的宗旨做了适当的补充和加强。其宗旨要求世界贸易组织各成员：承认其贸易和经济关系的发展，旨在提高生活水平，保证充分就业，大幅度提高实际收入和有效需求；扩大货物和服务的生产和贸易；为了持续发展，合理利用世界资源，保护和维护环境；保证发展中国家成员贸易、经济的发展；建立完整的、更有活力和持久的多边贸易体制。

世界贸易组织作为一个专门性的国际组织，有其特有的工作范围和职能。世界贸易组织的职能，是为了确保其宗旨的实现，具体包括促进世界贸易组织协定和多边贸易协定的执行、管理和运作，为各成员方的多边贸易关系谈判提供场所，对各成员的争端解决进行管理，对贸易政策的评审机制进行管理，与其他国际组织进行合作，促进世界贸易经济更加协调地发展等。

世界贸易组织通过建立由部长级会议、总理事会、专门委员会、总干事和秘书处四个部分所构成的组织机构，来充分有效地履行世界贸易组织的职能。

1. 部长级会议，是世界贸易组织的最高权力机构，由所有成员国家或地区主管部长级官员或其全权代表组成。部长级会议至少每两年举行一次，可就任何多边贸易协定的任何问题做出决定。其权力主要是拥有立法权、准司法权、豁免权及审批世界贸易组织观察员资格权等。

2. 总理事会，是世界贸易组织的日常工作机构，在部长级会议休会期间代行部长级会议的职能并对其负责。总理事会在代表部长级会议开展日常工作的同时，可以随时召开会议以履行其解决贸易争端和审议各成员方贸易政策的职责。总理事会下设货物、服务及知识产权等理事会，负责各方面的有关事宜。

3. 专门委员会。部长级会议下设立各专门委员会，负责履行世界贸易组织协定和多边贸易协定赋予的各种职能。已经设立的专门委员会有：贸易与发展委员会，国际收支限制委员会，预算、财务与行政委员会和贸易与环境委员会等。

4. 秘书处与总干事。世界贸易组织成立由一位总干事领导的秘书处，该秘书处设在瑞士日内瓦。总干事由部长级会议选定，并明确总干事的权力、职责、服务条件和任期规则，授权由部长级会议以立法形式确定。秘书处工作人员由总干事指派，并按部长级会议通过的规则决定他们的职责和服务条件。总干事是每一轮多边贸易谈判的当然主席和主持人，同时也是世界贸易组织规则执行的监护人和解决成员间争端的调停人。

三、世界贸易组织的法律体系

世界贸易组织作为当今世界最大的多边经济贸易组织，其通过几十年的多边贸易谈判和不断的完善，已形成一整套有关国际经济贸易的法律体系。这一整套国际经济贸易的法律体系和有关法律文件，几乎涉及了国际贸易法的所有领域，甚至在某些领域已经超出了传统的国际贸易法的范围，其具体由以下几部分所构成。

（一）世界贸易组织的基本法

世界贸易组织的基本法是《建立世界贸易组织协定》（Agreement Establishing the World Trade Organization），其规定了世界贸易组织的宗旨和原则、活动范围、功能和组织结构、成员制度、法律地位、决策机制和协定修改等内容。

（二）货物贸易法律制度

货物贸易是关贸总协定长期以来所调整的传统部门，也是世界贸易组织法律体系的基础。其构成主要包括：1994 年关贸总协定的 6 个谅解和一个议定书；农产品协定；卫生与动植物检疫措施协定；纺织品和服装协定；贸易技术壁垒协定；与贸易有关投资措施协定；关于实施 1994 年关贸总协定第 6 条的协定；关于实施1994 年关贸总协定第 7 条的协定；装运前检验协定；原产地规则协定；进口许可证程序协定；补贴与反补贴措施协定；保障措施协定等。

（三）服务贸易法律制度

服务贸易法律制度，是"乌拉圭回合"谈判的重要成果，主要体现在《服务贸易总协定》之中，是世界贸易组织法律体系的重要组成部分，其规定了国际服务贸易的定义、服务贸易领域开放的一般原则和具体原则等。

（四）知识产权法律制度

知识产权法律制度，集中体现在《与贸易有关的知识产权协定》中，也是世界贸易组织法律体系的重要组成部分，其规定了版权、商标、地理标志、工业设计、专利、集成电路布图设计、未泄露的信息等七类知识产权的国际标准和保护的基本原则，明确了知识产权的效力、范围、取得、保护、相关程序及争端的防止和解决等。

（五）争端解决机制的法律制度

争端解决机制的法律制度，主要是《关于争端解决规则与程序的谅解协定》。在《关于争端解决规则与程序的谅解协定》中，明确规定了有关争端解决的法律规则和程序，其中的争端解决程序又称为世界贸易组织争端解决机制中的普通程序。

（六）贸易政策审议机制的法律制度

贸易政策审议机制的法律制度，主要体现在《贸易政策评审机制》的协定中，其规定了贸易政策评审机制的目标、机构、审议范围、程序等方面的法律制度。

四、世界贸易组织的运行机制

世界贸易组织的运行机制，是保证世界贸易组织各项法律和规则有效实施的程序和制度，其主要包括世界贸易组织的决策程序、贸易政策审议制度和争端解决程序等。

（一）世界贸易组织的决策程序

世界贸易组织的决策程序，是指世界贸易组织对有关事项如条文的解释和修改，义务的豁免和对接受新成员等作出决定时应遵循的程序规则。这些决策程序规则包括协商一致规则、简单多数规则、2/3 多数规则、3/4 多数规则、所有成员一致接受规则、反向一致规则等，其明确了世界贸易组织的决策原则。在具体运用决策程序规则时，世界贸易组织又规定了协定的解释程序、义务的免除程序、世界贸易组织下属协定的修改程序等，以保证世界贸易组织决策的客观性和有效性。

（二）世界贸易组织的贸易政策审议制度

世界贸易组织的贸易政策审议制度，是在透明度的前提下，更好地了解成员的贸易政策和贸易活动。世界贸易组织对贸易政策审议的频度取决于各成员在世界贸易中所占的份额大小，对美国、欧盟、日本和加拿大等贸易额最大的四方每两年审议一次，其余成员每六年审议一次，对贸易额最小成员的审议则时间更长。在接受审议时，被审议成员必须向总理事会提交全面的报告，同时世界贸易组织秘书处也根据职权而准备一份有关被审议成员情况的报告。审议结束后，由总理事会公布国别报告、秘书处准备的报告和讨论的记录。

（三）世界贸易组织的争端解决程序

世界贸易组织的争端解决程序，是保证世界贸易组织的法律、规则和决议得以实施执行的重要机制，其目的是维护成员方在有关协定中规定的权利和义务，达成能为争端各方接受的与有关协定规则相一致的解决方法，或者至少能立即撤销那些与有关协定不相一致的措施。该程序除了原关贸总协定中有关争端解决条款外，主要内容集中于《关于争端解决规则和程序的谅解协定》中，内容包括适用范围、管理与行政、一般原则、基本程序、建议与裁决的监督、补偿与减让、最不发达国家成员方的特殊程序、仲裁和秘书处的职责等。

第三节　世界旅游组织

一、世界旅游组织的历史沿革

世界旅游组织（World Tourism Organization，UNWTO），是联合国系统的政府间国际组织，并代表联合国专门负责国际旅游方面的事务。作为目前政府间最主要的全球性国际旅游组织，至今已有 70 多年的历史了。其最早是由 1925 年成立的"国际官方旅游宣传组织联盟（IUOTPO）"演变发展而来，1969 年联合国大会批准将其改为政府间组织，并于 1975 年正式定名为"世界旅游组织"，2003 年正式纳入联合国系统，总部设在西班牙的首都——马德里。世界旅游组织的历史沿革大致经历了三个演变发展阶段。

（一）国际官方旅游宣传组织联盟（IUOTPO）阶段

世界旅游组织的产生，始于 1925 年 5 月 4 日至 9 日在荷兰海牙召开的"国际官方旅游者运输协会代表大会（International Congress of Official Tourist Traffic Associations，ICOTTA）"。在这次大会上，主要旅游业发达国家提出：为了促进世界旅游业的发展，应成立"国际官方旅游宣传组织联盟（International Union of Official Tourist Propaganda Organizations，IUOTPO）"，以协调和推进世界各国之间的国际旅游交流和合作。之后经过几年的筹备，尤其是 1929—1933 年的世界经济危机，使许多国家更加认识成立 IUOTPO 的重要性，于是 1934 年在荷兰海牙正式成立了"国际官方旅游宣传组织联盟"，总部设在海牙。第二次世界大战使该联盟停止了活动，直到 1946 年 10 月 1 日至 4 日，在英国伦敦召开了首届各国旅游组织国际大会，才又决定成立专门委员会研究重新恢复国际旅游宣传组织联盟的工作。

（二）国际官方旅行组织联盟（IUOTO）阶段

1947 年 10 月，在法国巴黎召开了第二届各国旅游组织国际大会。会上一致通过了专门委员会关于恢复国际官方旅游宣传组织联盟的提案，并决定将"国际官方旅游宣传组织联盟"更名为"国际官方旅行组织联盟（International Union of Official Travel Organizations，IUOTO）"，总部设在伦敦，1951 年又迁至瑞士的日内瓦。进入 1960 年以后，随着 IUOTO 成员国之间旅游交通条件的不断改善和国际旅游者的大量流动，促进了各国政府间更广泛的旅游交流和合作。于是，在 1967 年的联合国全体大会上，一致同意 IUOTO 接受联合国的指导，并宣布将 1967 年定为"世界旅游年"。1969 年 12 月的联合国全体大会上，正式批准将 IUOTO 作为政府间国际组织，以发挥其在世界旅游方面的决策和分析功能，发挥其对世界旅游业的领导与组织作用。到 1970 年，已有 51 个国家的官方旅游组织加入了国际官方旅行组织联盟。

（三）世界旅游组织（WTO）阶段

在 1974 年的国际官方旅行组织联盟全体大会上，各成员国一致同意以"世界旅游组织（World Tourism Organization，WTO）"作为政府间的国际旅游组织机构。于是，1975 年 5 月在西班牙首都马德里举行了首届"世界旅游组织"全体大会，正式将"国际官方旅行组织联盟"更名为"世界旅游组织"，并选举原国际官方旅行组织联盟秘书长罗伯特·洛纳蒂出任世界旅游组织首届秘书长。同时，接受西班牙政府的邀请，将世界旅游组织总部由日内瓦迁到马德里。

1976 年，世界旅游组织被正式确定为联合国开发计划署（UNDP）在旅游方面的执行机构，2003 年世界旅游组织正式纳入联合国系统，作为联合国系统领导全球旅游业的政府间国际旅游组织。世界旅游组织自 1975 年成立以来，更加广泛积极地开展活动，每隔两年就召开一次世界旅游组织全体大会。从 1977 年到 2005 年的近 30 年间，世界旅游组织先后在西班牙的马德里、意大利的罗马、印度的新德里、保加利亚的索非亚、法国的巴黎、阿根廷的布宜诺斯艾利斯、印度尼西亚的巴厘、埃及的开罗、土耳其的伊斯坦布尔、中国首都北京、塞内加尔首都达喀尔等地召开过 16 次世界旅游组织全体大会，对推进世界旅游业的蓬勃发展发挥了十分重要的积极作用。

二、世界旅游组织成员和机构

世界旅游组织作为当今旅游界最主要的国际旅游组织，为了发展旅游业，推动经济发展，促进世界和平，增进各国间的相互理解和支持，积极制定合适的政策，广泛吸收各国官方旅游组织、旅游企业、旅游协会及相关组织加入世界旅游组织，并成立了相应的组织机构来负责和处理各种事务。

（一）世界旅游组织的成员

世界旅游组织的成员一般分为正式成员（Member States）、联系成员（Associate Members）和附属成员（Affiliate Members）三类。截止到 2005 年，世界旅游组织共有 150 个正式成员，7 个联系成员和 350 多个附属成员。

1. 正式成员。作为世界旅游组织的正式成员，必须是完全独立自主的国家。1975 年，世界旅游组织的正式成员国还只有 51 个，到 1990 年已发展到 106 个，到 2000 年又迅速增加到 136 个，到 2005 年已发展到 150 个。其中，按照世界旅游组织对世界旅游区域的划分方法，欧洲地区有 42 个国家，美洲地区有 23 个国家，东亚太地区有 16 个国家，非洲地区有 48 个国家，中东地区有 12 个国家，南亚地区有 9 个国家。

2. 联系成员。作为世界旅游组织的联系成员，主要指那些没有独立外交关系的特殊旅游地区。这些地区要成为世界旅游组织的联系成员，必须得到对他们负有外交责任的主权国政府的同意，否则世界旅游组织不予接纳为联系成员。目前，世界旅游组织的联系成员有 7 个，包括阿鲁巴（Aruba）、弗利密斯（Flemish Community of Belgium）、马地依纳（Madeira）、安的利斯（Netherlands Antilles）、波多尼哥（Puerto Rico）和中国的香港（Hong Kong，China）和澳门（Macao，China）。

3. 附属成员。作为世界旅游组织的附属成员，主要是世界各国直接从事旅游服务和与旅游相关的各类企业、协会及教育研究机构等，包括航空公司、汽车公司、饭店餐馆、旅游公司、旅行社、金融汇兑机构、公共服务团体、旅游咨询机构、旅游教育和研究机构、旅游协会和地区旅游组织等。按照世界旅游组织规定，申请成为附属成员必须得到所在国家和地区主管部门的同意和推荐。目前，世界旅游组织已经拥有 350 多个附属成员。

世界旅游组织的成员每年必须缴纳会费，这是世界旅游组织的主要财务预算来源。按规定：正式成员每年根据本国经济发展水平和旅游业在该国的地位而缴纳一定比率的会费；联系成员每年缴纳 20 000 美元的固定会费；附属成员每年缴纳 7 000 美元的固定会费。

（二）世界旅游组织机构

世界旅游组织机构主要由全体大会、执行委员会、地区委员会和秘书处四个部分所组成。

1. 全体大会，是世界旅游组织的最高权力机构，一般每两年召开一次。全体大会由各正式成员国代表和联系成员有代表权的代表共同组成，各附属成员和其他国际组织则以观察员身份出席全体大会。全体大会的主要任务是审议和批准世界旅游组织的工作总纲和预算，并讨论和决定有关世界旅游业发展的重大事宜。

2. 执行委员会，是世界旅游组织的理事机构，每年至少召开两次会议，主要负责世界旅游组织的工作总纲和预算的实施。执行委员会成员由全体大会按照每 5 个正式成员国推选 1 个的原则，选举产生 26 个成员国共同组成执行委员会，任期一般四年。联系成员和附属成员只能以观察员身份出席执行委员会会议。执行委员会下设五个委员会和一个中心：计划委员会、预算与财务委员会、统计与分析委员会、环境保护委员会、旅游质量指导委员会和旅游教育中心。

3. 地区委员会。世界旅游组织按照旅游区分为 6 个地区委员会，即欧洲委员会、美洲委员会、东亚太委员会、非洲委员会、中东委员会和南亚委员会。各地区委员会每年至少召开一次会议，会议代表由该地区各正式成员国和联系成员派出，各附属成员以观察员身份出席。各地区委员会根据不同时期世界旅游组织的工作总纲和要求，具体负责组织和协调本地区的旅游活动、工作内容及组织各种主题研讨会。

4. 秘书处。世界旅游组织总部设在西班牙首都马德里，日常工作由秘书处负责。秘书处共有 80 多名正式工作人员，主要负责世界旅游组织各项工作计划的具体实施，处理日常事务及根据各成员要求而提供服务。秘书长由执行委员会推荐，并经执行委员会选举而产生，任期一般为 4 年。1975 年选举罗伯特·洛纳蒂为首届秘书长，1986 年选举澳大利亚前旅游部部长威利巴德·帕尔为秘书长，1990 年选举墨西哥前旅游部部长安东里奥·恩里克斯·萨维吉亚克为秘书长，1996 年选举法国前旅游部旅游产业局局长弗朗西斯科·弗兰加利为现任秘书长，2001 年继续连任。

三、世界旅游组织的宗旨和主要工作

世界旅游组织的宗旨，是把发展旅游业作为促进经济发展、推动国际贸易、增进世界和平的重要手段。为了确实推动各国政府对旅游业发展及相关战略问题作出积极正确的决策，以加快全球旅游业的发展，世界旅游组织确定了自己的工作总纲及主要的活动内容。

（一）世界旅游组织的工作总纲

1. 推进旅游发展与合作。世界旅游组织通过各种长期和短期的旅游项目，积极向各国政府旅游管理机构提供技术援助。旅游项目的内容一般以技术转让为主，包括帮助各国制定旅游发展战略及规划、进行市场促销宣传、加强旅游规范管理、提供旅游教育培训等，以推进各国的旅游发展与合作。并且创立"世界旅游日"，确定每年的主题，以促进全世界对世界旅游发展的理解和支持（见相关知识 8 - 5）。

相关知识 8 - 5：

创立"世界旅游日"的缘由

每年，联合国体系的许多组织都有确定的庆祝节日，如"世界和平日"、"国际劳动节"、"世界健康日"、"世界环境日"、"国际妇女节"、"世界气象日"、"国际儿童节"、"世界电信日"、"世界文化节"，等等。世界旅游组织作为联合国体系的所属组织也有自己的节日，这个节日就是"世界旅游日"（world tourism day）。

1971 年，国际官方旅行组织联盟根据非洲官方旅游组织的提议，决定创立"世界旅游日"。创立"世界旅游日"的根本目的，主要是为全球旅游宣传提供一个突出的主题，以引起人们对旅游的重视，并以此推动各国的旅游合作与发展。因此，世界旅游组织根据世界社会经济发展的情况，结合全球旅游业在不同时期的发展重点，每年都提出一个鲜明的旅游宣传主题。

1979 年 9 月，世界旅游组织第三次全体大会正式决定：从 1980 年开始，把每年的 9 月 27 日确定为"世界旅游日"，作为全球旅游工作者和旅游者的节日。之所以选择 9 月 27 日作为世界旅游日是基于以下两条依据：一是在 1970 年 9 月

世界旅游组织每年都出版《旅游统计年鉴》，并据此监测和分析全球旅游业的发展情况，编写旅游统计报告和市场预测与研究报告，为各国进行旅游市场促销和制定旅游业发展规划提供依据。

5. 旅游出版活动。目前，世界旅游组织不仅拥有大量的、权威性的文献资料，而且正在努力通过旅游信息网络和国际互联网以形成世界旅游信息资料的交流中心。每年世界旅游组织都出版许多著作和刊物，提供给所有成员。这些著作和刊物概括起来可以分为三大类。

第一类是各种定期的旅游统计资料及刊物。主要有《旅游统计年鉴》、《旅游统计概要》（年刊）、《旅游业动态》（季刊）、《世界旅游组织要闻》（双月刊）、《世界旅游发展》（年刊），以及各种有关旅游业的分类统计资料等。

第二类是各种有关旅游业全球性和地区性的专题研究和技术报告，其内容涉及世界旅游组织的政策、世界旅游业发展、旅游市场趋势、旅游教育培训、旅游财务与预算、旅游安全质量等方面。

第三类是各种会议及研讨会的信息资料，一般每年大约要出版20～30种，包括世界旅游组织全体大会、执行委员会、地区委员会和各种专门会议的资料及有关重要的文献和研究资料等。

四、中国与世界旅游组织的关系

世界旅游组织多年来一直同中国保持着非常友好的合作关系。1973年，国际官方旅行组织联盟秘书长罗伯特·洛纳蒂，曾经两次致函联合国国际事务代理秘书长，宣布取消台湾当局在世界旅游组织的正式成员资格。1975年，洛纳蒂秘书长邀请我国驻西班牙大使出席世界旅游组织首届全体大会，大会上一致通过了巴基斯坦等13国的提案，承认中华人民共和国为中国唯一的合法代表，正式取消了台湾当局的会员资格。1977年，洛纳蒂秘书长又致函我国外交部，希望中国早日加入世界旅游组织。1978年，洛纳蒂秘书长又致函我国驻联合国代表团，再次敦促我国尽快加入世界旅游组织。1980年，我国驻菲律宾大使应邀出席了在马尼拉召开的世界旅游大会，这次大会上世界旅游组织发表了《马尼拉宣言》。1983年2月，我国第一次召开"中国国际旅游大会"，世界旅游组织的正、副秘书长均出席了会议。1983年10月，在印度首都新德里召开了世界旅游组织第5次全体大会，会上一致通过接纳中国为世界旅游组织的正式成员。

自从1983年中国成为世界旅游组织的正式成员以来，积极参加世界旅游组织全体大会、执行委员会、地区委员会等各方面的活动，在世界旅游组织的各种活动中发挥了积极的作用，对世界旅游组织及世界旅游业发展作出了重要的贡献。1985年，世界旅游组织召开第6次全体大会，同时庆祝世界旅游组织成立10周年和其前身国际官方旅行组织联盟成立60周年，我国派代表出席了全体大会，并赠送了李先念主席为该组织题写的"发展旅游、增进友谊、促进经济合作、维护世界和平"的题词。1987年9月的世界旅游组织第7次全体大会上，中国首次当选为世界旅游组织执行委员会委员，并同时当选为统计与分析委员会委员和亚太地区委员会副主席。1989年9月的第8次全体大会上，我国继续当选为统计与分析委员会委员和亚太地区委员会副主席；1991年，中国再次当选为世界旅游组织执行委员会委员。1995年第11次全体大会上，我国当选为亚太地区委员会主席。2003年10月17日，世界旅游组织第15次全体大会在我国首都北京召开，国务院总理温家宝、国务院副总理吴仪出席了会议开幕式。

相关知识8－6：

历年世界旅游日宣传主题

创立"世界旅游日"的根本目的，主要是为全球旅游宣传提供一个突出的主题，以引起人们对旅游的重视，并以此推动各国的旅游合作与发展。历年世界旅游日的宣传主题为：

1980年：旅游为保存文化遗产、为和平及相互了解作贡献。

1981年：旅游促进生活质量的提高。

1982年：旅游的骄傲：做文明的客人，文明的主人。

1983年：旅游和度假，既是所有人的权利，也是一种责任。

1984年：旅游为国际谅解、和平与合作服务。

1985年：开展青年旅游，让文化和历史遗产为和平与友谊服务。

1986年：旅游：世界和平的促进力量。

1987年：旅游促进发展。

1988年：旅游：从中得到教益。

1989年：国际旅游促进世界团结。

1990年：认识旅游业，发展旅游业。

1991年：旅游发展的动力：通信、信息和教育。

1992年：旅游是促进社会经济发展和增进各国人民了解的途径。

1993年：争取旅游发展和环境保护的永久和谐。

1994年：高质量的员工，高质量的服务，高质量的旅游。

1995年：世界旅游组织：为世界旅游业服务20年。

1996年：旅游业：增进世界和平与谅解的主要因素。

1997年：旅游业：21世纪创造就业和环境保护的主导力量。

1998年：政府与企业的合作，是旅游开发和促销的关键。

1999年：旅游：为新世纪而保护世界遗产。

续表

2000 年：技术和自然：21 世纪旅游业发展面临的两大挑战。
2001 年：旅游业：为和平与文明之间的对话而服务的工具。
2002 年：生态旅游：可持续发展的关键。
2003 年：旅游业：一种消除贫困，创造就业与社会和谐的驱动力。
2004 年：体育与旅游：增进相互了解、文化与社会发展的动力。
2005 年：旅游和交通：从儒勒·凡尔纳的幻想到 21 世纪的现实。
2006 年：旅游：让世界受益。

世界旅游组织一直对中国旅游业的发展给予积极的支持和合作，从 1987 年以来，世界旅游组织与中国在以下方面进行了技术合作与支持。一是对中国旅游发展提供技术支持，如帮助中国制定《旅游饭店星级评定制度》，进行《服务贸易与旅游业的比较研究》，帮助中国西藏藏族自治区、四川省、山东省、云南省、贵州省等省区制定了旅游业发展总体规划；二是协助中国国家旅游局举办各种研讨培训班，如全国地方旅游规划培训班、旅游师资研讨班、国际旅游统计培训班、特别乡村旅游研讨班、国际与中国生态旅游高级研讨会等；三是参加中国举办的一些国际性旅游节庆活动，如参加中国'99 昆明世界园艺博览会，'97 中国旅游年开幕式，上海世界旅游日庆祝活动，苏州国际丝绸旅游节、昆明国际旅游节和成都熊猫节等；四是对中国旅游开发提供技术援助，如对中国东北滑雪旅游度假区开发提供了技术援助，对中国国家级旅游度假区总体规划进行了技术评估等。随着中国旅游业的迅速发展，世界旅游组织与中国的旅游合作内容更加丰富、范围更加广泛。

第四节　相关的国际组织

一、国际民用航空组织

国际民用航空组织（International Civil Aviation Organization，ICAO），是联合国协调各国有关民航经济和法律义务，制定各种民航技术标准和航行规则的国际组织。第二次世界大战后，为了解决战后民用航空发展中的国际性问题，1944 年 11 月 1 日至 12 月 7 日，在美国芝加哥召开了有 52 个国家参加的国际民航会议，签订了《国际民用航空公约》，并设立了"临时国际民用航空组织"；1947 年 4 月 4 日《国际民用航空公约》生效，国际民用航空组织正式成立；同年 5 月成为联合国的一个专门机构。目前已有 161 个缔约国，总部设在加拿大的蒙特利尔。

（一）国际民用航空组织的宗旨

根据《国际民用航空公约》第四十四条规定：国际民用航空组织的宗旨和目的，是发展国际民用航空的原则和技术，并促进国际民用航空运输的规划和发展，具体包括以下主要内容：

1. 保证全世界国际民用航空安全而有秩序地发展；

2. 鼓励发展为和平用途的航空器的设计和操作艺术；

3. 鼓励发展国际民用航空运用的航路、机场和航行设施；

4. 满足世界人民对安全、正常、有效和经济的航空运输的需要；

5. 防止因不合理的竞争而造成经济上的浪费；

6. 保证各缔约国的权利受到充分尊重，每一缔约国均有经营国际空运企业的公平机会；

7. 避免缔约各国之间的差别待遇；

8. 促进国际航行的飞行安全；

9. 普遍促进国际民用航空在各方面的发展。

（二）国际民用航空组织的机构

国际民用航空组织的机构，主要包括国际民用航空组织的大会、理事会、秘书处和地区办事处。

1. 国际民用航空组织大会，是国际民用航空组织的最高权力机构，一般每三年至少召开一次，大会主要内容包括选举理事会，通过理事会提交的重要文件，根据缔约国的建议和议事规则，讨论和决定涉及国际航空安全和发展的各种重要问题。

2. 国际民用航空组织理事会，是向大会负责的常设机构，由每届大会选举33个理事国组成，理事会一般每年召开三次会议。理事会主席由理事会选举产生，任期三年。理事会下设航空技术、航空运输、法律、联营导航设备、财务和防止非法干扰国际民航等6个委员会，负责研究和提出有关国际航空安全和发展的各种文件和建议，提交理事会讨论和决策。

3. 国际民用航空组织秘书处，是国际民用航空组织的日常办事机构，设有航空技术局、航空运输局、法律局、技术援助局、行政服务局和对外关系办公室，这些机构统一在秘书长领导下工作。

4. 国际民用航空组织办事处，国际民用航空组织在各区域还设立了7个地区办事处，具体是：西非和中非区办事处（达喀尔）、欧洲区办事处（巴黎）、亚洲太平洋区办事处（曼谷）、中东区办事处（开罗）、东非和南非区办事处（内罗毕）、北美、中美和加勒比区办事处（墨西哥城）、南美区办事处（利马）。

（三）国际民用航空组织的活动

为了实现国际民用航空组织的宗旨和目标，国际民用航空组织各机构积极开展各种业务活动，主要的业务活动有以下方面：

1. 制定各项国际标准和建议。通过制定《国际民用航空公约》的18个技术业务附件和多种技术文件，召开各种技术会议，逐步统一国际民航的技术业务标准。

这些国际标准和建议，不仅适用于飞机及其大部分设备的设计和性能，确定了飞机电讯系统、无线电频率和安保程序的规则；还通过拟定直观和仪表飞行规则、国际航行的空航图等，以减少飞机排放和噪声限度，降低航行对环境的影响。

2. 建立管理国际航路的制度。通过双边通航协定的登记，运力运价等方针政策的研讨，以及建立机场联检、手续简化、统计汇编等方法，促进国际航空运输的发展；制定和通过了各项航空公司飞行员、机务人员、空中交通调度员以及地勤和维修人员的考绩，以及国际机场安全条件和程序；通过海关、移民、公共卫生和其他手续的标准化，更加便利飞机、乘客、机组人员、行李、货物和邮件过境等。

3. 改善空运系统和培训航空人员。为了满足发展中国家所提出的帮助改善空运系统和培训航空人员的请求，帮助若干发展中国家建立起区域培训中心，派遣专家、顾问举办训练班及其他培训形式，使成千上万的学生得以在民用航空组织注册的学校受训。以执行联合国开发计划署向缔约国提供的技术援助。

4. 制定和实施航空安全的行动计划。为了避免各种非法干扰对国际民用航空的安全威胁，国际民用航空组织相继出台了若干相关政策，制定了航空安全的行动计划和航空安全训练项目组，并建立了 10 个航空安全训练中心来促进地区合作。国际民用航空组织现在正在开发一套以卫星为基础的系统，以满足民用航空今后通讯、导航、监测和空中交通管理的需要。这套系统将最新的技术运用于卫星和计算机、数据链路和驾驶舱航空电子学，以应对日益扩展的业务需要。这一综合性全球系统将增强安全，改进空中交通服务组织和运作的方式。这套系统已经得到国际民用航空组织成员国的认可，现正处于执行阶段。

5. 加强研究合作。国际民用航空组织与国际航空运输协会、机场理事会国际组织、国际民航驾驶员协会联合会和国际飞机所有人和驾驶员协会理事会合作，研究国际航空法，组织拟定和修改涉及国际民航活动的各种公约，管理公海上的联营导航设备，并根据缔约国的建议和议事规则，通过各种民用航空组织的会议讨论和决定涉及国际航空安全和发展的各种重要问题。

6. 开展"国际民航日"活动。为了在全世界树立和加强对国际民用航空在各国社会和经济发展中重要性的认识，同时强调国际民用航空组织在促进国际航空运输的安全、高效和正常方面所起到的作用，1992 年 9 月召开的国际民用航空组织第 29 届大会作出决议，将每年的 12 月 7 日定为"国际民航日"（International Civil Aviation Day），国际民用航空组织每年确定不同的主题在世界范围内举行活动。1994 年以来历年国际民航日的主题是：

1994 年：纪念国际民用航空公约签署五十周年。

1995 年：国际民航组织准备就绪迎接全球航空运输业的需要。

1996 年：利用卫星使民用航空更安全。

1997 年：通过全球合作加强飞行安全。

1998 年：安全飞入 21 世纪。

1999 年：增进世界友谊和了解。

2000 年：执行标准和建议措施：航空安全和效率的关键。

2001 年：各国之间的飞行——人民之间的对话。

2004 年：国际合作：全球航空挑战的解决办法。

2005 年：飞行的绿色化：民用航空安全有序的发展和环境质量之间的最大兼容性。

```
相关知识 8 - 7：
```

中国与国际民用航空组织的关系

中国是《国际民用航空公约》创始国之一，1944 年 12 月 9 日，当时的中国政府在《国际民用航空公约》上签字，并于 1946 年 2 月 20 日批准该公约，成为正式会员。1971 年 11 月 19 日国际民航组织第 74 届理事会通过决议，承认中华人民共和国政府为中国唯一合法的政府。1974 年 2 月 15 日，中国承认《国际民用航空公约》并开始参加该组织活动。自 1974 年以来，中国一直担任该组织的理事国，并在蒙特利尔设有常驻该组织理事会的中国代表处。自 1980 年以来，中国积极参与国际民航组织的活动，双方友好合作关系继续发展。随着中国民用航空事业的快速发展，在 2004 年 9 月 28 日—10 月 8 日举行的国际民航组织第 35 届大会上，中国以 150 票的高得票数首次当选为该组织一类理事国（原为二类理事国），使中国民航运输的实力和潜力在国际上得到普遍承认。

二、国际航空运输协会

国际航空运输协会（International Air Transport Association，IATA），是一个由世界各国航空公司所组成的大型国际组织，其会员包括全世界一百多个国家中经营国际、国内定期航班的二百多家航空公司。其前身是 1919 年在海牙成立的国际航空业务协会，但在第二次世界大战时解体。1944 年 12 月，出席芝加哥国际民航会议的一些政府代表和顾问，以及空运企业的代表聚会，商定成立一个委员会为新的组织起草章程。1945 年 4 月 16 日在哈瓦那会议上修改并通过了草案章程后，国际航空运输协会正式成立。总部设在加拿大蒙特利尔，执行机构设在日内瓦。

（一）国际航空运输协会的宗旨

国际航空运输协会的宗旨，主要包括以下几方面：为了世界人民的利益，促进安全、正常和经济的航空运输，扶植航空交通，并研究与此有关的问题；为直接或间接从事国际航空运输工作的各空运企业提供合作的途径；与国际民航组织及其他国际组织协力合作。

国际航空运输协会的基本业务包括：国际航空运输规则的统一，业务代理，空运企业间的财务结算，技术上合作，参与机场活动，协调国际航空客货运价，航空法律工作，帮助发展中国家航空公司培训高级和专门人员。出版物为《国际航空运输协会评论》（季刊），英文版。

（二）国际航空运输协会的机构

根据国际航空运输协会章程，凡是国际民航组织成员国的任何航空运输企业，经过其政府许可都可以成为国际航空运输协会的会员，其中从事国际飞行的航空运输企业为正式会员，只经营国内航班业务的航空运输企业为准会员。截止到2003年，国际航空运输协会共有264个会员，其中北美16个；北大西洋1个；欧洲100个；中东21个；非洲36个；亚洲49个；南美21个；太平洋6个；中美洲14个。

国际航空运输协会的机构，包括年度大会、执行委员会和秘书处。年度大会是国际航空运输协会的最高权力机构，下设公共关系、运输业务、技术、财务、法律、政府和行业事务等六个常设委员会。执行委员会是年度大会的执行机构，由年度大会从航空运输协会企业高级人员中选出27个执行委员组成，任期三年，每年改选1/3，协会的年度主席是执委会的当然委员。秘书处是国际航空运输协会的办事机构，并在新加坡、日内瓦、贝鲁特、布宜诺斯艾利斯、华盛顿设地区运输业务服务处；在曼谷、日内瓦、伦敦、内罗毕、里约热内卢和达喀尔设地区技术办事处；在日内瓦设清算所。

（三）国际航空运输协会的活动

国际航空运输协会的活动分为三种：一是同业活动，即代表会员进行会外活动，向具有权威的国际组织和国家当局申述意见，以维护会员的利益；二是协调活动，监督世界性的销售代表系统，建立经营标准和程序，协调国际航空运价；三是行业服务活动，承办出版物、财务金融、市场调研、会议、培训等服务项目。通过上述活动，统一国际航空运输的规则和承运条件，办理业务代理及空运企业间的财务结算，协调运价和班期时刻，促进技术合作，参与机场活动，进行人员培训等。

半个多世纪以来，国际航空运输协会充分利用航空公司的专门知识在多个方面作出了重大贡献，这中间包括推动地空通讯、导航、航空器安全飞行等新技术；制定机场噪音、油料排放等环境政策；与国际民航组织密切联系制定一系列国际公约；协助航空公司处理有关法律纠纷；筹建国际航空清算组织；推进行业自动化，促进交流；对发展中国家航空运输企业提供从技术咨询到人员培训的各种帮助；在航空货运方面制定空运集装箱技术说明及航空货运服务有关规章；培训国际航协代理人等等。另外，定期召开的IATA会议还为会员提供了讨论航空运输规则、协调运价、统一单证、财务结算等问题的场所。

三、国际海事组织

国际海事组织（International Maritime Organization，IMO），是联合国负责海上航行安全和防止船舶造成海洋污染的一个专门机构，总部设在伦敦，其前身是"政府间海事协商组织"。1948 年 2 月，在日内瓦召开的联合国海运会议上通过了《政府间海事协商组织公约》，1959 年 1 月在伦敦正式成立"政府间海事协商组织"，并同时成为联合国的一个专门机构。1982 年 5 月 22 日起改名为"国际海事组织"。截止到 2005 年，该组织共有 166 个会员国和 3 个联系会员（中国香港、中国澳门和法罗群岛）。

（一）国际海事组织的宗旨

国际海事组织的宗旨，是为了促进各国间的航运技术合作，鼓励各国在促进海上安全，提高航行效率和防止船舶对海洋污染方面采取统一的标准，处理有关法律问题，具体有以下几方面：

1. 为政府间在有关会影响国际贸易航运的各种技术问题的政府规则和实践方面提供进行合作的机构；鼓励并促进在有关海上安全、航行效率、防止和控制船舶造成海洋污染的问题上普遍采用可行的最高标准；处理有关本条所列宗旨的行政和法律问题；

2. 鼓励取消各国政府采取的影响国际贸易运输的歧视行为和不必要的限制以促进实现向世界商业提供一视同仁的航运服务；一国政府为发展本国航运和为确保安全而给予的帮助和鼓励，只要不基于旨在限制悬挂各国船旗的船舶参加国际贸易的自由的措施，就其本身而言，不构成歧视行为；

3. 为本组织审议有关航运康采恩采取不公正的限制做法的事宜作出规定；

4. 为本组织审议由联合国的任何机关或专门机构递交的有关航运和航运对海洋环境影响的任何事宜作出规定；

5. 为政府间交换与本组织审议的事宜有关的资料作出规定。

国际海事组织的出版物大致分为六大类：综合类，包含基本文件、IMO 公约、大会决议和其他决定、人命安全公约之各种文件、规则、建议等；货物类，包括危险货物规则及其各项修正以及其他相关文件；便利旅行和运输类；法律事项类；海上环境保护类；船舶技术类等。

相关知识 8-8：

中国与国际海事组织

中国是海洋大国，也是航运大国。中国拥有 18 000 多公里的大陆海岸线和 14 000 多公里的岛屿海岸线；目前中国内地有航运企业 6 000 多家，营运船舶 21 万余艘，总运力为 8 600 多万载重吨，包括内河船舶在内的船员总数已超过 100 万人；中国内地对外开放的沿海和内河港口有 130 多个，2004 年中国外贸海运量达到 11.5 亿吨，中国的海运事业已与世界海运业的发展紧密地联系在一起。

中国于 1973 年 3 月正式加入国际海事组织。1983—1986 年，我国选派教师、验船师、航运管理人员去世界海事大学进修；1985 年 10 月，世界海事大学大连分校正式成立，举办了海上危险品货物运输和自动避碰雷达模拟器训练讲习班，有亚太地区的 13 个国家和地区的 27 名学员参加学习，并邀请中外专家 20 名组成讲师团，演讲 40 篇专题论文。

在 2005 年国际海事组织第 24 届大会上，中国驻英国大使查培新被推选为大会主席，在本届大会上中国再次当选为国际海事组织的 A 类理事国，这是自 1989 年国际海事组织第 16 届大会以来，我国连续第 9 次竞选并获选 A 类理事。

（二）国际海事组织的机构

国际海事组织的机构，主要有大会、理事会、专门委员会和秘书处，以及大会或理事会认为必要设立的附属机构等。

1. 大会是国际海事组织的最高权力机构，由全体会员国的代表组成，每两年举行一次大会的常会。大会的职责主要是：选举大会的主席和副主席，任期到下一届常会为止；选举理事会成员和委托秘书长；接收并审议理事会和专门委员会的报告，并就他们提交的其他任何问题作出决定；审议和批准本组织工作计划、经费预算和金融安排等；确定同其他国际组织的联络方式等重大问题。

2. 理事会是国际海事组织大会的执行机构，由大会选出的 40 个理事国组成，任期两年并可连任。在 40 个理事国中，10 个为 A 类理事，即在提供国际航运服务方面有最大利害关系的国家；10 个为 B 类理事，即在国际海上贸易方面具有最大利害关系的国家；20 个为 C 类理事，即在海上运输和航运方面具有特别的利害关系，且能够代表世界所有主要地理区域的国家。理事会在大会授权下，负责监督国际海事组织的工作。理事会每年召开两次例会，受理各专门委员会的报告，并就这些报告向大会或成员国提出建议；就海上安全问题向成员国提出建议；审查本组织的预算方案和财政报告；审定向大会提交的本组织的工作报告；通过委任秘书长的决议等。

3. 专门委员会是负责处理具体相关事务的机构，由全体会员国的代表所组成。

目前专门委员会主要设有 4 个委员会：一是海上安全委员会，负责协调有关海上安全的技术性问题；二是法律委员会，负责本组织的法律事务和草拟公约文件；三是海洋环境保护委员会，负责协调有关防止和控制船舶造成海洋污染的技术问题；四是技术合作委员会，负责协调技术合作方面的工作，帮助会员国提高实施海事公约的能力。

4. 秘书处是负责处理日常事务的常设机构，秘书长为最高行政执行官。秘书处下设 5 个司，分别为海上安全司、海上环境司、法律事务及对外关系司、行政司和会议司，总计有为 300 余名工作人员。秘书处负责保管有效履行本组织职责所必需的记录，并准备、收集和分发本组织工作所需的证件、文件、议程、记录和资料；秘书长负责编制并向理事会提交每年的财务报表和两年期预算的概算，及时将本组织的活动随时通知会员，以及履行大会或理事会赋予的任何其他职责。

5. 附属机构是大会或理事会根据需要而设立的机构，目前设立的便利运输委员会是理事会的附属机构，负责研究有关便利国际海上运输的活动，简化船舶进出港口的手续和文件等。此外还设有一些主要技术委员会的分委会。

（三）国际海事组织的活动

1. 制定条约规则。包括制定和修改有关海上安全、防止海洋污染、便利海上运输和提高效率等方面的公约、规则和议定书，目前国际海事组织制定的最重要的国际条约和规则有三部，即《1972 年国际海上避碰规则公约》、《1969 年国际油污损害民事责任公约》、《1971 年设立国际油污损害赔偿基金公约》。

2. 提供技术援助。国际海事组织通过向发展中国家提供技术咨询和一定的技术援助，交流实际经验和分析事故记录，并帮助会员国加强海事人才的培养。自 1983 年在瑞典马尔默创办世界海事大学后，又在阿尔及利亚、巴西、中国、埃及、加纳、印度、墨西哥、摩洛哥等国成立了世界海事大学分校，1988 年在马耳他成立了国际海商法学院。

3. 加强国际合作。为了促进各国间的航运技术合作，保障航海安全和防止海洋污染，国际海事组织加强同会员国及有关国际组织的合作，通过召开一些国际会议，研究和通过有关航海安全和防止海洋污染方面的决议，制定国际救助公约等，促进国际航运的发展。

4. 组织"世界海事日"活动。为了宣传增进海上安全和防止海洋污染的重要性，1977 年的国际海事组织第十届大会通过决议，决定今后每年 3 月 17 日为"世界海事日"；1979 年国际海事组织第十一届大会对此决议作出修改，考虑到 9 月的气候较适宜海事活动，因此以后的"世界海事日"都改在 9 月最后一周的某一天，届时世界各国都组织一系列的宣传和纪念活动。

四、国际商会

国际商会（International Chamber of Commerce，ICC），于 1919 年在美国发起，1920 年正式成立，是世界商业服务领域的非政府间组织，也是联合国等政府间组织的重要咨询机构，总部设在法国巴黎，现任主席为 Yong Sung Park 先生。国际商会自成立至今，作为全球唯一的代表所有企业的权威代言机构，已拥有来自 140 个国家的 8 000 多家会员公司和会员协会，这些会员多是各国和地区从事国际经贸活动的中坚企业和组织，并在 83 个国家中设立了国家委员会或理事会，组织和协调国家范围内的商业活动。

> ### 相关知识 8 - 9：
>
> #### 国际商会中国国家委员会
>
> 1994 年 11 月 8 日，国际商会在巴黎举行的第 168 次理事会会议上通过决议，接纳中国加入国际商会并成立国际商会中国国家委员会（ICC CHINA）。1995 年 1 月 1 日，由中国贸促会牵头组建的 ICC CHINA 正式宣告成立。ICC CHINA 目前的会员单位兼顾了国有、集体、乡镇、私营、三资企业等多种成分，包括了制造、外贸、金融、运输、保险、轻纺、商业等领域，较广泛地代表了中国经济的各个部门、各种成分、各个层面。代表中国企业界、金融界参与国际商务事务和各种国际经贸规则的制定等工作，同各国商界、企业、双边和多边国际组织以及包括中国政府在内的各国政府机构展开对话。

（一）国际商会的宗旨

国际商会的基本目的，是为开放的世界经济服务，以通过广泛的国际商业交流促进更大的繁荣和国家之间的和平；其宗旨是在经济和法律领域里，以有效的行动促进国际贸易和投资的发展。主要职能包括以下四个方面：

1. 在国际范围内代表商业界，特别是对联合国和政府专门机构充当商业发言人；

2. 促进建立在自由和公正竞争基础上的世界贸易和投资；

3. 协调统一贸易惯例，并为进出口商制定贸易术语和各种指南；

4. 为商业提供实际服务，包括设立有关的专门机构，解决国际商事纠纷、协调和管理货物进出口事宜、防止海事诈骗、反对假冒商标、假冒产品和假冒情报等，为世界航运创造良好的市场条件；

5. 经常组织举办各种有关的专业讨论会和出版发行种类广泛的出版物。

（二）国际商会的组织机构

国际商会的组织机构，包括会员大会、理事会、执行局、财政委员会及所属各专业委员会，此外还设有国家特派员。国际商会所属的24个专业委员会，是重要的日常工作机构，负责国际商会的所有具体事务。其中，6个主要委员会的有关职能情况如下：

1. 国际商业惯例委员会。其主要职能是：就目前现代化的运输技术的使用，自动信息处理的增长，以及市场不稳定诸因素造成的商业惯例变化提供建议；对影响国际贸易的各种法律的差异提出解决意见；积极参加其他有关国际团体，特别是联合国国际贸易法委员会的工作。

2. 银行技术和惯例委员会。其主要职能是：在国际银行实务中推动使用自动信息处理技术，并起草新的统一规则；在必要时修订有关托收、跟单信用证等现行统一规则；与商业管理委员会及其他有关国际团体一起工作，发起旨在获得更为广泛的银行法和技术知识的活动。

3. 国际仲裁委员会。其主要职能是：发展并促进利用仲裁的方式解决国际商业争议，审查有关多方当事人仲裁的问题；审查国际商会仲裁示范条款和与仲裁条款有关的管辖权问题；修改国际商会关于技术鉴定规则等，出版国际商会裁决书的摘要。

4. 国际商会仲裁院。其主要职能是：通过仲裁方式受理和解决国际商事争议，制定《国际商会调解与仲裁规则》等。每一个国家委员会都可以向仲裁院推荐一名委员，目前仲裁院已拥有48个不同国籍的委员，每年都有来自经济、政治和社会制度不同的国家的当事人、仲裁员和律师参与国际商会的仲裁。

5. 国际商业法律和实务学会。其主要职能是：培训国际商业法方面的人才，并在职业律师和学者们之间架起互通信息的桥梁；组织培训讨论会，以扩大国际贸易法律及在解释和执行国际合同中发生纠纷的知识；加强学术单位与国际贸易商之间就一些特殊问题研究的联系；组织对国际贸易法的研究工作。

6. 国际商会/中国国际商会合作委员会。该委员会创立于1991年6月，成员分别是国际商会和中国国际商会的高级代表，旨在加强国际商会与中国国际商会之间的合作。其主要职能是：研究和讨论经济贸易的政策性问题，如中国的经济体制改革、环境保护、国际贸易政策等；将在专业领域特别是货物暂准进口、商事和海事仲裁、国际贸易惯例、银行业务、知识产权、翻译出版等方面加强了解和合作；举办各种国际贸易惯例研讨会、银行跟单信用证实务研讨会等国际会议。

（三）国际商会的活动

国际商会以贸易为促进和平、繁荣的强大力量，努力推行一种开放的国际贸易、投资体系和市场经济。由于国际商会的成员公司和协会本身直接从事于国际商业活动，因此它所制定用以规范国际商业合作的规章，以及严格专业委员会的活动对促进全球国际贸易具有重要的推动作用。国际商会的活动概括起来有以下方面：

1. 制定国际经贸领域的规则、惯例并向全世界商界推广。国际商会通过其下设的十几个专业委员会和数十个工作组，制定了许多国际商业领域的规则和惯例，如《托收统一规则》、《跟单信用证统一惯例》、《国际商会 2000 国际贸易术语解释通则》等被广泛地运用于国际贸易中，并成为国际贸易不可缺少的一部分。如国际贸易术语、国际贸易结算规则等，为全世界广泛采用。

2. 加强与各国政府以及国际组织的对话与合作，以求创造一个有利于自由企业、自由贸易、自由竞争的国际环境。国际商会是联合国的重要对话伙伴，并与其他许多重要的国际组织，如世界贸易组织、欧盟、经合组织、西方七国集团等保持着密切的关系，对这些组织在制定有关国际商业的政策时有着重要的影响。

3. 促进会员之间的经贸合作，并向全世界商界提供实际的服务等。国际商会为广大商界提供的实际服务如仲裁、临时进口单证系统、贸易信息网等，极大地便利了商界的国际经贸实务操作。其属下的国际仲裁法庭是全球最高的仲裁机构，为解决国际贸易争议起着重大的作用。

五、世界遗产委员会

世界遗产委员会（World Heritage Committee，WHC），是保护文化与自然遗产的政府间委员会，属于联合国教科文组织的下设机构。1972 年 11 月 16 日，联合国教科文组织大会第 17 届会议在巴黎通过了《保护世界文化和自然遗产公约》（Convention Concerning the Protection of the World Cultural and Natural Heritage），提出了设立世界遗产委员会和世界遗产基金。1976 年 11 月，世界遗产委员会在内罗毕举行的第一届《保护世界文化和自然遗产公约》成员国大会上正式成立。

（一）世界遗产委员会的主要任务

世界遗产委员会在联合国教科文组织领导下，负责《保护世界文化和自然遗产公约》的实施，其具体承担以下 4 项主要任务：

1. 负责世界遗产的审批。世界遗产委员会负责对世界遗产的定义进行解释，审批列入《世界遗产名录》的文化和自然遗产地。在完成这项任务过程中，世界遗产委员会得到国际古迹遗址理事会、国际自然保护联盟和国际文物保护与修复研究中心的帮助，前两个组织负责审查各缔约国对世界遗产的提名，并针对每一项世界遗产提名写出评估报告；国际文物保护与修复研究中心则负责对文化遗产方面的培训、文物保护技术等，向世界遗产委员会提出建议。

2. 审查世界遗产保护状况报告。世界遗产委员会定期对列入《世界遗产名录》的文化和自然遗产地进行审查，除了审查世界遗产所在国提交的遗产保护状况报告外，还委派专家进行不定期的实地监督和检查，当世界遗产地得不到正确的处理和保护时，世界遗产委员会可要求缔约国采取特别性的保护措施。

3. 公布《濒危世界遗产名录》。世界遗产委员根据《保护世界文化和自然遗产公约》的规定，对面临各种特殊危险威胁和影响，需要采取重大活动加以保护的世界遗产，经与有关缔约国协商后，可作出决定把该遗产列入《濒危世界遗产名录》并予以公布。

4. 管理世界遗产基金。世界遗产委员会还设立了"世界遗产基金"，对为保护遗产而申请援助的国家给予技术和财力援助。世界遗产基金的资金来源，主要包括缔约国义务捐款和自愿捐款，联合国教科文组织和联合国系统其他组织、其他国家和政府间组织、公共或私立机构或个人的捐款、赠款或遗赠，基本款项所得利息，募捐的资金和为本基金组织的活动所得收入，基金条例所认可的其他资金。

（二）世界遗产委员会的机构

根据《保护世界文化和自然遗产公约》的规定，世界遗产委员会由该条约缔约国中的 21 个成员国组成，委员会成员国应选派在文化或自然遗产方面有资历的人员担任代表，委员会成员每届任期为 6 年，每两年改选其中的 1/3。委员会内由 7 名成员构成世界遗产委员会主席团，主席团每年举行两次会议，负责筹备委员会的工作。委员会每年在不同的国家举行一次世界遗产大会，主要决定哪些遗产可以录入《世界遗产名录》，对已列入名录的世界遗产的保护工作进行监督指导。

联合国教科文组织还专门设置了世界遗产中心，又称为"公约执行秘书处"，以协助缔约国具体执行《保护世界文化和自然遗产公约》，并对世界遗产委员会提出建议，执行世界遗产委员会的决定。截至 2004 年 7 月，全球共有 788 处世界遗产，其中文化遗产 611 处，自然遗产 154 处，文化和自然双重遗产 23 处。其中，中国有 30 处世界遗产，2 项人类口述和非物质遗产代表，数量居世界第三位。

中国于 1985 年加入世界遗产委员会，成为《保护世界文化和自然遗产公约》的缔约方。1999 年 10 月，中国当选为世界自然与文化遗产委员会成员。2003 年 10 月，在《保护世界文化和自然遗产公约》缔约国第 14 届大会上，章新胜代表中国当选为世界遗产委员会主席。2004 年 6 月 28 日，第 28 届世界遗产大会在中国江苏省的苏州市召开，此次大会的口号是"保护世界遗产，促进共同发展"，章新胜又担任第 28 届世界遗产大会主席。

六、国际古迹遗址理事会

国际古迹遗址理事会（International Council On Monuments and Sites, ICO-MOS），于 1965 年《国际古迹保护与修复宪章》（1964 威尼斯宪章）签署后的第一年成立，是由世界各国文化遗产保护专业人士组成的，有关促进古迹、建筑群及遗址的保存、保护、修缮和加固的国际组织，也是古迹遗址保护和修复领域唯一的国际非政府组织，其总部设在巴黎。目前，该组织已在世界各地拥有 110 多个国家委员会，并组织建立了 20 多个与文化遗产相关的各种主题的国际科学委员会。

（一）国际古迹遗址理事会的宗旨

国际古迹遗址理事会，由世界各国文化遗产专业人士组成，包括有关的建筑师、考古学家、艺术史学者、工程师、历史学家、市镇规划师等，通过这种跨学科成员的学术交流而完善标准，改进技术，共同保护古建筑、古镇、文化景观、考古遗址等各类文化遗产，其宗旨主要包括以下方面：

1. 通过 ICOMOS 的网站、通讯、学术期刊以及工作组、专题研讨会、讲座和各类会议，为公共当局、团体及个人提供保护古迹、建筑群及遗址的联系途径，确保在国际组织中有其代表。

2. 通过国内和国际的专家合作开展遗产保护项目，收集、研究并传播有关古迹、建筑群及遗址的保存、保护、修缮和加固的原则、技术与方针。

3. 通过专业人士相互间交流经验技术，开展国家一级的及国际一级的合作，创建并发展有关古迹、建筑群及遗址的保存与保护、传统建筑技术的研究与实践的档案中心。

4. 通过并实施古迹、建筑群及遗址的国际建议，倡导建立国际公约，确立一系列宪章和实施守则，推动开展古迹、建筑群及遗址保存、保护和加固，以及专家培训计划的实施。

5. 与联合国教科文组织、罗马国际文化财产保护与修复研究中心、联合国教科文组织所赞助的地区性保护中心，以及其他追求同样目标的国际或地区性机构及组织建立并保持密切合作等。

（二）国际古迹遗址理事会的机构

国际古迹遗址理事会的组织机构，包括全体大会、执行委员会、咨询委员会、国家委员会、国际专业委员会、执行局和秘书处，这些机构根据其工作方式和各自的程序规则，按照国际古迹遗址理事会的章程选举其官员和负责具体事务。

1. 全体大会，是国际古迹遗址理事会的最高权力机构，每三年召开一次常规会议，或者根据执行委员会多数成员或国际古迹遗址理事会 1/3 会员的要求召开非常规会议。全体大会的职责是：选举理事会会长和副会长、执行委员会成员、秘书长和司库；通过对国际古迹遗址理事会章程的修改，确定下一个三年的发展规划和纲领；审批秘书长及司库的报告和下一阶段的预算方针，批准国际古迹遗址理事会会费的更改；根据国家委员会的提议授予荣誉会员称号；监督国际古迹遗址理事会宗旨的实现。

2. 执行委员会，是国际古迹遗址理事会的执行机构，它由以下 26 位会员组成：国际古迹遗址理事会会长、5 位副会长、咨询委员会主席、秘书长、司库、选举产生的 12 位执行委员会成员和五位增选成员，前会长作为执行委员会无表决权的成员。

执行委员会代表全体大会负责日常事务，执行委员会由全体大会授权，代表国际古迹遗址理事会接受（馈赠及遗赠）、筹措、掌握并使用为实现该组织宗旨所需的经费；准备规划及预算草案并监督其实施；在全体大会休会期间，批准国际古迹遗址理事会司库的报告及年度预算；批准国家委员会的机构组成和成立，批准修改现有国家委员会的章程；批准国际委员会会员的任命。执行委员会至少每年召集一次常规会议，并根据委员会 1/3 成员的要求召集非常规会议，执行委员会会议由国际古迹遗址理事会会长主持，或在其缺席时由一位副会长主持，秘书处主任以顾问身份出席执行委员会的一切会议。

3. 咨询委员会，由国家委员会主席及国际专业委员会主席组成，国际古迹遗址理事会会长是咨询委员会的一名成员。咨询委员会按其自身的程序规则予以管理，选举自己的主席，并可任命一位或多位副主席协助主席或代理主席。咨询委员会根据执行委员会选定的日期及地点，由其主席每年召集一次会议，就重点方针及项目等事宜向国际古迹遗址理事会全体大会及执行委员会提出意见和建议；审核国家委员会提出的议案，并附上其建议，转呈执行委员会实施；关注国家委员会及国际委员会的活动，并推荐有关活动等。

4. 国家委员会，任何一个联合国教科文组织的成员国，可根据本国有关法律组织国际古迹遗址理事会的国家委员会，其成立须经国际古迹遗址理事会执行委员会下一届会议同意。国家委员会由一个国家内的国际古迹遗址理事会会员组成，包括个人会员、团体会员、赞助会员及名誉会员，其中个人会员名额不应少于五位。国家委员会通过其自身的程序规则，根据国际古迹遗址理事会宗旨制定与实施国家规划；贯彻全体大会的决议、咨询委员会和执行委员会提出的规划；讨论与交流国内及国际上有关保护、修复、修缮并加固古迹、遗址及建筑群的方针、技术、法规和管理信息；至少每年由其主席召集一次常规会议，审核将递交给国际古迹遗址理事会的年度报告。

5. 国际专业委员会，是国际古迹遗址理事会的技术机构，负责开展国际古迹遗址理事会所关心的专业问题的特别研究。国际委员会的任命应由有关委员会提议，经执行委员会批准，执行委员会可建立并解散国际委员会，并任命其第一任主席。国际委员会通过其自身的程序规则，并经执行委员会之批准，制定并实施自己的规划，向执行委员会递交年度报告，在内部组织分委员会或协会的工作机构等。

6. 执行局，由会长、副会长、秘书长及司库组成，执行委员会还可从本身成员中任命一位秘书长助理及一位司库助理。执行局由会长在执行委员会会议休会期间召集会议，并代表执行委员会行事，其决议经简单多数通过；副会长协助或代理会长，代表国际古迹遗址理事会推动其在全世界的活动；秘书长根据全体大会、咨询委员会规定的主要指导方针和执行委员会及执行局的决议承担秘书处的指导工作。司库负责国际古迹遗址理事会的财政事务，准备每年 1 月 1 日至 12 月 31 日的财政报告及预算草案，并根据执行局的指示批准支出和付款。

7. 秘书处，在执行局的指导下实施与协调全体大会制定的规划。秘书处在秘书长及司库的指导下，在全体大会及执行委员会决议范围内，根据规定的方针政策负责国际古迹遗址理事会的日常工作。秘书处主任由执行局提议，经执行委员会事先批准后由会长任命。

相关知识 8 - 10：

4·18 国际古迹遗址日的由来

1982 年 4 月 18 日，国际古迹遗址理事会在突尼斯举办科学研讨会，同期在哈马马特召开的执行局会议上，有代表首次提出建立国际古迹遗址日，并在每年的这一天举办全球性的庆祝活动。这一建议经执行委员会讨论后通过，并于次年 11 月召开的联合国教科文组织第 22 届大会上得到批准。于是，国际古迹遗址理事会号召各成员国倡导并推行"4·18 国际古迹遗址日"，并从 2001 年开始每年为 4 月 18 日确定一个活动主题，各会员国根据这一主题自行选择活动内容与形式，然后将有关报告、论文、海报、新闻报道等文字和图片资料送交国际古迹遗址理事会秘书处备案。近 5 年"国际古迹遗址日"主题如下：

2001 年主题：拯救我们的历史村镇。

2002 年主题：20 世纪遗产。

2003 年主题：水下文化遗产。

2004 年主题：回归大地——土建筑遗产。

2005 年主题：背景环境中的古迹遗址。

（三）国际古迹遗址理事会的活动

国际古迹遗址理事会是联合国教科文组织认可的官方咨询机构，通过派遣世界遗产专员并辅以国际秘书处的工作，对各国申请列入《世界遗产名录》的古迹遗址进行专业评估，并参与世界遗产公约的贯彻落实；为各遗产地提供技术支持和专业培训，监督列入名录上的文化遗产的保护和管理状况，定期出版全球濒危古迹遗址报告；号召各成员国倡导并推行"4·18 国际古迹遗址日"活动，以提高人们对古迹遗址保护的关注和重视等。国际古迹遗址理事会经费主要来自于：期刊预订费或会费，馈赠、遗赠及补助，签订的研究合同与提供服务的合同，经执行局批准并由执行委员会核准的其他适当的活动。

中国于 1993 年加入该组织，并成立了国际古迹遗址理事会中国委员会，即中国古迹遗址保护协会。根据中国申请，国际古迹遗址理事会执委会第 15 届大会于 2005 年 10 月 17 日至 21 日在西安召开，同时举办主题为"背景环境中的古迹遗址——城镇风貌和自然景观变化下的文化遗产保护"科学研讨会，会议结束时发表了关于文化遗产及其环境保护的《西安宣言》。

复习思考题

一、重点概念

联合国贸易和发展会议　国际货币基金组织　世界银行　国际复兴开发银行
世界贸易组织　　　　　世界旅游组织　　世界旅游日　国际民用航空组织
国际航空运输协会　　　国际海事组织　　国际商会　世界遗产委员会
国际古迹遗址理事会

二、思考题

1. 简述联合国贸易和发展会议的宗旨和任务。
2. 简述国际货币基金组织的宗旨和业务范围。
3. 简述世界银行集团的构成和主要业务。
4. 世界贸易组织的法律体系由哪些内容所组成?
5. 简述世界旅游组织的工作总纲和范围。
6. 比较国际民用航空组织和国际航空运输协会的业务内容。
7. 世界遗产委员会具有哪些主要任务?
8. 简述国际古迹遗址理事会的宗旨和机构。

主要参考文献和资料来源

1. Ray Youell. Tourism: An introduction. Pearson Education Limited, 1998
2. S. Witt, M. Brooke, P. Buckley. The Management of International Tourism. Routledge, 1995
3. J. C. Holloway. The Business of Tourism (sixth edition). Prentice Hall, Inc. , 2002
4. 任泉. 中国加入世界贸易组织知识问答. 当代世界出版社, 1997
5. 刘敢生. WTO 与旅游服务贸易的法律问题. 广东旅游出版社, 2000
6. 陈继勇. 关贸总协定与中国. 湖北教育出版社, 1995
7. 曾令良. 世界贸易组织法. 武汉大学出版社, 1996
8. 陈宪, 韦金鸾等. 国际贸易: 原理, 政策, 实务. 立信会计出版社, 1998
9. 杨圣明. 服务贸易: 中国与世界. 民主与建设出版社, 1995
10. 汪尧田. 关税与贸易总协定新论. 立信会计出版社, 1993
11. 罗明义. 国际旅游发展导论. 南开大学出版社, 2002
12. 罗明义. 旅游经济研究与探索. 云南大学出版社, 2003
13. 刘红婴, 王健民. 世界遗产概论. 中国旅游出版社, 2003
14. 魏小安, 张凌云. 共同的声音: 世界旅游宣言. 旅游教育出版社, 2003
15. 联合国网. http://www.un.org
16. 世界贸易组织网. http://www.wto.org

17. 世界旅游组织网. http：//www. world-tourism. org
18. 国际商会网. http：//www. iccwbo. org
19. 国际民用航空网. http：//www. icao. int
20. 国际航空运输协会网. http：//www. iata. org/index. htm
21. 国际古迹遗址理事会网. http：//www. icomos. org
22. 中国商务部网. http：//www. mofcom. gov. cn
23. 中国贸促会网. http：//www. ccpit. org
24. 中国国家文物局网. http：//www. nach. gov. cn

下篇　旅游服务贸易实务

　　旅游服务贸易实务，是开展国际旅游活动的具体业务和内容，也是促进旅游服务贸易发展的主要方法和措施。本篇从分析旅游服务贸易的条件入手，探讨了旅游服务贸易的业务、管理和有关旅游服务贸易争议的解决途径和方式。

第九章 **旅游服务贸易的** **条件**	分析了现代旅游系统和旅游活动的特征，介绍了有关旅游产品的质量和价格、国际旅游的护照和签证，旅游交通运输及旅行商等旅游服务贸易的主要条件和内容。
第十章 **旅游服务贸易的** **业务**	通过对旅游产品设计和营销业务的分析，探讨了旅游导游人员的素质、能力和业务内容，具体阐述了出入境旅游领队、全陪和地陪的业务内容和规范程序及要求等。
第十一章 **旅游服务贸易的** **管理**	通过对旅游服务合同的特征、类型和管理的分析，探讨了有关旅游安全和救援、旅游保险投保和理赔、旅游服务贸易结算及旅游外汇风险管理等主要内容、措施和方法。
第十二章 **旅游服务贸易争** **议与解决**	通过对旅游争议产生的原因、特征、类型和旅游不可抗力的分析，探讨了旅游投诉，旅游争议协商、调解、仲裁和诉讼方式的特点、原则和基本程序及要求，并介绍了国际贸易争端解决机制和有关争端的解决程序和方法。

第九章

旅游服务贸易的条件

　　旅游服务贸易，是建立在旅游者的国际旅游活动基础上，国家之间有偿提供旅游服务的交换活动。因此，旅游者的国际旅游活动是进行旅游服务贸易的前提条件，而旅游产品、旅游护照和签证、旅游交通运输及旅行商等，都是进行国际旅游活动和旅游服务贸易必不可少的重要条件。通过本章的学习，要在了解和掌握现代旅游系统和国际旅游活动概况的基础上，进一步了解和熟悉有关旅游产品的质量和价格，掌握旅游护照和签证的办理方法，熟悉旅游交通运输方及旅行商的类型和功能，以有效地利用和发挥这些旅游服务贸易的主要条件，更好地为旅游者提供优质的旅游服务，从而促进旅游服务贸易的发展。

第一节　国际旅游活动

一、现代旅游系统

　　旅游活动（tour activity），是人类在一定的经济社会条件下所产生，并随着经济社会发展而发展的一种经济社会文化活动。由于旅游活动既是一种社会文化活动，更是一种综合性经济社会活动，从而构成了以旅游活动为核心，以旅游服务为内容的现代旅游系统。

　　从系统理论看，一个系统可定义为一系列要素的集合及其相互联系和运动过程。因此，现代旅游系统（modern tourism system），是指旅游活动各组成要素的集合及它们之间的内在联系和运动过程，它们之间的内在联系和运动过程可以用现代旅游系统模型来反映（见图 9–1）。从现代旅游系统模型看，现代旅游系统一般应包含以下组成要素：即旅游客源地、旅游目的地、旅游者、旅游经营者和旅游组织等，他们相互联系、相互衔接而构成现代旅游系统的结构。

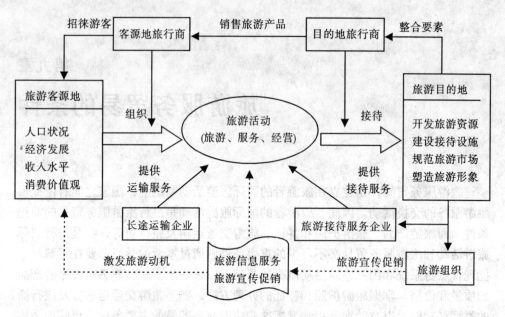

图9-1　现代旅游系统模型

（一）旅游客源地

旅游客源地（tourist origins），是指产生旅游者的国家或地区，即凡是有本国或本地区居民离开当地外出旅游的国家或地区，一般都统称为旅游客源地。通常，大多数国家或地区既有当地居民外出旅游，同时也接待来自其他国家或地区的旅游者，因而纯粹的旅游客源地或旅游目的地是没有的。但从旅游服务贸易角度看，只有当一个国家或地区能够产生和输出大量旅游者时，才是真正意义上的旅游客源地。

（二）旅游目的地

旅游目的地（tourist destinations），是指在一定地域范围内向旅游者提供旅游产品和服务的国家或地区的统称。旅游目的地是一个泛指的概念，其可以是一个较大的包括多个国家和地区在内的大区域，也可以仅指一个国家或一个国家的某个地区。但是，无论其地域范围大小，要成为真正的旅游目的地，通常必须具备以下两方面基本条件：一是要拥有丰富的并具吸引力的旅游资源和旅游产品，二是要具有向旅游者提供食、住、行、游、购、娱等综合性旅游服务的能力和水平。

（三）旅游者

旅游者（tourists），是指为满足个体旅游需求而离家外出到异国他乡进行旅游的人员。旅游者是旅游活动的主体，因此科学地定义旅游者，不仅是旅游统计工作的客观要求，也是正确区分旅游活动和非旅游活动的重要依据。由于在实践中旅游活动往往与其他活动相联系和融合，因此世界旅游组织和各国政府旅游部门都对旅游者做出了明确的定义和规范①。

相关知识 9-1：

世界旅游组织对国际旅游者的划分和定义

世界旅游组织将国际旅游活动中的"旅游者"划分为国际游客、国际旅游者和国际一日（当日）游游客三类，并分别给出了明确的定义。

1. 国际游客（international visitors），是指一个人到他通常居住国家以外的其他国家进行旅游，且时间不超过一年的人员，包括国际旅游者和国际一日游游客在内，其主要目的不是为了从访问国获得任何经济报酬，并且明确规定了国际游客的统计范围，是除了以求职、移民、驻军、外交人员、边境工作人员身份到某一国家，以及难民、流浪者和计划在某一国停留一年以上者以外的所有国际旅行人员。

2. 国际旅游者（international tourists），是指到某一国家旅游，至少停留一夜（即 24 小时），至多不超过一年的国际游客，其目的不是为了从访问国获得任何经济报酬，而是为了休闲、开会、观光、商务、求学和探亲访友等，其统计范围也排除了国际游客定义中排除的所有人员。

3. 国际一日游游客（international excursions），是指到某一国家旅游而不过夜（不超过 24 小时）的国际游客，其目的主要是为了休闲、观光、游览、探亲访友等，包括途经某国停留并允许免签证入关的轮船上或飞机上的乘客等。国际一日游游客也是国际游客的重要组成部分，其与国际游客定义的差别是不包括过夜的国际旅游者在内；与国际旅游者定义的区别在于游客不在旅游目的国过夜且时间不超过 24 小时。

（资料来源：WTO. Concepts, Definitions and Classifications for Tourism Statistics. 1995）

（四）旅游经营者

旅游经营者（tourism operators），是指向旅游者提供旅游产品和服务的所有旅游企业的总称。旅游经营者，一般包括旅行商、旅游饭店、旅游景区景点、旅游交通运输、旅游娱乐、旅游购物等旅游企业，以及部分为旅游者提供旅游产品和服务的其他企业。旅游经营者与旅游组织的最大区别在于其是以赢利为目的，并遵循市场经济规律，依法自主经营、自负盈亏的经济实体。

---

① 罗明义. 旅游经济分析：理论、方法和案例. 云南大学出版社，2001

（五）旅游组织

旅游组织（tourism organizations），是在一定的地域或行业范围内设立的，负责管理该地域或行业内旅游事务，并促进旅游发展的政府部门或非官方机构的统称。旅游组织一般可以划分为政府旅游组织和非政府旅游组织。政府旅游组织，是指按照政府管理旅游行业的职能而设定的政府旅游行政管理部门，如各级政府的旅游局、旅游管理委员会等；非政府旅游组织，是由企业、团体和个人根据共同的利益而自愿组成的旅游行会、社团组织及咨询研究机构等非赢利性机构的统称。

二、国际旅游活动概念

旅游活动是现代旅游系统的核心之一，尤其国际旅游活动是旅游服务贸易的前提条件和主要内容，其通常具有狭义和广义概念之分。

（一）狭义的国际旅游活动

狭义的国际旅游活动（international tourist activity），一般是指旅游者的国际旅游活动，即旅游者为满足特定的旅游需求，短期暂时离开其通常居住和工作的国家或地区，前往旅游目的地国家或地区所进行的包括食、住、行、游、购、娱等内容的经济社会活动。

在现代旅游服务贸易中，旅游者的国际旅游活动，既是现代旅游系统运行的核心，又是旅游服务的消费主体。如果没有旅游者的国际旅游活动，现代旅游系统就失去了运行目标和内容，旅游服务就失去了服务对象；如果没有旅游者的消费，旅游企业就不可能把各种旅游要素有效地组织成旅游产品，并提供相应的旅游服务，也就不能产生旅游服务贸易。因此，旅游者的国际旅游活动，不仅是现代旅游系统运行的核心内容，也是现代旅游服务贸易的前提条件和出发点。

（二）广义的国际旅游活动

广义的国际旅游活动（international tourism activity），除了旅游者的国际旅游活动外，还包括旅游企业为国际旅游者提供旅游产品和服务的经营活动，旅游目的地为旅游者提供的综合性服务活动等。因此，只有从广义的角度切入，才能全面地理解和掌握现代国际旅游活动的概念。

1. 旅游者的旅游活动。旅游者是旅游活动的消费主体，是旅游系统运行的核心。按照现代系统理论，任何系统要素都是围绕系统核心并按一定原则而相互联系和运行的，旅游系统的核心就是旅游者的旅游活动，而联系各种旅游要素的基本原则，就是要保证旅游者的旅游活动能够顺利地进行。因此，旅游者的旅游活动不仅是旅游系统运行的核心，也是旅游服务贸易的前提条件。在国际旅游活动中，如果没有旅游者的国际旅游活动，旅游系统就失去了运行的目标和内容，各种旅游要素就无法有效地组织和运行，旅游服务贸易也就相应失去基本对象和内容。

2. 旅游企业的经营活动。旅游企业是旅游活动的经营主体，也是旅游产品和服务的主要供给者。旅游企业的经营活动，是为了保证旅游者的旅游活动顺利进行，将各种旅游要素配置而形成不同的旅游产品和服务，并销售给旅游者的全部活动过程。在国际旅游活动中，为了满足旅游者的国际旅游需求和消费，旅游企业需要根据旅游者需求变化和发展趋势，以旅游目的地的旅游资源为基础，结合各种旅游条件，不断开发旅游产品，为旅游者提供包括食、住、行、游、购、娱等内容的旅游服务，才能满足旅游者日益增长的国际旅游需求和消费。因此，旅游企业开发产品和提供旅游服务的活动就构成旅游企业的经营活动，并成为旅游服务贸易的主要内容。

3. 旅游目的地的服务活动。旅游者在进行国际旅游活动过程中，不仅需要旅游企业提供有关食、住、行、游、购、娱等方面的服务，同时也需要旅游目的地提供有关旅游市场信息、旅游配套服务和良好的宏观环境等，因此旅游目的地的服务活动是一种内容复杂，涉及面广的综合性服务活动，既包括旅游企业的经营活动，也包括旅游企业外部的旅游市场运行、旅游宏观管理等方面的相关服务活动。任何旅游目的地要保证旅游者的国际旅游活动顺利进行，就必须科学组织和统筹协调地提供各种旅游服务，并对各种旅游服务活动进行有效的管理，由此决定了旅游目的地的各种服务活动也是旅游服务贸易的重要内容。

三、国际旅游基本模式

国际旅游基本模式（international travel model），是从动态角度反映整个国际旅游活动的运行过程和规律性。从国际旅游活动的实践看，其运行的基本模式是按照现代旅游系统模型的结构，具体分为旅游者的国际旅游过程、旅游企业的经营服务过程、旅游目的地的综合服务过程等三个层次。

（一）旅游者的国际旅游过程

旅游者的国际旅游过程，通常包括旅游者从购买旅游产品并离开居住地国家开始，经过一定距离的空间移动而到达旅游目的地国家，通过在旅游目的地国家的旅游活动而满足自己的旅游需求，再返回居住地国家的全部过程。其整个活动过程大致可以划分为三个部分。

1. 国内购买旅游产品过程，即旅游者在旅游客源地国家选择、决定和购买旅游产品和服务的过程。通常，只有当人们明确购买了旅游产品和服务后，才能成为现实的旅游者，否则只能是潜在的旅游者。

2. 国际旅行过程，即旅游者往返于旅游客源地和旅游目的地国家之间的空间移动过程，其包括旅游者出入本国和他国国境，以及国际的旅行活动等内容，实质上也是国际旅游活动中必不可少的旅行消费过程，并构成旅游服务贸易的重要内容。

3. 国外旅游消费过程，即旅游者在旅游目的地国家对旅游产品和服务进行消费的全过程，也是旅游目的地提供旅游产品和服务，满足旅游者的旅游需求和消费的过程，其不仅是国际旅游活动的主体，而且构成了旅游服务贸易的核心内容。

（二）旅游企业的经营服务过程

旅游企业的经营服务过程，主要指旅游企业为保证旅游者的国际旅游活动顺利有效进行，直接或间接提供各种旅游服务的过程。由于国际旅游活动的内容复杂、涉及面广，因此旅游企业的经营服务过程，必然涉及旅游客源国和旅游目的国的许多企业。

按照现代旅游系统模型分析，旅游经营服务过程可大致分为旅行商、长途交通运输企业、旅游接待企业的经营服务等内容。旅行商的经营服务，包括旅游客源地和旅游目的地两部分，前者的主要职能是销售旅游产品，为招徕和组织旅游者的国际旅游活动提供服务；后者的主要职能是设计旅游产品，整合旅游目的地的旅游要素，做好旅游者的接待服务活动等。长途交通运输企业和旅游接待企业，则主要按照旅行商安排的旅游线路，做好有关旅游者在国际旅游活动过程中所需要的各种旅游服务，以保证旅游者的国际旅游活动得以顺利地进行，并有效地满足旅游者的旅游需求和消费。

（三）旅游目的地的综合服务过程

旅游目的地的综合服务过程，主要指旅游目的地政府旅游部门和其他非政府旅游机构，通过旅游行政管理、宏观调控、行业自律和中介咨询等活动，规范旅游市场秩序、规制旅游企业行为，为旅游者的国际旅游活动和旅游企业的经营服务活动创造良好的市场环境和条件；同时，通过为旅游者提供旅游信息服务、咨询服务、货币汇兑服务、医疗救助服务等各种相关配套服务，保证旅游者的国际旅游活动能够顺利而有效地进行。

第二节　旅游产品类型、质量和价格

一、旅游产品的类型

旅游产品（tour products），又称为旅游服务产品（products of service for tourists），是指旅游企业凭借一定的旅游资源、旅游设施和相关条件，以旅游服务为产品主体，通过规划、设计、开发并向旅游者提供的，以满足其在整个旅游活动中所消费的全部物质产品和服务的总和。其中，既包括旅游者对食、住、行、游、购、娱等方面的物质产品与服务的消费，也包括在跨国旅游活动过程中各种必须的其他服务方面的消费。在现代旅游服务贸易中，旅游产品既是旅游者进行国际旅游活动的主要对象，也是现代旅游服务贸易的主要内容，其通常可按照内容、功能和销售方式等进行分类①。

（一）按旅游产品的内容分类

按旅游产品的内容分类，一般将旅游产品划分为单项旅游产品、组合旅游产品和旅游目的地产品等基本类型。

1. 单项旅游产品（products of single tour），是指旅游企业开发并提供给旅游者，在旅游活动中所购买和消费的有关住宿、餐饮、交通、游览、娱乐、购物等某一方面的物质产品和服务产品。如旅游者订购一间客房、享用一顿美餐、游览一个景点都属于单项旅游产品。单项旅游产品是构成旅游线路产品和旅游目的地产品的基本单位，通常只能满足旅游者某一方面的旅游需求。

2. 组合旅游产品（products of mixed tour），是指旅游企业根据旅游者的消费需求，把食、住、行、游、购、娱等多种旅游要素或单项旅游产品组合而形成的旅游产品，又称为旅游线路产品（tourism route products）。通常，根据不同旅游资源和接待设施条件，可以把各种旅游要素或单项旅游产品有机组合，形成各种类型的组合旅游产品，以更好地满足旅游者多方面的旅游需求。

3. 旅游目的地产品（products of tour destination），主要指在旅游活动中，某一旅游目的地能够提供并满足旅游者一次或多次旅游活动的全部物质产品和服务，又称为整体旅游产品或旅游地产品。通常，旅游目的地产品往往包括若干单项旅游产品和旅游线路产品，能够充分地满足各类旅游者的旅游需求和消费，因此是旅游目的地国家和企业开发和经营的重点旅游产品，也是旅游企业提高市场竞争力的关键。

（二）按旅游产品的功能分类

按旅游产品的功能和特点，一般可将旅游产品划分为观光旅游产品、度假旅游产品、文化旅游产品、商务旅游产品、会展奖励旅游产品、康体旅游产品、生态旅游产品和特种旅游产品等主要类型。

1. 观光旅游产品（products of sightseeing tour），是以满足旅游者对各种自然景观、名胜古迹、异国风情、城市风光等观赏游览需求的旅游产品。其是在古代国际商贸旅行、休闲旅行、出使旅行的基础上，伴随着现代旅游业的产生而最早产生的旅游产品。在长期发展中，形成了内容广泛、种类繁多的观光旅游产品类型，包括自然景观、国家公园、野生动物园、海洋公园、城市风光等观光游览内容。

2. 文化旅游产品（products of cultural tour），是满足旅游者对跨文化了解和

---

① 罗明义. 国际旅游发展导论. 南开大学出版社，2001

旅游审美需求的旅游产品。其是在古代文化旅行、宗教朝觐和科考旅行基础上形成和发展的。随着旅游服务贸易的发展，文化旅游产品内容日益丰富、类型更加多样，概括起来主要有文物古迹旅游、博物馆旅游、文化艺术旅游、民俗风情旅游、宗教朝觐旅游等内容。

3. 度假旅游产品（products of recreational & vocational tour），是依托优美的自然环境和良好的气候，通过建设舒适的住宿设施、完善的康体娱乐设施及便捷的交通、通讯条件等，向旅游者提供功能全面的休闲、消遣和度假条件的综合性旅游产品，包括温泉疗养、海滨度假、湖滨度假、森林度假、滑雪度假、乡村度假、野营度假等内容。

4. 商务旅游产品（products of business travel），是指人们为了商务洽谈、业务交易等而出国进行的旅游活动，也是商务旅游者对旅游产品和服务的综合消费过程，广义的商务旅游产品，还包括各种商业交易会、商品博览会，以及依托各种大型体育活动、节庆活动等而开展的国际旅游活动等。

5. 会展奖励旅游产品（products of meeting, incentive, conferences and exhibition），是指依托各种类型的国际会议、国际论坛、展销会和各种奖励而开展的旅游活动，即为参会、参展及获奖人员所提供的各种会前会后的观光、游览、度假等旅游活动。

6. 康体旅游产品（products of health & sport），是指包括各种滑雪、高尔夫球、漂流、登山等体育运动和健身、疗养等保健活动在内的国际旅游产品，是能够使旅游者身体素质和体况得到不同程度改善和增强的旅游活动。目前，主要的康体旅游产品有大众体育旅游、滑雪旅游、登山旅游、漂流旅游、高尔夫旅游、保健旅游等类型。

7. 生态旅游产品（ecotourism products），是以生态环境为基础，以不破坏和影响生态环境为前提，合理满足旅游者需求的旅游产品，是一项认识大自然、欣赏大自然和回归大自然的旅游活动，也是充分体现人与自然相和谐的旅游活动，因此许多人也把生态旅游称为"绿色旅游"和"健康旅游"。

8. 特种旅游产品（products of special tour），通常又称为专题旅游、专项旅游或特色旅游产品，是近几年在传统旅游产品和新兴旅游产品基础上派生、提高和发展起来的更有特色的旅游产品。特种旅游产品种类繁多、内容丰富、发展迅速，并与其他旅游产品相互结合和渗透，主要的有业务旅游产品、探险旅游产品和科考旅游产品等。

（三）按旅游产品的销售方式分类

从 20 世纪末期开始，旅游产品销售出现了新的变化趋势，原来以团体包价旅游产品的比重不断下降，而以散客旅游产品和自助旅游产品为主的比重日益增加，因此必须对旅游产品的销售方式进行划分和研究。

1. 团体包价旅游产品（package products of tour group），是指旅行社根据旅游市场需求，把若干旅游者组成一个旅游团体，按照统一价格、统一行程、统一内容所进行的旅游活动。团体包价旅游是一种大众化旅游产品，在国际旅游市场上占有十分重要的地位。其特点：一是旅游者购买了团体包价旅游产品后，旅游活动中的食、往、行、游、购、娱等内容全部均由旅行社负责安排，既能够享受便宜的价格，又行程方便、安全可靠；二是旅行社销售团体包价旅游产品后，就必须配备领队和导游，并负责安排好旅游者的整个旅游活动过程及安全保险等。其缺点是不能充分满足旅游者的旅游需求。

2. 散客包价旅游产品（products of independent traveler），是指旅游者不参加旅游团体，而是以个人委托旅行社购买某些单项旅游产品的包价旅游活动。散客包价旅游产品的旅游活动行程安排，可以根据国际旅游者的需求而灵活变更，因此受到旅游者的广泛欢迎，在国际旅游市场上发展很快，也是现代旅游产品发展的重要趋势。但是，散客包价旅游产品一般不能更多地享受团体包价旅游的优惠，因而其价格通常高于团体包价旅游产品；同时散客包价旅游产品一般也有相对固定的游览线路，因此其仍然不能充分满足旅游者的旅游需求。

3. 自助旅游产品（products of self – service tour），是指旅游者直接向航空公司、车船公司、旅游饭店、旅游景区景点预定或购买单项旅游产品，按照个人需求及偏好所进行的旅游活动。虽然自助旅游一般不通过旅行商，但由于其购买的是由自己组合的旅游线路产品，所以本质上仍然是一种旅游产品。随着经济全球化发展、现代信息技术和国际互联网的迅速普及，为自助旅游提供了极为方便有利的条件，使自助旅游产品越来越成为人们青睐的新兴旅游产品，并展现出良好的发展态势和潜力。

二、旅游产品的质量

旅游产品是一种以服务为主体的综合性服务产品，因此其服务质量是关系整个旅游服务贸易的核心和关键。所谓旅游产品质量（tour product quality），是指在为旅游者提供旅游产品和服务中，所能达到的规定效果和满足旅游者需求的能力和程度。从现代旅游服务贸易看，旅游产品质量一般包括旅游吸引物，旅游设施设备，旅游服务项目，旅游便捷性，旅游服务观念、态度和技能等要素和内容。

相关知识 9-2：

旅游产品质量与价格

在旅游活动中，旅游产品质量与价格是密切相关、相辅相成的两个重要因素。通常，如果旅游产品质量好，则旅游价格就相对高；反之，如果旅游价格较低，则旅游产品质量就必然受到影响，因此"一分钱、一分货"，按质论价同样是旅游产品经营中不能违背的客观经济规律。

然而，目前少数旅行社组织出国旅游的费用却十分"低廉"，以至于明显低于成本而出现"零团费"或"负团费"价格，一些旅游者为这种"低廉"的价格而被诱惑，其结果往往掉入"低廉"价格的陷阱，不仅没有享受到出国旅游的愉悦，而且往往带来很多纠纷和烦恼，甚至额外增加更多的费用支出。

因此，对旅游者而言，千万不能仅仅以价格高低来作为选择旅游产品和旅行社的首要条件。

（一）旅游吸引物

旅游吸引物（tourist abstractions），是指一切能够吸引旅游者的旅游资源及各种条件，它既是构成旅游产品的基本要素，具有满足旅游者审美和愉悦需要的效用和价值，又是旅游者选择旅游目的地的决定性因素，是一个地区能否进行旅游开发的先决条件。

旅游吸引物的存在形式，可以是某种物质实体，也可以是某个事件，还可能是一种自然或社会现象，通常按其属性可划分为自然吸引物、人文吸引物、特产吸引物、社会吸引物四大类。旅游吸引物的质量，包括了其特色、规模、感受性、体验性和知名度等，其既取决于旅游资源的禀赋状况，也取决于旅游开发的档次和水平等。通常，高质量的旅游吸引物对旅游者具有较强的吸引力，能够招徕更多的旅游者。

（二）旅游设施设备

旅游设施设备（tourism facilities & equipments），是实现旅游活动而必须具备的各种物质条件，也是构成旅游产品的必备要素。旅游设施一般分为专门设施和基础设施两大类。专门设施，是指直接服务于旅游者的各种接待设施，包括游览设施、餐饮设施、住宿设施、娱乐设施等，其规模、质量和水平直接反映了旅游产品的供给数量、质量和水平。基础设施，是保障旅游活动有效开展的各种公共设施，包括风景区、城镇、道路、桥梁、供排水、电力、通信、消防、环保及城镇美化等，是旅游业赖以生存和发展的基础，是发挥专门设施功能必不可少的前提条件。

旅游设施设备是提高旅游服务质量的基础，其通达条件、舒适程度、完好程度和美观程度，不仅直接对旅游产品质量产生重要的影响，而且对旅游服务质量起着重要的影响作用，即直接影响旅游服务人员的服务效率和服务水平的提高。

（三）旅游服务项目

旅游服务项目（contents of service for tourists），是指依托旅游设施设备向旅游者提供的各种类型的服务内容，如交通运输服务、住宿餐饮服务、导游服务、娱乐服务、购物服务等。通常，旅游服务项目的多少和服务效率的高低，不仅决定着是否为旅游者提供方便、快捷和高效的服务能力，也是提高旅游企业和旅游目的地形象、声誉和品牌，增强旅游企业和旅游目的地竞争力的关键所在。

按照旅游者的旅游活动过程，一般把旅游服务分为售前服务、售时服务和售后服务三部分。售前服务是旅游活动前的准备性服务，包括旅游产品设计、旅游线路编排、旅游宣传促销等方面的服务；售时服务是在旅游活动过程中向旅游者直接提供的食、住、行、游、购、娱等方面的服务及其他服务；售后服务是当旅游者结束旅游后离开目的地后追踪调查等方面的服务。

（四）旅游便捷性

旅游便捷性（convenient for tourist），是旅游产品构成中的基本因素之一，它不仅是连接旅游产品各组成部分的重要因素，而且是旅游产品能够组合起来的前提性条件，其直接体现了旅游者进入旅游目的地的难易程度和时效标准等，也是旅游产品质量高低的重要反映。

旅游便捷性的内容一般包括以下几个方面：一是有良好的交通通达条件，如现代化的交通工具、运输方式，以及交通运输网络衔接与联系的方便程度等；二是通信的方便条件，包括通讯、互联网设施的配套状况、规模、能力以及是否方便、快捷等；三是出入境签证手续的难易、出入境验关程序和服务效率、信息咨询的方便程度等；四是旅游目的地社会的承受能力，即当地居民对旅游开发的态度、社会公众舆论、治安状况、人口密度、交通管理等状况，都是影响旅游便捷性的重要因素。

（五）旅游服务观念、态度和技能

旅游服务观念（idea of service for tourists），是旅游业从业人员的主观意识和价值观，是从事服务工作的前提。旅游服务所表现的是一种人与人的关系，因而必须建立"以游客为本"、"游客至上"、全心全意为游客服务的旅游服务观念。

旅游服务态度（attitude of service for tourists），是旅游服务观念的具体化，是旅游服务质量的外在表现，不仅表现出旅游服务人员对旅游者的尊重和理解，而且也表现出旅游服务人员的风度、修养和文明素质。因此，旅游服务态度既是旅游者关注的焦点，也是旅游服务人员应具备的基本功，是提高旅游服务质量和水平的重要内容。

旅游服务技能（ability of service for tourists），是搞好旅游服务工作的基础，高超而娴熟的旅游服务技能是一种艺术，其使旅游者从中获得享受，满足旅游者的旅游需求，并提高旅游企业的形象和信誉。因此，旅游服务技能水平的高低，既是评判旅游服务质量的重要标准，也是提升旅游服务质量和水平的关键所在。

综上所述，提高旅游产品质量，就是要在掌握旅游产品质量内在要求的基础上，遵循人本原理的规律性，以满足旅游者需求为目标，不断端正旅游服务观念、改进旅游服务态度、提高旅游服务技能、丰富旅游产品内容、完善旅游设施设备条件，提高旅游便捷性，最终形成良好的旅游产品质量和符合国际标准的旅游服务体系，才能更好地满足旅游者的旅游需求，并为旅游企业和旅游目的地带来良好的经济效益和社会效益[①]。

三、旅游产品的价格

旅游产品价格（price of tour products），是旅游产品和服务内容的货币表现形式，也是旅游产品质量的综合反映。旅游产品价格的高低，不仅是提高旅游企业和旅游目的地经济效益的重要因素，也是提升旅游产品竞争力的重要手段。通常，不同的旅游产品有不同的价格，对于组合旅游产品的价格，一般是由交通费、住宿餐饮费、旅游项目费、综合服务费、专项附加费及经营利润等几方面所构成[②]。

（一）交通费

交通费，是指旅游者在国际旅游活动中，乘坐飞机、火车、轮船、汽车等所支付的费用，一般是以客票价格为计费基础。在国际旅游活动中，交通费通常包括了国际交通费、国内城市间交通费和旅游景区（点）之间的交通费在内。按照国际惯例，景区内的游览观光车辆、索道、缆车一般是包括在门票中，不再单独收费。由于国际交通费往往受到汇率变化、油价变动、旅游淡旺季及设施设备改善等因素的影响，因此对交通费的计价通常每年或一定时期内都要做出相应的调整。

（二）住宿餐饮费

住宿餐饮费，是指旅游者在国际旅游活动中，对有关住宿餐饮消费所支付的费用。住宿餐饮费的确定，一般是根据旅游者的需求，预订不同的高、中、低档旅游饭店和餐饮，并按照旅行社与旅游饭店、餐馆的协议价格为计费基础，适当加上委托订房手续费。实践中，在团队包价旅游产品或散客包价旅游产品中，许多旅行社往往推出不同档次的旅游产品，如经济团旅游产品、豪华团旅游产品，因此其住宿餐饮的费用标准也相应有所区别。

---

① 罗明义. 旅游经济学原理. 复旦大学出版社，2004
② 崔卫华. 现代旅行社实务. 辽宁科学技术出版社，2000

（三）旅游项目费

旅游项目费，是指旅游者在国际旅游活动中，进行游览、参观、度假活动、观看表演等规定旅游项目的费用，其计费基础主要是游览点、参观点、观看表演等门票价格和度假活动的标准价格。通常，旅游企业在制定旅游线路行程中，都要明确规定相应的旅游项目和收费标准，并严格按照收费标准进行收费，对超出规定旅游项目以外的则加收专项附加费。

（四）综合服务费

综合服务费，是指为保证旅游者的旅游活动圆满顺利进行，由旅行商提供各种旅游服务而发生的费用，一般包括领队或陪同人员费、翻译导游费、宣传推广费、销售业务费、接待手续费、公杂费等。在综合服务费中，有的属于固定费用，如接送站及行李运输费、领队或陪同人员费、翻译导游费、公杂费等，通常是按标准对每个旅游团队收取的费用；有的属于变动费用，如宣传推广费、销售业务费、接待手续费等，一般是按标准对每个旅游者收取的费用。

（五）专项附加费

专项附加费，是指旅游者在旅游活动过程中，对自己提出增加或超过规定旅游项目以外的其他旅游项目、行程及旅游保险所支付的费用，如增加游览景点费、特殊游览点费、地方风味餐饮费、汽车超公里费、专项活动费、旅游保险费等。在专项附加费中，除了旅游保险费外，其他旅游项目的增加必须事前征得旅游者的认可和同意并纳入旅游活动后，才能计入相应的费用。

（六）经营利润

旅游企业在确定旅游产品价格时，除了上述几方面费用外，还应加上税收和应得到的利润。通常，税收是按照国家规定的征收比率计入；利润则是以行业平均利润为基础，结合产品特色和市场竞争能力确定合适的比率并计入。在旅游经营实践中，许多旅游企业通常是把利润拆开，分别加在上述的每一个费用项目中分别计入。

第三节　国际旅游的护照与签证

一、国际旅游的护照

在国际旅游活动中，任何旅游者，不论是外国公民入境旅游还是本国公民出国旅游，都必须持有各国颁发的护照和相应的签证，才能够进行入境或出境旅游。因此，护照和签证既是进行国际旅游活动的重要证件，也是进行旅游服务贸易的必备条件。

（一）护照的概念

护照（passport），是一个主权国家发给本国公民出入国（境）在国外旅行、居留时使用的证件，它是证明持照人的国籍、身份的法律依据。在现代国际旅游活动中，任何国家的旅游者都必须持有本国政府颁发的护照，同时护照内还必须具有前往国的有效签证，才能离开本国国境，进入前往国家或地区旅游。通常，合法有效的护照一般包括以下内容①。

1. 护照的项目和内容。各国护照的项目大同小异，护照本身的内容都比较相近。通常，护照封面都印有国徽、国家的全称及护照种类的名称，封底都印有使用护照的注意事项，封里一般都印有延期页、签证页、备注页及"请各国军政机关对持照人予以通行的便利和必要的协助"等内容。护照主页内容，一般包括持证人姓名、性别、照片、出生日期、出生地点、持照人签名、职业身份、护照号码、发照机关印章、授权签署、有效期等；有的国家还在护照上印有"本护照属××国（政府）财产"、应急资料页及有关个人特征的资料等。

2. 护照的有效性。护照是国际旅行的有效证件，具有各国规定的有效期限、有效地区和法定机构签署的法律效力。护照不是长期证件，具有一定的有效期，而在有效期内是具有法律效力的证明。各国护照的有效期不尽一致，最短的有一年，最长的有十年，通常采取五年有效期的比较多。各国使（领）馆在颁发签证时，一般都要求护照的有效期必须在六个月以上。

护照具有规定的有效地区，即允许持照人可以前往的地区范围。各国对护照有效地区的规定也不一致，有的国家将护照的有效地区限定为某一国、某几国或某一地区，或规定前往某国或某地区无效。随着现代国际交往的日益增多，绝大多数国家都规定持本国护照前往世界各国都有效。

按国际惯例，护照必须经发照机关所授权的主管官员签署方为有效，被授权的主管官员通常是以"外交部长授权"的名义签署的，体现了发照机关代表国家行使主权的职责，并对此承担相应的责任。有的国家的护照虽然没有签署人签字，但必须加盖发照机关的印章方为有效。

3. 护照的加注和加页。按照各国的规定，护照上的任何项目不得擅自涂改或变更。凡需要变更护照上已填写的项目内容，或需要对某一项目加以说明时，应向护照颁发机构申请按照规定办理加注手续。通常，护照上常见的加注有：持照人曾用名或外文名，持照人变更本人姓名的拼写法，持照人更正出生地或出生日期，偕行儿童及其变更，指定出入境的口岸，以及加注持照人婚姻状况、职业、职衔、对外身份及其变更等。

护照加页，是指护照颁发机构在用完签证页的护照上，附加上空白签证页的

① 无忧雅思网. http://www. 51ielts. com

有关手续。通常，护照签证页用完后，如要在护照有效期内继续使用该护照，就应申请办理加页手续。每本护照原则上只加页一次，加页用完后就应申请换发新的护照。有些种类的护照按规定不得加页，护照空白签证页用完后必须换发新照。在换发护照时，如果旧护照上有外国有效签证或其他重要记载需与新护照同时使用时，可申请护照颁发机构将新护照和旧护照合订一起使用。

4. 护照的文字和制作。各国护照上所使用的文字都是以本国官方文字为主，但由于护照是国际旅行的证件，为了便于各国军政机关识别和查验，通常护照上各项目都附有国际上通用文字（如英文、法文等）的译文。有的护照还同时使用本国文字和英文、法文或其他国际或地区的通用文字。

在现代国际间往来中，由于护照是国际旅行、居留的重要证件，因此一些国际上的不法集团为不同的目的，往往采取各种手段伪造或变造各国的护照。为了防止和打击国际上不法集团伪造或变造护照的不法行为，世界各国都在护照的设计、材料、印制、填写、颁发等过程中，尽量选用特殊材料和先进工艺，以防止本国护照遭到伪造或变造，有的国家还在护照上加有特殊的防伪标志等。

相关知识 9 – 3：

假护照：比炸弹更可怕

在全球化背景下的今天，假护照问题对全球各国的安全部门造成了普遍困扰。各国时有发生的护照大规模被盗或丢失事件刺激着政府敏感的神经，尤其是美国政府。"目前，大约有 1 000 万本遗失了的各国护照在全球流动，它们可能意味着一个现实的安全噩梦"。2004 年 12 月美国《新闻与世界报道》杂志揭露的事实让世界为之担忧。去年 2 月法国有 9 000 份空白护照先后失窃，事情发生后，美国联邦调查局专门对此发出警告："我们对这些护照被盗非常担心，因为法国参加了'免签证项目'，该项目允许 27 个国家的旅游者无需签证就可以进入美国，并在美国呆上 90 天。"调查显示，"9·11"事件中，19 名劫机犯都是用涂改或可疑的护照进入美国的。对于恐怖分子来说，护照可能是比炸弹更可怕的武器。

国际社会目前正共同努力应对利用假护照进行的犯罪。除了各国出入境管理部门分别制定的管理方案外，国际刑警组织还于 2002 年发起建立了一个全球性的被盗和遗失护照数据库。这个数据库旨在通过 182 个成员国的共享相关数据，以便更有效地打击恐怖主义、毒品走私和非法移民。所有成员国可以在任何时间直接连接数据库查询资料。但是这个数据库的有效性还不明显，目前只有国际刑警组织成员中大约 1/3 的国家或地区提供了数据，美国也是 2004 年 5 月才将本国数据拿出来共享。

（资料来源：陈城. 假护照：比炸弹更可怕. 中侦网，2004 – 02 – 21）

身份证或其他户籍证明，本人照片等。如因特殊原因申领加急护照时，还必须在递交材料的同时做出特别说明。

4. 等候领取护照。公安机关出入境管理机构在接受申请人所递交的申请表格和相应材料后，经过审核并做出是否批准同意申请人申领护照的决定，时间一般在 15 天内（地处交通不便或偏僻地区的在 30 天内，加急的通常在一周左右）即可通知申请人。申请人接到公安部门出入境管理机构的通知后，即前往领取护照和出入境登记卡。如果在规定时间内没有接到审批结果通知的，申请人按照有关规定有权查询，受理部门应当做出明确的答复。

5. 自我查验护照。为了确保申请人护照无任何差错和纰漏，申请人应该在领取护照后进行认真、细致的"自我查验"，以做到万无一失、准确无误。"自我查验"的内容包括：护照是否印制清晰，字迹清楚；照片是否本人；姓名是否准确（包括中文和汉语拼音）；编号是否清楚；逐字检查每一项内容（性别、身份、婚姻状况、出生日期、出生地点、有效期、身份证号码等）是否符合本人实际情况；塑封是否严密；发照机关的红色印章是否清楚，是否有准确的签发日期、地点和签发人签字；是否有应填写的空白栏目没有填写；是否有缺页和印制不清楚的地方。如果发现护照上有误，要立即向发照机关工作人员提出并要求更正。

参加由国家旅游主管部门授权的旅行社组织的旅行团人员，通常使用"限一次性旅游出入境"护照，公安机关会在护照上加盖"限一次性旅游出入境"字样，表明该护照是参加团体旅游的公民所使用的护照。而有关护照申领的有关事宜通常也由旅行社代为办理。由于护照是公民出境、入境旅行或居留的重要身份证件，领取护照后必须妥善保管好。

二、国际旅游的签证

签证（entry & exit visa），是一国政府主管机关依照法律和规章，为申请人出境和过境的外国人颁发的一种书面许可证明，有些国家对出入国境的本国公民也颁发签证。签证通常是附载于申请人所持的护照或其他国际旅行证件上，在特殊情况下凭有效护照或其他国际旅行证件可做在另纸上。签证与护照的区别在于，护照是对持照人国籍和身份的证明，签证则是被访问国家对持照人入出其国境的许可证明。在国际旅游活动中，通常需要同时持有有效护照和签证。

（一）签证的内容

目前，各国签证的内容不同，风格各异，但签证上所列信息内容基本一致，即签证上一般都注明签证的种类、签证代号、入出境（过境）目的、停留期限、有效次数、签发机构、签发地点、签证官员签署、签发日期等。其中，以下几项内容是非常重要的。

1. 签证的有效次数，是指该签证在有效期内，持证人可使用的入出境（过境）的次数。根据签证的有效次数，一般可将签证分为一次有效签证、两次和多次有效签证等。一次有效签证使用一次就失效，两次有效签证即在签证有效期内可以使用两次，多次有效签证则在签证有效期内，持证人可以多次入出其国境（或过境）。如澳大利亚、印度的旅游签证，通常在 3 个月或者 6 个月内允许持证人多次入出境（或过境）。通常，各国签发何种签证，有效期限多长，有效次数多少，是由签证机关根据入出境申请者的具体情况而决定的。

2. 签证的有效期，是指从签证签发之日起到以后的一段时间内准许入出境（或过境）的期限，超过这一期限，该签证就是无效签证。从目前世界各国的签证期限看，大多数国家一般给予 3 个月的有效入出境签证，也有的国家发给 1 个月的有效入出境签证，而过境签证的有效期一般都比较短。也有的国家对签证有效期限制很严，如德国只按所申请的日期发放签证有效期。

3. 签证的停留期，是持证人进入某国境内后准许停留的时间，它与签证有效期的区别在于，签证的有效期是指签证的使用期限，即在规定的时间内持证人可入出或经过某国的期限。如某国的入出境签证有效期为 3 个月，停留期为 1 个月，那么这个签证从签发日开始 3 个月内，无论持证人哪一天都可以出入该国国境；但是从入境当日起到出境当日止，持证人只能在该国停留 1 个月。也有的国家签证入出境期限和停留期是一致的，如美国访问签证的有效期和停留期都是 3 个月，即在 3 个月内入出境方为有效，入境后也只能停留 3 个月。各国对签证有效期的规定长短不一致，大多数国家短期签证一般为 1 个月或 3 个月，对留学、就业等签证最长的通常为半年或 1 年以上，最短的签证如过境签证一般是 3 天或者 7 天。

4. 签证的途径。在当今世界各国之间的交往中，由于大部分国家都建立了大使馆或领事馆，因此大多数签证都是由各国驻当地的大使馆、领事馆负责办理。通常，申请办理前往他国的签证事项有三种途径，一是由申请人亲自到被访问国驻当地的大使馆或领事馆办理签证申请手续；二是出国旅游的本地公民也可以委托旅行社代办出国旅游的签证申请手续；三是可以委托外国亲友直接向被访问国的移民局申请办理入境签证。

（二）签证的类型

世界各国对签证有不同的规定和要求，从而具有不同的签证类型，概括起来签证可以从以下几方面进行分类。

1. 根据申请者持有护照的情况，签证一般可分为外交签证、公务签证和普通签证三种。通常，对持有外交护照人员发给外交签证，持有公务护照人员发给公务签证，持有普通护照人员则发给普通签证。如我国对申请入境的外国人，所发给的签证主要有外交签证、礼遇签证、公务签证和普通签证等类型。

2. 根据申请者入出境（过境）情况，签证分为入境签证、出境签证、出入境签证和过境签证。入境签证只准许持证人入境，如需出境则须再申办出境签证；出境签证只允许持证人出境，如需入境则必须再办理入境签证；出入境签证的持证人既可以出境，也可以再入境，对多次入出境签证的持证人则在签证有效期内可允许多次入出境；过境签证，是对一国公民在国际旅行中，需途经某国时必须取得该国的过境许可签证。各国对于过境签证的规定也不尽相同，有的要求办理签证，有的免办签证，有的则规定在指定的时间和范围内不需办理签证，如超过时限和范围则必须办理签证手续。

3. 根据申请者出入境事由，通常把签证分为移民签证、非移民签证、留学签证、旅游签证、工作签证、商务签证和家属签证等七种。对于不同入境事由的签证，各国对签证的有效次数、有效期限和停留期都有不同的规定。如有的国家规定，旅游签证的有效次数为1次、有效期为3个月，停留期则为1个月内；有的国家规定，留学签证的有效次数为2次、有效期为3个月，停留期则为6个月或1年。

4. 根据申请者停留时间长短，一般把签证分为长期签证和短期签证。长期签证，是指在前往国至少停留3个月以上的签证，通常申请长期签证不论其访问目的如何都需要较长的申请时间。短期签证，是指在前往国停留3个月以内的签证，一般申请短期签证所需要时间相对比较短。

相关知识 9-5：

英国的签证三天在家门口搞定

今年年初，中英两国签署了《中国旅游团队赴英国旅游签证谅解备忘录》后，预示着旅行社可以正式组团赴英国旅游，同时使用 ADS 签证（相当于旅游目的地的旅游签证），英国旅游部门预计会在不远的将来，迎来一个中国游客的高峰。据英国驻上海总领事馆签证处签证官伊恩先生透露，2004 年，英国政府向中国公民发放了约 14 万份签证，其中华东地区发放的签证达二万七千多份，创历史最高纪录，英国方面预计这个数量会以每年 25% 以上的速度递增。

过去，中国公民赴英国都是以商务访问等形式办理签证的，一般为6个月时效内多次往返。杭州市民要申请赴英国签证，必须提前 3~4 周赶到上海，还要一大清早到英国驻上海总领事馆外排队等候。2006 年 4 月 5 日，英国签证中心正式进驻浙江省，同时伊恩签证官承诺：今后浙江省的英国签证申请者，最快将在 3 天内获得最终的签证结果。除了英国签证外，杭州签证中心还受理其他英联邦国家的签证申请。

（文章来源：中英网，http://www.uker.net. 2006.9.30）

5. 根据前往国对签证的规定，通常有反签证、落地签证和互免签证。反签证，是指由邀请方在本国出入境管理部门为来访人员办好签证批准证明，再连同护照等材料呈递该国驻外国使领馆，使领馆凭上述批函即可发给签证。目前实行反签证的国家大多在亚洲，如日本、韩国、印度尼西亚、新加坡、马来西亚等。落地签证，是指在前往国的入境口岸办理签证，这是仅次于免签证的优惠待遇，有时亦需邀请人预先在本国内提出申请，并将批准证明副本寄给出访人员，后者凭该证明出境，抵达前往国的口岸时获得签证。互免签证，是随着国际关系和各国旅游事业的不断发展，为便利各国公民之间的友好往来和国际旅游，许多国家之间订立了互免签证协议，协议双方国家的公民持用有效的本国护照，可自由入出对方国境而不必办理签证。

（三）旅游签证的办理

旅游签证（tourist visa），是主权国家准许外国公民进入本国旅游的许可证明。旅游签证必须由旅游目的国签发，即由该国驻外使领馆在出国旅行者的护照上或其他有效的旅行证件上盖印签注的手续，表示准许其入出或经过该国国境。各国对旅游签证一般都限制入境后的停留时间，最长时间一般不超过 3 个月。

通常，各国申请旅游签证的所需资料主要有：旅游团领队和旅游团的成员名单，包括姓名、护照号码、身份证及相关个人资料的复印件；详细的旅游行程安排，包括具体往返的航班信息，以及旅游团队欲下榻的每一个酒店的名称、地址、电话传真和抵离日期，每个旅游点之间拟采用的交通方式等；由航空公司出具的旅游团队往返机票的预订确认单，并附上旅游团队成员的名单；前往旅游目的地国家所指定合作旅行社的名称和具体的联络方式，由指定合作旅行社出具证明，确认旅游团行程安排中的食宿交通安排将适用于每一个成员；每个旅游团成员还需提供两份填写完整的签证申请表格并亲笔签名，两张护照相片等。以上申请资料要求附有前往国文字和英文的翻译件，并需由备案的所属旅行社法人代表签名。

有的国家还规定，每个旅游团成员，需持有前往旅游目的地国境内的旅行保险；需提供资金担保，即银行存款证明；提供工作单位或公司证明信（要求有公司地址、电话、传真，加盖公章，签字人的姓名和职务），并注明成员的职务、工资、准假外出证明、确认成员回国后其工作关系不间断等。在签证受理过程中，各国使领馆还会根据需要，要求经授权的旅行社提供更多的资料或信息，或者要求个别旅游团成员前往使领馆面试等。

三、旅游免签证和口岸签证

近年来，随着国际经济政治关系和国际贸易的发展变化，尤其是随着国际旅游的迅速发展，许多国家的旅游签证规定趋于简化，有的国家之间还签订互免签证或简化旅游签证手续的协议等。在世界旅游迅速发展的良好形势下，我国国际旅游也迅速发展，不仅成为世界重要的旅游目的地国家，而且也正在成为世界重要的旅游客源地国家。截至 2005 年，经国务院批准的中国公民出境旅游目的地的国家和地区总计达到 109 个，已经实施的达到 76 个。随着许多国家和地区成为中国公民出境旅游目的地，部分国家对中国公民给予了旅游免签证和口岸签证等。

（一）对中国给予旅游免签证的国家

旅游免签证（visa waiver for tourists），是游客不用申请旅游目的地国家的签证，即可进入该国进行旅游。目前，对中国给予旅游免签证的国家主要有毛里求斯和韩国。

毛里求斯对我国游客以旅游为目的前往该国，停留时间在 15 日以内，持有有效的护照、有效的返程机票和充足的资金（每天 50 美元和酒店入住订单），不需要申请旅游签证，可以直接过关和入境旅游。

韩国对我国在一年之内利用客运船舶入境韩国两次，且持有 C2、C3（旅行、商务）签证的中国公民，可以享受旅游免签证待遇，最长可停留时间为 15天。

（二）对中国给予旅游过境免签证的国家

旅游过境免签证（transit visa for tourists），是游客从某一国家经转而继续前往其他旅游目的地国家和地区的，不必申请该中转国签证即可短暂停留。目前，对中国给予过境免签证的国家有新加坡和韩国。

新加坡对中国内地的游客，如果持有澳大利亚、加拿大、日本、新西兰、英国和美国等 6 个国家的有效签证或长期通行证经由新加坡过境的，可以享受在新加坡 96 个小时的特许过境免签证待遇；对持有到东南亚国家旅游签证经由新加坡过境的，可以享受在新加坡 72 个小时的特许过境免签证待遇。

韩国对经由韩国仁川机场去欧洲旅游的中国公民，可以免签证在韩滞留 30天；如果从欧洲经由仁川机场返回中国的中国公民希望在韩国观光，只要持有欧洲 30 个国家中任何一个国家的签证和已经预约的机票，也可以在韩国免签证停留 30 天。

（三）对中国给予旅游口岸签证的国家

旅游口岸签证（port visa for tourists），也称为旅游落地签证，是游客不用在出发前申请旅游目的地国家的签证，而是到达该国口岸后再办理签证手续。目前，东南亚国家对中国游客给予旅游口岸签证的比较多，主要的有泰国、马来西亚、菲律宾等国家。

泰国对中国公民从第三国前往泰国旅游时，可以在曼谷机场办理落地签证。但对于从中国出境的游客，必须先在国内办理旅游签证，海关才可能放行。另外，如果持有享受免签待遇国家的有效签证和相应的国际机票，只要能从中国出境的游客，也可以到达泰国后再办理口岸签证。

马来西亚对持有新加坡或泰国旅游签证的中国公民，可以直接从这两个国家到马来西亚的口岸过境处办理口岸签证，对于获准落地签证的中国公民可以在马来西亚旅游，但最长逗留时间不能超过 14 天。

菲律宾对于中国公民持有护照、第三国的签证和相应的国际机票，即可办理口岸签证。

相关知识 9 - 6:

"申根协定"国家间的旅游免签证

申根（Schngen）是卢森堡东南边境的一个小城镇。1985 年 6 月 14 日，欧盟成员国中的德国、比利时、荷兰、法国和卢森堡 5 个国家，在申根摩泽尔河上的一条游船上签署了《关于逐步取消共同边界检查的协定》，简称为"申根协定"。此后，西班牙、葡萄牙、意大利、希腊、奥地利又分别加入了"申根协定"国家。1995 年 3 月 26 日，"申根协定"正式生效，欧盟的 10 个国家之间实现了取消人员自由流动的限制。与此同时，不论来自哪个国家的外国人，只要在这 10 个国家中的其中一个国家获得了入境签证，就等于同时获得了上述 10 个国家自由通行的权利，再去其他"申根协定"国家旅游就可以免办签证。目前，"申根协定"国家间主要有两种签证形式。

1. 直接申根签证。要到"申根协定"国家旅游，可以申请以短期停留（3 个月之内）为目的的申根签证。通常，从哪个国家入境或者在哪个国家停留时间最长，就向哪个国家的使领馆申请申根签证。如果同时还要去好几个"申根协定"国家旅游，就在申请申根签证的同时递交所要去的这些申根国家的邀请信，使领馆就会根据申请者在这些国家所需停留的时间，给出相应的允许停留天数，这样申请者可以在签证有效期内在所有"申根协定"国家旅游，而不用再办理其他旅游签证手续。

2. 间接申根签证。凡是对"申根协定"国家中任何一个国家申请长期居住的 D 类签证，这类签证一般是 3 个月以上（包括 3 个月），一旦获得到签证后，可从颁发签证的国家入境，在这个国家办理好长期居住手续后，就可以凭这个国家的长期居住卡在"申根协定"国家自由旅行，享受"申根协定"国家之间互免签证的申根待遇。

第四节　旅游交通运输

一、旅游交通运输的概念

旅游交通运输（travel traffic），是指为旅游者实现从居住地到旅游目的地的空间往返过程所提供的各种交通方式、交通工具和运输服务的总和。旅游交通运输作为现代国际旅游的重要手段之一，不仅是联结旅游目的地和旅游客源地的重要纽带，也是当今旅游服务贸易的重要条件之一，尤其是随着现代国际旅游的全球化发展，对旅游交通运输的依赖性更强、要求更高。

旅游交通运输作为一般交通运输的范畴之一，也像一般交通运输一样主要由旅游交通线路、旅游交通工具、旅游交通节点和旅游交通方式四个基本要素所构成，并形成合理的旅游交通结构和旅游交通运输网络。

（一）旅游交通线路

旅游交通线路（travel traffic routes），是指联结旅游客源地和旅游目的地的旅游道路及设施，包括公路、铁路、河道及航空航海交通线路等。旅游交通线路一般可以分为自然线路和人工线路，前者是没有经过人工修建而自然形成的交通线路，人们仅仅是对其进行必要的测定、疏浚和试航，如航空交通线路、航海交通线路、内河交通线路等；后者是通过投入一定的人财物力，并经过人工修建而形成的交通线路，如公路线路、铁路线路、人工运河线路等。

（二）旅游交通工具

旅游交通工具（travel traffic instruments），是指实现旅游者空间位移的各种运载工具，包括各种各样的飞机、火车、轮船、汽车、畜力车、帆船、汽艇、索道、缆车等。通常，把旅游交通工具分为传统旅游交通工具、现代旅游交通工具和特种旅游交通工具三大类。传统旅游交通工具主要是利用人力、畜力和自然力为动力的交通工具，如人力车、马车、牛车、雪橇、帆船、木船等；现代旅游交通工具是指利用现代技术和动能所形成的交通工具，如火车、轮船、飞机、汽车、汽艇等；特种旅游交通工具是专门为旅游者提供空间位移和娱乐的各种游船、游艇、索道、缆车、滑翔机等。

（三）旅游交通节点

旅游交通节点（travel traffic ports），一般是指集散旅游者的交通场所，主要包括各种车站、港口、机场、码头等。旅游交通节点是构成国际旅游交通必不可少的要素，其选点和建设不仅要求考虑区位条件、游客规模和建设形式，而且要求方便、美观及舒适，才能实现既快速、安全地集散旅游者，又能够较好地满足旅游者在旅行过程中对交通运输的需求。在实际中，通常把拥有良好区位条件、多种交通方式组合，并且能够集散大量旅游者的旅游交通节点称为旅游交通枢纽，其在国际旅游交通中具有十分重要的地位和作用。

（四）旅游交通方式

旅游交通方式（travel traffic pattern），是指根据不同的旅游交通线路，运用不同的旅游交通工具，依托不同的旅游交通节点所组成的交通运输方式。目前，国际旅游交通方式经过长期的发展过程，主要形成了以水路旅游交通、公路旅游交通、铁路旅游交通、航空旅游交通和特种旅游交通等为主的旅游交通方式，各种旅游交通方式具有不同的特点和优势，在国际旅游活动中发挥着不同的作用，并满足旅游者的不同旅游需求。随着现代科学技术的发展，旅游交通方式的类型和内容也在不断丰富和发展。

（五）旅游交通结构

旅游交通结构（travel traffic structure），一般是指旅游交通要素的构成关系和组合比例。由于各种旅游交通线路、交通工具、交通方式在国际旅游交通中所处的地位和作用上的差别，因而它们之间的相互联系和不同配合关系，就形成了不同的旅游交通结构，直接对国际旅游的发展产生着重要的促进作用和影响。因此，在掌握国际旅游交通的构成要素和交通方式的同时，还必须重视分析和研究旅游交通要素的构成、旅游交通的不同方式及它们的组合关系，才能正确地掌握国际旅游交通的结构及发展趋势，以更好地运用旅游交通来促进国际旅游和旅游服务贸易的发展。

（六）旅游交通网络

旅游交通网络（travel traffic network），是指在一定的空间范围内，由各种旅游交通线路、交通工具、交通节点、交通枢纽及其他设施所组成的综合体。在这个综合体中，各种旅游交通方式之间既根据各自的技术经济特征和适用范围进行分工，又互相配合、相互衔接，共同组成统一的旅游交通网络，联结旅游客源地和目的地并负责实现旅游者的空间转移。在旅游交通网络中，旅游交通枢纽既是各种交通运输方式的转乘点，也是大量旅游者集中和分散的场所，因而大多数旅游交通枢纽位于大、中城市或重要的交通节点。

二、旅游交通运输类型和特点

从旅游服务贸易的角度看，旅游交通运输主要包括航空、水运、公路、铁路等四种主要交通运输方式，它们具有不同的特点，并相互依存、相互促进，共同发展，成为旅游服务贸易发展必不可少的重要条件。

（一）航空旅游交通

航空旅游交通（travel airway traffic），是以飞机为运载工具，沿着既定的航空线路飞行，实现运送旅游者的交通运输方式。航空旅游交通作为一种现代旅游交通方式，其特点是飞行速度快、飞行航程远、舒适安全且机动灵活，因此不仅加快了国际旅游中的旅行速度，节约了旅途时间，而且为旅游者进行远距离国际旅游提供了方便、舒适、快捷的交通工具，具有满足旅游者进行国际旅游的突出优势和特点，从而成为主要的国际旅游交通方式。

目前，航空旅游交通所使用的飞机主要有波音系列飞机（Boeing Series）、麦道系列飞机（Mcdonnell Douglas Series）、空中巴士系列飞机（Air Bus Series）、伊留系列飞机（Ilyushin Series）等几种类型。航空旅游的航班，通常分为定期航班、临时航班、专线航班和旅游包机等四种方式。

（二）水路旅游交通

水路旅游交通（travel waterway traffic），是以船舶为运载工具，利用水的浮力和各种动力，在规定航道上运送旅游者的交通运输方式。国际水路旅游交通作为世界最早的旅行交通和现代国际旅游的重要交通方式之一，伴随着国际旅游的产生和发展，形成了多样化的水路交通类型、交通工具和发展特点。

水路旅游交通，与其他旅游交通方式相比较，具有载客量多、运量大；航道建设、运输成本低；乘坐舒适安全等基本特点。按照水路旅游交通的活动水域和航行距离，可以大致划分为内河旅游交通、沿海旅游交通和远洋旅游交通三大类型；按照水路旅游交通使用的动力不同，一般可分为帆船（自然力）、游船（人力）、汽艇和轮船（电能）等类型；按照水路旅游交通航行工具的不同，又可分为游船、内河客轮、远洋游轮等类型。

（三）公路旅游交通

公路旅游交通（travel roadway traffic），是以各种汽车为运载工具，沿着人工修整的道路行驶而运送旅游者的交通运输方式。公路旅游交通的历史悠久，但作为一种旅游交通方式主要兴起于近代，并在现代国际旅游活动中发挥着重要的作用。

公路旅游交通的特点是机动灵活、方便快捷、舒适安全，投资少、周转快、效益好。公路旅游交通的道路，按照公路技术等级一般可划分为三种类型，即高速公路、高等级公路和一般公路；公路旅游交通所使用的车辆，按照每辆车的座位数多少及豪华程度，通常可以分为旅游轿车、中小型旅游客车、大型旅游客车和豪华旅游客车四种主要类型。

（四）铁路旅游交通

铁路旅游交通（travel railway traffic），是以载客车厢为运载工具，在机车牵引下，沿着特设的轨道上行驶而运送旅游者的交通运输方式。铁路旅游交通作为近代兴起的一种旅游交通方式，一直在运送旅游者方面发挥着重要的作用，并且伴随着对现代新兴技术的运用，成为当今国际旅游交通运输的重要方式之一。铁路旅游交通的特点是运载能力大、速度快，舒适、安全和方便，耗能少、成本低，旅游运输费用也较低，比较适应大众化旅游和经济型旅游者的消费特点。

铁路旅游交通，主要由动力机车、旅客列车和铁路线路所构成，并经过科学合理的编组而完成运送旅游者的任务。铁路旅游交通所使用的动力机车，有蒸汽机车、内燃机车和电力机车；旅客列车按照服务对象和配备设施的不同，主要分为特别旅客快车、旅客快车、普通旅客列车、市郊列车和轻轨列车等类型；铁路线路是动力机车和旅客列车运行的基础，其主要由轨道、路基、桥梁和隧道等组成，一般分为准轨铁路、宽轨铁路和窄轨铁路（包括米轨及寸轨等）。

三、旅游交通方式

在现代国际旅游和旅游服务贸易中，比较广泛使用的是航空交通、公路交通和水路交通，因此在了解各种旅游交通运输类型和特点的基础上，还应该掌握有关旅游交通方面的交通工具和运输方式等。

（一）旅游航线和航班

相关知识 9－7：

旅游包机

在现代旅游航空运输中，有一种不定期的航空包乘服务航班，即旅游包机，是专门用来运送旅游者的一种航空旅游交通方式。尤其是随着 20 世纪 60 年代以来大众旅游的兴起，旅游包机业务有了很大的发展，许多国家的旅游经营商在组织国际包价旅游时，都利用旅游包机作为主要的航空旅游交通方式。

由于旅游包机比较灵活机动，载客率一般都比较高，票价相对较低，因此欧美许多国家规模较大的旅游经营商，大多数都拥有自己的旅游包机公司，或者同经营包机业务的航空公司有着密切的合作关系。

航线（air & sea routes），即航空、航海线路，是联结旅游客源地和旅游目的地的交通线路。国际航线通常按照航空、航海的有关国际协定，由国家之间商量确定；国内航线主要由国内主管部门确定。一般讲，一个旅游目的地的航线（尤其是空中航线）越多，则表明旅游目的地的通达条件越好，其吸引和运送旅游者的能力越强。

航班（scheduled flights），是按照规定的航线，运送旅客的班次。通常，一条航线都会有很多航班。航班一般分为定期航班、临时航班、专线航班等类型。定期航班，是指在国内或国际航线上，按照既定的时间表提供客运服务，将旅游者从客源地运送到旅游目的地的运输服务方式。其主要特点是规定了明确的航线、起程时间、到达时间等，以方便旅游者选择和预订客票。临时航班，是根据游客流量和需求而临时增加的航班，其一般是在定期航班基础上加开的航班。专线航班，是为了满足某些游客的需求而专门开设的航班，一般是前往某一特定旅游目的地或者为了特定旅游活动而开设的，其具体也可分为定期专线航班和临时专线航班。

（二）旅游交通工具

不同的旅游交通运输类型，都有不同的旅游交通工具，其中公路运输的汽车、水路运输的船舶和铁路的旅客列车可选择性比较大，因此重点对这三种旅游交通运输工具进行分析介绍。

1. 旅游汽车，是指运送旅游者的各种类型的汽车，一般分为轿车、中小型旅游客车、大型旅游客车和豪华旅游客车四种类型。轿车，是指旅游宾馆、饭店经常用于接送旅游者或提供游览使用的车辆，其一般只能供 2～3 位旅游者使用，主要用于城市近郊附近的游览活动。中小型旅游客车，是指载客量为 8～20 个座位数的中小型客车，其是运送旅游者的主要工具，还可以提供旅游者进行中短距离的游览活动。大型旅游客车，主要指载客量为 20～40 个座位数的大型客车，随着能源危机和城市道路车流密度增加，许多国家都十分重视发展大型旅游客车，以降低能耗和运输费用，减少交通拥挤和阻塞现象，同时也为旅游者提供更为舒适、便宜的旅游交通条件。豪华旅游客车，主要指载客量多、装饰豪华、速度快捷的旅游客车。随着国际旅游业的快速发展，特别是随着世界各国高速公路的发展，使各种装饰豪华、舒适快捷的豪华旅游客车迅速发展，并逐渐成为旅游客运的主体。

2. 旅游船舶，是通过水路运送旅游者的交通工具，其通常可分为游船、内河客轮、远洋游轮等类型。帆船和游船，主要是利用自然力和人力为动力的水上旅游交通工具，随着国际旅游的迅速发展、能源危机的冲击和环境保护意识的增强，各种各样的帆船和游船与日俱增，既节约了能源，满足对环境保护的要求；又丰富了旅游活动的内容，增强了海洋、河域、湖泊旅游的吸引力和竞争力。客轮和游艇，主要是指专门在内河、湖泊、沿海运送旅游者游览观光的各种中小型轮船和汽艇，其中客轮是国际旅游的重要交通运输工具之一，其与各种类型的游艇一起，丰富了水路旅游交通工具和游览活动的内容。远洋游轮，是指专门在各洲际和大洋之间运送旅游者的远洋轮船，由于大型游轮服务设施最完备、最豪华，大多数游轮集住宿、美食、娱乐、休养和观赏为一体，就像一座移动在大海上的高级旅馆和浮动的旅游娱乐胜地，因此其不仅是现代国际水路旅游交通的主要运输工具之一，而且游轮旅游本身已经成为水上旅游的一个重要旅游产品。

3. 旅客列车，是指以运送旅客及行李为主的列车，按照服务对象和配备设施的不同，主要分为特别旅客快车、旅客快车、普通旅客列车、市郊列车和旅游专列等类型。特别旅客快车，是由舒适性比较高的车辆编成，其乘客定员少、车厢装饰豪华、运行速度快、停车次数少，一般主要在首都与各大城市之间及国际间开行。旅客快车，是指编组车辆数较特别旅客快车多，运行速度较快、停车次数较多，主要用于大城市之间的旅客运送的列车。普通旅客列车，是指一般的客运车辆编组，其乘客定员多、运行速度慢、停车次数多（几乎每站必停），主要用于运送铁路沿线各城市、乡村的旅客。市郊列车，是指运送往返于城市和郊区之间或铁路枢纽内的旅客列车，其特点是乘客量大，而且车厢内除了坐席外还设有立席，主要负责为通勤职工和通勤学生服务。旅游专列，是随着旅游发展而发展的旅客列车，其像旅游包机一样专门为运送旅游者服务，一般都是由旅游企业承包后主要运送大批量的旅游团队游客。

（三）国际旅游联运方式

国际旅游联运，是指运用两种或两种以上运输方式，联合完成在多个国家运送国际游客的服务。多种旅游交通工具的国际联运，不仅可以充分发挥各自的优势，消除相互制约、脱节和重复等不利因素，保证国际旅游交通经济、快速和便捷；而且这种联合也是满足国际旅游活动形式日益多样化的需要，并且使远距离的国际旅游内容更丰富、行程更方便。

根据目前国际旅游交通运输枢纽及以此为核心的旅游交通运输网的发展状况，国际旅游联运一般可以分为以下几种主要方式。

1. 水路—铁路或公路旅游联运方式，是以远洋或沿海旅游交通运输为主，铁路、公路旅游交通为辅助的旅游交通运输方式，其特点是围绕重要的国际海港，形成水陆联运的旅游交通运输体系，目前世界上绝大多数的国际海港都是重要的旅游交通运输枢纽。

2. 航空—公路或铁路旅游联运方式，是以航空旅游交通为主，以公路、铁路旅游交通为辅助的旅游交通运输方式，其特点是围绕重要的国际航空港而形成空陆联运的旅游交通运输体系，目前世界上大多数的航空港都是重要的旅游交通运输枢纽。

3. 铁路—公路旅游联运方式，是以铁路旅游交通为主，以公路旅游交通为辅助的旅游交通运输方式，其特点是围绕一些重要的铁路枢纽而形成铁路—公路联运的旅游交通运输体系。

相关知识 9 - 8：

世界上最大的商用客机

目前，全球最大的商用客机——欧洲空中客车公司的 A380 巨型客机，是欧盟和空中客车公司联手打造，计划 2007 年投入营运后可能取代波音 747 成为新的空中霸王。

A380 巨型客机特点：就像豪华游轮在天上漫游。A380 的高度相当于 8 层楼，飞机里面至少可以停放 20 辆双层巴士。A380 共分为三层，分别是上层舱、主舱和底舱，如果把 A380 机舱划分为头等、商务和经济三个级别，再加上健身房、酒吧等设施，其载客量为 550 人，但如果以包机的规格（所有座位都是经济级别）计算，载客量可以达到惊人的 840 人，而波音 747 为 416 人。

由于机体庞大，即使是经济舱的座位也比普通客机要宽敞。对于商务舱和头等舱的乘客来说，A380 还带来更多的惊喜，他们将在高空享受到星级宾馆般的服务，包括了洗浴间、健身房、图书馆、酒吧和娱乐室等等。A380 还能为航空公司提供一个能够装有卧室、机组人员休息区、商务中心、甚至一个托儿所的底舱。

（资料来源：中国交通网，2005 - 03 - 23）

第五节　旅行商的功能和类型

一、旅行商的概念

旅行商（travel business & operator），通常是指依法成立，专门从事招徕、组织旅游者，并提供各种旅游服务，实行自负盈亏的旅游企业或营利机构的统称，对所有旅行商总称为旅行业（travel & tourism industry），在我国统称为旅行社业。

旅行商是一个内涵比较广泛的概念，其既包括在旅游活动全过程中，为旅游者提供整体旅游服务的旅游公司和机构，如旅游经营商、旅游批发商等；也包括在旅游活动的不同环节中，单独为旅游者提供部分旅游服务的旅游企业和中介人，如旅游代理商、旅游零售商及各种旅行中介人和组织等。

通常，人们把旅行业和旅游景点业、旅游交通业、旅游饭店业一起称为现代旅游业的四大支柱。尤其旅行商不仅是旅游产品的设计组合者，而且也是旅游产品的营销者，并具体负责旅游活动的组织与接待，因此旅行商在国际旅游和旅游服务贸易中占有十分重要的地位，并且发挥着极为重要的"龙头"作用，是进行旅游服务贸易必不可少的重要条件。

二、旅行商的功能

在现代国际旅游和旅游服务贸易中，旅行商不仅是国际旅游实现的重要环节和条件，也是现代旅游服务贸易的重要内容和组成部分，其在现代国际旅游和旅游服务贸易中的功能，主要体现在以下几方面。

（一）旅行商是旅游活动的组织者

旅行商是现代旅游活动的重要组织者。一方面，任何旅游者到异国他乡进行旅游，都必须考虑旅行过程中的食、住、行等基本问题，同时也希望较好地满足游、购、娱等各种需求。旅行商的产生和发展，使人们不必再担心旅游活动的安排，也不必再忧虑外出旅游过程中可能遇到的各种问题。旅游者只要选定旅游目的地后，其他一切旅游活动皆可委托旅行商全面负责组织安排。

另一方面，国际旅游是一种距离长、中转多、行程紧、内容丰富、质量要求高的活动，这些活动必然涉及食、住、行、游、购、娱等各个方面，需要对这些旅游要素进行细致的组合和精心的安排，才能成为能够满足旅游者需求的旅游产品。旅游活动所涉及的旅游要素分别来自于旅游景点、饭店餐馆、交通运输、娱乐购物等企业，这些企业往往只提供某一单项产品或服务。因此，必须由旅行商将各种服务要素进行设计、组合而形成旅游产品，才能出售给旅游者，并保证对各旅游企业之间的联系衔接，使旅游活动能够顺利地进行。

正是由于旅行商不仅为旅游者设计和组织各种旅游活动，而且对旅游各相关企业提供的产品和服务起着重要的组织和整合作用，因此人们把旅行商称作现代旅游的"龙头"。

（二）旅行商是旅游产品的营销者

旅行商不仅是旅游活动的组织者，也是旅游产品的主要营销者。因为在旅游业的所有企业中，旅行商是直接面对旅游者，最接近旅游客源市场的旅游企业，因此其对旅游市场信息和旅游需求变化了解得最多、反应最快。尤其是在现代国际旅游中，国际政治形势变化、经济繁荣与萧条、物价与汇率的涨落、战争和自然灾害等许多外部因素，都可能使某个客源市场的出游人数上升或下降，使国际旅游客流的流向、流量和时序发生变化，再加上旅游活动的季节性规律、地域性特点及旅游市场的激烈竞争，都要求旅游企业必须及时了解和掌握其变化趋势，灵活调整自己的经营战略和策略。

旅行商作为国际旅游的主要营销者，其不仅能够及时按照旅游需求的变化特点和趋势，不断加强旅游产品的促销和宣传，积极招徕更多的国际旅游者，保持其营业额与经营效益长期稳定地发展；而且又依靠众多的旅游服务供应者为其提供各种优质的旅游要素，并根据不同旅游者需求对这些要素进行不同的设计和组合，以形成不同的旅游产品提供给旅游者，适应旅游市场上各种复杂性和多样性旅游需求的变化和发展，不断提高旅游企业在旅游市场上的竞争力。

（三）旅行商是国际旅游活动的接待者

国际旅游是人们暂时离开居住国而到异国进行各种包含游览、度假在内的旅游活动，其不仅希望认识和欣赏旅游目的地国家优美的自然风光和奇异的人文风情，也要求在旅游活动中得到方便、优质和高效的各种服务。

旅行商的服务宗旨，就是要最大限度地满足旅游者在旅游活动中的各种旅游需要。尽管旅游活动中的具体接待服务大多数是由各种专门旅游企业所提供，但是作为向旅游者提供整体旅游产品的旅行商，必须对整个旅游活动过程负主要责任，因此旅行商实质上是整个国际旅游活动的组织接待者。

为了保证向旅游者提供优质高效的旅游服务，满足旅游者的多样化旅游需求，旅行商必须加强同各个旅游接待企业的密切联系，了解其旅游服务质量和信誉，及时根据旅游者需求调整旅游接待服务，以树立良好的旅游品牌形象，提高旅行商的国际竞争力和地位。

（四）旅行商是联结旅游生产和消费的中介者。

在旅游活动中，旅游产品的购买者和生产者往往不直接发生购销关系，而是通过旅行商这一中间人来完成购买和销售过程。

一方面，旅游客源地的旅游者，一般不直接向旅游目的地的旅游企业购买产品（自助旅游者除外），而是通过旅行商了解旅游产品，并且购买旅行商所经营和代理销售的旅游产品。从国际旅游产生和发展历史看，大多数的国际旅游者都通过旅行商代办出入境手续、代购各种机票和车船票，选择旅行商所安排的旅行方式和旅游活动，而参加团体包价旅游的旅游者更是百分之百地通过旅行商购买旅游产品，进行国际旅游活动。

另一方面，旅游目的地的交通运输、旅游饭店、旅游景点及其他旅游服务企业，虽然也直接向散客或自助旅游者出售旅游产品，但从国际旅游的角度看，其相当数量的旅游产品是通过旅行商的代理而销售给旅游者的。因此，旅行商不仅通过经营和代理功能为客源地旅游者购买旅游产品，提供各种代理服务，而且为旅游目的地的旅游企业代理销售旅游产品，从而沟通了旅游客源地和目的地之间的销售渠道，成为联结旅游者和旅游经营者的桥梁。

三、旅行商的类型

由于世界上各个国家的国情、政治经济制度不同，对旅行商的管理体制也不一样，因此各国对旅行商的分类和划分也不完全一致。但总体上看，世界各国对国际旅行商的划分一般有以下的类型。

（一）按旅行商的经营职能分类

按照旅行商的经营职能和专业化分工不同，一般可将旅行商划分为旅游经营商和旅游代理商。

1. 旅游经营商（tour operator），是指将其拥有或购买的各类旅游要素进行设计组合，并融入自身的服务内容，使之成为能满足旅游者整体性需要的各种包价旅游产品的旅行企业。通常，旅游经营商是以自己的名义通过大批量购买旅游目的地交通运输、宾馆饭店、景观娱乐等企业的产品，并将这些产品按旅行日程编排为包价旅游产品，然后通过经营接待业务的旅行接待商（旅行社）及其他各种零售渠道出售给旅游大众。旅游经营商一般都拥有自己的经营网络，包括同自己有代理合同的旅行代理商、其他零售代理机构和自己的零售网点。因此，旅游经营商除了通过中间代理人出售自己的包价旅游产品外，还可通过自己的零售网点直接向大众出售。同时，旅游经营商在形成自己旅游产品品牌时，也需要投入一定的生产要素而直接承担相应的经营风险。

2. 旅游代理商（travel agent），是指获得旅游经营商或其他授权人的委托，向旅游者出售包价旅游产品或食、住、行、游、购、娱等某一方面的产品或服务的旅游企业，我国称为旅行社。旅游代理商与旅游经营商的区别，在于其虽然也是具有独立法人资格的旅游企业，但不负责旅游产品的设计和组合，仅仅是以中间代理人的身份，受某些旅游经营商和其他旅游企业的委托，按照双方签订的授权合同，在指定范围内向旅游者销售代理的旅游产品。通常，旅游代理商会同时代理销售多个旅游经营商和交通运输、宾馆饭店、景区景点等旅游企业的产品，并且其对于所代理销售的旅游产品不具有法律上的所有权和价格决定权，因而旅行代理商所承担的经营风险相对于旅游经营商也小得多。

（二）按旅行商的经营环节分类

按照旅行商在组织和销售旅游产品过程中所处经营环节的不同，一般可将旅行商划分为旅游批发商和旅游零售商。

1. 旅游批发商（tour wholesaler），是指通过大批量购买、组合各类不同旅游产品，并将其出售给各种旅游零售商的旅游企业。旅游批发商虽然常被用做旅游经营商的同义语，但实际上两者之间是有区别的。旅游经营商一般都有自己的零售网，既可通过中间商也可通过自己的零售渠道将旅游产品出售给旅游者；而旅游批发商则没有自己的零售网点，主要是通过旅游零售商、旅行协会或各种旅游俱乐部等出售自己设计组织的旅游产品。因此，旅游批发商不直接向广大公众出售旅游产品，仅仅是从事旅游产品的组织和批发业务的旅行商。

2. 旅游零售商（travel retailer），是指直接向旅游者推销旅游产品，或为其购买旅游产品提供咨询和相应服务的旅游企业和其他机构。旅游零售商的经营规模一般不大，但是其数量和分布却十分广泛，尤其是许多旅游零售商往往利用有

7. 简述旅行商在国际旅游中的功能。

8. 比较分析不同旅行商的特点。

主要参考文献和资料来源

1. Ray Youell. Tourism: An introduction. Pearson Education Limited, 1998

2. J. C. Holloway. The Business of Tourism (sixth edition). Prentice Hall Inc., 2002

3. S. Witt, M. Brooke, P. Buckley. The Management of International Tourism. Routledge, 1995

4. 〔英〕格文达·西拉特. 旅行社实务手册. 云南大学出版社, 2004

5. 〔法〕罗贝尔·朗加尔. 国际旅游. 商务印书馆, 1995

6. 罗明义. 国际旅游发展导论. 南开大学出版社, 2002

7. 杜江. 旅行社管理. 南开大学出版社, 1996

8. 傅东升. 旅行社业务实用指南. 中国旅游出版社, 1991

9. 崔卫华. 现代旅行社实务. 辽宁科学技术出版社, 2000

10. 章海荣. 旅游业服务营销. 云南大学出版社, 2001

11. 罗明义. 旅游经济研究与探索. 云南大学出版社, 2003

12. 詹俊川, 许剑雄. 英汉旅游词典. 广东旅游出版社, 2000

13. 中国政府网.《中华人民共和国护照法》, http://www.gov.cn

14. 中国商务部网. http://www.mofcom.gov.cn

15. 中国贸促会网. http://www.ccpit.org

16. 中国旅游网. http://www.cnta.gov.cn

17. 中英网. http://www.uker.net

18. 中国签证信息网. http://www.chinavisa.org

19. 国际民用航空网. http://www.icao.int

第十章
旅游服务贸易的业务

旅游服务贸易的业务，主要包括了旅游产品设计业务、营销业务、导游业务，以及旅游者入境接待和出境领队业务等内容，也是如何有效地组织旅游者的国际旅游活动，实现旅游服务贸易既定目标的最基本的业务。因此，通过本章的学习，要了解和掌握旅游产品设计和营销业务的主要内容，包括旅游产品设计原则、基础和程序，旅游产品营销流程、规范和策略；了解导游人员的类型及应具备的素质和能力要求，熟悉导游服务的基本原则和业务内容；并全面了解和掌握出入境旅游领队、全陪和地陪的业务内容和规范程序等，以不断提高旅游服务质量和水平，促进旅游服务贸易的发展。

第一节　旅游产品设计业务

一、旅游产品设计的原则

旅游产品设计（design of tour products），是旅游企业在旅游目的地的旅游吸引物、旅游设施、旅游接待条件基础上，根据旅游市场需求和旅游者的消费特点，通过科学的调查和分析，把各种旅游吸引物、交通运力、住宿设施、餐饮设施、娱乐条件等要素和旅游服务相结合，进行精心设计、编排和组合成符合旅游者需求的旅游产品的过程。从旅游服务贸易的角度看，旅游产品设计实质上就是对旅游活动项目和内容的设计，由于其是一项综合性、技术性与经验性都非常强的业务工作，因此在旅游产品设计过程中一般应遵守以下基本原则[①]。

（一）市场导向原则

旅游产品的设计，必须牢固树立市场观念，始终坚持以旅游者需求为导向。因为不符合旅游者需求的旅游产品，不但不能吸引旅游者，占领旅游市场，从而为旅游目的地或旅游企业带来应有的效益；而且还可能造成对旅游资源的浪费，

---

①　崔卫华. 现代旅行社实务. 辽宁科学技术出版社，2000

二、旅游产品设计的基础

旅游产品设计的基础，既包括旅游目的地已有的旅游吸引物、旅游设施设备和旅游接待条件，也包括旅游活动中涉及食、住、行、游、购、娱等接待条件和服务质量，对国际旅游产品的设计还要考虑到入出境通关条件、地区时差、外汇汇率等因素。通常，对旅游产品设计必须掌握以下基础资料和条件。

（一）旅游吸引物资料

旅游吸引物（tourist abstractions），是指一切能够吸引旅游者的旅游资源及各种条件，包括旅游目的地的自然景观、人文景观和社会活动等。其中，自然景观是指各种地质地貌景观、山水田园风光、动植物生态景观、气象气候景观等；人文景观包括各种历史文化、古迹遗址、城镇风貌、特色建筑及民族风情等；社会活动包括各种民族节庆、体育赛事、会展商务等有特色的活动。

旅游吸引物作为构成旅游产品的核心要素，具有满足旅游者审美和愉悦需求的效用和价值，既是旅游者选择出游的决定性因素，也是进行旅游产品设计和开发的先决条件和重要基础。因此，在旅游产品设计时，必须重视收集有关旅游吸引物的资料，包括旅游吸引物的基本概貌，资源特色和品位，开发利用状况，开发规模和水平，游客容量或承载力等，从而为旅游产品设计提供重要的基础资料和依据。

（二）交通客运资料

交通客运（passenger transport），包括航空运输、水路运输、铁路运输和公路运输等，既是实现旅游者空间移动的重要条件，也是旅游产品设计的重要内容。因此，必须重视收集和整理有关交通客运的相关资料。

交通客运资料，包括交通工具状况，如飞机、轮船、火车、汽车及旅游专用车辆的规模、数量和水平；交通运输方式，如航空和水运的航线、航班和航程，火车和汽车的车次和里程，航空和水运的时刻表、火车车次表、汽车班次表等主要情况；客运票券和价格，包括民航机票、轮船客票、火车和汽车客票的式样、价格、预订规定及优惠条件等基本资料。只有掌握了丰富翔实的交通客运资料，才能为旅游产品设计提供科学的依据和条件。

（三）接待设施资料

接待设施（receive facilities），是在旅游者进行旅游活动过程中，满足其住宿、餐饮、娱乐、购物等旅游需求的设施、设备及服务状况，既是开展旅游活动必不可少的重要条件，也是旅游产品设计的重要内容。

接待设施资料，通常包括各种接待设施的内容、规模、质量和服务水平等方面的资料。如住宿资料，不仅包括各种类型的旅游饭店形态（如商务饭店、度假饭店、城郊饭店、汽车旅馆、公寓等）、等级（如星级或豪华、标准、经济等）及服务质量和水平的资料，还包括客房的位置（如高低、面海、面山等）、类型（如单间、标准间、套房等）、价格、预订方式及优惠条件等资料；又如餐饮资料，包括饭店餐厅、地方餐馆、特色餐馆、酒吧、茶室等餐饮设施资料，西餐、中餐、特色餐饮等餐饮内容资料，以及订餐方法、基本菜单、餐饮价格及优惠条件等资料；此外还包括娱乐购物设施、内容、价格、分布点、预订方式和优惠条件等在内的娱乐购物资料等。

（四）各国时差资料

在旅游产品特别是国际旅游线路设计中，由于旅游行程时间的设计一般都是使用地方时间，因此还必须掌握有关时差、国际日期变更线等有关知识和资料等①。

1. 时差（time difference），是由于地球自转而形成的。按照地球每天（24小时）自转一周（360度），每小时自转 15 度为依据，可将全球划分为 24 个时区。以英国伦敦格林尼治（Greenwich）子午线的时间作为国际标准时间（international standard time），东半球的 12 个时区为东时区，西半球的 12 个时区为西时区。通常，世界各地根据子午线的相对位置确定的时间为地方时间，由于各国一般都是使用地方时间作为本国的标准时间，因此在国际旅游活动中就客观上存在着一定的时差。

2. 国际日期变更线（international date line）。当旅游者进行国际旅游的空间移动时，由于地球也在自转，使东半球和西半球之间产生了一天的时差，国际上为了统一标准，就规定了以东经和西经 180 度为国际日期变更线。当旅游者从东往西经过国际日期变更线时，日期就少一天，即跨过一天；当旅游者从西往东经过国际日期变更线时，日期就多一天，即同一日期使用两次。

因此，在旅游产品设计中，尤其是对横跨东西半球的国际旅游活动设计，必须掌握各个国家之间的时差资料，以及经过国际日期变更线的情况，才能正确地计算和设计国际旅游行程的时间。

（五）其他必备的相关资料

在旅游产品设计中，除了了解和掌握以上基础资料外，还必须了解有关旅游目的地国家和地区的基本情况，包括有关旅游法律法规和政策，当地的语言、风俗习惯和禁忌等，并熟悉各国旅游签证的有关规定和要求，海关出入境的基本程序，货币情况及汇率等，从而为科学设计旅游产品提供重要的基础资料和参考依据。

---

① 崔卫华．现代旅行社实务．辽宁科学技术出版社，2000

三、旅游产品设计的程序

旅游产品设计是一项综合性、技术性与经验性都非常强的工作，除了遵循一定的设计原则和掌握必备的基础资料外，还必须按照科学的程序进行。旅游产品设计的程序，一般分为市场需求分析、开发条件分析、旅游活动设计、销售业务设计、产品投放试验等五个主要环节和过程。

（一）旅游市场需求分析

进行旅游产品设计，首先必须分析旅游市场需求和旅游者行为。旅游市场需求分析要建立在市场调研和统计分析的基础上，重点研究不同旅游消费群体的需求数量、消费行为、特征和变化趋势，分析旅游市场的供求状况，旅游活动的特点和方式，旅游产品的替代性和周期性，旅游目的地的竞争地位和能力等。旅游者行为分析，要重点分析和研究旅游者的出游动机、消费心理和旅游行为，掌握旅游者的旅游价值取向和需求结构，使旅游产品设计能够更好地适应和符合旅游者的需要，满足旅游者对旅游活动的多样性和复杂性需求。

（二）旅游开发条件分析

在旅游产品设计中，除了进行旅游市场需求分析外，还必须重视对旅游开发条件的分析。对旅游开发条件分析，既要分析旅游吸引物、旅游设施等"硬件"条件，更要重视对旅游服务"软件"的分析。首先，要对旅游目的地的旅游资源进行分析和评价，寻找出最具特色的旅游吸引物，才能设计出对应旅游市场需求的旅游产品；其次，要重视对旅游开发条件的分析和评价，充分考虑旅游目的地的可进入性条件、观赏开发条件、接待开发条件等，这是旅游产品设计的重要内容；再次，要对旅游活动所涉及的各种旅游服务进行分析和评价，把握各种旅游服务的质量和水平，为有效编排和组合旅游产品提供重要的依据。

（三）旅游产品的设计

旅游产品是一种综合性产品，包括了旅行路线、活动内容、旅游服务及辅助项目等，因此旅游产品的设计，通常也包括了旅行路线设计、活动内容设计、旅游服务设计、旅游辅助项目及活动设计等内容。

1. 旅行路线设计。旅行路线（travel lines），是以一定的交通方式将旅游活动内容和各节点进行合理而有机连接和组合的方式，是构成旅游产品的基本前提和条件。旅行路线设计一般包括以下几方面：一是旅行路线名称的确定，在实践中往往就是旅游产品的名称，如香格里拉之旅、长江三峡之旅等；二是旅行路线的起点和终点设计，一般都是以旅游客源地，或者旅游者开始旅游活动的出发地为基础，也可以根据旅游者的需求而确定；三是旅游节点设计，通常包括旅游活动中的各游览点和旅游服务点等，主要结合旅游活动设计来考虑；四是旅游行程设计，包括旅游的日期和时间，旅游活动项目的地点和时间等。通常，旅行路线设计必须体现经济、合理、舒适、方便、快捷、安全的要求。

2. 旅游活动内容设计。旅游产品的核心是旅游者的旅游活动，所有旅游服务都是围绕旅游活动而进行的，因此旅游产品设计的重点是对旅游活动内容的设计。通常，构成旅游活动的基本要素是食、住、行、游、购、娱，此外还包括其他间接的保障要素等。因此旅游活动内容设计，就是对旅游活动中的食、住、行、游、购、娱等要素进行合理的配置，并配备相应的旅游服务和其他保障要素，从而形成进入市场销售的旅游产品。

在旅游活动内容设计中，要特别重视旅游情境与体验设计，前者是对游览环境、旅行条件、游憩氛围及相关旅游活动过程，按旅游审美场景的模式进行设计；后者则是按旅游者的感官（眼、耳、鼻、舌和身体等）体验和旅游活动中的功能体验来设计。总之，旅游活动内容设计，要体现内容丰富、形式多样、高潮迭起，并注意劳逸结合、张弛有度，具有一定的节奏感，从而使旅游者感到旅游的舒适、愉悦和充满兴趣等。

3. 旅游服务设计。旅游服务，包括旅游者在旅游活动过程中所必需的交通客运、住宿餐饮、观光游览、休闲度假、娱乐购物及导游服务等。通常，不同的旅游者对旅游服务有不同的需求。因此，必须根据旅游者需求和消费特点，结合旅游活动的类型和特色，设计不同的旅游服务方案（包括服务的项目、内容和价格等），并与旅游活动有机组合，形成不同档次、不同水平的旅游产品。对旅游服务的设计，必须做到服务与需求相符，质量与价格对等，才能合理地满足旅游者的需求，并有效提高旅游产品的竞争力和赢利能力。

4. 旅游辅助项目设计。包括各种附加服务和保障要素的设计，是保证旅游活动顺利进行的各种非旅游活动要素的设计，如旅游资讯、旅游预警、旅游投诉、旅游救援、旅游保险等。旅游辅助项目设计，通常是为旅游产品的经营者、销售者和消费者顺利实现各自目标而设计的项目，也是旅游产品设计中不可忽略的重要内容。

（四）旅游产品营销设计

旅游产品是一种特殊的服务产品，其需要通过各种销售方式，把旅游者吸引到旅游目的地，才能实现旅游产品销售和消费的目的。因此，旅游产品营销设计在旅游产品设计中同样占有十分重要的地位。

旅游产品营销设计，首先是旅游宣传促销方案的设计，包括以何种旅游主题和内容，用何种旅游促销形式，借助哪些宣传媒介来宣传促销旅游产品，才能有效地吸引和招徕到旅游者。其次是旅游产品销售范围的设计，包括目标旅游市场的选择是大众市场还是中高端市场，旅游产品进入市场的策略是密集型、差异型还是无差异型，旅游产品价格是渗透价格还是撇油价格等，都需要认真研究、仔细设计。再次是旅游产品销售渠道设计，包括是采用直销渠道还是分销渠道，如何对国外旅行批发商或地接旅行社进行选择，如何对国内旅行分销商、零售商及地接旅行社进行选择等。在实践中，对旅游销售渠道的选择，通常是采取多客户、多网点的方式，才能有效地实现旅游产品销售的最大化。

（五）旅游市场投放测试

旅游产品设计是一种案头工作，因此其完成后并不意味着整个设计工作的完成，还需要将旅游产品投放市场进行测试。一方面，通过把旅游产品投放市场测试后，才能客观地评价和检验旅游产品设计的可行性和效果；另一方面，通过把旅游产品投放市场测试，还能够检查旅游产品设计中存在的不足和问题，以及时采取有效的措施解决和完善，才能更好地适应旅游市场的不断变化，设计出适合旅游市场需求的旅游产品。

第二节　旅游产品营销业务

一、旅游产品营销流程

旅游产品营销流程（marketing procedure of tour products），是根据旅游市场需求和特点，以一定的营销方式将旅游产品销售给旅游者的全部活动过程。旅游产品营销流程，一般分为市场宣传、询价处理、行程编制、报价核价、签订合同、下达计划、建档管理等主要过程。

（一）市场宣传促销

市场宣传促销（promotion），是旅游目的地企业向旅游者介绍和推销旅游产品的过程，也是刺激旅游者购买动机的重要手段。因此，推介旅游产品的内容包括：旅游产品的名称、价格，主题旅游吸引物和主要活动内容，旅游交通方式、住宿餐饮标准，旅行社资格、等级和办公地点，旅行社（或门市部）销售人员姓名、联系电话、传真和电子信箱等。市场宣传是向旅游者传递旅游产品信息的重要工作，既要重视所传递信息的吸引力和趣味性，以有效地刺激旅游者的购买动机；又要遵守国家的有关法律法规和政策，确保所传递信息的真实、可靠和符合有关规定的要求。

（二）询价处理

询价（inquire），是指旅游者（或客户）获得旅游目的地有关旅游产品信息后，产生前往旅游目的地旅游（或组织客源）的愿望，从而向旅游目的地企业提出咨询，询问有关旅游产品具体情况的过程。通常，对旅游者（或客户）的询价电话、传真或函件的处理，首先要考察其可行性，明确询价旅游者的姓名（或客户的公司名称）、国籍或地区；其次要问清询价者的旅游需求，包括旅游人数、交通路线和方式、服务标准（住宿、餐饮档次，导游语种等）、预订方式，以及是否有特殊要求等情况；再次，对不能够确定是否购买旅游产品意向的询价者，要留下其联系电话和其他联系方式，作为进一步推介旅游产品的重点对象。

（三）行程编制

行程编制（make travel plan），是指当旅游者询价并明示具有购买旅游产品意向后，要及时根据旅游者的要求编制旅游行程。旅游行程编制的内容一般包括以下几方面：一是确定组团情况，包括组团人数、组团号、参团人员名单、年龄、职业、国籍或地区等；二是编制《旅游线路说明书》，包括旅游线路内容（含游览的景区景点及相关活动等），旅游线路的行程时间（包括乘飞机、船、车等在途时间），交通工具及其档次和等级，住宿酒店档次、标准、地点和房间数量，餐饮（包括早餐和正餐）的次数及其标准，娱乐活动安排（自费项目除外），购物安排（一般全程平均每天不超过 2 次）等；三是确定旅游服务内容，包括导游语种、是否需要领队和全程陪同、抵离旅游目的地的接送时间和地点，以及其他特殊服务需求等。

对旅游行程的编制，必须认真细致，考虑周密，做到项目细化、内容具体、时间明确，并充分估计交通条件和可行性。最后，将整个旅游行程按照日期编制成旅游行程表，并计算相应的费用和人均所需费用，然后上报业务主管人员审核。

（四）报价核价

报价（selling offer），就是把旅游产品和价格通报给旅游者（或客户）。具体讲，就是将整个旅游行程的内容及相关费用传递给旅游者（或客户），并要求对方明确给予确认。报价的项目和内容，是按照相关的规定和收费标准，对整个旅游行程中的交通、住宿、餐饮、旅游项目、综合服务及其他特殊要求所收取的费用。对旅游企业的经营利润，在实际报价中通常是把其拆开分摊到相应的项目中，而不单独列为报价内容。

通常，业务人员做出旅游行程表和费用计算后，必须报经业务主管人员审核后才能向旅游者（或客户）通报。业务主管人员的职责，一是审核旅游行程编制的合理性和可行性；二是对旅游产品报价进行核价，目的是为了减少报价差错，提高旅游服务质量和水平。核价的内容，除了按照旅游行程表对所列费用进行逐项核对外，还必须对外汇汇率变动的折算、各种相关服务的折扣、代理代办事项的佣金等进行估算，以对旅游产品报价进行正确的核定。

（五）签订合同

签订合同（sign contract），就是当旅游者（或客户）收到旅游产品报价和旅游行程表后，表示认可并给予明确答复，就意味着旅游合同成立，旅游企业与旅游者（或客户）双方都必须对所确认的旅游产品报价和内容负责。如果旅游者

（或客户）对旅游产品报价和旅游行程表有异议，双方必须进一步协商，并进行实质性的再确认。

按照有关规定和惯例，只有通过买卖双方确认的合同才有法律效力。通常，对旅游合同确认的方式，可以旅游者（或客户）发来的电传、传真、电报、电话记录、信函及电子邮件等为依据，也可以正式签订合同。为了进一步规范旅游市场秩序，明确旅游服务贸易的法律关系，我国有关法律法规明确规定，旅游企业必须与旅游者（或客户）正式签订旅游合同方为有效。

（六）下达计划

下达计划（plan issue），是指当旅游企业与旅游者（或客户）确认或签订旅游合同后，营销或外联部门就可以正式下达旅游组团或接待计划。在下达旅游组团或接待计划时，要再次对旅游行程表进行审查，然后将旅游组团或接待计划印制多份，分别下发给有关的接团社或带团人员（导游和领队），并分送财务部门、档案部门和营销部门留存，同时还要送一份给旅游企业所投保的保险公司，以备发生旅游风险或安全事故后能够及时进行保险理赔。

（七）建档管理

建档管理（archives managing），就是通过建立旅游团队档案制度，对每个旅游团队进行归档和管理，以加强对旅游产品营销业务的管理。在建档管理中，对往来的各种函件、文档及合同，必须做到每件都有人签收和处理，并做好相应的记录。

旅游团队出游后，所有团队档案应归到运行档案中，以便组团或接待部门监管团队运行状况，以及财务部门作为结账依据；当旅游团队结束旅游活动后，应该尽快完成结账手续，并将所有旅游团队档案归到客户档案保存，以便财务部门考察旅游者或客户的资信状况，同时也便于进行统计和分析，为今后的营销工作提供重要的参考依据。整个建档工作必须分类合理、编号有序、资料完整、归档及时，并不断加强建档的科学管理。

二、旅游产品营销规范

旅游产品营销规范（marketing standard of tour products），是指旅游企业在进行旅游产品经营和销售时应遵循的产品、服务标准和质量要求，其中旅游产品规范、营销服务规范和旅游合同规范在旅游服务贸易中都是十分重要的。

（一）旅游产品规范

旅游产品规范（tour products standard），是有关旅游企业所经营和销售的旅游产品的标准和要求，是旅游产品营销规范的核心内容。其一般包括以下几方面：一是旅游产品的设计，应符合国家法律法规、部门规章及国家或行业标准的要求，能够满足不同消费档次、不同品味的市场需求，对旅游者具有吸引力并可供旅游者选择；二是旅游产品应具有合理的交通行程安排，各旅游点连接性强，旅游活动具有安全保障，发生意外情况时有应急对策和预案；三是旅游产品类型多样、质价相符、明码标价，宣传促销应该特色显著、内容具体和实事求是；四是旅游产品应具备规范的销售手续，确保正常情况下能够全面履行合同。

（二）营销服务规范

营销服务规范（selling service standard），是指旅游企业在销售旅游产品过程中所遵循的服务标准和要求。其具体包括以下方面：

一是旅游企业为方便宣传、招徕和接待旅游者而专门设立的门市部或其他营业场所，其服务环境应该整洁、明亮，配置必要的设施、设备和办公用品，具有准确、鲜明地介绍旅游产品的布置等。

二是销售人员应遵守旅游职业道德规范；熟悉所推销的旅游产品和业务操作程序；佩戴服务标志，服饰整洁；向旅游者提供有效的旅游产品资料，并为其选择旅游产品提供咨询；对旅游者提出的参团要求进行评价与审查，确保所接纳的旅游者要求均在组团社服务提供能力范围之内；向旅游者（或客户）说明所报价格的限制条件，如报价的有效时段或人数限制等；计价收费手续完备，账款清楚。

三是销售成交后，销售人员应告知旅游者有关旅游出行的要求和注意事项，包括填写出入境旅游有关申请表格和出境旅游兑换外汇等有关须知；认真审验旅游者提交的资料物品，对不适用或不符合要求的应及时向旅游者退换；妥善保管旅游者在报名时提交的各种资料物品，交接时手续清楚；与旅游者签订出境旅游服务合同；收取旅游费用后应开具发票，并向旅游者推荐旅游意外伤害保险；最后将经评审的旅游者要求和所作的承诺及时准确地传递到有关审核部门。

（三）销售合同规范

旅游销售合同（selling contract of tour products），是旅游企业为旅游者选购旅游产品而预先拟订的合同。旅游销售合同的条款，一般分为格式条款和约定条款。格式条款是一般情况下不能变更的条款，约定条款通常是空白条款，留给双方对未尽事宜进行补充约定，因此旅游合同具有对双方权利、义务约定的规范条款。我国为了维护旅游者的合法权益，更好地方便旅游者的出游，各级旅游行政管理部门都制定了规范的旅游销售合同，提供旅游企业销售旅游产品时使用。

旅游销售合同，一般包括合同编号，旅游者姓名或旅游团名称，旅游企业的名称和地址，双方的责任，旅游开始和终止的日期和地点，成交订单（包括旅游活动、服务项目的详细内容和总价格），解除合同的条件和责任，违约责任，争议的解决，以及补充约定等条款。为了便于旅游者理解合同的内容和条款，通常还在合同中对相应条款做出说明，并以《游客须知》对双方的责任和权利做出明确的规定。

旅游企业销售旅游产品时，除了投保旅行社责任险外，还应向旅游者推荐投保旅游意外伤害险，通常在报价中应包含旅游保险费。此外，组团旅行社与接团旅行社，以及旅行社与旅游者之间还应签订有关保险方面的协议。旅游企业在完成旅游产品销售后，应准确、及时地制定和发送旅游组团或接待计划。如有特殊情况需要更改组团或接待计划的，应及时通知旅游者和负责接待服务的旅行社及相关旅游企业。

三、旅游产品营销策略

旅游产品是一种以服务为主的产品，因此其营销策略不同于一般制造业产品的营销策略。特别是我国旅游业尚处于初级发展阶段，面对激烈的市场竞争，旅游业务操作流程不规范，营销人员素质普遍不高，因此在旅游服务贸易发展中，不能简单片面地套用制造业产品营销策略，必须结合旅游产品的特点，创新旅游产品营销策略和方式。

（一）4P 组合营销策略

一般制造业产品营销策略，大多数是采用传统的 4P 组合营销策略，即产品（Product）、价格（Price）、分销（Place）和促销（Promotion）[①]。其中，产品是组合营销策略的基础，是争取消费者的核心吸引物；价格是组合营销策略的关键，其决定和影响着产品的市场竞争力；而分销和促销则是组合营销策略的重要条件，其对制造业产品营销起着促进和保障作用。

因此，把传统 4P 组合营销策略运用于旅游产品销售中，首先，必须以旅游产品的吸引物和特色等为切入点，努力提高旅游服务的质量和水平；其次，要根据不同的市场营销目标，采取合适的旅游产品价格策略，不断提高旅游产品的市场占有率；再次，要善于利用各种旅游分销渠道，采取有力的旅游宣传促销措施，来增强旅游产品在旅游市场上的吸引力和竞争力，以有效地促进旅游产品的经营和销售。

（二）7P 组合营销策略

在旅游产品营销策略中，不仅 4P 的内容发生了根本变化，而且由于旅游产品是无形产品，其消费主体和服务主体都是人，因此在 4P 基础上还必须考虑有形展示（Physical evidence）、营销人员（People）和服务过程（Process）三个 P，于是就形成了现代 7P 组合营销策略[②]。

现代 7P 组合营销策略强调，一是对旅游产品，要充分考虑旅游服务的范围、特色、质量和水平；二是价格要便于旅游者识别，并能够体验到与价格相符合的

---

① ［美］菲利普·科特勒. 市场营销原理. 中国人民大学出版社，1996
② 章海荣. 旅游业服务营销. 云南大学出版社，2001

旅游服务价值；三是要重视分销渠道能够覆盖目标市场的所有区域，并保证旅游客源地与旅游目的地的有效联结；四是促销方式要能够有效激发旅游者的需求、动机和购买行为；五是要重视运用现代技术和各种媒介，大力加强对旅游产品的有形展示，以强化旅游产品的吸引力和竞争力；六是高度重视营销人员的选聘、训练、激励和使用，不断提高营销人员的能力和水平，并努力形成"全员营销"的氛围；七是树立旅游服务过程也是营销过程的观念和意识，以优质的旅游服务来促进旅游产品的推广和销售。

（三）4P+3R 组合营销策略

旅游活动是一种体验性很强的经济社会活动，尤其是旅游者的"再光顾"和"口碑效应"，不仅对旅游产品具有较好的促销作用，而且往往直接刺激和强化旅游者的购买行为。因此，一些学者在分析研究 4P 组合营销策略的基础上，又强调旅游产品组合营销中，应更加重视保留游客（Retention）、相关销售（Related sales）和游客推荐（Referrals）三个因素，从而形成了现代 4P+3R 组合营销策略①。

在现代 4P+3R 组合营销策略中，除了要有效地发挥好 4P 营销的作用外，还必须结合旅游产品的特点，切实加强 3R 的营销策略和力度。一是要重视以保留游客为核心的关系营销，通过与旅游者建立长期友好的关系，培育旅游者对旅游目的地的兴趣和忠诚度，促使旅游者对旅游目的地的"再光顾"，以增加大量的"回头客"，从而维持和保证稳定的客源和收入；二是要重视旅游服务之外的相关销售，如在提供基本旅游服务的基础上，合理引导旅游者的购物消费、拓展相关服务或特殊服务消费等，既可以丰富旅游者的旅游活动内容，又可以为旅游目的地增加更多的收入；三是要重视发挥旅游者的"口碑效应"，因为旅游产品是一种无形产品和体验产品，旅游者的体验和感受对于潜在旅游者具有非常重要的引导和刺激作用，因此旅游者的"口碑效应"和推荐往往产生具有影响力的宣传促销作用。

（四）4C 整合营销策略

4C 整合营销策略，是指在旅游产品营销过程中，强调对客户（Customer）进行研究、成本（Cost）分析、方便（Convenience）购买和消费交流（Communication），是一种更加注重与旅游者沟通的营销策略，其与传统 4P 营销组合策略相比，更加重视以旅游者的消费需求为导向，有效地促进旅游产品的经营和销售②。

根据 4C 整合营销策略，一是要重视客户研究（Customer research），按照旅

---

① 章海荣．旅游业服务营销．云南大学出版社，2001

② 陈泳佳．整合营销：4C 理论和一个旅行社产品的策划．http://manage.org.cn

游者的需求和消费特点，设计和开发出他们所希望的旅游产品，提供相应的旅游服务；二是要重视成本分析（Cost analysis），充分考虑旅游者对旅游产品价格的感受，以旅游者愿意并可能支付的费用作为定价依据，改变传统成本与价格理论中只注重成本，而忽略旅游者价格感受的状况，真正体现以旅游者消费需求为导向；三是购买便利（Convenience for buying），即改变传统 4P 营销策略过分注重销售渠道的做法，而是强调用更有效的营销方式，使旅游者能够更加便利地获知有关旅游产品的信息，或者更加便利地购买到旅游产品；四是消费沟通（Consume communication），即加强对旅游者消费体验和感受的沟通，并充分利用各种媒体进行报道，以旅游者对旅游活动的肯定态度和体验感受，发挥旅游者的"口碑效应"，刺激、影响和引导潜在的旅游者。

第三节　旅游导游服务业务

一、导游人员的概念

导游人员（tour guides），简称导游，是根据国家有关规定获得导游证，接受旅行社委派，为旅游团（者）提供向导、讲解及相关旅游服务的人员[①]。导游人员是旅游活动中重要的服务人员，其服务的质量和水平不仅直接影响旅行社的效益和声誉，而且对旅游目的地国家或地区的旅游形象也具有重要的影响作用。因此，国外旅游发达国家对导游人员管理早已进入法制化的规范管理，而我国则是从 20 世纪 90 年代后才逐步加强对导游人员的规范化管理。

（一）导游人员的类型

在国外，一般把导游人员划分为出境游导游和入境游导游，其中出境游导游习惯上称为领队，而入境游导游则具体又分为专业导游员、业余导游员、义务导游员和景点讲解员。我国则按照工作性质和范围，把导游人员划分为全程陪同导游人员、地方陪同导游人员和景区景点导游人员三种基本的类型[②]。

1. 全程陪同导游人员（national guides），简称全陪，是受组团旅行社委派，作为组团社的代表，在领队和地方陪同导游人员的配合下实施旅游接待计划，为旅游团（者）提供全程陪同服务的导游人员。全陪服务，是保证旅游团（者）的旅游活动按计划实施，并安全、顺畅旅行的重要因素之一。因此，全陪作为组团社的代表，应自始至终参与旅游团（者）全部行程和活动，并对所率领的旅游团（者）的旅游活动负全部责任，在旅游团（者）的整个旅游活动中起着主

---

① 国务院. 导游人员管理条例. 1995 – 05 – 14
② 国家质量技术监督局. 导游服务质量. 1995 – 12

导作用。

全陪的具体职责主要是：负责组织旅游团（者）的整个旅游活动，监督旅游接待计划的实施，联络地方旅行社和相关服务企业做好接待服务，协调好领队、地陪、司机等旅游接待人员的关系，维护旅游团（者）安全并处理有关旅游活动中出现的问题。

2. 地方陪同导游人员（local guides），简称地陪，是指受地方接待旅行社委派，代表地方接待旅行社实施旅游接待计划，为旅游团（者）提供当地旅游活动安排、讲解、翻译等旅游服务的导游人员。地陪服务，是确保旅游团（者）在当地旅游活动的顺利进行，并充分了解和感受所游览对象的重要因素之一，因此地陪既是地方旅行社的代表，也是旅游接待计划的具体执行者。

地陪的具体职责主要是：负责做好旅游团（者）在本地的迎送工作，严格按照旅游接待计划安排好旅游团（者）在当地的旅游活动，联系和衔接当地相关服务企业和人员，认真周到地做好计划内食宿、游览、购物、娱乐活动等接待服务工作，为旅游团（者）的旅游活动进行导游和讲解，妥善处理各方面的关系，并维护整个旅游活动的安全，解决旅游活动中出现的有关问题等。

3. 景区景点导游人员（guides or lecturers of scenic sits），亦称景点导游或讲解员，是指在旅游景区景点为旅游团（者）进行导游和讲解的服务或工作人员。景区景点导游，作为景区景点的服务人员或工作人员，其主要职责是：负责旅游团（者）在景区景点游览中的导游和讲解，结合各种景物向旅游团（者）宣讲生态、环境、文物保护等有关知识，并在游览中进行安全提示、解答游客询问和提供相关服务等。

（二）导游人员的素质

在旅游活动中，由于旅游者构成和旅游需求的多样性，不同旅游者和不同旅游活动对导游人员的素质具有不同的要求。为保证导游服务质量，根据国家对导游人员资格认定和旅游活动实践的要求，一名合格导游人员的基本素质主要包括以下六个方面。

1. 思想品德方面。导游人员应具有爱国主义意识，在为旅游者提供热情有效服务的同时，要自觉维护国家利益和民族的尊严，不得有损害国家利益和民族尊严的言行；导游人员应热爱本职工作、尽职敬业，不断检查和改进自己的工作，努力提高服务水平；导游人员应始终保持高尚的情操，自觉抵制形形色色的不良诱惑和精神污染。

2. 遵纪守法方面。导游人员应具有良好的法制意识，自觉遵守国家的法律法规和政策，遵守旅游行业的规章制度和导游行为规范，严格执行导游服务质量标准，严守国家机密和商业秘密，维护国家利益和旅行社利益。导游人员在导游讲解、回答旅游者询问或讨论有关问题时，必须以国家的方针政策和法律法规为指导；对旅游活动中出现的有关问题，要按照国家的法律法规和有关政策规定进行正确的处理；对于提供涉外导游服务的导游人员，还应牢记内外有别的基本原则，在导游工作中多请示汇报，并正确地处理各种涉外问题。

3. 知识素质方面。旅游活动是一项综合性文化审美活动，导游人员不仅要向游客传播有关的文化知识，也要传递审美信息并使旅游者获得美的享受。因此，导游人员应有较广泛渊博的基本知识，包括语言文化知识、经济社会知识、法律法规知识、历史地理知识、心理学和美学知识、旅行和国际知识、当地民俗风情知识等。实践证明，丰富渊博的知识不仅是搞好导游工作的重要前提，也是导游讲解的基本素材和"原料"，是导游人员提供优质导游服务的重要基础。

4. 职业道德方面。导游人员应有良好的职业道德，模范地遵守社会公德，并认真负责地完成旅游接待计划所规定的各项任务，切实维护旅游者的合法权益。导游人员在为旅游团（者）进行导游服务时，既要向旅游团（者）讲解当地旅游景区景点的自然风光和文化遗产特点，介绍当地风土人情和习俗等；又要对旅游者提出计划外的合理要求，及时报经企业的业务主管部门同意，在条件允许的情况下尽量给予满足。

5. 自身形象方面。导游人员在提供导游服务过程中，应当注意自己的仪表仪容和举止行为，并克服不符合礼仪礼貌的生活习惯。在进行导游服务时，着装一般应穿工作服或指定服装，服饰要整洁、端庄；仪容仪表要修饰得体，做到自然、大方、稳重；仪态行为要举止稳重、诚恳和蔼、礼貌待人；要尊重旅游者的宗教信仰、民族风俗和生活习惯等，努力树立良好的导游形象。

6. 身心健康方面。导游服务工作是一项脑力劳动和体力劳动相结合的工作，不仅工作量大、流动性强，而且内容烦琐、变化复杂、涉及面广，因此必须具有健康的身体素质和良好的心理素质，能够头脑冷静、思路清晰地应对各种突发事件，认真负责地做好各项服务工作。

（三）导游人员的能力

导游人员的能力（guide ability），是导游人员运用所掌握的知识、经验和技能为旅游者服务的方式、能力和水平，是在良好素质基础上所形成的独立工作能力、组织服务能力、协调应变能力和导游技巧能力等，也是导游人员搞好导游服务工作，提供优质导游服务的重要条件①。

1. 独立工作能力。导游人员应具备较强的独立工作能力，不仅能够根据旅游活动的特点和要求，独立执行旅游接待计划，独立进行旅游产品讲解，独立分析问题和解决问题；而且具有冷静思考、沉着分析、果断决定，正确处理旅游活动中出现的各种意外事故的能力。

_____

① 云南省旅游局. 导游业务知识. 云南大学出版社，2006

2. 组织服务能力。导游人员的组织服务能力，通常是指导游人员的带团能力，即导游人员根据旅游团（者）的整体需要和不同旅游者的个别需要，熟练地组织旅游团（者）的旅游活动，提供导游服务的能力。组织服务能力是一种高智能的旅游服务能力，它不仅要求导游人员付出辛勤的体力劳动，而且需要导游人员以自己的智力资源为依托，以生动准确的语言，富有魅力的表达，活泼开朗的形象，为旅游团（者）提供优质的导游服务。

3. 协调应变能力。旅游活动是一个动态过程，并涉及多种活动内容和多种关系，需要导游人员具有较强的协调能力和灵活的工作方法，善于和各种人沟通交流并妥善处理事务的能力。对于导游人员来讲，首先要协调好内部关系，包括与领队、旅游者和其他陪同人员之间的关系；其次，要协调好外部关系，包括为旅游团（者）提供食、住、行、游、购、娱等相关服务的有关企业和人员的关系；再次，要灵活应对各种错综复杂的环境变化，能够及时、正确、合理地处理好各种复杂关系和问题。

4. 导游技巧能力。导游服务既是一种旅游工作，更是一门专业和艺术，要求导游人员具有较高的导游服务技能，包括智力技能、语言技能和业务技能。导游智力技能，是集思想性、科学性、知识性、趣味性为一体的智能体系，是在导游人员掌握丰富知识基础上所形成的导游方法、技巧及风格的结合体。导游语言技能，要求导游人员在运用语言时要遵循正确、清楚、生动、灵活的原则，并做到言之有物，言之有据，言之有理，言之有情，言之有神，言之有趣，言之有喻。导游业务技能，则是在智力技能和语言技能基础上所体现的导游、讲解服务的业务能力。因此，智能、语言和业务技能构成了导游服务技能的三要素，并且缺一不可。导游服务技能与导游人员的工作能力和掌握的知识有很大的关系，需要在实践中培养和发展，并不断总结和提炼。

二、导游服务的基本特征

导游服务（guide services），是指导游人员代表被委派的旅行社，按照组团合同或约定的内容和标准，接待或陪同旅游者进行旅游活动，并为其提供的有关导游、讲解、翻译和相关的服务。导游服务一般具有以下几方面特征。

（一）服务性

导游服务是一种服务工作，但又不同于一般的技能性服务，而是一种复杂性、智能性、艺术性的高技能服务。导游服务方式，一般分为图文声像导游和实地口语导游两大类。图文声像导游，包括各种介绍旅游产品的宣传品、广告、招贴画、画册、产品目录和旅游纪念品等，各种有关旅游活动的导游图、交通图、旅游指南和景点图等，各种有关旅游目的地和景区景点介绍的录像带、录音带、幻灯片和电影片等；实地口语导游方式，则是导游人员以讲解方式为旅游者进行导游、讲解、翻译的服务活动，其在现代导游服务中处于主导地位。

（二）社会性

导游服务的社会性，首先源于旅游活动的社会性，由于旅游活动是一种人际交往的社会活动，因此导游服务就是为满足旅游者人际交往需求而提供的服务活动；其次，由于旅游活动是一种跨文化交流活动，因此导游服务体现了对不同文化的介绍、讲解和交流，是不同文化传播和交流的重要渠道；再次，随着导游服务逐渐发展成为一种专门的社会职业，成为导游人员谋生的主要手段，其本身就具有服务的社会属性。

（三）涉外性

国际旅游活动既有入境旅游也有出境旅游，使导游人员既要为国外旅游者提供入境导游服务，也要为国内旅游者提供出境导游服务。因此，导游服务不仅促进国家之间的往来交流，发挥着"民间外交"的积极作用；而且是沟通不同语言、文化交流的重要媒介，从而使导游服务具有涉外性的典型特征。随着现代旅游服务贸易的发展，导游服务的范围从少数国家扩展到更多的国家，导游服务的语种从单一语种发展为多个语种，使导游服务的内容和方式也趋向高知识化和多样化。

（四）经济性

导游服务的经济性，体现在导游人员通过向旅游者提供服务而创造的价值，这种价值在市场上就体现为导游服务价格，一旦旅游者接受了导游人员的服务后，就必须按照导游服务的价格而支付相应的费用。因此，导游服务的经济属性，主要表现在导游人员通过提供导游服务而直接创造价值。除此之外，导游人员还通过自身的优质服务，扩大旅游客源、促销旅游商品、促进经济文化交流等，从而间接地增加旅游目的地的收入。

（五）独立性

导游人员在接受旅行社委派，执行旅游接待计划带团过程中，往往要独立面对各种复杂多变的情况，如服务对象复杂多变，旅游需求多种多样，接触人员多且人际关系复杂，有时还要面对各种物质诱惑和突发事件，这些情况都需要导游人员能够独当一面地提供服务，并有效地分析、解决和处理各种问题，从而使导游服务具有独立性的显著特征。

三、导游服务的业务内容

在旅游活动中，导游服务的范围广泛、内容复杂，涉及诸多方面的问题，使导游服务业务也具有广泛性和多样性，概括起来大致可以划分为以下五方面主要内容。

（一）组织接待服务

组织接待服务（receive service），是导游人员根据旅行社与旅游团（者）签订的旅游合同，按照旅游接待计划安排和组织旅游团（者）进行旅游活动而提供的服务。组织接待服务的内容包括，一是按照旅游接待计划，认真负责地组织好旅游团（者）的旅游活动，合理安排整个旅游活动行程；二是严格按照合同规定，组织提供相关内容、等级和标准的旅游接待服务；三是根据旅行社内部制定的有关规章制度，认真履行好导游服务的职责，做到既为游客着想又为公司着想。

（二）导游讲解服务

导游讲解服务（lecture service），是导游人员在旅游团（者）的游览、旅行过程中，为旅游团（者）进行导游、讲解等而提供的服务。导游讲解服务的内容比较广泛，包括为旅游者介绍地方经济社会、历史文化、风土人情和旅游资源状况，在旅游者游览时讲解景区景点情况，引导旅游者摄影摄像并留下停留时间，以增强旅游者对旅游活动的兴趣和回忆等。在导游讲解服务中，涉及政治经济内容要得体有度，对不同观点绝不参与争论和辩论；涉及历史文化内容要有根有据，具有丰富的内容和特点；涉及风土人情、宗教文化和艺术等要合理适度，并避免说教和力戒油滑。整个讲解服务过程中，既要谈笑风生、幽默风趣，避免缄默冷淡；又要对游客中有挑衅、诋毁、挑逗等语言时，做到立场坚定、观点鲜明、理直气壮地予以澄清。

（三）旅行生活服务

旅行生活服务（travel arrange service），是导游人员配合旅游团领队，督促有关接待服务单位安排旅游团（者）的交通、住宿、餐饮、娱乐等活动而提供的服务。旅行生活服务的内容，主要包括以下几方面：一是入住宾馆时要提前查看，对游客住宿安全、出入宾馆注意事项、结账中可能出现的问题，都应在入住前向游客交代清楚；二是督促餐馆搞好环境卫生，提前落实清洁卫生情况，敬请游客原谅和配合；三是调整交通用车，更改出发时间，赶乘飞机（火车、轮船等）要明确告知准确时间；四是不断提醒气候变化，配备衣物、药品等，反复说明各种注意事项等，以保护游客的人身和财物安全。同时，根据气候和游览环境，灵活调整旅游行程，使游客对旅游活动更加满意；在乘坐交通工具时，选择合理的工作位置以便于照顾游客，更好地提供服务。

（四）咨询协调服务

咨询协调服务（consult & coordinate service），是导游人员在旅游团（者）的旅游活动过程中，为解答旅游者咨询和提问，协助领队和相关人员处理旅途中所遇到问题而提供的服务。咨询协调服务的内容，一般包括礼貌、耐心地解答旅游者的询问，协调好与旅游者的友好关系；尊重和配合领队的工作，维护好旅游团队的团结，并与领队建立良好的合作关系；加强与旅游车司机和各相关接待单位的联系和协调，以保证导游服务工作顺利地进行。此外，要以满足游客的需要为出发点，正确引导游客购物，熟悉商品知识，当好购物参谋；向游客推荐好的附加旅游项目，满足具有不同兴趣游客的旅游需求，丰富旅游者的旅游体验和经历等。

（五）游客维权服务

游客维权服务（safeguard service），是导游人员反映旅游团（者）的意见和要求，协助安排旅游团（者）的会见、座谈等活动，处理旅游活动中的意外事故，维护旅游者人身财物安全等提供的服务。对游客维权服务的内容很多，如对因客观原因、不可预见的因素（天气、自然灾害、交通问题）引起的行程变更，要制订应变计划并报旅行社，同时做好游客工作，并适当给予物质和精神上的补偿；对由于漏接、空接、错接旅游者的情况，要立即与旅行社有关部门联系和查明原因，向旅游者进行耐心细致的解释，并尽量采取弥补措施，使旅游者的损失减少到最低程度；对旅游者丢失财物时，要稳定旅游者的情绪，详细了解、分析丢失的情况，积极帮助寻找，到接待社开具证明等；对旅游者发生财物被盗情况时，要立即向当地公安部门报案，并积极协助查找或找有关单位索赔等。

第四节　入境旅游接待业务

一、入境旅游接待业务的内容

入境旅游接待业务（arrivals receive business），是指组织安排境外旅游团队入境后的旅游活动，并提供全程活动所必需的旅游接待服务等具体业务。其一般包括三方面内容，即编制入境旅游接待计划，组织好旅游接待服务活动，建立良好的接待协作关系等。

（一）编制好旅游接待计划

入境旅游接待计划（arrivals receive plan），是境内接待旅行社接受境外组团旅行社的委托，对入境旅游团队的旅游活动进行组织接待服务的计划，其既是境内陪同和导游人员了解该入境旅游团的基本情况和安排具体接待服务的主要依据，也是境外组团旅行社与境内接待旅行社之间履行合同的重要依据。编制入境旅游接待计划，一般应包括以下主要内容。

1. 入境旅游团概况，通常包括境外组团社名称、国别、使用何种语言，入境旅游团名称、类别（如游览、度假、参观、考察、学习、专业团等）、服务等级（分豪华等、标准等、经济等）和领队姓名、性别等，入境旅游团成员人数、团员的姓名、性别、年龄、职业、国籍、护照号码及宗教信仰等。

2. 境内接待旅行社情况，主要包括境内主要接团旅行社（计划签发单位）名称、所在地、联络人姓名、电话号码、旅游团代号、电脑序号、费用标准，以及全陪人员姓名、性别及联系电话等；旅游路线所经过城市的先后次序，各地接待旅行社名称、地点、负责人姓名、联络人姓名、电话号码等。

3. 旅游路线和交通工具情况，包括该旅游团的全程路线、入出境地点、所经过的城市时间、主要游览景区和地点，抵离接待地时所乘坐飞机（火车、轮船）的班次、时间和地点，住房的预订方式是游客自订、本社代订、委托各地接待社代订或其他，用餐标准、次数及饭店早餐结算方式等。

4. 交通票据确认情况，包括该旅游团到各地的交通票据是否已经按计划定妥，有无变更及更改后的情况；有无国内段的国际机票；出境机票的票种情况（OK /OPEN 票）；旅游活动过程中的车票、船票的预订和出票情况等。

5. 特殊要求和事项，包括旅游团（者）在旅游线路中，是否有需要办理通行证的地区和城市，如有则需要提前办好相关手续；旅游团（者）在住房、用车、游览、早餐等方面是否有特殊要求和禁忌；是否有需要特别照顾的老、弱、病、残的旅游者等；

6. 注明加收费用或自费服务项目的说明，如超公里费、特种游览门票费、地方风味餐的标准和次数，以及旅游团（者）是否参加特种旅游活动及参加的人数、次数等。

（二）组织好旅游接待活动

组织旅游接待活动（arrivals receive services），是指境内接团旅行社在编制好旅游接待计划并经过主管负责人审定后，要尽快发送各有关部门和各地的地接旅行社，以便各有关部门做好交通票务及有关协调联络工作，使各地的地接旅行社及早做好接待准备工作，科学有序地组织好入境旅游团队（者）的旅游活动。

境内接团旅行社的有关部门接到旅游接待计划后，要按照计划安排要求及时核实和落实旅游接待计划的有关内容，做好交通票据、住宿（需要代订的）的预订和确认，安排好全陪导游人员，明确旅游活动的组织和接待服务的要求，并将安排情况和确认意见及时书面反馈计划下达部门。同时加强与各地协调联络工作，保证入境旅游团队（者）的旅游活动顺利的进行。

各地的地接旅行社接到旅游接待计划后，要按照计划安排要求尽快进行核实和落实旅游接待计划的内容，安排好地陪导游人员，落实好交通工具、住宿餐饮、游览景点、活动项目及相关旅游服务内容，并将核实和落实情况及时以书面意见反馈计划下达旅行社部门予以确认，同时认真按照旅游接待计划组织好入境旅游团队（者）在本地的旅游活动和接待服务等。

（三）建立良好的协作关系

在入境旅游团队（者）的旅游活动和接待服务中，该旅游团队领队、全陪和地陪导游之间是否形成良好的协作关系，对整个旅游团队（者）的旅游活动和接待服务是非常关键和重要的。因为他们的工作对象都是同一个旅游团队（者），他们的工作任务都是为了执行和安排好旅游团队（者）的接待计划和各项旅游服务，他们的努力目标都是为了组织好该旅游团队（者）的旅游活动，为整个旅游团（者）提供满意的服务。

因此，建立良好的旅游接待协作关系（friend receive cooperation），有赖于领队、全陪和地陪导游三方之间的共同努力。一是三方都要主动配合，及时交流信息，沟通各自想法，在意见一致的基础上协同行动；二是三方的关系是平等、互补、互利的，各方都应互相尊重他方的权限和利益，切忌干预他方的活动，侵害他方的利益；三是建立和谐、友好的工作关系和情感关系，彼此尊重他方的隐私权，不涉及工作上的保密禁区等；四是三方都应从做好旅游团队（者）服务工作的大局出发，相互学习、分清责任，各自都勇于承担属于自己的责任，切忌相互指责和推诿，从而建立起良好的协作关系。

二、全陪接待服务的业务

入境旅游全陪接待服务（national guide service for arrivals），是境内接待旅行社为保证入境旅游团队（者）的旅游活动能够按旅游接待计划顺利实施，委派全陪人员全程陪同入境旅游团队（者），联系和衔接各地接旅行社和有关交通、住宿、餐饮等企业，共同为入境旅游团队（者）做好各项旅游接待服务。为了提高全陪服务的质量和水平，根据全陪服务的实际需要和有关的规定要求，入境旅游全陪服务的业务主要包括以下几方面。

（一）接待服务准备

全陪人员在接到入境旅游陪同任务后，首先必须熟悉旅游接待计划，包括入境旅游团队（者）名称，人数和领队姓名；团队成员特点，如性别、年龄、信仰、习惯及特殊人员等；团队行程计划，时间安排，交通工具和票据等；熟悉主要游览项目；了解其他活动；有关电话，包括医疗救援电话、旅游投诉电话、报警电话等；做好包括必备证件，资料的物质准备工作；及时与接待社联系；妥善安排相关事宜，并了解各地接旅行社的详细安排计划等。

（二）入境接团服务

当入境旅游团队（者）首次入境时，全陪人员要认真了解首站接待工作的详细安排计划，落实地陪的联系方式及入住宾馆总台电话等；然后与首站地陪提前半小时到接待地做好接站准备工作。入境旅游团队（者）抵达后，全陪人员要及时与入境旅游团队的领队取得联系，核实旅游团队人数、名单及特殊要求，协助领队办理入境手续；集中游客并清点行李，填写行李交接单并向行李员交接行李；引导游客乘车前往入住宾馆，并在车上致欢迎词，介绍整个旅游行程安排和本地住房、餐饮等情况；到达入住宾馆后，协助领队、地陪分配住房，引导旅游者入住，并掌握住房分配名单，以便及时为游客提供所需服务；与领队、地陪共同核对旅游行程计划和当地的日程安排等。

（三）旅途过程中服务

在陪同入境旅游团队（者）的整个旅游活动过程中，全陪人员要及时与各地的地接旅行社联系，向各地的地陪导游通报情况，协助地陪导游做好接待服务的组织安排。在整个旅游活动过程中，一是要监督各地的接待服务质量，对重复的旅游活动要建议调整，对游客的意见和建议及时向地陪转达，并协调好地陪、领队和旅游者之间的关系；二是要高度重视旅游活动中的安全，包括旅游者乘车、住宿、餐饮及游览活动安全，做好各种安全事故的防范，随时提醒游客注意人身和财物安全；三是离开旅游地时要提醒领队和地陪人员及早落实离站的票据和时间，协助领队和地陪人员办理相关手续和交运行李等；四是在旅游购物时，要当好游客购物的顾问，防止地陪人员带到非定点商店购物，或者推销假冒伪劣商品；五是要组织和协调各种游览活动、娱乐活动和特殊旅游活动，并妥善处理各种特殊情况和意外事故；六是要妥善保管好各种票据，并认真填写好全陪日志等。

（四）离境送团服务

当入境旅游团队（者）顺利完成整个旅游活动并将离境时，要提醒游客整理好自己的行李物品，带好各种证件并结清住店的有关费用（自费部分）；通知游客交运行李和出发的时间和地点，以及离境的时间、地点和交通方式等；协助领队办理离境的有关手续；征求游客意见和建议，对旅游团全体成员致欢送词，感谢并欢迎游客再次前来旅游。最后，顺利地送旅游团（者）出境，完成全程陪同入境旅游团（者）的任务。

（五）接团善后工作

送走入境旅游团（者）后，全陪人员要及时处理遗留问题，尽快报销差旅费和有关票据，归还所借用的物品等。同时，认真做好整个接团工作总结，整理好全陪日志及领队评价和游客意见，一起送交企业有关部门审核、存档。

三、地陪接待服务的业务

入境旅游地陪接待服务（local guide service for arrivals），是指地陪导游从接收地接旅行社下达的入境旅游团（者）接待任务起，到入境旅游团（者）离开本地并做好善后工作为止的全部接待服务工作。根据对地陪导游服务的有关规定和要求，地陪导游接待服务的业务一般分为以下八个方面。

（一）接待服务准备

在入境旅游团队（者）抵达的前一天，地陪导游应当与有关接待人员（司机、助手等）一起检查各项接待服务工作的落实情况，并做好个人有关接待服务的各项准备工作，具体包括以下几方面主要内容。

1. 熟悉旅游接待计划。地陪导游在接到旅游接待计划后，要认真阅读接待计划，明确并熟悉境内接团旅行社名称和地点，联络人和全陪人员的姓名、电话等；境外组团旅行社名称、所在国家和城市，联络人的姓名、电话等；入境旅游团队的名称、代号、电脑序号、团队等级、收费标准，人员组成情况及特征，以及领队人员的姓名、性别、年龄和国籍等；入境旅游团队的旅游路线、交通工具和交通票据，以及是否有特殊要求及注意事项等。

2. 核对旅游活动日程表。地陪导游要对地接旅行社根据旅游接待计划所安排的该团在本地参观游览活动的日程表内容进行核实，包括对日程表中的接待日期、交通方式、出发时间、接站地点和时间，对在本地入住宾馆、游览项目、就餐时间、风味餐饮、购物安排、晚间活动、自由活动时间以及其他特殊项目的安排等，并对照旅游接待计划逐项进行核实，如发现有出入应立即与地接旅行社有关人员联系，问清情况后做必要的修订。同时，尽快与境内旅游团队（者）的全陪人员联系，如果是入境首站，还应和全陪人员提前约定接团的时间和地点等。

3. 落实接待服务事宜。地陪导游在核对旅游活动日程表无误后，应按照旅游活动日程表的安排，尽快落实旅行车辆的车型、车牌号和司机姓名，了解落实运送行李的安排情况；熟悉旅游团下榻饭店的位置、概况、服务设施和服务项目，核实该团游客所住房间的预定方式、数量、等级、是否含早餐等情况；与有关餐厅联系，确认日程表上安排的每次用餐情况，包括团号、人数、餐饮标准、日期、特殊要求等；了解新的旅游景点或不熟悉的参观游览点的情况，如景点的开放时间、最佳游览路线、厕所位置等，并掌握上述各方面的联系人和联系电话等；同时，还应随身携带有关旅行社各部门、餐厅、饭店、车队、剧场、购物商店、组团人员、行李员和其他导游人员的电话、呼机和手机号码等。

4. 做好个人接待准备。地陪导游还应该做好个人接待准备工作，主要包括以下方面：一是有关的物质准备，如按照该团游客人数领取导游图，门票结算单和费用，带好接待计划、导游证、胸卡、导游旗、接站牌等必备物品。二是语言和知识准备，根据接待计划上确定的参观游览项目，就翻译、导游的重点内容，做好外语和介绍资料的准备；接待有专业要求的旅游团队（者）时，要认真做好相关专业知识、词汇的准备，做好当前的热门话题、国内外重大新闻、游客可能感兴趣的话题等方面的准备等。三是形象准备，地陪导游的着装要符合本地区、本民族的着装习惯和导游人员的身份，衣着要大方、整齐、干净并方便导游服务工作，上团时应将导游证佩戴在正确位置。四是心理准备，如准备面临艰苦复杂的工作，做到遇事不慌，遇到问题也能妥善迅速地处理；做好准备承受抱怨、投诉的心理准备，以及冷静、沉着地面对游客的抱怨、挑剔、责难和投诉，无怨无悔地为游客服务的态度等。

（二）首站接站服务工作

对入境旅游团队（者）的接站服务，一般分为三个阶段。在入境旅游团队（者）抵达前，地陪导游要进一步核实和确认抵达时间和地点，并及早与旅游车司机联络，提前到达接站地点迎接，联系好行李员做好行李交接的准备工作，同时手持欢迎标志牌迎接入境旅游团队。

在入境旅游团队（者）抵达后，地陪导游要及时与领队、全陪人员联系，共同核实旅游团人数，集中清点行李并交接行李运送，集合入境旅游团成员登车，清点人员到齐后再前往入住饭店。

在前往入住饭店途中，是入境旅游团队（者）抵达后的首次沿途服务，因此地陪导游要向旅游团（者）致欢迎词，欢迎客人光临本地；介绍自己的姓名、所在旅行社及司机情况；简介旅游团在本地的日程安排，表示提供服务的诚挚愿望，并希望得到团队成员的配合；对来自有时差的国家或地区的团队，要提醒游客调整时间，然后对沿途的风光、风情及下榻酒店进行简要介绍。

（三）入住饭店服务工作

旅游团队（者）到达下榻饭店后，地陪导游在下车时要宣布集合时间、上车地点等；然后办理住店登记手续，领取住房卡并请领队或全陪分发；向团队人员介绍饭店设施，重点说明电梯、餐饮地点、周边环境和有关注意事项；安排好团队行李进店并尽快送到客人房间；如尚未用餐，要带领旅游团成员用好第一餐，并宣布当日或次日的旅游活动安排；确定叫早时间、早餐和出发时间、乘车地点，向客人公布自己的联系电话等。

（四）核对并商定旅游日程

地陪导游在安排旅游团队成员入住后，要及时与领队、全陪核对和商定旅游日程安排，这既是旅游团（者）抵达后的一项重要工作，也是两国（两地）间导游人员合作的开始，体现了对领队、全陪乃至游客的尊重和礼遇。

在核对和商定旅游日程安排时，地陪导游要根据不同的情况采取相应的措施。当领队、全陪或游客提出小的修改意见或要求增加新的游览项目时，地陪导游要及时向地接旅行社有关部门反映，对合理有可能的应尽力安排满足；对需要加收费用的项目，要事先讲明并按有关规定收取费用；对确有困难无法满足的要求，应向领队、全陪或游客说明原因并耐心解释；对与原来旅游日程安排不符且又涉及接待规格、规模变动情况时，一般应委婉拒绝并说明不便单方面改变合同，对如有特殊理由并且是领队提出时，必须及时请示地接旅行社有关部门；对领队（或全陪）手中的旅游接待计划与地陪导游的接待计划有部分出入时，地陪导游应及时报告地接旅行社，尽快查明原因、分清责任，若是地接旅行社的责任，地陪导游应按照地接旅行社的指示，实事求是地说明情况并赔礼道歉。

（五）旅游活动过程中服务

旅游活动过程中服务，是整个入境旅游活动服务的核心，其通常包括游览前服务，游览中服务和游览结束后服务三个阶段，每个阶段都有不同的旅游服务规范和要求。

1. 游览前服务。在旅游团（者）出发进行游览之前，地陪导游应提前 10 ~ 20 分钟到达集合地点，并督促旅游车司机做好各项准备工作。上车前要核实、清点实到人数，若发现有游客未到，地陪导游应向领队或其他游客问明原因，设法及时找到；若有的游客愿意留在饭店或不随团活动，地陪要问清情况并妥善安排，必要时报告饭店有关部门做好服务；要向游客预报当日天气和游览景点的地形、行走路线的长短等情况，必要时提醒游客带好衣服、雨具及换鞋，并提醒每次游览集合的时间和地点等；游客到齐后清点人数并请游客及时上车，此时地陪导游应站在车门一侧，一面招呼大家上车，一面扶助老弱者登车；开车前地陪导游要再次清点人数。

2. 游览中服务。开车后，地陪导游要向游客重申当日活动安排，包括午、晚餐的时间地点；向游客报告到达游览景点途中所需时间；在前往游览景点的途中，要视情况向游客介绍当日国内外重要新闻，介绍本地的风土人情、自然景观，回答游客提出的问题；抵达游览景点前，应向游客介绍该景点的简要情况，尤其是景点的历史价值和特点，目的是满足游客事先想了解有关知识的心理，激起其对游览景点的旅游欲望，也可节省到目的地后的讲解时间；抵达游览景点时，要提醒游客记住旅游车的标志和车号、停车地点和开车时间，向游客讲明游览过程中的有关注意事项；在景点游览中，要配合景区导游人员做好游览导游和讲解服务，合理地掌握好整个游览活动的内容和时间等。

3. 游览结束后服务。游览结束返程途中，由于游客经过一天的旅游活动后，体力和精力都有很大的消耗，因此地陪导游要科学地安排好返程中的服务。可以通过引导游客回顾当天的旅游活动而进行讨论；可以继续进行沿途风光的导游；可以同游客讨论感兴趣的国内外话题；还可以组织游客适当开展对歌、说笑等娱乐活动以活跃气氛。最后，在到达住宿宾馆下车之前，还应该通知次日旅游活动的日程安排等。

（六）相关服务业务

在旅游活动中，地陪导游除了安排好游览活动以外，还可以按照接待计划安排一些相关旅游服务活动，如包括会见、拜会、宴请等在内的社交活动；包括观看文艺表演、参加舞会等文娱活动。对旅游中的餐饮活动，要提前核实，引导入座，提醒时间，并监督餐饮服务质量；对到定点购物商店购买工艺品、土特产品、地方产品等旅游购物活动，可与游览穿插，与休息兼顾。

（七）送行服务业务

入境旅游团完成旅游活动离境时，地陪导游要继续认真履行职责，配合全陪做好送行服务。其具体业务包括以下三方面。

1. 送行前服务。入境旅游团（者）离开本地的前一天，地陪导游应核实和确认交通票据，包括核实票据的票面时间、时刻表并进行确认；确定叫早和出行李时间，早餐时间和集合出发时间；地陪导游要检查自己的物品，看是否保留有游客的证件、票据等，若有应立即归还。出境前要提醒领队准备好护照和申报表，以便交边防站和海关检查，并做好欢送工作准备。

2. 离店时服务。旅游团（者）离开住宿宾馆时，地陪导游要集中交运行李，办理退房手续；协助饭店与游客结清有关的自费费用，如洗衣费、长途电话费等；如有游客损坏了客房设备，地陪导游应协助饭店妥善处理赔偿事宜；然后集体登车，清点团队人数，离开住宿宾馆。

3. 送行时服务。在赴机场（车站、码头）途中，地陪导游应向全体游客致欢送词，包括回顾整个旅游活动，感谢大家的合作，表达友谊和惜别之情，诚恳征求游客对接待工作的意见和建议，表达美好的祝愿；对旅游活动中有不顺利或旅游服务有不尽如人意之处，地陪导游可借此机会再次向游客赔礼道歉。

送行时应提前抵达机场（车站、码头），留出充裕的办理有关手续的时间，规范的要求是：出境航班提前2小时，乘坐国内航班提前1.5小时，乘坐火车或轮船提前1小时。到达机场（车站、码头）后，地陪导游要尽快为旅游团办理离站手续，包括移交交通票据，托运行李，结清财务手续等，等旅游团所乘交通工具驶离后，地陪导游方可离开。

（八）善后工作阶段

送走入境旅游团（者）后，地陪导游要与旅游车司机结账，并在用车单据上签字后保留好原始单据；处理接待服务中的其他遗留问题，并与有关单位结账；到企业财务部门报销有关的差旅费和票据；进行接待工作总结，连同接团工作日程，一起上报地接旅行社审核后存档。

第五节　出境旅游领队业务

一、出境旅游领队人员

出境旅游领队人员（overseas escorts），简称领队，通常是指受组团旅行社委派并全权代表该旅行社，全程负责带领出境旅游团队（者）进行旅游活动的服务人员。领队在西方旅游发达国家，已经成为一种收入较为稳定的专门职业；在我国，领队是随着出境旅游发展而应运出现的新兴职业，并逐渐形成与导游队伍相结合的一支独立的旅游服务人员队伍。

（一）出境旅游领队的概念

我国公民出境旅游，最早始于 1983 年沿海发达省区的"香港游"，以后逐步扩展到内地；1987 年，我国部分沿边省区又广泛开展了"边境游"；1997 年，随着《中国公民自费出国旅游管理暂行办法》的颁布实施，拉开了我国公民出国旅游的序幕。自 1997 年以后，我国公民出境旅游逐步形成了由港澳游、边境游和出国游等三部分组成的基本格局。

伴随着我国公民出境旅游的发展，促进了出境旅游领队业务的迅速发展，从而要求对出境旅游领队概念和业务做出明确的界定和规范。1995 年 12 月，在我国制定并颁布的《导游服务质量》国家标准中，首次将出境旅游领队定义为："受海外旅行社委派，全权代表该旅行社带领旅游团从事旅游活动的工作人员"①；2002 年 7 月，在国家旅游局颁布的《旅行社出境旅游服务质量》标准中，再次明确定义："出境旅游领队，是依照规定取得领队资格，受组团社委派，从事领队业务的工作人员"②；2002 年 10 月，国家旅游局在《出境旅游领队人员管理办法》中，进一步明确："出境旅游领队人员，是指依照本办法规定取得出境旅游领队证，接受具有出境旅游业务经营权的国际旅行社的委派，从事出境旅游领队业务的人员。"③同时，还规范了出境旅游领队的主要工作任务、职责和领队业务要求等。

（二）出境旅游领队的基本条件

国家旅游局在《出境旅游领队人员管理办法》中，明确对出境旅游领队的条件作出了原则性规定，即出境旅游领队一般应是"有完全民事行为能力的中华人民共和国公民"，并且"热爱祖国，遵纪守法"，"掌握旅游目的地国家或地区的有关情况"，"可切实负起领队责任的旅行社人员"。除了这四条原则性规定外，各地旅游行政管理部门还结合各地实际，对出境旅游领队的基本条件又作出了具体的规定和要求。

根据国家旅游局和各地旅游行政管理部门的有关规定，出境旅游领队的基本条件主要包括：一是必须是具有完全民事行为能力的中华人民共和国公民，是旅行社的正式职工，并已经获得国家颁发的出境旅游领队证，能够切实担负起出境旅游领队的责任；二是必须具有较高的思想政治觉悟，热爱祖国，遵纪守法，没有违法违规的记录；三是必须掌握旅游目的地国家或地区的有关情况，具有较强的敬业精神和良好的职业道德，具有较强的出境旅游业务能力；四是必须具有旅

---

① 国家质量技术监督局. 导游服务质量. 1995 – 12
② 国家旅游局. 旅行社出境旅游服务质量. 2002 – 07 – 27
③ 国家旅游局. 出境旅游领队人员管理办法. 2002 – 10 – 28

游职业学校或中专以上学历，并具备相应的外语水平。

（三）出境旅游领队的基本素质

出境旅游领队既要代表组团社，对整个旅游行程的服务质量负责，保护出境旅游者的合法权益并对旅游者的安全负责，维护好本旅行社的良好信誉；又要引导和促使旅游团队成员在旅游过程中，尊重旅游目的地国家或地区的法律法规、风俗习惯，做到文明旅游，维护国家利益和民族尊严等。因此，对出境旅游领队人员的基本素质和要求，一般包括以下几方面。

1. 具有良好的政治素质，热爱祖国，遵纪守法，具有较高的政策水平。能够严格遵守国家法律法规，遵守《出境旅游领队人员管理办法》等有关规定，维护国家利益和民族尊严，并在旅游活动过程中，随时注意提醒旅游者抵制任何有损国家利益和民族尊严的言行。

2. 具有良好的道德修养，遵守社会公德和职业道德，能够自觉抵制各种不良风气；服从出境委派旅行社的管理和业务安排，不私自承揽或以其他任何方式直接承揽出境旅游领队业务；在引导出境游客游览过程中，不欺骗、胁迫游客消费或与经营者串通欺骗、胁迫游客消费，不以明示或暗示的方式向游客索要小费；既不参与任何"黄、赌、毒"项目，也不推荐或误导游客参加"黄、赌、毒"项目，发现游客参与"黄、赌、毒"项目时应及时制止。

3. 具有良好的业务素质，敬业爱岗，加强学习，自觉提高自身的综合素质，增强职业意识、服务意识、证件意识、安全意识，并努力做到热情为旅游者服务，全面对旅游者负责，对本旅行社负责。同时，努力按照旅游诚信服务的要求提供优质服务，自觉地接受旅游行政管理部门的监督和检查，接受社会各界的监督。

4. 具有较强的工作能力，能够有效地组织出境旅游团队（者）的旅游活动，保证出境旅游团队（者）在境外旅游的安全和服务质量；具有分析与处理问题的能力，维护旅游者的正当权益；能够配合和协调地陪导游的工作，协调导游与旅游者之间的关系；有较强的应变能力，能够及时做好各段游程之间的衔接工作，保证游程顺利进行。

5. 具有健康的身心素质，不仅身体健康、思想健康，而且心态平衡、遇事能够冷静分析、周密思考、正确妥善处理等。

二、出境旅游领队职责和业务

为了加强对出境旅游领队人员的管理，规范其从业行为，维护出境旅游者的合法权益，促进出境旅游的健康发展，国家旅游局根据《中国公民出国旅游管理办法》、《旅行社出境旅游服务质量》等有关规定，制定了《出境旅游领队人员管理办法》，对出境旅游领队的职责和业务作出了明确的规定和规范。

续表

> 　　然而，面对汹涌而来的"中国财神"，欧洲各国普遍准备不足，在满足入境中国游客的需求方面却少有作为。欧洲很多城市没有预留给大巴足够的停车位置，旅游者经常不得不艰难地从郊外走到城里，许多商店不接受国际信用卡，没有足够的自动取款机，翻译成中文的导游小册子也印得太少，能为中国游客提供中文服务的商店也很少。同时，欧洲国家还缺乏中等价位的住宿场所，旅馆的地理位置往往很差。此外，中国人到欧盟国家旅游，不但要过签证关，而且还要交旅行社押金、存款证明，欧洲机场甚至还连续发生过多起中国公民被拒绝入境的事件。
>
> 　　为此，欧洲各国已明确表示将制定新战略吸引中国游客。如德国诺顿酒店已经开始提供5个中文电视频道、10种中文杂志、译成中文的菜单，并雇有3名会讲汉语的接待员，甚至还提供中国大米粥；而一些奢侈品公司也为中国游客开起了私人聚会；此外一些当地华人捷足先登，纷纷开办旅游公司和酒店，以争得先机。
>
> 　　（资料来源：徐春昕. 迎接中国游客，欧洲准备不足. 环球时报，2006 – 11 – 23）

三、出境旅游领队业务程序

　　出境旅游领队业务程序，是按照出境旅游领队的任务和职责，围绕出境旅游领队业务内容和要求而开展工作的方法和步骤。根据旅游发达国家领队业务经验，结合我国出境旅游领队工作的实践，出境旅游领队业务程序主要分为以下基本程序。

　　（一）出境旅游前的准备工作

　　出境旅游领队带领旅游团（者）出境旅游，既是一种典型的国际旅游服务活动，又是一项十分重要的涉外工作，因此必须认真做好出境旅游前的各项准备工作。

　　1. 认真核对查验出境旅游团（者）情况。领队在接收组团旅行社下派的领队任务后，首先要对计调人员交送的出境旅游团（者）资料进行认真核对查验，包括核对出境旅游团队游客的人员名单，查验各种票据、护照和旅游证件；了解旅游团队的成员结构、身体状况和主要特征；掌握旅游团队中有威信游客的特点和爱好，并邀请其协助自己做好旅途中的管理工作等。

　　2. 熟悉出境旅游行程及旅游目的地情况。出境旅游领队要仔细阅读、理解和熟悉整个旅游行程计划；了解旅游目的地国家有关的旅游法律法规和相关政策，熟悉当地景区景点有关资料，民风民俗和禁忌等；掌握地接旅行社的基本情况、诚信程度、导游特点、司机特点及入住酒店的基本状况等；并收集必要的通讯名录，包括境外地接社联系人和联系电话，地陪导游和入住酒店的联系电话和其他联系方式，我国驻当地的使领事馆电话等。

3. 掌握出入境手续办理要求和有关资料。了解有关出入境手续办理的规定和要求，确认旅游团队出境的联检时间、联检地点等；掌握有关出入境必需的资料，包括团队名单表、出入境登记卡、海关申报单、出入境健康检疫申明卡、旅游护照和证件、旅游签证（签注）、交通票据、团队行程计划书、联络通讯录等；准备好有关领队徽章、出境游领队证、领队旗、游客须知和规范的游客意见反馈表等。

4. 召开出境旅游团（者）说明会。领队在旅游团（者）出境前应召开说明会，就有关出境旅游的事项和要求进行通报和说明。说明会的内容一般包括：一是领队自我介绍并向整个团队游客致欢迎词；二是对出境旅游行程、卫生检疫要求等进行说明，并向每位游客提出要求；三是通知集合时间及地点，提醒客人带好有关必备物品等；四是通报有关货币的携带与兑换，人身安全和财物保管，出入境时的注意事项等，尤其对首次出境旅游的客人，应将旅游中的有关事项逐一介绍。

（二）出境旅游中的业务工作

出境旅游中的业务工作，是指出境旅游领队带领旅游团（者）从出境开始，在境外的旅游活动，到离开旅游目的地为止的全部业务工作，是出境旅游领队业务的核心内容，主要包括以下方面。

1. 办理出境手续。出境旅游领队在出境旅游开始时，首先要确认行程，并在旅游团队集中前 15~20 分钟抵达机场，做好办理有关出境手续的准备工作；然后按照计划时间集合、清点旅游团队人数；带领旅游团队办理登机手续，托运行李并保存好行李牌；分发旅游团队成员的护照、证件和已填好的出境所需的有关材料；带领旅游团队按《名单表》顺序排好队，依次办理出境手续，经过安检，最后进入候机厅候机和登机。在飞行途中，除了协助机组人员为旅游团队提供好服务和必要的帮助外，还要准备好办理境外入境手续的准备工作，并向旅游团队成员通报有关入境的注意事项等。

2. 办理境外入境手续。领队在抵达旅游目的地机场后，要及时带领旅游团（者）提取行李，清点行李件数无误后，尽快到入境口岸机构办理境外入境手续；入境手续办理完毕出关后，领队要及时与境外地接旅行社接待人员联络，并将行李交其负责，协助地陪导游清点人数、登车并前往入住酒店。在办理境外入境手续过程中，要按照旅游目的地国家或地区的有关规定和要求，配合做好有关的通过检查和报关等手续，以便能够快速顺利地入境。

3. 组织境外旅游活动。在境外整个旅游活动过程中，领队既要切实履行领队职责和要求，督促和协同境外地接旅行社和当地导游完成旅游行程计划，为团队旅游者提供必要的服务和帮助；又要协调和处理好与境外地接旅行社全陪、当地导游、司机及有关接待单位的关系，监督境外地接旅行社和相关单位的旅游服务质量，协助处理好旅游行程中所遇到的各种突发事件、纠纷及其他问题等；以切实保证整个旅游活动顺利安全地进行。此外，领队要加强对参游人员的统一管理，不允许参游人员擅自离团活动，随时提醒旅游团（者）尊重旅游目的地国家或地区的有关规定和风俗习惯，抵制任何有损国家利益和民族尊严的言行。

4. 办理境外出境手续。在境外整个旅游活动过程结束后，出境旅游领队要按照旅游行程计划的规定和要求，按时办理整个旅游团（者）的境外出境手续，并安全顺利地带领整个旅游团（者）返回。如果遇到特殊情况或突发事件时，要协助境外地接旅行社全陪和当地导游及时采取有效措施解决好；严禁旅游团（者）在境外滞留不归，如果有旅游团（者）意图在境外滞留不归的，领队应及时采取有效措施防范和解决；如果已发生旅游团（者）在境外滞留不归的，领队应及时向组团社和我国驻当地国家或地区的使领馆报告，请求帮助和处理。

（三）出境旅游结束后的业务工作

当旅游团（者）结束境外旅游活动后，出境旅游领队要带领整个旅游团（者）按照行程计划返程，办理好入境手续，并处理好相应的后续事务。然后，请旅游团成员填写并收回出境旅游调查表，收回应交回的有关旅游护照和证件，解散旅游团队。最后出境旅游领队还要及时结清有关财务手续，进行领队工作总结，并按照规定上报业务主管和有关部门审查和存档。

复习思考题

一、重点概念

旅游产品设计　旅游产品营销流程　旅游产品营销规范　旅游产品营销策略
导游人员　　　全陪导游　　　　　地陪导游　　　　　景区景点导游
旅游接待业务　全陪接待业务　　　地陪接待业务　　　出境旅游领队人员
领队职责和业务

二、思考题

1. 旅游产品设计应遵循哪些基本原则？
2. 简述旅游产品设计的程序。
3. 旅游产品营销流程包括哪些内容？
4. 比较几种旅游产品营销策略的特点。
5. 旅游导游人员应具备哪些素质和能力？

6. 导游服务有何基本特征?

7. 简述导游业务的主要内容。

8. 入境旅游接待包括哪些内容?

9. 比较全陪接待业务和地陪接待业务的异同。

10. 出境旅游领队应具备哪些素质和条件?

11. 简述出境旅游领队的职责和业务。

主要参考文献和资料来源

1. [美] 菲利普·科特勒. 市场营销原理. 中国人民大学出版社, 1996

2. [英] 格文答·西拉特. 旅行社实务手册. 云南大学出版社, 2002

3. 罗明义. 旅游经济学原理. 复旦大学出版社, 2003

4. 章海荣. 旅游业服务营销. 云南大学出版社, 2001

5. 崔卫华. 现代旅行社实务. 辽宁科学技术出版社, 2000

6. 罗明义. 旅游管理研究. 科学出版社, 2006

7. 吴承照. 现代城市游憩规划设计理论与方法. 中国建筑工业出版社, 1998

8. 蒋三庚. 旅游策划. 首都经济贸易大学出版社, 2002

9. 陈泳佳. 整合营销: 4C 理论和一个旅行社产品的策划. http://manage.org.cn

10. 国务院. 导游人员管理条例. 1995 - 5 - 14

11. 云南省旅游局. 导游业务知识. 云南大学出版社, 2006

12. 国家旅游局人事劳动教育司. 导游业务. 旅游教育出版社, 2005

13. 国家旅游局. 出境旅游领队人员管理办法. 2002 - 10 - 28

14. 国家旅游局. 导游人员管理实施办法. 2001 - 12 - 27

15. 国家旅游局. 旅行社出境旅游服务质量. 2002 - 7 - 27

16. 国家质量技术监督局. 导游服务质量. 1995 - 12

17. 中国旅游网. http://www.cnta.com/

18. 中国管理传播网. http://manage.org.cn

第十一章
旅游服务贸易的管理

开展旅游服务贸易，不仅涉及旅游者与旅游经营者之间的权利义务关系，而且在国际旅游和旅游经营活动中都存在着一定的安全问题和经营风险，因此必须切实加强对旅游服务贸易的管理。通过本章的学习，要了解旅游服务合同的特征和类型，加强对旅游服务合同的管理；要了解旅游安全、旅游危机和旅游救援的基本知识，熟悉和掌握旅游安全事故的处理程序和方法；了解旅游保险的常识和主要类型，熟悉和掌握旅游保险投保、理赔的程序和要求；熟悉旅游服务贸易结算的主要方式和做法，了解旅游外汇风险产生的原因和类型，并掌握有效规避旅游外汇风险的方法和加强旅游外汇风险管理的对策和措施。

第一节　旅游服务合同与管理

一、旅游服务合同的特征

旅游服务合同（travel service contract），是指旅游经营者与旅游者之间所订立的明确双方在旅游活动中的权利和义务的协议。具体讲，旅游服务合同就是旅游经营者为旅游者提供旅游行程计划，预订住宿、餐饮设施及交通工具等，指派领队和导游随团为旅游者服务，同时由旅游者向旅游经营者支付相应报酬的协议。旅游服务合同与其他经济合同相比，具有以下主要特征。

（一）旅游服务合同是综合性服务合同

旅游产品作为一种以提供旅游服务为主的综合性服务产品，其不同于一般经济合同中的产品、项目或服务。因此，旅游服务合同既不是单项服务合同，也不是纯粹服务合同，而是包括了一系列具体的旅游服务活动和内容在内的综合性服务合同，如安排游览景点路线、提供导游服务、接送旅游者、安排旅游者食宿、保管旅游者的物品、保护旅游者人身安全等。旅游服务合同的当事人，一方可能是旅游者个体，也可能是旅游团体，另一方则是若干提供旅游服务的旅游经营者组合；旅游服务合同的标的，也不是单项旅游服务，而是若干旅游服务的组合，包括了旅行社、旅游交通、旅游宾馆饭店、旅游景区景点等所提供的旅游服务等。

（二）旅游服务合同是双务有偿合同

在旅游服务合同中，明确规定了双方当事人的权利和义务。作为当事人一方的旅游经营者，应按照合同约定为旅游者提供相应的旅游服务，同时获得应得到的报酬；而作为当事人另一方的旅游者，在接受旅游服务的同时，应按照合同约定支付相应的报酬。这里的旅游服务，是指包括旅游经营者安排旅游行程服务，提供交通、住宿、餐饮、导游及其他有关服务等在内的综合性服务；而报酬则指双方当事人在旅游合同中约定的，应由旅游者支付的旅游总费用，其包括了旅行社的服务费和由旅行社代收的交通、住宿、餐饮、游览等费用。因此，旅游服务合同是一种双务有偿合同，即旅游服务合同的双方当事人一旦签订合同后，就必须按照合同约定履行各自的义务，并做出相应的给付。

（三）旅游服务合同是诺成合同

旅游服务合同是诺成合同，即只要合同双方当事人就主要条款达成合意和承诺，合同即告成立。从理论上讲，旅游服务合同所涉及的旅游文件交付，通常只具有证明旅游服务合同成立的作用和依据，其交付与否并不成为合同的成立要件，即使在旅游服务合同格式化之后，合同双方所订立的旅游服务合同书，通常也主要是作为书面证据，只要合同双方当事人对旅游服务活动达成协议，该合同书是否交付并不影响旅游服务合同的成立。但在实践中，为了避免和减少口头协议带来的纠纷，通常还是要求合同双方当事人必须明确签订书面旅游服务合同，并以是否交付有关的合同文件为最后达成协议的依据。

（四）旅游服务合同是团体性合同

旅游活动一般分为团队旅游和自助旅游，因此旅游服务合同也分为团体旅游合同和自助旅游合同。尤其是团体旅游合同，是为一定数目的旅游者与旅游经营者之间达成的协议，在旅游经营者事先已将团队人数限制情况向旅游者说明的前提下，如果由于旅游者的人数低于最低组团人数而导致旅游团不能成行时，旅游经营者可以解除合同；或者按照有关规定和国际惯例，旅游经营者在征得旅游者书面同意后，可以将已签约的旅游者转让或合并到其他旅游企业的组团中。因此，旅游服务合同绝大多数是团体性旅游合同。

（五）旅游服务合同是整体给付合同

在现代旅游活动中，由于大多数旅游者都是向旅游企业购买包价旅游产品，因此旅游服务合同具有整体给付合同的特征。所谓整体给付，就是要求旅游者应对所提供的两项以上旅游服务内容的一次性给付，而对单一的旅游服务给付，如旅客运输、餐饮服务等一般不属于整体给付。由于旅游服务合同是绝对定期行为合同，按照我国有关法规规定，如果不能给付造成的履行迟延构成根本违约，债权人可直接行使合同解除权。因此，旅游者购买包价旅游产品必须是整体给付，才能保证整个旅游服务活动的有效进行；而个别给付会造成旅游企业对旅游服务活动计划和协调上的困难，从而影响到整体旅游服务活动和质量。

二、旅游服务合同的类型

　　旅游服务合同作为旅游者和旅行商之间订立的合同，按照 1970 年布鲁塞尔《旅行契约的国际公约》规定，一般有包价旅游合同和旅游代办合同两种基本类型。此外，与旅游服务活动相关的合同还包括旅游经纪合同、旅游保险合同，以及旅行商向其他旅游企业订购相关旅游要素服务的旅游要素服务合同等。

　　（一）包价旅游合同

　　包价旅游合同（package travel contract），又称为"有组织的旅游合同（organized travel contract）"，是指组团旅行社在收受旅游团队（者）支付的包价旅游总费用后，以自己的名义负责为旅游团队（者）提供包括旅游交通、住宿、餐饮、游览、娱乐和其他合同约定的相关旅游服务的协议①。

所谓包价旅游，是指组团旅行社根据旅游者的需求，对旅游者的国际旅游活动提出旅游行程计划，并负责在旅游者支付所需的包价旅游总费用之后，按照合同约定的时间内，组织旅游者所进行的国际旅游活动。在国际旅游活动中，为了明确旅游者与组团旅行社之间的旅游服务法律关系，双方必须签订包价旅游合同。一旦旅游者与组团旅行社之间签订包价旅游合同后，旅游者就必须按照合同约定支付相应的包价旅游总费用，而组团旅行社则必须按照合同约定组织好旅游者的旅游活动，并提供相应的旅游服务。因此，包价旅游合同，是旅游者和组团旅行社之间的旅游服务合同，其明确规定了双方之间的权利和义务。

（二）旅游代办合同

旅游代办合同（agency travel contract），又称为"中间人承办的旅游合同（intermediary travel contract）"，是指旅游经营者在收受旅游者的代办费用之后，为旅游者代办有关旅游活动中的交通、住宿、餐饮、游览、娱乐等事项，并提供其他合同约定的相关旅游服务的协议。

在国际旅游活动中，旅游者不一定都购买包价旅游产品，也可以委托旅游经营者代办与旅游活动有关的旅游服务，如委托旅游经营者代办出入境手续，代买机船票，代订住宿饭店等，从而在旅游经营者与旅游者之间形成了旅游代办关系。为了从法律上明确旅游经营者与旅游者之间的权利和义务关系，双方就必须签订旅游代办合同。因此，旅游代办合同，既是旅游者借助旅游经营者的专业知识、职业经验和业务渠道，实现自我有选择地满足旅游活动需求的合同；也是旅游经营者为旅游者提供旅游代办服务和相关服务的合同。

（三）旅游经纪合同

旅游经纪合同（broker travel contract），是旅行商和有关特定企业之间签订的具有经纪行为的合同。在国际旅游活动中，为了满足旅游者对旅游购物、娱乐等旅游消费，旅行商往往需要向旅游者促销和推荐旅游购物点、旅游娱乐项目等，并接送旅游者到旅游购物点参观购物，到娱乐场所参加娱乐项目，从而构成了旅行商的一个重要收入来源。由于旅行商的这种促销行为不仅满足了旅游者的消费需求，而且为旅游购物点、娱乐场所提供了服务，促成了旅游者和旅游购物点、娱乐场所之间的商品买卖交易行为，因此其实质上是一种旅游经纪行为，按有关对经纪行为的规定，旅游购物点、娱乐场所等应该向旅行社支付一定的佣金。佣金的支付方式及标准等，应由旅行商和旅游购物点、娱乐场所之间签订旅游经纪合同，以合同形式进行约定，并明确双方的权利和义务关系。

---

① 刘劲柳．旅游合同范围与概念探析．旅游调研，2003（7）

（四）旅游保险合同

在现代国际旅游活动中，由于存在着环境事故、交通安全、社会治安、突发事件等各种各样的风险，可能对旅游者造成人身财物的危害和损失，因此外出旅游一般都必须办理旅游保险合同。所谓旅游保险合同（insurance travel contract），就是根据国家有关法律法规规定，为保障旅游者的旅游活动顺利、安全进行而办理的保险合同。

根据《中华人民共和国保险法》、《旅行社管理条例》和《旅行社投保旅行社责任保险规定》的有关规定和要求，为切实保护旅游者利益，旅行社从事旅游业务经营活动，必须投保旅行社责任保险。旅行社责任保险，是指旅行社根据保险合同的约定向保险公司支付保险费，保险公司对旅行社在从事旅游业务经营活动中，致使旅游者人身财产遭受损害应由旅行社承担的责任，承担赔偿保险金的责任。旅行社责任保险的保险期限为一年，保险金额的标准是：国内旅游每人责任赔偿限额人民币8万元，入境旅游、出境旅游每人责任赔偿限额人民币16万元，旅行社组织高风险旅游项目可与保险公司另行协商投保附加保险事宜。此外，旅游者自己也可以与保险公司签订有关的旅游保险合同。

（五）旅游要素服务合同

组团旅行社所销售的旅游产品，一般都是旅游线路产品或整体旅游产品。通常，旅行社为满足旅游者的旅游消费需求，需要从交通、住宿、餐饮、景点、娱乐场所、导游管理中心等企业和部门采购食、住、行、游、购、娱、导游服务等一系列旅游服务要素，通过加工组合成旅游线路或整体旅游产品后，才能出售给旅游者。因此，组团旅行社在与旅游者签订旅游服务合同后，还必须与其旅游交通、住宿、餐饮、景区(点)、娱乐场所、购物商店等企业签订旅游要素服务合同。

旅游要素服务合同（related travel service contract），是旅行社和旅游要素供应者之间的一种买卖合同，但其买卖的产品除了餐饮食品、旅游购买物品外，都不是有形物质产品，而主要是无形服务产品。因此，旅游要素服务合同一般包括旅游接待（地接旅行社）服务合同，旅游交通客运服务合同，旅游住宿服务合同，旅游餐饮服务合同，旅游景区（点）服务合同，旅游娱乐服务合同，以及导游服务合同等。

三、旅游服务合同的管理

旅游服务合同的依法订立，既是旅游服务合同生效的基本前提，也是履行旅游服务合同的重要基础，更是合同当事人享有权利、履行义务、解决纠纷和请求法律保护的主要依据。因此，旅游者和旅游经营者都必须熟悉和掌握旅游服务合同订立的内容和要求。一般讲，旅游服务合同订立的内容和要求，主要包括以下几方面。

（一）旅游服务合同订立的当事人

依照有关法律规定，订立经济合同的当事人必须具有合法主体资格，因此旅游服务合同订立的当事人也必须具有合法主体资格，并具备订立旅游服务合同的法定缔约能力和履行能力。

1. 旅游者（tourists），作为旅游服务合同订立的一方当事人，其可以是自然人也可以是法人。所谓自然人，是指具备民事权利能力和民事行为能力的个人；法人，则是指具有民事权利能力和民事行为能力，依法独立享有民事权利和承担民事义务的组织或团体。因此，订立旅游服务合同的旅游者一方，必须是具有法定缔约能力和履行能力的自然人或法人。此外，根据我国有关法律规定，进行国际旅游入出境的旅游者，还必须是根据《中华人民共和国外国人入境出境管理法》的规定，允许入出境的外国人；或根据《中华人民共和国公民出境入境管理法》的规定，可以参加出入境旅游活动的中国公民或团体。因此，只有具备依法允许入出境的旅游者，才能成为订立旅游服务合同的一方当事人。

2. 旅游经营者（tourism operators），作为旅游服务合同订立的另一方当事人，必须是具有合法主体资格的旅游经营者，尤其对直接与旅游者签订旅游服务合同的旅行商，世界各国都对其设立规定了一定的资质条件和要求，只有取得合法的资质后，才准许其经营旅游业务。根据我国《旅行社管理条例》及《旅行社管理条例实施细则》的明确规定，旅行社按经营业务范围，一般分为国际旅行社和国内旅行社。国际旅行社主要经营入境旅游业务、出境旅游业务、边境旅游业务和国内旅游业务；国内旅行社主要经营国内旅游业务。不论是国际旅行社还是国内旅行社，都应当按照国家核定的经营范围开展经营活动，超越经营范围签订的旅游合同不受法律保护。同时还规定，未取得旅行社业务经营许可证的，不得从事旅游业务；未经批准从事旅游经营业务的，将责令停止非法经营，没收违法所得，并处以罚款。

（二）旅游服务合同订立的原则

根据《中华人民共和国合同法》和我国有关旅游法规的规定，订立旅游服务合同时，合同双方当事人应当遵循平等、自愿、公平、诚信和守法等基本原则。

1. 平等原则，是指订立旅游服务合同的双方当事人，具有平等的法律地位，一方不能将自己的意志强加给另一方。因此，双方当事人应在权利义务对等的基础上，就合同条款充分协商达成一致后，旅游服务合同才能成立。

2. 自愿原则，是指订立旅游服务合同的双方当事人之间，享有自愿订立合同的权利，任何单位和个人不得非法干预。自愿原则体现了民事活动的基本特征，其明确了合同双方当事人应通过协商，自愿决定和调整相互间权利义务的关系。

3. 公平原则，要求订立旅游服务合同的双方当事人之间，在权利义务上要公平合理，要明确双方的权利和义务，并强调各方当事人都必须在不侵害他人合法权益的基础上实现自己的利益，同时对合同中规定的风险责任和负担，也要结合各方的权利义务进行合理的分配。

4. 诚信原则，要求订立旅游服务合同的双方当事人，在订立合同，行使权利，履行义务的全过程中，都要诚实守信，并相互配合和协作，以保证合同的有效履行。既不得规避法律和合同义务，又不得滥用权利损害他人利益，任何一方违背诚信原则，都应按照有关规定受到处罚。

5. 守法原则，要求订立旅游服务合同的双方当事人，都必须遵守法律，尊重公德，不得扰乱社会经济秩序，损害社会公共利益。依法成立的合同，受法律保护，对合同双方当事人具有法律约束力，合同当事人应当按照约定履行自己的义务，不得擅自变更或解除合同。

（三）旅游服务合同订立的条款

对于旅游服务合同订立的条款，各个国家和地区的立法都有不同的规定。由于我国目前还没有出台《旅游法》和《旅游合同管理规定》等，因此目前我国对旅游服务合同订立的条款，主要是根据《中华人民共和国合同法》的有关规定，以国家旅游局提出的旅游合同示范文本为依据，结合旅游服务贸易的实际而确定，一般包括以下主要条款和内容。

1. 合同当事人。首先要明确旅游服务合同订立双方当事人的名称或者姓名、住所或地址等；其次要明确规定双方订立合同的合法主体地位、原则及各自的权利和义务等内容。

2. 合同的标的。旅游服务合同的标的是旅游产品，即旅游服务合同当事人双方权利和义务共同指向的对象。由于旅游消费需求是一种包括食、住、行、游、购、娱等旅游要素的组合性消费需求，因此旅游服务合同的标的是组合性的旅游服务产品，包括了为旅游者提供旅游服务的时期，游览景点内容和时间，交通、食宿的内容和标准，导游服务内容及要求等。同时，还应以国家、地方政府、旅游企业对旅游服务质量的有关规定标准，或当事人双方约定的标准为依据，提供符合规定和规范的旅游服务质量。

3. 旅游费用。旅游服务合同中的旅游费用，是提供旅游服务产品的总价款，包括了交通费、住宿餐饮费、旅游项目费、综合服务费、专项附加费及经营利润等内容。因此，在合同中不仅要对旅游费用做出明确的规定，同时还应规定旅游费用的支付货币和结算方式等。根据国家有关规定，除法律或行政法规规定的以外，旅游费用一般应用人民币计算和支付，此外也可以通过银行转账或票据结算。

4. 合同履行期限、地点和方式。在旅游服务合同中，必须明确合同的履行期限、地点和方式。履行期限，是指合同双方当事人履行合同标的和旅游费用的时间界限；履行地点，是指合同双方当事人履行合同约定的权利义务的地点；履行方式，是指合同双方当事人采用何种方式来完成合同规定的义务。

5. 合同的变更和解除。由于旅游服务合同的特殊性和跨区域性，因此还应把旅游服务合同的签发地点和日期，旅游服务合同的变更、解除条件等也作为合同的条款，明确在合同中予以规定，以更加符合旅游服务合同的特点和要求。

6. 违约责任。在旅游服务合同中，有时会因为各种客观条件而影响合同的履行，因此在合同中必须明确规定，造成合同不能履行或不能完全履行的情况下，哪些是免责责任，哪些是违约责任。对由于当事人一方或双方过错造成的违约责任，责任方均应该承担相应的责任。

7. 解决争议的方法。在旅游服务合同中，还必须明确规定解决争议的方法，即合同发生纠纷时，当事人是选择向仲裁机构申请仲裁，还是选择向人民法院起诉来解决争议，都应事先在合同中有明确的规定。

除了以上主要的条款外，根据法律规定或按旅游服务合同性质必须具备的条款，以及当事人一方要求必须规定的条款，也可以列为旅游服务合同的条款，如旅游经营者对旅游产品的推介，对旅游服务质量的承诺；旅游者对旅游服务提出的特殊要求等。

（四）旅游服务合同的订立程序

通常，经济合同的订立必须经过要约和承诺两个程序，旅游服务合同的订立也不例外。但是，由于旅游服务合同的特殊性，因此其要约和承诺两个程序与一般经济合同具有一定的差别。

1. 旅游服务合同的要约。要约也称订约提议，是指当事人一方以缔结合同为目的，向对方提出确定的订立合同愿望的意思表示。提出要约的当事人为要约人，接受要约的对方为受约人。构成要约的必备条件包括，要约人和受约人必须是具有订立经济合同资格的当事人；要约必须及时传达到受约人；要约内容应当包括提议的依据，提议的内容，标的、质量和履行期限，希望对方答复的期限等。

旅游服务要约，是由旅游经营者单方面提出的意思表示，既可以向特定对象提出，如向某自然人、组织或团体的要约；也可以向不确定的对象提出，如通过广告宣传、产品展示等面向大众的要约。旅游服务要约是一种法律行为，是旅游经营者向受约人作出的允诺，因此必须对所发出的要约承担责任并受到要约的约束；如果受约人在要约规定的期限内作出承诺，旅游经营者必须接受受约人的承诺并与之签订合同。

目前旅游行业中，旅游经营者通常以格式化条款内容向受约人发出要约。所谓格式化条款内容，是指旅游经营者预先拟订并可以重复使用的标准条款内容。

这些格式化条款内容，通常是由旅游经营者根据旅游产品特点和要求而拟订的，没有经过与另一方当事人磋商，一般都是比较有利于旅游经营者的条款内容。因此，旅游者接到要约后必须认真研究、咨询，把握好要约的主要条款和内容，以便在承诺时作进一步的磋商。

2. 旅游服务合同的承诺。承诺，是指受约人接受要约人提出的建议，并对要约内容表示完全同意的意思表示。要约一经承诺，并经双方签订书面协议，合同即告成立，双方就负有履行合同的义务。构成承诺的必备条件包括，承诺必须由直接受约人作出，其他任何人都不能作出承诺；承诺必须向要约人作出；承诺的内容必须与要约的内容完全一致；承诺必须在要约提出的有效期限内作出。

旅游服务承诺也是一种法律行为，一旦旅游者对旅游经营者要约的内容表示同意，并且所作出的承诺通知到达旅游经营者时，就表示旅游服务合同已经成立，旅游者就必须按照约定履行相应的责任和义务。但是，由于大多数旅游服务要约是格式化条款内容，因此旅游者接到要约后，可以对格式化条款内容做进一步的咨询和研究，并结合自己的实际和要求提出磋商和补充条款。在双方磋商并取得一致意见后，再签订正式的书面旅游服务合同，这也是旅游服务合同与一般经济合同的重要区别之一。

（五）旅游服务合同生效、变更和解除

1. 旅游服务合同的生效。一般讲，经济合同经过要约和承诺两个基本程序（有的可能会有再要约和再承诺）后即可以成立和生效，合同一旦生效就对合同当事人产生法律上的约束力。但是，为了维护合同的法律性，有关法律法规还明确规定了合同生效的条件，即订立合同的行为人应具有相应的民事行为能力，订立合同的行为应是当事人意愿的真实表示，订立合同的内容应不违反法律或社会公共利益，某些特定的合同还必须依法经过批准。由于旅游服务合同与一般经济合同的差别和自身特点，根据国家有关法律和规定，旅游服务合同的生效除了应符合一般经济合同的生效条件外，还必须符合以下条件：一是旅游服务合同必须使用国家旅游行政管理部门推荐使用的标准合同；二是旅游服务合同必须经过双方磋商一致后，签订正式的书面旅游合同方为有效。

2. 旅游服务合同的变更和解除，是指在旅游服务合同履行前或旅游活动进行中，合同双方当事人可以更改合同的条款和内容，甚至解除合同约定。这是因为旅游服务合同从订立到履行之间通常都有一定的期间，而在此期间有可能出现当事人无法预料的情况发生，如突发事件、自然灾害使旅行社无法履行合同，或者旅游者因为生病、有紧急事务而无法出游等。因此，在旅游服务合同中，一般都规定了合同变更、解除的条件和免责责任，这样有利于合同双方当事人根据具体情况，灵活协商和调整旅游服务合同的期限、内容和条款，以保证合同得以正常地继续实施，同时也避免了双方当事人产生不必要的合同纠纷。对于因为合同双方当事人原因造成了的合同的变更和解除，合同双方当事人应本着公平合理、诚实守信的原则，进行友好协商并合理补偿。

第二节　旅游安全与救援

一、旅游安全与危机

旅游安全（tourist safety），通常是指旅游活动和旅游业发展，在没有任何安全问题和危机风险的冲击和影响下，不受任何威胁、不出任何安全事件情况下所进行的旅游活动状况。在现代旅游服务贸易中，由于各种自然、社会、经济因素的影响，不可避免地会发生各种旅游安全事件。一旦旅游安全事件发生后，不仅造成旅游者人身安全或财产损失，直接影响旅游活动的正常开展；而且冲击旅游企业的经营活动和旅游目的地的健康发展，甚至还会形成旅游危机，损害旅游目的地国家或地区的形象，影响到其对外的国际关系等。因此，必须高度重视对旅游安全和危机问题的研究和管理。

（一）旅游安全事件的概念

旅游安全事件（tourist safety events），是指在旅游活动过程中，由于各种自然灾害、意外安全事故、突发公共事件及其他因素的影响，造成旅游者伤亡、财物损害的各种安全问题或事件。根据旅游安全事件的发生原因，通常可把旅游安全事件划分为自然灾害事件、意外安全事件、公共卫生事件和社会安全事件四大类。

1. 自然灾害事件，是指在旅游活动中，由于各种自然、地质灾害发生而导致的游客伤亡和财产损失的安全事件，包括由于洪水、干旱、海啸、雪崩、飓风、龙卷风等自然灾害，地震、山体滑坡、泥石流、火山爆发等地质灾害发生造成的游客伤亡和财产损失等安全事件。

2. 意外安全事件，是指在旅游活动中，由于各种意外安全事故、社会治安问题而导致的游客伤亡和财产损失事件，包括由于民航、铁路、公路、水运等重大交通运输事故造成的游客伤亡和财产损失，以及在旅行途中和旅游目的地，由于遭遇到偷盗、抢劫、暴力、凶杀等社会治安问题，导致旅游者伤亡和财产损失等安全事件。

3. 公共卫生事件，是指在旅游活动中，由于突然发生重大传染性疾病和疫情，群体性不明原因疾病，重大食物中毒，以及其他严重影响公众健康的公共卫生事件等，从而造成旅游者伤亡和财产损失的安全事件。

4. 社会安全事件，是指在旅游活动中，由于各种突发性社会安全事件而造成旅游者伤亡和财产损失的事件，包括大型旅游节庆活动中，由于人群过度拥挤、火灾、建筑物倒塌等造成人员伤亡和财产损失的突发事件，以及由于战争、由于出现经济停滞、通货膨胀、汇率剧烈波动、经济政策调整等经济因素，造成对旅游者的出游动机、消费心理、需求变化等方面的影响，从而影响到旅游的安全性、竞争能力和旅游业的持续健康发展等。

4. 政治因素引发的旅游危机事件，主要是指由于战争、恐怖活动、政治不稳定、国内动荡等政治因素，造成旅游者对出游目的地的选择，以及对旅游目的地国家或地区的旅游信心、旅游安全等方面的影响。

二、旅游安全救援

在旅游活动过程中，旅游安全事件的发生是难以避免的。为了应对突发的旅游安全事件，消除其带来的旅游危机，减轻或避免对旅游者造成的危害和损失，切实保护旅游者的人身财物安全，必须尽可能地为旅游者提供旅游安全救援和帮助。

（一）旅游安全救援的概念

旅游安全救援（tourist emergence save），是当旅游者在旅游活动过程中遇到各种旅游安全事件发生时，有关部门及救援机构迅速有效地对旅游者提供救援和帮助，以减轻或避免旅游安全事故造成的损失的全部活动过程。正确理解旅游安全救援的概念，必须明确以下几点。

1. 旅游安全救援的主体，包括旅游行政管理部门，公安、交通、食品、卫生、质监等相关职责部门，消防、交警、医疗机构、专业救援机构及旅游企业等。一旦发生旅游安全事件尤其是造成重大安全事故时，上述部门和单位要在各级地方政府的统一领导和指挥下，迅速而有效地组织救援和帮助，以减轻旅游安全事件造成的危害和损失。

2. 旅游安全救援的对象，主要是在旅游安全事件发生时，正在进行旅游活动的旅游者、旅行团体和自助旅游者，提供旅游服务的服务人员、管理人员和社区居民，以及受到旅游安全事件危害的其他人员等。通过对他们的紧急救援和帮助，尽可能减轻和避免旅游安全事件造成的危害和损失。

3. 旅游安全救援的内容，包括对旅游安全事件的紧急应对，及时抢救人员和财物，对死亡人员进行处置；实施医疗救援，采取有效措施紧急救治伤病人，减少和减轻伤亡人员；进行个人事务救助，协助查找丢失的行李、物品、旅行证件、现金借款等；对旅游安全事故进行调查和处理，协调好对旅游者的伤亡、财物损失的理赔等。

（二）旅游安全救援的职责

为了加强旅游安全工作，我国有关法规政策规定：国家旅游局、各地旅游行政管理部门、各旅游企业都应成立旅游安全保障工作领导小组，建立各级旅游行政管理部门、旅游企业和救援机构组成的旅游紧急救援协调机制，明确各方面的主要工作职责，统一负责对旅游安全事故的报告、救援、协调和处理工作①。

1. 国家旅游行政部门的职责。国家旅游局旅游安全保障工作领导小组，主要负责协调和指导各级旅游行政管理部门所辖旅行社在国内外发生的重大旅游安全事件的相关处置工作；负责对各地旅游安全事件应急信息的收集、核实、传递、通报；负责对各类旅游安全事故信息进行汇总分析，并上报国务院。领导小组办公室设在国家旅游局质量规范与管理司，主要执行和实施领导小组的决策，并具体承办日常工作。

2. 各级旅游行政管理部门职责。各级旅游行政管理部门，相应成立旅游安全保障工作领导小组及其办公室，按照安全第一，预防为主的方针，认真执行旅游安全管理工作的有关规定；负责指导和监督本地区贯彻落实有关旅游安全事件的预防措施，监督检查旅游企业应急救援预案的制定与实施；负责协调有关部门对突发旅游安全事件的应急救援与调查处理，及时收集整理旅游安全事件信息和相关资料，及时向上级部门和有关单位报告有关旅游安全事故的救援信息，协调处理旅游安全事故的相关事宜等。

3. 旅游紧急救援协调机构职责。旅游紧急救援协调机构，一般设在各级旅游行政管理部门，主要负责与公安、消防、医疗、卫生等救援部门和单位的联系和协调，加强与国际救援机构的联系和合作；受理报告单对旅游安全事件的救援请求，并及时对所请示的问题做出答复。各级旅游行政管理部门和旅游安全救援机构，接到报告单位的救援请求报告后，应及时向有关方面通报情况，协调组织对旅游安全事件的救援和帮助等。

4. 旅游企业的职责。旅游企业都要成立旅游安全应急救援领导小组，制定应对突发旅游安全事件的预案；认真做好旅游安全保障工作和各种紧急救援物质准备，防范和应对可能发生的各类旅游安全事件；实施旅游安全工作责任，制订和实施旅游活动中的旅游安全措施；加强对全体员工进行安全知识的培训，要求员工都熟悉安全救援常识、应急救援预案和安全防范措施；选择符合旅游运营规定的车辆为旅游团队服务，要求带团领队和导游应随时提醒旅游者注意安全事项等。旅游过程中遇到旅游安全事件或发生安全事故时，要立即向本单位领导和规定的有关安全管理机构汇报；对开展特殊旅游项目活动，事前必须制定好各项安全应急救援预案和措施等。

（三）旅游安全救援的原则

旅游安全救援的目的，是在旅游安全事件发生时，通过救援尽可能保障旅游者的生命财产安全，减轻和避免安全事故的危害和损失。因此，在旅游安全救援

---

① 国家旅游局．旅游安全管理暂行办法实施细则．1994 – 01 – 22

准，及时将情况报告国务院，对发生重特大旅游安全事件时，还应启动安全保障工作方案，指导所在地旅游行政主管部门正确处理有关事宜，对出境旅游团队还应及时协调我国驻该所在国家的使、领馆帮助进行紧急救援及有关事宜等。

相关知识11-3：

国际 SOS 救援中心

国际 SOS 救援中心（International SOS Pte Ltd）创建于1985年，其前身是亚洲国际紧急救援中心（简称：AEA），1998年7月AEA全面兼并国际SOS救助公司（International SOS Assistance）后，形成了世界上第一家全球性医疗风险管理公司，目前拥有3 700多名专业人员服务于SOS遍布世界五大洲的报警中心、国际诊所及现场医疗机构等，可以向客户提供医疗及技术支持，包括医疗服务、健康保健、紧急救援及安全保障服务等。

国际 SOS 救援中心作为世界上最大的医疗救援公司，也是全球偏远地区现场医疗服务的最主要提供者。其服务宗旨是努力为各类人士提供完善的保障，以确保他们每时每刻都可以享受到高质量的医疗、保健、救援和安全服务；其服务对象包括个人、旅行团体、自助旅行者以及旅居国外的移民者等。尤其是1998年合并后的新公司，延续其前身的服务，独立运作，并以更高的水平和更广泛的内容服务于社团、金融产业、组织以及个人等各类客户。

（资料来源：国际 SOS 救援中心网．http：//www. internationalsos. com. cn）

三、旅游安全事故和处理

旅游安全事故（tourist safety accidents），是指在旅游活动过程中，因发生旅游安全事件而造成旅游者人身伤害、财物损失的事故。旅游安全事故与旅游安全事件都是有关旅游安全问题的重要概念，但两者之间既密切联系又有区别。旅游安全事件是客观存在而不可避免的，其主要反映了旅游安全问题产生的客观原因；旅游安全事故反映了旅游安全问题产生的结果，是可以通过主观努力而减少或避免的，尤其是通过及时的旅游安全救援，往往可以减轻或避免旅游安全事件造成的危害和损失。

（一）旅游安全事故的等级

当旅游安全事故发生后，需要根据其造成旅游者伤亡程度和财产损失程度，确定旅游安全事故的性质或等级，对此各个国家有不同的界定和分类。我国根据旅游安全事故造成对旅游者伤亡、财产损失程度，把旅游安全事故划分为轻微事故、一般事故、重大事故和特大事故四个等级①。

1. 轻微事故，是指在旅游者的旅游活动过程中，一次安全事故造成旅游者轻伤，或者经济损失在 1 万元以下的旅游安全事故。

2. 一般事故，是指在旅游者的旅游活动过程中，一次安全事故造成旅游者重伤，或者经济损失在 1 万至 10 万（含 1 万）元的旅游安全事故。

3. 重大事故，是指在旅游者的旅游活动过程中，一次安全事故造成旅游者死亡或旅游者重伤致残，或者经济损失在 10 万至 100 万（含 10 万）元的旅游安全事故。

4. 特大事故，是指在旅游者的旅游活动过程中，一次安全事故造成旅游者死亡多名，或经济损失在 100 万元以上，或者性质特别严重，产生重大影响的旅游安全事故。

（二）旅游安全事故的处理程序

旅游安全事故发生后，有关人员、单位和相关部门应遵循有关法规制度的规定，按照以下程序迅速有效地进行处理②。

1. 及时报告有关事故情况。发生旅游安全事故，领队、导游等现场陪同人员应立即向本单位报告，并将有关情况及时上报主管部门，主管部门应当及时报告归口管理部门。报告内容应包括：事故发生的时间、地点；事故发生的初步情况；事故接待单位及与事故有关的其他单位；报告人的姓名、单位和联系电话等。

报告程序视事故的严重程度和事故的等级，属于轻微或一般等级事故的，现场人员应立即向本单位和当地旅游行政管理部门报告。当地旅游行政管理部门接到事故报告后，应同时向当地人民政府和上一级旅游行政管理部门报告；属于重大以上等级事故的，当地旅游行政管理部门和人民政府应及时向省级旅游行政管理部门和人民政府报告，省级旅游行政管理部门接到报告后，应尽快报告省级人民政府、安监部门和国家旅游局。

2. 迅速请求救援，保护事故现场。旅游安全事故发生后，现场陪同人员及事故发生单位，应立即报告事故发生地的旅游、公安、消防、海事、医疗、急救中心等，请求给予紧急救援支持；同时报告单位应马上派人赶赴现场参加救援，并会同事故发生地的有关单位严格保护现场。事故发生地的有关单位接到报告后，要立即赶到现场开展救援工作，旅游行政主管部门应及时派人到现场了解情况，积极参与和协助救援工作。

3. 协同有关部门进行抢救、侦查。报告单位的陪同人员及赶赴现场处理的

---

① 国家旅游局. 旅游安全管理暂行办法实施细则. 1994－01－22
② 国家旅游局. 旅游安全管理暂行办法，1990－02－20

工作人员，要积极配合和协同事故发生地有关部门进行抢救、侦查。如有伤亡情况的，报告单位应尽快核查和登记伤亡人员的旅游团队名称、团籍、姓名、性别、年龄、护照或身份证号码及国内外保险情况；有死难者的应保护好遗体、遗骸，对事故现场的行李物品，要认真清理保护并登记注册；伤亡人员中有海外旅游者的，责任方和报告方在对伤亡人员核查清楚后，要及时报告当地外事办公室，同时责任方要及时通知境外有关方面，并向伤亡者家属发出慰问函电等。

4. 单位负责人应及时赶赴现场处理。对旅游安全事故的处理，原则上由事故发生地政府协调，相关部门、事故责任方及其主管部门负责；对重特大旅游安全事故，应迅速成立有当地政府领导、相关部门、事故责任方及其主管部门的事故处理领导小组，统一负责和协调事故的处理工作。在事故处理过程中，责任方及其主管部门要认真做好伤亡者家属的接待、安慰及遇难者遗体、遗物的处理及其他善后工作，并按照有关规定做好对旅游者的理赔工作等。

对事故处理过程中情况，要及时向旅游行政管理部门及有关方面报告，报告内容包括：伤亡情况及伤亡人员姓名、性别、年龄、国籍、团名、护照号码；事故处理的进展情况；对事故原因的分析；有关方面的反映和要求；其他需要请示或报告的事项。

5. 对特别重大事故的处理。对特别重大的旅游安全事故，应严格按照国务院《特别重大事故调查程序暂行规定》进行报告和处理。各级旅游行政管理部门要按国家旅游局《重大旅游安全事故处理程序试行办法》所规定的事故报告内容和要求，及时正确地对旅游安全事故发生情况及事故处理情况做出报告。

6. 事故处理后的调查报告。对旅游安全事故处理完以后，报告单位要认真总结事故发生和处理的全面情况，立即写出事故调查报告上报旅游行政管理部门及相关部门。报告内容应包括：事故经过及处理；事故原因及责任；事故教训及今后防范措施；善后处理过程及赔偿情况；有关方面及事主家属的反映；事故遗留问题及其他。

（三）旅游安全事故善后处理的原则

对旅游安全事故的善后处理工作，应遵循保护旅游者基本权利和利益为第一位的基本原则，切实维护旅游者的权益。在具体工作中，应按照以下工作原则认真做好旅游安全事故的善后处理工作。

1. 依法办事，尊重当事人的意愿。对旅游安全事故的善后处理，要依据我国现行的法律、法规、条例和制度处理，要严格依法办事，要言出有据、耐心细致，不要凭主观臆断，避免引发不必要的麻烦和扩大事端。在不违反我国现行法律、法规的情况下，各项具体事宜的处理，要尽可能地尊重伤亡人员及其家属的意愿，不要激化矛盾。

2. 尽早开放现场，规范对外报道。对旅游安全事故处理要及时、准确、快速，对造成旅游者伤亡事故现场的取证工作，要赶在伤亡人员的家属来现场之前完成，尽早地对外开放现场，以减少外界的无端猜疑。同时，应有专人负责拟订有关事故的对外报道，送有关部门审定规范对外报道内容，尽早对外宣布报道，增加对事故情况的透明度，避免造成误导宣传和不必要的麻烦。

3. 处理外国旅游者伤亡的注意事项。处理外国旅游者重大伤亡事故时，应当注意下列事项：立即通过外事管理部门通知有关国家驻华使、领馆和组团单位；为前来了解、处理事故的外国使、领馆人员和组团单位及伤亡者家属提供方便；与有关部门协调，为国际急救组织前来参与对在国外投保的旅游者（团）的伤亡处理提供方便；对在华死亡的外国旅游者严格按照外交部《外国人在华死亡后的处理程序》进行处理。对于外国旅游者的赔偿，应按照国家有关保险规定妥善处理。

第三节　旅游保险和理赔

一、旅游保险的基本常识

在旅游活动过程中，不可避免地会碰到各种旅游安全事件，从而造成不同程度的旅游安全事故，给旅游者造成人身和财物的损失。为了防范和避免旅游安全事件带来的风险，减轻旅游安全事故造成的损失，外出进行旅游活动一般都应该购买旅游保险。因此，不论是旅游者还是旅游企业，都应该加强旅游安全防范意识，了解和熟悉有关旅游保险的基本常识、主要类型、保险合同和理赔程序等内容[1]。

（一）保险的概念和特征

保险（insurance），是指投保人根据合同约定，向保险人支付保险费，保险人对于合同约定的可能发生的事故因其发生所造成的财产损失承担赔偿保险金责任，或者当被保险人死亡、伤残、疾病或者达到合同约定的年龄、期限时承担给付保险金责任的商业保险行为。其中，投保人是指与保险人订立保险合同，并按照保险合同负有支付保险费义务的人；保险人是指与投保人订立保险合同，并承担赔偿或给付保险金责任的保险公司。保险一般具有经济补偿和融通资金的职能，并具有经济性、商品性、互助性、契约性和科学性的基本特征。

（二）保险的基本要素

通常，保险的要素主要包括以下方面：一是客观上存在着具有可提供保险的风险，包括风险发生的偶然性、不确定性和非投机性；二是客观上存在着大量同

---

[1]　中国保监会，国家旅游局. 关于进一步做好旅游保险工作的意见. 2006 - 06 - 18

质风险的集合性与分散性，既有必要又能够进行保险；三是风险造成的预期损失应该是可以计算的，从而可以合理地对保险费率进行确定；四是保险基金的建立，为了保障被保险人的利益，支持保险公司稳健经营，保险公司应当按照保险监督管理机构的规定提存保险保障基金，保险保障基金应当集中管理，统筹使用；五是保险合同的订立。

（三）保险的分类

保险可以按不同标志进行分类。一是按保险标的分类，通常可以分为财产保险、人身保险、责任保险和信用保证保险，财产保险是以财产及其相关利益为保险标的，人身保险是以人的身体和寿命为保险标的，责任保险是以被保险人的民事损害赔偿责任为保险标的，信用保证保险是以企业或个人的信用为保险标的；二是按实施方式分类，可以分为法定保险和自愿保险，法定保险是通过国家法律强制实行的保险，自愿保险则是由投保人自愿选择的保险；三是按经营性质分类，一般分为社会保险和商业保险，四是按保障的主体分类，可以分为团体保险和个人保险；五是按风险转嫁形式分类，可分为原保险、再保险、共同保险和重复保险等。

（四）保险合同

保险合同（insurance contract），是指投保人与保险人约定保险权利和义务关系的协议。保险合同的主要内容包括：当事人和关系人名称住所，保险的标的，保险责任和责任免除，保险期间和保险责任开始时间，保险价值，保险金额，保险费及支付办法，保险金赔偿或者给付办法，违约责任和争议处理，订立保险合同的年月日等。当投保人与保险人签订合同时，一定要全面了解和掌握保险合同的内容，并对每一项合同内容做出明确的约定。

二、旅游保险的主要类型

旅游保险（tourist insurance），就是指旅游者根据合同约定，向保险人支付保险费，保险人对于合同约定的可能发生的事故所造成的人身危害、财产损失承担赔偿保险金责任的商业保险行为。根据我国有关法规制度规定，以及保险公司推出的险种类型，旅游者外出参加旅游活动时，既享有一定的法定保险，还可以根据实际情况自愿购买保险。具体讲，目前旅游保险主要有以下类型。

（一）旅行社责任保险

旅行社责任保险，是指旅行社根据保险合同的约定，向保险公司支付保险费，保险公司对旅行社在从事旅游业务经营活动中，致使旅游者人身、财产遭受损害应由旅行社承担的责任，承担赔偿保险金责任的行为。根据国家旅游局《旅行社投保旅行社责任保险规定》，凡是旅行社从事旅游业务经营活动，都必须投保旅行社责任保险，因此旅行社责任保险是一种法定保险，旅游者只要参加了正规旅行社组织的旅游活动，就可享有该项保险的权益。

按照国家旅游局规定：旅行社责任保险的保险期限为一年；旅行社办理旅行社责任保险的保险金额，国内旅游每人责任赔偿限额不得低于人民币 8 万元，入境旅游、出境旅游每人责任赔偿限额不得低于人民币 16 万元；国内旅行社每次事故和每年累计责任赔偿限额人民币 200 万元，国际旅行社每次事故和每年累计责任赔偿限额人民币 400 万元；旅行社若组织高风险旅游项目，还可以再另外与保险公司协商投保附加保险事宜等①。

国家旅游局还规定：旅行社投保旅行社责任保险，必须向在境内经营责任保险的保险公司投保；旅行社投保时，应当按照《中华人民共和国保险法》规定的保险合同内容，与承保保险公司签订书面合同；旅行社投保旅行社责任保险采取按年度投保的方式，并按照规定投保的标准向保险公司办理本年度的投保手续；旅行社对保险公司请求赔偿或者给付保险金的权利，自旅行社知道保险事故发生之日起两年不行使而消灭；旅行社投保旅行社责任保险的保险费，不得在销售价格中单独列项；在保险期限内发生保险责任范围内的事故时，旅行社应及时取得事故发生地公安、医疗、承保保险公司或其分、支公司等单位的有效凭证，向承保保险公司办理理赔事宜等。

虽然国家旅游局对旅行社责任保险作了明确规定，但是旅行社责任保险的赔偿范围是很狭小的，它只对由于旅行社的责任疏忽和过失造成的旅游者损失进行赔偿，由于在实践中对其往往不容易断定，因此最终的责任认定通常是由国家执法机关来执行，这意味着一旦出现旅行社责任保险扯皮的时候，就需要通过法律程序来解决，而法律程序往往是相当麻烦的。因此，一些专家和业内人士提出应尽快对《旅行社投保旅行社责任保险规定》进行修订。

（二）旅客意外伤害保险

旅客意外伤害保险也是一种法定保险，当旅游者外出旅游购买了车船票时，实际上就已经投保了旅客意外伤害保险，其保费一般是按照票价的 5% 计算的，每份保险的保险金额为人民币 2 万元，其中意外事故医疗金 1 万元。保险期从检票进站或中途上车上船起，至检票出站或中途下车下船止②。在保险有效期内，因意外事故导致旅客死亡、残废或丧失身体机能的，保险公司除按规定付医疗费外，还要向伤者或死者家属支付全数、半数或部分保险金额。因此，旅游者外出旅游乘坐车船时，一旦发生意外事故而导致人身伤亡时，要重视自己已投保的法定保险权利，通过车船公司向保险公司索取保险赔偿。

---

① 国家旅游局．旅行社投保旅行社责任保险办法．2001 – 05 – 15
② 中国保险网．游客出游应购买 4 种类型保险．

（三）旅游人身意外伤害保险

旅游人身意外伤害保险，一般是由旅游者自愿购买的旅游保险。当旅游者在参加具有一定风险的旅游活动，如登山、漂流、探险、娱乐、生态旅游等，尤其是对一些惊险、刺激的旅游项目，一定要购买旅游人身意外伤害保险。目前，保险公司开设的旅游人身意外伤害保险，每份保险费 1 元，保险金额 1 万元，一次最多可投 10 份，保险期限从购买保险开始旅游活动时起，到整个旅游活动结束时止。旅游人身意外伤害险是一种非常经济实惠的保险，只要花费 10 元钱，就可对整个旅游活动过程进行保险。对于旅游者来说，都不愿意在旅游活动中发生任何意外，因此在花费了数千元的旅游费用外，再出 10 元购买旅游人身意外伤害保险，一旦发生意外事故就可以通过旅游人身意外伤害保险减少和弥补一些损失。

（四）住宿旅客人身保险

住宿旅客人身保险也属于自愿保险，是保险公司为入住宾馆、饭店的住宿旅客所开发的人身保险，该保险每份保费 1 元，每份保险责任分为三方面，一是为住宿旅客人身保险金 5 000 元，二是为住宿旅客见义勇为保险金 1 万元，三是为旅客随身物品遭受意外损毁或盗抢而丢失的补偿金 200 元。住宿旅客人身保险的保险期限为 15 天，从住宿之日零时起算，期满可续保，一次可投多份。旅游者若购买了住宿旅客人身保险，在保险期内一旦遭受意外事故、外来袭击、谋杀或为保护自身或他人生命财产安全等，而导致自身死亡、残疾或身体机能丧失，或随身携带物品遭盗窃、抢劫等而丢失，保险公司将按不同标准支付相应的保险金。

（五）旅游救助保险

旅游救助保险，是保险公司与国际（SOS）救援中心联手推出的旅游救助保险险种，其将旅游人身意外伤害保险的服务扩大，将传统保险公司的一般事后理赔向前延伸，变为在事故发生时能够提供及时有效的救助。

旅游救助保险在国外已深入人心，在日本如果没有这样一份救援计划的保险保障，人们通常是不会外出出游的。在我国，继泰康人寿保险公司与中国国旅旅行救援中心合作推出附加救援服务的旅游救援保险后，中国人寿、中国太平洋保险公司也与国际（SOS）救援中心联手推出旅游救助保险。随着我国公民出国商务考察、休闲度假旅游的机会越来越多，旅游者如果购买了旅游救助保险，一旦发生意外事故或者由于不谙当地习俗法规引起法律纠纷时，只要拨打电话，就会获得救援组织的无偿救助。因此，这种保险对于出国旅游是十分合适的。

除了上述五种主要的旅游保险的险种外，旅游者还可以针对财物损失保障而投保财产保险，一旦旅游过程中发生意外情况造成财物损失，能够相应获得保险公司的赔偿而减轻损失。此外，如紧急医疗运送、运返费用；个人行李财物的丢失损坏、行李延误、取消旅程、旅程延误、缩短旅程等意外；受保人因个人疏忽导致他人身体受损或财物损失而依法应负的经济赔偿责任，保险公司都是可以提供保险和赔偿的。

相关知识 11-4：

旅行社责任险等于旅游人身意外伤害险吗？

　　在旅游活动中，当旅行社提醒游客购买旅游人身意外伤害险时，许多游客都说："国家已经规定了你们旅行社买了责任险，为何还要我们再买旅游人身意外伤害险？"其实，大多数游客的这种看法是一种误解，即把"旅行社责任险等同于旅游人身意外伤害险"，从而产生了对购买旅游人身意外伤害险的忽视。

　　某地区提供了一个很有说服力的案例：有两位游客同时参加了某旅行社组织的"穿越大峡谷之旅"的旅游活动，其中一位游客在旅游活动中因参加旅行社安排的活动时受伤，于是这位游客获得了保险公司的全额医药费、就诊交通费、旅游行程补助费等方面的赔偿；而另外一位游客在晚上自己外出游玩时，被当地的出租车撞伤，该游客要求旅行社也参照前面游客的情况给予相应的赔偿，经旅游质监部门和保险公司审核后，认为该游客晚上自己外出游玩不是旅行社安排的活动，不属于旅行社责任险的投保范围，因此该游客没得到保险公司的相应赔偿。

　　从上述这个案例可以看出，旅行社责任险不等同于旅游人身意外伤害险。事实上，2001 年国家旅游局颁布实施的《旅行社投保旅行社责任保险规定》，是国家旅游局规定旅行社必须为游客强制投保的险种，是旅行社在从事旅游经营服务活动中，因旅行社的疏忽或过失造成游客损失而应由旅行社承担的责任，转由保险公司承担赔偿保险金的行为，由于其投保人是旅行社，因此投保的主要受益者也是旅行社。而旅游人身意外伤害险，则是旅行社为游客代办的旅游投保手续，投保人是游客，一旦发生旅游风险则保障的是游客的利益。

　　因此，外出旅游不能存有侥幸心理，忽视旅游风险问题而不购买旅游人身意外伤害险等保险；更不能混淆旅行社责任险和旅游人身意外伤害险这两个险种，误以为有了旅行社责任险就可以完全保障旅游者发生意外时所有的保险责任。

　　（资料来源：云南省旅游质量监督所，2005）

三、旅游保险的理赔程序

对旅游保险理赔（settlement of claim），通常都有比较严格的理赔程序，因此旅游者从开始购买旅游保险时就要注意，认真咨询有关旅游保险的知识，核实所购买旅游保险的内容，熟悉旅游保险的理赔程序，保存好有关的保险合同、保险卡和单据凭证等，才能为以后的保险理赔奠定良好的前提条件。

（一）购买旅游保险时的注意事项

旅游者在购买旅游保险时，一般应重点注意以下几点：一是要如实正确地填写投保单，以免因填写了错误信息而导致保险公司在出险时拒绝赔偿，造成不必要的损失；二是要认真阅读旅游保险条款，要求保险代理人出具完整的保险合同，对承保事项、不负责任范围及理赔等条款等都应该充分了解清楚，如果有不明白的一定要询问清楚；三是旅游保险并非是保得越多越好，一般应根据旅游活动的风险特征，选择 1～2 项主要的保险险种投保；四是保险合同、保险卡和有关单据凭证要妥善保护好，并注意随身安全携带好保险卡，以便发生旅游安全事故后能够及时向保险公司报案和申请理赔。

（二）旅游保险的理赔程序

旅游保险的理赔程序，通常与一般保险的理赔程序相同，既可以自己直接向保险公司申请理赔，也可以通过旅行社代办人员帮助申请理赔，但无论采取哪种方式，都必须遵循以下基本的保险理赔程序。

1. 及时报案。按照保险法规的有关规定，一旦在旅游活动中发生投保的旅游安全事故，特别是当发生死亡或伤残等投保的旅游安全事故后，投保人（被保险人或受益人）应及时向保险公司报案，以免因延迟报案而负担额外增加的其他费用。报案既可亲自到保险公司报案，也可拨打保险公司客户服务部电话，或以传真及网上等方式进行报案。

2. 申请理赔。旅游安全事故发生后，投保人（被保险人或受益人）应根据保险合同条款规定的相关内容，向保险公司提出书面申请，填写保险理赔申请书，并向保险人提供其所能提供的与确认所投保的旅游安全事故的性质、原因、损失程度等有关证明和资料。按照规定，申请人应该是为符合保险合同约定或相关法律规定的具有保险金请求权的人，即包括投保人，或被保险人或受益人。

3. 理赔受理。保险公司收到申请人的赔偿或者给付保险金的请求后，应当及时对申请事项做出核定，并将核定结果通知投保人（被保险人或受益人）。保险公司依照保险合同的约定，对保险的旅游安全事故需要进行查勘核实的，应立即派出有关人员进行现场查勘；认为有关证明和资料不完整的，应及时通知申请人补充提供有关的证明和资料。

4. 理赔处理。保险公司对申请人理赔受理后，要及时按照有关规定进行理赔处理。对属于保险责任范围的，并且保险合同中已有明确约定的，保险公司应当依照保险合同的约定，履行赔偿或给付保险金义务；对于赔偿或给付保险金的数额暂时不能确定的，保险公司应自收到理赔请求和有关证明和资料之日起的60 天内，根据已有证明和资料可以确定的最低数额先给予支付保险金，等到最终确定赔偿或给付保险金数额后，保险公司应及时支付相应的差额；对不属于保险责任范围的，保险公司应当向申请人（被保险人或受益人）发出拒绝赔偿或给付保险金通知书，并说明拒绝给付的原因。

5. 通知和领取。保险公司确定对申请者（被保险人或受益人）给予保险赔偿后，要在规定时间内及时通知被保险人或受益人前来保险公司领取保险金。被保险人或受益人收到保险公司通知后，应在规定时间内前往保险公司领取保险金，领取保险金既可以采取亲自领取或银行转账方式，也可以委托他人代领，对委托他人代领的应填写相应的委托书。

第四节　旅游服务贸易结算

一、旅游服务贸易结算概念

旅游服务贸易结算（deal balance of trade in service for tourists），是指在旅游服务贸易中，使用货币或票据等结算工具，以结清交易双方之间债权债务关系的行为。在旅游服务贸易中，为了保证国际旅游的顺利进行和资金的安全，各个国家的旅游企业之间一般都采用票据结算工具，来结清交易双方之间的债权债务关系。

（一）票据概念和关系人

票据（bills & notes），一般是指商业交易中由出票人签发，无条件约定自己或要求他人向持票人支付票面金额，并且可流通转让的有价证券。票据的关系人主要有出票人、付款人、收款人、承兑人、背书人、持票人和保证人等。

1. 出票人（drawer），是指签发票据并将票据交付给他人的人。出票人是票据的主债务人。当持票人或收款人提示票据并要求付款或承兑时，出票人应该立即付款或承兑。

2. 持票人（holder），是指持有票据的人。按照有关规定，只有持票人才有权要求出票人、付款人或承兑人付款或承兑。

3. 付款人（drawee），是指向持票人或收款人支付票面金额的人，付款人不一定是出票人，也可能是出票人指定的债务人或承兑人。

4. 收款人（payee），是指收取票款的人，其有权要求出票人、付款人或承兑人付款或承兑。收款人一般是持票人，也可以是持票人委托的收款人，

5. 承兑人（acceptor），是指在一定时期内承兑票据的付款人。如收款人或持票人持远期票据，要求付款人同意到期付款，则该付款人就是承兑人。

6. 背书人（endorser），是指在票据的背面签字或盖章，同意将票据转让给其他人的人，而接受了背书票据的人叫做被背书人（endorsee）。票据作为一种流通证券，通常可以多次背书而转让。

7. 保证人（guarantor），是指以自己的名义对票据付款加以保证的人。保证人通常可以为出票人、背书人、承兑人等提供担保。

（二）票据的基本特性

在国际经济贸易往来和旅游服务贸易结算中，票据作为一种付款凭证和有价证券，通常其具有以下基本特性。

1. 票据的凭证性。票据是持票人具有一定权利的凭证，其包括持票人的付款请求权和追索权等。票据的请求权，是持票人对票据的主债务人、付款人、承兑人和保证人所拥有的付款请求权；票据的追索权，是指持票人及背书人对前手人有追索权，已经付了款的保证人对被保证人及其前手也具有追索权。

2. 票据的法定性。在国际经济贸易往来和旅游服务贸易中，除了遵循有关票据的国际规则外，各国都制定相应的《票据法》，从法律上明确规定票据的权利和义务，并对票据的形式和内容保持标准化和规范化。

3. 票据的无因性。票据的权利与义务是不存在任何限制条件和原因的，只要持票人拿到票据后，就已经取得票据所赋予的付款请求权和追索权等全部权利，而付款人和承兑人必须无条件付款和承兑。

4. 票据的流通性。在国际经济贸易往来和旅游服务贸易中，票据通常是可流通的证券，除了票据本身规定的限制条件外，票据一般可以凭背书和交付而进行转让。

（三）票据的主要类型

在旅游服务贸易结算中，一般使用的票据主要包括汇票、本票、支票、旅行支票和信用证等，其中汇票和信用证是目前国际经济贸易和旅游服务贸易中主要使用的结算工具。

1. 汇票（bill of exchange），是由出票人向某人签发的书面无条件支付命令，其要求付款人立即或在可以确定的将来时间，对某人或其指定人或持票人无条件支付票面金额。汇票的类型有：按出票人的不同而分为银行汇票和商业汇票，按有无附属单据而分为光票汇票和跟单汇票，按付款时间而分为即期汇票和远期汇票。根据1930年日内瓦《汇票和本票统一法公约》规定，有效的汇票要求具备以下必要项目：标明其为汇票字样，注明付款人姓名或商号，出票人签字，出票日期和地点，付款地点，付款期限，票面金额，收款人名称等。

2. 本票（promissory note），是由出票人签发的，承诺自己在见票时无条件支付票面金额给收款人或持票人的票据。本票通常分为商业本票和银行本票。商业本票是由工商企业或个人签发的本票，也称为一般本票。银行本票则是由银行签发的本票，通常在国际贸易结算中使用的本票主要是银行本票。根据 1930 年日内瓦《汇票和本票统一法公约》规定，有效的本票要求具备以下必要项目：标明其为本票字样，无条件支付承诺，出票人签字，出票日期和地点，付款地点，付款期限（如没有写清的为见票即付），票面金额，收款人或其指定人名称。

3. 支票（cheque，check），是由出票人签发，委托办理支票存款业务的银行或其他金融机构，在见票时立即无条件支付票面金额给收款人或持票人的票据。出票人签发的支票金额，不得超出其在银行的存款金额，如果存款低于支票金额（空头支票），银行将拒付，而出票人要负法律上的责任。根据 1931 年日内瓦《支票统一法公约》规定，有效的支票要求具备以下必要项目：写明其为支票字样，收款人或其指定人名称，付款银行的名称，出票日期和地点，付款地点，写明即期，票面金额，无条件支付命令。

4. 旅行支票（traveler's cheque）是由一些大的旅行社或银行开出的，提供供旅游者在国际旅游活动中作为支付手段的一种支票。旅行支票的票面金额大小不同，但通常都是固定的。参照 1931 年日内瓦《支票统一法公约》的有关规定，有效的旅行支票应具备以下必要项目：写明其为旅行支票字样，出票人的名称，购票人的初签，兑付人的复签，固定的票面金额，记名抬头人等内容。

5. 信用证（letter of credit），是银行做出的有条件的付款承诺凭证，即银行根据开证申请人的请求和指示，向受益人开具的有一定金额、并在一定期限承诺付款的书面文件；或者是银行在规定金额、日期条件下，愿为开证申请人承购受益人汇票的保证书。信用证的使用不仅在一定程度上解决了买卖双方之间互不信任的矛盾，而且还能使双方在使用信用证进行交易结算过程中获得银行资金融通的便利，从而促进国际贸易的发展，因此成为当今国际贸易中主要的结算手段和方式。

二、旅游服务贸易结算方式

随着旅游服务贸易的发展，旅游服务贸易结算方式也逐渐向简捷、方便和安全可靠发展。目前国际旅游中常用的结算方式主要有现钞结算、信用卡结算、旅行支票结算、信用证结算和汇付结算几种方式。

（一）现钞结算方式

现钞（currency）结算，是在国际旅游活动中，对提供的旅游服务以美元、英镑、法郎等国际通用货币进行结算。现钞结算是一种传统的贸易结算方式，其优点是简捷、方便，何时何地都可以进行交易结算，因此普遍为人们尤其是旅游者所接受。但是，随着国际上假钞的泛滥，以及各国对外汇管理规定的不同，使现钞结算不仅面临汇率变动的风险，而且受到一定的限制，再加上携带大量现钞也不安全，因此越来越多的旅游者和旅行商逐渐采用信用卡和旅行支票结算方式。

（二）信用卡结算方式

信用卡（credit card），是由银行或专门机构发给其认为可靠的客户，拥有短期消费信贷的凭证。在国际旅游活动中，常用的信用卡主要有两大类。一类是旅游信用卡，主要供持卡人在国际旅游活动中用于旅游消费的支付，因此又称为支付卡，如美国运通卡（American Express Personal Card）、大来卡（Diners Club cards）等。使用旅游信用卡结算，要求持卡人必须定期（通常一个月）与发卡机构进行结算，及时付清消费用款，方可继续使用。另一类是银行信用卡，是由银行发给有信用的持卡人，并规定授信的额度，允许持卡人先用于消费支付（透支），再向银行归还贷款，如万事达卡（Master Card）、维萨卡（Visa Card）等。由于银行信用卡通常可以享受分期还款的优惠待遇，因此是目前旅游者和旅行社普遍使用的结算方式。

相关知识 11 - 5：

2005 年 Visa 国际持卡人在亚太地区消费金额创新高

2006 年，Visa 国际组织在发布的《亚太区最新入境旅游消费趋势》报告显示：2005 年，来自世界各地的 Visa 持卡人向亚太地区注入了高达 237 亿美元的旅游收入，比上年增长 17%，创历史新高。其中，Visa 国际持卡人在中国的消费金额达到 27 亿美元，比上年增长 31%。根据国家旅游局统计，2005 年中国旅游（外汇）总收入为 292.96 亿美元，则 Visa 国际持卡人在中国的消费占 2005 年中国旅游（外汇）总收入的 9.2%。

根据这份《趋势》报告，2005 年亚太区最大的消费群体仍是来自本区域的 Visa 持卡人，消费金额达到 100 亿美元，占同期亚太区全部国际旅游消费收入的 43%。就单个国家或地区来看，来自美国和英国的 Visa 持卡人在该地区的消费总额最高，分别达到 47 亿和 34 亿美元。按行业分析，零售业吸纳的游客消费最高，达 60 亿美元，占 Visa 持卡人旅游总消费的 26%，其中百货商店、珠宝店和免税店是最主要的消费对象。此外，Visa 持卡人在酒店住宿和交通方面的消费也很高，分别为 50 亿和 26 亿美元。

报告还显示，2005 年 Visa 国际持卡人在亚太区通过 ATM 和银行柜台提取的现金总额为 53 亿美元，比上年增加了 22%；但签账仍然是 Visa 持卡人刷卡交易的主要形式，签账总额为 184 亿美元，占消费总额的 78%。

（资料来源：Visa 国际组织亚太网．http//www.visa - asia.com）

（三）旅行支票结算方式

旅行支票（traveler's cheques）结算，作为一种新的国际结算工具和方式，其不仅使用方便、安全可靠、用途多样、流通时间长，而且由于发行机构大多是国际性银行或金融公司，具有良好的信誉，因此越来越被旅游者、旅游企业、银行所接受。旅行支票的面额通常是固定的，从 10 至 100 元乃至 1 万元不等。在购买时需初签，在兑付时需要当面签字，两者必须相符合。旅行支票不挂失、不记名，而且购买时费用较高（10％的手续费），因此限制了其使用的广泛性。

（四）信用证结算方式

在旅游服务贸易中，信用证结算方式是旅游企业之间普遍采用的结算方式。信用证（letters of credit）是一种银行信用，其结算采用的是逆汇方法，即付款旅游企业通过向银行申请，获得有条件付款承诺的信用证；收款旅游企业根据银行承诺的信用证，可以先为付款旅游企业的旅游团队（者）提供旅游服务，然后按照合同规定提供各种单证，银行就可以向收款旅游企业履行付款和承兑的义务。

目前，旅游服务贸易中使用的信用证有旅行信用证、光票信用证和环球旅行信用证三类。旅行信用证，是专供旅游者进行国际旅游而开出的信用证，一般是由旅游者自己携带，允许其在一定的有效期内，在指定的国外银行提取一定金额的现款。光票信用证，是供常驻国外机构备付费用的支付或进行费用结算的信用证，其通常是限制在指定的国家、城市和银行进行取款，并且限定期限必须在一年之内。环球旅行信用证，也称为通天信用证，其允许持证人在一定的限额和期限内，可以在国外与开证银行有来往关系的任何一家银行支付或提现，而不受国家、地点和银行的限制。

三、旅游服务贸易的汇付结算

在旅游服务贸易结算中，尤其是跨国旅游企业之间的交易结算，绝大多数使用汇付结算。所谓汇付（remittance），又称为汇款，是指付款人使用各种结算工具，按合同规定的条件和时间，通过银行向收款人汇交款项的一种结算行为。由于汇付属于商业信用，因此其结算通常采用顺汇方法。

（一）汇付结算的流程

汇付结算业务一般涉及四个主要的当事人，即付（汇）款人（remitter）、收款人（payee）、汇出行（remitting bank）和汇入行（paying bank）。其中付款人与汇出行（委托汇款银行）之间，一般都订有合约关系；而汇出行与汇入行（汇出行的代理行）之间，必须订有代理合约关系。

在办理汇付结算业务时，首先由付（汇）款人按照合同约定，向汇出行填交汇款申请书并办理汇款；然后，汇出行根据付（汇）款人的汇款申请书的指示，向汇入行发出付款委托书；汇入行在收到汇出行的付款委托书后，应及时通知收款人，并按照规定的时限向收款人解付款项；收款人在收到汇入行的通知后，要按照取款的规定和要求，携带有效的证件和相关合同资料等，按照规定时限到汇入行提取款项。汇付结算的基本流程如图11—1所示。

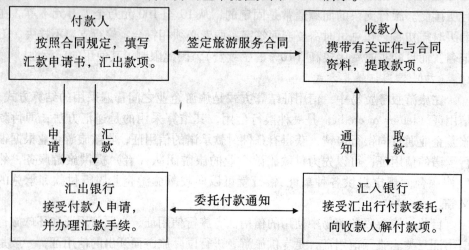

图 11 - 1   汇付结算的基本流程图

（二）汇付结算的形式

在旅游服务贸易结算中，根据汇出行向汇入行发出汇款委托的方式，一般可把汇付结算划分为电汇、信汇和票汇三种主要形式。

1. 电汇（telegraphic transfer，简记为 T/T），是指付款人向汇出行提出付款申请，汇出行在接受汇款人委托后，立即以电传方式将付款委托通知收款人当地的汇入行，委托它将一定金额的款项解付给付款人指定的收款人。电汇方式交款迅速，使收款人能够迅速收到款项，因此在三种汇付方式中使用最广。但是，由于银行利用在途资金的时间较短，因此电汇的费用通常比信汇和票汇的费用高。

2. 信汇（mail transfer，简记为 M/T），是指付款人向汇出行提出付款申请，汇出行在接受汇款人委托后，向收款人当地的汇入行航寄付款委托通知，委托它将一定金额的款项解付给付款人指定的收款人。因此，信汇速度通常都比电汇慢，特别是由于信汇方式手续繁多，因此目前各国银行已逐渐减少办理信汇业务，如欧洲地区许多国家已停办信汇业务。

3. 票汇（demand draft，简记为 D/D），是汇出行以银行即期汇票为支付工具的一种汇付方式。其是由付款人向汇出行申请办理银行即期汇票，汇出行根据汇款人的申请，为其开出以收款人当地的汇入行代理付款人的银行即期汇票，然后将银行即期汇票交由汇款人自行寄给收款人，由收款人凭银行即期汇票自行前往汇票上指定的汇入行提取款项。

（三）汇付结算的优缺点

在旅游服务贸易中，采取何种结算方式，通常主要是考虑手续费用、经营风险和资金负担等因素，以尽可能降低费用和风险。汇付结算的优点就在于手续简便、费用较低，特别是具有可靠的业务伙伴情况下，通过汇付结算还可以起到融通资金的积极作用。

汇付结算的缺点是经营风险大，资金负担不平衡。因为，采用汇付结算，既可以是预付款，也可以是即期付款。两种不同的付款方式，体现了不同的经营风险和资金负担情况。

预付款方式，是组团旅行商先将部分款项预付给接待旅行商，体现了付款方旅行商对收款方旅行商的信任，并为收款方旅行商提供了资金融通的条件，而付款方旅行商则要承担一定的资金负担。一旦收款方旅行商不守信用，就可能造成付款方旅行商的经营风险损失，甚至引发较多的旅游投诉和赔偿。

即期付款方式，是当地接旅行商提供或完成旅游服务业务时，组团旅行商才向地接旅行商支付有关款项，其体现了收款方旅行商对付款方旅行商的信任，并为付款方旅行商提供了资金融通的条件，同时收款方旅行商则要承担一定的资金负担。同样，如果付款方旅行商不守信用，就可能造成收款方旅行商的经营风险损失，甚至导致"三角债"的产生。

在目前旅游服务贸易中，凡是在国外有相对固定可靠的贸易伙伴或销售网络的旅行商，通常都采用预付款方式，即先预付部分款项，待整个旅游团队的旅游活动结束后，再进行全部团款的结算。对没有相对固定或可靠的贸易伙伴情况下，大多数旅行商采取即期付款方式，以减少经营风险损失。因此，在旅游服务贸易实践中，必须根据具体情况灵活采用汇付结算的方式，并与其他结算方式相结合。

第五节 旅游外汇风险管理

一、外汇、汇率与外汇风险

在旅游服务贸易中，往往要以外币作为国际旅游支付工具和旅游服务贸易结算手段。因此，必须了解和掌握有关外汇、汇率和外汇风险的概念和相关的知识。

（一）外汇概念及其作用

外汇（foreign exchange），是指外国货币（简称外币）或以外国货币表示的，用于国际债权债务结算的各种支付手段和行为。因此，外汇通常具有静态概念和动态概念的双重含义。

1. 外汇的静态概念有狭义和广义之分，狭义的外汇静态概念，是指以外币表示的可用于国际之间结算的支付手段，包括以外币表示的信用工具，如银行存款、商业汇票、银行汇票、银行支票等。广义的外汇静态概念，是指一切可以用外币表示的资产。按照我国《外汇管理条例》的规定，外汇是指下列以外币表示的可以用作国际清偿的支付手段和资产：外国货币，包括纸币、铸币；外币支付凭证，包括票据、银行存款凭证、邮政储蓄凭证等；外币有价证券，包括政府债券、公司债券、股票等；特别提款权、欧洲货币单位；其他外汇资产。外汇的静态概念，就是一般意义上的外汇概念。

2. 外汇的动态概念，是指把一个国家的货币兑换成另外一个国家的货币，以清偿国际债权、债务关系的一种专门性的行为，是国际外汇兑换（foreign exchanging）的简称。如按照一定的汇率，把人民币兑换成美元，或把美元兑换成英镑的行为。

3. 外汇的作用。外汇作为国际结算支付手段和汇兑行为，其主要作用有以下方面：一是用外汇清偿国际性的债权债务，不仅能节省运送现金的费用，降低风险，缩短支付时间，加速资金周转；而且可以扩大国际性的信用交往，拓宽融资渠道，促进国际经济贸易的发展。二是利用外汇充当国际性的支付手段，可以通过国际信贷和投资途径，调剂国家间的资金余缺，促进各国经济贸易的均衡发展。三是外汇跟国家黄金储备一样，是一个国家国际储备的重要组成部分，一旦该国发生国际收支逆差时，可以用外汇来作为清偿国际债务的主要支付手段。

（二）汇率概念和影响因素

汇率（exchange rate），是两种不同货币之间的比价，即以一种货币表示另一种货币的价格，或以另一种货币表示该种货币的价格。汇率的标价方法通常有直接标价法和间接标价法两种方法。

相关知识 11 -6：

人民币汇率与外汇汇率

人民币汇率与外汇汇率是不同的概念。人民币汇率，是指单位（通常是100元）人民币能兑换多少外币的比率；而外汇汇率则相反，是指单位（通常是1元或100元）外币能够兑换多少人民币的比率。由于我国对汇率是使用直接标价法，因此，汇率变动是指的外汇汇率变动。如2005年7月21日1美元可以兑换8.11元人民币，到2006年11月21日，1美元只能兑换7.86元人民币，则说明外汇汇率下降，人民币汇率上涨。

1. 直接标价法，是指以一定单位（1或100）的外国货币为标准，计算应付出多少单位的本国货币，也就是以本国货币表示的单位外国货币的价格。如 1 美元的价格等于多少单位的人民币，100 日元的价格等于多少单位的人民币。按照直接标价法，若汇率上涨，表示单位外币所能换取的本币增多，说明外币币值上涨，本币币值下降；若汇率下降，表示外国单位货币能换取的本币减少，说明外币币值下跌，本币币值上升。目前我国与大多数国家都使用直接标价法。

2. 间接标价法，是指以一定单位（1 或 100）的本国货币为标准，计算应该收进多少外国货币，即以外国货币来表示的单位本国货币的价格。如 100 元人民币的价格等于多少单位的美元，100 元人民币的价格等于多少单位的日元。按照间接标价法，若汇率上涨，表示单位本国货币能兑换的外国货币比减少，说明外国币值上升，本国币值下降；若汇率下降，表示单位本国货币能兑换的外国货币增多，说明外国币值下降，本国币值上升。目前世界上只有英国、美国等少数国家使用间接标价法。

3. 汇率的影响因素是多种多样的。在实行浮动汇率制度下，一国经济发展状况、国际收支状况、通货膨胀率、宏观经济政策、利率变化、市场预期、外汇供求变化和货币管理当局的干预等因素，都可能影响汇率的变动。这些因素的关系错综复杂，有时是以某个因素为主引起汇率变动，有时是所有因素都对汇率变动产生影响，有时是各种因素起相互抵消的作用等。但是，从较长一段时间内汇率变动的规律性考察，决定汇率变动的主要因素是外汇供求变化、国际收支状况和通货膨胀率等，而宏观经济政策、利率变动、市场预期等只能起从属作用。而在固定汇率制度下，一国的财政、货币和外汇政策对汇率的变动，通常起着决定性的作用。

（三）汇率的分类

汇率的类型，通常可按照确定主体、制定方法、买卖特征、交易期限和外汇管理等进行划分，从而划分为各种不同的类型。

1. 按照汇率确定的主体，一般可以划分为固定汇率和浮动汇率。固定汇率的确定主体是各国政府，即由各国政府制定和公布的汇率，是只能在规定幅度内波动的汇率；浮动汇率是由市场供求关系决定的汇率，其涨落波动的幅度基本上是自由的，各国政府原则上没有维持浮动汇率水平的义务，但必要时可进行干预。

2. 按照制订汇率的方法，一般可以划分为基本汇率和套算汇率。基本汇率，是指各国选择某一国货币作为主要货币，然后根据本国货币与主要货币的实际价值的比率，所制定的本国货币对主要货币的汇率。目前，由于美元是国际支付中使用较多的货币，因此各国都把美元作为制定汇率的主要货币，从而把对美元的汇率作为基本汇率。套算汇率，是指各国按照所制定的基本汇率，套算出的反映本国货币与其他货币之间价值比率的汇率。

3. 按照外汇买卖的特征，通常可以划分为买入汇率、卖出汇率、中间汇率和现钞汇率。买入汇率，是指银行向同业或客户买入外汇时所使用的汇率，又称为买入价；卖出汇率，是指银行向同业或客户卖出外汇时所使用的汇率，又称为卖出价；在采用直接标价法时，外币折合本币数较少的那个汇率是买入价，外币折合本币数较多的那个汇率是卖出价。通常，银行在买入和卖出外汇之间有个差价，这个差价是银行买卖外汇的收益，一般在 1%～5% 之间，因此中间汇率就是指买入汇率与卖出汇率的平均数。目前，大多数国家都明确规定，不允许外国货币在本国流通，只有将外币兑换成本国货币后，才能够购买本国的商品和劳务，于是就产生了现钞汇率，因此现钞汇率就是银行买卖外汇现钞的兑换率。

4. 按照外汇交易的交割期限，可以划分为即期汇率和远期汇率。即期汇率，是指买卖外汇双方成交当天或两天以内进行交割的汇率，因此也称为现汇汇率；远期汇率，是事先由买卖双方签订合同、达成协议，在未来一定时期进行交割的汇率。远期汇率是一种预约性交易汇率，是由于交易双方为了规避外汇风险确定的汇率。远期汇率与即期汇率相比是有差额的，这种差额叫远期差价，有升水、贴水、平价三种情况，升水是表示远期汇率比即期汇率贵，贴水则表示远期汇率比即期汇率便宜，平价表示两者相等。

5. 按照外汇管理的宽严，可以划分为官方汇率和市场汇率。官方汇率，是指国家机构（财政部、中央银行或外汇管理当局）公布的汇率，市场汇率，是指在自由外汇市场上买卖外汇的实际汇率。其中，官方汇率又可分为单一汇率和多种汇率，单一汇率是一国政府对本国货币仅规定一个汇率，各种不同来源与用途的收付均按此计算；多种汇率是一国政府对本国货币规定一种以上的对外汇率，也叫复汇率，其目的在于奖励出口限制进口，限制资本的流入或流出，以改善国际收支状况。在外汇管理较松的国家，官方宣布的汇率往往只起中心汇率作用，实际外汇交易则按市场汇率进行。

（四）外汇风险的产生

外汇风险（foreign exchange risk），是指由于汇率变动给外汇持有者或外汇交易者带来经济收益或损失的不确定性。通常，凡是从事对外经济贸易、投资及金融业务的企业、银行、个人及国家外汇储备管理等，通常都会在国际范围内收付大量外币或持有外币债权债务，或者以外币对其资产和负债计价，从而都面临着外汇风险。从外汇风险的成因看，主要有以下几方面的原因。

1. 汇率制度是外汇风险产生的根本原因。从国际货币制度的演变看，传统上各国都是实行固定汇率制度，从而掩盖了外汇风险产生的可能性。1973 年，国际货币基金组织通过了《牙买加协定》，承认浮动汇率制度的合法性，使外汇风险的不确定性日益明显。尤其是各国使用的货币不同，再加上各国的汇率经常进行变动，使各国在国际经济贸易往来和国际结算中就产生了外汇风险。我国当前实行的是有管理的浮动汇率制，使外汇风险敞口有所扩大。

2. 结算时间是外汇风险产生的主要原因。在国际经济贸易和国际结算过程中，由于货物的收发、账款的收付时间与最后清算时间存在一定的跨度，而外汇汇率变动又很频繁，必然导致结算时的汇率与签订合同时的汇率不同，从而产生收益或亏损的外汇风险。结算时间的跨度越长，则汇率波动的幅度越大，外汇风险也相应增大。因此，面对频繁波动的外汇汇率，只有缩短国际结算的时间跨度，或者事先锁定外汇汇率，才能有效地规避外汇风险，尽可能减少外汇风险造成的损失。

3. 外汇兑换是外汇风险产生的重要原因。在国际经济贸易往来中，不仅存在着以外币进行国际结算，还常常要发生以外币计价的国际信贷活动，或者本币和外币兑换的情况。由于不同货币之间存在一定的价差，当以外币计价或货币间进行兑换时，就可能面临资金增值或缩水的问题，从而使外汇持有者或换汇者增加了收益与损失的不确定性，不仅带来了外汇风险，而且随着汇率的频繁变动，必然使外汇风险系数不断扩大。

二、旅游外汇风险类型和影响

在旅游服务贸易中，由于国际经济和金融市场的动荡，尤其是各国普遍采取浮动汇率制，使国际旅游支付和服务结算中存在着一定的外汇风险。因此，必须了解和掌握旅游外汇风险的概念和类型，加强对外汇汇率变化的分析和预测，努力规避旅游外汇风险带来的损失。

（一）旅游外汇风险的概念

旅游外汇风险（foreign exchange risk in tourism），是指在旅游服务贸易中，由于一定时期的外汇汇率变动，引起以外币计价的旅游债权与债务、资产与负债价值涨跌的不确定性所造成的收益或损失的可能性。理解旅游外汇风险的概念，必须掌握以下几点：

1. 旅游外汇风险是汇率变动的结果。在旅游服务国际结算中，由于国家之间使用的货币不同，往往采用国际通用货币（如美元、英镑）作为结算工具。在世界各国普遍实行浮动汇率制情况下，外汇汇率总是处于不断的频繁变动中，因此在以外币对旅游债权与债务、资产与负债计价时，随着汇率的涨跌变化，必然引起旅游债权与债务、资产或负债价值的不确定变化，造成旅游企业、旅游者的收益变化或风险损失，因此，旅游外汇风险是汇率变动的必然结果。

2. 旅游外汇风险有狭义和广义之分。狭义的旅游外汇风险，主要是指外汇汇率风险和利率风险，即由于外汇汇率或外币利率的变化所引起的风险，是对旅游企业、旅游者直接产生影响的风险；广义的旅游外汇风险，不仅包括汇率风险和利率风险，还包括由于汇率和利率变化引起的旅游信用风险、会计风险、经济风险等，其不仅对旅游者支付、旅游企业经营造成影响，还可能对一国旅游经济增长、旅游结构变化产生相应的不确定性影响等。

3. 旅游外汇风险的受险情况不同。旅游外汇风险的承担者，包括直接和间接从事旅游服务贸易的企业、个人、银行和政府相关部门等，因此其所承担的旅游外汇风险，通常也包括直接受险和间接受险两部分。直接受险部分，是指旅游者、旅游企业或银行直接参加以外币计价结算的旅游服务贸易而产生的，其所承担的外汇风险金额一般是确定并可以计算的；间接受险部分，是指因汇率变动而引起一国旅游经济增长、旅游结构变化的间接影响，使那些不使用外汇的部门及个人也承担相应的外汇风险，但其所承担的外汇风险金额通常是不确定且难以计算的。

（二）旅游外汇风险的形态

根据旅游外汇风险概念和产生的原因，在旅游服务贸易中的外汇风险，主要有交易风险、结汇风险、经营风险、会计风险和经济风险等五种形态。

1. 交易风险（transaction risk），是指旅游企业在旅游服务贸易中，以外币计价的业务交易因汇率变动而引起损益的不确定性。交易风险作为旅游服务贸易中最主要的外汇风险，是由于国际旅游服务结算的特殊性所决定和产生的。在国际旅游服务贸易中，不同国家的旅游企业按合同规定提供旅游服务时，通常是先预付部分旅游费用，在完成全部旅游服务后，再结清合同规定的全部整个旅游费用。于是，由于签约时间与结算时间的不同，随着汇率变动就产生了交易风险，从而引起不同国家旅游企业之间债权和债务损益的不确定性变化。

2. 结汇风险（sell & buy risk），是指旅游企业在向银行买进或卖出外汇时，因汇率变动而引起损益的不确定性。通常，旅游企业在经营出入境旅游业务时，必然要涉及外汇买进或卖出的结汇业务，即按照外汇牌价（汇率）向银行买进外汇或卖出外汇。在汇率波动情况下，旅游企业不仅向银行买进或卖出外汇时的汇率不同，而且在进行旅游服务结算时所依据的外汇牌价，与其到银行结汇时的外汇牌价也往往不同，从而给旅游企业带来损益的不确定性，形成了旅游服务贸易中的结汇风险。

3. 经营风险（operate risk），是指在汇率发生变动的情况下，以外币计价的原材料、劳动力、管理费用等方面价格的变动，引起旅游经营成本、市场价格的变化等，从而影响到旅游企业的销售额和获利的不确定性变化。随着旅游服务贸易的发展，为了满足国际旅游者在境内的消费需求，往往需要进口某些旅游商品及材料，聘用国外旅游管理人员，到国外进行宣传促销。若外汇汇率上升，就会使上述费用的本币价格相应升高，导致经营成本增加，造成旅游企业的经营风险损失。

4. 会计风险（accounting risk），是指进行全球性经营活动的旅游企业，根据国际会计规则和国内有关规定，为了把以外币计价的收入和费用、资产和负债合并到本国货币账户内，必须把上述项目的发生额按本国货币进行折算重新表述，于是，在折算重新表述中就会因汇率的变化，引起资产负债表上某些项目价值变化的不确定性，故又称为折算风险。对折算风险的处理，必须按母公司所在国政府或公司自己确立的规定进行。

5. 经济风险（economic risk），是指由于汇率变动，引起整个旅游企业经营发展，乃至整个国家旅游增长和旅游结构的不确定性变化。通常，当外汇汇率上涨时，表明本币币值下降，使同等数量的外币购买力增强，从而促进入境旅游人数增加，出境旅游人数减少；当外汇汇率下跌时，表明本币币值上涨，使同等数量的外币购买力减弱，从而使入境旅游人数减少，出境旅游人数增加。总之，不论外汇汇率是上涨还是下跌，都会给旅游企业经营发展带来经济风险，并影响到国家整个旅游增长和旅游结构的变化，造成一定时期内旅游收益发生变化。

（三）旅游外汇风险的影响

在旅游服务贸易中，必须高度重视对外汇风险的预测和分析，因为汇率波动不仅在旅游服务结算中造成债权和债务损益的变化，直接影响到旅游服务贸易的收益；而且会对一个国家的旅游发展造成重要的影响。

1. 外汇风险对旅游产品报价的影响。在旅游服务贸易中，国际旅行社作为入境游客的接待社，必须向对境外组团旅行社（或旅游团）提供其旅游产品的报价。通常，国际旅行社从进行产品策划、宣传促销，开展外联招徕业务，与境外组团社签订合同，到接团开展旅游活动，往往需要历经几个月甚至更长的时间，于是在实行浮动汇率情况下，汇率的波动必然给国际旅行社的外联、报价带来不确定性，从而造成旅游产品报价的外汇风险。如果国际旅行社过分考虑外汇风险，提高旅游产品报价，就会使价格缺少合理性和市场竞争力；如果国际旅行社要提高旅游产品报价的竞争力，就可能使报价偏低而潜藏着一定的外汇风险。因此，汇率变动不仅给国际旅行社的旅游产品报价带来外汇风险，而且使国际旅行社在规避产品报价外汇风险时处于两难的境地。

2. 外汇风险对旅游收入和效益的影响。在旅游服务贸易中，国际旅游收入通常都是以外币计价，于是随着汇率的波动必然对旅游收入和效益带来一定的风险影响。因为，当外汇汇率上升时，以外币计价的外汇收入折算为本币就会增值，从而使旅游总收入增加；反之，当外汇汇率下跌时，以外币计价的外汇收入折算为本币就会缩水，从而使旅游总收入减少。以我国旅游总收入为例，2005年我国旅游总收入为 7 686 亿元人民币，其中入境旅游收入约 2 400 亿元人民币，大约是按美元汇率 8.2 左右的标准核算的（即 8.20 × 292 亿美元）。由于 2005 年下半年以来美元汇率下跌而使人民币升值，如果按 2005 年 12 月 30 日的美元汇率 8.07 计算，则 2005 年旅游总收入将减少大约 40 亿元人民币左右。

3. 外汇风险对旅游增长和结构的影响。根据前面对旅游外汇的经济风险分析，不论外汇汇率是上涨还是下跌，不仅直接给旅游企业的经营发展造成一定的影响，而且会影响到整个国家的旅游增长和旅游结构的变化，造成一定时期内旅游收益格局发生相应的变化。以我国为例，随着人民币汇率（对美元）的继续增长，一方面使我国入境旅游面临着更大的挑战，不仅入境旅游人数的增长幅度将受到影响，而且实际旅游总收入也面临缩水的突出问题；另一方面，随着我国出境游目的地的不断增加（已达 80 多个国家和地区），我国已成为亚洲第一大客源输出国，而人民币的升值将进一步使出境旅游快速扩大和发展。因此，外汇汇率的变化，必然对整个旅游增长和旅游结构产生重要的影响作用。

4. 外汇风险对旅游目的地竞争力的影响。在旅游服务贸易中，旅游产品价格始终是反映旅游服务竞争力的重要因素，是不可违背的客观经济规律。因此，外汇汇率的变动必然引起旅游产品价格的相对变动，从而对旅游目的地的市场竞争力造成一定的影响。因为，当外汇汇率上涨时，意味着相同数量的外币在旅游目的地能够获得更多的旅游服务，从而相对提高了旅游目的地的市场竞争力；相反，当外汇汇率下跌时，意味着相同数量的外币在旅游目的地能够获得的旅游服务也相应减少，或者要付出更多的外币才能够获得同等的旅游服务，从而相对降低了旅游目的地的市场竞争力。目前，尽管我国旅游的国际竞争力在世界上居于前列，使外汇汇率的适当变化对入境旅游的影响不大；但如果美元汇率持续走低，人民币持续大幅升值，必将使我国入境旅游价格相对提高，意味着入境游客在我国的旅游花费也相应大幅增加，这样将使我国旅游的国际竞争力相对减弱，从而使入境游客的增幅受到影响。

三、旅游外汇风险的管理

在旅游服务贸易中，为了有效地规避旅游外汇风险，必须加强对旅游外汇风险的管理。根据规避外汇风险的理论，结合旅游服务贸易的实践，加强旅游外汇风险管理包括以下方面的内容。

（一）提高外汇风险管理意识和能力

加强旅游外汇风险管理，首先必须增强旅游外汇风险意识，提高旅游外汇风险管理能力。一是要加强对旅游涉外人员、企业财务人员的培训，增强他们的外汇风险意识，提高对汇率变动的预测分析能力和有效规避外汇风险的能力；二是要加强旅游企业内部管理，构建适应现代旅游服务贸易要求的财务决策机制，能够灵敏地反映和预测外汇风险的产生，及时采用各种规避外汇风险的措施，以避免或降低旅游企业的外汇风险损失；三是要切实加强内部各部门之间的沟通和合作，使各部门和各有关人员之间加强沟通、紧密合作，不断提高外汇风险管理的能力和水平，才能降低整个旅游企业的外汇风险和经营风险，促进旅游企业持续健康地发展。

（二）加强对汇率变动的分析和预测

加强旅游外汇风险管理，必须准确把握国家的宏观政策和外汇管理政策，重视和加强对外汇市场的研究，密切关注外汇市场汇率变动情况和影响因素，及时分析和预测汇率变化的趋势，并结合旅游企业的经营实际，采取有效的规避外汇风险的必要措施。如根据外汇汇率的走势，合理调整旅游产品的价格和对外报价，尽量避免旅游产品价格突然涨落带来的负面影响，充分考虑对外报价中的外汇风险，努力减少或合理分摊外汇风险造成的损失；在外汇买进或卖出过程中，努力规避外汇风险，减少不必要的损失；加强财务结算管理，尽量减少时间因素造成的外汇风险损失等。总之，加强对汇率变动的分析和预测，不仅是旅游企业规避外汇风险的重要前提，也是加强旅游外汇风险管理的重要措施，因此旅游企业应把它作为一项经常性、长期性工作，持续不断地开展下去。

（三）重视对计价货币的选择和搭配

在旅游服务贸易中，旅游产品报价是一项十分重要的活动，其不仅体现着旅游产品在市场上的竞争力，对招徕入境旅游者数量具有重要的影响；而且对有效规避外汇风险，避免或降低外汇风险造成的损失具有重要的促进作用。因此，在旅游产品报价时，必须按照有利于吸引客源、增加利润、方便结算的原则，重视对计价货币的合理选择和搭配。具体方法有以下几方面：

1. 选择本币作为计价货币。对于旅游服务贸易出口的企业，选择本币作为计价货币进行对外报价，一般不涉及货币兑换，基本上没有外汇风险。因此，目前许多旅游发达的国家，尤其是一些储备货币发行国家，如美国、英国、德国、法国等，大部分旅游服务贸易出口都是以本币进行报价和结算的。但是，选择本币计价并不是任何国家的货币都可以，通常必须是国际通用货币才能用于国际支付，并且必须是交易双方都认可的。

2. 选择自由兑换货币作为计价货币。选择自由兑换货币作为计价货币，有利于外汇资金的调拨和运用，一旦出现外汇风险可以立即兑换成其他有利的货币，以转移货币的汇价风险。在选择自由兑换货币时，应重视对汇率变化趋势的分析，选择汇率有上升趋势的货币（即"硬"货币）作为计价货币，这是规避外汇风险的根本性措施。

3. 选择多种货币同时作为计价货币。在外汇市场上，各种货币的汇率的走势是不同的，从而形成了计价货币的有"软"有"硬"。通常，把汇率走势好的货币称为"硬"货币，把汇率走势差的货币称为"软"货币。因此，在选择多种货币同时作为计价货币时，应按照"收硬付软"的原则，合理安排"软"货币和"硬"货币的比例，用"硬"货币计价结算带来的收益，弥补因使用"软"货币计价结算带来的损失，以保证既增加入境游客数量，又规避外汇风险，实现外汇收入总额的平稳增长。

（四）灵活运用旅游合同的条款

加强旅游外汇风险管理，还可以灵活运用旅游合同条款来规避外汇风险，其通常是采取以下两方面的常用方法和具体措施。

一方面，可通过在合同中加列保值条款来规避外汇风险。保值条款，是经过交易双方协商，同意在旅游合同中加列分摊未来汇率风险的货币收付条件。其做法是在签订合同时充分考虑外汇风险的影响，在保值条款中的交易金额以比较稳定的货币或综合货币单位保值，如"硬"货币保值、黄金保值等；在清算时按支付货币对保值货币的当时汇率加以调整，以达到规避外汇风险的效果。

另一方面，可通过在合同中明确规定接待细节来规避外汇风险。由于结算时间的递延是外汇风险产生的主要原因，因此在签订旅游服务合同时，应明确规定和细化旅游活动的行程，包括旅游线路安排、活动内容、导游服务、住宿餐饮等接待条件及其他各项条款，尽量使各个环节都有明确规定，有标准可依，以避免合同履行中产生争议，造成结算拖延或拒绝付款，甚至为对方转嫁外汇风险损失提供条件。

（五）采取平衡抵消风险的方法

在现代旅游服务贸易中，各国之间的国际旅游往来，往往都是互为旅游目的地和客源地的，从而为采取平衡抵消外汇风险提供了有利的条件。因此，旅游企业要善于利用互为旅游目的地和客源地的条件，在大力发展入境旅游业务的同时，积极发展对应的出境旅游业务，从而采取平衡抵消方法来规避外汇风险。具体的方法和措施主要有以下两种。

1. 配对法（matching），是指开展旅游服务贸易的旅游企业，在接待某国的入境旅游团队的同时，以该国为旅游目的地而组织出境旅游团队，并尽可能使两个旅游团队的旅游费用、结算货币、结算日期基本一致，从而把两次经营活动面临的外汇风险相互抵消。对于国家之间有长期业务合作的旅游企业而言，配对法不仅能够有效地规避外汇风险，而且有利于简化交易结算，促进相互之间业务开展，实现交易双方互利双赢、共同发展。

2. 组对法（pairing），是指开展旅游服务贸易的企业之间，通过利用两种资金的流动对冲来抵消或减少外汇风险的方法。如国外许多大的旅行商都拥有包机公司，因此旅游企业在接待国外旅行商的入境旅游团队时，可以通过利用国外旅行商的包机业务，来实现资金的流动对冲，从而抵消或减少外汇风险。组对法与配对法的区别在于，配对法是基于同一种业务和货币的对冲，而组对法则可以是两种以上业务或货币的对冲。因此，组对法比配对法更具有灵活性和运用性，其缺点是组对不当有可能产生新的经营风险，因此必须注意对组对业务和货币进行正确的选择。

（六）合理开展各种结汇业务

加强旅游外汇风险管理，旅游企业除了应留存足够的外汇额度，以避免由于外汇资金紧张而被迫在汇率低时与银行结汇，造成外汇风险损失外，也可以通过与银行合理开展各种结汇业务，来规避或降低外汇风险。具体方法和措施主要有以下几种。

1. 即期合同法（spot contract），是指旅游企业通过采用即期外汇交易来防范外汇风险的方法。具体做法是：当旅游企业在近期预定时间内有旅游服务出口收汇时，应与银行签订出卖相应金额外汇的即期合同；当旅游企业在近期预定时间内有旅游服务进口付汇时，则应与银行签订购买相应金额外汇的即期合同；以通过外汇资金的反向流动来规避和消除外汇风险。

2. 远期合同法（forward contract），是指旅游企业通过采用远期外汇交易来防范外汇风险的方法。具体做法是：当旅游企业签订旅游服务出口合同后，应按当时的远期汇率，与银行签订卖出合同金额和币别的远期外汇合同，在到期收汇后，再按卖出合同确定的汇率与银行进行交割；当旅游企业签订旅游服务进口合同后，应当时的远期汇率，与银行签订买进合同金额和币别的远期外汇合同，在到期支付外汇后，再按买进合同确定的汇率与银行进行交割。远期合同法的优点在于：一方面将防范外汇风险的成本固定在一定的范围内，有利于旅游成本的核算；另一方面，将不确定的汇率变动因素转化为可计算的因素，能在规定的时间内消除外汇的时间风险和价值风险。

3. 借款法（borrowing），是当旅游企业有确定的远期外汇收入时，可以通过向银行借入一笔与远期收入相同币种、相同金额和相同期限的贷款来防范外汇风险的方法。其特点是现在把未来的外币收入从银行借出来供支配使用，届时外汇收入进账后正好用于归还银行贷款，从而规避了因时间因素造成的汇率变动的外汇风险。

4. 投资法（investing），是当旅游企业有确定的一笔远期外汇支出时，可以将闲置的资金换成与远期支付相同币种、相同金额和相同期限的外汇进行投资，待未来支付外汇日期到来时，就用投资的本息（或利润）付汇，从而规避了因时间因素造成的汇率变动的外汇风险。一般投资的市场应是短期货币市场，投资的对象为规定到期日的银行定期存款、存单、银行承兑汇票、国库券、商业票据等。

复习思考题

一、重点概念

旅游服务合同	包价旅游合同	旅游代理合同	旅游安全
旅游危机	旅游安全事件	旅游安全事故	旅游救援
旅游服务贸易结算	信用卡结算	旅行支票结算	信用证结算
汇付结算	外汇	汇率	旅游外汇风险

二、思考题

1. 简述旅游服务合同的特征。
2. 为什么要加强旅游服务合同的管理？
3. 简述旅游安全事件和危机的产生因素。
4. 比较旅游安全事件和旅游安全事故的区别和联系。
5. 如何建立旅游安全救援机制？
6. 简述旅游保险的类型和特点。
7. 如何进行旅游保险的理赔？
8. 旅游服务贸易结算有哪些方式？
9. 简述汇付结算的流程和优缺点。
10. 旅游外汇风险有何特点？
11. 简述旅游外汇风险的规避和管理。

主要参考文献和资料来源

1. ［英］科普兰. 汇率与国际金融（第三版）. 中国金融出版社，2002
2. ［美］列维奇. 国际金融市场：价格与政策. 机械工业出版社，2003
3. ［美］诺曼·G. 考罗耶尔. 旅游业法律与案例. 旅游教育出版社，2006
4. 世界旅游组织. WTO 旅游业危机管理指南. 2002
5. 杨富斌，王天星. 西方国家旅游法律法规汇编. 社会科学文献出版社，2005
6. 刘劲柳. 旅游合同范围与概念探析. 旅游调研，2003（7）
7. 杨立新. 中华人民共和国合同法与适用. 吉林人民出版社，1999
8. 何平. 浅析旅游合同立法的必要性. 温州大学学报，2003（1）
9. 国家旅游局. 旅游安全管理暂行办法. 1990－02－20
10. 国家旅游局. 旅游安全管理暂行办法实施细则. 1994－01－22
11. 郑向敏. 旅游安全学. 中国旅游出版社，2003
12. 中国法制出版社. 旅游事故处理. 中国法制出版社，2003
13. 国家旅游局. 旅行社投保旅行社责任保险办法. 2001－05－15

14. 中国保监会，国家旅游局. 关于进一步做好旅游保险工作的意见. 2006 - 06 - 18

15. 中国保险网. 游客出游应购买 4 种类型保险.

16. 邹根宝. 新编国际贸易与国际金融 [M]. 上海：上海人民出版社, 2002.

17. 薛永久主编. 国际贸易. 四川人民出版社, 1993

18. 姜波克. 国际金融新编（第三版）. 复旦大学出版社, 2005

19. 段文斌，杜桂. 外汇市场与外汇业务. 经济管理出版社, 2001

20. 刘敢生. WTO 与旅游服务贸易的法律问题. 广东旅游出版社, 2000

21. 朱疆. 外贸企业外汇风险及防范措施探讨. 企业经济, 2002（1）

22. 朱延松. 人民币汇率市场化趋势下的企业外汇风险管理. 企业经济, 2002（11）

23. 世界旅游组织网. http：//www. world - tourism. org

24. 中国保险网. http：//www. china - insurance. com

25. 中国旅游网. http：//www. cnta. gov. cn

第十二章
旅游服务贸易争议与解决

在当今复杂多变的国际经济贸易活动中，各国在开展旅游服务贸易的过程中，不可避免地会产生各种旅游争议和争端。因此，妥善解决好这些旅游争议和争端，既是维护各国旅游者、旅游经营者在国际旅游中的正当权益，也是促进旅游服务贸易健康发展的重要保障。通过本章的学习，要了解旅游争议的产生原因、特征和类型，掌握旅游不可抗力的概念和条款的签订；要熟悉旅游投诉的条件、范围和时效，掌握旅游投诉的受理和处理程序；要了解和熟悉有关旅游争议协商、调解、仲裁和诉讼方式的特点和原则，并掌握使用它们解决旅游争议的程序和要求；最后，还要了解国际贸易争端解决机制和解决方法，以有效地促进旅游服务贸易的发展。

第一节　旅游争议与不可抗力

一、旅游争议的概念

旅游争议（travel disputes），是指参与旅游活动的各方因合同条款、法律关系、违约责任及其他原因而引起的纠纷和争执。在旅游服务贸易中，发生旅游争议的一方当事人，必须是外国旅游者、旅游企业或旅游组织，有时国家也可能成为争议一方当事人，而引起争议的法律事实既可能发生在国外，也可能发生在国内。因此，必须正确掌握旅游争议的产生原因、特征和类型，才能采取有效的方式和方法，妥善解决旅游服务贸易中的争议。

（一）旅游争议的产生

在国际旅游活动和旅游服务贸易中，产生旅游争议既是客观存在的，原因又是多方面的，常见的旅游争议主要有以下几种情况。

1. 旅游合同条款方面的争议。国际旅游活动是一种跨国旅游活动，各个国家不仅有各自不同的国情和旅游特点，而且对旅游服务也有不同的法规、标准和要求。因此在旅游服务贸易中，不同国家的旅游者、旅游企业之间，如果彼此对对方国情、旅游特点、旅游法规和标准要求不够熟悉，则双方在订立旅游合同时，往往会在旅游活动项目、住宿餐饮等级、旅游服务标准等方面出现合同条款订立不明确或不细致的情况，从而导致在履行合同时发生各种不同的旅游争议。

2. 旅游权利义务方面的争议。在旅游服务贸易中，由于交易双方具有不同的权利和义务，当事人双方为了维护各自的权利和履行应尽的义务，往往会由于对旅游权利和义务的理解和解释不同而发生争议。如在旅游活动中发生某种意外事故，或航班误点导致行程更改等问题时，当事人一方可能提出另一方没有履行合同所规定的义务，从而损害了自己的权利；而另一方则认为自己已履行了合同规定的全部义务，所发生的意外事故或问题不是自己的责任，甚至与自己无关，从而引起当事人双方之间的旅游争议。

3. 旅游违约责任方面的争议。在旅游服务贸易中，还经常会出现缔约的当事人一方违约，即当事人一方没有全部或只是部分地履行合同的规定，从而引发双方当事人之间的旅游争议。如接待旅行社未按合同规定行程组织旅游团（者）的旅游活动，未提供合同规定的相应标准的旅游服务，未按时提交有关旅游服务结算的全部或部分单据等；组团旅行社未按合同规定的时间汇付旅游费用，或者旅游团（者）在没有充分理由的情况下而终止旅游活动，或者拒绝对方提供的旅游服务等。当这些违约情况产生时，缔约双方当事人会因对违约责任的看法不一致而产生旅游争议。

4. 旅游法律关系方面的争议。通常，缔约双方签订旅游合同后，就应该按照合同规定约束各自的行为。但在旅游服务贸易中，由于旅游活动的跨国性，使旅游合同的履行不仅应符合各国的法律规定，还应该符合有关的国际规则或国际惯例。因此，在旅游服务贸易出现违约情况时，违约一方往往会运用国际规则或国际惯例来有意回避或缩小自己的违约责任和后果，而受损一方同样会运用国际规则或国际惯例来有意扩大对方违约的责任和后果，从而使缔约双方之间产生法律关系上的旅游争议。

（二）旅游争议的主要特征

根据对旅游争议的产生原因分析，可以看出旅游争议既是客观存在的，又是广泛而复杂的，因此必须进一步分析旅游争议的基本特征。

1. 旅游争议产生的客观性。在市场经济条件下，旅游产品的消费者和经营者都是旅游活动的参与者，都是平等的市场经济主体，都具有对等的合法权利和义务，不论是旅游者还是旅游经营者，在履行自己应尽的责任和义务的同时，总是要努力维护自己合法权益，因此参与旅游服务贸易的各方为了各自的目标和利益，需要相互合作、共谋发展。但是，由于各旅游活动主体彼此间所处的社会制度、文化背景、价值观念及所追求的目标利益不同，往往会导致双方产生对权利义务的不同看法，或由于旅游经营者履行义务不到位，或由于旅游者过度维护自身权益等，从而产生各种各样的旅游争议，因此旅游争议的产生是客观存在的。

2. 旅游争议内容的广泛性。在国际旅游活动中，旅游活动不仅涉及食、住、行、游、购、娱等基本旅游服务，还涉及签证、汇兑、保险、医疗、救援等方面的相关服务，由于旅游服务所涉及的行业、经营单位和服务人员众多，不仅使旅游服务贸易的关系复杂，还导致旅游争议内容的广泛多样性。因此，在旅游服务贸易中，任何一个行业、经营单位和服务人员的经营活动和服务，都有可能成为引起旅游争议的因素，从而使旅游争议具有广泛性的基本特征。

3. 旅游争议关系的复杂性。在旅游服务贸易中，一方面由于旅游活动的跨国家、跨地区流动的特点，决定了旅游活动中具有很多不可预见因素的影响，从而可能引发复杂多样的旅游争议；另一方面，由于旅游活动主体的多元性，如旅游者、组团旅行社、接待旅行社、相关旅游服务单位等，特别是他们之间相互交叉的委托、代理、代办关系等，往往构成了复杂的旅游服务法律关系，从而导致旅游争议关系的复杂性，使所涉及的业务问题、事实依据和法律问题也相应变得复杂化和多样化。

4. 旅游争议诉求的目的性。在旅游服务贸易中，不论是旅游者和经营者之间，还是不同的旅游企业之间，他们的行为都是以维护自身权益为主要目的，都具有快速解决旅游争议的诉求。尤其是旅游企业在旅游争议产生后，首先考虑的是时间成本、机会成本和资金成本，希望快速了断旅游争议以免贻误更多的时间、精力或商机，同时快速了断旅游争议还具有保护企业商誉或声誉的积极作用。因此，旅游争议诉求的目的，就是当事人都希望采取快速而实用的解决方法，尽快解决旅游争议并得到相应的补偿，从而为解决旅游争议提供了重要的前提条件和基础。

5. 旅游争议解决方法的多样性。通常，由于旅游服务贸易是一种有偿性的国际经济贸易活动，旅游争议的当事人往往是以能够得到实际补偿为最终目标。因此，只要能够达到解决旅游争议，并能使当事人得到补偿的争议解决方法都是可行的。以此为前提和条件，解决旅游争议的方式和方法就多种多样，从最一般的自主协商和解、旅游投诉处理，到有关机构的调解、仲裁，乃至提交法院的法律诉讼等，都是解决旅游争议的主要方法和手段。

（三）旅游争议的类型

根据旅游争议的产生和特征可以看出，旅游争议的类型是多种多样的。通常，可以按照旅游争议的主体、内容、性质和起因等进行划分，从而把旅游争议划分为各种不同的类型。

1. 按旅游争议的主体，通常可划分为旅游者与旅游经营者之间的争议，不同国家旅游经营者之间的争议，国家之间的争议，以及国家与国际旅游组织之间的争议等类型。旅游者与旅游经营者之间的争议，属于民事争议的范畴，主要是有关旅游服务合同履行等方面的争议。不同国家旅游经营者之间的争议，属于国际商事争议的范畴，争议所涉及的内容大多数也是国际旅游契约方面的争议。国家之间及国家与国际旅游组织之间的争议，并不是简单的民事或商事争议，而是国家之间、国家与国际组织之间的旅游服务贸易争端，因此必须按照国际有关解决服务贸易争端的机制和方法进行协商和调解。

2. 按旅游争议的内容，还可以划分为旅游服务争议、旅游交易争议和旅游服务贸易争端等类型。旅游服务争议，通常是指在国际旅游活动中有关旅游接待服务方面的争议，包括旅行社服务，旅游客运、住宿和餐饮服务，旅游景区点游览，旅游娱乐和购物，以及旅游保险等方面的争议。旅游交易争议，是指不同国家旅游企业之间交易往来的争议，包括旅行社之间，旅行社与航空公司之间，旅行社与宾馆饭店之间，旅行社与旅游景区点之间的争议等。旅游服务贸易争端，实际上是国家之间在旅游服务贸易中产生的摩擦或争执，既有经济方面的原因，也可能是政治方面的原因，必须区别情况而采取有效措施解决。

3. 按旅游争议的性质，可将旅游争议划分为民事争议、商事争议和贸易争端。民事争议，通常是在旅游活动中发生的一些民事纠纷和争执，一般可以参照有关国家调解民事争议的方式和方法来解决。商事争议，主要是指旅游服务交易方面的争议，其涉及的争议内容及解决方法，可以按照解决国际商事争议的方法来调解，包括通过协商、调解、仲裁和诉讼等方式和方法来解决。贸易争端，往往是指国家之间在旅游服务贸易往来方面发生的摩擦和争执，需要按照有关国际公约、国家间贸易协定等国际规则来磋商和解决。

4. 按旅游争议的起因，还可以将旅游争议划分为契约争议、行政争议和国际争议等。契约争议，主要是指当事人在履行旅游合同中所产生的争议；行政争议，是由于旅游目的地国家行政干预或行政管理不当造成的争议；国际争议，是涉及缔约当事人在执行或运用国际规则或国际惯例等产生的争议。对于不同起因造成的旅游争议，必须按照相应的国际规则和各国有关法律规定进行解决，对国际规则和各国有关法律中没有规定的，也可以参照国际惯例来进行调解。

二、旅游不可抗力

不可抗力（force majored），通常是指不能预见、不能避免并不能克服的客观情况。根据国际规则和我国有关法律规定，在国际经济贸易往来中，因不可抗力而不能履行合同的，可以根据不可抗力的影响，部分或者全部免除责任。因此，不可抗力是减轻或者免除当事人违约责任的重要事由，也是在解决旅游争议时应掌握的重要概念。

（一）旅游不可抗力的概念

旅游不可抗力（force majored in tourism），是指缔约当事人订立旅游合同后，发生了当事人不能预见、无法避免和不能控制的意外事故，致使当事人不能按期履行或全部履行旅游合同的情况。通常，除法律有特别规定外，遭受不可抗力事故的当事人一方，可以据此免除履行或推迟履行旅游合同的责任，而另一方则无权向对方要求赔偿。按照旅游不可抗力的起因，一般可以划分为以下三种基本类型。

1. 自然原因的不可抗力。在旅游服务贸易中，各种自然原因所引起的意外事故，都属于旅游不可抗力的范围，如达到一定强度的自然现象所引起的地震、台风、洪水、海啸等。自然原因的不可抗力是客观的，而非任何人为因素造成的，其排除了原告和被告的过错因素，也排除了第三者及社会或国家的过错因素。

相关知识 12 - 1：

关于不可抗力判断的三种学说

不可抗力，一般是指不能预见、不能避免并不能克服的客观情况。关于不可抗力的判断，目前主要有三种学说：

1. 主观说，主张以被告的预见能力和抗御能力作为判断标准，被告如果已尽了最大注意仍然不能防止损害后果的发生者，即认定为不可抗力。

2. 客观说，认为不可抗力是客观的，即以事件的性质及外部特征为标准，凡属于一般人无法抗御的重大外来力量为不可抗力。

3. 折中说，兼采了主客观判断的标准，既承认不可抗力是一种客观的外部因素，也强调当事人以最大的注意预见不可抗力、以最大的努力避免和克服不可抗力。

自然原因所引起的旅游不可抗力必须具备以下条件：一是不可预见性，即人们对某些具有强大强制力的自然现象的发生无法事先预见；二是不可避免性，即自然现象所引起意外事故发生是客观而且无法避免的；三是不能克服性，即自然现象所引起意外事故造成损害的必然性，足以产生一般人无法抵抗的破坏性后果，即使当事人尽到一般善意之人乃至专业人员应尽的各种努力，也不能免除的损害。

2. 社会原因的不可抗力。在旅游服务贸易中，各种社会原因所引起的意外事故也属于旅游不可抗力的范围，如战争状态、武装冲突、社会骚乱等。社会原因的不可抗力同样排除了原告和被告的过错因素，也排除了自然原因或国家原因造成的过错因素。

社会原因所引起的旅游不可抗力也应具备三个条件：一是不可预见性，即当事人对各种社会原因引起的意外事故无法预见；二是不可避免和不能克服，即当事人对各种社会原因引起的意外事故无法避免，同时对其造成的损害经努力而无法免除；三是起因的社会性，即引起意外事故的原因来自于社会，而并非是由于当事人的过错，也不是自然现象，第三者过错或国家行使行政或司法权力等原因所造成的。

3. 国家原因的不可抗力。在旅游服务贸易中，由于国家行使行政、司法职能等某些特别原因引起无法履行旅游合同，也属于旅游不可抗力的范围。虽然目前对国家原因引起的旅游不可抗力尚无准确的界定，但由于有关的国际规则和法律法规，已明确将某些国家行为造成的损害作为免责条件，因此国家行为也是产生旅游不可抗力的原因。

在实践中，作为旅游不可抗力的国家原因，通常主要发生在合同关系领域，而较少发生在侵权责任领域，因此国家原因引起的旅游不可抗力也应具备三个条件：一是不可预见性；二是不可避免和不能克服；三是原因的国家性，即产生这一事件的原因来自国家依法行使行政或司法权力，而不是由于当事人过错、第三人过错或自然现象所引起。

（二）旅游不可抗力的条款

目前，由于国际上对旅游不可抗力并无统一明确的规定和解释，因此旅游活动中哪些意外事故应视作不可抗力，在什么情况下可因旅游不可抗力而解除合同，在什么情况下可因旅游不可抗力延迟履行合同，都必须由当事人明确在旅游合同中拟定不可抗力条款，以避免不可抗力事故发生及其后果的不确定性。因此，根据对不可抗力事件起因和范围规定的不同，旅游不可抗力条款主要有以下三种方式。

1. 概括式，即当事人在旅游服务合同中对不可抗力作概要的提示，如"由于不可抗力的原因，而不能履行合同或延迟履行合同的一方可不负有违约责任。但应立即以电话或传真通知对方，并在××天内以航空挂号信向对方提供×××机构出具的证明书"等。概括式的优点，是包括的范围广，符合现代旅游服务贸易实践的需要；其缺点是若不可抗力条款的规定过于原则，在具体到某一事件是否属于不可抗力时往往很难判断，从而容易引发当事人双方之间的旅游争议。

2. 列举式，即当事人在旅游服务合同中订立不可抗力条款时，应通过列举方式逐一明确规定不可抗力事件的种类，如由于地震、水灾、火灾、暴风雪、战争、恐怖事件及疫情突发事件等原因，导致不能履行合同或延迟履行合同时，合同订立的任何一方可不负有违约责任等。列举式的优点是比较明确的，一旦在条款中所明确列举的事件发生时，当事人就可以被免除责任；其不足之处是列举容易遗漏，一旦发生的事件是条款中没有明文列举的，当事人仍然不能免除责任。

3. 混合式，即在旅游合同中将概括式和列举式合并在一起，如在订立不可抗力条款时，明确规定"由于地震、水灾、火灾、暴风雪、战争、动乱、恐怖事件或其他不可抗力原因，导致不能履行合同或延迟履行合同时，合同订立的任何一方可不负有违约责任等"。混合式是比较常用的一种旅游不可抗力条款的订立方式，其一方面尽可能多的列举有可能遇到的不可抗力，另一方面又通过概括性的定义，尽量兼顾到一些不可能逐一列举的不可抗力事件。

（三）旅游不可抗力条款结构

在旅游服务贸易中，不可抗力条款是一种免责条款，即当不可抗力事故发生时，可以免除由于不可抗力事故而违约一方的违约责任；同时，不可抗力条款又是抗辩事由，即当不可抗力事故发生时，遭受不可抗力事故的当事人一方，可在承认原告损害事实的前提下，以不可抗力条款进行抗辩，即原告的损害发生是由于不可抗力导致。因此，合理的旅游不可抗力条款，一般应做到在适用不可抗力条款时不会产生新的旅游争议，其内容主要包括以下几方面。

1. 明确规定通知责任，即不可抗力发生后通知对方的责任，包括通知对方的时间、期限和方式等。当发生不可抗力时，遭受不可抗力的一方应按照规定及时通知另一方，并协同对方及时查明不可抗力的事实真相和对履行合同的影响程度，以采取相应措施减少不可抗力造成的损失等。如果因未及时通知而使另一方受到损害，则应负赔偿责任；而另一方接到不可抗力事件的通知和证明文件后，应根据不可抗力事件性质，决定是否确认其为不可抗力事件，并把处理意见及时通知对方。

2. 明确合同实施方式，即双方当事人事先在旅游服务合同中加以明确规定，当发生不可抗力事件后是解除合同还是延迟履行合同，包括明确在什么条件下可解除合同，在什么条件下只能延迟履行合同，或是采取其他的救济措施等。由于解除合同和延迟履行合同对当事人的影响是不一样的，如果对解除合同或延迟履行合同的条件规定不明确，一旦发生不可抗力事件后就会出现双方当事人之间的旅游争议。

3. 明确证明文件及出具机构。不可抗力事件证明，是合同当事人在旅游活动中遇到不可抗力事件时，要求免除或延期履行合同责任的一种证明文件。当发生不可抗力事件时，一方面当事人一方要尽快查明事实的真相，另一方面要求遭遇不可抗力的一方提供有效的证明文件。由于遭受损失一方自己查明事实真相通常比较困难，就需要有关机构出具相应的证明文件。出具旅游不可抗力事件的证明机构，可以是旅游及相关行政管理机关或其授权的机构，如旅游质监所、交通监管机构等；也可以是各国的国际商会、国际贸易促进委员会等。旅游不可抗力事件的证明文件，应遵循以事实为依据，以法律为准绳，公正合理的原则，指定经验丰富的法律专家和有关专业人士共同办理。

4. 明确不可抗力事件认定标准。双方当事人在订立旅游服务合同条款时，应明确规定不可抗力事件的认定标准，即不可抗力事件的发生，是合同当事人在订立合同时不能预见和无法控制，并且事件发生后合同当事人也无法避免和克服的，是属于偶发的异常事件，而不是合同当事人的疏忽或过失造成的。如果在合同中不明确不可抗力事件的认定标准，一旦发生不可抗力事件后，往往容易引发双方当事人之间的旅游争议。

5. 规定不可抗力事件的效力。双方当事人在订立旅游服务合同条款时，还应明确规定不可抗力事件的效力，其一般包括以下内容：如不可抗力事件致使合同全部义务不能履行，当事人可免除不履行合同的全部责任；如不可抗力事件致使合同的部分义务不能履行，当事人可免除部分不履行合同责任；如不可抗力事件致使当事人不能如期履行合同，在不可抗力事件的后果影响持续期间，免除当事人迟延履行合同的责任等。

相关知识 12 - 2：

已获签证，遭遇拒绝入境应适用不可抗力

2003 年 4 月 2 日至 11 日，杭州某国际旅行社组织了 21 名旅游者参加新马泰 10 日游。按照旅游合同约定，旅游团将在马来西亚逗留 3 天。由于我国部分省市发生了"非典"疫情，马来西亚以安全为由，拒绝已经获得签证的该旅游团入境。旅游行程中的旅游者听到该消息时，感到惶恐不安，同时为旅游行程的取消痛心不已，纷纷要求旅行社采取措施，保证合同顺利履行。领队及时将这一特殊情况报告组团社，经组团社和境外地接社多方努力，旅游团仍无法进入马来西亚。鉴于此，旅游团被迫取消该段行程，提前返回。旅游者回国后，为行程取消的赔偿与旅行社发生了分歧，在和解未果的情况下，旅游者向当地旅游质监所投诉，要求旅行社赔偿旅游者的经济损失。

当地旅游质监所经过调查认为，马来西亚拒绝已获签证的中国旅游团入境的行为，是政府行为，应适用不可抗力概念，因此对该旅行社可以部分或全部免责。同时根据民法规定的公平、诚信原则，经协调该旅行社和旅游者双方，提出两个解决方案供旅游者选择：退还在马来西亚期间未发生的旅游费用每人 300 元；或者为旅游者提供华东周边一日游。最后，旅游者接受了当地旅游质监所的处理结果，退还了旅游者已经支付但实际未发生的在马来西亚的费用。

（资料来源：浙江省旅游质监所，中国旅游报，2003 - 07 - 15）

第二节　旅游投诉及处理

一、旅游投诉的概念

旅游投诉（tourist complaint），是指在旅游服务贸易中，旅游者、海外旅行商、国内旅游经营者为维护自身和他人的旅游合法权益，对损害其合法权益的旅游经营者和有关服务单位，以书面或口头形式向旅游行政管理部门提出投诉，并请求依法处理和赔偿的行为。

（一）旅游投诉的条件、范围和时效

对旅游投诉的条件、范围和时效，各国法律法规和有关服务标准都有不同的规定和要求。我国国家旅游局于 1991 年颁布的《旅游投诉暂行规定》，明确规定了旅游投诉的条件、范围和时效。

1. 旅游投诉的条件。按照《旅游投诉暂行规定》，投诉者的投诉必须具备下列条件：投诉者必须是与投诉有直接利害关系的旅游者、海外旅行商、国内旅游经营者和从业人员；具有明确的被投诉对象，具体的投诉请示和事实依据；具有损害行为发生，并且这种损害行为具有违反法律法规，违反合同规定及服务标准，属于《旅游投诉暂行规定》的投诉范围等[①]。

2. 旅游投诉的范围。根据《旅游投诉暂行规定》，投诉者对于下列损害行为，可以向旅游行政管理机关投诉：认为旅游经营者不履行合同或协议的；认为旅游经营者没有提供质价相符的旅游服务的；认为旅游经营者故意或过失造成投诉者行李物品破损或丢失的；认为旅游经营者故意或过失造成投诉者人身伤害的；认为旅游经营者欺诈投诉者，损害投诉者利益的；旅游经营单位职工私自收受回扣和索要小费的；其他损害投诉者利益的。

3. 旅游投诉的时效。《旅游投诉暂行规定》明确规定，向旅游行政管理机关请示保护合法权益的投诉时效期间为 60 天。投诉时效期间，是从投诉者知道或者应当知道权利被侵害时起算，对有特殊情况的，旅游行政管理机关可以延长投诉时效期间。

（二）旅游投诉的权利与义务

为了切实维护旅游投诉人和被投诉人的权益，明确双方的旅游投诉义务，在《旅游投诉暂行规定》中还规定了旅游投诉人和被投诉人的旅游投诉权利与义务。

1. 旅游投诉人的权利与义务。根据《旅游投诉暂行规定》，旅游投诉人的权

---

① 国家旅游局. 旅游投诉暂行规定. 1991-06-01.

利，包括有权了解旅游投诉的处理情况，有权请求进行调解，有权放弃或者变更旅游投诉请求。旅游投诉人的义务，应按旅游投诉规定的条件和范围投诉，应按旅游投诉规定向旅游行政管理机关递交诉状，并按被投诉人的数量提交相应的副本，对递交旅游投诉状确有困难的可以口诉，由旅游投诉管理机关工作人员记入笔录，并经过投诉人本人签字认可。

2. 旅游被投诉人的权利义务。根据《旅游投诉暂行规定》，旅游被投诉人的权利，包括有权与旅游投诉人自主协商和解，有权依据事实反驳投诉人的请求，有权提出申辩并请求保护其合法权益。旅游被投诉人的义务，包括被投诉人应在接到通知之日起 30 天内作出书面答复，应协助旅游投诉处理机关调查核实旅游投诉的情况，并提供证据，不得隐瞒和阻碍调查工作；对确有过错并损害投诉人利益的，应主动赔礼道歉，赔偿损失，尽量争取与投诉人协商和解。

（三）旅游投诉状的撰写

旅游投诉人向旅游投诉机关投诉时，应当递交书面投诉状，确有困难的可以口诉，由旅游行政管理机构的工作人员记入笔录，并由投诉人本人签字认可。旅游投诉状应记明以下事项：

1. 旅游投诉人情况，包括旅游投诉人的姓名、性别、国籍、职业、年龄、单位名称及地址、参加的旅游团队等。

2. 旅游被投诉人情况，即旅游投诉人认为已对自己利益造成损害的具体投诉对象及有关情况，如旅行社、导游人员、旅游酒店、景区景点或所涉及的全部单位，同时应注明投诉对象的确切名称或姓名、所在地等。

3. 旅游投诉请示、事由和依据，包括旅游投诉人的人身或财物受到损失的具体经过和相关的证明材料，如旅游合同、团队运行计划表、参团交费发票、伤残证明、损失证明等。当旅游投诉人利益受到损害时，应收集好有关的证明材料，因为有利和有力的证明材料是旅游投诉成功的前提条件和重要基础。

4. 旅游投诉的请求，包括请求追究旅游被投诉人的违约责任，要求赔偿经济损失等。当然旅游投诉的请求，应该本着实事求是的原则提出，否则会引起双方的激烈争议，从而影响旅游投诉及时而有效的解决。

5. 掌握旅游投诉时效，旅游投诉人应该明确旅游投诉时效期一般是 60 天内，从而决定是在自己利益受到侵害的当地，还是回到居住地进行旅游投诉。

二、旅游投诉管理机构

根据《旅游投诉暂行规定》，旅游行政管理部门通过设立旅游投诉管理机构，依法保护旅游投诉人和被投诉人的合法权益。旅游投诉管理机构，通常是县级以上旅游行政管理部门依法设置的旅游质量监督管理所，其代表设置它的旅游行政管理部门办理投诉案件，并作出投诉处理决定。其所作出的旅游投诉处理决定的后果，通常由设立它的旅游行政部门承担。

（一）旅游投诉的管辖权

根据我国有关法律法规和《旅游投诉暂行规定》，对旅游投诉的管辖权，一般实行级别管辖和地区管辖相结合。

1. 级别管辖，是对上下级旅游投诉管理机关处理投诉案件权限的划分。根据《旅游投诉暂行规定》，国家旅游投诉管理机关所管辖的范围，是在全国范围内有重大影响或者地方旅游投诉管理机关处理有困难的重大旅游投诉案件；而各地旅游投诉管理机关，则主要负责管辖本辖区内的旅游投诉案件。

2. 地区管辖，是对某一旅游投诉应归何地旅游投诉管理机关处理的权限划分。在《旅游投诉暂行规定》中确定了三个地区管辖标准，即按照被投诉者所在地、损害行为发生地或者损害结果发生地受理和处理旅游投诉。被投诉者所在地，是指被投诉者个人长久居住的场所，或被投诉者法人的主要办事机构所在地；损害行为发生地，是指导致投诉人人身、财产权利或其他权利受到损害的被投诉人的过错行为发行地；损害结果发生地，是指被投诉人的过错行为对投诉人的人身、财产权利或其他权利产生损害后果的显现地。上述三个标准，没有先后次序之分，完全由投诉者自愿选择，即只要投诉者自愿，被投诉人所在地、损害行为发生地或损害结果发生地的旅游投诉管理机关，都有权管辖该旅游投诉案件。

在实践中，为了解决两个甚至更多管辖权发生冲突的矛盾，《旅游投诉暂行规定》还规定，跨行政区的旅游投诉，由被投诉所在地、损害行为发生地或者损害结果发生地的旅游投诉受理机关协商确定管理机关；或者由上一级旅游投诉受理机关协调指定旅游投诉受理的管理机关。

（二）旅游投诉管理机关的职责

根据有关法律法规和《旅游投诉暂行规定》的规定，我国旅游投诉管理机关依其职责不同，分为国家旅游行政主管部门设立的国家旅游投诉管理机关，县级以上地方旅游行政主管部门设立的地方旅游投诉管理机关。它们分别依据其职责范围管理旅游投诉工作。

1. 国家旅游投诉管理机关的职责是：制定全国旅游投诉管理的规章制度并组织实施；指导、监督、检查地方旅游行政管理部门的旅游投诉管理工作；对收到的投诉，可以直接组织调查并作出处理，也可以转送有关部门处理；受理对省、自治区、直辖市旅游行政管理部门作出的投诉处理决定不服的复议申请；表彰或者通报地方旅游投诉处理工作，组织交流投诉管理工作的经验与信息；管理旅游投诉的其他事项等。

2. 地方旅游投诉管理机关的职责是：贯彻国家的旅游投诉规章制度；受理本辖区内的旅游投诉；受理对下一级旅游投诉管理机关作出的投诉处理决定不服

的复议申请；协助上一级旅游投诉管理机关调查涉及本辖区的旅游投诉；向上一级旅游投诉管理机关报告本辖区内重大旅游投诉的调查处理情况；建立健全本辖区旅游投诉管理工作的表彰或通报制度；管理本辖区内旅游投诉的其他事项。

相关知识 12 – 3：

旅游质监所对"旅行社违约"投诉的处理

　　某旅游质监所收到游客杨某等人的旅游投诉，反映其旅游团一行八人，于 1999 年 10 月参加了某旅行社组织的千岛湖、桐庐三日游。在旅游过程中，该团游客被告知本次旅游行程是千岛湖、桐庐二日游，于是全团游客投诉至该旅游质监所，认为该旅行社未按合同提供服务，要求旅行社进行违约赔偿。

　　该旅游质监所收到旅游投诉后，通过调查取证，发现该团游客手中的合同（旅行社开具的发票）上写明了为千岛湖、桐庐二日游。根据《旅行社质量保证金赔偿试行标准》的规定，该旅游质监所做出不支持该团游客提出赔偿要求的决定。

　　评析：该旅游质监所工作人员在调查取证后，发现该团游客所提供的合同（旅行社开具的发票）上写明了为千岛湖、桐庐二日游，显然该团游客在拿到发票后，并没有认真审核发票上所写的合同内容，根据《旅行社质量保证金赔偿试行标准》的规定，只有因旅行社故意或过失未达到合同约定的服务质量标准，造成旅游者经济损失的，旅行社才应承担赔偿责任。由于该旅游投诉不是旅行社的过失责任，而是游客自我保护意识不强，在订立旅游合同时没有对合同上的内容作详细的审核和了解，从而造成该团游客的要求与实际签订的合同有差异，因此旅游质监所不支持该项旅游投诉的请求。

　　（资料来源：新华网，2004 – 04 – 07 ）

三、旅游投诉受理和处理程序

　　旅游投诉受理和处理，是指旅游投诉者向有管辖权的旅游投诉管理机关提出旅游投诉，旅游投诉管理机关经审查认定为符合立案条件，予以受理立案，并且通过调查核实案情，促进纠纷解决或作出处理决定的行政行为。

　　（一）旅游投诉受理程序

　　旅游投诉受理的程序，是指旅游投诉管理机关接受旅游投诉者的投诉，进行投诉立案审查所依据的程序，包括投诉人递交符合投诉规定的投诉状，旅游投诉管理机关作出受理与否的决定等。

　　旅游投诉受理应当符合旅游投诉的立案条件，并属于旅游投诉受理机关的管辖范围。旅游投诉管理机关接到旅游投诉者的投诉状或口头投诉后，经审查符合投诉规定受理条件的，应当及时受理；对不符合投诉规定受理条件的，应在7日内通知旅游投诉者不予受理，并说明不予受理的理由。通常，不符合旅游投诉受理条件的主要有以下几种情况：不属于旅游投诉管理机关管辖范围；投诉者不是与本案有直接利害关系的旅游者、海外旅行商、国内旅游经营者和从业人员；没有明确的被投诉者，或者虽有明确的被投诉者，却没有具体的投诉请求和事实根据；不属于投诉规定所列的旅游投诉范围；超过旅游投诉时效的。

（二）旅游投诉处理程序

旅游投诉的处理程序，是指旅游投诉管理机关受理旅游投诉案件后，通过调查核实案情，促进纠纷解决或作出处理决定所必须经过的程序，其主要包括以下方面的内容。

1. 通知被投诉者作出答复。旅游投诉机关作出旅游投诉受理决定后，应当及时通知被投诉者，被投诉者应在接到通知之日起30日内作出书面答复。书面答复应当载明下列事项：被投诉事由；调查核实过程；基本事实与证据；责任及处理意见。旅游投诉管理机关应当对被投诉者的书面答复进行认真细致的复查。

2. 进行旅游投诉的调解。调解，是指在旅游投诉管理机关主持下，使投诉者和被投诉者双方通过和解解决纠纷，以达成协议和解的行为。旅游投诉管理机关处理投诉案件，凡是能够调解的，应在查明事实、分清责任的基础上进行调解，促使投诉者与被投诉者互相谅解而达成协议。在调解达成协议过程中，必须坚持双方自愿，不得有任何强迫行为。

3. 作出旅游投诉处理决定。旅游投诉管理机关处理投诉案件，应当以事实为根据，以法律为准绳。通过调查核实，认为事实清楚、证据充分的，可以分别作出如下几种决定：

属于旅游投诉者自身的过错，可以决定撤销立案，并通知旅游投诉者和说明理由。对旅游投诉者无理投诉、故意损害被投诉者权益的，可以责令旅游投诉者向被投诉者赔礼道歉，或者依据有关法律、法规承担相应的赔偿责任。

属于旅游投诉者与被投诉者的共同过错，可以决定由双方各自承担相应的责任。对双方各自承担责任的方式，可以由双方当事人自行协商确定，也可以由投诉管理机关做出裁决。

属于旅游被投诉者的过错，旅游投诉管理机关可以决定由被投诉者承担责任，并责令旅游被投诉者向投诉者赔礼道歉，或者赔偿损失及承担全部或部分调查处理投诉的费用。

属于其他部门的过错，旅游投诉管理机关可以决定转送有关部门处理。

4. 发出《旅游投诉处理决定书》。《旅游投诉处理决定书》，是指旅游投诉管理机关对投诉作出处理决定的书面文书。旅游投诉管理机关作出的处理决定应当用《旅游投诉处理决定书》在15日内通知旅游投诉者和被投诉者。

　　如果旅游投诉者或被投诉者对处理决定或行政处罚决定不服的，可以在收到通知书之日起15日内，向旅游投诉处理机关的上一级旅游投诉管理机关申请复议；对复议决定不服的，还可以在接到决定之日起15日内，向人民法院起诉。逾期不申请复议，也不向人民法院起诉，又不履行处理决定和处罚决定的，由作出决定的旅游投诉管理机关，向人民法院申请依法强制执行。旅游投诉管理机关复议投诉案件，必须依照《行政复议条例》的有关规定办理。

　　5. 行政处罚和其他处罚。旅游投诉管理机关作出投诉处理决定时，可以依据有关法律、法规、规章的规定，对损害旅游投诉者权益的旅游经营者给予行政处罚；没有规定的，由旅游投诉管理机关根据投诉规定，对被投诉人单独或者合并给予以下处罚：警告、没收非法收入、罚款、限期或停业整顿、吊销旅游业务经营许可证及有关证件等；同时建议工商行政管理部门吊销其工商营业执照。旅游投诉管理机关作出的行政处罚决定应当载入投诉处理决定书，凡涉及对直接责任人给予行政处分的，应由责任人所在单位根据有关规定处理。

第三节　旅游争议协商与调解

一、旅游争议的协商和解

　　旅游争议的协商和解，是指在旅游争议发生后，双方当事人在平等自愿的基础上，通过友好协商，互相交换意见、互相谅解，就有关问题达成和解的自行解决争议的方式。旅游协商和解，同旅游调解、仲裁和诉讼一样，是解决旅游争议的重要手段之一。

（一）旅游争议协商的特征

　　旅游争议协商（consulting of travel disputes），是解决旅游争议最好的办法，既节省时间，又节省人力物力，它具有与调解、仲裁和诉讼判决等其他旅游争议解决方式不同的特征，主要体现在以下几方面。

　　1. 自主性。旅游争议协商最基本的特征是自主性，是旅游争议的双方当事人在自愿基础上，通过双方的磋商达成谅解、和好的动态过程，其最终目的在于通过协商达成和解。协商使双方当事人可以最大限度地保持对解决旅游争议的控制权，因此协商方式只要不违反法律的规定，在形式和程序上也比较随意，不具有任何强制性。整个协商的过程也是自由的，当事人所采取的策略、提出的争议解决方案都由当事人自行决定；同样，当事人各方是否接受协商结果也由其自主决定，其中任何一方都有随时终止谈判而选择其他旅游争议解决方式的自由。

　　2. 合法性。在现代市场经济条件下，当事人基于意思自治而进行的协商和解，通常都受到法律的保护和提倡。如《中华人民共和国民事诉讼法》第51条规定，双方当事人可以自行和解；《中华人民共和国经济合同法》第 42 条规定，当事人可以通过 4 种途径解决合同争议，即自主协商和解、各种方式调解、提请仲裁机构仲裁、向人民法院起诉；在《中华人民共和国消费者权益保护法》第 34 条中，列举了当消费者与经营者发生消费权益争议时的 5 种解决途径，其中第一条就是"与经营者协商和解"①。因此，在旅游服务合同中，有关解决旅游争议的条款一般都规定，如果发生旅游争议后，各方当事人应当首先进行协商，协商不成的再提交调解、仲裁或诉讼等。

3. 有效性。协商和解在解决旅游争议中，具有灵活、简单、及时、便利、经济和有利于维护当事人双方友好关系等优点，是解决旅游争议最常用的方式。在旅游活动过程中，诸如旅游行程、航班延误、住宿标准、旅游购物、游览活动及导游服务质量等方面的争议，大多数都可以通过协商和解方式得到解决，因此协商和解是一种简便、有效地解决旅游争议的方式。但也要注意，尽管协商和解有着诸多优点，但也有其局限性，如和解协议缺乏强制约束力，由于过错一方是否承担责任完全出于自愿，因此往往容易造成虽达成协议却无法履行或推诿的现象等。

4. 和谐性。旅游活动是一种追求身心愉悦的社会活动，每个旅游者都不希望在旅游活动中产生不愉快的感受，而协商和解正是和谐解决旅游争议的有效途径。协商和解通过当事人双方直接面对面，心平气和地协商，找出问题的症结和解决方法，往往可以令旅游争议得到圆满的解决。但是，这种方法只适用于双方都很理智、体谅和不偏激的情况。因此，在发生旅游争议时，当事人双方应根据自己的情况，揣摩一下对方的心理，并根据相互之间的了解，判断协商成功的可能性，若产生旅游争议是出自误会，或是双方沟通交流不够，则可以用协商和解的方法来处理。

（二）旅游争议协商的原则

在旅游争议协商和解中，协商是手段，和解是目的。从解决旅游争议的层面上说，协商的过程也就是和解的过程，即双方通过友好协商而最终达成和解。因此，在通过协商方式解决旅游争议时，必须遵守以下几条原则：

1. 自愿原则。协商解决旅游争议的过程，是当事人意思自治的充分体现，只有建立在符合自愿原则基础上的协商和解才具有效力。因此，在协商解决旅游争议过程中，是否进行协商和解，以及按照怎样的条件进行协商和解，都必须由双方当事人自己决定，任何一方都不得强迫对方，更不得采用强制手段逼迫对方接受某种和解条件。按照自愿原则，协商和解协议达成后，应由当事人自觉履行，一方不得强制另一方履行；当事人不履行的，可以重新协商；协议达成后反

---

① 中华人民共和国消费者权益保护法 . 1993 - 10 - 31

悔的，可以重新协商或结束协商；不愿协商或结束协商的，当事人可以继续寻求其他途径解决纠纷。

2. 合法原则。旅游争议的协商和解，不得损害国家利益、社会公共利益或第三方的利益，和解协议的内容不得违背有关法律法规的规定①。例如，某旅行社在对其旅游服务不符合标准而给某旅游者造成损害后，该旅行社在协商同意给予该旅游者赔偿时，不得以该旅游者对其旅游服务不符合标准的行为不检举、揭发为条件。如果该旅游者同意了旅行社的这个条件，则该协商和解协议属于损害了第三方合法利益的协议，应视该协商和解协议为无效协议。同时，如果由于旅游者和旅行社双方当事人的上述行为造成对第三方的损害时，该行为已构成共同侵权或共同违法行为，对此国家有关机关可以追究其双方当事人的相关责任，受侵害的第三方也可以要求其双方当事人承担侵权责任。

3. 公平原则。旅游争议当事人应当具有同等的和解权利，包括当事人对于通过协商解决旅游争议的处分权，这是属于法律允许当事人自行处分的权利义务。双方当事人在解决旅游争议过程中，可以根据具体情况对自己的权利义务进行权衡、交易、选择和放弃，但对当事人一方涉及有犯罪行为或涉及危害公共利益的争议，则当事人不得进行和解。例如，当旅行社使用不符合国家规定的旅游车辆提供旅游交通运输服务时，造成旅游者重伤或死亡，并有可能要承担刑事责任的旅游争议，就不能由双方当事人协商私了，而必须经过国家有关管理机关依法处理。

（三）旅游争议协商的方式

在旅游服务贸易中，旅游交易双方发生旅游争议时，可以采取多种形式进行协商和解，甚至在进入了法律诉讼程序后，许多问题还可以通过协商而得到解决。因此，旅游协商和解可分为自主协商和解、仲裁协商和解和诉讼协商和解三种主要方式。

1. 自主协商和解方式，是指不把发生的旅游争议提交仲裁或法律机构解决，而是由发生旅游争议的双方当事人自主协商解决，即通常所说的"私了"。自主协商和解方式具有简单、方便的特点，因此在发生旅游争议时，往往首先采取自主协商来解决旅游争议。但是，由于自主协商和解的结果不具有强制执行的效力，必须完全依靠当事人自觉地履行，如果有一方不自觉履行协商和解协议，就达不到协商和解的效果，这时就只有以提交仲裁或诉讼的方式来解决。

2. 仲裁协商和解方式，是指发生旅游争议的双方，在仲裁或行政机构的指导下协商解决旅游争议的方式。仲裁协商和解的关键，是旅游争议双方当事人在仲裁或行政机构的参与和指导下，通过相互之间友好协商、互谅互让，最终达成

---

① 中华人民共和国民法通则. 1986 - 04 - 12

协商一致的和解协议，从而解决旅游争议。由于这种方式并不需要仲裁或行政机构做出任何裁决，仅仅是要求他们作为见证，从而具有一定的约束力，可以增强当事人履行协商和解协议的自觉性。

3. 诉讼协商和解方式，是指发生旅游争议的双方当事人，在诉讼过程中通过相互协商、互谅互让而达成协议，从而解决旅游争议的方式。在实践中，诉讼协商和解一般又分为两种形式，一种是双方当事人在法官、律师等人的参与下，就旅游争议中的权利和义务关系协商一致，达成和解协议，从而解决旅游争议，由于其没有反映为类似法律形式的判决，因而是一种裁判外的协商和解。另一种是双方当事人要求把他们协商一致解决旅游争议的方案，以法院判决的形式来体现，使之产生与其他法律形式判决相等或相似的效力，从而就形成了裁判上的和解。虽然这两种和解有一定的差别，但它们的共同特点都是具有一定的约束力，以增强双方当事人履行协商和解协议的自觉性。

二、旅游争议的调解

旅游争议调解（conciliation of travel disputes），是由双方当事人自愿将旅游争议提交选定的调解机构（法院、仲裁机构或专门的调解机构等），由这些调解机构按照调解程序，在旅游争议双方当事人之间沟通信息，摆明事实，讲清道理，促成双方当事人相互谅解、妥协，最终达成解决旅游争议的一致意愿。如果调解成功，则双方通过签订旅游争议和解协议，作为一种新的契约予以执行；如果调解意见不为双方或其中一方接受，则旅游争议调解失败，调解意见对当事人也就没有约束力。

（一）旅游争议调解的形式

旅游争议调解具有多种形式，既可以请与当事人有关系的企事业单位、社会团体或其他中介组织进行调解，也可以请仲裁机构、行政机关或法院等进行调解。实践中，通常有以下四种主要的调解形式。

1. 民间调解形式。在旅游服务贸易中，旅游争议调解并不是仲裁或诉讼的必经程序，因此民间调解也是解决旅游争议的一种重要形式。在发生旅游争议时，只要经过发生旅游争议的双方当事人同意，通常可通过与当事人有特定关系或一定关系的企事业单位、社会团体或其他中介组织，以及具有专门知识、特定调解经验的人员进行调解，它们都属于民间调解形式。其优点是简便、经济，但不足之处是没有法定约束力。

2. 行政调解形式。在旅游服务贸易中，发生旅游争议的双方当事人，可以请求当地政府机关或旅游相关行政部门进行调解。根据国际规则和我国有关法律法规，发生旅游争议可以按照属地管理原则，提请当地旅游行政主管部门或有关机构进行调解。旅游行政主管部门或有关机构接到旅游争议调解请求后，应按照有关法律法规的规定，召集发生旅游争议的双方当事人，了解旅游争议的情况，倾听当事人的意见，以说服教育的方法，使当事人认清是非，减少对立情绪，积极化解矛盾、消除隔阂，从而使旅游争议得到妥善的解决。

3. 仲裁调解形式。在旅游服务贸易中，发生旅游争议的双方当事人也可以请求仲裁机构进行调解。根据国际规则和我国法律法规，仲裁机构对于所受理的旅游争议，应本着仲裁与调解相结合的精神，对凡是有可能调解解决的案件，应先行由双方当事人自行调解解决①。经自行调解双方当事人仍未达成协议的，即按照双方当事人的请求作出仲裁调解。在仲裁调解的过程中，双方当事人仍不能达成协议，或一方不愿再继续调解的，可以按照仲裁程序审理，并及时做出仲裁裁决②。对涉及中外当事人的旅游争议，当事人还可以向本国的仲裁机构请求，由中外各方仲裁机构派出 1 人或各方数目相等的人员作为调解员，共同进行调解。如果调解成功，则争议解决；如果调解失败，再由中外双方仲裁机构联合进行仲裁裁决。

4. 诉讼调解形式。诉讼调解，是指旅游争议双方当事人在法官的主持下，根据自愿原则，对旅游争议的权利和义务关系，通过互谅互让，平等协商而达成协议，以解决旅游争议的一种诉讼活动和结案方式。诉讼调解形式充分体现当事人自己的意思表示，强调当事人之间通过友好协商，互谅互让来解决双方的旅游争议，既有利于当事人自我行使应有的权利，强化当事人对调解协议自动履行的约束力；又可以有效地降低诉讼的对抗性，保障社会的和谐与稳定。根据各国民事诉讼法的立法精神，以诉讼调解来解决旅游争议，可以在诉讼的任何阶段进行，不仅可以根据当事人的申请而开始，也可以在法院征得双方同意后开始，因此采用诉讼调解来解决旅游争议，可以贯穿旅游诉讼的整个过程。

（二）旅游争议调解的原则

根据国际规则、各国法律法规和我国法律规定，旅游争议调解应遵循自愿原则、合法原则、保密原则和灵活原则的要求进行。

1. 自愿原则。旅游争议调解的目的，是使旅游争议的双方当事人能够相互妥协与让步，以实现友好地解决旅游争议。因此，旅游争议调解方式的基础，是当事人拥有对自己权利的处分权，而调解的有效性也主要来源于当事人调解的意思自由。在整个旅游争议调解过程中，当事人对调解的请求、调解的方式、调解协议的内容、调解协议的达成，以及调解书的签收等方面，都应建立在自愿原则基础上，使双方当事人享有充分的自由和权利。

2. 合法原则。旅游争议调解的合法原则，通常包括程序合法和实体合法两

---

① 联合国国际贸易法委员会. 国际商事调解示范法以及立法和使用指南 . 2002 – 06 – 24
② 联合国国际贸易法委员会. 贸易法委员会调解规则 . 1980 – 07 – 23

个方面。程序合法，是指旅游争议调解过程要符合有关法律的规定，并遵循法定的程序，以保障当事人自由真实地缔结调解协议的公正性；实体合法，是指旅游争议调解协议内容应符合法律的有关规定，既符合当事人自己的真实利益需求，又不侵害国家利益、社会利益和其他人的合法权益。

3. 保密原则。旅游争议调解，有时会涉及当事人的商业秘密或个人隐私，即使旅游争议调解不构成侵犯个人隐私和商业秘密，但有些当事人通常也不愿意对外公开。因此，为了有利于旅游争议的调解，应采取多种措施来保障旅游争议调解在保密情况下进行，同时保障有关调解事项，调解协议的内容也不对外公开，必要情况下双方当事人还可以在调解协议中订立保密条款，以确保双方当事人的商业秘密或个人隐私不被公开。

4. 灵活原则。通常，旅游争议调解应在法律规定的范围内，按照当事人的意愿灵活安排，包括对调解时间、调解地点、调解方式、主持调解的人员、调解协议生效的方式、是否制作调解书等，双方当事人都可以自由选择；另外，双方当事人在订立旅游争议调解协议时，还可以为调解协议的履行设定担保；对双方当事人就部分调解请求达成协议的，调解机构可以对其先行确认并制作调解书等。上述所有这些做法，都是对旅游争议调解灵活原则的具体表现。

（三）旅游争议调解的特点

在旅游服务贸易中，旅游争议调解，作为发生旅游争议的双方当事人，自愿将旅游争议提交选定的调解机构进行调解的民事行为，一般具有自治性、公正性、多样性、效益性等主要特点。

1. 自治性。旅游争议调解的自治性，体现在两方面：一是调解过程是双方当事人在地位平等基础上自愿达成意愿的行为过程，从而有利于培育当事人的诚信意识，以避免当事人达成旅游争议协议后随意反悔，确保旅游争议调解应有的法律效果和社会效果；二是调解协议是双方当事人意思表示一致的结果，即双方当事人为确立、变更、终止权利和义务关系所达成的协议，一旦双方当事人同意在旅游争议调解协议上签名或盖章，并经调解机构审查确认后生效，就具有法律上的调解效力，对双方当事人都具有一定的法律约束力。

2. 公正性。在旅游争议调解过程中，双方当事人最清楚旅游争议的真相和自己的利益所在，因此双方当事人通过调解所期望达到的结果，主要就是维护自己的合法权益。由于双方当事人参与了旅游争议调解的全过程，谁是谁非当事人心里最清楚，而通过调解来解决争议又是双方当事人自愿选择的，调解的结果也基本符合他们的利益所在，一旦双方当事人达成协议并经签字确认后，旅游争议调解协议即具有法律效力，因此旅游争议调解具有一定的公正性。

3. 多样性。对于旅游争议调解主体，在双方当事人同意情况下，既可以请与当事人有特定关系或有一定联系的企事业单位、社会团体、其他中介组织，或者具有专门知识、特定社会经验并有利于促成调解的人员进行调解；也可以请求仲裁机构、行政机关或法院等进行调解。因此，不论是何种调解机构或调解人员，只要旅游争议的调解程序和调解过程符合有关法律规定，并能够促成旅游争议双方当事人意愿一致，都应该视为旅游争议调解有效，而达成的旅游争议调解协议对双方都具有一定的法律约束力。

4. 效益性。由于旅游争议调解是建立在自愿原则基础上，具有一定的灵活性，能够根据旅游争议双方当事人的一致意愿而选择相应的调解机构和人员，同时旅游争议调解协议又具有一定的法律约束力，从而使旅游争议调解具有简便、高效、经济的特点，不仅能够减轻双方当事人的费用支出和精神负担，又能够简化旅游争议调解的程序和过程，从而使旅游争议调解具有一定的经济效益和社会效益。

第四节　旅游争议仲裁和诉讼

一、旅游争议仲裁的概念

仲裁（arbitration），通常是指双方当事人达成书面协议，自愿把争议提交给双方同意的仲裁机构，并由仲裁机构作出对双方都有约束力的裁决方式。仲裁作为一种有效解决商事纠纷的手段，不仅是一种解决争议的国际惯例，也是我国法律所确认的解决对外经济贸易争议的重要方式。

（一）旅游争议仲裁的特点

旅游争议仲裁（arbitration of travel disputes），是指在旅游服务贸易中，发生旅游争议的双方当事人根据他们的仲裁协议，自愿将有关旅游争议提交给仲裁机构进行仲裁，并由仲裁机构作出具有约束力裁决的旅游争议解决方式。由于旅游争议仲裁具有解决旅游争议的涉外性、自主性、经济性、保密性、公正性和强制性等特点，因此也是解决旅游争议的国际惯例和习惯做法。

1. 涉外性。在旅游服务贸易中，发生旅游争议的双方或各方当事人，往往是不同国家的自然人或依不同国家法律规定而组成的法人，或者其居住地或主要经营所在地不在同一国家，因此旅游争议的标的也通常具有一定的涉外因素。这种旅游争议的涉外性，一方面决定了旅游争议仲裁必须符合国际惯例和各国的法律规定，以保证旅游争议仲裁裁决履行的可能性；另一方面，许多国家之间的协定和国内法律都明确承认跨国仲裁裁决的合法性，并规定如果当事人不履行仲裁裁决所规定的义务，法院可以基于一定的条件而采取必要的强制措施，从而为旅游仲裁裁决的异国执行提供了方便可行的条件和保证。

2. 自主性。根据商事仲裁的国际惯例和各国法律规定，旅游争议的双方当事人对旅游争议的仲裁具有高度的自主性，即双方当事人不仅可以在有关国家法律所允许的范围内自主签订仲裁协议，将他们之间可能或已经发生的旅游争议提交有关仲裁机构裁决；而且双方当事人可以自主选择仲裁机构和仲裁地点，自由选定仲裁员和仲裁程序，并对仲裁程序的进行和裁决结果进行一定的预测①。同时，仲裁协议可以对抗有关法院的司法管辖权，因为仲裁庭的管辖权完全依赖于当事人的仲裁协议，在双方当事人做出选择之前，不存在任何具有管辖权的仲裁庭。

3. 经济性。旅游争议仲裁具有解决争议程序简便、及时，花费时间短、费用成本低廉等特点，而不像旅游争议诉讼那样，必须遵守繁琐的诉讼程序和各种各样的诉讼时限。特别是旅游争议的双方当事人，在旅游合同中已经约定或签订了书面仲裁协议，同意将他们之间已经发生，或将来可能发生的旅游争议交付仲裁机构裁决，从而为仲裁机构对旅游争议进行裁决奠定了前提条件。一方面，可以简化解决旅游争议的程序，加快对旅游争议裁决的速度，从而降低解决旅游争议的费用；另一方面，由于双方当事人可以自主选择仲裁机构、地点、时间及仲裁程序和仲裁员等，所选择的仲裁员通常都是有关方面的专家或专业人士，对许多旅游争议通过一定的调查就可以予以认定，不仅使仲裁裁决更加及时，而且所花费的时间和费用也较少。

4. 公正性。通过仲裁来解决旅游争议，具有专家裁判，明辨是非，公正无私的突出特点。一方面，仲裁机构的仲裁员绝大多数是专业人员，具备解决国际商事争议的知识结构、专业知识、语言能力、道德操守的素质和要求，具有仲裁审理的丰富经验，能够严格执行和控制仲裁程序，公正高效地进行仲裁判案；另一方面，通过仲裁来解决旅游争议，可以避免因诉讼程序的进行而引起争议双方的心理障碍，消除当事人对外国法院的公正性而产生的各种疑虑，以实现维护和发展旅游服务贸易法律关系的根本目的②。

5. 保密性。通过仲裁来解决旅游争议，一方面避免了双方当事人"对簿公堂"的诉讼开庭的紧张气氛，可以有效调和和消除双方当事人之间的矛盾，使双方当事人心平气和地解决争议，继续保持和发展友好的关系；另一方面，由于仲裁通常是采取不公开审理方式，也比较符合市场经济条件下为当事人保守商业秘密和个人隐私的实际需要，有利于降低或消除旅游争议对当事人可能造成的负面影响。因此，通过仲裁来解决旅游争议，可以使旅游争议双方当事人既解决了相互之间的矛盾或纠纷，又能够使双方获得较为满意的"双赢"实际效果。

6. 强制性。目前，尽管大多数国际商事仲裁机构都是民间机构，不属于国

---

① 联合国国际贸易法委员会. 贸易法委员会仲裁规则. 1976 – 04 – 28
② 唐厚成. 谈谈国际商事仲裁的基本原理和实践. 仲裁与法律，2001（5）

家司法机关的范畴，但这并不否定其对旅游争议的仲裁具有一定程度的强制性。因为国际规则、国际惯例和绝大多数国家的立法和司法实践，都明确承认通过仲裁方式来解决商事争议或纠纷的合法性，承认根据有效仲裁协议所作出裁决的法律效力。因此，通过国际上或各国的国际商事仲裁机构来解决旅游争议，其仲裁裁决同样具有一定的法律效力和强制性，并且能够得到各国法院的支持，在一定条件下予以强制性的执行。

（二）旅游争议仲裁的原则

根据有关仲裁的国际规则、国际惯例和我国法律规定，如联合国外交会议于1958年在纽约通过的《承认与执行外国仲裁裁决公约》，联合国国际贸易法委员会于1976年通过的《贸易法委员会仲裁规则》和1985年通过的《贸易法委员会国际商事仲裁示范法》，我国1994年颁布的《中华人民共和国仲裁法》等，都明确规定了仲裁的基本原则、仲裁机构、仲裁协议、仲裁程序、仲裁监督等一系列重要问题。因此，旅游争议仲裁也必须遵守有关国际仲裁和国内仲裁的基本原则。

1. 意思自治原则。根据有关国际规则和各国法律规定，尊重当事人意愿是仲裁制度的基本原则，也是国际商事仲裁的生命线。当事人意思自治原则主要包括：当事人自愿协商达成是否将纠纷或争议提交仲裁委员会仲裁的协议；当事人自愿执行依据该仲裁协议作出的仲裁裁决；当事人可以直接或间接选择和确定仲裁庭的组成方式和仲裁员；当事人可以在仲裁中自愿协商和解或接受仲裁机构的调解；当事人可以协商在裁决书中不写明争议事实和裁决理由等①。

2. 公平合理原则。有关国际规则和各国法律还规定，仲裁机构和仲裁人员在仲裁过程中，必须始终坚持公平合理原则。同时，各国法律还从遵循公平合理原则出发，对有关争议证据的提供和收集，对争议和有关问题的鉴定，争议证据的质证和保全，争议双方当事人的申辩，以及当事人最后的陈述意见等，都作出了明确的原则性规定，以保证国际商事仲裁和旅游争议仲裁的公平性和合理性。

3. 独立仲裁原则。有关国际规则和各国法律都明确规定仲裁依法独立进行，不受行政机关、社会团体和任何个人的干涉，并规定仲裁没有级别管辖，任何仲裁机构或仲裁委员会作出裁决后，自裁决书作出之日起就发生法律效力，当事人应当履行裁决，若一方当事人不履行的，另一方当事人可以依照各国民事诉讼法的有关规定向法院申请执行。若当事人就同一争议或纠纷，再向其他仲裁机构申请仲裁或向各国法院起诉的，仲裁机构或各国法院可不予受理。

4. 一裁终局原则。一裁终局，是指对商事争议或纠纷案件一经审理裁决即为最终裁决，任何组织或个人，包括仲裁机构和法院均无权更改。仲裁实行一裁

---

① 联合国国际贸易法委员会. 贸易法委员会国际商事仲裁示范法. 1985 - 06 - 21

终局原则是仲裁的典型特征，既是各国仲裁立法中的普遍规定，也是国际上和各国仲裁实践中的普遍做法。一裁终局原则提高了判断是非的效率，能够快速解决当事人之间的商事争议或纠纷，维护经济关系的正常运转。

（三）旅游争议仲裁的机构

目前，国际上还没有专门的旅游争议仲裁机构，我国也只有云南省于2005年成立了"昆明仲裁委员会旅游仲裁中心"。因此，有关旅游争议的仲裁，通常可以通过国内外有关负责国际商事仲裁的仲裁机构进行。

相关知识12－4：

全国首家旅游争议仲裁中心在昆明成立

旅游争议仲裁，是按照旅游市场规律，依靠旅游行业专家，采用旅游行业的规则，解决旅游市场纠纷和旅游争议，促进旅游业的健康、规范发展。为了在我国旅游行业中推行仲裁法律制度，全国首家旅游争议仲裁中心于2005年10月在昆明成立。

新成立的昆明仲裁委员会旅游争议仲裁中心，是昆明仲裁委员会的派出机构，主要负责在云南旅游行业内全面推行仲裁法律制度，采用仲裁方式来解决各种旅游争议或纠纷。同时，旅游争议仲裁中心还将逐步与东南亚国家的仲裁机构合作，受理中国与东南亚国家有关跨国旅游活动中所发生的旅游争议或纠纷的仲裁。为切实做好旅游仲裁工作，旅游争议仲裁中心还首次将一批经过仲裁专业知识培训的优秀旅游专家聘为仲裁员。

（资料来源：中国旅游网，2005－10－28）

1. 国际仲裁机构。目前，国际仲裁机构主要有"解决投资争端国际中心"和"国际商会仲裁院"。"解决投资争端国际中心"的管辖权，只限于缔约国和另一缔约国国民之间因直接投资而产生的任何法律争端或纠纷；"国际商会仲裁院"是一个全球性的国际常设仲裁机构，具有极为广泛的管辖范围，任何国家的当事人都可以通过仲裁协议，将有关国际商事争议提请"国际商会仲裁院"进行仲裁，而且当事人任何一方既可以是个人，也可以是法人，甚至可以是各个国家、政府机构或企业等。

2. 外国涉外仲裁机构，主要指具有涉外仲裁管辖权的其他国家的仲裁机构。目前，世界上许多国家都设有专门从事国际商事仲裁的常设机构，如瑞典斯德哥尔摩商会仲裁院、瑞士苏黎世商会仲裁院、英国伦敦国际仲裁院、英国仲裁协会、美国仲裁协会、日本国际商事仲裁协会等。特别是瑞典斯德哥尔摩商会仲裁院，成立于1917年，在保证仲裁程序迅速及时地进行，以及仲裁的独立性和公正性方面，在国际社会上享有很高的声誉。我国的涉外仲裁机构为中国国际经济贸易仲裁委员会，设在北京，在上海和深圳设有分会。仲裁机构不是国家的司法部门，而是依据法律成立的民间机构。

3. 中国涉外仲裁机构。我国涉外仲裁机构主要有中国国际经济贸易仲裁委员会、中国海事仲裁委员会和香港国际仲裁中心等。中国国际经济贸易仲裁委员会（从2000年起同时启用"中国国际商会仲裁院"名称），是中国国际贸易促进委员会所属的民间性常设商事仲裁机构，主要受理对外贸易合同和交易中所发生的争议和纠纷，其仲裁裁决可以在世界上140多个国家得到承认和执行。中国海事仲裁委员会是中国国际商会所属民间机构，总部设在北京，主要受理海事、海商等方面的争议或纠纷。

二、旅游争议仲裁协议与裁决执行

在旅游争议仲裁中，仲裁协议是进行旅游争议仲裁的前提和基础，而旅游争议的裁决和执行，则是解决旅游争议的过程和结果，因此必须了解和掌握旅游争议的仲裁协议、仲裁程序和裁决执行的规则和要求，才能有效地利用和发挥旅游争议仲裁的功能和作用。

（一）仲裁协议

仲裁协议，是指发生旅游争议的双方当事人，一致同意将他们之间已经发生或将来可能发生的旅游争议，交付仲裁机构进行仲裁裁决的一种书面协议。仲裁协议主要分为仲裁条款、仲裁协议书及其他表示提交仲裁的文件。其中，仲裁条款是指双方当事人在签订有关旅游合同时，在该合同中订立的把可能发生的旅游争议提交仲裁解决的条款；仲裁协议书是指在旅游争议发生前或发生后，有关当事人经过平等协商，共同签署的把争议提交仲裁解决的专门性文件；其他表示提交仲裁的文件，则是指除了仲裁条款和仲裁协议书以外的，有关把旅游争议提交仲裁解决的任何形式的书面文件。有效的仲裁协议，通常包括以下方面的主要内容。

1. 仲裁协议的内容和效力。仲裁协议的内容，包括提交仲裁的事项、仲裁地点、仲裁机构、仲裁规则、仲裁裁决的效力、仲裁适用的法律、仲裁费用承担和仲裁语言等。仲裁协议的效力主要体现在四方面：一是仲裁协议对订立双方当事人具有严格的约束力；二是仲裁协议应排除有关国家法院的管辖权；三是仲裁协议是有关仲裁机构行使仲裁管辖权的重要依据；四是仲裁协议是强制执行仲裁裁决的前提和依据。

2. 仲裁协议的有效要件。有效的仲裁协议一般应包括以下三方面的有效要件：一是有效的仲裁协议必须有合法的形式，尽管各国对仲裁协议的规定不一致，但绝大多数国家的法律都规定仲裁协议必须是书面形式；二是订立仲裁协议的当事人具有行为能力，无行为能力的人订立的仲裁协议是没有法律效力的；三是争议事项具有可仲裁性，即当事人在仲裁协议中约定的提交仲裁的事项，必须是经有关国家法律允许采用仲裁方式处理的事项。

3. 仲裁协议有效性的认定机构。在仲裁前，国际规则和多数国家的仲裁立法，一般都规定仲裁机构有权认定仲裁协议是否有效，这是认定仲裁协议效力最主要、最普遍的机构，也有部分国家规定法院也是认定仲裁协议有效性的机构。在仲裁后，对仲裁协议有效性的认定，则由被请求承认与执行裁决的主管机关来完成。在判定一项仲裁协议是否有效时，有时会适用当事人选择的法律，有时也可能适用仲裁协议订立地的法律，或当事人隶属国家的法律；在当事人没有选择适用法律的情况下，仲裁协议订立地的法律是确认仲裁协议所适用的主要法律。

（二）仲裁程序

对于旅游争议的仲裁程序，国际规则和各国法律规定大同小异，以《中华人民共和国仲裁法》和《中国国际经济贸易仲裁委员会仲裁规则》（2000 年修订）为例，解决旅游争议的仲裁程序主要包括以下几方面。

1. 仲裁申请、答辩和请求。仲裁申请，是指仲裁协议中所约定的旅游争议事项发生以后，仲裁协议的一方当事人（申请人），可依据仲裁协议将有关旅游争议提交他们所选定的仲裁机构，从而提起仲裁程序的行为。答辩，是指另一方当事人（被申请人）在收到仲裁通知 45 天内必须提交答辩状，如不提交答辩状也不影响仲裁程序的进行。反请求，是指被申请人有权提出自己独立的要求来抵消申请人的请求权利，甚至反过来要求申请人赔偿被申请人的损失。按照规定，被申请人如有反请求，最迟应在收到仲裁通知之日起 60 天内以书面形式提交仲裁委员会。

2. 仲裁员和仲裁庭的组成。仲裁机构一般都设立有仲裁员名册，大多数国家还规定国内外人员均可担任仲裁员。我国仲裁法也规定："仲裁委员会设立仲裁员名册，仲裁员由仲裁委员会从对法律、经济贸易、科学技术等方面具有专门知识和实际经验的中外人士中聘任。"[①] 对仲裁员的指定，一般由当事人选定或共同委托仲裁委员会主任指定。

仲裁庭的组成一般有两种类型，一种是独任仲裁庭，即由一名仲裁员进行仲裁；另一种是合议仲裁庭，一般由三名仲裁员组成，同时应指定其中一名为首任仲裁员。按照规定，被选定或被指定的仲裁员，如果与争议案件有个人利害关系的，应自行向仲裁委员会披露并请求回避；而当事人对被选定或被指定的仲裁员的公正性和独立性产生具有正当理由的怀疑时，也可以书面向仲裁委员会提出要求该仲裁员回避的请求。

3. 仲裁审理。按照仲裁规则的规定，仲裁庭一般应独立公正地开庭（口头）

---

① 中华人民共和国仲裁法. 1994 – 08 – 31

审理旅游争议案件，但经双方当事人申请或征得双方当事人同意，仲裁庭也认为不必开庭审理的，仲裁庭可以只依据书面文件进行审理并作出裁决。仲裁庭审理争议案件时，通常有公开审理与不公开审理两种方式，各国的仲裁规则一般都规定，仲裁庭审理争议案件不公开进行，如果双方当事人要求公开审理，则由仲裁庭作出是否公开审理的决定。

根据仲裁规则的规定，如果当事人约定了仲裁地点的，对争议案件的审理应当在约定的地点进行；同时规定仲裁庭开庭审理时，如果一方当事人不出席，仲裁庭可以进行缺席审理并作出缺席裁决。在审理争议案件过程中，当事人应当对其申请、答辩和反请求所依据的事实提出证据，仲裁庭认为必要时可自行调查事实和收集证据，也可以就争议案件中的专门问题向专家咨询或者指定鉴定人进行鉴定。

仲裁庭在审理争议案件时，如果双方当事人有调解愿望，或一方当事人有调解愿望并经仲裁庭征得另一方当事人同意的，仲裁庭可以在仲裁程序进行过程中对其审理的争议案件进行调解，并可以按照其认为适当的方式进行调解。

4. 仲裁裁决。根据各国仲裁规则的规定，仲裁裁决是仲裁庭对当事人提交的争议事项进行审理后作出的结论性意见。仲裁裁决分为最终裁决、部分裁决和临时裁决。最终裁决也称为终局裁决，是对所有争议问题作出的最后裁决；部分裁决是在仲裁审理中，对争议案件部分事实已查清，并有必要先行作出的裁决，仅对该部分事实作出的裁决；临时裁决是仲裁庭认为有必要或同意当事人提出的请求，在仲裁中就争议案件的任何问题作出的临时性的裁决。

仲裁裁决的内容，一般应包含仲裁当事人、背景事实、审理情况、裁断结论、仲裁费用负担，并应当说明裁决理由，同时有仲裁员署名，并加盖仲裁委员会印章，写明日期和地点等。仲裁裁决是终局的，对双方当事人均有约束力。任何一方当事人均不得向法院起诉，也不得向其他机构提出变更仲裁裁决的请求。如果仲裁裁决有漏项或书写之类错误，当事人或仲裁庭应在裁决书发出之日起30日内要求补正或由仲裁庭自行补正，该书面更正构成裁决书的一部分。

（三）仲裁裁决的承认与执行

仲裁裁决应由当事人自行执行。由于仲裁机构自身不具有强制执法的能力，因此当事人一方如果逾期不予执行，另一方可向法院申请强制执行。为了解决是否承认和执行外国仲裁裁决的问题，联合国于1958年通过了《承认和执行外国仲裁裁决公约》，规定各缔约国必须承认和执行外国仲裁裁决。我国于1987年4月正式加入了这一公约，并根据该公约规定缔约国可作两项保留的例外，我国明确了经济"互惠保留"和"商事保留"，前者规定了在互惠的基础上，对外国仲裁裁决适用于该公约，后者规定了只承认商事法律管辖关系所产生的争议适用于该公约。

1. 对外国仲裁裁决的承认与执行。所谓外国仲裁裁决，是指在一国境外作出的仲裁裁决，既包括外国常设仲裁机构管理下的仲裁庭在一国境外作出的裁决，也包括临时仲裁机构（庭）在一国境外作出的裁决。根据我国有关法律规定，对国际或国外仲裁机构的裁决，需要中华人民共和国人民法院承认和执行的，应当由当事人直接向被执行人住所地或者其财产所在地的中级人民法院申请，并提供仲裁裁决和仲裁协议的正本或经证明的副本，如果仲裁裁决和仲裁协议不是用中文文字做成的，还应该提供相应的中文译文。我国人民法院应当依照中华人民共和国缔结或者参加的国际条约，或者按照互惠原则办理。

我国人民法院拒绝承认与执行外国仲裁裁决的情况，主要包括仲裁协议无效，当事人权利被剥夺，仲裁庭越权，仲裁庭的组成和仲裁程序不当，仲裁裁决无效等。对裁决的事项不能以仲裁方法处理，或承认或执行裁决有违我国公共政策时，我国人民法院可以主动拒绝承认与执行外国仲裁裁决。

2. 对我国仲裁裁决的承认和执行。我国的有关涉外仲裁规定，对我国涉外仲裁机构裁决需要到外国执行的裁决，由于我国已加入 1958 年的《承认及执行外国仲裁裁决公约》，因此凡是在加入该公约的其他国家执行我国涉外仲裁机构裁决的，可以按照该公约的规定办理。对中国涉外仲裁机构作出的裁决，一方当事人不履行的，另一方当事人可向被申请人住所地或财产所在地法院申请执行。在国际经济贸易实践中，由于目前我国企业大多缺乏在国外申诉的能力，所以有关涉外国际商事纠纷和旅游争议应力争在我国涉外仲裁机构仲裁。

三、旅游争议的诉讼

诉讼（litigation），一般是指发生争议或纠纷的双方当事人，在国家司法机关主持下进行的，以国家司法形式解决争议或纠纷的一种机制和方式。诉讼通常包括民事诉讼、刑事诉讼、商事诉讼、行政诉讼等，而旅游争议的诉讼主要表现为涉外民事与商事诉讼。尽管旅游争议诉讼存在程序严格、判决烦琐、耗时冗长，以及法官不熟悉旅游专门知识和国际旅游惯例等不足，但其作为一种解决国际旅游争议的方式，在旅游服务贸易中仍然具有重要的作用。

（一）旅游争议诉讼的特征

旅游争议诉讼（litigation of travel disputes），是指旅游争议发生后，在没有有效的仲裁协议情况下，一方当事人向有管辖权的法院起诉另一方当事人，并在法院、当事人和其他诉讼人的参与下，以国家司法形式解决旅游争议的机制和方式。旅游争议诉讼与旅游争议的协商、调解或仲裁方式相比较，具有以下几方面的典型特征。

1. 旅游争议诉讼案件的涉外性。在旅游争议诉讼中，由于诉讼主体的当事人一方是外国人、外国企业或组织，使诉讼案件的法律关系发生、变更或消灭成为具有涉外因素的旅游争议诉讼案件。因此对有涉外因素的旅游争议诉讼案件，可以依照各国有关涉外民事和商事的法律规定进行审判。我国解决旅游争议诉讼案件的法律依据，主要有《中华人民共和国民法通则》、《中华人民共和国民事诉讼法》、《中华人民共和国经济合同法》、《中华人民共和国涉外经济合同法》等法律。

2. 旅游争议诉讼程序的严格性。由于诉讼是当事人单方面的行为，只要法院受理，另一方就必须应诉，因此有关国际条约和各国法律都对诉讼程序有严格的规定和要求。由于旅游争议诉讼具有不同于一般民事诉讼的特点，依照国际惯例、国家之间司法协助及平等互惠等情况，各国对旅游争议诉讼的司法审判，原则上适用法院所在地国家的有关法律，审理旅游争议所适用的诉讼程序也必须严格规范。如我国民事诉讼法就对涉外争议诉讼的程序作了特别规定，因此法院在审理旅游争议案件时，必须严格执行有关涉外诉讼程序的特别规定。

3. 旅游争议诉讼审理的规范性。在涉外诉讼的审理中，除了严格遵循法院地国家的诉讼程序外，对诉讼适用法律也有规范性的要求，通常各国法律都规定了诉讼审理的原则和规范，并明确法院审理诉讼可以自主选择处理合同争议所适用的法律，对法律没有规定的情况下可以适用国际惯例。由于旅游争议诉讼的特殊性，因此在遵循诉讼审理的规范性的同时，审理旅游争议诉讼还应注重灵活性。一方面，对旅游争议诉讼当事人的处分权应给予最大限度的尊重，允许当事人在不违背社会公共利益的情况下，自由处分其诉讼权利，如协议管辖，撤诉自由等；另一方面，应注重诉讼程序的效率和审理方式的灵活性，及时确定当事人的权利义务关系，以维护瞬息万变的交易秩序和安全。

4. 旅游争议诉讼判决的强制性。由于各国的诉讼程序法都具有排它的强制适用性，主管，是指法院与其他国家机关社会组织之间就解决法律纠纷的职能分工与权限范围。在商业诉讼中，主管所要解决的问题主要是商业诉讼与商事仲裁的关系问题。关于商业诉讼与商事仲裁的关系，根据民事诉讼法、仲裁法的规定，当事人之间发生了合同纠纷和其他财产权益纠纷后，可以向法院起诉，也可以达成书面仲裁协议申请仲裁；当事人达成书面仲裁协议后，不得向法院起诉；当事人根据仲裁协议申请仲裁后，仲裁庭作出的裁决是终局的裁决，当事人不得声明不服，更不得向法院起诉。

（二）旅游争议诉讼的原则

旅游争议诉讼的特征，决定了其既不同于一般的涉外民事诉讼，也不同于一般的国际商事诉讼，而是同时兼有涉外民事诉讼和国际商事诉讼的特点，因此运用旅游争议诉讼解决旅游争议，必须遵循和坚持以下主要的原则①。

---

① 中华人民共和国民事诉讼法 . 1991 - 04 - 09

1. 诉讼中的国家主权原则。国家主权原则是现代国际商事诉讼中应遵循的重要原则，旅游服务贸易是国际经济贸易的组成部分，因此旅游争议诉讼必然要遵循和坚持国际商事诉讼中的国家主权原则。从国际商事诉讼角度看，遵循和坚持国家主权主要包括以下几方面内容。

一是司法管辖权，即一国法院拥有受理和审判具有国际因素或涉外因素的国际商事案件的权限，由于目前国际上还未形成统一的旅游争议诉讼管辖权制度，因此各国对旅游争议诉讼的司法管辖权，基本上适用本国的商事诉讼管辖权；

二是诉讼程序规定，目前各国的诉讼程序法都具有排它的强制适用性，因此依照国际条约和惯例，旅游争议诉讼程序应该适用法院地国家的诉讼程序法；

三是诉讼代理权，由于各国诉讼法都规定外国律师不得在本国执行律师业务，因此对旅游争议诉讼需委托律师代理诉讼的，只能委托法院所在地国家的律师；

四是语言文字规定，根据国际惯例和各国法律规定，法院审理旅游争议诉讼案件时，应当使用本国语言、文字，这既体现了维护国家主权的尊严，又体现了法院行使司法管辖权的严肃性。

2. 诉讼中的国民待遇原则。在旅游争议诉讼中，至少有一方当事人是外国人或外国组织，因此外国当事人在某一国家境内的诉讼地位，即享有什么样的诉讼权利，承担什么样的诉讼义务，以及具有什么样的诉讼行为能力等，是旅游争议诉讼实施的重要前提和基础。

国民待遇原则，是指一国赋予在本国境内的外国人享有和本国公民同等的民事诉讼权利，承担同等的民事诉讼义务，是调整外国人民事诉讼地位最普遍采用的一般原则，为国际条约和各国国内法所普遍采用。根据有关国际公约和各国的诉讼法规定，发生国际民事和商事纠纷时，不论当事人合意选择双方任一国家的法院进行争议诉讼时，外国当事人一般都应享有法院所在地国家诉讼权利和义务的国民待遇原则。因此，有关旅游争议诉讼的国民待遇原则，主要体现在以下方面：一是规定外国当事人（自然人）享有与法院所在国国民同等的民事诉讼权利，并承担同样的诉讼义务；二是对外国当事人（自然人）的诉讼行为能力的确认，原则上依属法院所在国民法，同时为保护善意的对方当事人，尤其是法院所在国国民的合法权益，各国还规定可以依法院地方法而确定外国当事人的诉讼行为能力；三是对于是法人的外国当事人的诉讼地位，一般都由法院地国家的诉讼法作出特别规定。

3. 诉讼中的司法豁免原则。司法豁免，一般包括管辖豁免、诉讼程序豁免和执行豁免。目前国际上广泛实行的是有限司法豁免，即把国家行为分为公法行为和私法行为，司法豁免仅仅限于对国家公法行为的豁免，而对于国家参与经济、贸易、商业的私法行为不予以豁免。

　　由于国际旅游争议法律关系的复杂性，各国对旅游争议的司法豁免都有不同的规定。如我国除了对享有司法豁免权的外国人、外国组织或者国际组织提起的民事诉讼，人民法院可根据中华人民共和国法律和中国缔结或参加的国际条约的规定办理外；对涉及国家财产的旅游争议，通常采用国际投资争议的解决方法，如用当地救济原则、外交保护等来解决；而对大量的商事性旅游争议诉讼，则根据我国法律规定和实践，以及参照国际惯例等，进行灵活有效的审理和判决。

　　（三）旅游争议诉讼的程序

　　目前，不论是国际还是国内都还没有独立统一的旅游争议诉讼程序，因此绝大多数旅游争议诉讼案件，通常都是适用诉讼法规定的民事或商事审判程序进行审理。根据我国民事诉讼法规定，旅游争议诉讼的程序，可以分为起诉请求、案件受理、审理前准备、开庭审理、评议和判决、判决承认与执行五个阶段。

　　1. 起诉请求。诉讼是当事人单方面的行为，因此发生旅游争议的任意一方当事人都可以向有管辖权的法院起诉，只要法院受理起诉申请后，另一方当事人就必须应诉。旅游争议诉讼的法定条件包括：起诉人必须是与本案件有直接利害关系的当事人或第三人，起诉有明确的被告、诉讼请求、事实和理由，起诉案件属于法院的管辖内容和范围；提交的起诉状应列明自己与被告方的姓名、职业、住址、诉讼请求，以及所依据的事实、理由、证人和证据等。

　　2. 案件受理。法院在受理旅游争议案件时，要认真审查案件当事人是否订有或事后达成仲裁协议或条款，以切实把好旅游争议案件的立案审查关。发现有仲裁协议或条款的，如仲裁协议和条款有效的不应受理；如当事人双方已有书面协议放弃仲裁的可依法受理；如仲裁协议或条款可能无效或明显无效的，应按照有关规定做出相应的处理。同时，法院还应按照有关规定，对原告、被告、委托诉讼代理人，以及当事人提交的涉及程序、实体方面的公证、认证文书等进行相应的审查，最后确定是否受理起诉。

　　3. 审判前准备。当事人向有管辖权的法院提起诉讼并经法院受理后，旅游争议诉讼就进入了审判前准备阶段。根据各国诉讼法规定，法院审前准备程序的目的，首先是保证当事人享有充分、平等的辩论权，以分流不必要开庭审理的案件；其次，使当事人在充分准备的基础上进入法庭审理。审前准备程序的主要内容有：以合适的方式送达起诉和应答文书，告知当事人诉讼权利和义务；组织当事人双方进行诉讼调解，若诉讼调解成功则不必进行法庭审理；组成合议庭，指导监督当事人有效举证；对案情比较复杂，证据材料较多的案件，可以组织当事人交换证据；做好其他开庭审理的准备工作。

　　4. 开庭审理。旅游争议诉讼的审理，法院可适用民事诉讼法中审理涉外商业纠纷案件方式，一是应当采取开庭审理的审理方式，凡是未经开庭审理就判决的，将成为二审法院裁定发回重审的理由；二是应当采用公开审判的审理方式，即除了涉及国家秘密、个人隐私，以及涉及商业秘密且当事人申请不公开审判的以外，法庭审理过程应保障当事人充分的程序参与权，并对社会公开，允许公民旁听，对依法不公开审理的案件也要公开宣告判决；三是应当采用当事人辩论的方式，体现当事人诉权对审判权的制约等。人民法院审理民事案件时，当事人有权辩论，是中国民诉法明确规定的一项基本原则。但中国的辩论原则不同于西方的辩论主义，不能具有明显的局限性；四是可以采取调解的方式，调解不仅适用于审前准备程序中，在法庭审理的任何时候都可以调解，调解贯穿于诉讼的始终。

5. 评议和判决。合议庭评议的标准，是根据开庭审理的情况，在双方辩论、举证的基础上，及时确定当事人之间的权利和义务关系，保护受害者的合法权益，维护旅游服务交易秩序的安全、稳定和有序。合议庭评议的结果是判决的基础，即法官主要根据合议庭评议而作出判决。我国对涉外争议案件同样实行两审终审制度，即一审法院所作出的判决暂不发生效力，当事人如果不服可以向上一级法院上诉；二审法院的判决为终审裁判，一经作出后立即生效，当事人不得对此再提起上诉或另行起诉。

6. 判决的承认和执行。在国际民事诉讼中，一国法院所作的判决在另一国境内发生效力或强制执行，称为对外国法院判决的承认和执行。承认和执行外国法院的判决和裁定是司法协助的重要内容，一个主权国家对如何承认和执行外国法院的判决和裁定，总是以自己的法律作出规定。我国民事诉讼法对承认和执行外国法院的判决和裁定规定了以下条件：外国法院所在国与我国有缔结或者共同参加的国际条约，或者有互惠关系。当事人（可以是中国人，也可以是外国人）直接向我国有管辖权的中级人民法院提出了申请，或者外国法院依照该国与我国缔结或者共同参加的国际条约的规定或者互惠关系，向我国法院提出了请求，没有当事人的申请或者外国法院的请求，人民法院不能主动去承认和执行外国法院的判决。该判决、裁定的承认和执行不违反中华人民共和国法律的基本原则或者国家主权、安全、社会公共利益。

（四）旅游争议诉讼的国际司法协助

国际司法协助，简称司法协助，是指一国法院或其他主管机关，根据另一国法院或其他主管机关或有关当事人的请求，代为或协助执行一定诉讼行为的活动。在各国法律和实践中，司法协助除了国家之间送达诉讼文书、代为询问证人、帮助调查取证外，往往还包括对外国法院判决和外国仲裁机构裁决的承认与执行等内容。

在旅游争议诉讼的国际司法协助中，无论是请求或被请求提供司法协助，都必须掌握好司法协助的依据、法律适用和公共秩序等原则和要求。国家之间提供司法协助的依据，主要是有关的国际条约或国家之间的互惠关系协议，大多数国家规定只有签订了国家间互惠关系协议后，才能按照国际条约提供司法协助。对国际司法协助的法律适用，按照国际条约规定，原则上适用被请求国本国的法律；但在一定条件下，被请求国也可适用请求国的法律。国际司法协助中的公共秩序，是指如果请求国提出的司法协助事项与被请求国的公共秩序相抵触时，被请求国有权拒绝为请求国提供司法协助，其目的是为了保护被请求国的根本利益。

第五节　国际贸易争端解决机制

一、国际贸易争端解决机制的概念

旅游服务贸易的争议，不仅体现在旅游者、旅游企业之间的旅游争议，也体现为国家之间在旅游服务贸易方面的国际争端，尤其是随着我国加入世界贸易组织以后，各种旅游服务贸易纠纷与争端也日益增多。因此，为了掌握如何解决国家间的旅游服务贸易争端，首先必须了解有关国际贸易争端解决机制的形成、性质特征和有关机构。

（一）国际贸易争端解决机制的形成

国际贸易争端解决机制，即世界贸易组织争端解决机制的形成，经历了长达近 50 年的漫长的关贸总协定（GATT）谈判过程，直到 1995 年世界贸易组织正式成立，才形成较完善的国际贸易争端解决机制。

早在 1948 年关贸总协定临时适用以后，随着各国之间贸易往来和竞争加剧，使国际贸易摩擦和争端也日益增多。为了确保各国之间贸易往来能够公平、公正地进行，在关贸总协定历次谈判中，一直为建立一个有效的争端解决机制和程序而努力。经过从关贸总协定的争端解决条款到世界贸易组织多边贸易体制的发展，最终形成了以《争端解决规则与程序谅解书》（Understanding on Rules and Procedures Governing the Settlement of Disputes，DSU）为核心的世界贸易组织争端解决机制。

在"乌拉圭回合"谈判达成的《争端解决规则与程序谅解书》，主要由 273 条条款和 4 个附录组成，其既保留了 GATT 历年来对争端解决的有效做法，又对原来争端解决程序和方法作了重大的改进，不仅使争端解决程序更加明确和精细，而且确立了明确的时间限制及严格的"交叉"报复机制等，从而能够更迅速、更有效地处理成员间的贸易纠纷和争端，维护它们之间的权利与义务关系，督促各成员更好地履行各项协议的义务及其所作的承诺①。

---

① 世界贸易组织. 争端解决规则与程序谅解书. http：//www.wto.org

组的此类通知及时地予以答复；专家小组在对贸易争端作出决定后，应以书面形式向争端解决机构报告其调查结果，说明事实真相、引用条款及作出决定的理由；如果争端在专家小组阶段已由各成员方自行协商解决，则专家小组的报告只需要扼要说明案件及已达成的解决方法即可。

4. 上诉机构（appellate body）。根据《争端解决规则与程序的谅解》规定，争端解决机构应设立一个受理上诉的常设机构，处理争端当事方对专家小组决定不服提出的上诉请求。上诉机构由 7 名成员组成，任何一件上诉案件都应由其中的 3 人审理。上诉机构成员的任职期限为 4 年，可连任一次，但在《建立世界贸易组织协定》生效后第一批被任命的 7 人中，有 3 人的任期是两年，这样可以保持上诉机构人员的轮换，而不会发生一次更换全部 7 名人员的情况。上诉机构一般由具有公认的权威并在法律、国际贸易及各有关协议所涉及的专门领域内具有专业知识的人员组成。他们与任何政府都没有关系，不受任何当事方的影响。

5. 世界贸易组织总干事。根据《争端解决规则与程序的谅解》规定，世界贸易组织总干事以其职务资格进行斡旋、调解或调停、以协助各成员方解决争端。这一规定是对关贸总协定有关总干事参与争端解决程序的继续，总干事凭借对事实和法律知识的权威，在斡旋、调解程序中可以充分发挥作用。

二、国际贸易争端解决的原则

国际贸易争端解决机制作为推进多边贸易体制的有效实施，促进国际贸易自由化的重要保障，在减少国际经济贸易纠纷和争端，避免贸易争端引起的政治、军事冲突，保障各国或各地区之间的正常贸易往来，维护多边贸易体制的稳定发展等方面都发挥着积极的作用，根据《建立世界贸易组织协定》和《争端解决规则与程序的谅解》等有关规定，在解决国际贸易争端过程中，应该遵循以下基本原则。

（一）权利和义务平衡原则

世界贸易组织的成员既享有各有关协定规定的权利，又需要按各有关协定的要求履行相应的义务。如果一成员方认为按有关协定所获得的利益正在直接或间接地受到另一成员方所采取的措施损害时，世界贸易组织就应该迅速发挥作用，使各成员方的权利和义务保持适当的平衡。为确保协定的有效实施为优先目标，按照权利和义务平衡原则，如果一成员方的有关贸易措施被确认违反了世界贸易组织协议的规定，在该成员方没有提出满意的解决办法时，世界贸易组织争端机构应敦促该成员撤销该项措施。虽然各成员间可根据《争端解决规则与程序的谅解》的规定，通过成员间磋商或谈判进行补偿，但只能作为一项临时性手段加以援用。因此，对世界贸易组织的每一个成员来说，争端解决机制的作用是双重的，它既是一种保护其权益的手段，又是督促其履行应尽义务的工具。

（二）磋商解决争端原则

世界贸易组织成立的目的是建立一个完整的、更有活力的和持久的多边贸易体制，以促进世界贸易的发展，提高世界各国人民的生活水平。因此，世界贸易组织要求成员方发生贸易争端时，要寻求积极的解决办法，并鼓励发生贸易争端的当事人双方，通过双边磋商来达成相互满意的争端解决方案。根据《争端解决规则与程序的谅解》的规定，当事方进行双边磋商是解决贸易争端的第一步，即使是进入专家组程序后，争端当事方仍可通过磋商来解决贸易争端，并规定解决贸易争端的方案不得以违反协议规定、或损害第三方利益为代价。自 1995 年到 2005 年的 10 年间，世界贸易组织受理和解决成员方贸易争端的数量已达到335 起，而 GATT 在其近 50 年发展中所受理的贸易争端仅 238 起。

（三）统一程序原则

世界贸易组织的争端解决机制规定成员方发生贸易争端时，要按照贸易争端解决机制所规定的统一的争端解决程序进行。即要经过磋商与调解、专家小组与上诉、裁决三个程序最终解决。凡是有关世界贸易组织的协定、协议方面的贸易争端，都适用于统一程序原则的规定。尤其是世界贸易组织争端解决机制在决策程序上引入了"反向磋商一致的原则"，规定对贸易争端解决的结论，只要不是所有的参加方都反对就视为通过。通过实行"反向磋商一致的原则"，既减少和避免了对贸易争端解决的无休止的反复争论，又排除了败诉方阻挠专家小组和上诉机构通过报告的可能。

（四）遵循法定时限原则

世界贸易组织贸易争端解决机制不仅确立了争端解决的程序，而且严格具体地规定了各个程序执行的时间。如在磋商阶段，一般情况下，接到磋商请求的争端另一方应该在收到请求的 10 天内，对该请求作出答复（双方同意的时间除外），并在收到请求后的 30 天内真诚地与对方磋商，以达成双方满意的解决方法；在专家小组阶段，专家小组必须在决定建立之后的 30 天内组成，贸易争端解决机制必须在专家小组提出报告之后的 60 天内通过报告；在上诉复审阶段，从争端解决机构设立专家小组到争端解决机构通过专家小组报告或上诉机构的报告时间，如对专家小组报告没有提出上诉阶段，不应超过 9 个月，如有上诉阶段，最长不得超过 12 个月；在裁决阶段，原则上仲裁决定的合理期限应该是执行专家小组或上诉机构的建议的合理期限，不应超过自通过专家小组或上诉机构的报告后的 15 个月。这项原则，一方面能够及时纠正违反世界贸易组织的行为，使受害方的利益得到及时的补救；另一方面，有助于各成员国树立对世界贸易组织争端解决机制的信心。

（五）多边解决争端原则

世界贸易组织争端解决机制规定，世界贸易组织各成员方在发生贸易争端时，应采用多边贸易机制解决方式来解决。世界贸易组织成员方应承诺，不针对认为违反贸易规则的事件而采取单边行动，禁止未经授权的单边报复，并遵守有关规则与贸易争端解决机制的最终裁决。根据《争端解决规则与程序的谅解》的规定，报复是在各项补救措施不能有效解决贸易争端情况下所采用的最后手段。当世界贸易组织成员间发生贸易争端时，当事方应按照《争端解决规则与程序的谅解》的规定，努力寻求对贸易争端的妥善解决，严格禁止成员方采取任何未经授权的、单边的报复性措施。只有当某一成员在某一领域违反承诺，并对另一成员利益造成损害时，世界贸易组织才可以授权另一成员在其他领域进行报复。

（六）自愿调解与仲裁原则

根据《争端解决规则与程序的谅解》的规定，在世界贸易组织争端解决机制中，无论是斡旋、调解还是调停，都必须在争端各方的同意下才能进行。斡旋、调解和调停可以在任何时候进行，也可以在任何时候终止，但涉及斡旋、调解和调停的各项程序，必须无损于任何当事方按照这些在任何进一步的诉讼程序中享有的权益。仲裁程序也是建立在自愿的基础上，应该以双方达成一致的仲裁协议为基础。接受仲裁裁决的各当事方要受到仲裁裁决的约束。并规定世界贸易组织总干事以其职务上的资格，可对贸易争端的当事人进行斡旋、调解和调停，以协助各成员方妥善地解决贸易争端。

（七）授权救济原则

世界贸易组织争端解决机制，还针对关贸总协定长期以来有关争端解决机制裁决不执行的状况，实行了授权救济原则，即如果世界贸易组织成员方的一方违反协议，并给另一方造成了损失，或者阻碍了协议目标的实现，则各方应该优先考虑得到争端当事方一致同意的，并与各协议相一致的解决办法。如果无法达成满意的结果，申诉方可通过争端解决机制获得救济，其手段包括要求被诉方撤销与协议不符的措施；对申诉方给予补偿；中止对被诉方的减让或其他服务。在被诉方应该履行专家小组和上诉机构的建议和裁决的合理期限之后的 20 天内，仍未达成令人满意的补偿办法，则申诉方可以请求争端解决机制授权其中止适用对有关成员方进行的减让或其他义务。中止减让或其他义务主要采取"交叉报复"机制。

三、国际贸易争端解决机制的程序

世界贸易组织争端解决机制，还明确对解决贸易争端规定了极为详细的解决程序和方法。其基本程序和方法包括：磋商，斡旋、调解与调停，专家组审理，上诉机构审理，裁决的执行及监督，仲裁，补偿与减让的中止以及"交叉报复"等。其中，斡旋、调解和调停可以作为辅助手段，在基本程序进行中运用。

（一）磋商程序

磋商程序（consultations procedures），是指两个或两个以上成员为使相互间的贸易争端得到解决或达成谅解而进行国际交涉的一种方式。由于磋商解决争端问题是争端各当事方在协商一致的基础上达成一致意见，有利于所达成协议的执行，因此是关贸总协定一开始就已确立并长期奉行的，解决成员之间贸易争端的首要原则。根据《争端解决规则和程序谅解》规定，贸易争端当事方应当首先采用磋商方式来解决贸易争端，这一程序和方法是给予贸易争端各方能够自行解决问题的一个机会。在一般情况下，贸易争端当事方进行磋商要通知世界贸易组织争端解决机构，同时各成员方在接到有关磋商申请后应在 10 天内对申请国作出答复，并在接到申请后 30 天内展开相互间的善意磋商。磋商应是秘密进行的，不得妨碍任何成员在任何进一步程序中的各种权利。

（二）斡旋、调解、调停和仲裁程序

斡旋（good offices），是指第三方促成争端当事方开始谈判或重开谈判的行动。在整个过程中，进行斡旋的一方可以提出建议或转达争端一方的建议，但不直接参加当事方的谈判。调解（conciliation），是指将争端提交一个由若干人组成的委员会，由该委员会阐明事实，提出报告（包括解决争端的建议），以设法使当事方达成和解。调停（mediation），是指第三方以调停者的身份主持或参加谈判，提出条件作为谈判的基础，并调和、折中争端各当事方的分歧，促使双方达成协议。

在世界贸易组织争端解决程序中，斡旋、调解与调停程序与磋商程序不同，是贸易争端各方同意自愿采用而非强制选择程序。争端的任何一方可随时请求进行斡旋、调解和调停，既可以在任何时候开始，也可以在任何时候结束。一旦斡旋、调解和调停被终止，则投诉方可以提出设立专家组的要求，并且只要各方同意，在专家小组工作期间仍可继续进行斡旋、调解和调停。如果斡旋、调解和调停在申诉方提出磋商请求后的 60 天内开始，则申诉方必须在要求成立专家组前给予 60 天的期限。如各方均认为斡旋、调解和调停不能解决该争端，则申诉方可以在 60 天期间内要求成立专家组。如果争端当事方同意，斡旋、调解和调停程序可在专家组程序进行的同时继续进行。世界贸易组织总干事可以以其职务身份提供斡旋、调解和调停以协助成员方解决争端。各方在这些程序中所持立场应该保密，且不得损害任何一方在这些程序下采取任何进一步行动中的权利。

除了斡旋、调解和调停程序外，贸易争端各方也可以请求仲裁（arbitration）。仲裁在世界贸易组织的争端解决机制中，可用于不同的目的和不同争端解决阶段。《争端解决规则和程序谅解》第 25 条规定，仲裁可以作为争端解决的另一种形式。如果争端当事方同意以仲裁方式解决，则可在共同指定仲裁员，并议定相应的程序后，由该仲裁员审理当事方提出的争端。

（三）专家小组程序

建立专家小组（establishment of panels），是争端解决机制的核心程序，在上述磋商或斡旋、调解和调停未能解决争端的情况下，投诉方可以向争端解决机构提出成立专家小组的请求。专家小组一般由 3 位专家组成，除非争端各方一致同意，否则争端当事方的公民或在争端中有实质利害关系的第三方公民都不得作为有关争端的专家小组组员。专家小组根据当事人的请求，对争端案件进行审查，听取双方陈述，调查分析事实，提出调查结果，帮助争端解决机构作出建议或裁决。专家小组原则上在 6 个月（最长不超过 9 个月）内提交最后报告，在紧急情况下，终期报告的时间将缩短为 3 个月。在专家小组提出报告以供各成员传阅后 20 天至 60 天间，除非某争端方提出上诉或争端解决机构一致反对采纳此报告，否则该报告即视为通过。应投诉方请求，专家小组的工作可以暂停 12 个月，但不得超过 12 个月。如超过 12 个月，专家小组的授权应予终止。

（四）上诉审理程序

上诉审理（Appellate Review），是一项新增加的程序，是为受理专家小组案件的上诉而由争端解决机构设立的常设上诉机构。在专家小组的终期报告公布后，争端各方均有上诉的机会，只有争端当事方就专家小组报告提出上诉后，争端解决机构设立的常设上诉机构才能受理。上诉机构可以维持、修正、撤销专家小组的裁决结论，并向争端解决机构提交审议报告，其通常由 7 人组成。上诉审理的范围限于专家小组报告中论及的法律问题及该小组所做的法律解释，审理期限原则上为 60 天至 90 天。上诉机构可以维护、修正、撤销专家小组的裁决结论，上诉机构的裁决为最后裁决，当事方应无条件接受，除非争端解决机构一致反对。通过争端解决机构上诉审查程序，就形成了世界贸易组织独特的两审终审制，增强了争端解决机构的权威性和灵活性。

为保证上诉结果的公正性和权威性，上诉机构成员一般应是在法律、国际贸易和各协议内容方面具有令人信服的专业知识的公认权威。他们独立于任何政府，且不应与世界贸易组织争端解决活动及其他有关活动有任何联系，不得参与会产生直接或间接利益冲突的争端审议。1995 年 11 月 29 日，DSB 从 23 个国家所推荐的 32 位候选人中任命了常设上诉机构的 7 名成员。

（五）裁决的监督和执行程序

裁决的监督和执行（surveillance of implementation of recommendations and rulings），是世界贸易组织争端解决机制确立的一项具体措施。根据《争端解决规则和程序谅解》的规定，在专家小组及上诉机构的报告被采纳后，该报告即成为争端解决机构的正式建议或裁定，争端解决机构应对已通过的各项裁决的执行情况予以监督。有关成员应向争端解决机构通报其执行这些建议或裁定的意向；如果不能马上执行，应当确立一个合理的期限。从专家小组建立之日起到争端解决机构确立了上诉执行期限为止，时间上不应超过 15 个月，最长不应超过 18 个月。如果违背义务的一方未能履行建议并拒绝提供补偿时，受侵害的一方可以要求争端解决机构授权采取报复措施，中止协议项下的减让或其他义务。

（六）赔偿和减让的中止或其他义务的程序

如果争端解决机构的建议或裁定没有在合理的时间内得到实施，申诉方可以申请授权采取赔偿的措施。赔偿（compensation），是指由当事方通过协商达成切实可行的赔偿方案，如果有关成员方在确定的合理履行期限内未能取消或修改其采取的与有关协议不一致的措施，则经他方请求，该成员方应与其他成员方进行谈判，以确定双方都能接受的赔偿。赔偿应是自愿的，任何当事方不能强迫另一方接受其赔偿方案。赔偿方案的内容应与有关协议的精神相一致。

根据《争端解决规则和程序谅解》的规定，在已确定的履行期限到期之后的 20 天内，争端各当事方未能履行裁决，并且也未能达成各方满意的赔偿协议，则任何当事方可请求争端解决机构授权其中止对有关成员方继续履行其承诺的减让（concessions）义务或其他义务。但必须遵守各项原则和严格的程序，一般是申诉方应首先中止相同部门的减让或其他义务；在这种做法不奏效时，可以要求中止同一协定内其他部门的减让和义务；如果这种行动仍不能使当事方执行裁决，则申诉方可以中止另一有关协议下的减让或其他义务。这后两项内容即所谓的"交叉报复"，无疑将提高制裁的力度。一个案件经过全部程序直到作出首次裁决，一般不应超过 1 年，如果上诉，则不应超过 15 个月，如果案件被认为是恶劣的（如涉及易腐商品），案件不应超过 3 个月。

相关知识 12 –5：

世界贸易组织受理和处理贸易争端案件情况

世界贸易组织自 1995 年成立后，同时启动了世界贸易组织争端解决机制，积极受理和处理有关国际贸易争端。从 1995 年到 2006 年，世界贸易组织争端解决机构共受理争端案件 352 起，其中：发达国家起诉的案件 200 起，发展中国家起诉的案件 150 起；被起诉方中，发达国家 234 起，发展中国家 118 起。世界贸易组织 11 年中受理的贸易争端，已经远远超过了关贸总协定近 50 年所受理的 238 件国际贸易争端数，一方面说明全球国际贸易纠纷和摩擦日益增多；另一方面，也说明世界贸易组织争端解决机制在解决当今国际贸易争端中的地位和作用越来越重要。

世界贸易组织争端解决机构处理案件数

年度	1995	1996	1997	1998	1999	2000	2001	2002	2003	2004	2005	2006	合计
件数	25	39	50	41	30	34	23	37	26	19	11	17	352

注：2006 为 1 – 10 月数。

（资料来源：世界贸易组织网．http：//www.wto.org）

复习思考题

一、重点概念

旅游争议	旅游不可抗力	旅游投诉	级别管辖
地区管辖	旅游投诉受理	旅游投诉处理	旅游争议协商
旅游争议调解	旅游争议仲裁	仲裁协议	仲裁审理
仲裁程序	仲裁裁决	旅游争议诉讼	国际司法协助
世界贸易组织争端解决机制		国际贸易争端解决机构	

二、思考题

1. 简述旅游争议的基本特征。
2. 旅游不可抗力条款有哪些订立方式?
3. 简述旅游投诉的受理和处理程序。
4. 旅游争议协商有哪几种方式?
5. 简述旅游争议调解的特点。
6. 简述旅游争议仲裁的特点和原则。
7. 如何签订旅游争议仲裁协议?
8. 简述旅游争议仲裁的程序。
9. 旅游争议诉讼有何特点?
10. 国际贸易争端解决机制有何基本特征?
11. 简述国际贸易争端解决机制的程序。

主要参考文献和资料来源

1. [英] 施米托夫. 国际贸易文选. 中国大百科全书出版社, 1992
2. [美] 诺曼·G. 考罗耶尔. 旅游业法律与案例. 旅游教育出版社, 2006
3. 联合国. 承认与执行外国仲裁裁决公约 (纽约条约). 1958–06–10
4. 国家旅游局. 旅游投诉暂行规定. 1991–06–01.
5. 江伟. 民事诉讼法学原理. 中国人民大学出版社, 1999
6. 石育斌. 国际商事仲裁研究. 华东理工大学出版社, 2004
7. 杨富斌, 王天星. 西方国家旅游法律法规汇编. 社会科学文献出版社, 2005
8. 赵秀文. 国际商事仲裁案例评析. 中国法制出版社, 1999
9. 陈治东. 国际商事仲裁法. 法律出版社, 1998
10. 郭寿康, 赵秀文主编. 国际经济法. 中国人民大学出版社, 2000
11. 李玉泉. 国际民事诉讼与国际商事仲裁. 武汉大学出版社, 1994
12. 李双元, 谢石松. 国际民事诉讼法概论. 武汉大学出版社, 1990

13. 魏振瀛著. 民法. 北京大学出版社, 高等教育出版社, 2000

14. 张驰, 傅鼎生, 郑幸福. 侵权赔偿法, 中国大百科全书出版社, 1992

15. 黄进, 徐前权, 宋连斌. 仲裁法学. 中国政法大学出版社, 1999

16. 杨立新. 疑难民事纠纷司法对策. 吉林人民出版社, 1997

17. 唐厚成. 谈谈国际商事仲裁的基本原理和实践. 仲裁与法律, 2001 (5)

18. 张乃根. 论 WTO 争端解决机制的若干国际法问题. 法律适应, 2001 (10)

19. 韩健. 仲裁协议中关于仲裁机构的约定. 仲裁与法律通讯, 1997 (2)

20. 联合国网. http://www.un.org/chinese

21. 世界贸易组织网. http://www.wto.org

22. 中国旅游网 http://www.cnta.gov.cn

23. 中国司法部网. http://www.moj.gov.cn/

24. 中国法律网. http://www.chinalawnet.com

25. 中国商务部网. http://www.mofcom.gov.cn

26. 中国贸促会网. http://www.ccpit.org

附 录

为它后来已经修正、改动和更改。

第 3 条　WTO 的职能

1. WTO 应促进本协定和多边贸易协议的执行、管理和运作，推动各项目标的实现，并对多种单项贸易协议的执行、管理和运作提供框架。

2. WTO 应为各成员方在按本协定附件的各项协议处理问题中对有关多边贸易关系的谈判提供场所，WTO 还应为各成员方对有关多边贸易关系的进一步谈判提供场所，并为部长级会议所决定的谈判结果的执行提供框架。

3. WTO 应对本协定附件 2 关于争端解决的规则及程序的谅解（以下称"争端解决谅解"或称"DSU"）进行管理。

4. WTO 应对本协定附件 3 规定的贸易政策审议机制（以下称"TPRM"）进行管理。

5. 为在全球性的经济决策方面达到更大的一致，WTO 应与国际货币基金组织和国际复兴开发银行及其附属机构进行适当的合作。

第 4 条　WTO 的机构

1. 应该有一个部长级会议，由所有成员方的代表组成，应至少每两年召开一次会议。部长级会议应履行 WTO 的职能，并为此采取必要的行动。应成员方的请求，部长级会议应按照本协定和有关的多边贸易协议中对制定决策的具体要求，对各多边贸易协议的事项有权作出决定。

2. 应当设立一个由所有成员方代表组成的总理事会，它应在适当时候召开会议。在部长级会议休会期间，总理事会应当执行部长级会议的各项职能。总理事会还应当执行本协定交付的各项职能，总理事会应当制定自己的程序规则，并审批本条第 7 款各委员会的程序规则。

3. 总理事会应当在适当时间召开会议，以履行争端解决谅解中所规定设立的争端解决机构的职责，争端解决机构可设立自己的主席和建立必要的程序规则来履行这些职责。

4. 总理事会应当在适当时间召开会议，以履行贸易政策审议机制中所规定设立的贸易政策审议机构的职责。贸易政策审议机构可以有自己的主席和建立必要的程序规则来履行这些职责。

5. 应当设立一个货物贸易理事会、一个服务贸易理事会和一个与贸易有关的知识产权理事会（以下称"TRIPS 理事会"），它们应当在总理事会的指导下进行工作。货物贸易理事会应监督附件 1A 多边贸易协议的执行情况，服务贸易理事会应监督服务贸易总协议（以下称"GATS"）的执行情况，TRIPS 理事会应监督与贸易有关的知识产权协议（以下称"TRIPS"协议）的执行情况。这些理事会应执行由各自有关协议和由总理事会所赋予的职能，它们还应当经总理事会的批准制定各自的程序规则。这些理事会的成员应当从所有成员方代表中产生，这些理事会应当为执行各自的职能在必要时召开会议。

6. 货物贸易理事会、服务贸易理事会和与贸易有关的知识产权理事会可根据需要设立辅助机构。这些辅助机构应经各自有关的理事会批准制定各自的程序规则。

7. 部长级会议应当设立一个贸易与发展委员会，一个国际收支限制委员会，一个预算、财务和管理委员会。它们应当履行本协定和多边贸易协议所赋予的各种职能，以及总理事会赋予它们的任何其他职能，如认为适当，可另设具有这类职能的其他委员会。作为其职能的一部分，贸易与发展委员会应当定期检查多边贸易协议中有关对最不发达成员国优惠待遇的特别规定，并向总理事会提出报告，以便采取适当行动。这些委员会的成员应当从所有成员方的代表中产生。

8. 根据多种单项贸易协议规定设立的各个机构应当履行这些协议所赋予的职能，并且应当在WTO机构框架的范围内进行运作，这些机构应定期向总理事会报告它们的活动。

第5条　与其他组织的关系

1. 总理事会应为与WTO职责有关系的其他政府间组织进行有效合作做出适当安排。

2. 总理事会应为与WTO事务有关的各非政府组织进行磋商与合作做出适当安排。

第6条　秘书处

1. 应当设立一个WTO秘书处（以下称"秘书处"），由总干事领导。

2. 部长级会议应任命总干事，并制订有关规定以确定总干事的权力、职责、服务条件和任期。

3. 总干事应任命秘书处的工作人员，并根据部长级会议的规定确定他们的职责和服务条件。

4. 总干事和秘书处工作人员的职责应是完全国际性的，在履行其职责方面，总干事和秘书处工作人员不应寻求或接受来自任何政府或WTO以外的任何其他当局的指示，他们应当戒除任何可能反映与他们作为国际官员地位相违背的行为。WTO的成员方应当尊重总干事和秘书处工作人员职责的国际性，不应谋求对他们所履行的职责施加影响。

第7条　预算与捐献

1. 总干事应当向预算、财政和管理委员会提出WTO的年度概算和财务报表。预算、财政和管理委员会应当对总干事提出的年度概算和财务报表进行审查，并向总理事会提出建议。年度概算须经总理事会批准。

2. 预算、财政和管理委员会应向总理事会提出财务规程，规程应包括如下的规定：

（1）根据 WTO 的支出费用分配给各成员方的捐献规模。

（2）对延期支付款项的成员应采取的措施。

财务规程，就实际可行而言，应以 1947GATT 的规程和实践为基础。

3. 总理事会应以三分之二的多数通过财务规程和年度概算，且这一多数应超过 WTO 成员方的半数。

4. 各成员方应按照总理事会通过的财务规程及时向 WTO 提供其在 WTO 支出中所分摊的份额。

第 8 条　WTO 的地位

1. WTO 应具有法人资格，各成员方应给予 WTO 为执行其职能所必要的法律行为能力。

2. WTO 各成员方应当给予 WTO 为履行其职能所必要的特权和豁免。

3. WTO 各成员方应同样给予 WTO 的官员和各成员方代表在其独立执行与 WTO 有关职能时所必要的特权和豁免。

4. 每个 WTO 成员方给予 WTO 及其官员和成员方代表的特权和豁免应当与 1947 年 11 月 21 日联合国大会通过的专门机构特权和豁免公约所规定的特权和豁免相同。

5. WTO 可以订立一个建立总部的协议。

第 9 条　决策制定

1. WTO 应当继续实行 1947 年关税与贸易总协定通过协商一致制定决策的做法。除另有规定外，当用协商一致不能作出决定时，该议题应由投票决定。在部长级会议和在总理事会会议上，每个 WTO 成员方具有一票表决权。

欧洲共同体行使其表决权时，其具有的表决权数应与欧共体成员国中已经是 WTO 成员方的数目相同。除非本协定和有关的多边贸易协议另有规定，部长级会议和总理事会的决定应以多数票的表决通过。

2. 部长级会议和总理事会对本协定和多边贸易协议应具独有的解释权。至于对附件 1 中的多边贸易协议的解释，部长级会议和总理事会应在监督该协议执行情况的理事会建议的基础上行使此项权力。采纳一项解释的决定，应由成员方四分之三的多数通过。本款不应当被用为损坏本协定第 10 条关于修改的各项决定。

3. 在特殊情况下，部长级会议可以决定免除某成员方对本协定或任何多边贸易协议所承担的义务，除非本款另有规定外，这种决定必须获得成员方四分之三的批准。

（1）涉及本协定的免除义务的请求应提交部长级会议考虑，并遵循制定决策协商一致的惯例。部长级会议应当确定一个为期不超过90天的限期来考虑此项请求。如果在限期内不能获得一致意见，任何准予免除义务的决定必须经过成员方四分之三的同意。

（2）涉及附件1A、1B或1C中各项多边贸易协议及其附录的免除义务的请求，应先分别提请货物贸易理事会、服务贸易理事会或与贸易有关的知识产权理事会在一定限期内予以考虑，这个限期应当不超过90天。限期届满时，有关理事会应向部长级会议提出报告。

4. 部长级会议准予免除义务的决定，应当说明可以证明该决定正确的特殊情况、免除义务的条件和免除义务的终止日期。任何为期一年以上的免除义务，应在准予免除后不迟于一年时由部长级会议加以检查，此后每年一次，直至免除终止。在每次检查时，部长级会议应审查免除义务所据此的特殊情况是否仍然存在，以及对准予免除义务所附的条件是否已得到履行。部长级会议在每年检查的基础上对该项免除义务可以延长、修改或终止。

5. 对任一多种单项贸易协议下的决定，包括关于解释和免除义务的任何决定，应按照该协议所规定办理。

第10条　修改

1. WTO 的任何成员方可以主动向部长级会议提出修改本协定或附件1多边贸易协议条款的建议。本协定第4条第5款所列的各理事会也可以向部长级会议提出修改附件1中由它们监督其运行的相应的多边贸易协议条款的建议。在建议正式提交给部长级会议的90天期间（除非部长级会议另决定更长的期限），部长级会议关于将建议的修正案提请成员方接受的任何决定须经全体一致同意。如果本条第2、5或6款不适用，则该决定应当特别说明本条第3或4款是否适用。如果达成全体意见一致，部长级会议应立即将提出的修正案提交各成员方接受；如果在规定期间内，部长级会议在会议上没有达成意见一致，部长级会议应当根据成员方三分之二的多数决定是否将提出的修正案提交成员方接受。除本条第2、5和6款的规定外，如果部长级会议以成员四分之三的多数决定本条第4款的规定不适用，则本条第3款的规定应适用于所提出的修正案。

2. 对本条款规定及下列各条规定的修改，须经所有成员方接受始能生效：本协定第9条；1994关税与贸易总协定第1条和第2条；服务贸易总协议第2条第1款；与贸易有关的知识产权协议第4条。

3. 对本协定或对附件 1A 和 1C 多边贸易协议各条款的修改，除本条第 2 和第 6 款所列者外，其性质属改变成员方的权利义务者，应在三分之二成员方接受后对已经接受这些修改的成员方生效，在此之后对每一其他成员方，则在其接受时生效。部长级会议以成员方四分之三的多数可以决定，按本款生效的任何修改具有如下性质：在部长级会议规定的期间内没有接受此项修改的任何成员方，可以自由地退出 WTO，或经部长级会议同意继续作为成员方。

4. 对本协定或对附件 1A 和 1C 多边贸易协议各条款的修改，除本条第 2 和第 6 款所列者外，其性质属不改变成员方的权利义务者，应在三分之二成员方接受后对所有成员方生效。

5. 除以上第 2 款规定者外，对服务贸易总协议第Ⅰ、Ⅱ、Ⅲ部分及各自的附录的修改，应在三分之二成员方接受后对已经接受这些修改的成员方生效，在此之后对每一成员方，则在其接受时生效。部长级会议以成员方四分之三的多数可以决定，按上述规定生效的任何修改具有如下性质：在部长级会议规定的期间内没有接受此项修改的任何成员方，可以自由地退出 WTO，或经部长级会议同意继续作为成员方。对服务贸易总协议第Ⅳ、Ⅴ、Ⅵ部分及各自的附录的修改，应在三分之二成员方接受后对所有成员方生效。

6. 尽管有本条的其他规定，对与贸易有关的知识产权协议的修改，符合该协议第 71 条第 2 款的要求者，可以由部长级会议予以采纳，无须进一步经正式的接受手续。

7. 接受对本协定或附件 1 中某项多边贸易协议修改的任何成员方，应在部长级会议规定的接受期间内将接受文书交由 WTO 总干事保存。

8. WTO 的任何成员方可以主动向部长级会议提出修改附件 2 和附件 3 多边贸易协议条款的建议。批准附件 2 多边贸易协议修改的决定须由全体一致同意作出，这些修改应在部长级会议批准时对所有成员方生效。批准附件 3 多边贸易协议修改的决定应在部长级会议批准时对所有成员方生效。

9. 应某一贸易协议全体成员方的请求，部长级会议经全体一致同意可以决定将该协议增列于附件 4。应某一多种单项贸易协议全体成员方的请求，部长级会议可以决定将该协议从附件 4 中删除。

10. 对某一多种单项贸易协议的修改应按该协议的规定办理。

第 11 条　原始成员资格

1. 在本协定生效之日已是 1947 关税与贸易总协定的缔约方和接受本协定和多边贸易协议的欧共体，以及减让和承诺表已经附列于 1994 关税与贸易总协定和特别承诺表已经附列于服务贸易总协议者，应成为 WTO 的原始成员方。

2. 经联合国承认的最不发达国家，将只被要求承担符合于它们的各自发展、财政和贸易的需要或其行政和体制能力的承诺和减让。

第 12 条　加入

1. 任何国家或在对外商务关系和本协定及多边贸易协议规定的其他事项的处理方面拥有完全自主权的独立关税区，可以按照其与 WTO 议定的条件加入本协定。这种加入应适用于本协定及所附的多边贸易协议。

2. 加入的决定应由部长级会议作出。部长级会议应按照加入的条件经 WTO 成员方三分之二的多数通过予以批准。

3. 加入某一个多种单项贸易协议，应按该协议的规定办理。

第 13 条　多边贸易协议在特殊成员方之间的不适用

1. 如果成员方之间任何一方在另一方成为成员方时不同意本协定和附件 1 与附件 2 中的多边贸易协议对其适用，本协定和附件 1 与附件 2 中的多边贸易协议则不适用于该两个成员方中的任何一方。

2. 在曾是 1947 关税与贸易总协定缔约方的 WTO 原始成员方之间，只有在该协定第 35 条先前已被援引过并曾在此协议生效时在那些缔约方之间有效的情况下，第 1 款方可被援引。

3. 只有在不同意适用的成员方在部长级会议批准关于加入条件的协议之前将其不同意一事向部长级会议作了通报的情况下，本条第 1 款方适用于一个成员方与根据第 12 条已加入本协定的另一成员方之间。

4. 在特殊情况下，部长级会议可以根据任何一成员方的请求，审查本条的运作并提出适当的建议。

5. 多种单项贸易协定在该协定成员方之间的不适用，应当按该协定的规定办理。

第 14 条　接受、生效和保存

1. 根据本协定第 11 条符合成为 WTO 原始成员国的 1947 关贸总协定缔约方和欧洲共同体以签署方式或其他方式自由接受本协定。这种接受应适用于本协定和附加于本协定的各项多边贸易协议。本协定和附加于本协定的各项多边贸易协议应由部长们根据乌拉圭回合多边贸易谈判结果的最后文书的第 3 款所决定的日期生效，并应在生效日后继续开放两年以便接受，除非部长们对此另有决定。本协定生效以后的接受应在该接受日之后的第 30 天生效。

2. 在本协定生效后接受本协定的成员方，应被视同它在本协定生效之日接受本协定一样，履行从本协定生效日开始已被履行一段时期的各项多边贸易协议中的减让和义务。

3. 至本协定生效为止，本协定和各项多边贸易协议的文本应由 1947 关贸总协定缔约方的总干事保存，总干事应迅速将本协定和各项多边贸易协议经"核证无误"的副本及每个申请方接受的通报提供给已接受本协定的每个政府和欧洲共同体。本协定和各项多边贸易协议及其任何修正案，应在本协定生效之时，交由世界贸易组织的总干事保存。

4. 一项多种单项贸易协议的接受和生效应按该协议的各项规定办理。此类协议应由 1947 关贸总协定缔约方的总干事保存。本协定生效之时，此类协议应由世界贸易组织总干事保存。

第 15 条　退出

1. 任何成员方均可退出本协定，此种退出应同时适用于本协定和各项多边贸易协议，并应于 WTO 总干事收到书面退出通知之日起 6 个月期满时生效。

2. 退出多边贸易协议应按该协议的规定办理。

第 16 条　其他规定

1. 除非本协定或多边贸易协议另有规定外，WTO 应由 1947 关税与贸易总协定缔约方以及在该总协定框架内设立的各个机构所执行的决议、程序和惯例的指导。

2. 1947 关税与贸易总协定的秘书处在切实可行的范围内，应成为 WTO 的秘书处，1947 关税与贸易总协定缔约方的总干事，直到部长级会议根据本协定第 6 条第 2 款的规定已指派一名总干事时为止，应担任 WTO 的总干事。

3. 当本协定的某项规定与多边贸易协议的某项规定发生冲突时，在冲突范围内，本协定的规定应具有优先效力。

4. 每一成员方应保证其法律、规章和行政程序与附加于本协定的各项协议所规定的义务相一致。

5. 对本协定的任何条款不得有保留。对各项多边贸易协议的任何条款的保留只可在这些协议规定的范围内作出。对某项多种单项贸易协议的某项条款的保留，应按照该协议的规定办理。

6. 本协定应当按照联合国宪章第 102 条的规定予以登记。

完成于 1994 年 4 月 15 日，仅此一份，以英文、法文和西班牙文撰写，每种文本均为正式文本。

注释

在本协定和多边贸易协议中所用的术语"国家"或"各个国家"，应理解为包括 WTO 的任何独立关税区成员方。

就 WTO 的独立关税区成员方而言，若本协定和多边贸易协议中的某个措辞是用术语"国家的"（national），则该措辞应被解释为与该关税区有关，另有具体规定者除外。

附件 1

附件 1A 货物贸易多边协议

　1994 年关税与贸易总协定

　农产品协议

　关于卫生与植物检疫措施协议

　纺织品与服装协议

　贸易技术壁垒协议

　与贸易有关的投资措施协议

　关于 1994 年关税与贸易总协议第六条执行协议

　关于 1994 年关税与贸易总协议第七条执行协议

　装运前检验协议

　原产地规则协议

　进口许可证程序协议

　补贴与反补贴措施协议

　保障协议

附件 1B 服务贸易总协定

附件 1C 与贸易有关的知识产权协定

附件 2 关于争端解决的规则与程序的谅解

附件 3 贸易政策审议机制

附件 4 若干单项贸易协议

　民用航空器贸易协议

　政府采购协议

　国际牛乳协议

　关于牛肉协议

对附件 1A 一般解释的注释：当 1994 关税与贸易总协定某一条款与建立世界贸易组织协定（以下称"WTO 协定"）附件 1A 中的协议的某一条款发生冲突时，附件 1A 中协议的条款应当在冲突范围内具有优先效力。

（资料来源：世界贸易组织网 . http：//www. wto. org）

附录二

服务贸易总协定

（1994 年 4 月 15 日）

各成员：

认识到服务贸易对世界经济增长和发展日益增加的重要性；希望建立一个服务贸易原则和规则的多边框架，以期在透明和逐步自由化的条件下扩大此类贸易，并以此为手段促进所有贸易伙伴的经济增长和发展中国家的发展；期望在给予国家政策目标应有尊重的同时，通过连续回合的多边谈判，在互利基础上促进所有参加方的利益，并保证权利和义务的总体平衡，以便早日实现服务贸易自由化水平的逐步提高；认识到各成员为实现国家政策目标，有权对其领土内的服务提供进行管理和采用新的法规，同时认识到由于不同国家服务法规发展程度方面存在的不平衡，发展中国家特别需要行使此权利；期望便利发展中国家更多地参与服务贸易和扩大服务出口，特别是通过增强其国内服务能力、效率和竞争力；特别考虑到最不发达国家由于特殊的经济状况及其在发展、贸易和财政方面的需要而存在的严重困难；特此协议如下：

第一部分　范围和定义

第 1 条　范围和定义

1. 本协定适用于各成员影响服务贸易的措施。
2. 就本协定而言，服务贸易定义为：
   （a）自一成员领土向任何其他成员领土提供服务；
   （b）在一成员领土内向任何其他成员的服务消费者提供服务；
   （c）一成员的服务提供者通过在任何其他成员领土内的商业存在提供服务；
   （d）一成员的服务提供者通过在任何其他成员领土内的自然人存在提供服务。
3. 就本协定而言：
   （a）"成员的措施"指：（i）中央、地区或地方政府和主管机关所采取的措施；及（ii）由中央、地区或地方政府或主管机关授权行使权力的非政府机构所采取的措施。在履行本协定项下的义务和承诺时，每一成员应采取其所能采取的合理措施，以保证其领土内的地区、地方政府和主管机关以及非政府机构遵守这些义务和承诺。

(b)"服务"包括任何部门的任何服务，但在行使政府职权时提供的服务除外；

(c)"行使政府职权时提供的服务"指既不依据商业基础提供，也不与一个或多个服务提供者竞争的任何服务。

第二部分　一般义务和纪律

第2条　最惠国待遇

1. 关于本协定涵盖的任何措施，每一成员对于任何其他成员的服务和服务提供者，应立即和无条件地给予不低于其给予任何其他国家同类服务和服务提供者的待遇。

2. 一成员可维持与第1款不一致的措施，只要该措施已列入《关于第2条豁免的附件》，并符合该附件中的条件。

3. 本协定的规定不得解释为阻止任何成员对相邻国家授予或给予优惠，以便利仅限于毗连边境地区的当地生产和消费的服务的交换。

第3条　透明度

1. 除紧急情况外，每一成员应迅速公布有关或影响本协定运用的所有普遍适用的措施，最迟应在此类措施生效之时。一成员为签署方的有关或影响服务贸易的国际协定也应予以公布。

2. 如第1款所指的公布不可行，则应以其他方式使此类信息可公开获得。

3. 每一成员应迅速并至少每年向服务贸易理事会通知对本协定项下具体承诺所涵盖的服务贸易有重大影响的任何新的法律、法规、行政准则或现有法律、法规、行政准则的任何变更。

4. 每一成员对于任何其他成员关于提供属第1款范围内的任何普遍适用的措施或国际协定的具体信息的所有请求应迅速予以答复。每一成员还应设立一个或多个咨询点，以应请求就所有此类事项和需遵守第3款中的通知要求的事项向其他成员提供具体信息。此类咨询点应在《建立世界贸易组织协定》（本协定中称"《WTO协定》"）生效之日起2年内设立。对于个别发展中国家成员，可同意在设立咨询点的时限方面给予它们适当的灵活性。咨询点不必是法律和法规的保存机关。

5. 任何成员可将其认为影响本协定运用的、任何其他成员采取的任何措施通知服务贸易理事会。

第 3 条之二　机密信息的披露

本协定的任何规定不得要求任何成员提供一经披露即妨碍执法或违背公共利益或损害特定公私企业合法商业利益的机密信息。

第 4 条　发展中国家的更多参与

1. 不同成员应按照本协定第三部分和第四部分的规定，通过谈判达成有关以下内容的具体承诺，以便利发展中国家成员更多地参与世界贸易：

　　(a) 增强其国内服务能力、效率和竞争力，特别是通过在商业基础上获得技术；

　　(b) 改善其进入分销渠道和利用信息网络的机会；以及

　　(c) 在对其有出口利益的部门和服务提供方式实现市场准入自由化。

2. 发达国家成员和在可能的限度内的其他成员，应在《WTO 协定》生效之日起 2 年内设立联络点，以便利发展中国家成员的服务提供者获得与其各自市场有关的、关于以下内容的信息：

　　(a) 服务提供的商业和技术方面的内容；

　　(b) 专业资格的登记、认可和获得；以及

　　(c) 服务技术的可获性。

3. 在实施第 1 款和第 2 款时，应对最不发达国家成员给予特别优先。鉴于最不发达国家的特殊经济状况及其发展、贸易和财政需要，对于它们在接受谈判达成的具体承诺方面存在的严重困难应予特殊考虑。

第 5 条　经济一体化

1. 本协定不得阻止任何成员参加或达成在参加方之间实现服务贸易自由化的协定，只要此类协定：

　　(a) 涵盖众多服务部门[1]，并且

　　(b) 规定在该协定生效时或在一合理时限的基础上，对于 (a) 项所涵盖的部门，在参加方之间通过以下方式不实行或取消第 17 条意义上的实质上所有歧视：(i) 取消现有歧视性措施，和/或 (ii) 禁止新的或更多的歧视性措施，但第 11 条、第 12 条、第 14 条以及第 14 条之二下允许的措施除外。

2. 在评估第 1 款 (b) 项下的条件是否得到满足时，可考虑该协定与有关国家之间更广泛的经济一体化或贸易自由化进程的关系。

3.（a）如发展中国家为第1款所指类型协定的参加方，则应依照有关国家总体和各服务部门及分部门的发展水平，在第1款所列条件方面，特别是其中（b）项所列条件方面给予灵活性。

（b）尽管有第6款的规定，但是在第1款所指类型的协定只涉及发展中国家的情况下，对此类协定参加方的自然人所拥有或控制的法人仍可给予更优惠的待遇。

4. 第1款所指的任何协定应旨在便利协定参加方之间的贸易，并且与订立该协定之前的适用水平相比，对于该协定外的任何成员，不得提高相应服务部门或分部门内的服务贸易壁垒的总体水平。

5. 如因第1款下的任何协定的订立、扩大或任何重大修改，一成员有意修改或撤销一具体承诺，因而与其减让表中所列条款和条件不一致，则该成员应至少提前90天通知该项修改或撤销，并应适用第21条第2款、第3款和第4款中所列程序。

6. 任何其他成员的服务提供者，如属根据第1款所指协定参加方的法律所设立的法人，则有权享受该协定项下给予的待遇，只要该服务提供者在该协定的参加方领土内从事实质性商业经营。

7.（a）属第1款所指任何协定参加方的成员应迅速将任何此类协定及其任何扩大或重大修改通知服务贸易理事会。它们还应使理事会可获得其所要求的有关信息。理事会可设立工作组，以审查此类协定及其扩大或修改，并就其与本条规定的一致性问题向理事会提出报告。

（b）属第1款所指的在一时限基础上实施的任何协定参加方的成员应定期就协定的实施情况向服务贸易理事会提出报告。理事会如认为必要，可设立工作组，以审查此类报告。

（c）依据（a）项和（b）项所指的工作组的报告，理事会可向参加方提出其认为适当的建议。

8. 属第1款所指的任何协定参加方的成员，不可对任何其他成员从此类协定中可能获得的贸易利益寻求补偿。

第5条之二　劳动力市场一体化协定

本协定不得阻止任何成员参加在参加方之间实现劳动力市场完全一体化[2]的协定，只要此类协定：（a）对协定参加方的公民免除有关居留和工作许可的要求；（b）通知服务贸易理事会。

第6条　国内法规

1. 在已作出具体承诺的部门中，每一成员应保证所有影响服务贸易的普遍适用的措施以合理、客观和公正的方式实施。

    2.（a）对每一成员应维持或尽快设立司法、仲裁或行政庭或程序，在受影响的服务提供者请求下，对影响服务贸易的行政决定迅速进行审查，并在请求被证明合理的情况下提供适当的补救。如此类程序并不独立于作出有关行政决定的机构，则该成员应保证此类程序在实际中提供客观和公正的审查。

      （b）（a）项的规定不得解释为要求一成员设立与其宪法结构或其法律制度的性质不一致的法庭或程序。

    3. 对已作出具体承诺的服务，如提供此种服务需要得到批准，则一成员的主管机关应在根据其国内法律法规被视为完整的申请提交后一段合理时间内，将有关该申请的决定通知申请人。在申请人请求下，该成员的主管机关应提供有关申请情况的信息，不得有不当延误。

    4. 为保证有关资格要求和程序、技术标准和许可要求的各项措施不致构成不必要的服务贸易壁垒，服务贸易理事会应通过其可能设立的适当机构，制定任何必要的纪律。此类纪律应旨在特别保证上述要求：

      （a）依据客观的和透明的标准，例如提供服务的能力和资格；

      （b）不得比为保证服务质量所必需的限度更难以负担；

      （c）如为许可程序，则这些程序本身不成为对服务提供的限制。

    5.（a）在一成员已作出具体承诺的部门中，在按照第4款为这些部门制定的纪律生效之前，该成员不得以以下方式实施使此类具体承诺失效或减损的许可要求、资格要求和技术标准：（i）不符合第4款（a）项、（b）项或（c）项中所概述的标准的；且（ii）在该成员就这些部门作出具体承诺时，不可能合理预期的。

      （b）在确定一成员是否符合第5款（a）项下的义务时，应考虑该成员所实施的有关国际组织[3]的国际标准。

    6. 在已就专业服务作出具体承诺的部门，每一成员应规定适当程序，以核验任何其他成员专业人员的能力。

    第7条　承认

    1. 为使服务提供者获得授权、许可或证明的标准或准则得以全部或部分实施，在遵守第3款要求的前提下，一成员可承认在特定国家已获得的教育或经历、已满足的要求、或已给予的许可或证明。此类可通过协调或其他方式实现的承认，可依据与有关国家的协定或安排，也可自动给予。

    2. 属第1款所指类型的协定或安排参加方的成员，无论此类协定或安排是现有的还是在将来订立，均应向其他利害关系成员提供充分的机会，以谈判加入此类协定或安排，或与其谈判类似的协定或安排。如一成员自动给予承认，则应向任何其他成员提供充分的机会，以证明在其他成员获得的教育、经历、许可或证明以及满足的要求应得到承认。

3. 一成员给予承认的方式不得构成在适用服务提供者获得授权、许可或证明的标准或准则时在各国之间进行歧视的手段，或构成对服务贸易的变相限制。

4. 每一成员应：

（a）在《WTO 协定》对其生效之日起 12 个月内，向服务贸易理事会通知其现有的承认措施，并说明此类措施是否以第 1 款所述类型的协定或安排为依据；

（b）在就第 1 款所指类型的协定或安排进行谈判之前，尽早迅速通知服务贸易理事会，以便向任何其他成员提供充分的机会，使其能够在谈判进入实质性阶段之前表明其参加谈判的兴趣；

（c）如采用新的承认措施或对现有措施进行重大修改，则迅速通知服务贸易理事会，并说明此类措施是否以第 1 款所指类型的协定或安排为依据。

5. 只要适当，承认即应以多边议定的准则为依据。在适当的情况下，各成员应与有关政府间组织或非政府组织合作，以制定和采用关于承认的共同国际标准和准则，以及有关服务行业和职业实务的共同国际标准。

第 8 条　垄断和专营服务提供者

1. 每一成员应保证在其领土内的任何垄断服务提供者在有关市场提供垄断服务时，不以与其在第 2 条和具体承诺下的义务不一致的方式行事。

2. 如一成员的垄断提供者直接或通过附属公司参与其垄断权范围之外且受该成员具体承诺约束的服务提供的竞争，则该成员应保证该提供者不滥用其垄断地位在其领土内以与此类承诺不一致的方式行事。

3. 如一成员有理由认为任何其他成员的垄断服务提供者以与第 1 款和第 2 款不一致的方式行事，则在该成员请求下，服务贸易理事会可要求设立、维持或授权该服务提供者的成员提供有关经营的具体信息。

4. 在《WTO 协定》生效之日后，如一成员对其具体承诺所涵盖的服务提供给予垄断权，则该成员应在所给予的垄断权预定实施前不迟于 3 个月通知服务贸易理事会，并应适用第 21 条第 2 款、第 3 款和第 4 款的规定。

5. 如一成员在形式上或事实上（a）授权或设立少数几个服务提供者，且（b）实质性阻止这些服务提供者在其领土内相互竞争，则本条的规定应适用于此类专营服务提供者。

第9条　商业惯例

1. 各成员认识到，除属第 8 条范围内的商业惯例外，服务提供者的某些商业惯例会抑制竞争，从而限制服务贸易。

2. 在任何其他成员请求下，每一成员应进行磋商，以期取消第 1 款所指的商业惯例。被请求的成员对此类请求应给予充分和积极的考虑，并应通过提供与所涉事项有关的、可公开获得的非机密信息进行合作。在遵守其国内法律并在就提出请求的成员保障其机密性达成令人满意的协议的前提下，被请求的成员还应向提出请求的成员提供其他可获得的信息。

第10条　紧急保障措施

1. 应就紧急保障措施问题在非歧视原则基础上进行多边谈判。此类谈判的结果应在不迟于《WTO 协定》生效之日起 3 年内付请实施。

2. 在第 1 款所指的谈判结果生效之前的时间内，尽管有第 21 条第 1 款的规定，但是任何成员仍可在某一具体承诺生效 1 年后，向服务贸易理事会通知其修改或撤销该承诺的意向；只要该成员向理事会说明该修改或撤销不能等待第 21 条第 1 款规定的 3 年期限期满的理由。

3. 第 2 款的规定应在《WTO 协定》生效之日起 3 年后停止适用。

第11条　支付和转移

1. 除在第 12 条中设想的情况下外，一成员不得对与其具体承诺有关的经常项目交易的国际转移和支付实施限制。

2. 本协定的任何规定不得影响国际货币基金组织的成员在《基金组织协定》项下的权利和义务，包括采取符合《基金组织协定》的汇兑行动，但是一成员不得对任何资本交易设置与其有关此类交易的具体承诺不一致的限制，根据第 12 条或在基金请求下除外。

第12条　保障国际收支的限制

1. 如发生严重国际收支和对外财政困难或其威胁，一成员可对其已作出具体承诺的服务贸易，包括与此类承诺有关的交易的支付和转移，采取或维持限制。各方认识到，由于处于经济发展或经济转型过程中的成员在国际收支方面的特殊压力，可能需要使用限制措施，特别是保证维持实施其经济发展或经济转型计划所需的适当财政储备水平。

2. 第 1 款所指的限制：

（a）不得在各成员之间造成歧视；

（b）应与《国际货币基金组织协定》相一致；

（c）应避免对任何其他成员的商业、经济和财政利益造成不必要的损害；

（d）不得超过处理第 1 款所指的情况所必需的限度：

（e）应是暂时的，并应随第 1 款列明情况的改善而逐步取消。

3. 在确定此类限制的影响范围时，各成员可优先考虑对其经济或发展计划更为重要的服务提供。但是，不得为保护一特定服务部门而采取或维持此类限制。

4. 根据第 1 款采取或维持的任何限制，或此类限制的任何变更，应迅速通知总理事会。

5. （a）实施本条规定的成员应就根据本条采取的限制迅速与国际收支限制委员会进行磋商。

（b）部长级会议应制定定期磋商的程序[4]，以便能够向有关成员提出其认为适当的建议。

（c）此类磋商应评估有关成员的国际收支状况和根据本条采取或维持的限制，同时特别考虑如下因素：（i）国际收支和对外财政困难的性质和程度；（ii）磋商成员的外部经济和贸易环境；（iii）其他可采取的替代纠正措施。

（d）磋商应处理任何限制与第 2 款一致性的问题，特别是依照第 2 款（e）项逐步取消限制的问题。

（e）在此类磋商中，应接受国际货币基金组织提供的与外汇、货币储备和国际收支有关的所有统计和其他事实，结论应以基金对磋商成员国际收支状况和对外财政状况的评估为依据。

6. 如不属国际货币基金组织成员的一成员希望适用本条的规定，则部长级会议应制定审议程序和任何其他必要程序。

第 13 条　政府采购

1. 第 2 条、第 16 条和第 17 条不得适用于管理政府机构为政府目的而购买服务的法律、法规或要求，此种购买不是为进行商业转售或为供商业销售而在提供服务过程中使用。

2. 在《WTO 协定》生效之日起 2 年内，应就本协定项下服务的政府采购问题进行多边谈判。

第 14 条　一般例外

在此类措施的实施不在情形类似的国家之间构成任意或不合理歧视的手段或

构成对服务贸易的变相限制的前提下，本协定的任何规定不得解释为阻止任何成员采取或实施以下措施：

(a) 为保护公共道德或维护公共秩序[5]所必需的措施；

(b) 为保护人类、动物或植物的生命或健康所必需的措施；

(c) 为使与本协定的规定不相抵触的法律或法规得到遵守所必需的措施，包括与下列内容有关的法律或法规：(i) 防止欺骗和欺诈行为或处理服务合同违约而产生的影响；(ii) 保护与个人信息处理和传播有关的个人隐私及保护个人记录和账户的机密性；(iii) 安全；

(d) 与第17条不一致的措施，只要待遇方面的差别国在保证对其他成员的服务或服务提供者公平或有效地[6]课征或收取直接税；

(e) 与第2条不一致的措施，只要待遇方面的差别是约束该成员的避免双重征税的协定或任何其他国际协定或安排中关于避免双重征税的规定的结果。

第14条之二   安全例外

1. 本协定的任何规定不得解释为：

(a) 要求任何成员提供其认为如披露则会违背其根本安全利益的任何信息；或

(b) 阻止任何成员采取其认为对保护其根本安全利益所必需的任何行动：(i) 与直接或间接为军事机关提供给养的服务有关的行动；(ii) 与裂变和聚变物质或衍生此类物质的物质有关的行动，(iii) 在战时或国际关系中的其他紧急情况下采取的行动；或

(c) 阻止任何成员为履行其在《联合国宪章》项下的维护国际和平与安全的义务而采取的任何行动。

2. 根据第1款 (b) 项和 (c) 项而采取的措施及其终止，应尽可能充分地通知服务贸易理事会。

第15条   补贴

1. 各成员认识到，在某些情况下，补贴可对服务贸易产生扭曲作用。各成员应进行谈判，以期制定必要的多边纪律，以避免此类贸易扭曲作用。[7]谈判还应处理反补贴程序适当性的问题。此类谈判应认识到补贴在发展中国家发展计划中的作用，并考虑到各成员、特别是发展中国家成员在该领域需要灵活性。就此类谈判而言，各成员应就其向国内服务提供者提供的所有与服务贸易有关的补贴交换信息。

2. 任何成员如认为受到另一成员补贴的不利影响，则可请求与该成员就此

事项进行磋商。对此类请求，应给予积极考虑。

第三部分　具体承诺

第16条　市场准入

1. 对于通过第1条确认的服务提供方式实现的市场准入，每一成员对任何其他成员的服务和服务提供者给予的待遇，不得低于其在具体承诺减让表中同意和列明的条款、限制和条件。[8]

2. 在作出市场准入承诺的部门，除非在其减让表中另有列明，否则一成员不得在其某地区或在其全部领土内维持或采取按如下定义的措施：

(a) 无论以数量配额、垄断、专营服务提供者的形式，还是以经济需求测试要求的形式，限制服务提供者的数量；

(b) 以数量配额或经济需求测试要求的形式限制服务交易或资产总值；

(c) 以配额或经济需求测试要求的形式，限制服务业务总数或以指定数量单位表示的服务产出总量；[9]

(d) 以数量配额或经济需求测试要求的形式，限制特定服务部门或服务提供者可雇用的、提供具体服务所必需且直接有关的自然人总数；

(e) 限制或要求服务提供者通过特定类型法律实体或合营企业提供服务的措施；以及

(f) 以限制外国股权最高百分比或限制单个或总体外国投资总额的方式限制外国资本的参与。

第17条　国民待遇

1. 对于列入减让表的部门，在遵守其中所列任何条件和资格的前提下，每一成员在影响服务提供的所有措施方面给予任何其他成员的服务和服务提供者的待遇，不得低于其给予本国同类服务和服务提供者的待遇。[10]

2. 一成员可通过对任何其他成员的服务或服务提供者给予与其本国同类服务或服务提供者的待遇形式上相同或不同的待遇，满足第五款的要求。

3. 如形式上相同或不同的待遇改变竞争条件，与任何其他成员的同类服务或服务提供者相比，有利于该成员的服务或服务提供者，则此类待遇应被视为较为不利的待遇。

第18条　附加承诺

各成员可就影响服务贸易、但根据第16条或第17条不需列入减让表的措施，包括有关资格、标准或许可事项的措施，谈判承诺。此类承诺应列入一成员减让表。

第四部分　逐步自由化

第 19 条　具体承诺的谈判

1. 为推行本协定的目标，各成员应不迟于《WTO 协定》生效之日起 5 年开始并在此后定期进行连续回合的谈判，以期逐步实现更高的自由化水平。此类谈判应针对减少或取消各种措施对服务贸易的不利影响，以此作为提供有效市场准入的手段。此进程的进行应旨在在互利基础上促进所有参加方的利益，并保证权利和义务的总体平衡。

2. 自由化进程的进行应适当尊重各成员的国家政策目标及其总体和各部门的发展水平。个别发展中国家成员应有适当的灵活性，以开放较少的部门，放开较少类型的交易，以符合其发展状况的方式逐步扩大市场准入，并在允许外国服务提供者进入其市场时，对此类准入附加旨在实现第 4 条所指目标的条件。

3. 对于每一回合，应制定谈判准则和程序。就制定此类准则而言，服务贸易理事会应参照本协定的目标，包括第 4 条第 1 款所列目标，对服务贸易进行总体的和逐部门的评估。谈判准则应为处理各成员自以往谈判以来自主采取的自由化和在第 4 条第 3 款下给予最不发达国家成员的特殊待遇制定模式。

4. 各谈判回合均应通过旨在提高各成员在本协定项下所作具体承诺总体水平的双边、诸边或多边谈判，推进逐步自由化的进程。

第 20 条　具体承诺减让表

1. 每一成员应在减让表中列出其根据本协定第三部分作出的具体承诺。对于作出此类承诺的部门，每一减让表应列明：

　　（a）市场准入的条款、限制和条件；

　　（b）国民待遇的条件和资格；

　　（c）与附加承诺有关的承诺；

　　（d）在适当时，实施此类承诺的时限；以及

　　（e）此类承诺生效的日期。

2. 与第 16 条和第 17 条不一致的措施应列入与第 16 条有关的栏目。在这种情况下，所列内容将被视为也对第 17 条规定了条件或资格。

3. 具体承诺减让表应附在本协定之后，并应成为本协定的组成部分。

第 21 条　减让表的修改

1. （a）一成员（本条中称"修改成员"）可依照本条的规定，在减让表中任何承诺生效之日起 3 年期满后的任何时间修改或撤销该承诺。

（b）修改成员应将其根据本条修改或撤销一承诺的意向，在不迟于实施修改或撤销的预定日期前 3 个月通知服务贸易理事会。

2. （a）在本协定项下的利益可能受到根据第 1 款（b）项通知的拟议修改或撤销影响的任何成员（本条中称"受影响成员"）请求下，修改成员应进行谈判，以期就任何必要的补偿性调整达成协议。在此类谈判和协定中，有关成员应努力维持互利承诺的总体水平，使其不低于在此类谈判之前具体承诺减让表中规定的对贸易的有利水平。

（b）补偿性调整应在最惠国待遇基础上作出。

3. （a）如修改成员和任何受影响成员未在规定的谈判期限结束之前达成协议，则此类受影响成员可将该事项提交仲裁。任何希望行使其可能享有的补偿权的受影响成员必须参加仲裁。

（b）如无受影响成员请求仲裁，则修改成员有权实施拟议的修改或撤销。

4. （a）修改成员在作出符合仲裁结果的补偿性调整之前，不可修改或撤销其承诺。

（b）如修改成员实施其拟议的修改或撤销而未遵守仲裁结果，则任何参加仲裁的受影响成员可修改或撤销符合这些结果的实质相等的利益。尽管有第 2 条的规定，但是此类修改或撤销只可对修改成员实施。

5. 服务贸易理事会应为更正或修改减让表制定程序。根据本条修改或撤销承诺的任何成员应根据此类程序修改其减让表。

第五部分　机构条款

第 22 条　磋商

1. 每一成员应对任何其他成员可能提出的、关于就影响本协定运用的任何事项的交涉所进行的磋商给予积极考虑，并提供充分的机会。《争端解决谅解》（DSU）应适用于此类磋商。

2. 在一成员请求下，服务贸易理事会或争端解决机构（DSB）可就其通过根据第 1 款进行的磋商未能找到满意解决办法的任何事项与任何一个或多个成员进行磋商。

3. 一成员不得根据本条或第 23 条，对另一成员属它们之间达成的与避免双重征税有关的国际协定范围的措施援引第 17 条。在各成员不能就一措施是否属它们之间的此类协定范围达成一致的情况下，应允许两成员中任一成员将该事项提交服务贸易理事会。[11] 理事会应将该事项提交仲裁。仲裁人的裁决应为最终的，并对各成员具有约束力。

第 23 条　争端解决和执行

1. 如任何成员认为任何其他成员未能履行本协定项下的义务或具体承诺，则该成员为就该事项达成双方满意的解决办法可援用 DSU。

2. 如 DSB 认为情况足够严重有理由采取此类行动，则可授权一个或多个成员依照 DSU 第 22 条对任何其他一个或多个成员中止义务和具体承诺的实施。

3. 如任何成员认为其根据另一成员在本协定第 M 部分下的具体承诺可合理预期获得的任何利益，由于实施与本协定规定并无抵触的任何措施而丧失或减损，则可援用 DSU。如 DSB 确定该措施使此种利益丧失或减损，则受影响的成员有权依据第 21 条第 2 款要求作出双方满意的调整，其中可包括修改或撤销该措施。如在有关成员之间不能达成协议，则应适用 DSU 第 22 条。

第 24 条　服务贸易理事会

1. 服务贸易理事会应履行对其指定的职能，以便利本协定的运用，并促进其目标的实现。理事会可设立其认为对有效履行其职能适当的附属机构。

2. 理事会及其附属机构应开放供所有成员的代表参加，除非理事会另有决定。

3. 理事会主席应由各成员选举产生。

第 25 条　技术合作

1. 需要此类援助的成员的服务提供者应可使用第 4 条第 2 款所指的咨询点的服务。

2. 给予发展中国家的技术援助应在多边一级由秘书处提供，并由服务贸易理事会决定。

第 26 条　与其他国际组织的关系

总理事会应就与联合国及其专门机构及其他与服务有关的政府间组织进行磋商和合作作出适当安排。

第六部分　最后条款

第27条　利益的拒绝给予

一成员可对下列情况拒绝给予本协定项下的利益：

(a) 对于一项服务的提供，如确定该服务是自或在一非成员或与该拒绝给予利益的成员不适用《WTO 协定》的成员领土内提供的；

(b) 在提供海运服务的情况下，如确定该服务是：（i）由一艘根据一非成员或对该拒绝给予利益的成员不适用《WTO 协定》的成员的法律进行注册的船只提供的，及（ii）由一经营和/或使用全部或部分船只的人提供的，但该人属一非成员或对该拒绝给予利益的成员不适用《WTO 协定》的成员；

(c) 对于具有法人资格的服务提供者，如确定其不是另一成员的服务提供者，或是对该拒绝给予利益的成员不适用《WTO 协定》的成员的服务提供者。

第28条　定义

就本协定而言：

(a)"措施"指一成员的任何措施，无论是以法律、法规、规则、程序、决定、行政行为的形式还是以任何其他形式；

(b)"服务的提供"包括服务的生产、分销、营销、销售和交付；

(c)"各成员影响服务贸易的措施"包括关于下列内容的措施：（i）服务的购买、支付或使用；（ii）与服务的提供有关的、各成员要求向公众普遍提供的服务的获得和使用；（iii）一成员的个人为在另一成员领土内提供服务的存在，包括商业存在；

(d)"商业存在"指任何类型的商业或专业机构，包括为提供服务而在一成员领土内：（i）组建、收购或维持一法人，或（ii）创建或维持一分支机构或代表处；

(e) 服务"部门"，（i）对于一具体承诺，指一成员减让表中列明的该项服务的一个、多个或所有分部门，（ii）在其他情况下，则指该服务部门的全部，包括其所有的分部门；

(f)"另一成员的服务"，（i）指自或在该另一成员领土内提供的服务，对于海运服务，则指由一艘根据该另一成员的法律进行注册的船只提供的服务，或由经营和/或使用全部或部分船只提供服务的该另一成员的人提供的服务；或（ii）对于通过商业存在或自然人存在所提供的服务，指由该另一成员服务提供者所提供的服务；

(g)"服务提供者"指提供一服务的任何人；[12]

(h)"服务的垄断提供者"指一成员领土内有关市场中被该成员在形式上或事实上授权或确定为该服务的独家提供者的任何公私性质的人；

(i)"服务消费者"指得到或使用服务的任何人：

(j)"人"指自然人或法人。

(k)"另一成员的自然人"指居住在该另一成员或任何其他成员领土内的自然人，且根据该另一成员的法律：（i）属该另一成员的国民；或（ii）在该另一成员中有永久居留权，如该另一成员：没有国民；或按其在接受或加入《WTO协定》时所作通知，在影响服务贸易的措施方面，给予其永久居民的待遇与给予其国民的待遇实质相同，只要各成员无义务使其给予此类永久居民的待遇优于该另一成员给予此类永久居民的待遇。此种通知应包括该另一成员依照其法律和法规对永久居民承担与其他成员对其国民承担相同责任的保证；

(l)"法人"指根据适用法律适当组建或组织的任何法人实体，无论是否以盈利为目的，无论属私营所有还是政府所有，包括任何公司、基金、合伙企业、合资企业、独资企业或协会；

(m)"另一成员的法人"指：（i）根据该另一成员的法律组建或组织的、并在该另一成员或任何其他成员领土内从事实质性业务活动的法人；或（ii）对于通过商业存在提供服务的情况：由该成员的自然人拥有或控制的法人；或由（i）项确认的该另一成员的法人拥有或控制的法人；

(n)法人：（i）由一成员的个人所"拥有"，如该成员的人实际拥有的股本超过50%；（ii）由一成员的个人所"控制"，如此类人拥有任命其大多数董事或以其他方式合法指导其活动的权力；（iii）与另一成员具有"附属"关系，如该法人控制该另一人，或为该另一人所控制；或该法人和该另一人为同一人所控制；

(o)"直接税"指对总收入、总资本或对收入或资本的构成项目征收的所有税款，包括对财产转让收益、不动产、遗产和赠与、企业支付的工资或薪金总额以及资本增值所征收的税款。

第 29 条　附件

本协定的附件为本协定的组成部分。

关于第 2 条豁免的附件

范围：

1. 本附件规定了一成员在本协定生效时豁免其在第 2 条第 1 款下义务的条件。

2.《WTO 协定》生效之日后提出的任何新的豁免应根据其第 9 条第 3 款处理。

审议：

3. 服务贸易理事会应对所给予的超过 5 年期的豁免进行审议。首次审议应在《WTO 协定》生效后不超过 5 年进行。

4. 服务贸易理事会在审议中应：

　　（a）审查产生该豁免的条件是否仍然存在：并

　　（b）确定任何进一步审议的日期。

终止：

5. 就一特定措施对一成员在本协定第 2 条第 1 款下义务的豁免在该豁免规定的日期终止。

6. 原则上，此类豁免不应超过 10 年。无论如何，此类豁免应在今后的贸易自由化回合中进行谈判。

7. 在豁免期终止时，一成员应通知服务贸易理事会已使该不一致的措施符合本协定第 2 条第 1 款。

第 2 条豁免清单。（根据第 2 条第 2 款议定的豁免清单在《WTO 协定》的条约文本中作为本附件的一部分）

关于本协定项下提供服务的自然人流动的附件

1. 本附件在服务提供方面，适用于影响作为一成员服务提供者的自然人的措施，及影响一成员服务提供者雇用的一成员的自然人的措施。

2. 本协定不得适用于影响寻求进入一成员就业市场的自然人的措施，也不得适用于在永久基础上有关公民身份、居住或就业的措施。

3. 依照本协定第三部分和第四部分的规定，各成员可就在本协定项下提供服务的所有类别的自然人流动所适用的具体承诺进行谈判。应允许具体承诺所涵盖的自然人依照该具体承诺的条件提供服务。

4. 本协定不得阻止一成员实施对自然人进入其领土或在其领土内暂时居留

进行管理的措施，包括为保护其边境完整和保证自然人有序跨境流动所必需的措施，只要此类措施的实施不致使任何成员根据一具体承诺的条件所获得的利益丧失或减损。[13]

关于空运服务的附件

1. 本附件适用于影响定期或不定期空运服务贸易及附属服务的措施。各方确认在本协定项下承担的任何具体承诺或义务不得减少或影响一成员在《WTO协定》生效之日已生效的双边或多边协定项下的义务。

2. 本协定，包括其争端解决程序，不得适用于影响下列内容的措施：

（a）业务权，无论以何种形式给予；或

（b）与业务权的行使直接有关的服务，

但本附件第3款中的规定除外。

3. 本协定适用于影响下列内容的措施：

（a）航空器的修理和保养服务；

（b）空运服务的销售和营销；

（c）计算机预订系统（CRS）服务。

4. 本协定的争端解决程序只有在有关成员已承担义务或具体承诺、且双边和其他多边协定或安排中的争端解决程序已用尽的情况下方可援引。

5. 服务贸易理事会应定期且至少每5年一次审议空运部门的发展情况和本附件的运用情况，以期考虑将本协定进一步适用于本部门的可能性。

6. 定义：

（a）"航空器的修理和保养服务"指在航空器退出服务的情况下对航空器或其一部分进行的此类活动，不包括所谓的日常维修。

（b）"空运服务的销售和营销"指有关航空承运人自由销售和推销其空运服务的机会，包括营销的所有方面，如市场调查、广告和分销。这些活动不包括空运服务的定价，也不包括适用的条件。

（c）"计算机预订系统（CRS）服务"指由包含航空承运人的时刻表、可获性、票价和定价规则等信息的计算机系统所提供的服务，可通过该系统进行预订或出票。

（d）"业务权"指以有偿或租用方式，往返于一成员领土或在该领土之内或之上经营和/或运载乘客、货物和邮件的定期或不定期服务的权利，包括服务的地点、经营的航线、运载的运输类型、提供的能力、收取的运费及其条件以及指定航空公司的标准，如数量、所有权和控制权等标准。

关于金融服务的附件

1. 范围和定义

（a）本附件适用于影响金融服务提供的措施。本附件所指的金融服务提供应指提供按本协定第1条第2款定义的服务。

（b）就本协定第1条第3款（b）项而言，"在行使政府职权时提供的服务"指：（i）中央银行或货币管理机关或任何其他公共实体为推行货币或汇率政策而从事的活动；（ii）构成社会保障法定制度或公共退休计划组成部分的活动；以及（iii）公共实体代表政府或由政府担保或使用政府的财政资源而从事的其他活动。

（c）就本协定第1条第3款（b）项而言，如一成员允许其金融服务提供者从事本款（b）项（ii）目或（iii）目所指的任何活动，与公共实体或金融服务提供者进行竞争，则"服务"应包括此类活动。

（d）本协定第1条第3款（c）项不得适用于本附件涵盖的服务。

2. 国内法规

（a）尽管有本协定的任何其他规定，但是不得阻止一成员为审慎原因而采取措施，包括为保护投资人、存款人、保单持有人或金融服务提供者对其负有信托责任的人而采取的措施，或为保证金融体系完整和稳定而采取的措施。如此类措施不符合本协定的规定，则不得用作逃避该成员在本协定项下的承诺或义务的手段。

（b）本协定的任何规定不得解释为要求一成员披露有关个人客户的事务和账户的信息，或公共实体拥有的任何机密或专有信息。

3. 承认

（a）一成员在决定其有关金融服务的措施应如何实施时，可承认任何其他国家的审慎措施。此类承认可以依据与有关国家的协定或安排，通过协调或其他方式实现，也可自动给予。

（b）属（a）项所指协定或安排参加方的一成员，无论该协定或安排是将来的还是现有的，如在该协定或安排的参加方之间存在此类法规的相同法规、监督和实施，且如适当，还存在关于信息共享的程序，则应向其他利害关系成员提供谈判加入该协定或安排的充分机会，或谈判达成类似的协定或安排。如一成员自动给予承认，则应为任何其他成员提供证明此类情况存在的充分机会。

（c）如一成员正在考虑对任何其他国家的审慎措施予以承认，则不得适用第7条第4款（b）项。

4. 争端解决

关于审慎措施和其他金融事项争端的专家组应具备与争议中的具体金融服务有关的必要的专门知识。

5. 定义

就本附件而言

（a）金融服务指一成员金融服务提供者提供的任何金融性质的服务。金融服务包括所有保险及其相关服务，及所有银行和其他金融服务（保险除外）。

金融服务包括下列活动：保险及其相关服务，（i）直接保险（包括共同保险）：寿险和非寿险；（ii）再保险和转分保；（iii）保险中介，如经纪和代理；（iv）保险附属服务，如咨询、精算、风险评估和理赔服务；银行和其他金融服务（保险除外），（v）接受公众存款和其他应偿还基金；（vi）所有类型的贷款，包括消费信贷、抵押信贷、商业交易的代理和融资；（vii）财务租赁；（viii）所有支付和货币转移服务，包括信用卡、赊账卡、贷记卡、旅行支票和银行汇票；（ix）担保和承诺；（x）交易市场、公开市场或场外交易市场的自行交易或代客交易：货币市场工具（包括支票、汇票、存单），外汇，衍生产品（包括但不仅限于期货和期权），汇率和利率工具（包括换汇和远期利率协议等产品），可转让证券，其他可转让票据和金融资产（包括金银条块）；（xi）参与各类证券的发行，包括承销和募集代理（无论公开或私下），并提供与该发行有关的服务；（xii）货币经纪；（xiii）资产管理，如现金或证券管理、各种形式的集体投资管理、养老基金管理、保管、存款和信托服务；（xiv）金融资产的结算和清算服务，包括证券、衍生产品和其他可转让票据；（xv）提供和传送其他金融服务提供者提供的金融信息、金融数据处理和相关软件；（xvi）就（v）至（xv）目所列的所有活动提供咨询、中介和其他附属金融服务，包括信用调查和分析、投资和资产组合的研究和咨询、收购咨询、公司重组和策略咨询。

（b）金融服务提供者指希望提供或正在提供金融服务的一成员的自然人或法人，但"金融服务提供者"一词不包括公共实体。

（c）"公共实体"指：（i）一成员的政府、中央银行或货币管理机关，或由一成员拥有或控制的、主要为政府目的执行政府职能或进行的活动的实体，不包括主要在商业条件下从事金融服务提供的实体；或（ii）在行使通常由中央银行或货币管理机关行使的职能时的私营实体。

关于金融服务的第二附件

1. 尽管有本协定第 2 条和《关于第 2 条豁免的附件》第 1 款和第 2 款的规定，但是一成员仍可在《WTO 协定》生效之日起 4 个月后开始的 60 天内，将与本协定第 2 条第 1 款不一致的有关金融服务的措施列入该附件。

2. 尽管有本协定第 21 条的规定，但是一成员仍可在《WTO 协定》生效之日起 4 个月后开始的 60 天内，改善、修改或撤销列入其减让表的有关金融服务的全部或部分具体承诺。

3. 服务贸易理事会应为适用第 1 款和第 2 款制定必要的程序。

关于海运服务谈判的附件

1. 第 2 条和《关于第 2 条豁免的附件》，包括关于在该附件中列出一成员将维持的、与最惠国待遇不一致的任何措施的要求，只有在以下日期方可对国际海运、附属服务以及港口设施的进入和使用生效：

　　(a) 根据《关于海运服务谈判的部长决定》第 4 段确定的实施日期；或

　　(b) 如谈判未能成功，则为该决定中规定的海运服务谈判组最终报告的日期。

2. 第 1 款不得适用于已列入一成员减让表的任何关于海运服务的具体承诺。

3. 尽管有第 21 条的规定，但是自第 1 款所指的谈判结束起至实施日期前，一成员仍可改善、修改或撤销在本部门的全部或部分具体承诺而无须提供补偿。

关于电信服务的附件

1. 目标：认识到电信服务部门的特殊性，特别是其作为经济活动的独特部门和作为其他经济活动的基本传输手段而起到的双重作用，各成员就以下附件达成一致，旨在详述本协定中有关影响进入和使用公共电信传输网络和服务的措施的规定。因此，本附件为本协定提供注释和补充规定。

2. 范围：

　　(a) 本附件应适用于一成员影响进入和使用公共电信传输网络和服务的所有措施。[14]

　　(b) 本附件不得适用于影响电台或电视节目的电缆或广播播送的措施。

　　(c) 本附件的任何规定不得解释为：(i) 要求一成员在其减让表中规定的之外授权任何其他成员的服务提供者建立、建设、收购、租赁、经营或提供电信传输网络或服务，或 (ii) 要求一成员或要求一成员责成其管辖范围内的服务提供者建立、建设、收购、租赁、经营或提供未对公众普遍提供的电信传输网络或服务。

3. 定义，就本附件而言：

(a) "电信"指以任何电磁方式传送和接收信号。

(b) "公共电信传输服务"指一成员明确要求或事实上要求向公众普遍提供的任何电信传输服务。此类服务可特别包括电报、电话、电传和数据传输，其典型特点是在两点或多点之间对客户提供的信息进行实时传输，而客户信息的形式或内容无任何端到端的变化。

(c) "公共电信传输网络"指可在规定的两个或多个网络端接点之间进行通讯的公共电信基础设施。

(d) "公司内部通信"指公司内部或与其子公司、分支机构进行通信的电信，在遵守一成员国内法律和法规的前提下，还可包括与附属公司进行通信的电信。为此目的，"子公司"、"分支机构"和适用的"附属公司"应由每一成员定义。本附件中的"公司内部通信"不包括向与无关联的子公司、分支机构或附属公司提供的商业或非商业服务，也不包括向客户或潜在客户提供的商业或非商业服务。

(e) 对本附件的各款或各项的任何提及均包括其中所有各国。

4. 透明度：在适用本协定第3条时，每一成员应保证可公开获得的关于影响进入和使用公共电信传输网络和服务条件的有关信息，包括：服务的收费及其他条款和条件；与此类网络和服务的技术接口规范：负责制定和采用影响进入和使用标准的机构的信息；适用于终端连接或其他设备的条件；可能的通知、注册或许可要求（若有的话）。

5. 公共电信传输网络和服务的进入和使用

(a) 每一成员应保证任何其他成员的任何服务提供者可按照合理和非歧视的条款和条件进入和使用其公共电信传输网络和服务，以提供其减让表中包括的服务。此义务应特别通过（b）至（f）项的规定实施。[15]

(b) 每一成员应保证任何其他成员的服务提供者可进入和使用其境内或跨境提供的任何公共电信传输网络或服务，包括专门租用电路，并为此应保证在遵守（e）项和（f）项规定的前提下，允许此类服务提供者：（i）购买或租用和连接终端或服务提供者提供服务所必需的其他网络接口设备；（ii）将专门租用或拥有的电路与公共电信传输网络和服务互连，或与另一服务提供者租用或拥有的电路互联；以及（iii）在提供任何服务时使用该服务提供者自主选择的操作规程，但为保证公众可普遍使用电信传输网络和服务所必需的情况除外。

(c) 每一成员应保证任何其他成员的服务提供者可使用公共电信传输网

络和服务在其境内或跨境传送信息，包括此类服务提供者的公司内部通信，以及使用在任何成员领土内的数据库所包含的或以机器可读形式存储的信息。如一成员采取严重影响此类使用的任何新的或修改的措施，则应依照本协定有关规定作出通知，并进行磋商。

(d) 尽管有上一项的规定，但是一成员仍可采取必要措施，以保证信息的安全和机密性，但要求此类措施不得以对服务贸易构成任意的或不合理的歧视或构成变相限制的方式实施。

(e) 每一成员应保证不对公共电信传输网络和服务的进入和使用附加条件，但为以下目的所必需的条件除外：(i) 保障公共电信传输网络和服务提供者的公共服务责任，特别是使其网络或服务可使公众普遍获得的能力；(ii) 保护公共电信传输网络或服务的技术完整性；或 (iii) 保证任何其他成员的服务提供者不提供该成员减让表中承诺所允许之外的服务。

(f) 只要满足 (e) 项所列标准，进入和使用公共电信传输网络和服务的条件可包括：(i) 限制此类服务的转售或分享使用；(ii) 使用特定的技术接口与此类网络和服务进行互联的要求，包括使用接口协议；(iii) 必要时，关于此类服务互操作性的要求，及鼓励实现第 7 款 (a) 项所列目标的要求；(iv) 终端和其他网络接口设备的定型，及与此类设备与此类网络连接有关的技术要求；(v) 限制专门租用或拥有的电路与此类网络或服务互联，或与另一服务提供者租用或拥有的电路互联；或 (vi) 通知、注册和许可。

(g) 尽管有本节前几项的规定，但是一发展中国家成员仍可在与其发展水平相一致的情况下，对公共电信传输网络和服务的进入和使用可设置必要的合理条件，以增强其国内电信基础设施和服务能力，并增加其参与国际电信服务贸易。此类条件应在该成员减让表中列明。

6. 技术合作：

(a) 各成员认识到高效和先进的电信基础设施在各国、特别是在发展中国家中是扩大其服务贸易所必需的。为此，各成员赞成和鼓励发达国家和发展中国家、其公共电信传输网络和服务的提供者以及其他实体，尽可能全面地参与国际和区域组织的发展计划，包括国际电信联盟、联合国开发计划署和国际复兴开发银行。

(b) 各成员应鼓励和支持发展中国家之间在国际、区域和农业区域各级开展电信合作。

(c) 在与有关国际组织进行合作时，各成员在可行的情况下，应使发展中国家可获得有关电信服务以及电信和信息技术发展情况的信息，以帮助增强其国内电信服务部门。

（d）各成员应特别考虑向最不发达国家提供机会，以鼓励外国电信服务提供者在技术转让、培训和其他活动方面提供帮助，支持发展其电信基础设施，扩大其电信服务贸易。

7. 与国际组织和协定的关系

（a）各成员认识到电信网络和服务的全球兼容性和互操作性的国际标准的重要性，承诺通过有关国际机构的工作，包括国际电信联盟和国际标准化组织，以促进此类标准。

（b）各成员认识到政府间和非政府组织和协定，特别是国际电信联盟，在保证国内和全球电信服务的有效运营方面所起的作用。各成员应作出适当安排，以便就本附件实施过程中产生的事项与此类组织进行磋商。

关于基础电信谈判的附件

1. 第 2 条和《关于第 2 条豁免的附件》，包括在该附件中列出一成员将维持的、与最惠国待遇不一致的任何措施的要求，只有在下列日期方可对基础电信生效：

（a）根据《关于基础电信谈判的部长决定》第 5 条确定的实施日期；或

（b）如谈判未能成功，则为该决定规定的基础电信谈判组最终报告的日期。

2. 第 1 款不得适用于已列入一成员减让表的任何关于基础电信服务的具体承诺。

注释：

[1] 此条件应根据部门数量、受影响的贸易量和提供方式进行理解。为满足此条件，协定不应规定预先排除任何服务提供方式。

[2] 一般情况下，此类一体化为其参加方的公民提供自由进入各参加方就业市场的权利，并包括有关工资条件及其他就业和社会福利条件的措施。

[3] "有关国际组织"指成员资格对至少所有 WTO 成员的有关机构开放的国际机构。

[4] 各方理解，第 5 款下的程序应与 GATT1994 的程序相同。

[5] 只有在社会的某一根本利益受到真正的和足够严重的威胁时，方可援引公共秩序例外。

[6] 旨在保证公平或有效地课征和收取直接税的措施包括一成员根据其税收制度所采取的以下措施：
（i）认识到非居民的纳税义务由源自或位于该成员领土内的应征税项目确定的事实，而对非居民服务提供者实施的措施；或（ii）为保证在该成员领土内课税或征税而对非居民实施的措施；或（iii）为防止避税或逃税而对非居民或居民实施的措施，包括监察措施；或（iv）为保证对服务消费者课征或收取的税款来自该成员领土内的来源而对在另一成员领土内或自另一成员领土提供的服务的消费者实施的措施；或

(v) 认识到按世界范围应征税项目纳税的服务提供者与其他服务提供者之间在课税基础性质方面的差异而区分这两类服务提供者的措施；或（vi）为保障该成员的课税基础而确定、分配或分摊居民或分支机构，或有关联的人员之间，或同一人的分支机构之间收入、利润、收益、亏损、扣除或信用的措施。第14条（d）款和本脚注中的税收用语或概念，根据采取该措施的成员国内法律中的税收定义和概念，或相当的或类似的定义和概念确定。

[7] 未来的工作计划应确定有关此类多边纪律的谈判如何进行及在什么时限内进行。

[8] 如一成员就通过第1条第2款（a）项所指的方式提供服务作出市场准入承诺，且如果资本的跨境流动是该服务本身必需的部分，则该成员由此已承诺允许此种资本跨境流动。如一成员就通过第1条第2款（c）项所指的方式提供服务作出市场准入承诺，则该成员由此已承诺允许有关的资本转移进入其领土内。

[9] 第2款（c）项不涵盖一成员限制服务提供投入的措施。

[10] 根据本条承担的具体承诺不得解释为要求任何成员对由于有关服务或服务提供者的外国特性而产生的任何固有的竞争劣势作出补偿。

[11] 对于在《WTO协定》生效之日已存在的避免双重征税协定，此类事项只有在经该协定各参加方同意后方可提交服务贸易理事会。

[12] 如该服务不是由法人直接提供，而是通过如分支机构或代表处等其他形式的商业存在提供，则该服务提供者（即该法人）仍应通过该商业存在给予在本协定项下规定给予服务提供者的待遇。此类待遇应扩大至提供该服务的存在方式，但不需扩大至该服务提供者位于提供服务的领土以外的任何其他部分。

[13] 对某些成员的自然人要求签证而对其他成员的自然人不作要求的事实不得视为使根据一具体承诺获得的利益丧失或减损。

[14] 本项被理解为每一成员应保证采取任何必要的措施使本附件的义务适用于公共电信传输网络和服务的提供者。

[15] "非歧视"一词理解为指本协定定义的最惠国待遇和国民待遇，反映在具体部门中，该词指"不低于在相似情况下给予同类公共电信传输网络或服务的任何其他使用者的条款和条件"。

（资料来源：世界贸易组织网．http://www.wto.org）

附录三

中华人民共和国
加入世界贸易组织议定书

（世界贸易组织·多哈）

序　言

世界贸易组织（"WTO"），按照 WTO 部长级会议根据《马拉喀什建立世界贸易组织协定》（"《WTO 协定》"）第 12 条所作出的批准，与中华人民共和国（"中国"），忆及中国是《1947 年关税与贸易总协定》的创始缔约方，注意到中国是《乌拉圭回合多边贸易谈判结果最后文件》的签署方，注意到载于 WT/ACC/CHN/49 号文件的《中国加入工作组报告书》（"工作组报告书"），考虑到关于中国 WTO 成员资格的谈判结果，协议如下：

第一部分　总则

第 1 条　总体情况

1. 自加入时起，中国根据《WTO 协定》第 12 条加入该协定，并由此成为 WTO 成员。

2. 中国所加入的《WTO 协定》应为经在加入之日前已生效的法律文件所更正、修正或修改的《WTO 协定》。本议定书，包括工作组报告书第 342 段所指的承诺，应成为《WTO 协定》的组成部分。

3. 除本议定书另有规定外，中国应履行《WTO 协定》所附各多边贸易协定中的、应在自该协定生效之日起开始的一段时间内履行的义务，如同中国在该协定生效之日已接受该协定。

4. 中国可维持与《服务贸易总协定》（"GATS"）第 2 条第 1 款规定不一致的措施，只要此措施已记录在本议定书所附《第 2 条豁免清单》中，并符合 GATS《关于第 2 条豁免的附件》中的条件。

第 2 条　贸易制度的实施

（A）统一实施

1.《WTO 协定》和本议定书的规定应适用于中国的全部关税领土，包括边境贸易地区、民族自治地方、经济特区、沿海开放城市、经济技术开发区以及其他在关税、国内税和法规方面已建立特殊制度的地区（统称为"特殊经济区"）。

2. 中国应以统一、公正和合理的方式适用和实施中央政府有关或影响货物贸易、服务贸易、与贸易有关的知识产权（"TRIPS"）或外汇管制的所有法律、法规及其他措施以及地方各级政府发布或适用的地方性法规、规章及其他措施（统称为"法律、法规及其他措施"）。

3. 中国地方各级政府的地方性法规、规章及其他措施应符合在《WTO 协定》和本议定书中所承担的义务。

4. 中国应建立一种机制，使个人和企业可据以提请国家主管机关注意贸易制度未统一适用的情况。

（B）特殊经济区

1. 中国应将所有与其特殊经济区有关的法律、法规及其他措施通知 WTO，列明这些地区的名称，并指明界定这些地区的地理界线。中国应迅速，且无论如何应在 60 天内，将特殊经济区的任何增加或改变通知 WTO，包括与此有关的法律、法规及其他措施。

2. 对于自特殊经济区输入中国关税领土其他部分的产品，包括物理结合的部件，中国应适用通常适用于输入中国关税领土其他部分的进口产品的所有影响进口产品的税费和措施，包括进口限制及海关税费。

3. 除本议定书另有规定外，在对此类特殊经济区内的企业提供优惠安排时，WTO 关于非歧视和国民待遇的规定应得到全面遵守。

（C）透明度

1. 中国承诺只执行已公布的、且其他 WTO 成员、个人和企业可容易获得的有关或影响货物贸易、服务贸易、TRIPS 或外汇管制的法律、法规及其他措施。此外，在所有有关或影响货物贸易、服务贸易、TRIPS 或外汇管制的法律、法规及其他措施实施或执行前，应请求，中国应使 WTO 成员可获得此类措施。在紧急情况下，应使法律、法规及其他措施最迟在实施或执行之时可获得。

2. 中国应设立或指定一官方刊物，用于公布所有有关或影响货物贸易、服务贸易、TRIPS 或外汇管制的法律、法规及其他措施，并且在其法律、法规或其他措施在该刊物上公布之后，应在此类措施实施之前提供一段可向有关主管机关提出意见的合理时间，但涉及国家安全的法律、法规及其他措施、确定外汇汇率或货币政策的特定措施以及一旦公布则会妨碍法律实施的其他措施除外。中国应定期出版该刊物，并使个人和企业可容易获得该刊物各期。

3. 中国应设立或指定一咨询点，应任何个人、企业或 TRIPS 成员的请求，在咨询点可获得根据本议定书第 2 条（C）节第 1 款要求予以公布的措施有关的所有信息。对此类提供信息请求的答复一般应在收到请求后 30 天内作出。在例外情况下，可在收到请求后 45 天内作出答复。延迟的通知及其原因应以书面形式向有关当事人提供。向 WTO 成员作出的答复应全面，并应代表中国政府的权威观点。应向个人和企业提供准确和可靠的信息。

（D）司法审查

1. 中国应设立或指定并维持审查庭、联络点和程序，以便迅速审查所有与《1994 年关税与贸易总协定》（"GATT1994"）第 10 条第 1 款、GATS 第 6 条和《TRIPS 协定》相关规定所指的法律、法规、普遍适用的司法决定和行政决定的实施有关的所有行政行为。此类审查庭应是公正的，并独立于被授权进行行政执行的机关，且不应对审查事项的结果有任何实质利害关系。

2. 审查程序应包括给予受须经审查的任何行政行为影响的个人或企业进行上诉的机会，且不因上诉而受到处罚。如初始上诉权需向行政机关提出，则在所有情况下应有选择向司法机关对决定提出上诉的机会。关于上诉的决定应通知上诉人，作出该决定的理由应以书面形式提供。上诉人还应被告知可进一步上诉的任何权利。

第 3 条　非歧视

除本议定书另有规定外，在下列方面给予外国个人、企业和外商投资企业的待遇不得低于给予其他个人和企业的待遇：

（a）生产所需投入物、货物和服务的采购，及其货物据以在国内市场或供出口而生产、营销或销售的条件。

（b）国家和地方各级主管机关以及公有或国有企业在包括运输、能源、基础电信、其他生产设施和要素等领域所供应的货物和服务的价格和可用性。

第 4 条　特殊贸易安排

自加入时起，中国应取消与第三国和单独关税区之间的、与《WTO 协定》不符的所有特殊贸易安排，包括易货贸易安排，或使其符合《WTO 协定》。

第 5 条　贸易权

1. 在不损害中国以与符合《WTO 协定》的方式管理贸易的权利的情况下，中国应逐步放宽贸易权的获得及其范围，以便在加入后 3 年内，使所有在中国的企业均有权在中国的全部关税领土内从事所有货物的贸易，但附件 2A 所列依照本议定书继续实行国营贸易的货物除外。此种贸易权应为进口或出口货物的权利。对于所有此类货物，均应根据 GATT1994 第 3 条，特别是其中第 4 款的规定，在国内销售、许诺销售、购买、运输、分销或使用方面，包括直接接触最终用户方面，给予国民待遇。对于附件 2b 所列货物，中国应根据该附件中所列时间表逐步取消在给予贸易权方面的限制。中国应在过渡期内完成执行这些规定所必需的立法程序。

2. 除本议定书另有规定外，对于所有外国个人和企业，包括未在中国投资或注册的外国个人和企业，在贸易权方面应给予其不低于给予在中国的企业的待遇。

第 6 条　国营贸易

1. 中国应保证国营贸易企业的进口购买程序完全透明，并符合《WTO 协定》，且应避免采取任何措施对国营贸易企业购买或销售货物的数量、价值或原产国施加影响或指导，但依照《WTO 协定》进行的除外。

2. 作为根据 GATT1994 和《关于解释 1994 年关税与贸易总协定第 17 条的谅解》所作通知的一部分，中国还应提供有关其国营贸易企业出口货物定价机制的全部信息。

第 7 条　非关税措施

1. 中国应执行附件 3 包含的非关税措施取消时间表。在附件 3 中所列期限内，对该附件中所列措施所提供的保护在规模、范围或期限方面不得增加或扩大，且不得实施任何新的措施，除非符合《WTO 协定》的规定。

2. 在实施 GATT1994 第 3 条、第 11 条和《农业协定》的规定时，中国应取消且不得采取、重新采取或实施不能根据《WTO 协定》的规定证明为合理的非关税措施。对于在加入之日以后实施的、与本议定书或《WTO 协定》相一致的非关税措施，无论附件 3 是否提及，中国均应严格遵守《WTO 协定》的规定，包括 GATT1994 及其第 13 条以及《进口许可程序协定》的规定，包括通知要求，对此类措施进行分配或管理。

3. 自加入时起，中国应遵守《TRIPS 协定》，但不援用《TRIPS 协定》第 5 条的规定。中国应取消并停止执行通过法律、法规或其他措施实施的贸易平衡要求和外汇平衡要求、当地含量要求和出口实绩要求。此外，中国将不执行设置此类要求的合同条款。在不损害本议定书有关规定的情况下，中国应保证国家和地方各级主管机关对进口许可证、配额、关税配额的分配或对进口、进口权或投资权的任何其他批准方式，不以下列内容为条件：此类产品是否存在与之竞争的国内供应者；任何类型的实绩要求，例如当地含量、补偿、技术转让、出口实绩或在中国进行研究与开发等。

4. 进出口禁止和限制以及影响进出口的许可程序要求只能由国家主管机关或由国家主管机关授权的地方各级主管机关实行和执行。不得实施或执行不属国家主管机关或由国家主管机关授权的地方各级主管机关实行的措施。

第8条 进出口许可程序

1. 在实施《WTO 协定》和《进口许可程序协定》的规定时，中国应采取以下措施，以便遵守这些协定：

（a）中国应定期在本议定书第 2 条（C）节第 2 款所指的官方刊物中公布下列内容：

——按产品排列的所有负责授权或批准进出口的组织的清单，包括由国家主管机关授权的组织，无论是通过发放许可证还是其他批准；

——获得此类进出口许可证或其他批准的程序和标准，以及决定是否发放进出口许可证或其他批准的条件；

——按照《进口许可程序协定》，按税号排列的实行招标要求管理的全部产品清单；包括关于实行此类招标要求管理产品的信息及任何变更；

——限制或禁止进出口的所有货物和技术的清单；这些货物也应通知进口许可程序委员会；

——限制或禁止进出口的货物和技术清单的任何变更；用一种或多种 WTO 正式语文提交的这些文件的副本应在每次公布后 75 天内送交 WTO，供散发 WTO 成员并提交进口许可程序委员会。

（b）中国应将加入后仍然有效的所有许可程序和配额要求通知 WTO，这些要求应按协调制度税号分别排列，并附与此种限制有关的数量（如有数量），以及保留此种限制的理由或预定的终止日期。

（c）中国应向进口许可程序委员会提交其关于进口许可程序的通知。中国应每年向进口许可程序委员会报告其自动进口许可程序的情况，说明产生这些要求的情况，并证明继续实行的需要。该报告还应提供《进口许可程序协定》第 3 条中所列信息。

（d）中国发放的进口许可证的有效期至少应为 6 个月，除非例外情况使此点无法做到。在此类情况下，中国应将要求缩短许可证有效期的例外情况迅速通知进口许可程序委员会。

2. 除本议定书另有规定外，对于外国个人、企业和外商投资企业在进出口许可证和配额分配方面，应给予不低于给予其他个人和企业的待遇。

第 9 条　价格控制

1. 在遵守以下第 2 款的前提下,中国应允许每一部门交易的货物和服务的价格由市场力量决定,且应取消对此类货物和服务的多重定价做法。

2. 在符合《WTO 协定》,特别是 GATT1994 第 3 条和《农业协定》附件 2 第 3、4 款的情况下,可对附件 4 所列货物和服务实行价格控制。除非在特殊情况下,并须通知 WTO,否则不得对附件 4 所列货物或服务以外的货物或服务实行价格控制,且中国应尽最大努力减少和取消这些控制。

3 中国应在官方刊物上公布实行国家定价的货物和服务的清单及其变更情况。

第 10 条　补贴

1. 中国应通知 WTO 在其领土内给予或维持的、属《补贴与反补贴措施协定》("《SCM 协定》")第 1 条含义内的、按具体产品划分的任何补贴,包括《SCM 协定》第 3 条界定的补贴。所提供的信息应尽可能具体,并遵循《SCM 协定》第 25 条所提及的关于补贴问卷的要求。

2. 就实施《SCM 协定》第 1 条第 2 款和第 2 条而言,对国有企业提供的补贴将被视为专向性补贴,特别是在国有企业是此类补贴的主要接受者或国有企业接受此类补贴的数量异常之大的情况下。

3. 中国应自加入时起取消属《SCM 协定》第 3 条范围内的所有补贴。

第 11 条　对进出口产品征收的税费

1. 中国应保证国家主管机关或地方各级主管机关实施或管理的海关规费或费用符合 GATT1994。

2. 中国应保证国家主管机关或地方各级主管机关实施或管理的国内税费,包括增值税,符合 GATT1994。

3. 中国应取消适用于出口产品的全部税费,除非本议定书附件 6 中有明确规定或按照 GATT1994 第 8 条的规定适用。

4. 在进行边境税的调整方面,对于外国个人、企业和外商投资企业,自加入时起应被给予不低于给予其他个人和企业的待遇。

第 12 条　农业

1. 中国应实施中国货物贸易承诺和减让表中包含的规定,以及本议定书具体规定的《农业协定》的条款。在这方面,中国不得对农产品维持或采取任何出口补贴。

2. 中国应在过渡性审议机制中，就农业领域的国营贸易企业（无论是国家还是地方）与在农业领域按国营贸易企业经营的其他企业之间或在上述任何企业之间进行的财政和其他转移作出通知。

第 13 条　技术性贸易壁垒

1. 中国应在官方刊物上公布作为技术法规、标准或合格评定程序依据的所有正式的或非正式的标准。

2. 中国应自加入时起，使所有技术法规、标准和合格评定程序符合《TBT 协定》。

3. 中国对进口产品实施合格评定程序的目的应仅为确定其是否符合与本议定书和《WTO 协定》规定相一致的技术法规和标准。只有在合同各方授权的情况下，合格评定机构方可对进口产品是否符合该合同的商业条款进行合格评定。中国应保证此种针对产品是否符合合同商业条款的检验不影响此类产品通关或进口许可证的发放。

4.（a）自加入时起，中国应保证对进口产品和国产品适用相同的技术法规、标准和合格评定程序。为保证从现行体制的顺利过渡，中国应保证自加入时起，所有认证、安全许可和质量许可机构和部门获得既对进口产品又对国产品进行此类活动的授权；加入 1 年后，所有合格评定机构和部门获得既对进口产品又对国产品进行合格评定的授权。对机构或部门的选择应由申请人决定。对于进口产品和国产品，所有机构和部门应颁发相同的标志，收取相同的费用。它们还应提供相同的处理时间和申诉程序。进口产品不得实行一种以上的合格评定程序。中国应公布并使其他 WTO 成员、个人和企业可获得有关其各合格评定机构和部门相应职责的全部信息。

（b）不迟于加入后 18 个月，中国应仅依据工作范围和产品种类，指定其各合格评定机构的相应职责，而不考虑产品的原产地。指定给中国各合格评定机构的相应职责将在加入后 12 个月通知 TBT 委员会。

第 14 条　卫生与植物卫生措施

中国应在加入后 30 天内，向 WTO 通知其所有有关卫生与植物卫生措施的法律、法规及其他措施，包括产品范围及相关国际标准、指南和建议。

第 15 条　确定补贴和倾销时的价格可比性

GATT1994 第 6 条、《关于实施 1994 年关税与贸易总协定第 6 条的协定》（"《反倾销协定》"）以及《SCM 协定》应适用于涉及原产于中国的进口产品进入一 WTO 成员的程序，并应符合下列规定：

（a）在根据 GATT1994 第 6 条和《反倾销协定》确定价格可比性时，该 WTO 进口成员应依据下列规则，使用接受调查产业的中国价格或成本，或者使用不依据与中国国内价格或成本进行严格比较的方法：

（i）如受调查的生产者能够明确证明，生产该同类产品的产业在制造、生产和销售该产品方面具备市场经济条件，则该 WTO 进口成员在确定价格可比性时，应使用受调查产业的中国价格或成本；

（ii）如受调查的生产者不能明确证明生产该同类产品的产业在制造、生产和销售该产品方面具备市场经济条件，则该 WTO 进口成员可使用不依据与中国国内价格或成本进行严格比较的方法。

（b）在根据《SCM 协定》第二、三及五部分规定进行的程序中，在处理第 14 条（a）项、（b）项、（c）项和（d）项所述补贴时，应适用《SCM 协定》的有关规定；但是，如此种适用遇有特殊困难，则该 WTO 进口成员可使用考虑到中国国内现有情况和条件并非总能用作适当基准这一可能性的确定和衡量补贴利益的方法。在适用此类方法时，只要可行，该 WTO 进口成员在考虑使用中国以外的情况和条件之前，应对此类现有情况和条件进行调整。

（c）该 WTO 进口成员应向反倾销措施委员会通知依照（a）项使用的方法，并应向补贴与反补贴措施委员会通知依照（b）项使用的方法。

（d）一旦中国根据该 WTO 进口成员的国内法证实其是一个市场经济体，则（a）项的规定即应终止，但截至加入之日，该 WTO 进口成员的国内法中须包含有关市场经济的标准。无论如何，（a）项（ii）目的规定应在加入之日后 15 年终止。此外，如中国根据该 WTO 进口成员的国内法证实一特定产业或部门具备市场经济条件，则（a）项中的非市场经济条款不得再对该产业或部门适用。

第 16 条　特定产品过渡性保障机制

1. 如原产于中国的产品在进口至任何 WTO 成员领土时，其增长的数量或所依据的条件对生产同类产品或直接竞争产品的国内生产者造成或威胁造成市场扰乱，则受此影响的 WTO 成员可请求与中国进行磋商，以期寻求双方满意的解决办法，包括受影响的成员是否应根据《保障措施协定》采取措施。任何此种请求应立即通知保障措施委员会。

2. 如在这些双边磋商过程中，双方同意原产于中国的进口产品是造成此种情况的原因并有必要采取行动，则中国应采取行动以防止或补救此种市场扰乱。任何此类行动应立即通知保障措施委员会。

3. 如磋商未能使中国与有关 WTO 成员在收到磋商请求后 60 天内达成协议，则受影响的 WTO 成员有权在防止或补救此种市场扰乱所必需的限度内，对此类产品撤销减让或限制进口。任何此类行动应立即通知保障措施委员会。

4. 市场扰乱应在下列情况下存在：一项产品的进口快速增长，无论是绝对增长还是相对增长，从而构成对生产同类产品或直接竞争产品的国内产业造成实质损害或实质损害威胁的一个重要原因。在认定是否存在市场扰乱时，受影响的WTO成员应考虑客观因素，包括进口量、进口产品对同类产品或直接竞争产品价格的影响以及此类进口产品对生产同类产品或直接竞争产品的国内产业的影响。

5. 在根据第3款采取措施之前，采取此项行动的WTO成员应向所有利害关系方提供合理的公告，并应向进口商、出口商及其他利害关系方提供充分机会，供其就拟议措施的适当性及是否符合公众利益提出意见和证据。该WTO成员应提供关于采取措施的决定的书面通知，包括采取该措施的理由及其范围和期限。

6. 一WTO成员只能在防止和补救市场扰乱所必需的时限内根据本条采取措施。如一措施是由于进口水平的相对增长而采取的，而且如该项措施持续有效的期限超过2年，则中国有权针对实施该措施的WTO成员的贸易暂停实施GATT1994项下实质相当的减让或义务。但是，如一措施是由于进口的绝对增长而采取的，而且如该措施持续有效的期限超过3年，则中国有权针对实施该措施的WTO成员的贸易暂停实施GATT1994项下实质相当的减让或义务。中国采取的任何此种行动应立即通知保障措施委员会。

7. 在迟延会造成难以补救的损害的紧急情况下，受影响的WTO成员可根据一项有关进口产品已经造成或威胁造成市场扰乱的初步认定，采取临时保障措施。在此种情况下，应在采取措施后立即向保障措施委员会作出有关所采取措施的通知，并提出进行双边磋商的请求。临时措施的期限不得超过200天，在此期间，应符合第1款、第2款和第5款的有关要求。任何临时措施的期限均应计入第6款下规定的期限。

8. 如一WTO成员认为根据第2款、第3款或第7款采取的行动造成或威胁造成进入其市场的重大贸易转移，则该成员可请求与中国和/或有关WTO成员进行磋商。此类磋商应在向保障措施委员会作出通知后30天内举行。如此类磋商未能在作出通知后60天内使中国与一个或多个有关WTO成员达成协议，则请求进行磋商的WTO成员在防止或补救此类贸易转移所必需的限度内，有权针对该产品撤销减让或限制自中国的进口。此种行动应立即通知保障措施委员会。

9. 本条的适用应在加入之日后12年终止。

第17条　WTO成员的保留

WTO成员以与《WTO协定》不一致的方式针对自中国进口的产品维持的所有禁止、数量限制和其他措施列在附件7中。所有此类禁止、数量限制和其他措施应依照该附件所列共同议定的条件和时间表逐步取消或加以处理。

第 18 条　过渡性审议机制

1. 所获授权涵盖中国在《WTO 协定》或本议定书项下承诺的 WTO 下属机构（注解①），应在加入后 1 年内，并依照以下第 4 款，在符合其授权的情况下，审议中国实施《WTO 协定》和本议定书相关规定的情况。中国应在审议前向每一下属机构提供相关信息，包括附件 1A 所列信息。中国也可在具有相关授权的下属机构中提出与第 17 条下任何保留或其他 WTO 成员在本议定书中所作任何其他具体承诺有关的问题。每一下属机构应迅速向根据《WTO 协定》第 4 条第 5 款设立的有关理事会报告审议结果（如适用），有关理事会应随后迅速向总理事会报告。

2. 总理事会应在加入后 1 年内，依照以下第 4 款，审议中国实施《WTO 协定》和本议定书条款的情况。总理事会应依据附件 1B 所列框架，并按照根据第 1 款进行的任何审议的结果，进行此项审议。中国也可提出与第 17 条下任何保留或其他 WTO 成员在本议定书中所作任何其他具体承诺有关的问题。总理事会可在这些方面向中国或其他成员提出建议。

3. 根据本条审议问题不得损害包括中国在内的任何 WTO 成员在《WTO 协定》或任何诸边贸易协定项下的权利和义务，并不得排除或构成要求磋商或援用《WTO 协定》或本议定书中其他规定的先决条件。

4. 第 1 款和第 2 款规定的审议将在加入后 8 年内每年进行。此后，将在第 10 年或总理事会决定的较早日期进行最终审议。

第二部分　减让表

1. 本议定书所附减让表应成为与中国有关的、GATT1994 所附减让和承诺表及 GATS 所附具体承诺表。减让表中所列减让和承诺的实施期应按有关减让表相关部分列明的时间执行。

2. 就 GATT1994 第 2 条第 6 款（a）项所指的该协定日期而言，本议定书所附减让和承诺表的适用日期应为加入之日。

第三部分　最后条款

1. 本议定书应开放供中国在 2002 年 1 月 1 日前以签字或其他方式接受。

2. 本议定书应在接受之日后第 30 天生效。

3. 本议定书应交存 WTO 总干事。总干事应根据本议定书第三部分第 1 款的规定，迅速向每一 WTO 成员和中国提供一份本议定书经核证无误的副本和中国接受本议定书通知的副本。

　　4. 本议定书应依照《联合国宪章》第 102 条的规定予以登记。

　　2001 年 11 月 10 日订于多哈，正本一份用英文、法文和西班牙文写成，三种文本具有同等效力，除非所附减让表中规定该减让表只以以上文字中的一种或多种为准。

注解①：货物贸易理事会、与贸易有关的知识产权理事会、服务贸易理事会、国际收支限制委员会、市场准入委员会（包括《信息技术协定》）、农业委员会、卫生与植物卫生措施委员会、技术性贸易壁垒委员会、补贴与反补贴措施委员会、反倾销措施委员会、海关估价委员会、原产地规则委员会、进口许可程序委员会、与贸易有关的投资措施委员会、保障措施委员会和金融服务委员会。

　　（资料来源：中华人民共和国信息产业部 http：//www.mii.gov.cn）

附录四

承认和执行外国仲裁裁决公约

（1958 年 6 月 10 日联合国国际商事仲裁会议通过）

第一条

1. 由于自然人或法人间的争执而引起的仲裁裁决，在一个国家的领土内做出，而在另一个国家请求承认和执行时，适用本公约。在一个国家请求承认和执行这个国家不认为是本国裁决的仲裁裁决时，也适用本公约。

2. "仲裁裁决"不仅包括由为每一案件选定的仲裁员所做出的裁决，而且也包括由常设仲裁机构经当事人的提请而做出的裁决。

3. 任何缔约国在签署、批准或者加入本公约或者根据第 10 条通知扩延的时候，可以在互惠的基础上声明，本国只对另一缔约国领土内所做出的仲裁裁决的承认和执行，适用本公约。它也可以声明，本国只对根据本国法律属于商事的法律关系，不论是不是合同关系，所引起的争执适用本公约。

第二条

1. 如果双方当事人书面协议把由于同某个可以通过仲裁方式解决的事项有关的特定的法律关系，不论是不是合同关系，所已产生或可能产生的全部或任何争执提交仲裁，每一个缔约国应该承认这种协议。

2. "书面协议"包括当事人所签署的或者来往书信、电报中所包含的合同中的仲裁条款和仲裁协议。

3. 如果缔约国的法院受理一个案件，而就这案件所涉及的事项，当事人已经达成本条意义内的协议时，除非该法院查明该项协议是无效的、未生效的或不可能实行的，应该依一方当事人的请求，令当事人把案件提交仲裁。

第三条

在以下各条所规定的条件下，每一个缔约国应该承认仲裁裁决有约束力，并且依照裁决需其承认或执行的地方程序规则予以执行。对承认或执行本公约所适用的仲裁裁决，不应该比对承认或执行本国的仲裁裁决规定实质上较烦的条件或较高的费用。

第四条

为了获得前条所提到的承认和执行，申请承认和执行裁决的当事人应该在申

请的时候提供:

（1）经正式认证的裁决正本或经正式证明的副本。

（2）第二条所提到的协议正本或经正式证明的副本。

（3）如果上述裁决或协议不是用裁决需其承认或执行的国家的正式语言作成，申请承认和执行裁决的当事人应该提出这些文件的此种译文。译文应该由一官方的或宣过誓的译员或一外交或领事代理人证明。

第五条

1. 被请求承认或执行裁决的管辖当局只有在作为裁决执行对象的当事人提出有关下列情况的证明的时候，才可以根据该当事人的要求，拒绝承认和执行该裁决:

（1）第二条所述的协议的双方当事人，根据对他们适用的法律，当时是处于某种无行为能力的情况之下；或者根据双方当事人选定适用的法律，或在没有这种选定的时候，根据作出裁决的国家的法律，下述协议是无效的；或者

（2）作为裁决执行对象的当事人，没有被给予指定仲裁员或者进行仲裁程序的适当通知，或者由于其他情况而不能对案件提出意见，或者

（3）裁决涉及仲裁协议所没有提到的，或者不包括仲裁协议规定之内的争执；或者裁决内含有对仲裁协议范围以外事项的决定；但是，对于仲裁协议范围以内的事项的决定，如果可以和对于仲裁协议范围以外的事项的决定分开，那么，这一部分的决定仍然可予以承认和执行；或者

（4）仲裁庭的组成或仲裁程序同当事人间的协议不符，或者当事人间没有这种协议时，同进行仲裁的国家的法律不符；或者

（5）裁决对当事人还没有约束力，或者裁决已经由作出裁决的国家或据其法律作出裁决的国家的管辖当局撤销或停止执行。

2. 被请求承认和执行仲裁裁决的国家管辖当局如果查明有下列情况，也可以拒绝承认和执行:

（1）争执的事项，依照这个国家的法律，不可以用仲裁方式解决；或者

（2）承认或执行该项裁决将和这个国家的公共秩序相抵触。

第六条

如果已经向第五条 1（5）所提到的管辖当局提出了撤销或停止执行仲裁裁决的申请，被请求承认或执行该项裁决的当局如果认为适当，可以延期作出关于执行裁决的决定，也可以依请求执行裁决的当事人的申请，命令对方当事人提供适当的担保。

第七条

1. 本公约的规定不影响缔约国参加的有关承认和执行仲裁裁决的多边或双

边协定的效力，也不剥夺有关当事人在被请求承认或执行某一裁决的国家的法律或条约所许可的方式和范围内，可能具有的利用该仲裁裁决的任何权利。

2. 1923 年关于仲裁条款的日内瓦议定书和 1927 年关于执行外国仲裁裁决的日内瓦公约，对本公约的缔约国，在它们开始受本公约约束的时候以及在它们受本公约约束的范围以内失效。

第八条

1. 本公约在 1958 年 12 月 31 日以前开放供联合国任何会员国，现在或今后是联合国专门机构成员的任何其他国家，现在或今后是国际法院规章缔约国的任何其他国家，或者经联合国大会邀请的任何其他国家的代表签署。

2. 本公约须经批准，批准书应当交存联合国秘书长。

第九条

1. 第八条所提到的一切国家都可以加入本公约。

2. 加入本公约应当将加入书交存联合国秘书长处。

第十条

1. 任何国家在签署、批准或加入本公约的时候，都可以声明：本公约将扩延到国际关系由该国负责一切或任何地区。这种声明在本公约对该国生效的时候生效。

2. 在签署、批准或加入本公约之后，要作这种扩延，应该通知联合国秘书长，并从联合国秘书长接到通知之后九十日起，或从本公约对该国生效之日起，取其在后者生效。

3. 关于在签署、批准或加入本公约的时候，本公约所没有扩延到的地区，各有关国家应当考虑采取必要步骤的可能性，以便使本公约的适用范围能够扩延到这些地区；但是，在有宪法上的必要时，须取得这些地区的政府的同意。

第十一条

对于联邦制或者非单一制国家应当适用下列规定：

（1）关于属于联邦当局立法权限内的本公约条款，联邦政府的义务同非联邦制缔约国政府的义务一样。

（2）关于属于联邦成员或省立法权限内的本公约条款，如果联邦成员或省根据联邦宪法制度没有采取立法行动的义务，联邦政府应当尽早地把这些条款附以积极的建议以唤起联邦成员或省的相应机关的注意。

（3）本公约的联邦国家缔约国，根据任何其他缔约国通过联合国秘书长而提出的请求，应当提供关于该联邦及其构成单位有关本公约任何具体规定的法律和习惯，以表明已经在什么范围内采取立法或其他行动使该项规定生效。

第十二条

1. 本公约从第三个国家交存批准书或加入书之日后九十日起生效。

2. 在第三个国家交存批准书或加入书以后，本公约从每个国家交存批准书或加入书后九十日起对该国生效。

第十三条

1. 任何缔约国可以用书面通知联合国秘书长退出本公约。退约从秘书长接到通知之日后一年起生效。

2. 依照第十条规定提出声明或者通知的任何国家，随时都可以通知联合国秘书长，声明从秘书长接到通知之日后一年起，本公约停止扩延到有关地区。

3. 对于在退约生效以前已经进入承认或执行程序的仲裁裁决，本公约应继续适用。

第十四条

缔约国除了自己有义务适用本公约的情况外，无权利用本公约对抗其他缔约国。

第十五条

联合国秘书长应当将下列事项通知第八条中所提到的国家：
（1）依照第八条的规定签署和批准本公约；
（2）依照第九条的规定加入本公约；
（3）依照第一、十和十一条的规定的声明和通知；
（4）依照第十二条所规定的本公约的生效日期；
（5）依照第十三条所规定的退约和通知。

第十六条

1. 本公约的中、英、法、俄和西班牙各文本同等有效，由联合国档案处保存。

2. 联合国秘书长应当把经过证明的本公约副本送达第八条所提到的国家。

（资料来源：联合国网．http://www.un.org）

附录五

国际商会调解与仲裁规则

（1961 – 04 – 21）

任择性调解

第一条　（调解管理委员会，调解委员会）

（一）任何国际性的商业争议，均得申请由国际商会设立的调解管理委员会调解解决。

各会员国委员会得从其居住在巴黎的本国国民中选出一至三人提名为调解管理委员会委员，由国际商会主席任命，任期二年。

（二）每项争议，应由国际商会主席任命的由三人组成的调解委员会解决。

调解委员会应由委员二人和主席一人组成，委员二人应尽可能与申请人和另一方当事人属同一国籍，主席原则上应由调解管理委员会中在与当事人不同国籍的委员内选任。

第二条　（调解的申请）

申请调解的当事人，应通过国际商会本国委员会或直接向国际商会国际总部提出申请；在直接提出申请时，国际商会秘书长应将此申请通知有关国委员会。

申请应包含该当事人本人对案情的说明，还应附上有关文件和证件的副本以及国际总部的调解程序费用附表中规定的保证金。

第三条　（调解委员会的活动）

（一）国际商会秘书长在收到调解申请及有关文件、证件和保证金后，应直接或通过另一方当事人的本国委员会通知另一方当事人，并应征询其是否接受调解程序；如该当事人接受调解程序时，则应向调解委员会提交案情书面陈述和有关文件与证件的副本，以及国际总部调解程序费用附表中规定的保证金。

（二）调解委员会应详细了解案情，为此，应通过与争议当事人双方直接联系的方式或通过其本国委员会获取必要的资料，如果可能，应听取当事人的陈述。

（三）当事人双方得亲自或由正式委任的代理人到场。

他们也可取得辩护人或律师的协助。

第四条　（和解条件）

（一）调解委员会在审查案情后，在可能情况下并在听取当事人陈述后，应向当事人双方提出和解条件。

（二）倘若达成和解，调解委员会应草拟并签署和解笔录。

当事人双方未亲自到场，也无正式委任的代理人代表时，调解委员会应将和解条件通知有关国委员会主席，并要求他们尽力说服当事人接受调解委员会提出的解决办法。

第五条　（和解不成时当事人的权利）

（一）倘若未达成和解时，当事人双方有权将争议提交仲裁；如愿诉诸法院解决时，除受仲裁条款制约者外，也有权提起诉讼。

（二）调解委员会受理案件中发生的任何有关事项，决不影响任何当事人在以后的仲裁或诉讼中的合法权利。

调解委员会中曾参与调解争议的任何成员不得任命为同一争议的仲裁员。

仲　裁

第一条　（仲裁法院）

（一）国际商会仲裁法院是附属于国际商会的国际仲裁机构。仲裁法院成员由国际商会理事会任命。仲裁法院的任务是按照本规则以仲裁方式解决国际性的商事争议。

（二）仲裁法院原则上每月开会一次。仲裁法院应制定其内部规程。

（三）仲裁法院主席或副主席有权代表仲裁法院作出紧急决定，但应在下次会期时向仲裁法院报告其决定。

（四）仲裁法院得按照其内部规程所规定的方式授予一组或几组仲裁法院成员作出某种决定的权利，但这种决定应在下次会期时向仲裁法院报告。

（五）仲裁法院秘书处应设立于国际商会总部。

第二条　（仲裁员的选定）

（一）仲裁法院本身不解决争议。如当事人双方无另外约定时，仲裁法院得按照本条规定任命仲裁员或批准仲裁员的任命。在任命或批准任命仲裁员时，仲裁法院应考虑所提议的仲裁员的国籍、住地及其同当事人双方或另外的仲裁员所属国家的其他关系。

（二）争议得由一名独任仲裁员或三名仲裁员解决。以下条文中"仲裁员"一词得依具体情况表示一名独任仲裁员或三名仲裁员。

（三）如当事人双方约定应由一名独任仲裁员解决争议时，得以协议提名报仲裁法院批准。如在申诉人的仲裁申请书通知另一方之日起三十天内，当事人双方未就独任仲裁员提名时，应由仲裁法院任命独任仲裁员。

（四）如当事人双方约定将争议提交三名仲裁员解决时，当事人应在申诉书和答辩书中各提出仲裁员一名报仲裁法院批准。提出的仲裁员应该是与提名人没有利害关系的。如一方当事人未指定仲裁员时，应由仲裁法院任命之。

担任仲裁庭主席的第三名仲裁员，应由仲裁法院任命之，但当事人双方约定由他们指定的仲裁员在规定期限内商定第三名仲裁员者，不在此限。在此情况下第三名仲裁员的任命应由仲裁法院批准。倘若两名仲裁员在当事人双方或仲裁法院规定的期限内未就第三名仲裁员的任命达成协议时，应由仲裁法院任命第三名仲裁员。

（五）当事人双方对仲裁员人数未达成协议时，仲裁法院应任命一名独任仲裁员，但仲裁法院根据争议情况认为有理由任命三名仲裁员时除外。在此情况下当事人双方应在十五天内各提出一名仲裁员。

（六）仲裁法院任命独任仲裁员或仲裁庭主席时，应选择国际商会的某会员国委员会征求建议。独任仲裁员或仲裁庭主席应从非当事人国籍的国民中选任。但是，在适当情况下如任何一方均不反对时，也可从当事人任何一方所属国的国民中选任独任仲裁员或仲裁庭主席。

仲裁法院为未指定仲裁员的一方当事人任命仲裁员时，应征求该当事人所属国的本国委员会的建议。如该当事人所属国无上述委员会时，仲裁法院有权选择其认为合适的任何人为仲裁员。

（七）倘若当事人一方对某仲裁员提出异议时，仲裁庭作为对异议理由的唯一裁决者应作出最后决定。

（八）如仲裁员死亡或因当事人提出异议或其他原因而无法履行其任务或必须辞职时，或者如仲裁法院考虑仲裁员的意见后确认该仲裁员未按本规则或未在规定期限内履行其任务时，应更换此仲裁员。所有上述情况均应按照本条第三款、第四款和第六款的程序办理。

第三条　（仲裁的申请）

（一）当事人如愿请求国际商会仲裁时，应通过其所属国的国际商会本国委员会或直接向仲裁法院秘书处提交仲裁申请书。在后一种情况下，秘书处应将此申请通知有关国家的国际商会本国委员会。

仲裁法院秘书处收到申请书的日期,在各方面应认为是仲裁程序开始的日期。

(二)仲裁申请书中除其他内容外应包括以下各点:

1. 当事人双方的全名、职业和地址;

2. 申诉人对案情的说明;

3. 有关的协议,特别是仲裁协议,以及用以证实案件事实的文件或资料;

4. 有关按上面第二条规定确定仲裁员人数和人选的全部详细情况。

(三)秘书处应向被诉人送达申诉书副本和附件,并使被诉人答辩。

第四条　(对申诉书和答辩)

(一)被诉人应于收到第三条第三款所列文件后三十天内对仲裁员人数及人选的建议提出意见,如认为适当时,并应指定一名仲裁员。被诉人应在同时提出其答辩并提供有关文件。在特殊情况下,被诉人得向秘书处申请延长其提出答辩和文件的期限。但是,此申请必须包括被诉人就建议的仲裁员人数和人选表示的意见,以及在认为适当时所指定的一名仲裁员。如被诉人未按上述规定办理时,秘书处应向仲裁法院报告,仲裁法院应依照本规则继续进行仲裁。

(二)答辩书副本以及(如有附件时)附件的副本应送达申诉人。

第五条　(反诉)

(一)被诉人如需提出反诉,应于按第四条规定提出答辩的同时向秘书处提出。

(二)申诉人可于知悉反诉之日起三十天内向秘书处提出抗辩。

第六条　(申诉书或答辩书和书面陈述,通知书或通告)

当事人双方提出的一切申诉书答辩书和书面陈述及其全部附件,均应提供足够的份数以供每个当事人一份、每个仲裁员一份和仲裁法院秘书处一份。

由秘书处和仲裁员发出的、由一方当事人或对方当事人通知他方的一切通知书和通告文件,如在交付时取得收据,或以挂号邮件寄往当事人地址或最后知悉的当事人地址时,即应视为有效送达。

通知书或通告文件,视为于收到之日起生效,如按上述规定送达时,应于当事人本人或其代理人收到时生效。

第七条　(无仲裁协议的情况)

当事人双方如无明确的仲裁协议,或虽有仲裁协议但并未指明由国际商会仲裁，以及如被诉人在第四条第一款规定的三十天内未提出答辩书或拒绝由国际商会仲裁时，则应通知申诉人仲裁不能进行。

第八条　（仲裁协议的效力）

（一）当事人双方约定接受国际商会仲裁时，应视为事实上接受本规则的规定。

（二）当事人一方拒绝或不参加仲裁时，仲裁程序仍应继续进行。

（三）倘若当事人一方就仲裁协议的存在或效力提出一种或多种理由，而仲裁法院确信存在这种协议时，仲裁法院得在不影响对这种或多种理由的采纳和评价下决定继续仲裁。在此情况下有关仲裁员的管辖范围应由该仲裁员本人决定。

（四）如无另外规定，仲裁员不得以断言合同无效或不存在为理由停止执行其仲裁职责，但仲裁员应坚持仲裁协议的合法性，即使合同本身可能不存在或无效，仲裁员仍应继续行使其仲裁权以确定当事人各自的权利，并对他们的请求进行裁决。

（五）在案卷移送仲裁员之前，例外情况下甚至在案卷移送仲裁员之后，当事人双方应有权向任何主管司法当局申请采取临时性的保全措施，并不得因此认为违反仲裁协议或侵犯仲裁员的有关权利。

任何这种申请和司法当局所采取的任何措施必须毫不迟延地通知仲裁法院秘书处。秘书处应通知有关的仲裁员。

第九条　（对仲裁费用的保证金）

（一）仲裁法院应确定保证金数，其金额应有可能支付向仲裁法院提出的请求的仲裁费用。

除主诉外提出一件或几件反诉时，仲裁法院得分别确定主诉和一件或几件反诉的保证金。

（二）保证金通常由申诉人（或几名申诉人）和被诉人（或几名被诉人）平均分担。但如任何一方未能支付其份额时，另一方可自行就此申请或反诉支付全部保证金。

（三）秘书处得视当事人双方或其中一方是否已向国际商会支付全部或一部分保证金而决定将案卷移送仲裁员。

（四）根据第十三条规定将"审理范围"通知仲裁法院时，仲裁法院应查明有关保证金的要求是否已经履行。

只有当向国际商会及时缴纳保证金时，"审理范围"方为有效，仲裁员方得进行仲裁。

第十条　（案卷移送仲裁员）

按第九条规定，秘书处应于收到被诉人对仲裁申请书的答辩后立即将案卷移送仲裁员，至迟不得超过上述第四条和第五条规定的提出文件的期限。

第十一条　（指导仲裁程序的规则）

仲裁员审理案件的程序应遵照本规则；本规则未规定时可依当事人约定的规则（当事人未有约定时，可由仲裁员确定），可参照也可不参照仲裁所适用的某一国的程序法。

第十二条　（仲裁地点）

仲裁地点，除当事人双方约定者外，应由仲裁法院确定。

第十三条　（审理范围）

（一）仲裁审理的预备程序前，仲裁员应根据当事人提交的文件或在当事人双方在场时并根据他们最近的建议，拟定一项文件确定仲裁员的审理范围。审理范围应包括以下内容：

1. 当事人双方的全名和职业；

2. 仲裁过程中通知书和通告文件得以有效送达的当事人双方的地址；

3. 当事人各自的请求摘要；

4. 应予确定的争议的界限；

5. 仲裁员的全名、职业和地址；

6. 仲裁地点；

7. 可适用的具体程序规则，以及为此而授予仲裁员进行友谊仲裁的职权范围；

8. 为使仲裁裁决具有法律上的执行力所必需的或者仲裁法院或仲裁员认为有用的其他情况。

（二）本条第一款所规定的文件，应由当事人双方和仲裁员签署。仲裁员应于案卷向他移送之日起两个月内将由他和当事人双方签名的上述文件移送仲裁法院。特殊情况下仲裁法院得应仲裁员的要求延长此期限。

当事人一方拒绝参与拟订上述文件或拒绝签名，而仲裁法院确信此案件属于第八条第二款和第三款所述情况时，仲裁法院应采取批准此文件所必需的活动。仲裁法院应对迟误一方规定其就陈述签名的期限，而在期满时仲裁应继续进行并作出裁决。

（三）当事人双方得自由确定仲裁员裁决争议所适用的法律。当事人双方未指明应适用的法律时，仲裁员应适用他认为合适的国际私法所确定的准据法。

（四）当事人双方商定授予仲裁员以友谊仲裁之职权时，仲裁员应承担之。

（五）仲裁员在任何情况下都应考虑合同的规定和有关的贸易惯例。

第十四条　（仲裁审理程序）

（一）仲裁员应采取一切适当的方法尽快地确定案件事实。在对当事人双方提交的书面请求和所依据的全部文件仔细研究后，仲裁员得应当事人一方申请，亲自听取当事人双方的共同陈述；如无当事人申请时，仲裁员得自行决定听证。

此外，仲裁员得决定在当事人双方在场时听取其他任何人的陈述，如经及时传唤而当事人不到场时，也可同样听证。

（二）仲裁员得任命鉴定人一名或几名，规定其职权范围，接受其报告和（或）亲自听取其陈述。

（三）应当事人双方的请求或经其同意后，仲裁员得只根据有关文件处理案件。

第十五条

（一）仲裁员应当事人一方的请求或必要时自行动议，经及时通知当事人双方后得在他所规定的日期和地点召集当事人双方出庭，并应将此事通知仲裁法庭秘书处。

（二）当事人一方虽经及时传唤而未出庭，仲裁员在确信当事人已及时收到传唤而又无正当理由缺席时，有权继续仲裁，而这种仲裁程序应视为在全部当事人在场时进行。

（三）仲裁员在适当考虑所有有关情况，特别是合同使用的语言后，应确定仲裁时使用的一种或几种语言。

（四）仲裁员应对仲裁审理负全部责任，所有当事人均有权出席审理。与仲裁程序无关的人，除得到仲裁员和当事人双方同意者外，不得出席。

（五）当事人双方得亲自或通过正式委任的代理人出席仲裁审理。他们也可获得法律顾问的协助。

第十六条

当事人可以在审理时提出新的请求或反诉，但以其仍属第十三条规定的审理范围，或者在由当事人双方签名并通知仲裁法院的审理范围附件中指明者为限。

第十七条　（根据双方同意的裁决）

如当事人双方在案卷按第十条规定移交仲裁员后达成和解者，该和解应以当事人双方同意的仲裁裁决形式记载之。

第十八条   （裁决的期限）

（一）仲裁员应于第十三条规定的文件签名之日起六个月内作出裁决。

（二）特殊情况下，根据仲裁员的合理请求而仲裁法院认为确属必要时，得延长此期限，仲裁法院认为必要时得主动延长期限。

（三）如制作裁决的期限不予延长，以及在某种情况下适用第二条第八款规定时，仲裁法院应确定解决争议的方式。

第十九条   （由三名仲裁员制作的裁决）

仲裁法院任命三名仲裁员时，裁决以多数票决定之。得不到多数时，应由仲裁庭的主席单独决定。

第二十条   （关于仲裁费用的决定）

（一）仲裁员裁决时，除解决案件的实质问题外，应规定仲裁的费用并决定应由哪一方当事人承担费用或当事人双方应按怎样的比例承担费用。

（二）仲裁费用应包括：仲裁员酬金和仲裁法院按本规则附表等级确定的管理费、仲裁员的支出（若有的话）、鉴定人酬金和支出以及由当事人双方引起的正常的法律费用。

（三）特殊情况下如有必要，仲裁法院得以高于或低于附表等级的数额确定仲裁员的酬金。

第二十一条   （仲裁法院对裁决的复审）

仲裁员应于签署裁决（无论是部分的或是全部的）前将裁决草案提交仲裁法院。仲裁法院得就裁决的形式提出修改，在不影响仲裁员的决定的情况下也得注意裁决的实质问题。裁决在仲裁法院就其形式批准之前不得签署。

第二十二条   （裁决的制作）

仲裁裁决应视为于仲裁审理地制作并以仲裁员签署日期为裁决日期。

第二十三条   （将裁决通知当事人）

（一）仲裁裁决一旦作成，秘书处应将仲裁员签署的裁决原文向当事人双方宣布，但应以当事人双方或一方向国际商会付清全部仲裁费用为条件。

（二）由仲裁法院秘书长证明无误的裁决副本，得应当事人请求随时向当事人双方提供之，但不得提供给其他人。

（三）仲裁裁决已按本条第一款规定通知者，当事人不得另行要求任何其他形式的通知，也不得要求仲裁员再提供任何通知。

第二十四条　（裁决的终审性和强制执行性）

（一）仲裁裁决应是终审的。

（二）当事人双方将争议提交国际商会仲裁时，就应视为已承担毫不迟延地执行最终裁决的义务，并在依法可以放弃的范围内放弃任何形式的上诉权利。

第二十五条　（裁决的保存）

按本规则制作的各项仲裁裁决原文应存放于仲裁法院秘书处。

当事人可能需要履行其他手续时，仲裁员和仲裁法院秘书处应予以协助。

第二十六条　（一般规则）

凡本条例未作明确规定之一切事项，仲裁法院和仲裁员应参照本规则的精神处理，并应尽力保证裁决能依法执行。

（资料来源：国际商会网．http：//www.iccwbo.org）

附录六

中华人民共和国对外贸易法

（1994 年 5 月 12 日第八届全国人民代表大会常务委员会第七次会议通过
2004 年 4 月 6 日第十届全国人民代表大会常务委员会第八次会议修订　2004 年 4
月 6 日中华人民共和国主席令第十五号公布　自 2004 年 7 月 1 日起施行）

第一章　总　则

第一条　为了扩大对外开放，发展对外贸易，维护对外贸易秩序，保护对外
贸易经营者的合法权益，促进社会主义市场经济的健康发展，制定本法。

第二条　本法适用于对外贸易以及与对外贸易有关的知识产权保护。

本法所称对外贸易，是指货物进出口、技术进出口和国际服务贸易。

第三条　国务院对外贸易主管部门依照本法主管全国对外贸易工作。

第四条　国家实行统一的对外贸易制度，鼓励发展对外贸易，维护公平、自
由的对外贸易秩序。

第五条　中华人民共和国根据平等互利的原则，促进和发展同其他国家和地
区的贸易关系，缔结或者参加关税同盟协定、自由贸易区协定等区域经济贸易协
定，参加区域经济组织。

第六条　中华人民共和国在对外贸易方面根据所缔结或者参加的国际条约、
协定，给予其他缔约方、参加方最惠国待遇、国民待遇等待遇，或者根据互惠、
对等原则给予对方最惠国待遇、国民待遇等待遇。

第七条　任何国家或者地区在贸易方面对中华人民共和国采取歧视性的禁
止、限制或者其他类似措施的，中华人民共和国可以根据实际情况对该国家或者
该地区采取相应的措施。

第二章　对外贸易经营者

第八条　本法所称对外贸易经营者，是指依法办理工商登记或者其他执业手
续，依照本法和其他有关法律、行政法规的规定从事对外贸易经营活动的法人、
其他组织或者个人。

第九条　从事货物进出口或者技术进出口的对外贸易经营者，应当向国务院
对外贸易主管部门或者其委托的机构办理备案登记；但是，法律、行政法规和国

务院对外贸易主管部门规定不需要备案登记的除外。备案登记的具体办法由国务院对外贸易主管部门规定。对外贸易经营者未按照规定办理备案登记的，海关不予办理进出口货物的报关验放手续。

第十条　从事国际服务贸易，应当遵守本法和其他有关法律、行政法规的规定。

从事对外工程承包或者对外劳务合作的单位，应当具备相应的资质或者资格。具体办法由国务院规定。

第十一条　国家可以对部分货物的进出口实行国营贸易管理。实行国营贸易管理货物的进出口业务只能由经授权的企业经营；但是，国家允许部分数量的国营贸易管理货物的进出口业务由非授权企业经营的除外。实行国营贸易管理的货物和经授权经营企业的目录，由国务院对外贸易主管部门会同国务院其他有关部门确定、调整并公布。

违反本条第一款规定，擅自进出口实行国营贸易管理的货物的，海关不予放行。

第十二条　对外贸易经营者可以接受他人的委托，在经营范围内代为办理对外贸易业务。

第十三条　对外贸易经营者应当按照国务院对外贸易主管部门或者国务院其他有关部门依法作出的规定，向有关部门提交与其对外贸易经营活动有关的文件及资料。有关部门应当为提供者保守商业秘密。

第三章　货物进出口与技术进出口

第十四条　国家准许货物与技术的自由进出口。但是，法律、行政法规另有规定的除外。

第十五条　国务院对外贸易主管部门基于监测进出口情况的需要，可以对部分自由进出口的货物实行进出口自动许可并公布其目录。

实行自动许可的进出口货物，收货人、发货人在办理海关报关手续前提出自动许可申请的，国务院对外贸易主管部门或者其委托的机构应当予以许可；未办理自动许可手续的，海关不予放行。

进出口属于自由进出口的技术，应当向国务院对外贸易主管部门或者其委托的机构办理合同备案登记。

第十六条　国家基于下列原因，可以限制或者禁止有关货物、技术的进口或者出口：

（一）为维护国家安全、社会公共利益或者公共道德，需要限制或者禁止进口或者出口的；

（二）为保护人的健康或者安全，保护动物、植物的生命或者健康，保护环境，需要限制或者禁止进口或者出口的；

（三）为实施与黄金或者白银进出口有关的措施，需要限制或者禁止进口或者出口的；

（四）国内供应短缺或者为有效保护可能用竭的自然资源，需要限制或者禁止出口的；

（五）输往国家或者地区的市场容量有限，需要限制出口的；

（六）出口经营秩序出现严重混乱，需要限制出口的；

（七）为建立或者加快建立国内特定产业，需要限制进口的；

（八）对任何形式的农业、牧业、渔业产品有必要限制进口的；

（九）为保障国家国际金融地位和国际收支平衡，需要限制进口的；

（十）依照法律、行政法规的规定，其他需要限制或者禁止进口或者出口的；

（十一）根据我国缔结或者参加的国际条约、协定的规定，其他需要限制或者禁止进口或者出口的。

第十七条　国家对与裂变、聚变物质或者衍生此类物质的物质有关的货物、技术进出口，以及与武器、弹药或者其他军用物资有关的进出口，可以采取任何必要的措施，维护国家安全。

在战时或者为维护国际和平与安全，国家在货物、技术进出口方面可以采取任何必要的措施。

第十八条　国务院对外贸易主管部门会同国务院其他有关部门，依照本法第十六条和第十七条的规定，制定、调整并公布限制或者禁止进出口的货物、技术目录。

国务院对外贸易主管部门或者由其会同国务院其他有关部门，经国务院批准，可以在本法第十六条和第十七条规定的范围内，临时决定限制或者禁止前款规定目录以外的特定货物、技术的进口或者出口。

第十九条　国家对限制进口或者出口的货物，实行配额、许可证等方式管理；对限制进口或者出口的技术，实行许可证管理。

实行配额、许可证管理的货物、技术，应当按照国务院规定经国务院对外贸易主管部门或者经其会同国务院其他有关部门许可，方可进口或者出口。

国家对部分进口货物可以实行关税配额管理。

第二十条　进出口货物配额、关税配额，由国务院对外贸易主管部门或者国务院其他有关部门在各自的职责范围内，按照公开、公平、公正和效益的原则进行分配。具体办法由国务院规定。

第二十一条　国家实行统一的商品合格评定制度，根据有关法律、行政法规的规定，对进出口商品进行认证、检验、检疫。

第二十二条　国家对进出口货物进行原产地管理。具体办法由国务院规定。

第二十三条　对文物和野生动物、植物及其产品等，其他法律、行政法规有禁止或者限制进出口规定的，依照有关法律、行政法规的规定执行。

第四章　国际服务贸易

第二十四条　中华人民共和国在国际服务贸易方面根据所缔结或者参加的国际条约、协定中所作的承诺，给予其他缔约方、参加方市场准入和国民待遇。

第二十五条　国务院对外贸易主管部门和国务院其他有关部门，依照本法和其他有关法律、行政法规的规定，对国际服务贸易进行管理。

第二十六条　国家基于下列原因，可以限制或者禁止有关的国际服务贸易：

（一）为维护国家安全、社会公共利益或者公共道德，需要限制或者禁止的；

（二）为保护人的健康或者安全，保护动物、植物的生命或者健康，保护环境，需要限制或者禁止的；

（三）为建立或者加快建立国内特定服务产业，需要限制的；

（四）为保障国家外汇收支平衡，需要限制的；

（五）依照法律、行政法规的规定，其他需要限制或者禁止的；

（六）根据我国缔结或者参加的国际条约、协定的规定，其他需要限制或者禁止的。

第二十七条　国家对与军事有关的国际服务贸易，以及与裂变、聚变物质或者衍生此类物质的物质有关的国际服务贸易，可以采取任何必要的措施，维护国家安全。

在战时或者为维护国际和平与安全，国家在国际服务贸易方面可以采取任何必要的措施。

第二十八条　国务院对外贸易主管部门会同国务院其他有关部门，依照本法第二十六条、第二十七条和其他有关法律、行政法规的规定，制定、调整并公布国际服务贸易市场准入目录。

第五章　与对外贸易有关的知识产权保护

第二十九条　国家依照有关知识产权的法律、行政法规，保护与对外贸易有关的知识产权。

进口货物侵犯知识产权，并危害对外贸易秩序的，国务院对外贸易主管部门可以采取在一定期限内禁止侵权人生产、销售的有关货物进口等措施。

第三十条 知识产权权利人有阻止被许可人对许可合同中的知识产权的有效性提出质疑、进行强制性一揽子许可、在许可合同中规定排他性返授条件等行为之一，并危害对外贸易公平竞争秩序的，国务院对外贸易主管部门可以采取必要的措施消除危害。

第三十一条 其他国家或者地区在知识产权保护方面未给予中华人民共和国的法人、其他组织或者个人国民待遇，或者不能对来源于中华人民共和国的货物、技术或者服务提供充分有效的知识产权保护的，国务院对外贸易主管部门可以依照本法和其他有关法律、行政法规的规定，并根据中华人民共和国缔结或者参加的国际条约、协定，对与该国家或者该地区的贸易采取必要的措施。

第六章 对外贸易秩序

第三十二条 在对外贸易经营活动中，不得违反有关反垄断的法律、行政法规的规定实施垄断行为。

在对外贸易经营活动中实施垄断行为，危害市场公平竞争的，依照有关反垄断的法律、行政法规的规定处理。有前款违法行为，并危害对外贸易秩序的，国务院对外贸易主管部门可以采取必要的措施消除危害。

第三十三条 在对外贸易经营活动中，不得实施以不正当的低价销售商品、串通投标、发布虚假广告、进行商业贿赂等不正当竞争行为。

在对外贸易经营活动中实施不正当竞争行为的，依照有关反不正当竞争的法律、行政法规的规定处理。

有前款违法行为，并危害对外贸易秩序的，国务院对外贸易主管部门可以采取禁止该经营者有关货物、技术进出口等措施消除危害。

第三十四条 在对外贸易活动中，不得有下列行为：

（一）伪造、变造进出口货物原产地标记，伪造、变造或者买卖进出口货物原产地证书、进出口许可证、进出口配额证明或者其他进出口证明文件；

（二）骗取出口退税；

（三）走私；

（四）逃避法律、行政法规规定的认证、检验、检疫；

（五）违反法律、行政法规规定的其他行为。

第三十五条 对外贸易经营者在对外贸易经营活动中，应当遵守国家有关外汇管理的规定。

第三十六条 违反本法规定，危害对外贸易秩序的，国务院对外贸易主管部门可以向社会公告。

第七章　对外贸易调查

第三十七条　为了维护对外贸易秩序,国务院对外贸易主管部门可以自行或者会同国务院其他有关部门,依照法律、行政法规的规定对下列事项进行调查:

(一)货物进出口、技术进出口、国际服务贸易对国内产业及其竞争力的影响;

(二)有关国家或者地区的贸易壁垒;

(三)为确定是否应当依法采取反倾销、反补贴或者保障措施等对外贸易救济措施,需要调查的事项;

(四)规避对外贸易救济措施的行为;

(五)对外贸易中有关国家安全利益的事项;

(六)为执行本法第七条、第二十九条第二款、第三十条、第三十一条、第三十二条第三款、第三十三条第三款的规定,需要调查的事项;

(七)其他影响对外贸易秩序,需要调查的事项。

第三十八条　启动对外贸易调查,由国务院对外贸易主管部门发布公告。

调查可以采取书面问卷、召开听证会、实地调查、委托调查等方式进行。

国务院对外贸易主管部门根据调查结果,提出调查报告或者作出处理裁定,并发布公告。

第三十九条　有关单位和个人应当对对外贸易调查给予配合、协助。

国务院对外贸易主管部门和国务院其他有关部门及其工作人员进行对外贸易调查,对知悉的国家秘密和商业秘密负有保密义务。

第八章　对外贸易救济

第四十条　国家根据对外贸易调查结果,可以采取适当的对外贸易救济措施。

第四十一条　其他国家或者地区的产品以低于正常价值的倾销方式进入我国市场,对已建立的国内产业造成实质损害或者产生实质损害威胁,或者对建立国内产业造成实质阻碍的,国家可以采取反倾销措施,消除或者减轻这种损害或者损害的威胁或者阻碍。

第四十二条　其他国家或者地区的产品以低于正常价值出口至第三国市场,对我国已建立的国内产业造成实质损害或者产生实质损害威胁,或者对我国建立国内产业造成实质阻碍的,应国内产业的申请,国务院对外贸易主管部门可以与该第三国政府进行磋商,要求其采取适当的措施。

第四十三条　进口的产品直接或者间接地接受出口国家或者地区给予的任何形式的专向性补贴，对已建立的国内产业造成实质损害或者产生实质损害威胁，或者对建立国内产业造成实质阻碍的，国家可以采取反补贴措施，消除或者减轻这种损害或者损害的威胁或者阻碍。

第四十四条　因进口产品数量大量增加，对生产同类产品或者与其直接竞争的产品的国内产业造成严重损害或者严重损害威胁的，国家可以采取必要的保障措施，消除或者减轻这种损害或者损害的威胁，并可以对该产业提供必要的支持。

第四十五条　因其他国家或者地区的服务提供者向我国提供的服务增加，对提供同类服务或者与其直接竞争的服务的国内产业造成损害或者产生损害威胁的，国家可以采取必要的救济措施，消除或者减轻这种损害或者损害的威胁。

第四十六条　因第三国限制进口而导致某种产品进入我国市场的数量大量增加，对已建立的国内产业造成损害或者产生损害威胁，或者对建立国内产业造成阻碍的，国家可以采取必要的救济措施，限制该产品进口。

第四十七条　与中华人民共和国缔结或者共同参加经济贸易条约、协定的国家或者地区，违反条约、协定的规定，使中华人民共和国根据该条约、协定享有的利益丧失或者受损，或者阻碍条约、协定目标实现的，中华人民共和国政府有权要求有关国家或者地区政府采取适当的补救措施，并可以根据有关条约、协定中止或者终止履行相关义务。

第四十八条　国务院对外贸易主管部门依照本法和其他有关法律的规定，进行对外贸易的双边或者多边磋商、谈判和争端的解决。

第四十九条　国务院对外贸易主管部门和国务院其他有关部门应当建立货物进出口、技术进出口和国际服务贸易的预警应急机制，应对对外贸易中的突发和异常情况，维护国家经济安全。

第五十条　国家对规避本法规定的对外贸易救济措施的行为，可以采取必要的反规避措施。

第九章　对外贸易促进

第五十一条　国家制定对外贸易发展战略，建立和完善对外贸易促进机制。

第五十二条　国家根据对外贸易发展的需要，建立和完善为对外贸易服务的金融机构，设立对外贸易发展基金、风险基金。

第五十三条　国家通过进出口信贷、出口信用保险、出口退税及其他促进对外贸易的方式，发展对外贸易。

第五十四条　国家建立对外贸易公共信息服务体系，向对外贸易经营者和其他社会公众提供信息服务。

第五十五条　国家采取措施鼓励对外贸易经营者开拓国际市场，采取对外投资、对外工程承包和对外劳务合作等多种形式，发展对外贸易。

第五十六条　对外贸易经营者可以依法成立和参加有关协会、商会。

有关协会、商会应当遵守法律、行政法规，按照章程对其成员提供与对外贸易有关的生产、营销、信息、培训等方面的服务，发挥协调和自律作用，依法提出有关对外贸易救济措施的申请，维护成员和行业的利益，向政府有关部门反映成员有关对外贸易的建议，开展对外贸易促进活动。

第五十七条　中国国际贸易促进组织按照章程开展对外联系，举办展览，提供信息、咨询服务和其他对外贸易促进活动。

第五十八条　国家扶持和促进中小企业开展对外贸易。

第五十九条　国家扶持和促进民族自治地方和经济不发达地区发展对外贸易。

第十章　法律责任

第六十条　违反本法第十一条规定，未经授权擅自进出口实行国营贸易管理的货物的，国务院对外贸易主管部门或者国务院其他有关部门可以处五万元以下罚款；情节严重的，可以自行政处罚决定生效之日起三年内，不受理违法行为人从事国营贸易管理货物进出口业务的申请，或者撤销已给予其从事其他国营贸易管理货物进出口的授权。

第六十一条　进出口属于禁止进出口的货物的，或者未经许可擅自进出口属于限制进出口的货物的，由海关依照有关法律、行政法规的规定处理、处罚；构成犯罪的，依法追究刑事责任。

进出口属于禁止进出口的技术的，或者未经许可擅自进出口属于限制进出口的技术的，依照有关法律、行政法规的规定处理、处罚；法律、行政法规没有规定的，由国务院对外贸易主管部门责令改正，没收违法所得，并处违法所得一倍以上五倍以下罚款，没有违法所得或者违法所得不足一万元的，处一万元以上五万元以下罚款；构成犯罪的，依法追究刑事责任。

自前两款规定的行政处罚决定生效之日或者刑事处罚判决生效之日起，国务院对外贸易主管部门或者国务院其他有关部门可以在三年内不受理违法行为人提出的进出口配额或者许可证的申请，或者禁止违法行为人在一年以上三年以下的期限内从事有关货物或者技术的进出口经营活动。

第六十二条　从事属于禁止的国际服务贸易的，或者未经许可擅自从事属于限制的国际服务贸易的，依照有关法律、行政法规的规定处罚；法律、行政法规没有规定的，由国务院对外贸易主管部门责令改正，没收违法所得，并处违法所得一倍以上五倍以下罚款，没有违法所得或者违法所得不足一万元的，处一万元以上五万元以下罚款；构成犯罪的，依法追究刑事责任。

国务院对外贸易主管部门可以禁止违法行为人自前款规定的行政处罚决定生效之日或者刑事处罚判决生效之日起一年以上三年以下的期限内从事有关的国际服务贸易经营活动。

第六十三条　违反本法第三十四条规定，依照有关法律、行政法规的规定处罚；构成犯罪的，依法追究刑事责任。

国务院对外贸易主管部门可以禁止违法行为人自前款规定的行政处罚决定生效之日或者刑事处罚判决生效之日起一年以上三年以下的期限内从事有关的对外贸易经营活动。

第六十四条　依照本法第六十一条至第六十三条规定被禁止从事有关对外贸易经营活动的，在禁止期限内，海关根据国务院对外贸易主管部门依法作出的禁止决定，对该对外贸易经营者的有关进出口货物不予办理报关验放手续，外汇管理部门或者外汇指定银行不予办理有关结汇、售汇手续。

第六十五条　依照本法负责对外贸易管理工作的部门的工作人员玩忽职守、徇私舞弊或者滥用职权，构成犯罪的，依法追究刑事责任；尚不构成犯罪的，依法给予行政处分。

依照本法负责对外贸易管理工作的部门的工作人员利用职务上的便利，索取他人财物，或者非法收受他人财物为他人谋取利益，构成犯罪的，依法追究刑事责任；尚不构成犯罪的，依法给予行政处分。

第六十六条　对外贸易经营活动当事人对依照本法负责对外贸易管理工作的部门作出的具体行政行为不服的，可以依法申请行政复议或者向人民法院提起行政诉讼。

第十一章　附则

第六十七条　与军品、裂变和聚变物质或者衍生此类物质的物质有关的对外贸易管理以及文化产品的进出口管理，法律、行政法规另有规定的，依照其规定。

第六十八条　国家对边境地区与接壤国家边境地区之间的贸易以及边民互市贸易，采取灵活措施，给予优惠和便利。具体办法由国务院规定。

第六十九条　中华人民共和国的单独关税区不适用本法。

第七十条　本法自 2004 年 7 月 1 日起施行。

（资料来源：中国商务部网．http：//www.mofcom.gov.cn）

中英文术语索引